国家哲学社会科学成果文库

NATIONAL ACHIEVEMENTS LIBRARY
OF PHILOSOPHY AND SOCIAL SCIENCES

美国人才吸引战略与政策史研究

梁茂信　著

中国社会科学出版社

梁茂信　　陕西合阳人，东北师范大学历史文化学院教授、博士生导师、"仿吾学者"特聘教授。1986-1988 年留学美国，获硕士学位，1994 年获博士学位，1998 年晋升教授。兼任东北师范大学哲学社会科学第一、二届学术委员会委员、中国美国史研究会副理事长、中华美国学会常务理事等。长期从事美国移民史研究，两次入选富布赖特学者计划，完成国家社科基金项目等 6 项，出版著作 6 部，在 *the Journal of American History*《历史研究》和《世界历史》等刊物发表论文 50 篇，10 多篇论文先后被《新华文摘》等刊物全文转载，6 项成果获吉林省和长春市优秀社科成果一、二、三等奖。获教育部"新世纪优秀创新人才"、国务院政府特殊津贴、吉林省和长春市有突出贡献的科技人才奖等荣誉。

《国家哲学社会科学成果文库》
出版说明

　　为充分发挥哲学社会科学研究优秀成果和优秀人才的示范带动作用，促进我国哲学社会科学繁荣发展，全国哲学社会科学规划领导小组决定自 2010 年始，设立《国家哲学社会科学成果文库》，每年评审一次。入选成果经过了同行专家严格评审，代表当前相关领域学术研究的前沿水平，体现我国哲学社会科学界的学术创造力，按照"统一标识、统一封面、统一版式、统一标准"的总体要求组织出版。

全国哲学社会科学规划办公室
2011 年 3 月

目　　录

Contents

前　言

在历史上，虽然人类各种形式的迁移与流动从未停息过，但就迁移人口所涉及的时空范围、规模和技术构成等特征来看，没有哪个时期能够像19、20世纪的跨国移民与流动那样令人震撼。在这两个世纪中，正是由于各国内部生生不息的人口流动，不仅欧洲、美洲和亚洲许多国家完成了向工业化和城市化社会的转变，而且，在20世纪下半期，活跃的人口流动又使各国完成了向大都市区化社会的转变。此外，在全球范围内，高潮迭起的跨国性与洲际性移民，促成了欧美许多发达国家民族多元化格局的形成。上述两个方面的巨大变化不仅表现在美国、加拿大、澳大利亚、新西兰和南非等传统的移民国家，而且也表现在当代英国、联邦德国、法国、意大利和希腊等欧洲国家。①

值得注意的是，与1900年以前相比，20世纪的跨国移民中，受过高等教育的技术类移民越来越多，他们成为20世纪后半期经济高速发展国家争夺的对象。不可否认，在20世纪以前的几百年间进行跨国性和跨洲性迁移的移民中，虽然其中也不乏具备一技之长的移民，但在20世纪，技术类移民的人力资本构成发生了变化②，其中最为突出的是：他们从幼年到成年阶段的人力资源开发，主要是通过接受小学、中学和大学的正规学历教育来完成的，他们所掌握的专业知识和劳动技能，绝对不像近代早期欧洲那样，通过简单的学徒制学习就可以获得的。这种时代性差异既反映了不同时代生产方式对科学技术的依赖程度，更重要的是，它表明在世界近现代历史上，科技知识在生产活动中应用的密集程度、专业化深度、发展节奏以及社会影响等方面，都

---

① 梁茂信：《现代欧美人口迁移与民族多元化研究》，商务印书馆2011年版。
② 关于"人力资本"概念的含义，参见梁茂信《美国人力培训与就业政策》，人民出版社2006年版，第4—5、65—66页。

是人类历史上前所未有的。

在这个意义上，现代高等教育的发展和人才培养是各国为适应社会和经济现代化发展需要所作出的必然反应。对于受过高等教育的人来说，这也是其家庭和个人，为摆脱贫困并向社会上层流动的必由之路。然而，他们作为掌握技术知识的人才，其中凝聚着国家、社区和家庭多方面的投资与投入，因而被认为是一个国家的重要资源。当他们移民国外的时候，可能对于个人而言是为谋求幸福，或者改善生活条件，但对于培养他们的国家和社区而言，却意味着人力资本的流失。正因为如此，高学历人才的移民不仅受到发展中国家的关注，而且也是美国、英国、联邦德国、加拿大和澳大利亚等发达国家关注的战略性目标。

在 20 世纪人才争夺的竞争中，欧美发达国家具有绝对的优势：缜密的社会管理制度、发达的高等教育、优越的工作和生活条件、先进的科研实验设施以及良好的自然生态环境，等等，都使发达国家都成为跨国技术人才迁移的最大受益者。例如，在 2000 年，居住在经济合作与发展组织（为行文方便，以下简称"经合组织"）成员国家的外国技术人才达 2000 万以上，其中北美占 2/3，欧盟国家占 25%，澳大利亚、新西兰、日本和韩国合计占 15%。[①] 这一组数据中折射出的另一个问题是，在当代欧美发达国家中，吸收外来人才最多的还是美国。根据美国政府统计，在 2003 年美国 2160 万工程师和科学家中间，有 335.2 万（16%）是外来移民，其中有 56% 的人出生在亚洲，欧洲国家占 19%，而中美洲（包括墨西哥）、加勒比海和南美洲国家合计占 15%。换一个角度看，2003 年在美国工作的 200 万亚洲裔工程师和科学家中间，有 83% 是外来移民。[②] 这就是说，亚洲国家成为当代美国高学历技术类移民的主要来源。在亚洲国家中，科技人才流失最严重的大多是发展中国家，其中包括经济迅速崛起的中国和印度。据统计，到 2000 年，居住在经济合作组织国家的具有大学学历的人才中，苏联高居第一位，达到 130 万人，

---

① Organization for Economic Co-operation and Development, *Policy Coherence for Development: Migration and Developing Countries*, Paris: OECD, 2007, p. 66.

② Nirmala Kannankutty and Joan Burreli, "Why Did they Come to the United States? A Profile of Immigrant Scientist and Engineers", *InfoBrief*, NSF 07-324 (June 2007), National Science Foundation, p. 1; http://www. nsf. gov/statistics/infbrief/nsf 07324/nsf 07324. pdf. （2009 年 1 月 21 日下载）

其次是印度（100 万）、菲律宾（90 万）、中国（70 万）和越南（35 万），而伊朗、中国香港和巴基斯坦等国家和地区流失的人才平均在 20 万到 30 万人之间。[①] 面对这一组数据，有些美国学者惊讶地指出，中国和印度是美国"传统上高技术移民数量最大的来源"。[②] 中国作为高学历技术类移民迁出人数最多的国家之一，应该引起我们的重视。

数百万技术移民流向美国，对美国社会经济发展具有不可替代性的重要作用。关于这一点，笔者在正文各章中都会给予应有的论述。仅仅在 20 世纪 90 年代，每年在美国高校获得博士学位的国际留学生进入美国就业市场后，对于美国科学技术含量较高的行业发展，具有十分重要的积极作用。例如，在 2000 年 45 岁以下有理工科博士学位和博士后资格的劳工中，外国出生的劳工分别占 50% 和 60% 以上，占全美新增博士学位劳工增长的 60% 以上。[③] 在 20 世纪 90 年代美国经济出现长达 100 个月的高速发展中，外来移民成为美国经济中最富有活力的一个方面。据美国杜克大学和加州大学伯克利校区一些学者的研究，在 1996—2005 年美国创建的工程和技术产业实体中，至少有 25% 的企业是由外来移民创建的。在硅谷，这一比例达到了 52%，其中，华人和印度人开办的企业占外来移民创办企业总量的 1/4。在软件、计算机和通信技术行业，外来移民创业者的比例比美国人的平均水平高出 25%。[④] 还有一些成果显示，在 1998—2005 年获得诺贝尔奖的美国学者中，至少有 50% 是在海外出生的。在麻省理工学院获得博士学位的毕业生中，有 40% 是在外国出生的。在美国就业的博士学位获得者中间，有 50% 的人出生在国外，其中，外国出生的博士学位获得者占美国物理学、计算机和数学等专业博士学位获得者的 45%，外国出生的物理学教师占美国中小学物理教师的 1/3。在

---

① Jean-Christophe Dumont and Georges Lemaître, "Beyond the Headlines: New Evidence on the Brain Drain", *Revue èconomique*, Vol. 56, No. 6 (Nov, 2005) p. 1287; http: //www. jstor. org/stable/ 25046500. （2009 年 6 月 3 日下载）

② Jacob Funk Kirkegaard, *The Accelerating Declining in America's High-Skilled Workerforce: Implications for Immigration Policy*, Washington D. C. : Peterson Institute for International Economics, 2007, pp. 24, 31.

③ Richard B Freeman, "Globalization of the Scientific/Engineering Workforce and National Security" in Titus Galama and James Hosek, *Perspectives on U. S. Competitiveness in Science and Technology: Conference Proceedings*, *Prepared for the Office of the Secretary of Defense*, Santa Monica, CA: Rand Corporation, 2007, p. 83.

④ Jacob Funk Kirkegaard, *The Accelerating Declining in America's High-Skilled Workerforce*, p. 24.

美国工作的医生中，外国出生的医生和护士占1/4。① 这些事例说明，外来移民中的高学历人才对美国经济发展的贡献，超出了他们在美国人口中所占的比例。

在当今世界上，中国作为一个经济迅速增长的发展中国家，在过去30年间出现了一个看似矛盾但在逻辑上却具内在关联的现象：在中国经济高速发展的同时，也经历了数十万高学历人才流失海外的现象。这种现象不仅与20世纪的英国、联邦德国、爱尔兰和意大利以及亚洲的日本和韩国曾经出现的人才流失相同，而且，人才流失的现象同样出现在印度、菲律宾、越南和埃及等不少发展中国家，而且这一趋势还在继续。所以，面对这样一种带全球性的普遍现象，我们虽然不必对当前中国出现的人才流失大惊小怪，但是，从长远看，在中国改革开放已经走过了30多个春秋的今天，当中国经济发展即将进入技术密集型阶段的时候，我们不仅要尽量减少技术人才的外流，而且也要吸取西方发达国家的经验和教训，尽力吸引外国优秀人才为中国所用。仅此而言，研究美国人才吸引战略与政策体系的形成与发展，对中国今后制定合理有效的人才政策，具有积极的参考和借鉴意义。

然而，无论是从学术发展的角度考虑还是从现实需求出发，中国学术界关于美国人才吸引战略与政策体系的研究，依然处于起步阶段。在目前已有的成果中，除了一些非历史学科翻译外国学者的成果，或简介性文章之外，只有个别学者在各自的研究视阈下做了相应的分析。② 相比之下，美国学界的成果可谓琳琅满目，美不胜收。但遗憾的是，多数成果出自于非历史专业的学者之手，其中又以法学、政治学、社会学和经济学的成果较多。在历史学科中，大多数学者在研究美国移民政策的时候，很少有人从宏观上进行分析，

---

① David Heenan, *Flight Capital*：*The Alarming Exodus of America's Best and Brightest*, Mountain View, CA：Davis-Black Publishing, 2005, pp. 1 - 2.

② 梁茂信：《美国吸引外来人才政策的演变与效用分析》，《东北师范大学学报》1997年第1期；姬虹：《美国新移民研究（1965年至今）》，知识产权出版社2008年版。关于近几年来国内学者发表或翻译的文章，见［澳］罗宾·艾尔代尔著，石松、于月芳和赵宇译：《亚太地区技术移民的增长》，《思想战线》2005年第1期，第66—73页；［美］江峡：《美国吸引全球高科技人才的政策与战略》，《湖北行政学院学报》2007年第2期，第92—96页；肖志鹏：《美国科技人才的流动政策的演变及其启示》，《科技管理研究》2004年第2期，第19—21页；王春法、潘铁：《美国吸引国外高科技人才政策及其启示》，《创新科技》2007年第2期，第14—19页。

多数成果只是在评析美国移民政策的变化、服务宗旨与问题的时候，才会对美国吸引外来人才这一主题进行蜻蜓点水式的处理，在研究美国移民政策的历史学者中，多数人关注的是1965年以前的移民政策，因为此前的历史已经尘埃落定，研究成果中的定性分析，不会因为研究对象发生重大变化而导致研究结论被彻底推翻或者是反复地修改。

关于美国学者对外来人才的研究，及其与笔者研究的逻辑关系，笔者将在第二章中重点分析，在此不再赘述。在全书中，笔者将站在全球化视野下，从唯物史观出发，借鉴伊曼纽尔·沃勒斯坦的世界经济体系理论和国内外学界关于国家利益的研究成果，对20世纪美国人才吸引战略进行全方位的分析。在写作中，笔者根据美国国内外社会、经济与外交形势的发展变化，对每个时期的人才吸引政策及其与美国移民政策变化的关系进行对比分析。

在结构安排上，笔者将全书分为三大块。第一部分由第一和第二章构成。第一章的内容是：笔者在说明"人才"概念及其含义的条件下，对"战略"概念的由来和美国人才吸引战略的变化与特征做了简明扼要的论述，然后站在世界近现代经济发展和全球化的视野下，充分利用学界前人和笔者以前的研究成果，以素描的方式，勾勒了自19世纪以来的跨国移民和技术人才的迁移趋势，指出美国吸引外来人才的路径和历史趋势。在此基础上，笔者再与其他发达国家进行适当的比较，以求拓展研究中的横向视野。这样可以让读者在通览整体发展变化的条件下，对美国的人才吸引战略有一个从"庐山之外观庐山"的定位分析，避免在结构上"只见树木，不见森林"的弊端。第二章在梳理中美学界关于美国的国家利益研究成果的基础上，分析其中的重点与不足，然后再从美国历史上指出外来移民与美国国家利益的历史关联，提出了外来移民与美国的国家利益之间的关系呈现出一种"U"形模式。接着，笔者又从美国移民政策的内部，审视其结构性变化，将人才吸引战略与移民政策内部其他条款进行比较，借以凸显彼此间的逻辑关系及其承载的美国国家利益的内涵和层面。本章最后一部分指出了美国政府和社会在吸引外来人才方面的制约性因素，防止因为引进外来人才而对美国的人才培养、劳工市场和国家安全等方面产生不利的甚至是破坏性的影响。应该说，这两章中的内容属于本书研究内容的"定位"性分析，力求让读者既能看到"树木"又能看到"森林"。在功能上，前两章内容是全书的"纲"，它对读者了解全书内容具有"纲举目张"的统领作用，其中的核心观点既是对全书内容的提炼，同时，此后各章节中的内容，实际上也是第一和第二章内容的全面展开和深入论述。

第二部分由第三至第六章组成。这一部分的特点是：在纵向视野下，运用实证和理论分析相结合的方法，勾勒并展现了战后美国人才吸引战略的形成、发展与实施过程。在章节安排上，以 1952 年、1965 年、1990 年和 2007 年移民政策的改革为核心而展开。每一章的内容中都涉及这几次移民政策改革过程中的促成与制约因素，对于每项立法中的人才吸引条款的变化和实施效果进行了层层分析，进而达到全面展示美国人才吸引战略的效果。第六章主要是围绕 20 世纪末期以来的美国政府和社会各界激烈辩论，特别是对 21 世纪初期美国国会在人才吸引战略与移民政策的改革过程进行了分析，指出了 21 世纪初期改革失败的原因和未来可能的走向。

第三部分包括第七至第十章。这一部分主要是从横向角度，按照专题设立章节，分门别类地进行分析，目的是为了保证全书整体结构深度的均衡。在具体章节上，第七章主要是对美国临时技术劳工计划的形成、发展与实践效果进行分析，指出了其在实践中的问题与争议，凸显其在美国人才战略中的历史地位和现实意义。第八章主要是围绕国际留学生移民美国的历史趋势而展开的。本章简要地勾勒了美国吸引国际留学生政策的阶段性变化，指出了其与冷战和经济全球化之间的关系，分析了国际留学生移民美国的原因、国家间差异以及留学生回流等问题。第九章则重点指出了亚洲国家科技人才移民和人才流失的问题，缕析亚洲国家技术人才，特别是战后留学生学成不归的严重现象，分析了其移民美国的原因。本章中专门安排两节，论述了中国技术人才的流失和回流问题。第十章则针对过去半个世纪中西方学界关于"人才流失""人才循环"以及"美国人才流失"等学说的产生、性质及其与史实的内在逻辑关系进行了分析，对从美国回流母国的移民结构进行了分析，指出美国是当代全球各国中最大的人才净收益国家。人才循环的现象则以不对称的方式存在于美国和其他发达国家之间，而亚洲、非洲和拉丁美洲的大部分发展中国家，都处于人才流失的状态中，其中有些非洲和拉丁美洲国家，特别是加勒比海地区的人才流失，已经到了"元气大伤"的程度。本章最后一部分简要地论述了外来人才对于美国和其母国的社会贡献的差异问题，核心论点是强调这样一个事实：美国作为当代技术人才跨国流动的最大收益国家，也是跨国技术人才创造的社会财富的主要受益者。换句话说，对于已经迁入美国的外来技术人才来说，他们在自己日常工作中，在社会、经济、教育、文化和科技等各个领域所作出的贡献中，受益最多的是美国，而其母国则居于次要的地位。最后，结语部分在总结前文的基础上，对美国人才吸引战略的变迁，以及在此基础之上所形成的社会机制，做了画龙点睛式的概述，指出了美国人才双轨制的特点和就业市场作为选择和吸引人才的"过滤性机制"的特点与作用，对外来技术人才和国际留学生进入美国后的影响做了简要的阐释，说明了美国在经济全球化进程中制定人才吸引战略和政策的重要意义，指出了美国在今后继续吸引外来人才的客观性和必然性。

在正文各章节中，有些名词概念，笔者需要加以说明，以便于读者了解。（1）"技术移民"是笔者在研究中经过考虑后的一个定性名称，其中不仅包括工程师、科学家、教授、医生和留学生等具有专业性质或学历特点的职业技术人才，而且也包括商人、投资者、影视明星和运动员等具有商业和文化娱乐性质的人才。（2）在行文中，由于国际留学生（international students）是第二次世界大战之后美国高校和政府文献中频繁使用的一个名词，在涉及具体国家的留学生的时候，多用该国的名称，例如中国学生就使用"Chinese students"、韩国留学生就是"Korean students"，等等。所以，在正文中，笔者将国际留学生与外国留学生交替使用，其含义是相同的，均指到美国求学的外国学生。（3）在行文中，永久性移民与永久性居留权，在含义上是指同一个概念——移民，因而在行文中，两个名词会交替使用。

本项成果是国家社科基金资助项目《美国人才吸引战略的历史考察研究》[项目编号：10BSS011]的最终成果。在项目启动后，笔者按照项目立项要求和预设的研究方案，努力完成工作。在研究中，笔者使用的资料主要来源于如下几个方面：第一，自从20世纪90年代初以来，一直到2014年，笔者研习美国移民史的努力一直没有停止过。笔者作为一个多次迁移的移民，从大西北的祖籍乡村，经过多次流动，最终定居在祖国的大东北。移民在迁移、适应和融合过程中的经历，笔者多少有一点感受。加上在美国求学的经历和后来多次访问美国，对旅美留学生的生活也略知一二。因而，在研究本课题的过程中，对于研究对象有一些切身的感受。第二，在完成本课题的过程中，笔者曾经利用第二次作为富布赖特学者身份访问美国的机会，在美丽的加州大学圣迭戈校区收集了本课题需要的基本文献资料。同时，笔者还利用所带的学生访问美国的机会，由他们复制了一些法律文件，在此一并致谢。

由于本课题带有一点跨学科的性质，加上笔者自身的理论修养有限，文中可能会存在着这样或那样的不足与缺陷，希望学界同人不赐指教。

第一章

概念与历史语境的界定

在世界近现代史上，随着市场经济的全球化发展，洲际性的跨国移民数量与日俱增，其涉及的范围由欧洲逐渐扩展到世界各大洲，移民规模也达到了人类历史上前所未有的水平。在各国中，美国一马当先。它作为移民及其后裔创建和发展起来的国家，其广袤的领土资源和快速发展的经济吸引了来自世界各地的数千万移民。此外，虽然欧洲是世界近现代史上迄今为止移民迁出数量最多的地区，但是，随着工业化的发展，西欧和北欧国家从 19 世纪末期开始，也接纳了周边国家大量的劳工和移民。到 20 世纪后半期，当洲际性的跨国移民规模进一步扩大的时候，欧美发达国家迎来了新一轮的移民潮。欧洲国家的外来移民主要来自两大区域，第一是欧洲地区内各国的移民，第二是欧洲各国前殖民地的移民。相比之下，美国的外来移民主要来自拉丁美洲、亚洲和欧洲国家。值得关注的是，在当代跨国移民大潮中，受过高等教育的移民成为各国欢迎的首要对象。在鼓励和吸引外来人才的国家中，最大的受益者是美国。本章首先在对"人才"和"战略"等概念进行界定的前提下，通过对世界现代史上专业技术人才跨国迁移历史趋势的透析，展示发达国家吸引专业技术人才的趋势，为充分认识 20 世纪美国人才吸引战略的变迁与实施，提供一个宏大的历史背景。

一 "人才"的概念与含义

在现实生活中，"人才"二字并不陌生。在任何一个公共场合，人们都能听到它，其含义并不难理解。但是，何谓人才？中国古代文献中关于人才的记载与表述，可谓浩如烟海，俯拾即是。就其含义来看，古人关于人才的概念，大体有两层内涵：（1）有才略的人，包括谋事之才、谋略之才、将帅之才。例如，《国语·齐语》中写道："夫管子，天下之才也，所在之国则必得志于天下。"这一句中的"才"就是指谋略之才。（2）有才学的人，即狭义的文才。"女子无才便是德"中的"才"便是指"文才"。"才高八斗"中的"才"，也是指文才。"八斗"是南朝诗人谢灵运称颂三国魏诗人曹植时用的比喻。他说："天下才有一石，曹子建（曹植）独占八斗，我得一斗，天下共分一斗。"后来，人们便用"才高八斗"这个成语比喻文才高超的人。值得强调的是，中国古代的"才"多与"德"相提并论。司马光曰："才者，德之资也；德者，才之帅也。"由此又有"五才"之说，即五种德行。"所谓五材者，勇、智、仁、信、忠也。勇则不可犯，智则不可乱，仁则爱人，信则不欺，忠则无二心。"（《六韬·龙韬》）

虽然中国古代先贤关于"才"的表述仍然过于模糊和宏观，但是，他们关于人的"才能"和"德行"的评价标准作为人才界定的准绳却被后人继承下来。有的学者在探讨中国古代荐举标准时写道："在两汉及隋唐时，以德才劳为中心，三者孰重孰轻，始终是选官争论的主要议题。"[1]　吕思勉在中国通史中写道："用人的条件，第一是德，第二是才，第三才数到学识。"[2]　目前，在国内出版的各类汉语工具书中，均将"才"解释为有某种特长的人，或德才兼备的人。例如，《汉语大词典》中关于"才"的解释是：（1）人的才能、才干，是指人具有较高的思维或办事能力。（2）人的才华、才思等表现于外的才能，多指文艺创作的能力。（3）人的才略，是指政治或军事方面的才略和智谋。[3]　关于"人才"的解释，《古汉语大词典》中的解释大同小异。其含义包括德才兼备，多才多艺，亦指有才能的人。《礼记·文王世子》中所说的"取贤敛才焉"就是这个意思。关于"人才"的概念，也和现代汉语大词典中的解释基本相同。"人才"就是指德才兼备的人，也指人的才能。例如，《诗·小雅·菁菁者莪序》："菁菁者莪，乐育材也，君子能长育人才，则天下喜乐之矣。"[4]

---

①　宁欣：《论唐代荐举》，《历史研究》1995 年第 4 期，第 133 页。

②　吕思勉：《吕著中国通史》，华东师范大学出版社 1992 年版，第 110 页。

③　《汉语大词典》（全新修订版），商务印书馆 2003 年版，第 98、922 页。

④　《古汉语大词典》，上海辞书出版社 2000 年版，第 43、338 页。

　　然而，面对现代社会、经济与科技事业发展中的"人才"问题，其概念当如何界定？由于中国古代文献中关于"人才"概念的认识，尚未达到现代学者可以从学术上进行应用性操作的程度，因此，何谓"人才"的概念、本质、属性和标准等理论问题，也一直是国内学界探讨的热点问题之一。自20世纪80年代起，中国学者在创建人才学科的时候，其重点关注的研究内容之一是梳理中国古代先贤关于人才的思想。例如，著名的人才学专家叶海忠等人，在探讨"人才"思想和概念时，不仅对中国古代文献中的记载进行了有效的考证和分析，而且也指出了其时代的局限性。例如，他在研究先秦诸子百家、汉唐时期以及宋元明清时期的人才思想的时候，发现中国古代人才思想史具有十分丰富的内容，涉及人才的概念、类型、要素以及人才在社会发展中的作用。在古代文献中，人的才能的由来、人才与教育的关系、人才的鉴识、人才的选拔使用和管理等方面，都有周详的记载。其中关于任人唯贤、德才兼备、量才录用等诸多原则，仍然在近现代中国社会发展中具有极为重要的参考价值。①

　　总体而言，国内学者在这些方面进行的积极而有益的探索，取得了令人鼓舞的成就。中国人才学会在评价中国改革开放以来关于人才概念的研究综述中写道："30年来，经人才学界共同努力，关于人才概念和本质研究，已取得了显著的成绩；特别是界定的人才概念，已被国家确认。"不仅如此，学术界围绕"人才"概念的讨论，促成了中国"人才学"的诞生。在此基础上，特别是在20世纪80年代以来，学者们围绕"人才"概念问题的讨论，提出了人才概念在社会上的普遍性、客观性、社会性、理论性、层次性、多样性和可变性等理论性要素。尽管这些要素的分析还显得比较笼统模糊，但是，各家的共识是强调人才的创造性劳动和贡献。当然，随着研究的深入，许多问题越来越清晰。在已经公开面世的成果中，有些学者的成果颇有建树。例如，著名学者叶海忠等人提出的概念是："人才，是指那些在各种社会实践活动中，具有一定的专门知识，较高的技能和能力，能够以自己的创造性劳动，对认识、改造自然和社会，对人类进步作出了某种较大贡献的人。人才是人群中比较精华、先进的部分，是人民群众推

————————

① 叶忠海等：《人才学概论》，湖南人民出版社1983年版，第18—34页。

动历史前进的代表。"① 中国人才学另外一位创始人王通讯先生精准地指出："人才就是为社会发展和人类进步进行了创造性劳动，在某一领域，某一行业，或某一工作上作出较大贡献的人。"② 他还指出，人才"可以分为显人才与潜人才"，"人才有类别、层次之分"，"人才还是一个动态的概念"。③自 2000 年以来，国内学界青年才俊迭出，硕果日见。④ 有的青年学者认为，人才的核心概念表现为内涵式和外延式两个方面：内涵式的概念是指人才的内在素质，具体表现为学历、专业素养和创新能力等。在具体的劳动中，可以划分为三种层面：（1）强调人接受和运用知识的能力。（2）从事与一般简单模仿或重复性截然不同的创造性劳动。（3）在工作中具有超常性的贡献或业绩。第二个方面是指"外延式定义"。它也"可以称为人才的统计定义或操作性定义。这一定义的主要作用在于满足人才的统计核算和经济分析需要"。在这类人才概念中，重点考察人才界定的范围和测量指标，许多国际人才统计与评价中就以学历教育和专业技术分类统计为标准运作的。例如世界银行、联合国和经合组织成员国家年度报告中均使用了科学家、工程师、医生和大学生等项指标。⑤

自从 1982 年以来，中国就开展了人才预测与规划工作，其中在国发〔1982〕149 号文件中明确提出了"专业人才"的概念。其中包括两个方面的含义：（1）具有中专以上学历者；（2）具有技术员和相当于技术员以上专业技术职务任职资格者。⑥ 尽管这样的概念还不算完善，但是，从历史的发展来看，从 20 世纪 80 年代开始，一直到 21 世纪的最初十多年间，培养本国人才，吸引海外人才回国发展，已经被纳入中国人才发展的国策之中。2003 年 12 月，中共中央、国务院召开了全国人才工作会议，并颁布了

---

① 叶忠海等：《人才学概论》，第 59 页。

② 王通讯：《人才学通论》，天津人民出版社 1985 年版，第 1—2 页。

③ 中国人才研究会：《人才的概念、本质属性研究》，http://www.zgrc.org.cn/c/cn/news/2010-08/31/news_ 75. html。（2013 年 4 月 2 日下载）

④ 邱永明：《人才问题的历史学思考——人才概念及标准历史演变的考察》，《中国人才》2004 年第 4 期；华才《人才概念与人才标准》，《中国人才》2004 年第 2 期；曾豪杰，《科学人才观：人才资源开发的新理念——人才含义理论研究综述》，《企业家天地》2007 年第 10 期；张家建：《人才定义理论的历史发展与现代思考》，《人才开发》2008 年第 2 期。

⑤ 王德劲：《人才及其相关概念辨析》，《西北人口》2008 年第 2 期，第 40—41 页。

⑥ 转引自王德劲《人才及其相关概念辨析》，第 42 页。

《中共中央国务院关于进一步加强人才工作的决定》，明确要求树立科学的人才观："只要具有一定的知识和技能，能够进行创造性劳动，为推进社会主义物质文明、政治文明、精神文明，在建设中国特色社会主义伟大事业中作出积极贡献，都是党和国家需要的人才。"这是中国特色社会主义的人才概念。① 中央政府在《国家中长期人才发展规划纲要（2010—2020 年）》中提出了"服务发展、人才优先、以用为本、高端引领、整体开发"的人才发展指导方针。它作为"今后一个时期全国人才工作的指导性文件"，勾画出了未来十多年中国人才培养与开发的宏伟蓝图。它不仅要求"明确职务发明人的权益"，而且还要"建立非职务发明评价体系，加强对非职务发明创造的支持和管理"。为此，中央政府制订了如下宏伟计划，包括"创新人才推进计划""青年英才开发计划""企业经营管理人才素质提升工程""高素质教育人才培养工程""文化名家工程"和"海外高层次人才引进计划"，等等，人才范围不仅涵盖了通过学历教育培养的教育家、科学家、工程师和医生等，而且也涉及企业家、技师、农业科技人才、社会工作者、文化和艺术工作者等创新型人才。②

　　比较而言，国外学术界关于人才的研究，特别是关于欧美发达国家科技人才跨国迁移的研究比较多。顾名思义，"人才"在英语中的名称是"talent"，是指有特殊才干的人。然而，在实践上，当学者们分析战后美国外来人才及其纷繁庞杂的结构时，却在不同时期出现了不同的解释。在 20 世纪中期，英国学者布林利·托马斯教授在探讨美国历史上跨越大西洋的移民潮的时候，其论述中关于人才的概念并没有超出当时美国人口统计中使用的"专业技术人士"和"技术人员"的范畴。③ 有意思的是，到 70 年代，这样的表述依然比较盛行。④ 同时，当 20 世纪 60 年代英国政府惊呼英

---

　　① 中国人才研究会：《人才的概念、本质属性研究》，http：//www. zgrc. org. cn/c/cn/news/ 2010-08/31/news_ 75. html。（2013 年 4 月 2 日下载）

　　②《国家中长期人才发展规划纲要（2010—2020 年）》，人民出版社 2010 年版，第 3、31— 34。

　　③ Brinley Thomas， "Modern Migration"， in Walter Adams， ed. ， *The Brain Drain*， New York： The Macmillan Company， 1968， pp. 28 – 33.

　　④ Margo A. Conk， "Occupational Classification in the United States Census：1870 – 1940"， *Journal of Interdisciplinary History*， Vol. 9， No. 1， （Summer， 1978），pp. 111 – 130.

国出现"人才流失"（brain drain）问题后，欧美学者在探讨人才流失的原因时，多数使用了"brain drain"的泛称，而行文中的分析对象和统计数据则主要包括科学家、工程师、医生、教授、研究人员、博士和技术人员等。这些人士的共同特点是具有高等学历和专业技术的系统训练背景。这种方法在20世纪五六十年代美国国家科学基金会的报告中也被频繁使用。至于上述表述是否涵盖了人才概念的实际含义及范畴，尚无人质疑。多数学者为满足自己研究要求，选择直接表述。例如，纽约城市大学社会学教授保罗·里特班就将人才概念局限于教授、科学家、工程师和医生等技术性较强的高端人才。① 还有学者认为，人才流失的概念包括两方面，一是教育素质较高的人才从发展中国家迁入发达国家；二是来自发展中国家的留学生，其中有许多学成后滞留不归，最终定居他国。②

　　到20世纪80年代，随着学界讨论的深入，人才的概念也变得更加宽泛。例如，世界银行的一些学者在研究发展中国家人才流失的问题时就使用了"接受过高中后教育的劳工"的概念。所谓"高中后教育"，是指包括企业、职业技术学校、两年制社区学院和四年制大学提供的各种专业训练和教育活动。对比之下，低技术劳工是指"中学及其以下学历的劳工"。③ 这种以学历作为人才概念界定的核心固然有其独特之处，但缺陷是将无学历的有用之才排斥在外。客观而言，联合国拉丁美洲和加勒比海经济委员会主席、全球化与发展国际中心主任安德雷斯·索里马诺（Andrés Solimano）的概念更加全面，其含义中不仅强调了学历要素，更重要的是强调了个人创新的"内在能力"。在他看来，高素质人口包括：（1）信息技术、通信和计算机科学领域的技术人才。他们绝大多数受过高等教育，能够研究出新的技术软件、硬件设备以及应用于社会各个领域的技术工具。他们有时被称为"知识劳工"。（2）自然科学、工学、农学、医学、军事

---

　　① Paul Ritterband, *Education, Employment and Migration: Israel in Comparative*, Cambridge, New York: Cambridge University Press, 1978, p. 3.

　　② Rao G. Lakshmana, *Brain Drain and Foreign Students: A Study of the Attitudes, and Intentions of Foreign Students in Australia, the U. S. A. , Canada, and France*, New York: St. Martin's Press, 1979. p. 3.

　　③ Frédéric Docquier, Olivier Lobest, and Abdeslam Markfouk, "Brain Drain in Developing Countries", *The World Bank Economic Review*, Vol. 21, No. 2, (June 2007), pp. 193 – 195.

学、宗教学、社会科学和人文学科等领域具有学士学位及其以上学历的人才。（3）医生、外科专家、牙科医生和护士等社会服务型人才，其工作价值的衡量标准不是经济价值和利润，而是人的生命和健康状况。（4）掌握资本和技术资源并直接参与经济活动的生产型人才，其中包括投资者、商人和跨国公司经理等。他们并非都受过高等教育，但善于将物质和人力资本投入能最大限度地产生利润的地方。（5）联合国、世界银行、北约组织和跨国公司等国际性或地区性机构中的专业技术人员，包括教育家、科学家、医生和环境专家等，其中许多人有在欧美国家留学的经历，并在类似于华盛顿、伦敦或日内瓦等国际组织云集的城市工作过。（6）作家、诗人、作曲家、歌唱家、乐器演奏者、画家、演员、运动员、教练、服装师等文化娱乐人才。他们并非都有高等学历，但都掌握了至少一门绝技，其活动借助于电视和网络等大众媒体，能带来丰厚的商业利润。由于发达国家对商业性文化娱乐活动需求的增长，这类人才的跨国迁移日益频繁，规模也在不断扩大。[①]

　　另一种具有代表性的观点是经合组织相关报告中的界定。它认为高技术专业人才包括：技术专家、独立的管理人士和高级经理、具有专业技术的人士、经销商、投资商、商业人士等。《国际移民杂志》将所有获得大学学历的人都界定为专业技术人士。[②] 还有学者认为，高技术人才应该包括：（1）具有学士学位以上学历，包括在大学接受过一年以上四年以下学历教育的人，他们也是"国际教育标准分类"中界定的高等教育中的组成部分，其中不包含学徒工。（2）在职业上，技术人才是指专业技术人士、跨国公司的经理、专业技术和辅助专业技术人士（associate professionals），有些属于国内短缺的、低于大学本科学历的劳动力。（3）根据工资标准来确定人才。工资是劳动力市场对某些技术类资历价值的反映，可以避免因为学历和职业技术资格认定中存在的语言文化和等级差距引起的问题。只要企业

---

　　① Andrés Solimano, "The International Mobility of Talent and Economic Development: An Overview of Selected Issues", in Andrés Solimano, ed., *The International Mobility of Talent: Types, Causes and Development Impact*, Oxford: Oxford University Press, 2008, pp. 20 – 30.

　　② Robyn Iredale, "The Migration of Professionals: Theories and Typologies", *International Migration*, Vol. 39, No. 5., 2001, p. 9.

主认定劳工技术并提供某一级别的工资，就能反映劳工的实际技能。虽然上述概念在含义上有相互重叠之处，但是它们比囿于学历的界定更加准确和全面。① 然而，从目前国内外研究成果看，按照工资标准确定人才概念的成果依然鲜见。

与上述学者的界定相比，战后美国移民政策中关于外来人才的概念界定更加具体和明确。追本溯源，在美国政府的官方文件中，最先涉及人才概念及其分类的机构是美国人口普查局。早在 1860 年，美国人口统计中开始统计移民的职业分类，到 1870 年人口统计中，有关职业的分类与统计"更加全面和科学"。当时划分职业的标准是按产业门类，分为农业、专业技术人士、个人服务、贸易与交通、制造业、机械和采矿业等。此后 40 年间，这种划分标准基本未变。到 20 世纪 30 年代，由于经济危机阴云不散，美国商业部和劳工部等机构面临着许多与就业和救济相关的问题，需要统计并明确失业劳工数量、职业类型和区域分布等，这在客观上需要对各行业的职业分类与统计更加细致。②

另一方面，在 1924 年移民法中，美国国会决定严格限制外来移民的时候，对于掌握熟练农耕技术的外籍人却给予了优先入境的惠遇。这种规定的目的在于：缓解第一次世界大战爆发后大量农场劳工流向城市，造成农场劳工供不应求的矛盾。此时，虽然美国的工业化已经进入以资本和技术密集型为主要标志的发展阶段，经济发展对科学家、工程师、教授和其他专业技术人员的需求有增无减，但是，美国国会关于人才的界定失之狭窄，没有将这些引领美国经济、教育和科学技术发展的专门人才纳入优先吸引对象之中。尽管如此，它毕竟标志着美国移民政策中吸引外来人才政策实施的开始。在随后十多年间，美国网罗人才的政策十分明显，它从逃离纳粹德国的难民中挑选了 3000 多名知识分子，他们在第二次世界大战时期美国"研制原子弹的

① Jonathan Chaloff and Georges Lemaitre, *Managing Highly Skilled Labour Migration：A Comparative Analysis of Migration Policies and Challenges in OECD Countries*, OECD Social, Employment and Migration Working Papers [DELSA/ELSA/WD/SEM（20095）], Paris：OECD, 2009, pp. 11 - 12；http：//lysander. sourceoecd. org/vl = 3601278/cl = 11/nw = 1/rpsv/cgi - bin/wppdf? file = 5ksm37fqzk7g. pdf.（2010 年 5 月 1 日下载）

② Margo A. Conk, "Occupational Classification in the United States Census：1870 - 1940", pp. 111 - 130.

过程中发挥了突出的作用"。在战后初期的15年间，美国又从德国招募了数千名科学家和工程师。[1]

在战后美国的移民法中，有关人才的概念，最先出现在《1952年外来移民与国籍法》中，它将每年50%的移民限额分配给拥有美国急需的技术的人才，或有"突出才能"的移民。[2]虽然它关于何谓人才概念的界定尚不全面，但是，它将"高学历"和"突出才能"的概念纳入移民政策之中，奠定了此后美国政府关于人才概念界定的基础。到1990年美国国会修订移民法的时候，它不仅保留上述规定，而且还在其基础上进一步拓宽了人才吸引对象的范畴（详见第五章）。

根据欧美学者的界定，结合美国人才吸引政策的规定，笔者认为，研究美国外来人才，其概念界定必须包括如下三个方面：（1）凡属自然科学、工科、医学、社会科学、人文学科、宗教学、农学和军事学等领域的学士及以上学位获得者，在职业上包括中小学教师、大学教授、科学家、工程师、医生、护士、律师、会计、审计等技术型人士。（2）拥有精深的技术诀窍和专业才能的人。他们并非都受过高等教育，或拥有学士及其以上学位，但在文化和经济活动中能创造超额利润与价值。例如歌手、表演艺术家、作家、画家和国际知名运动员等具有商业价值的文化娱乐人士。（3）在经济领域以创造价值和利润为主要目的的商人，尤其是在国内和国际知名企业至少工作3年以上的中高层管理者。笔者上述界定的前提是：

第一，人才概念的含义应有广义和狭义之分。类似于前文述及的安德雷斯·索里马诺的人才概念就具有广义的性质。笔者所谓的人才概念是狭义上的概念，其中在参考国内外学界成果的基础上，还要考虑到美国移民政策中关于人才吸引的对象。此外，笔者认为，在不同的时空范围内，人才概念应

---

[1] 梁茂信：《美国移民政策研究》，东北师范大学出版社1996年版，第313页；Michel Bar-Zohar, *The Hunt for German Scientists*, translated from French by Len Ortzen, London: Arthur Barker Limited, 1967, p. 204. 关于外籍科学家在美国研究原子弹过程中的作用，参见 "Information Provided by the United States Atomic Energy Commission Concerning References on Contributions of Foreign-Born Scientists to the United States Atomic Program", in U. S. Congress, House of Representatives, *Hearing before the President's Commission on Immigration and Naturalization*, 82nd Congress, 2nd Session, Washington D. C.: United States Government Printing Office, 1952, p. 1979.

[2] 梁茂信：《美国移民政策研究》，第278—279页。

有不同的含义。例如，在美国的殖民地时代，特定的人才就是指工程师、教师、医生和牧师等，甚至工匠都可以被列为广义上的人才范畴。到19世纪工业化时代，其概念中应该包括中小学教师、会计、律师、投资者、商人和教会牧师等具有社会、文化和商业价值的专业技术人士等。到20世纪，尽管人才的概念应该更加全面，但如果脱离了研究视阈和语境而不考虑研究对象，那么相关的概念界定就失去了意义。

第二，无论在何种语境下去研究，不管被研究对象是否受过高等教育，也不论其从事何种职业，人才概念的核心是强调人的创造能力。具体来说，高技术人才在自己的领域内应该站在创造性劳动的最前沿，是未来发展的推动者和引导者。他们作为知识界的精英，拥有引领时代的新思想、知识和技术，引领本国科学技术和教育事业发展的方向，他们制定的标准都在不同程度上影响着国家未来教育制度和人口素质的发展。作为经济活动中的决策者和管理者，他们的思想与决策影响着经济活动的走向、生产过程中的技术管理、资源开发和现代社会复杂结构的有序运作。作为社会精英，他们参与国家政治生活，推动其整体结构性和制度性变革。他们既然能成为科学家、企业家和金融家，也就能成为国家领导人。总之，人才作为一个国家的精英，对国家未来发展具有不可替代的影响。

第三，本文考察的对象是美国吸引的外国人才，是跨国迁移的具有高等学历和专业技能的高素质移民。他们入境的标准是美国政府根据其国内经济、科技、教育和社会服务等领域的劳动力市场需求制定的，目的是在保护国内劳工利益的同时，吸引外来的有用人才为美国社会的发展服务。换句话说，本文研究的人才范畴，包括到美国之后注定要进入就业市场的劳工。他们入境时必须持有美国为吸引人才而设立的签证。凡属美国法定吸纳对象之外的人，不论其学历和技能有多高，也不管其创造的商业价值利润有多大，都超出了本文论述的人才范畴。类似各国驻美外交官员、国际组织（例如联合国和北大西洋公约组织等）的工作人员、外国驻美国的记者和公司代表等，其中不乏专家、学者、教授和科学家等，其入境申请手续中不涉及进入美国就业市场的问题。他们虽然在美国工作，但雇主不是美国的企业或美国政府认定的法人机构，工薪和各类福利也不是来自于美国的企业和社会团体，而是母国的相应机构。他们在美国没有任何纳税义务。一言以蔽之，他们的工作处于美国经济和就业市场运行机制之外。也就是说，我们所指的人才都是准备在入境后进入美国就业市场的外籍劳工，其中包括两个方面：第一是指不同时期，按照美国移民政策规定的具有高等学历和突出才能的移民。第二是根据协议前来工作的持 E 类签证的投资商和商贸人员、持 F－1 签证的学生、持 H 类签证的外籍临时劳工、持 J－1 签证的学者及其家属、持 L－1 签证的跨国公司职员，等等。这些人员构成了当代美国外来人才的主体，因而在概念界定与研究对象的层面上，他们都属于笔者所界定的人才的范畴。

二 美国人才吸引战略的含义

何谓"战略"？美国人才吸引战略的含义是什么，其形成与演进中又有何变化与特征？它在 21 世纪又会呈现出怎样的走向？在回答这些问题之前，笔者首先要申明的是，本项课题研究的最初设计是一项史学实证研究而非理论性构建的论述，所以，笔者在行文中对宏观理论构架进行简要勾勒之后，拟从小处入手，运用实证分析方法，对每个时期的政策和实施效果等问题进行深入细致的解析。在进入正文之前，有必要从思想上和理论上，对人才吸引战略的概念进行简单的梳理，说明其与具体政策之间的关系。这样有助于读者对美国人才吸引的战略有更加深入、全面和精准的理解。

从目前国内外学术界的研究成果看，学界在"战略"概念的含义、历史渊源和内涵的演进等方面有着广泛的共识。在中国历史上，战略概念的运用可追溯至春秋时期著名的军事家孙武撰写的《孙子兵法》，该书被认为是中国最早对战略进行全局筹划与研究的著作。在此之后，"战略"一词又多次出现在汉代步兵校尉任宏完成的《兵书略》、西晋史学家司马彪的《战略》和《三国志》等史籍中。在概念上，它是指"谋略"、"韬略"、方略或兵略等。到近现代以后，"战略"的含义和使用范围被进一步拓宽，旁及政治、经济、文化和外交等领域。相对于"战术"和"战役"等概念，"战略"概念的含义带有综合性、指导性、长期性、全局性和稳定性等特点，是指左右胜败得失的谋略、方案和对策。在西方史料中，"战略"一词最早出现在古希腊语中，原意是指"将军的艺术"、"指挥才干"，或"将军指挥军队的艺术"。公元 84—96 年，古罗马军事理论家弗龙蒂努斯撰写了《谋略》一书，分析了战略上成功的战例，以供将军们参考，并提高其筹划和指导战争的能力。在古代西方的诸多经典中，尤以罗马皇帝毛莱斯用拉丁文撰写的《将略》最为全面，其中，"战略"是指军官的用兵之道，其用意在于培养军官如何筹划远征、组织协调，制订作战计划，实施战略机动，夺取交通线，筹集人力、物力和财力等方面的能力。①

到近代以后，随着西方资本主义市场经济机制的确立和发展，资产阶级与封建阶级之间，以及资本主义各国之间为争夺市场和生产资料来源，纷纷进行了殖民与掠夺活动，其中有许多活动就是以战争的形式进行的。这在很大程度上丰富了近代西方军事与战略理论。例如，普鲁士著名的战略学大师克劳塞维茨就对"战略"与战术和战斗之间的关系做了周密的论述。他指出："战术是在战斗中使用军队的学问，战略是为了战争目的运用战斗的学问。"战略与战斗有关，但战斗不等于战略。战略包括精神要素、物质要素、数学要素、地理要素和统计要素等。它们在层次上和视野上都高于具体的战役和战斗，是一种与具体战斗没有直接关系的谋划。② 同样，瑞士人 A. H. 诺米尼的分析也具有高屋建瓴的水平。他认为：战略属于"战争艺术"的组成部分，与战争勤务、基础战术和工程艺术等内容组成。"战略是在地图上进行战争的艺术，是研究整个战争区的艺术。"它与具体的战役和战术不同之处在于："战术是战斗，而战略则是包括战前和战后在内的整个战争，只有围攻除外；但是在围攻方面，关于决定围攻哪个要塞和用何种方法掩护这种围攻等，也都属于战略问题。"③ 这就是说，战斗是战役的具体发展过程，战役是战争的中心环节之一，而战略主要是明确战争的性质、对待战争的态度、赢得战争的方略、计划和谋略，为配合战争而在外交方面的努力和手段，等等。显然，一直到 20 世纪之前，战略概念主要被用于军事领域，它不仅用来表示军

---

① 卢正惠：《区域经济发展战略——理论与模式》，经济科学出版社 2012 年版，第 1—19 页。作为一项理论性成果，该书对古今中外各种经典与"战略"的关系，进行了细致的梳理和分析，其关于"战略"一词的研究，来龙去脉、概念的结构、含义变迁、涉及的影响因素和战略侧面的微观分析等比较全面，通俗易懂，是一部有价值的参考书。

② ［德］克劳塞维茨：《战争论》第 1 卷，中国人民解放军军事科学院译，商务印书馆 1991 年版，第 103、185 页。

③ A. H. 诺米尼：《战争艺术概论》，刘聪、袁坚译，解放军出版社 1986 年版，第 84、87—88 页。

事首领的指挥艺术和才干，而且也用来表示一个国家或一个民族运用自身力量达到战争目标的总的筹划。①

进入 20 世纪以后，世界各国关于战略问题的研究和实践，都达到了一个新的高度。无论是德国 E. 鲁道夫的总体战理论，还是意大利 G. 杜黑的空战理论，也不管是第二次世界大战时期美国的先欧后亚、海空打击战略，还是中国人民在抗日战争中运用的持久战的战略，人类历史上还没有哪一时期能够像 20 世纪那样，在惨绝人寰的世界大战中，以无数鲜活的生命牺牲为代价，在"战略"概念的思想、理论与实践方面能取得如此辉煌的成就。在这种悖论的背后，人们对"战略"一词的理解和认识，都趋于成熟和缜密。例如，在 20 世纪的西方学界，最有影响力的学者是美国著名的战略理论家约翰·柯林斯。他在 1973 年撰写的《大战略：原则与实践》中系统地论述了美国的战略，指出了军事战略与大战略概念之间的差异。他认为，军事战略主要是通过武力威胁和战争的方式取得胜利，而"大战略"的含义与范围更加宽泛。"大战略所寻求的远不是战争的胜利，而是持久的和平。"所以，"军事战略是军事家们的事，而大战略则是政治家们的事"。大战略支配着军事战略，而军事战略是大战略的组成部分。那么，何谓"大战略"呢？柯林斯讲得很清楚，"大战略"是指"在各种情况下运用国家力量的一门艺术和科学，以便通过威胁、武力、间接压力、外交和诡计以及可以想到的手段，对敌方实施所需要的各种程度和各式各样的控制，以实现国家安全的利益和目标"②。显然，经过数千年的积淀与实践，"战略"概念的含义和应用范围已经远远超出了军事领域，它越来越多地被应用于政治、经济、社会、外交、文化和教育等领域，成为一个又一个国家实现战略目标的主要艺术手段。

综观古今中外史料记载和学术界的研究，"战略"是一门未雨绸缪、运筹帷幄的"艺术和科学"③，是指对一个较长发展过程的具有全局意义的重大问题的筹划与指导。它不仅具有"综合性、整体性和宏观性"特征④，

① 陈益升等：《科技战略导论》，时事出版社 1986 年版，第 1—2 页。

② 约翰·柯林斯：《大战略：原则与实践》，战士出版社 1978 年版，第 43 页。

③ 李景治、罗天虹：《国际战略学》，中国人民大学出版社 2003 年版，第 3 页。

④ 倪文杰、张成福、马克锋：《现代交叉学科大词库》，海洋出版社 1993 年版，第 685 页。

而且还有一定的抽象性、长远性，稳定性、层次性等特点。在层次定位上，又具有高瞻远瞩、明确方向和目标的含义。除此之外，按照克劳塞维茨的说法，"战略"还具有如下特征：

> 战略是为了达到战争目的而对战斗的运用。因此，战略必须为整个军事行动规定一个适应战争目的的目标，也就是拟制战争计划；并且必须把达到这一目标的一系列行动同这个目标联系起来，也就是拟制各个战局的方案和部署其中的战斗。所有这一切，大多只能根据那些与实际并不完全相符的预想来确定，而许多涉及细节的规定根本不能在事先作好。因此很明显，战略也必须到战场上去，以便在现地处理各种问题，并且不断对总的计划作必要的修改。所以，战略在任何时候都不能停止工作。①

从上述文字中可以看出，战略一旦形成，并非一成不变的，因为它是"与实际并不完全相符的预想来确定"的，大凡涉及细节的问题，"根本不能在事先作好"，这种"事前规划"并带有预想成分的计划被应用于实践之后，必然要经过"必要的修改"。这就是说，战略必须在实践中加以检验和修订，并在实践上处于不断完善的过程之中。

从目前国内外学界的研究成果来看，从战略与政策关系的角度探讨美国人才吸引的问题尚无先例。客观而言，美国人才吸引战略的形成与发展，不是像美国军事与外交领域那样，由总统提出后就可以去实施的。在移民与人才吸引方面，尽管有不少总统都曾有过这样或那样的表态，但还没有哪一任总统在人才吸引战略方面提出过系统而完整的构想。大凡有这种思想和主张的总统，在多数情况下，都是将人才吸引问题包含在移民政策的构建与改革的总体框架之中加以表达的。在美国历史上，尽管最先提出人才吸引思想的人物是首任总统华盛顿，但是，从美国人才吸引战略与政策形成的逻辑关系看，对其产生直接影响的人物是被誉为现代美国科技政策之父的万尼瓦尔·布什。他在 1945 年提交给富兰克林·罗斯福总统的《科技：无止境的边疆》的报告中，提出建议成立美国国家科学基金会、推进基础性科研、加强人才

---

① ［德］克劳塞维茨著：《战争论》第 1 卷，中国人民解放军军事科学院译，第 175 页。

培养以及开展对外科技与教育交流活动的建议，构成了战后美国科技政策的理论依据。尽管他在人才吸引方面并未提出任何有战略性价值的建议，但"他山之石，可以攻玉"的至理名言在参与美国研制原子弹的外国科学家身上体现得淋漓尽致，这一点布什无疑是十分清楚的。所以，后来他多次建议吸引外来科学家为美国所用。他说，美国"应该作出不懈的努力，探寻吸收精英人才的简单方法"，然后尽可能地创造机会，将"能力超群的人引入美国……因为他们能在我们的事业中提供巨大的帮助"。① 布什的观点引起了其他美国联邦政府部门的共鸣。美国原子能委员会多次指出，尽管原子弹是在美国完成的，但是战前欧洲人的基础性研究，以及战争时期"逃离欧洲的反法西斯科学家发挥了巨大的作用"②。对于这种观点，美国国家科学基金会也表示认同和支持。该机构负责人也不止一次地呼吁开展对外科学技术研究与交流，积极吸引外来人才，因为"在科技人才或科技新发明方面，我们（美国）没有任何垄断性优势"。美国人之所以在第二次世界大战期间成功地研制了原子弹、喷气式飞机和盘尼西林等当时最先进的科技成果，就是因为美国人充分利用了"源自于海外开放的、未加密的、基础性科研成果"③。因此，美国必须奉行开放性的移民政策，积极对外开展科技交流与合作。

在第二次世界大战后，虽然杜鲁门和艾森豪威尔总统都主张实施自由主义的移民政策，但是，在20世纪的所有美国总统中，唯有约翰·肯尼迪在移民政策的战略构建与政策改革方面最为全面。在实践上，他也是一位勇于挑战旧有法规秩序的人。他在担任国会议员和总统期间撰写的、在遇刺身亡后出版的《移民国家》一书中：（1）以大量事实为依据，以高度概括性的语言，对外来移民在美国历史上的"辉煌成就"给予了高度赞扬："美国经济

---

① "Statement of Vannevar Bush, President of the Carnegie Institution of Washington, Former Director of the Office of Scientific Research and Development", in U. S. Congress, House of Representatives, *Hearing before the President's Commission on Immigration and Naturalization*, 82nd Congress, 2nd Session, Washington D. C. : United States Government Printing Office, 1952, pp. 1668 – 1669, 1672.

② "Information Provided by the United States Atomic Energy Commission Concerning References on Contributions of Foreign-Born Scientists to the United States Atomic Program", in U. S. Congress, House of Representatives, *Hearing before the President's Commission on Immigration and Naturalization*, p. 1980.

③ "Statement of Alan T. Waterman, Director, National Science Foundation", in U. S. Congress, House of Representatives, *Hearing before the President's Commission on Immigration and Naturalization*, pp. 1476 – 1477.

中的每一个方面，都因外来移民的贡献而受益……他们在美国探寻自己的财富的同时，在工业和科学技术方面，不仅为美国而且为全球都做出了惊人的贡献。"（2）他以较大的篇幅，列举了爱因斯坦、冯·布劳恩和埃姆瑞克·费米等数十位誉满全球的科学家在美国科学事业发展中无法替代的重要贡献。（3）对于19世纪80年代以来美国奉行的具有种族歧视性质的移民政策提出了尖刻的批评，认为它是美国的一种"耻辱"。所以，美国应该摈弃令人汗颜的种族歧视条款，把移民政策建立在"具有慷慨性、公平性和灵活性"的基础之上，只有这样，美国才能坦荡地面对世界。① 在当选为美国总统之后，虽然肯尼迪在移民政策改革的问题上遇到重重阻挠，但他却通过两个方面的努力打破了1952年移民法中的种种限制。第一是以就事论事的方式，屡屡推动国会颁布难民法，废除了对亚洲移民的限制；第二是利用颁布难民法之际，允许更多的外国留学生移民。关于这些内容，详见本书第二章和第三章。此外，在他的移民政策改革计划中，明确提出要加强"移民的技术与我们的需求之间的联系"，废除要求技术移民在入境前申请就业许可的条款。②

从实践过程来看，美国人才吸引战略与克劳塞维茨所说的根据预判来确定战略的模式完全不同，它是指美国政府根据其国内政治、社会、经济、科学技术及外交发展的需要，通过对移民政策的改革与调整，在实践中不断构建和完善的战略与政策体系，是对美国国家人才战略与培养体系的有效补充。美国人才战略与培养体系包括：（1）以基础教育和高等院校为核心的学历教育体系，其中也包括与就业市场需求契合度较高的中等职业教育。（2）以美国人力培训与就业政策体系为标志，针对已进入就业市场或徘徊于其边缘的劳工进行的职业技能培训。③（3）以移民政策为载体，根据美国国家利益需要确定所需要的各类外来人才。这就是说，美国人才吸引战略的变化，很容易受到美国国家利益多重性因素的制约。相应地，美国人才吸引战略是一个纷繁庞杂的问题，其表现形式有如下特点：

---

① John F. Kennedy, *A Nation of Immigrants*, New York: Harper and Row Publishers, 1964, pp. 64 – 65, 77, 81 – 82.

② Roger Daniels, *Guarding the Golden Door*: *American Immigration Policy and Immigration Since* 1882, New York: Hill and Wang Inc., 2004, p. 131.

③ 关于学历教育与劳工的就业培训，参见梁茂信《美国人力培训与就业政策》，人民出版社2006年版。

　　首先，由于美国移民政策受到国内外形势变化的影响，而技术人才又是美国外来移民中的重要组成部分，这种属性决定了美国吸引外来人才的战略与政策在政府政纲中处于从属性地位。在第二次世界大战后的岁月里，每次美国社会和国会围绕人才吸引问题展开辩论并颁布立法的时候，它都与家庭团聚、难民与非法移民等问题纠缠在一起，因而立法过程显得冗长。另一方面，吸引外来人才作为满足美国国内科技和经济发展需要的一种辅助性手段，它与军事和外交领域中突发性强、应急性特点突出的问题截然不同。人才吸引问题需要决策者审时度势，从长计议，在决策上不能操之过急。此外，由于人才吸引问题在宏观上与美国外交联系在一起，它在政府决策中往往被意识形态、政治价值观、国家安全和外交战略等重大议题所掩盖，同时，人才吸引问题又与美国就业市场的运行秩序、劳工就业权益和工资福利等问题相互交织，因而它很容易引起各方争议。性质上的扑朔迷离、利益上的盘根错节、决策机制中的边缘性，都使得人才吸引政策表现出一种特有的被动性和缓慢性，甚至在许多情况下，它在立法进程中显得趑趄不前。因此，在美国吸引外来技术人才方面，无法看到外交上和军事上那种"轰轰烈烈"的场景。相反，在更多的情况下，它是以"潺潺溪流"的方式表现的。

　　其次，美国人才吸引战略与政策的形成具有一种"分散性"和"隐蔽性"的特征。"分散性"是指它既属于移民政策的有效组成部分，同时又与美国外交政策密切相关。所谓"隐蔽性"是指在美国人才吸引战略与政策形成的时期，恰好也是冷战时代美国政府对欧亚盟国和友邦提供大规模物质与精神援助的时期。在各种冠冕堂皇的援助计划中，美国又将其人才吸引战略楔入其中，因而当时国际社会只能看到美国慷慨、忠义和豪爽的一面，对于其处心积虑地搜刮他国人才的一面，却并未予以足够的重视。所以，美国在"人道主义"的旗号下，通过难民安置招揽了大量的外国科学家，同时，又以向友邦提供教育援助的名义，实施了鼓励外国留学生移民的措施。通过这种方式，美国一方面实现了人才吸引的目标，另一方面在外交上也捞到了需要的政治资本。此外，美国又借着经济全球化的"东风"，在全球率先以"合同劳工制"的方式引进大批短期技术劳工。到20世纪末，该计划的实施范围覆盖了全世界的技术劳工，在客观上形成了全世界为美国输送人才的格局。至此，美国不仅形成了发达国家中最完备的人才吸引战略与政策体系，而且它也成为全球吸引外来人才最多的国家。

　　再次，美国人才吸引战略和政策经历了一个从"低调出场"向"高调亮相"的转变过程。在冷战爆发后到 20 世纪 60 年代中期，美国政府"低调出场"的特点十分突出。对于这个时期入境的技术人才，美国政府三缄其口。同时，由于这个时期入境的外来人才数量处于缓慢增长的过程中，所以，世界各国对美国吸引外来人才的问题并未予以关注。当 60 年代中期英国发现其国内出现日益严重的"人才流失"问题之后，美国国会的专业委员会和政府的军政要员在公开场合的态度是：要么根本不承认，要么"大事化小"地淡化处理，担心被扣上"掠夺他国人才"的政治帽子（参见第十章）。到 80 年代中期以后，随着加拿大、澳大利亚、英国、法国和德国等发达国家制定了吸引人才的政策之后，美国又以竞争者的姿态高调亮相。它在频频调整人才吸引政策的同时，包括总统在内的许多政要都在高调阐述其人才吸引的思想和主张，并在决策上加快了与其他国家的竞争步伐。

　　最后，美国在实施人才吸引战略与政策的过程中，在多数情况下打的是"利他主义"旗号，但实际上，它所倚重的核心原则是冷战时期的意识形态和美国历史上形成的政治价值观。支撑这些核心原则的物质基础是当时美国人在经济、军事和科技领域举世无双的实力。它们构成了著名美国学者约瑟夫·奈所说的"硬实力"和"软实力"的基础。它们对于谋求改善工作环境、科研条件和日常生活水平的外国技术人才而言，无疑充满了无法抗拒的诱惑力。诚然，与其他劳工相同的是，技术人才也无法摆脱市场经济社会就业市场内在运作规律及社会运行机制的制约。但是，他们与普通劳工不同的是，因为他们接受了高等教育，因而在就业市场上选择的范围更大，机会更多，相应地，其空间流动性和职业升迁的潜力都显得更加广阔。所以，在他们为个人前程而决定移民时，也在考虑家庭生活和子女教育等问题。在这种背景下，美国无疑会成为首选的目标。但是，对于美国而言，技术人才的移民行为与美国所倡导的"自由迁移"的价值观是一致的。这样，美国频频高喊着"自由移民"的口号，利用人才吸引的政策，把自己装扮成万民向往的圣地，进而达到宣传美国的政治目的，这也是深深埋藏在美国人才吸引战略中的目标之一。它在逻辑上又与美国的外交战略目标彼此重叠、相互交叉，构成了美国国家利益中的不同面相。

　　从战后美国人才吸引战略与政策的发展轨迹来看，它大致经过了如下几个阶段：第一阶段是1945—1960年。其间，尽管美国因科技革命和经济繁荣发展，科技人才需求日盛，战时的人才短缺问题进一步加剧，但因冷战阴霾不散，其中的"热战"又此起彼伏，加上美国国内的赤色恐怖与种族歧视泛滥，所以，美国国会在修订移民法时，仍然徘徊在美国学者罗杰·丹尼尔斯所说的"修正错误"的窠臼之中。[①] 尽管美国设立了吸引人才的双轨制度，但它又处于反共意识形态和种族歧视掣肘之中而难有作为。值得关注的是，在这个时期，美国政府不失时机地将人才吸引政策纳入难民法和对外文化交流法之中。这样，移民法、难民法和留学生移民政策互为一体、相得益彰，共同构成了冷战早期美国人才吸引战略和政策的核心。其中，政策重点着力于直接从美国境外申请入境的长期移民，而临时技术劳工和国际留学生移民则处于次要地位。

　　第二阶段是1961—1989年。在这个阶段，美国人才吸引战略从重点吸引境外的永久性移民，开始向持有临时居住签证入境的临时技术劳工和留学生等已在美国居住若干年的外籍人才的方向过渡。换句话说，在这个阶段，美国人才吸引战略的目标没有变化，但在操作上，一方面，削减了移民限额制度中吸引人才的限额比例，同时根据就业市场需求，对于境内趋于饱和的医生就业行业进行整顿，要求入境的外籍医生和护士在上岗前，参加美国政府制定的资格考试。另一方面，美国在整合国际留学生管理政策的同时，进一步放宽了国际留学生和外籍访问学者移民的条件，此外，美国还为跨国公司劳工调动设立了L签证计划。这些措施丰富了临时劳工计划的内容。所以，在美国的外来技术人才中，已入境的临时技术劳工和留学生等外籍人申请永久移民的比例大幅度增加。

　　第三阶段是1990—2014年。在此阶段，冷战已经结束，美国移民政策中的"去冷战化"色彩十分突出，尽管家庭团聚条款依然在移民法中居于主导性地位，但利用移民政策服务国内经济发展需要的特点日益凸显。在1990年移民法中，美国政府不仅增加了年度限额数量，扩大了人才吸引的范围和职业类别，而且还实施了·"北美自由贸易区技术劳工计划"和与澳大利亚自贸

---

① Roger Daniels, *Guarding the Golden Door*, pp. 121 – 122.

区相关的技术劳工计划。此后不久，美国国会又根据就业市场需求，将每年入境的临时劳工计划（H－1B）限额从 6.5 万人提升到 2001 年的每年 19.5 万人的标准。到 21 世纪初，从美国境外来的技术劳工人数不断减少，而在美国国内已经完成学业的留学生和在美国履职的临时技术劳工，则成为美国技术人才的主要来源。

需要指出的是，从 20 世纪 90 年代中期开始，一直到 2014 年，美国政府和社会各界围绕人才吸引问题特别是其与移民政策改革的关系展开了长达近 20 年的辩论。迄今为止，改革进程十分缓慢，结果仍然无期。但可以肯定的是，自 2000 年以来，由于中国和印度等新兴经济国家纷纷实施了人才引进的政策，欧洲国家也加快了人才争夺的步伐，所以，国际社会围绕人才资源的竞争明显加剧，参与的国家更多。对此，具有悠久移民传统和人才吸引历史的美国自然不甘落后，所以，新一轮的移民政策改革势在必行，其人才吸引的政策和手段也将更加丰富多样。毋庸讳言，外来人才也将在美国社会、经济、教育、文化和科学技术领域发挥重要作用。

三　现代移民跨国迁移的历史趋势

1492 年，意大利航海家克里斯托弗·哥伦布发现"新大陆"之后，打破了 14、15 世纪欧洲人取道非洲、将亚洲作为寻找海外贸易首要对象的历史。虽然各国对于亚洲特别是中国和印度等地区的各种探险活动并未停止，然而，比较而言，美洲却是欧洲人在 16、17 世纪竞相建立殖民地的第一选择。16 世纪中期，当西班牙人率先在美洲建立殖民贸易点之后，法国、荷兰和英国等欧洲国家的探险者纷至沓来。他们在现在的北美洲和加勒比海建立了各自的殖民地。到 16 世纪后半期，连接欧洲和美洲的大西洋贸易体系的逐渐形成，人类历史上具有深远影响的经济全球化也拉开了序幕。在这种格局之下，大西洋两岸出现了一种性质相向的变化。一方面，资本主义市场经济的发展加速了欧洲国家劳动力与生产资料的分离，人口流动空前活跃，人口跨国和跨洲迁移的社会机制已经形成①；另一方面，当欧洲列强在开发美洲殖民地的

---

① 梁茂信：《近代早期西欧地区人口流动分析》，《求是学刊》2008 年第 3 期。

过程中，以商业开发为先导的 13 个英属北美殖民地是其中的典型代表。尽管它们不是北美洲最早创建的殖民地，但却因为它们制定的吸引移民的政策灵活多样，简便有效，移民来源的多样性特点在当时也最为突出，因而其移民规模大、密度高、人口增长快，殖民地的社会经济发展日新月异。在 17 世纪之后的三个世纪中，以英属北美殖民地为基础建立起来的美国，自然而然地成为大西洋两岸接收外来移民最多的国家。自 1607 年首批英国人踏上现在的弗吉尼亚开始，到第二次世界大战之前，迁离欧洲的移民潮从未停止。其中在 1820 年以后开始的自由移民潮持续了一个多世纪，成为人类有史以来最大规模的迁移。据有的学者研究，在 1800—1950 年，全球有 6700 万人口永久性地改变了居住地，其中迁离欧洲的移民有 6000 多万，2/3 以上去了美国，其余近 1/3 分别流向加拿大、墨西哥、澳大利亚、新西兰、南非、巴西、阿根廷等后起的资本主义国家。在欧洲各国迁出的移民中，意大利移民最多，仅在 1846—1932 年间迁居海外的人口就达到了 1000 多万人。还有成果显示，在 1876—1976 年，从意大利迁出的移民多达 2600 万人。向海外移民人数较多的国家中，另一个国家是英国。它因为海外殖民地遍布全球，因而被称为"日不落帝国"。它为维护自己的殖民统治，长期实施了各种鼓励本国居民向海外移民的政策。据有些学者统计，仅仅在 1815—1945 年，英国向海外移民的人数超过 1140 万人。①

　　欧洲和北美地区之所以成为世界近现代史上人口跨国迁移最活跃的地区，最核心的因素是：（1）在第二次世界大战爆发前的 400 年间，两个地区的经济发展基本上处于同一水平上，工业革命发生和发展的时间比较接近。1820 年美国工业化进程启动后，欧美间的经济同质性和联系日益紧密，居民在历史上形成的语言文化、价值观念、宗教信仰和生活方式等都比较接近。欧洲移民在北美容易找到熟悉的生活空间，文化的适应与融合也比较容易。（2）在美国独立之后，其版图迅猛扩张，经济迅速发展，刺激了对劳动力增长的需求。相对宽松的社会氛围、广袤的土地、丰富的自然资源、较多的发财致富的机会和优越的生活条件，等等，为欧洲渴望求生和致富的人们，创造了各种在欧洲无法遇到的机会。这种天然性的优势，加上美国联邦和各州

---

① 梁茂信：《现代欧美移民与民族多元化研究》，前言第 2 页；正文第 8、13、75 页。

为吸引移民所采取的各类鼓励性措施，各种因素共同发酵，使美国成为吸引外来移民最多的国家。在 1820—1930 年，从世界各地到美国的外来移民达到 3776.2 万人，如果加上殖民地时代到 1820 年入境的 300 多万移民，那么，到 1930 年，进入美国的外来移民总数就超过了 1870 年美国人口（3981.8 万）的规模。[①]

在 20 世纪以前，美国的外来移民主要来自两大地区：第一是欧洲，第二是亚洲。拉丁美洲人口大规模移民美国，主要发生在 1924 年之后。欧洲之所以成为近现代史上移民迁出最多的地区，与其相对发达的市场经济有着密切关系。众所周知，欧洲是近现代市场经济也即美国著名史学家沃勒斯坦所说的"世界经济体系"的发源地[②]，同时，也是近现代历史上工业革命的发祥地和殖民主义扩张的策源地。这些活动的叠加，使欧洲率先彻底地改变了传统的农业经济模式，而工业化的发生与发展，彻底地改变了人类的生产活动方式。当劳动力与生产资料分离后，两者以不同的方式开始走向集中，结果带动了工业化和城市化的发展。城市作为近现代历史上各国经济发展中人口密度较高、金融资本集中、社会服务功能比较齐全的区域，对于人口和生产活动的集中具有强大的吸引力。因此，广大乡村地区的人口，为谋求更好的生活方式而纷纷流向城市。对于他们而言，迁移和流动意味着见多识广。当他们通过流动而打开了视野之后，特别是在城市生活了一段时间以后，获悉了海外发展的机会。于是，工业化国家都出现了人口流动的多重叠加趋势。例如，英国、德国和法国等，都是第一次世界大战前欧洲最发达的资本主义国家，又是在海外开拓殖民地、疯狂侵略弱小民族的国家。它们的工业化发展、国内人口的城市化与向海外移民并行不悖。当它们完成工业化以后，不但本国居民向海外迁移的数量在减少，而且，在从外国迁入的外来人口中，不仅有来自周边国家的移民和劳工，还有其海外殖民地的移民。经济发展的阶段性变化与人口流动关系的这种转换，与这些国家工业化的启动、加速和减速过程基本上是吻合的。唯有英国是一个例外。在完成了工业化之后，英

---

　　① U. S. Department of Commerce, Bureau of the Census, *Historical Statistics of the United States*: *Colonial Times to 1970*, Washington D. C.: U. S. Government Printing Office, 1975, pp. 8, 105 – 106.

　　② ［美］伊曼纽尔·沃勒斯坦：《现代世界体系：16 世纪的资本主义农业与欧洲世界经济体系的起源》第 1 卷，尤来寅等译，罗荣渠审校，高等教育出版社 1998 年版，第 79 页。

国为加强其对海外殖民地的统治，一直采取了政府资助本国居民向殖民地迁移的政策。这种政策一直持续到20世纪20年代，在此之后，政府的作用日益缩小，到第二次世界大战爆发前则彻底结束。必须指出的是，当19世纪末期东欧和南欧国家的工业化进程启动以后，它们也开始了与西北欧国家经济发展和移民迁移互为因果、并行转换的相似过程。①

亚洲国家之所以成为美国外来移民的第二大来源，主要是因为欧洲殖民主义活动的扩张与侵略，打乱了亚洲各国传统的农业生产方式。加上美国政府和商人为加快美国西部的开发，纷纷到中国、日本、朝鲜和菲律宾等国家招募劳工。从19世纪后半期到第二次世界大战爆发前，亚洲是一个多事的地区。外国殖民统治、国内专制压迫、社会的动荡，加上旱涝和鼠疫与禽流感等各种天灾人祸常常不期而至，民不聊生，哀鸿遍野，于是，成千上万的国民纷纷外逃，寻求生计。南非、东南亚、拉丁美洲、加勒比海和美国等地区，都成为无数亚洲移民寻求生计的目的地。就美国而言，亚洲移民大规模入境的起点标志是1848年加州的"淘金热"。此后，华人、日本人、韩国人、菲律宾人、印度人接踵而至。从19世纪40年代末期开始，到20世纪20年代美国开始限制亚洲移民时为止，进入美国大陆定居的亚洲移民超过120多万人。②

第二次世界大战以后，随着全球化的加速，特别是在冷战结束之后，融入全球市场经济的国家日益增多。在20世纪90年代，随着世界关贸总协定被世界贸易组织所替代，包括中国在内的许多发展中国家也纷纷加入，经济全球化进入了历史的新阶段。在此背景下，尽管战后半个世纪中，冷战与"热战"相互交替，地区性冲突十分频繁，但是，人口跨国迁移的趋势并未减速。在不同地区，人口跨国迁移的规模、水平、流向和构成等存在着较大的差异。

就欧洲而言，它作为世界近现代历史上洲际移民迁出最多的地区，其内部各国间的人口迁移也十分活跃，基本流向是从南向北、从东向西。这种趋势在第二次世界大战爆发后被打断，在冷战结束前，两大阵营的对垒也阻止了欧洲地区人口的自由流动。苏联和其他社会主义国家，因奉行了计划经济体制，依靠市场经济推力所形成的自发性的人口流动和移民基本上不存在。

① 梁茂信：《现代欧美移民迁移与民族多元化研究》，商务印书馆2011年版。梁茂信：《美国移民政策研究》，第49—78页。

② 参见梁茂信《美国移民政策研究》，第128—177页。

从这些国家迁出的移民，基本上是受美国等西方国家蛊惑性宣传的政治难民。在这种背景下，到冷战结束之前，欧洲的人口自由流动基本上局限于西欧、北欧和部分南欧国家。在这个时期，虽然欧洲仍然是跨国和洲际移民迁出最多的地区之一，但是，移民迁出大于迁入数量的现象，到20世纪70年代基本结束。甚至在意大利、希腊和葡萄牙等人口迁出较多的国家中，都出现了移民净迁入的现象。值得注意的是，在此之后的欧洲内部跨国移民流向中，来自东欧国家的移民日益增多，他们除部分流向西欧和北欧国家外，还有许多移民流向美国和加拿大等传统的移民国家。这种变化在苏东剧变后更加突出。在20世纪80年代末期，在迁居海外的波兰人进入其历史的高潮期的同时，迁入波兰的苏联移民也进入一个高潮期。据统计，在1983—1984年，从波兰迁出的移民年均达到2.2万人，而到1989年则达到3万人，可是在1990—1994年，其年均人数又减少到2.1万人。在匈牙利，外国出生的移民人数在1996年达到14万人，多数是在1988年以后入境的。同样，在捷克，其外来移民到1995年已达15.9万人，其中25%来自斯洛伐克，另有44%来自东欧其他国家。① 除欧洲之外，随着战后亚非两大洲的殖民地纷纷宣布独立，原来掌管这些殖民地政治和经济大权的欧洲裔也纷纷迁回母国。许多在殖民地直接服务于宗主国统治的土生人口，也因种种原因而迁入其欧洲的宗主国。从流向看，移民迁入较多的是德国、法国、英国、荷兰、瑞典、比利时和瑞士等国家。结果，到20世纪末期，西欧和北欧成为继美国之后，当代世界上第二个接受外来移民最多的地区，外籍人总数已达2000万，其中50%来自欧盟成员国以外的其他国家，有500多万来自英法等国的前殖民地。② 进入21世纪后，国际性迁移的强势不减。欧美发达国家仍是跨国人口迁移的主要目的地。仅仅在2003—2006年，迁入美国的移民多达404.92万人，英国有127.8万人，加拿大97万人，德国约98万人，法国的移民人数较少，但是也达到了68.24万人。③ 从各地区迁入人数看，虽然在20世纪下半期美国

①　Hania Zlotnik，"Trends of International Migration Since 1965：What Existing Data Reveal"，*International Migration*，Vol. 37，No. 1，1999，p. 31.

②　Leslie Holmes and Philomena Murray，*Citizenship and Identity in Europe*，Brookfield，Vermont：Ashgate Publishing Company，1999，p. 56.

③　Organization for Economic Co-operation and Development，*Trends in International Migration：Annual Report*，Paris：OECD，2008，p. 29.

接受的外来移民人数最多，2004 年居住在美国的外来移民达到 3400 万人以上，但从移民占总人口的比例来看，美国并不高。在 2000 年，外来移民占卢森堡人口的 32%、澳大利亚人口的 23%、瑞士人口的 22%、新西兰和加拿大人口的近 20%、奥地利、德国和美国人口的 12%—13%，占比利时、爱尔兰、希腊和荷兰人口的 10%—11%，占英国、挪威、丹麦、西班牙和葡萄牙人口的 5%—9%，占 90 年代后期加入欧盟的捷克、匈牙利、波兰和土耳其等国人口的 3% 到 5%，占墨西哥、日本和韩国的 0.5%—1.5%。[①] 外来移民的到来，对迁入国家人口增长产生了较大的影响。例如，在 1950—1970 年，外来移民占比利时人口增长的 21%、法国人口增长的 35%、瑞典的 30%、瑞士的 44%、联邦德国的 45%。[②]

尽管亚、非、拉三大洲是当代全球最大的移民来源区，但是，三大洲内部的人口跨国迁移也十分活跃。例如，在 20 世纪 80 年代以前的东南亚地区，随着新加坡、韩国、中国香港和中国台湾 “四小龙” 的崛起，吸引的外籍劳工日益增多。在 70 年代之后，日本作为东亚经济强国，因受国内人口老龄化问题和劳动力供给不足的掣肘，其政府也允许外籍劳工入境就业。到 1990 年，日本的外籍劳工已达 136.2 万人，其中 44% 来自中国、菲律宾、泰国和越南等，另外 41% 是来自巴西和秘鲁的日本裔。在西亚石油输出国家，外籍劳工之多令人惊讶。1990 年，在巴林、科威特、阿曼、卡塔尔、沙特和阿联酋工作的外籍劳工超过 800 多万人，多数来自东南亚国家。在伊拉克入侵科威特之后，外籍劳工人数开始减少。在非洲，许多劳工相继迁居西欧和西亚地区。北非的阿尔及利亚、摩洛哥和突尼斯人纷纷流向法国，部分摩洛哥人流向德国、比利时、荷兰和意大利。埃及也有数十万劳工流向利比亚和西亚石油输出国家。在西部非洲，来自圭亚那、马里和布基纳法索的移民主要流向科特迪瓦沿海地区从事农业。到 1980 年，该地区的外籍劳工达到 300 多万人。在西非其他国家，外籍劳工数量较少。例如，外籍劳工占塞内加尔人口的 2%，布基纳法索、马里、毛里塔尼亚、尼日尔等国人口的 1% 和圭亚那人口的

---

① David L. Bartlett, U. S. *Immigration Policy in Global Perspective: International Migration in OECD Countries*, Washington, D. C.: American Immigration Law Foundation, 2007, pp. 3, 16.

② Phili E. Ogden, *Migration and Geographical Change*, Cambridge: Cambridge University Press, 1984. p. 7.

0.3%。南非作为非洲经济最发达的国家之一，不仅国内人口流动非常活跃，而且还云集了许多来自周边国家的劳工，仅南非采矿业就有 20 多万外籍劳工。在拉丁美洲，外来移民人数在 1990 年达到 750 万人，占全球移民总数的 6.2%。接受移民的国家主要有阿根廷、巴西和委内瑞拉。这三个国家自 19 世纪以来就一直对欧洲移民开放。在 20 世纪 80 年代，三个国家因经济滑坡，许多白人纷纷迁回欧洲。1991 年，白人仅占这三个国家移民总数的 25%，而出生在拉美国家的移民比例上升到 67%。1980 年，阿根廷外籍人口将近 200 万，多数来自玻利维亚、智利、巴拉圭和乌拉圭等国。在加勒比海地区，除多数移民流向美国和加拿大外，还有少数迁到拉丁美洲国家，多数在加勒比海地区流动。1987 年，当哥斯达黎加、萨尔瓦多、危地马拉和尼加拉瓜达成维护中美洲永久性和平的协议后，到 1992 年，该地区的难民达到 120 万人。①

　　从上述资料中可以看出，当代全球范围内的跨国人口迁移十分活跃，流动人口的规模可谓史无前例，总体流向不仅表现为由发展中国家向发达国家的迁移（即"南北流向"），而且在发展中国家之间的人口流动（即"南南流向"）也呈现出前所未有的活跃态势。更为重要的是，在这种纵横交错的跨国性人口迁移中，涉及的国家数量越来越多，规模也在加大。1976 年，许多国家将国际移民仅仅看作"一个居于次要位置的议题"，只有 13% 的国家制定了与移民入境相关的政策，17% 的国家制定了限制移民出境的政策。到 90 年代情况发生了明显的变化。1995 年，全球有 40% 的国家制定了限制移民入境人数的政策，24% 的国家制定了限制出境人数的政策。尽管制定限制性政策的国家越来越多，但是，全球范围内的人口迁移并没有减弱。据联合国统计，1965 年跨国移民有 7500 万人，到 1990 年达 1.2 亿人，平均年增长 1.9%，其中在 1965—1975 年平均为 1.2%，此后 10 年间上升到 2.2%，到 1985—1990 年达到 2.6%，到 1990 年跨国移民占全球人口的 2.3%。从流向看，1990 年，跨国移民占发达国家人口的 4.5%，占欠发达国家人口的 1.6%、大洋洲人口的 18%、西亚人口的 11%、北美人口的 8.6%，在实行市场经济的欧洲国家达到 6%。由于跨国移民主要流向欧美国家，大批移民入境后对这些国家的人口增长影响甚大。据联合国统计，在 1990—1995 年发达

① Hania Zlotnik, "Trends of International Migration Since 1965", pp. 33 – 34, 36 – 37, 39, 40 – 41.

国家人口增长中，有45%与国际移民有关，外来移民分别占美国、澳大利亚和新西兰人口增长的1/3，占西欧国家人口增长中的88%。另一方面，国际移民使发展中国家的人口增长率减少了3%，其中非洲国家的人口增长减少了1%，亚洲为2.6%，拉丁美洲和加勒比海为7.1%。①

在战后全球性的跨国移民有增无减的趋势下，美国仍然是接受外来移民最多的国家。从战后美国的移民史进程看，入境移民规模呈逐渐上升的曲线态势。从1945—2010年进入美国的外来移民的来源和结构走势看，可将这个时期的外来移民划分为两个阶段。第一个阶段是1945—1965年。这个时期是美国移民政策从严格限制走向松动和逐渐放宽的时期，入境移民达466多万人，与1920—1940年的463.5万移民规模基本相当。在战后20年间，移民主要来自欧洲和西半球国家，欧洲占美国外来移民的55%，亚洲移民占4%，西半球国家占38%。1965年美国摈弃了移民政策中的种族歧视条款之后，世界各大洲的移民可以在一视同仁的条件下，按照每个国家2万移民限额的规定申请入境。这样，以前备受歧视的亚洲和东南欧移民迎来了一个新时代。据美国政府统计，在1965—2011年，进入美国的外来移民超过3446.68万人。每个十年入境移民的规模都会跃上一个大台阶。例如，在20世纪70年代，进入美国的永久性移民是428.28万人，80年代达到624.24万人，90年代跃至977.53万人，到2000—2010年达到1134.2万人。其中，1990—1999年和2000—2010年入境的移民分别达到977.53万人和1029.94万人，超过了美国历史上最高的1901—1910年的879.5万人的规模。从区域来源看，在1960—1969年，欧洲移民占年均入境移民的35.3%，西半球国家占52%，亚洲为11.4%，但是，到21世纪初的十年间，欧洲国家减少到13%，亚洲上升到35%，西半球国家维持在43%左右。从战后半个多世纪美国外来移民的来源结构变化看，亚洲国家占总数的34%、西半球国家占46%，欧洲国家占13%，非洲占5%，大洋洲和其他地区占2%。② 显然，在战后入境的移民中，

① United Nations, Population Division, *International Migration and Development: the Concise Report*, ST/ESA/SER. A/164, New York: United Nations Reproduction Section, 1997, pp. 11 – 13, 21 – 25.

② United States. Department of Homeland Security. *Yearbook of Immigration Statistics*: 2011, Washington, D. C.: U. S. Department of Homeland Security, Office of Immigration Statistics, 2012, pp. 5 – 11; http://www.dhs.gov/yearbook-immigration-statistics. （2013 年 1 月 21 日下载）

拉丁美洲和亚洲国家成为美国外来移民最大的来源。

从美国历史上入境移民的技术构成看，在第二次世界大战前，入境移民的整体技术构成较低，大多数是非熟练劳工。据统计，在1820—1898年到美国的外来移民总数达到1776.4万，专业技术人士（教授、工程师和医生等脑力劳动者）不过10.16万人，商人（含银行家、企业主和商人）达到48.27万人，两类移民合计不到60万，占1820—1898年移民总数的0.33%。在1889—1924年，入境移民达到1763.58万人，可是，专业技术人士和商人分别达到24.7万人和36万人，合计60.7万人，占总数的0.34%。很明显，在1924年以前进入美国的外来移民中，其整体的技术构成并不高，与二战后入境的外来移民相比，其技术构成有天壤之别。在1946—1970年，入境移民达到670万人，其中专业技术人士58万人，商人和经理达到14.3万人，两者合计达到72万多人，占入境移民总数的10.79%。①

1924年以前，美国外来移民技术构成较低的原因是：（1）美国政府长期奉行门户洞开、来者不拒的自由放任政策，对于外来移民没有明确的学历或技术要求的规定。（2）每个时代的外来移民的技术构成，是其所处时代社会经济发展总体水平在劳工供求关系中的具体反映。具体来说，在1880年以前，迁入美国的外来移民主要是来自于西北欧国家，其社会经济发展基本上与美国处于相同的层次，那个时代的经济发展仍然未进入一个重视知识和技术的时代。在1880年以后，虽然外来移民的主要来源是东南欧国家的移民。这些国家居民外迁的启动、加速和高潮时期，既与其经济融入伊曼纽尔·沃勒斯坦所说的"世界经济"体系中的进程有关，也源于其工业化的启动与加速。可以说，这些国家劳工迁移海外，基本上与国内上述两大趋势基本吻合。尽管入境移民中有许多人来自农村，属于没有文化的非熟练劳工，但是，他们在进入美国之后，仍然能够在就业市场找到自己的位置，满足美国就业市场对非熟练劳工的需求。（3）在1924年以前，无论是在欧洲还是在美国，对于普通大众来说，接受高等教育都是一件奢侈的事情，因为这个时代的美国高等教育仍然处于起步阶段，欧洲国家的高等教育体制仍然未走出精英教育窠臼。发达国家高等教育的大众化发生在20世纪60—80年代。正因为如此，

---

① U. S. Department of Commerce, Bureau of the Census, *Historical Statistics of the United States*, pp. 8, 105 – 106, 110 – 111, 985 – 986.

在第二次世界大战后最初的 20 余年间，迁居美国的科技移民比例也不算太高。据美国学者的研究，在 1947—1965 年，入境的移民劳工约有 221 万人，专业技术人士和技术人员为 37.22 万人，仅占这个时期劳工总数的 16.9%。[①] 1965 年美国移民法实施之后，入境移民总数和受过高等教育的科技移民规模并行不悖，逐年增加，其总体趋势与结构性走向，笔者将在本章第四节做一简单的勾勒。

四　战后技术人才跨国迁移的趋势

观察美国人才吸引战略的形成与发展，一个有效的观察位置就是：在全球化视野下，将美国与其他发达国家人才吸引政策进行比较。这样，可以取得较好的"山外观庐山"的效果。它既能看到当代发达国家围绕技术人才所展开的竞争，又能凸显与美国的差异和问题。

与美国相比，虽然加拿大、澳大利亚和欧洲其他发达国家的移民政策中，制定人才吸引条款的起始时间相对较晚，政策结构也比较单一，但是，它们在历史的实践中，也取得了较好的效果。例如，加拿大政府在 1962 年移民法中明确规定：凡受过高等教育，或拥有创业资本和企业管理经验的人，均可优先入境。此后，吸引外国技术人才就成为加拿大政府的长期目标之一。在 1966 年白皮书中，加拿大政府强调鼓励外来移民对加拿大人口、经济和社会发展的积极作用，指出了技术类移民对新时期加拿大社会和经济发展的重要意义。[②] 为了保证这种战略性国策的实施，加拿大颁布了影响深远的 1967 年移民法，设立了具有实用主义色彩的积分制。后来在 1973 年、1978 年和 1986 年修订移民法时，加拿大政府完善了对移民的技术、资本和专长的甄别

---

① U. S. Congress, House of Representatives, Committee on Government Operations, *The Brain Drain of Scientists*, *Engineers and Physicians from the Developing Countries into the United States*：*Hearing before a Sub-committee of the Committee on Government Operations*, *House of Representatives*, Serial Number, 89 – 921, the 90th Congress, Second Session, Washington D. C.：U. S. Government Printing Office, 1968, p. 7；Tai K. Oh, *The Asian Brain Drain*：*A Factual and Casual Analysis*, San Francisco：R & E Research Associate, Inc., 1977, p. 5；Brinley Thomas, "Modern Migration", p. 33.

② Victor Malarek, *Haven's Gate*：*Canada's Immigration Fiaso*, Toronto：Macmillan of Canada, 1987, p. 33.

原则和方法，目的是使其更加切实可行有效。在 1986 年法案中，加拿大政府废除了对移民亲属照顾的条款，以移民的技术与文化素质作为其是否符合入境条件的标准，目的是要"选择那些能够展示适应迅速变化的全球经济的个人素养"的移民入境。① 到 90 年代，这种以强调吸引人才的政策更加完善，重点吸引具有企业管理经验、专业技术和创新精神的移民。1995 年，加拿大在《面向 21 世纪：移民与公民资格战略》中规定，每年入境移民控制在 25 万左右，在结构上提高技术类移民的比例，以便"挑选能够满足各省经济发展目标的独立移民"②。客观而言，上述面向就业市场宏观需求的政策实施后取得了不菲的业绩。在 1991—1995 年迁入加拿大的移民中，企业家和投资类移民超过 10 万人，占同期入境移民的 9.4%。值得注意的是，在 1978 年和 1991 年，澳大利亚与新西兰分别模仿加拿大的积分制，重点吸引那些经济条件较好或学历较高的移民。上述政策实施后取得了积极的成就。在 1989—1990 年迁入澳大利亚的移民中，男性技术类移民的比例达到 37.8%，女性达到 33%，1997 年入境的移民中，技术类移民占总数的 53%。③

在欧洲发达国家中，自第二次世界大战结束后到 70 年代中期，英国、法国和联邦德国都曾为谋求经济复兴而纷纷实施了各种开发劳动力资源的政策。1955 年之后，联邦德国先后与土耳其、意大利和南斯拉夫等国家签订了引进合同劳工的协议，入境劳工按照与受聘企业达成的合同就业，合同期满后可以延期，未延期者必须离境，这种政策被称为"客籍劳工轮换制度"。④ 与联邦德国截然不同的是，英国通过吸引前殖民地的移民来解决英国战后劳动力不足的问题。在入境移民中，多数来自加勒比海岛屿、印度、巴基斯坦和中国香港等地区，其中有些是技术素质较高的专业人才。

---

① Lorne Foster, *Turnstile Immigration*：*Multiculturalism*，*Social Order and Social Justice in Canada Multiculturalism*，Toronto：Thompson Educational Publishing，Inc.，1998，p. 71.

② Alan G. Green and David A. Green，"The Economic Goals of Canada's Immigration Policy：Past and Present"，*Canadian Public Policy*，Vol. 25，No. 4，1999，p. 435：http：//www. jstor. org/stable/3552422.（2008 年 5 月 21 下载）

③ Robyn Iredale，"The Need to Import Skilled Personnel：Factors Favouring and Hindering its International Mobility"，*International Migration*，Vol. 37，No. 1，1999，pp. 99，118.

④ Vaughan Robinson ed.，*Migration and Public Policy*，UK：Edward Elgar Publishing Limited，1999，p. 438.

相对而言，法国的政策兼具英、德两国政策的特点，它一方面与意大利、西班牙和葡萄牙等国家签订了引进劳工的协议，另一方面又安置了来自其前殖民地阿尔及利亚和摩洛哥等地区的移民。这样，为满足经济发展而制定的实用主义政策与安置来自前殖民地移民和难民的政策相结合，构成了战后西欧大国移民政策的特点。尽管希腊、意大利和西班牙等国家也在20世纪70年代末期结束了其人口大规模向外迁移的历史，成为移民净迁入国家，但是，一直到80年代初，欧洲发达国家仍然未实施旨在吸引人才的政策。由于此时各国也进入了向后工业社会的转型期，知识经济的发展也刺激了对技术劳工的需求。于是，各国在严格限制体力劳工的同时，鼓励技术类劳工和移民的措施不断增强。[①]

以英国为例，自70年代末期开始，政府通过发放就业许可证，吸引技术人才。发放的就业许可证数量，从1987年的2.03万份增至1990年的3.42万份，年均增长29%，其中专业技术人士占81%。[②] 进入90年代后，随着英国经济的空前繁荣，技术劳动力供不应求的矛盾骤然加剧，于是，英国便加强了人才吸引政策的力度。在2000—2003年，英国对移民政策进行了多次改革，其中规定：（1）专业技术移民、企业家、投资者和在英国获得学士及以上学位的外国学生，无须英国公民或公司的担保就可以申请就业。在英国获得学士及其以上学位的外国学生，可以申请永久性定居英国的资格。（2）在英国工作的外国博士后，其年薪可以提高25%，凡雇佣外籍教授的公司和单位可以申请政府的资助和补贴。[③]（3）设立与澳大利亚相似的积分制，吸引"拥有特殊才能和经验的个人"。（4）英国的跨国公司可以担保移民入境，凡是可以投资、经营企业的移民，或能够为企业发展提供咨询的移民，即使没有金融资本，只要积分达到100分也可以申请入境。（5）成立英国移民咨询委员会（Migration Advisory Committee），收集并公布英国短缺的技术职业。此外，英国政府还与地方政府合作，在信息技术、生物、医疗、保健以及教育专业等领域，招募技术劳工，

① Sami Mahroun, "Europe and the Immigration of Highly Skilled Labour", *International Migration*, Vol. 39, No. 5, 2001, pp. 30 – 31.

② Vaughan Robinson ed., *Migration and Public Policy*, p. 21.

③ Organization for Economic Co-operation and Development, *Science, Technology and Industry Outlook 2002*, Paris Organization for Eunomk Co-operation and Derelopment 2002, pp. 242 – 243.

以满足经济发展对技术劳动力的需求。[①]

联邦德国作为欧洲国家中外来移民人数最多的国家，它在 20 世纪 90 年代以后也加强了吸引外国人才的力度。一方面，它采取种种措施吸引旅居美国的专业技术人才回国；另一方面，它在 2000 年实施了"绿卡"计划，允许大约 2 万名外国信息技术专业人才入境就业。此后，德国吸引外来人才的政策力度开始加强，凡具有德国就业市场需要技术的人才，可申请永久居留权。通过这种方式，联邦德国自 2001 年以来，平均每年招募的移民技术劳工都保持在 1.3 万人以上。对于在德国高校获得学位的外籍本科生和研究生，德国政府给予了更加宽松的优惠政策，允许他们无须参加政府规定的考试，就可以进入就业市场就业。毕业后在大学工作的教师和研究人员，若年薪达到 8.5 万欧元，则可申请永久性居民资格，仅此一项规定，就在 2005—2006 年为联邦德国吸引了 1100 多名永久性定居的技术人才。[②] 2005 年以后，由于德国电器、机械和金属工业的技术人才短缺，德国政府决定，在加强对国内劳工进行培训的同时，允许新加入欧盟的中欧和东欧国家的技术人才直接入境就业。[③]

在英、德两国实施上述政策的同时，经合组织其他成员国纷纷效仿。于是，在欧美发达国家的就业市场上，各国围绕外国技术人才的竞争随之加剧。例如，1998 年，法国也实施了"科学签证"计划，符合规定的外国科学家和工程师可以自由就业。有些法国企业为吸引人才，将计算机技术岗位的年薪提高到 18 万法国法郎。如果移民就业一年以上，可以享受移民家庭团聚的优惠。荷兰政府也规定，来自欧盟成员国的高技术劳工，可在 10 年内享受每年减免所得税 30% 的优惠。在瑞典，凡是就业的外籍高技术人才，其工资的 25% 可以免税。[④] 甚至亚洲的日本和韩国也设立了吸引外国技术人才的特殊计

---

① Organization for Economic Co-operation and Development, *Trends in International Migration*, pp. 103, 105 – 106.

② Organization for Economic Co-operation and Development, *Science*, *Technology and Industry Outlook* 2002, pp. 242 – 243.

③ Jonathan Chaloff, and Georges Lemaitre, "Managing Highly Skilled Labour Migration: A Comparative Analysis of Migration Policies and Challenges in OECD Countries", p. 29; Organization for Economic Co-operation and Development, *Trends in International Migration*: *Annual Report*, Paris: Organization for Economic Co – operation and Development, 2004, p. 75.

④ Sami Mahroun, "Europe and the Immigration of Highly Skilled Labour", p. 32.

划。韩国允许学习信息技术专业的外籍学生在韩国永久性定居，日本则允许信息技术专业的外籍学生申请多次入境签证。从各国的政策共性看，比较普遍的做法是简化入境手续，提供优厚的工作条件和工资待遇，在税收减免和永久性定居资格等方面给予申请者优惠政策。

在欧洲发达国家中，由于其实施引进人才的政策相对较晚，各国关于专业技术人才统计的起始时间和标准不一，多数国家都没有详细完整的材料，相关统计显得凌乱琐碎。尽管如此，我们还是可以从中窥探一斑。例如，在1983—1989年，进入荷兰境内的技术移民从4.3万人增至6万人，增长了40%，但非技术移民未见增长，基本保持在13万人左右。同样，1977—1989年在联邦德国就业的外籍劳工中，有大学学历的劳工增长了23%。在英国，由于80年代中期实施就业许可证制度后，85%的就业许可发放给了科学家和工程师等技术移民，因此，技术人才占1990年英国就业的外籍劳工的1/3以上，高于英国本土劳工中的21.6%的比例。[1] 在1990年法国人口统计中，技术移民达到了20万人，占境内外籍人口的12.5%，其中42%来自欧盟成员国。[2] 由于欧洲各国都加强了对非熟练劳工的控制，入境劳工的整体技术构成相对较高，接近或超过了土生劳工的高学历比例。例如，有大学学历的劳工占1994年英国15—64岁的劳工的21.7%，而在同年入境的外籍劳工中为19.8%，在1994—2002年入境就业的外籍劳工中，大学学历的比例高达53.2%。这种可喜的现象是英国移民史上前所未有的。类似的现象在欧洲其他国家也同样存在。例如，在1994年15—64岁的德国劳工中，大学比例为23.4%，同年入境的外籍同龄劳工的比例是13.5%，而在1994—2002年入境就业的劳工中则达到23.8%。学历构成明显提高的现象，在比利时、卢森堡和荷兰的外来移民和临时劳工中同样十分突出。[3] 不啻如此，在这个时期欧洲国家实施的人才吸引政策中，各国纷纷采取了引进临时劳工计划与永久性移民相结合的做法。因而在迁入各国的技术人才中，既有永久性移民，也有许多临时劳工。他们因受雇于具体的公司，有明确的工作

---

① Hans H. Blotevogel and Anthony J. Fielding, eds., *People, Jobs and Mobility in the New Europe*, New York: John Wiley and Sons, 1997, pp. 99 – 100.

② Organization for Economic Co-operation and Development, *International Movement for the Highly Skilled*, Paris: OECD, 1997, p. 13.

③ Organization for Economic Co-operation and Development, *Trends in International Migration*, p. 61.

时间和任务，服务期短则一年，长则数年或十年。合同期满后有些人回国，有些人选择在迁入国家永久性定居。由于各国关于临时工规定的工作年限不同，人数统计多寡不同。例如，在澳大利亚引进的临时劳工中，技术类劳工的比例从 1992 年的 17.1% 上升到 1996 年的 20.5%，绝对人数达到 7.34 万人。在1992—1995 年加拿大关于临时劳工的统计中，技术类劳工从 35.5% 上升到43.7%。绝对人数达到 27.04 万人。法国和英国也基本如此。① 2000 年之后，随着欧盟各国吸引人才力度的增强，临时性技术劳工规模进一步扩大。2003—2006 年，进入英国工作的临时工近 92 万人。在同期的德国，外来技术劳工也超过 168 万人，每年平均 40 万人以上。澳大利亚有 68.6 万人，加拿大为 52.1万人，甚至日本接受的临时劳工累计也超过了 80 万以上。②

值得关注的是，大约从 20 世纪 70 年代末期开始，欧洲各发达国家将人才吸引关注的对象转向了国际留学生。虽然这项政策的启动与实施比美国晚了近20 年，但是，它们到 90 年代以后，成为与美国竞争的主要对手。

欧洲作为近现代工业文明的发祥地，曾经是吸收外国留学生时间最早、人数最多的地区，为包括美国在内的许多国家，培养了大量的专业人才。但是，在第二次世界大战后较长的时期内，由于美国将吸收国际留学生的政策与外交战略结合在一起，因而其对外教育交流的政策，具有很强的政治色彩。在这种背景下，当美国的国际留学生事业蒸蒸日上的时候，欧洲发达国家仍停留在带有救济性的教育援助的概念上。到 20 世纪 90 年代，欧洲主要发达国家才将以国际留学生为载体的教育交流看作一种"贸易出口"，因为它们认识到，吸收留学生不仅可以刺激其读书所在地区的商品消费和经济发展，而且，国际留学生在攻读学位期间，对所在地区的经济发展状况、就业市场的需求和生活习惯与方式等有进一步的了解，所以，他们学习的过程，实质上就"构成了所在国家的、熟悉就业市场规则和流行习惯的、具有潜力的高技术劳工的储备军"③。因此，各国从战略性高度出发，在吸引国际留学生方面展开了激烈的竞争。概

① Organization for Economic Co-operation and Development, *Trends in International Migration：Annual Report*, Paris：OECD, 1998, p.189.

② Organization for Economic Co-operation and Development, *Trends in International Migration：Annual Report*, Paris：OECD, 2008, p.49.

③ Organization for Economic Co-operation and Development, *Trends in International Migration：Annual Report*, 2004, p.36.

而观之，各国普遍采取的措施分别从两个层次上展开。

在第一个层次上，通过各国政府的参与，加强政府资金投入，增设奖学金名额；或通过签署跨国教育交流协议的方式，加大在海外办学的投入力度。例如，联邦德国在1997年成立了"德国学历教育交流局"，推出了一个涉及30多种措施的计划，积极鼓励德国高校、科研院所和企业等招聘外国的高学历人才。2000年，在德国联邦和各州政府的支持下，该机构的财政预算和提供的奖学金机会数量分别增长了24%和50%，在德国留学的外国学生人数增加了一倍。同样，法国也在1998年设立了"教育法国"的机构，实施了面向全球的招生计划。与德、法两国不同的是，英国把国际教育交流看作一种商业贸易。英国的一些教育官员明确表示："高等教育本身是英国一项主要的出口工业。"为此，英国政府在1997年决定："为使英国成为一个在国际上更具有竞争力的贸易国家，就必须动员必要的技术人力资源，向有支付能力的客户提供教育服务，最大限度地增加出口收入。"为此，英国在1997—2002年通过"跨国授权协议"、"姊妹学校协议"和远程教育等方式，在海外招生规模超过20多万人。英国在国际教育贸易市场的份额也从1997年的17%增至2005年的25%。此后不久，欧洲其他国家也掀起了"跨国性高等教育"热潮。2001—2003年，英国、法国和德国等相继与埃及、新加坡和马来西亚等国家的名校签署了联合办学的协议。到2003年，英美等10个国家的高校先后与中国的730多所高校签署了教育合作协议，其中与中国高校签约最多的国家是美国（154所）、澳大利亚（146所）、加拿大（74所）、日本（58所）、新加坡（46所）、英国（40所）、法国（24所）、德国（14所）和韩国（12所）。在操作上，它们通过开设分校，或在课程设置、教学和研究等方面进行合作，将发达国家的办学理念输往发展中国家。这样，发展中国家的学生足不出国，就可以享受到与发达国家相同质量的教育。例如，从1996年开始，澳大利亚与中国等亚洲国家的高校合作招生，学生入学后仍在母国学习，但在澳大利亚的大学注册，这类学生人数之多，已占2003年澳大利亚外国留学生的29%，其中半数来自中国香港、中国大陆地区和新加坡等地。20世纪90年代，英国参与了中国575个学位授予单位的学生培养计划。与此同时，美国在全球115个国家也实施了类似的办学计划。[①]

---

① Organization for Economic Co-operation and Development, *Internationalisation and Trade in Higher Education*: *Opportunities and Challenges*, Paris：OECD, 2004, pp. 19 – 22、101、219 – 223.

由于 20 世纪 90 年代网络和数字技术的快速发展，高校的远程教育领域进入了一个新的时代，成为当代国际教育交流合作中发展最快和最有效的模式之一。1996 年，接受远程教育的学生占国际留学生人数的 9%。体现在不同国家，其比例高低不同。例如，1998—2001 年，开设远程教育课程的大学在英国从 70 多所增长到 103 所，招生规模超过 3 万多人，到 2003 年，在英国高校注册的国际留学生中，有 7 万多人在母国学习。从 1998 年到 2001 年，开设远程教育课程的美国大学的比例从 44% 上升到 56%，在校注册学生人数也从 130 万人增加到 290 万人。同样，在 2001 年澳大利亚的国际留学生中，接受远程教育的学生占 9%，其中 75% 属于 7 所比较著名的大学。①

此外，在欧盟内部，随着成员国数量的增多，欧盟成员国之间的教育交流与资源协调力度也在加强，目的是为鼓励成员国的学生跨国学习，扩大成员国学生的流动范围。为了应对美国的竞争，欧盟成员国在 1999 年于意大利的博洛尼亚省签订了《博洛尼亚宣言》，决定到 2010 年把欧盟国家建成统一的"欧洲高等教育区"，目的是"增强欧洲高等教育体系的国际竞争力"，并在全球尽可能地占领更多份额的市场。为此，该项宣言中决定：（1）确立一种简便易学又能增强就业能力的、能代表欧洲教育体系的学位制度。（2）实施以两个周期为基础的教育制度，第一个周期至少是三年制教育，之后学生就能进入就业市场工作。（3）建立一种欧洲普遍接受的学分制，承认在高校外的实践活动中的学分。（4）根除任何阻碍学生自由流动的障碍。应该说，《博洛尼亚宣言》被认为是欧洲高等教育史上的一个转折点，它通过对高等教育的改革，在保留每个学校特色的前提下，通过相互承认的标准，增强了各高校和欧盟整体的适应能力，使每一个签署国在互相交流与借鉴的同时，又有了一个共同奋斗的目标，进而在与美国的竞争中立于不败之地。②

第二个层次是各国允许外国学生在读期间就业，获得学位的毕业生可

---

①　Organization for Economic Co-operation and Development, *Internationalisation and Trade in Higher Education: Opportunities and Challenges*, pp. 20 – 22, 216.

②　Organization for Economic Co-operation and Development, *Internationalisation and Trade in Higher Education: Opportunities and Challenges*, pp. 94 – 95.

以进入就业市场流动，那些在科技和经济领域创造力更强的学生，可以永久性定居。例如，法国在 2006 年规定，外国学生在读期间就业无须申请，每学年工作时间不超过 60%。获得硕士和博士学位的研究生，毕业后可直接就业。如果在毕业后 6 个月之内找到了相当于当地最低工资的 150% 的职业，可以不参加就业市场准入考试。同年，奥地利规定，外国留学生在毕业后只要能找到高技术职业，就可以直接转换身份，永久性定居奥地利。德国在 2007 年规定，如果学生在毕业后找到与在校所学专业一致的职业，可以免除进入就业市场的职业考试。2007 年，英国实施了"国际研究生方案"后，允许所有非欧盟成员国的学生在英国政府认可的大学毕业后，获得硕士及其以上学位者，可以有 12 个月的求职时间。如果雇用单位需要，就可以允许其永久性定居。澳大利亚规定，外籍学生在读期间可以工作。为帮助外国学生从学校到就业的顺利过渡，澳大利亚政府要求各地高校制订必要的福利计划，公布学校教育计划和进度。[1] 由于欧美发达国家吸引国际留学生移民的做法，迎合了那些来自国内政权动荡、经济落后的发展中国家的留学生的心愿，不少学生希望毕业之后能在留学国家永久性定居。另一方面，由于留学生在学习期间，积累了东道国的历史与文化知识，熟悉了当地就业市场的环境和运作规则，同时又通过半工半读，增强了就业技能，并形成了较强的知识创造能力，因而成为欧美各国竞相争夺的对象。[2]

应该说，欧洲发达国家吸引外国学生的各种措施都取得了积极的成效，国际留学生人数与日俱增。1980—1992 年，在英国读书的国际留学生人数从 5.6 万增长到 9.55 万，增幅达到 70.69%；法国从 11.07 万增加到 13.84 万，增长 25.02%、德国从 6.85 万（西德 6.14 万，东德 7106 人）增加到 1991 年的西德的 11.64 万，增幅超过了 89%。其他国家的留学生因为基数较小，增幅惊人，依其增幅高低排名依次是：日本（588.76%）、澳大利亚（349.92%）、荷兰（175.89%）和丹麦（151.63%）。从来源

----

① Jonathan Chaloff, and Georges Lemaitre, "Managing Highly Skilled Labour Migration", pp. 25 – 26.

② Organization for Economic Co-operation and Development, *Internationalisation and Trade in Higher Education*: *Opportunities and Challenges*, p. 101.

看，在 20 世纪 90 年代初期的留学生中，非洲学生占总数的 12.5%，美洲占 10.9%，亚洲为 47.3%，欧洲为 26.3%，苏联和大洋洲为 1.7%。从流向看，具体特点是：第一，地缘性特点非常突出。亚洲学生集中在亚洲及其周边地区。在日本留学的外国学生中，有 92% 来自亚洲邻国，同时，亚洲学生占澳大利亚外国学生的 55% 和新西兰的 42.4%。这就是说，学生的来源国和留学目的地国家之间在地理、历史和文化上都有某种联系，学生容易适应留学国家的文化和生活方式。也因为如此，欧洲各国的学生中多数来源于欧洲邻国。例如，欧洲学生占奥地利（1993 年）国际留学生的 70.3%、意大利（1993 年）的 62.6%、瑞典的 61.2%、瑞士（1993 年）的 79%、丹麦（1992 年）的 58.6% 和爱尔兰（1991 年）的 49.2%。在芬兰、荷兰、英国、挪威和德国等国家的外国学生中，欧洲学生占 40% 以上。第二，在留学生的来源国与留学目的地国家之间，语言和文化上的渊源关系非常清楚。例如，非洲留学生占法国（1993 年）外国留学生的 52.8%、葡萄牙（1989 年）的 61.6% 和比利时的 34%。这就是说，在境外有很大影响的法语、西班牙语和葡萄牙语，对于其前殖民地的学生具有很强的吸引力。会说英语的学生大多进入美国、加拿大、英国、澳大利亚和新西兰等国家。①

进入 2000 年之后，到欧美国家求学的国际留学生人数有增无减，2000—2005 年，发达国家的国际留学生增长了 50%，其中美国和英国受益最大，净增人数各自达到 12 万，法国和奥地利分别为 10 万和 8.5 万。② 从学生的区域来源来看，亚洲学生所占比重略有下降，但仍然是学生来源最多的地区。在 2005 年经合组织成员国家留学生中，亚洲学生占 43%、欧盟成员国占 35%、非洲为 12%、北美占 7%、南美为 3%、大洋洲占 1%。在国际留学生求学的地理分布上，亚洲国家的留学生中，有 60% 以上在美国。在欧洲国家的国际留学生中，60% 的学生来自欧洲其他的国家，23% 来自亚洲，17% 来自非洲，5% 来自北美洲，3% 来自南美洲。显然，欧盟成员

---

① Organization for Economic Co-operation and Development, *International Movement for the Highly Skilled*, pp. 43 – 44.

② Organization for Economic Co-operation and Development, *Trends in International Migration*, 2008, pp. 22, 52 – 53.

国的外国学生更多的是来源于欧洲其他国家，其次是来自亚洲的学生，而南美洲和非洲学生仅占欧盟成员国外国学生的 20%。[①] 从学科结构看，在各国的国际留学生中，理工科比例较高，而且增长较快。例如，在英国，外国留学生占英国学生总数的 29%，但却占工科专业的 37.6%、社会科学和行为科学的 40%。在博士学位计划中，外国学生占英国博士研究生的 33%，但在工科专业中占 44%。在法国，外国学生占博士研究生的 31%，博士后的 18.7%，绝大多数集中在工科领域。[②]

　　如前所述，欧美发达国家吸引国际留学生移民政策的实施，造成了国际留学生学成不归的问题日益加剧。有资料显示，在 1978—1999 年到海外学习的中国学生中，居留在国外的学生人数占总数的 75%，其中最终移民的学生占留美中国学生的 85.9%、留日学生的 62.6%、澳大利亚的 55.1%、英国的 53.2% 和法国的 52.4%。当然，人才流失的问题并非仅仅局限于中国。在菲律宾，每年信息技术人才的流失率达到 30%—50%，医生的流失率达到 60%。在欧美发达国家中，留学生移民的比例是最高的。在 1996 年获得博士学位的学生中，5 年后仍在美国工作的比例分别占中国留学生的 96%、印度学生的 86%、伊朗学生的 70%、加拿大学生的 62%、以色列学生的 51%、土耳其学生的 50%、新西兰学生的 56%、东欧国家的 77%、阿根廷的 57%、英国的 53%、德国的 48%、部分中南美洲国家的 49% 和埃及的 47%。[③]

　　从上文中可以看出，战后世界各国为吸引人才的努力都在不同程度上取得了成效。特别是欧洲，它到 21 世纪初期，已经成为仅次于美国的第二个外来技术人才流向最密集的地区。据统计，在 2000 年，居住在经合组织国家的有大学学历的外来移民人数大约有 1800 万，其中有 1000 万来自经合组织以外的国家，而来自经合组织成员国的技术移民仅占总数的 40%。这就是说，在当代欧洲国家定居的技术人才中，绝大多数来自发展中国家。从地域上，亚洲国家所占比例较高，达到 30%，是人才流失最严重的地区，其中，在海外留学的学生，在

---

　　① Andrés Solimano, ed. , *The International Mobility of Talent*, p. 307.

　　② Organization for Economic Co-operation and Development, *Science, Technology and Iindustry Outlook* 2002, pp. 236 – 237.

　　③ Organization for Economic Co-operation and Development, *Internationalisation and Trade in Higher Education: Opportunities and Challenges*, pp. 278, 281.

学成后滞留不归，成为当代欧美国家技术移民的重要来源。从技术类移民占各大洲和各国移民的比例看，亚洲国家也是最高的，达到 39% 左右。虽然技术人才在来自其他各地区的移民中的比例相对较低，但平均占其移民的 20% 以上。例如，在 2000 年，技术移民占非洲迁出移民的 25%、经合组织成员国移民的 21.9%、欧洲非经合组织成员国移民的 21%、中南美洲的 21%、大洋洲非经合组织成员国移民的 22.2%，加勒比海地区移民的 19.9%。如果再将外来移民的学历构成与迁入国家土生居民的平均学历构成进行比较，那么，外来人才的影响可见一斑（参见表 1.1）。

表 1.1　　2000 年经合组织成员国 15 岁以上土生公民与外来移民中持有大学学历的百分比统计①

国家	所有人口	土生人口	外来人口	国家	所有人口	土生人口	外来人口
所有国家	20.6	20.2	24.2	爱尔兰	24.7	22.7	41.0
澳大利亚	39.7	38.6	42.9	意大利	8.3	8.1	12.2
奥地利	11.0	10.9	11.3	日本	27.4	27.4	29.9
比利时	22.8	22.9	21.6	韩国	26.7	26.7	32.2
加拿大	32.9	31.5	38.0	卢森堡	16.0	12.8	21.7
智利	19.4	18.1	23.7	墨西哥	11.0	10.9	37.8
捷克	10.3	10.2	12.8	荷兰	19.3	19.5	17.6
德国	18.9	19.5	15.5	挪威	22.9	22.4	30.6
丹麦	18.8	18.8	19.5	新西兰	28.0	27.2	31.0
西班牙	19.5	19.4	21.8	波兰	10.5	10.4	11.9
芬兰	23.3	23.4	18.9	葡萄牙	8.5	7.7	19.3
法国	17.0	16.9	18.1	斯洛伐克	10.2	10.0	14.6
英国	21.6	20.1	34.8	瑞士	23.0	22.8	24.2
希腊	13.6	13.4	15.3	土耳其	7.0	6.4	15.2
匈牙利	11.0	10.7	19.8	美国	26.8	26.9	25.9

---

① Jean-Christophe Dumont and Georges Lemaître, "Beyond the Headlines", p. 1281. 在原文表格中，作者没有包括冰岛的数据，却将 2010 年加入经合组织的智利的统计纳入其中，至于原因，作者未作说明。

从表 1.1 中可以看出，在 2000 年经合组织成员国 15 岁以上公民中，有大学学历的比例比同龄的外来移民低 4 个百分点。在各国中，唯有比利时和荷兰外来移民的学历水平低于土生公民，其余所有国家两类人口的学历构成恰好相反。在各国中，差异最大的是英国，其国民中持有大学学历的比例仅为 20%，而外来移民则高达 24%。同样，在爱尔兰的外来移民中，有学士学历的比例达 41%。墨西哥的外来移民中，有大学学历的比例比土生公民高 17 个百分点，匈牙利和土耳其均高近 9 个百分点，而卢森堡和挪威均高出近 8 个百分点。虽然美国土生公民的学历构成高于外来移民，但是，由于美国接受的技术类移民数量巨大，因而，外来技术人才对美国社会经济发展的影响，不可小觑。

五　现代美国外来人才的结构分析

综观现代美国历史上，外来人才进入美国的途径，其源头纷繁杂乱。从纵向看，外籍技术人才从申请入境，到最终成为永久性移民并加入美国国籍，是一个复杂的线性过程。从横向看，概而言之，可谓"万溪入海"，滔滔不绝。如果站在移民永久定居并加入美国国籍这个最终目标点上观察，我们用一种简单的"倒置的三角形"表述比较容易理解。在这个三角形的一边是在美国"境外申请的移民"。这类移民在祖籍国家的美国驻外总领事馆申请签证。获准后，他们可以乘机到达美国，通过海关检查之后，在美国居住 5 年，就可以申请入籍。为表述方便，笔者将在以后各章中，将这类移民称为"直接移民"。

在三角形的另一边是持有各种"非移民"（nonimmigrant）临时签证（temporary visa）的外籍人。他们到美国后，并没有放弃原籍国家的居民身份和国籍，而是在美国合法从事入境签证规定的工作。这类非移民外籍人中有临时劳工、访问学者、留学生、投资商、旅游者和探亲访友者，等等。他们在完成了签证规定的任务后，再适时地根据美国移民政策的规定，申请永久移民身份。如果获得批准，他们的身份就与"直接移民"的身份相同。为以后各章中行文表述方便，笔者将这类移民称为"曲线移民"，以便于与"直接移民"相区别。

　　与"直接移民"相比，"曲线移民"的入境身份庞杂多样。根据笔者的观察，每年进入美国的外籍临时身份的外籍人签证，林林总总，凡50多种，加上永久性移民的各类签证，超过了60多种。与本书中论述主题相关的各类临时签证计划中，主要是包括以下几类：（1）国际留学生，其中构成也有严密的区分，包括学习职业技术的M-1签证、非政府资助的攻读学位的F-1签证和根据交换协议规定申请的J-1类签证者。（2）临时劳工计划，包括旨在吸引有突出才能者的H-1B签证计划、临时农业劳工计划（H-2A签证）、非农业临时劳工计划（H-2B）、"处境不利地区护士援助计划"（Nursing Relief for Disadvantaged Areas）中的H-1C劳工计划、到美国接受在岗技术培训的H-3劳工计划、为满足跨国公司职员跨国调转的L-1签证计划、为满足"北美自由贸易协定"实施而设立的TN-1劳工计划，它允许美国企业雇佣来自加拿大和墨西哥的专业技术人才。此外，为满足文化娱乐需求的体育运动员和影视明星的P-1类计划、国际文化交流的Q-1签证计划，宗教组织服务的R-1签证计划，为那些以前曾经持有H-2B签证入境并圆满履职的临时劳工再次申请的需求，国会还设立了H-2BR签证。必须指出的是，上述各类临时身份的非移民外籍人入境的时候，许多人的配偶和家属也要求入境。为此，美国国会为他们分别设立了配套签证。例如，M-2签证、F-2签证和J-2签证，就是为国际留学生的家属设计的，而H-4签证就是针对H-1B，H-2和H-3签证劳工的配偶和子女发放的签证。[1] 总体来看，它们之间的差异与构成形同迷宫，很容易让人眼花缭乱，因而与"直接移民"的来源结构相比，"曲线移民"的来源之庞杂，显然不是一个简单的三角形模式所能涵盖的。有鉴于此，笔者以现行的美国人才吸引政策为依据，根据外来人才进入美国渠道，画出了一个流程图。需要说明的是，笔者在设计流程图的过程中，只选择了部分与人才吸引相关的临时签证计划（参见图1.1）。关于永久性移民政策的变化和各类计划的设立与实施过程，请详见下文各章。

---

① United States, Department of Homeland Security, *Yearbook of Immigration Statistics*: 2008, Washington D. C.: U. S. Department of Homeland Security, Office of Immigration Statistics, 2009, pp. 62 – 64, 66; http://www.dhs.gov/xlibrary/assets/statistics/yearbook/2008/ois_yb_2008.pdf. （2009年8月30日下载）

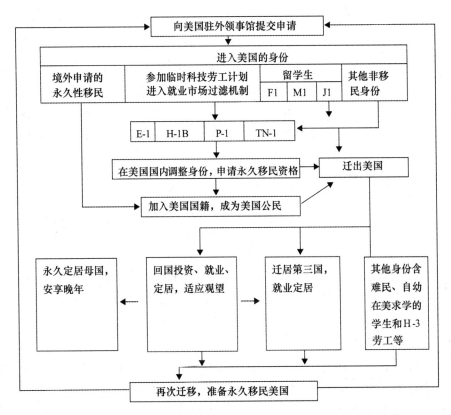

图 1.1　专业技术人才移民美国的渠道与流程

从上图中可以看出，一些人在美国生活一段时间后返回祖国，还有些人迁移到加拿大和欧洲等国家，属于迁居第三国的移民。无论他们离开美国后的去向如何，其中还有些人后来进行第二次甚至第三次迁移，并最终在美国定居。这类移民人数较少，难以统计，因而只能作为一种现象指出来，作为回流移民中的一个组成部分，其具体论述将在第十章展开。不过，据上述流程图显示，外来人才移民美国的过程是一种复杂的社会现象。

从 20 世纪美国移民政策的规定来看，其中包含着三大类：即照顾美国公民和合法外侨与其外籍配偶和未成年子女的家庭团聚条款，满足美国经济发展需要的就业类条款以及体现美国意识形态色彩的难民类条款。无论是"直接移民"还是"曲线移民"，他们申请永久性移民资格的身份，都来自于以上三大类模块中规定的移民限额。在两种类型的移民人才中，一个鲜明趋势是，"直接移民"人数在不断减少，而"曲线移民"的人数和在每个年度所占的比例都在上升。特别是从 20 世纪 90 年代开始，一直到 21 世纪以来的十多年间，"曲线移民"一直处于主导性地位。例如，在 1957 年，曲线移民占当年入境工程师和科学家的 22.8%，1963 年上升到 29.6%。[①] 1965 年移民法实施后，随着移民政策中的种族歧视条款的废除，各国移民能在平等条件下入境，不仅年均入境的科学家和工程师比例稳步增长，而且曲线移民也日益增多。在 1966—1975 年共有 10 万外国科学家和工程师移民到美国，其中62% 来自境外，有 38% 是曲线移民。[②] 到 90 年代，曲线移民增长更快，占1993—2000 年入境科技移民的 46% 以上，其中在比例最高的 1996 年和 1997年分别占 54% 和 52.31%。[③] 由于"曲线移民"入境美国的最初身份属于前文所说的"非移民"，他们到美国之后在从事签证限定活动的同时，又有时间和条件熟悉美国社会的环境，了解其文化和就业市场的运作规则，并积累人生经验、物质资本和人力资本，为将来申请定居美国创造有利条件。因此，在 2000 年之后，"曲线移民"的比例仍在增长，这类移民占 1999—2008 年获得永久性居留资格的 148.75 万"就业类移民"中的 80.81%。在"就业类移民"子项中，曲线移民占首位劳工（priority workers）的 83.26%，高学历和特殊才能移民的 93.18%，熟练劳工、专业技术人士和非熟练劳工的 74.7%，特殊移民的 75.66% 和投资移民中的 40.51%。[④]

从曲线移民的来源看，其中增长最快、人数最多的是国际留学生。自从19 世纪末期美国开始接受外国留学生以后，到第二次世界大战爆发前，在美国求学的国际留学生人数并不多。美国政府也没有制定出是否允许外国留学生移民的规定。进入 20 世纪 50 年代以后，随着旅美国际留学生人数的增长，

① National Science Foundation, "Scientists and Engineers From Abroad, Fiscal Years 1962 and 1963", *Reviews of Data on Science Resources*, NSF 65 - 17, Vol. 1, No. 5, July, 1965, p. 2.

② National Science Foundation, "Scientists and Engineers From Abroad: Trends of the Past Decade, 1966 - 1975, *Reviews of Data on Science Resources*, NSF77 - 305, No. 28, Feb. , 1977, p. 1.

③ U. S. Immigration and Naturalization Service, *Statistical Yearbook of the Immigration and Naturalization Service*, 2000, Washington D. C. : U. S. Government Printing Office, 2002, p. 27; http: //www. dhs. gov/ xlibrary/assets/statistics/yearbook/2000/Yearbook2000. pdf. （2009 年 8 月 30 日下载）

④ 文中数据为笔者计算所得，见 U. S. Department of Homeland Security, Office of Immigration Statistics, *Yearbook of Immigration Statistics*: 2008, p. 18。

美国政府开始制定吸引国际留学生移民的政策。为满足冷战时期美国外交战略和国内经济发展对人才的需求，美国国会以美国国家利益需要和向受压迫者提供庇护的名义，允许外国留学生永久性移民。虽然在 20 世纪五六十年代申请永久性移民的学生人数比较有限，但是，该项政策的实施却标志着一个时代的开始。从此之后，国际留学生成为美国外来专业技术人才中的一个重要来源。例如，1998 年获得博士学位的外国学生中，2003 年仍在美国工作的比例占所有学科中的61%、农学中的46%、计算机科学中的70%、经济学中的36%、生命科学中的67%、数学专业中的59%、物理学中的69%。① 国际留学生在完成学业后，从持 F 类签证的学生和持 J 类签证的学者身份向永久性移民身份的转换，一般是通过两种方式完成的。一是在获得学位或项目结束后，直接申请永久性定居的资格，其比例大约在 1/6 左右。另一种渠道是通过申请 H－1B 签证，为美国企业工作 6 年后再完成身份的转换。总体而言，H－1B 签证中最终转化为永久性移民的比例大约在 40% 左右，而 L－1签证劳工则在 15% 以上。当然，在具体年份也存有差异。例如，在 1994 年，持 F 签证的学生转换为永久性移民时，家庭团聚类占 47%，而申请就业类移民的比例则高达 44%。比较而言，在持 H－1B 和 J 类签证的劳工中，转换为永久性移民的比例达到 50% 以上，持 L 签证的劳工申请永久性居民的比例高达 81%。②

　　"曲线移民"的第二个重要来源是前文述及的临时技术劳工计划。其中，最终转化为"曲线移民"的人数最多、影响最大的莫过于 20 世纪 50 年代至 70年代美国国会确立并不断完善的 H－1B 劳工计划，其次是 J 类签证计划、跨国公司 L－1 计划以及北美自由贸易区劳工计划等。由于这些临时技术劳工计划签证有效期较短，灵活性强，每年入境劳工人数可以根据经济形势变化随时调整。关于上述计划的内容与具体实施，后面相关章节中会作出详细的论述。这里需要指出的是，在 1990 年以前，由于 H 类和 L 类签证计划之下，每年入境的技术

---

　　① Mark C. Regets, "Research Issues in the International Migration of Highly Skilled Workers: A Perspective with Data from the United States", *Working Paper*, SRS 07 – 203, National Science Foundation, （June 2007）, p. 7; http://www.nsf.gov/statistics/srs07203/pdf/srs07203.pdf. （2009 年 1 月 15 日下载）

　　② B. Lindsay Lowell, *Foreign Temporary Workers in America: Policies that Benefit the U. S. Economy*, Westport, Connecticut: Quorum Books, 1999, pp. 7 – 8.

临时劳工人数较少，有些计划（例如北美自由贸易区劳工计划）制订和实施的时间相对较晚，起始于20世纪90年代，因而，在90年代中期以前，每年入境的各类临时劳工人数比较有限，而能够在该计划之下申请曲线移民的人数也为数不多。例如，H类签证劳工人数在1985年是7.48万人，1995年是15.24万人，2004年则高达50.63万人，20年间总计增长576%；在相同的年份，L-1签证劳工人数分别为6.53万、11.21万和31.44万，累计增长381%。J类签证持有者也成为美国高校和公司雇佣技术劳动力的一种主要方式，其人数在三个相同的年份分别为11.09万人、20.10万人和32.19万人，总计增长了190%。[①]不难看出，以上各类临时劳工计划在20世纪90年代增长明显，为美国吸引了大量的短期技术人才。例如，在1991—2003年，首次入境H-1B劳工数量达到108.76万（不含家属），持L-1签证的跨国公司劳工超过了100万。如果再加上延聘的H-1B签证劳工、L-1签证劳工[②]，以及在1994—2003年从北美自由贸易区劳工计划下入境的52.18万技术人士（不含家属），入境的临时技术劳工累计达到393万人以上。[③]在2004—2008年，在H-1B计划下入境的外籍技术劳工达209.74万人，突出才能的外籍人16.62万人，国际著名运动员和影视人才24.05万人，"特色文化项目"等计划下入境的外籍文化劳工超过8万人，北美自由贸易区专业技术劳工39.8万人，跨国公司内调转的人员169.38万人、海外贸易和投资商人数达到108万（含家属），持J-1签证的外国学者195万人。换个角度看，2004—2008年，美国引进的各类临时技术类劳工总计超过了770万人（不包括F-1签证的学生）。[④]对于任何一个国家而言，如此庞大的临时性技术劳工队伍在经济发展中的作用都是不可低估的。

---

① Steven J. Gold and Rubén G. Rumbaut, *The New Americans: Recent Immigration and American Society*, New York: LFB Scholarly Publishing LLC, 2006, p. 26; Jeanne Batalova, *Skilled Immigrant and Native Workers in the United States: The Econimic Competition Debate and Beyond*, New York: LFB Scholarly Publishing LLC, 2006. p. 25.

② U. S Congress, Senate, *The L-1 Visa and American Interests in the 21st Century Global Economy: Hearing before the Subcommittee on Immigration, Border, Security and Citizenship of the Judiciary Committee*, Serial No. J-108-31, Washington D. C. : U. S. Government Printing Office, 2004, p. 88.

③ Roger G. Kramer, "Development in the International Migration to the United States: 2003", Washington D. C. : U. S. Department of Labor, *Working Paper* No. 38, December, 2003, p. 45.

④ U. S. Department of Homeland Security, Office of Immigration Statistics, *Yearbook of Immigration Statistics: 2008*, pp. 63-65.

值得关注的是，在上述临时技术劳工中，有些人最终成为永久定居美国的移民。例如，在 1979 年和 1981 年入境的 H-1 劳工中分别有 4044 人和 3833 人成为永久性移民。L-1 计划中有 2303 人和 1420 人分别转化为永久性移民。从来源看，这个时期的临时劳工主要来自欧洲、亚洲和北美洲。在 1979 年、1981 年和 1983 年的 H 类计划劳工中，欧洲的比例分别为 34%、27% 和 30%，亚洲分别为 26%、30% 和 38%，北美洲分别为 33%、38% 和 23%。在三大区域中，亚洲增长显著。在各类职业中，H 计划中的护士比例分别为 29%、25% 和 30%，音乐家、艺术家、运动员和作曲家等比例分别是 47%、36% 和 28%。在 L-1 计划劳工中，经理的比例分别为 44%、42% 和 56%，工程师的比例分别为 13%、17% 和 14%，销售人员的比例分别是 17%、17% 和 12%。①

"曲线移民"中的第三种重要来源是所谓的难民。在战后半个世纪中，美国常常利用世界各地一些国家的动荡局势，通过打着人道主义旗号，安置意识形态的反共难民，然后再适时调整其身份，将他们转化为永久性定居美国的移民。这种在表面上既能满足美国在外交上瓦解社会主义制度的战略需要、在实践上又能招募美国经济发展所需要的各类技术人才的两面派做法，在实践上具有一箭双雕的效果。它在宣传美国意识形态战略和政治价值观的同时，又能充分发挥其中的实用主义功能，为美国吸引大量的专业技术人才。在 20 世纪 30 年代纳粹德国迫害犹太人、50 年代东欧国家政治动荡、古巴革命、越南战争以及苏联东欧剧变等每个重大历史事件之后，美国政府一次又一次地如法炮制。甚至在 1989 年的北京"六四"风波之后，美国国会故伎重演，将当时在美国求学的中国留学生全部留在美国。

应该明确的是，技术类移民是 20 世纪美国外来移民中的重要组成部分。因此，如果将高学历技术类移民与相同时期进入美国的所有外来移民进行考察，我们就会看到，由于专业技术人才的引进过程是一个逐渐的缓慢过程。这种结果又与战后美国人才吸引战略的形成与发展过程是一致的，因此，在战后半个多世纪中，外来移民的学历构成呈现出一个逐渐上升并接近美国劳工平均学历和技术构成的过程。例如，在 20 世纪 60 年代，据美国学者对 1966—1986 年迁

---

① United States General Accounting Office, *Information on Aliens Admitted into the United States as Nonimmigrant Workers: Report to the Chairman, Committee on the Judiciary, House Representatives*, Washington D. C.: U. S. General Accounting Office, GAO/GGD-85-27, 1984, pp. 10, 11, 13.

入美国的外来移民学历的考察，结果发现，所有外来移民的学历，与美国人相比，都经历了一个缓慢上升的曲线过程。在这个时期，美国人的学历平均为14.2年，欧洲移民为10.6年，亚洲移民平均为13.3年，非洲国家的移民学历走势与亚洲基本相同，但是平均学历构成略高于亚洲移民，平均为14.3年，西半球国家移民的学历构成较低。其中，中南美洲移民的平均学历为12年，而加勒比海地区的移民平均为12.4年。如果按照相同的时间单位和方式，将各大洲移民的学历与美国人进行比较，就不难发现，欧洲移民与美国人的平均学历累计相差3.6年，亚洲移民相差0.9年，非洲的移民中，也出现了与亚洲移民相似的结构和走向。① 值得关注的是，在较长的时期内，特别是在20世纪80年代，由于入境的非法移民较多，他们在1986年美国国会的《外来移民改革与控制法》颁布后，被赦免并获得了永久性定居美国的资格，结果使得美国境内的合法移民的学历明显下降，出现了一个两头大中间小的格局。具体地说，高中以下学历的移民和大学本科学历及其以上的移民比例较大，而有高中学历的移民比例偏低。虽然1970—1990年，大学本科学历及以上的移民比例不断提高，并在20世纪90年代超过了美国人的平均水平，但低学历移民数量却过于庞大，与美国人呈背向发展态势。在1970年，低于12年学历的劳工占美国人口的40.2%和外来移民的48.9%，到1990年却分别占美国人的14.4%和外来移民的37%。② 这就是说，当美国的低学历人口比例下降时，尽管外来移民的低学历人口比例也处于下降状态，但与美国人相比，仍是其两倍以上。③

---

① Paul W. Miller, "The Earnings of Asian Male Immigrants in the Canadian Labor Market", *International Migration Review*, Vol. 26, No. 4, 1992, p. 1226.

② National Research Council, *The New Americans*, *Economic*, *Demographic and Fiscal Effects of Immigrants*, Washington D. C.: National Academy Press, 1997. p. 183.

③ 也有美国学者认为，1970—1990年，外来移民与美国人口平均学历差异从0.3年扩大到1.4年，主要原因在于美国人口统计中方法不当。美国学者分析移民的学历时，其依据是每10年一次的美国人口统计和《当前人口报告》。在这两项统计所进行的实际调查中，经常提问的一个问题是被调查者的首次和最后一次入境时间，或入境的准确预测时间，忽略了入境者的身份性质，结果在统计中常常将非法移民和非移民纳入合法移民统计之中。例如，在1995年美国人口统计和1996年当前人口统计报告中，合法移民仅占52%，非法移民占38%，"非移民"（例如商人、学生、旅游者和探亲者）占10%。他们均被纳入"最近入境移民"类别之中，结果，移民的学历结构低于美国人。参见 Guilermina Jasso, Mark R. Rosenzweig and James Smith, "The Changing Skill of New Immigrants to the United States: Recent Trends and their Determinants", *Working Paper* 6764, National Bureau of Economic Research, (October, 1998), pp. 4 – 5; http://www.nber.org/papers/w6764。（2009年6月30日下载）

在这种背景下，随着 1990 年移民法的实施，入境移民中的高学历和专业技术移民数量不断增长，相应地，移民劳工的学历构成也明显提高。1994年，美国就业市场 15—64 岁劳工中，9 年学历以下的比例达 30.5%、高中学历占 38.6%、大学学历的比例为 30.9%。但是，在 1994—2002 年入境并进入就业市场工作的移民中，三个学历层次的比例分别为 34.8%、34% 和31.2%。① 换个角度看，在 1990 年以前、1990—1999 年和 2000 年以后三个时段入境的 25 岁以上移民中，在大学曾经学习一年以上的比例分别达44.7%、41.8% 和 45.6%。获得学士及以上学位的比例分别是 25.1%、26.4% 和 31.9%。硕士及以上学位的比例分别是 10%、10.8% 和 13.1%。显然，移民学历结构明显改善，与美国同龄人之间的差距在逐步缩小。到 2007年，25 岁以上的土生美国人口和外来移民中，在大学学习一年以上的比例分别占土生美国人的 56.3% 和外来移民的 44.1%。有学士及以上学位的比例，在上述两类群体中分别占 27.6% 和 26.9%。有硕士和博士学位的比例分别占9.9% 和 10.9%。不难看出，在从低学历到高学历的结构性曲线中，移民与美国人的差距逐渐缩小，并在高学历人群中超过了美国人的比例。从民族群体看，所有 25 岁以上的人口中，西班牙裔移民的学历层次较低，有学士及以上学位的比例仅为 10.1%，而亚洲移民中，有学士及以上学位的比例高达49.1%，是美国同龄人口中持有相同学历人口比例的 178% 和所有外来移民的 182%。② 这就是说，当代美国人才吸引战略的实施，在实践上发挥了重要的作用，而在进入美国的各国技术人才中，亚洲作为当代美国外来移民的主要来源之一，也是人才流失最严重的地区之一。

总括上文，在世界近现代历史上，人口迁移的全球化趋势与各国社会和经济的现代化进程并行不悖。在 20 世纪以前，人口流向基本上从欧洲向人口稀少的北美洲等地区的迁移，到第二次世界大战结束后，全球性的人口跨国迁移与流动，不仅存在于发达国家之间，而且也存在于发达国家与发展中国

---

① Organization of Economic Development and Coorperation, *Trends in International Migration*, 2004, p. 61.

② U. S. Bureau of Census, "Educational Attainment in the United States: 2007", *Current Population Reports*, pp. 3, 5; http://www.census.gov/prod/2009pubs/p20-560.pdf. (2009 年 8 月 1 日下载)

家之间。至于发展中国家之间的流动，多数属于临时性劳工，而永久性的移民微不足道。值得关注的是，在全球性的持续不断、波澜壮阔的人口跨国性迁移中，美国政府率先制定了人才吸引的政策，因而吸引的各类人才数量多，类型多种多样。虽然加拿大和英、法、德等欧洲发达国家的政策起步较晚，但成效不可小觑。到 20 世纪 90 年代，各国为满足国内经济发展而实施人才吸引政策的竞争日益激烈。随着中国、印度和巴西等一批新型发展中国家的崛起，可以预见，在今后较长的时期内，世界范围内的人才竞争将会进一步加剧。

第二章

移民、人才与美国的国家利益

多年以来，中美学界关于美国国家利益研究的重点一直集中在美国的国家生存与安全战略方面，甚至在冷战结束后仍然如此。然而，对于美国国内社会发展中的国家利益研究却相形见绌，不成体系。至于能够反映美国历史传统的外来移民和联邦政策领域，虽然在各方辩论中，能不时地听到与美国国家利益相关联的言论，但学界的相关分析却凤毛麟角。关于外来移民在美国国家利益中的地位，美国人才吸引战略与国家利益之间的关系、形成过程、表现形式和反向制约因素等问题，均未见深度分析。在美国历史上，外来移民贯穿其始终。它对于美国人口的增长、社会生产力水平的提高、经济和科学技术的发展、美国国家安全战略和对外关系等许多方面，都产生了极为重要的影响。所以，不探讨外来移民，特别是美国人才吸引战略的发展及其与美国国家利益之间的关系，就很难对外来移民在美国历史上的重要作用和意义作出客观评价。有关美国国家利益的含义、思想认识和理论性研究，都会受到制约而显得残缺不全。因此，在国家利益的视角下，探讨美国人才吸引战略的发展过程，一方面有利于学界加深对美国人才吸引战略研究的准确定位与把握。另一方面也可以在微观层面上，通过实证研究，展示各种利益冲突性因素的相互作用，及其对人才吸引战略的影响，进而丰富有关国家利益的理论性研究。

一　美国国家利益研究中的缺失

准确把握外来移民与美国国家利益之间的关系，明确人才吸引战略在当代美国国家利益中的地位，仅仅从全球化视野下进行观察还不够，还需要从美国国内移民政策发展的历史进程和人才吸引战略的制约因素中去分析。只有这样，才能避免在分析中失之偏颇，或者走向极端。在各种研究视角中，国家利益是一个有益的探索路径。因为以国家利益为参照，可以判断美国移民政策中，各项条款所承载的美国国家利益的层面与目标。

自 19 世纪 80 年代欧洲学者关于"利益"概念的研究传入美国之后，因当时美国转型时期的各种矛盾冲突如：党派斗争、劳资矛盾、民族冲突以及美国人排斥外来移民的矛盾等日益加剧，扑朔迷离，乱象横生。所以，对于"利益"问题的研究，日渐成为学界关注的焦点。相应地，美国学界的研究发展之快、成果之丰硕，以至于 19 世纪末芝加哥大学社会学系主任阿尔宾·斯莫尔（Albion Small）惊讶地发现："没有哪一个术语比'利益'概念使用得更加频繁。"公开发表成果中关于个体与群体利益的概念、含义及其与社会发展关系的研究，都达到了相当精深的程度。例如，1908 年美国学者阿瑟·本特利（Arthur Bentley）在其《政府程序》一书中提出了"无一集团无利益"的精彩论断。他认为，无论是个体或群体，其活动都是利益驱动的结果。人们之间无不因共同的利益观念而聚为一体，从而形成利益集团。所以，"每个群体的行动就是其价值判断或利益的表达"[1]。在当时，有组织的利益集团在美国以前所未有的数量、规模和专业化运作，"成为联邦政治中的活跃因素"[2]。到 20 世纪 30 年代，把利益问题提高到国家层面上进行研究的第一人是著名的美国历史学家查尔斯·比尔德。他在 1934 年出版的《国家利益的观念》中，从经济利益的角度，探讨了从王朝到现代国家，国家利益的表达与实践。在这部具有开拓性意义的著作中，他认为美国国家利益的核心不是国家安全，而是体现美国地方与全国发展的经济利益。为追求国家利益而制定的外交政策，实际上是满足美国经济发展需要的载体，是美国不同地区利益集团之间，在国会和白宫斗争与妥

---

① Richard Swedberg, "Can There Be a Sociological Concept of Interest?", *Theory and Society*, Vol. 34, No. 4 (Aug., 2005), pp. 362, 367; http://www.jstor.org/stable/4501729. （2012 年 10 月 17 日下载）

② Daniel J. Tichenor and Richard A. Harris, "Organized Interests and American Political Development", *Political Science Quarterly*, Vol. 117, No. 4 (Winter, 2002 – 2003), p. 609; http://www.jstor.org/stable/798136. （2012 年 10 月 21 日下载）

协的结果。①

遗憾的是，比尔德关于国家利益的研究却因第二次世界大战的爆发而被打断。随着战后冷战格局的形成，美国学界关于国家利益的研究发生转向。学界研究的重点不再是满足于美国社会发展需求的经济利益，而是如何应对以苏联为核心的社会主义国家对以美国为首的资本主义世界的生死威胁。虽然这一时期争论的焦点是以强调经济与军事实力为代表的现实主义学派和以强调道德范式、输出美国意识形态与核心价值观为代表的理想主义学派之间的争论②，但是，关注美国外部环境安全与国家的生存却成为美国学界研究的重中之重，并一直持续到 20 世纪 80 年代末期。在苏东剧变后，虽然美国国家安全所面临的来自苏联的威胁不复存在，可是美国学界围绕国家利益的研究仍未脱离外交领域。略有不同的是，研究内容中增加了些许国内因素。例如，亨廷顿在其《国家利益的侵蚀》一文中认为："冷战结束后的年代见证了围绕美国国家利益激烈的、广泛而混乱的辩论。"辩论产生的原因是：在国际上，贫富国家之间的冲突、回归民族传统的政治运动、部族间无政府主义冲突、文明的冲突、民族融合与分离的冲突等，都对美国的价值观构成了巨大挑战。在美国国内，复杂多变的社会矛盾，也加剧了美国国家利益的不确定性。特别是在 1965 年移民法颁布后，随着亚洲、拉丁美洲和非洲国家有色种族移民涌入，美国人口、种族和文化等都发生颠覆性的变化，原有的以盎格鲁—撒克逊民族为单一核心的民族文化，被日益明显的成为主流的民族多元化趋势所替代。这些有色种族的移民不像第二次世界大战前的欧洲移民那样积极融入美国的主流社会，而是各自保留着自己的文化。他们"拒绝承认美国存在着共同的文化……提倡种族、民族和其他亚民族文化认同与群体特征的重要性"。在这种背景下，由于美国"没有一种明确的国家认同意识，美国人已经变得不能界定他们的国家利益。结果，次国家的商业利益、超国家和非国家的民族利益已经开始支配外交政策"。亨廷顿所指的次国家、超国

① Charles Beard, *The Idea of National Interest：An Analytical Study in American Foreign Policy*, Chicago：Quadrangle Books, 1966, pp. 32 – 33, 45.

② Hans Morgenthau, *In Defense of the National Interest：A Critical Examination of American Foreign Policy*, New York：Alfred A. Knopf 1951；George F. Kennan, *American Diplomacy*, 1900 – 1950, Chicago：Chicago University Press, 1951.

家和非国家的民族利益，是指美国的有色种族群体在金融资本、专业技术和
商品生产等各方面支持母国的社会发展。同时，他们还利用手中的政治资源，
调动美国的政治力量为其母国服务。这种少数民族利益影响美国外交政策的
"国内化趋势"，构成了美国最大的威胁。① 因为它造成了美国国内缺乏共同
的国家认同，无法形成共同的国家意识形态，美国历史上为之奋斗的自由、
平等、民主观念和原则就失去了存在的基础，与之相关的国家利益也因此失
去了方向。

几乎与此同时，著名学者约瑟夫·奈也提出了自己的观点。他认为，在
现代国际关系史上，"没有单一的国家利益"，美国的国家利益是相对于他国
的国家利益而言的，因此，保卫美国国家利益的方式、目标和程度等，都取
决于美国与外国的关系。在 20 世纪 90 年代，类似于苏联那样能够对美国国
家生存与安全构成重大威胁的对手已不复存在，取而代之的是一种扑朔迷离
的多重矛盾组合，其大致可分为三类：A 是类似于冷战时期苏联对美国生存
的威胁；B 是对美国利益不可避免的威胁，例如伊拉克和朝鲜；C 是可能会
对美国的安全产生间接威胁的国家和事件，例如海地、卢旺达、索马里和科
索沃等地区的种族清洗事件。在上述三类目标中，美国面临的威胁类别可能
会发生置换。C 类目标也可能升迁到 B 类，"科索沃本身不是一项重要的美国
国家利益，它只是触及 A 类目标中的问题"。因此，美国应根据形势变化调
整自己的国家利益目标。维护国家利益的手段既可以使用"硬实力"也可以
使用"软实力"。 "在信息化时代，软实力变得比以往任何时候都更加
迫切。"②

在这个时期，美国学界关于美国国家利益的研究中，关于利益集团游说
与两党政治的研究日益增多。有学者认为，到 20 世纪中期，利益集团在美国
政治生活中的重要意义已经达到了任何一个政治家都无法回避的程度。在这
种情况下，实现各种利益集团的利益在国会立法中的妥协，就成为一种必然

---

① Samuel P. Huntington, "The Erosion of American National Interests", *Foreign Affairs*, Vol. 76, No. 5 (Sep. -Oct., 1997), pp. 28 – 29, 33 – 34, 40; http: //www. jstor. org/stable/20048198. (2012 年 10 月 17 日下载)

② Joseph S. Nye Jr., "Redefining the National Interest", *Foreign Affairs*, Vol. 78, No. 4 (Jul. -Aug., 1999), pp. 23, 25, 26 – 30; http: //www. jstor. org/stable/20049361. (2012 年 10 月 17 日下载)

的政治选择。因为在政治场合中，多数人都能听到这样的议论："掌握政治实权的人都应该在其政策决策中进行协调，在诸多的政治群体冲突性的利益中寻求社区的公共利益。"因此，国会议员的态度与决定，"都是社会上相互冲突的、有雄心的、多元化利益目标的妥协"。可见，在美国的政治生活中，"利益集团的组织在国会变得如此强大，以至于人们越来越期待总统去适应这种超脱性的公共利益的根本性争斗"。利益集团之所以成为政党乃至于国会决策中非常重要的因素，就是因为每一种利益"适应了社会上公认的某些标准，并且被限制在这些标准可以接受的范围之内。一旦利益要求适应了标准，它们就成为一种诉求，一种有理由得到满足的要求"。在最终的结果中，它们可能会被一种对立的诉求所打败，但是，此时的利益诉求已经不再是一种诉求，而成了国会通过的政策。① 按照这种逻辑，在第二次世界大战后的半个世纪中，美国所有重大决策都是不同利益集团表达诉求的表现和争斗的结果。正因为如此，有的美国学者认为，美国进入了"一个由有组织的利益集团在全国政治中从事生气勃勃的活动的时代。在过去 20 多年来……私有利益集团在华盛顿提出的要求之多，实质上达到了一种爆炸性的程度"②。

在研究的内容中，有的学者以经济全球化中的相互依赖为视角，认为美国各州政府也被纳入新型的国家经贸秩序之中。各州为了增加出口和经济收入，都在增加出口的同时保护当地工业。在全国的决策中，由于"国内和国外因素相互交织，国家管辖的外交事务中夹带着越来越多的传统的州政府关于经济发展和公民福利的各种特权"。于是，美国的国家利益就成为一种应对"复杂多样的国内政治和经济需求"③ 的联邦政策。有的学者专门研究了利益集团如何在国会游说及其对提交给国会专业会委员会的议案能否最终成为国会立法的影响。在此过程中，利益集团不仅影响着那些持支持立场的议员，而且被游说的议员还会通过自己的影响力去打动更多的议员，以求获得更加广泛的支持。一些资本雄厚的利益集团甚至可以越过其在国会的支持者，直

① S. I. Benn, "'Interests' in Politics", *Proceedings of the Aristotelian Society*, *New Series*, Vol. 60 (1959 – 1960), pp. 123, 127 – 128; http://www.jstor.org/stable/4544625. （2012 年 10 月 17 日下载）

② Daniel J. Tichenor and Richard A. Harris, "Organized Interests and American Political Development", p. 587.

③ John M. Kline, "The International Economic Interests of U. S. States" *Publius*, Vol. 14, No. 4, （Autumn, 1984）, p. 81; http://www.jstor.org/stable/3330191. （2012 年 10 月 21 日下载）

接在那些态度尚不明确的议员之间进行游说，最终使通过的立法满足自己的要求。① 还有学者通过研究认为，在美国这样的民主国家中，"政府决策者的决定就是国家利益"。因为政府拥有代表社会共同体行使国家权力的公众授权。它规定了领导者行使权力的范围与监督机制，而政府决策的责任制度决定了政府政策的可信度。所以，政治授权中的限制性条款能够确保国家领导人不会作出与社会福祉相反的决策。"如果一项民主共识能够得到表达，它就会使得某些决策等同于国家利益。"因为国家利益就是国家建立在吸收民众认同的公共利益基础之上的政策目标。在这个意义上，"国家利益等同于政府政策"②。

　　上述成果显示，尽管美国学界的研究视角已经触及国内决策过程，但充其量也只是从政治学角度，拓宽了外交领域研究的层面。研究视阈仍未超出外交是美国"公共利益中的分支"的局限。③ 实际上，在一个国家的发展中，除表现在外交领域之外，国家利益还体现在国内经济发展、种族关系、政治权力和社会环境等许多方面。若忽略了美国社会发展需要，有关美国国家利益的概念必然是残缺不全的。而且，迄今为止，国内学界研究美国国家利益的成果多数来自非历史学科。历史学科研究中对美国国家利益研究比较全面而深入的学者中，只有北京大学王希教授一人。他在《美国历史上的"国家利益"问题》中，在评述美国学界成果的基础上，围绕美国历史上国家建设和民族建设两大主题展开纵向论述，将两者视为两个相互强化的侧面。他认为，美国的国家利益是一个"具有历史沉淀的概念"。"不同历史发展阶段的'国家利益'具有不同的内涵和表现形式，同一阶段的'国家利益'同时具备外部和内部两个侧面，并相互发生影响。"在国家建设和民族建设两大主题之下，美国历史发展的结果之一，是产生了一种广义上的"利益共同体"：即公民个人利益——包括经济利益、社会利益、文化利益、道德利益等——与国家利益的相互认同。④

---

　　① Marie Hojnacki and David C. Kimball, "Organized Interests and the Decision of Whom to Lobby in Congress", *The American Political Science Review*, Vol. 92, No. 4 (Dec., 1998), p. 775; http://www.jstor.org/stable/2586303. （2012 年 10 月 17 日下载）

　　② Miroslav Nincic, "The National Interest and Its Interpretation", *The Review of Politics*, Vol. 61, No. 1 (Winter, 1999), pp. 41 - 42, 49 - 50; http://www.jstor.org/stable/1408647. （2012 年 10 月 7 日下载）

　　③ Miroslav Nincic, "The National Interest and Its Interpretation", p. 37.

　　④ 王希：《美国历史上的"国家利益"问题》，《美国研究》2003 年第 2 期，第 9、14—15、18 页。

令人欣慰的是，在探讨国家利益问题上，中美学术界在国家利益概念、生成、结构、表现和排序等方面，已经达成广泛的共识。

首先，他们认为国家利益既存在于一个主权国家领土与主权范围之内，也取决于一个国家外部的环境和其他国家的认知与态度。外部利益包括国家的生存与发展中所必需的资源与安全，也包括在商业贸易、经济合作、自然环境和社会价值观等方面。国内利益包含着社会、经济、政治和文化等方面的发展需求，两者互相补充，互为一体，其终极目标在于维护国家的发展，改善和提高国民生活的质量与幸福。例如，阎学通认为，国家利益就是"一切满足民族国家全体人民物质与精神需要的东西"。按照他的说法，国家在物质上需要安全与发展，在精神上需要国际社会的尊重与承认。[1] 著名的美国政治学家、国家利益的鼻祖汉斯·摩根索就认为，美国的国家利益概念与美国宪法中的两个具有普遍性意义的概括相似，即"普遍性的福利"和"正当程序"。"普遍性的福利"与其他国家的国家利益有相似之处，涉及美国国民的日常生活，而"正当程序"却是美国的首创。两者作为美国国家利益的组成部分，依据是美国宪法中确立的基本政治原则。在此前提下，国家利益是从两个方面具体运作的。第一，在充满竞争的各国之间，所有国家的外交政策必须关注其共同体的生存，所以，各国的外交政策都是不由自主的，必须根据外部环境确定，目的在于保护自己的领土、政治体制、文化认同和政治价值观等。第二，从国内发展的层面看，国家利益是"各种个性、公共意见、地域性利益、政党政治、政治和道德习俗等所有因素交相发挥作用后的反映"。换句话说，在国家利益的构成与形成过程中，不同的地域性、行业性和社会层面，包括政治与文化传统中的思想等，种种因素都会发挥作用，并对国家利益的形成与政策产生不同的影响。因此，"国家利益的概念产生于相互竞争的地域性利益的博弈中，是一种大于任何一个特定的地域性利益，或者是其总和。就像过去一样，它是最低的地域性利益和国家利益在紧张的妥协中具有共性分母的契合"[2]。

---

① 阎学通：《中国国家利益分析》，天津人民出版社 1997 年版，第 10—11 页。

② Hans J. Morgenthau, "Another 'Great Debate': The National Interests of the United States", *The American Political Science Review*, Vol. 46, No. 4 (Dec. 1952) pp. 972, 973 – 974; http://www.jstor.org/stable/1952108. (2010 年 10 月 18 日下载)

其次，国家的利益是一个多重性的、多维度的、可变性的概念。在不同的历史时期，国家利益中的诸多构成要素的重要意义取决于国家所面临的最紧迫的任务和挑战。这种形势决定了不同时期的国家利益的概念含义和追求的目标是不同的。这种性质决定了这样一个事实：即"国家利益始终处于动态形成与调整过程之中"①。这种动态性赋予了国家利益这个概念丰富多彩的魅力。例如，美国著名学者约瑟夫·奈就提出，在后冷战时代，由于美国失去了苏联那样的强劲对手之后，取而代之的是多重性的矛盾组合，对美国国家利益能构成重大威胁的首要对象也在不断地发生变化，因而美国应该根据具体的挑战进行调整，并挑选出最有效的对策。②

最后，在国家利益日益复杂的构成中，可以根据轻重缓急，划分出国家利益先后次序。例如，美国著名学者亚拉伯罕·马斯洛在 1957 年出版的《动机与人格》中阐述人类动机理论的时候指出，人类的需求可以从低级到高级划分为五个层次，其由低向高的排序依次是：人类生存所必需的生理需求、保护自己免受威胁和灾难的安全需求、获得归属与友爱的社会需求、个人自由权利和尊严的尊重需求和个人潜力发挥到极致的自我实现需求。在以上五个层次的需求中，前两个属于低层次的需求，后三个属于高层次的需求。后三个需求的实现是建立在前两个需求实现的基础之上的。③ 但是，在涉及所有的国家利益的分类的时候，美国著名学者唐纳德·纽切特雷恩按照问题的轻重缓急及其对于国家生死存亡与发展的关联程度，将国家利益划分为四个层次：即防止外国军事攻击的国防利益、保障国民福祉的经济利益、为本国建立一个和平与安全的外部环境的世界秩序利益和保持本国核心价值观的意识形态利益。每一种利益之下又按照轻重缓急可以划分为生存问题、至关重要的问题、主要问题和边缘问题。④ 这种重视国外而淡化国内层面的排列方式，与上述马洛斯关于人类需求的引文截然不同。虽然马洛斯是在广义概念上提出自己的观点的，但是，作为一个国家，其生存与发展是一个具有战略性意义的问题。不同的是，它是一个

---

① 王逸舟：《国家利益再思考》，《中国社会科学》2002 年第 2 期，第 160—161 页。

② Joseph S. Nye Jr. ," Redefining the National Interest", pp. 23, 25－30, 34.

③ ［美］马斯洛：《动机与人格》，许金声等译，华夏出版社 1987 年版，第 40—53 页。

④ Donald E. Nuechterlein, *National Interests and Presidential Leadership：The Setting of Prorities*, Boulder：Westview Press, 1978, pp. 3－7.

漫长的过程，不像外部敌对攻击那样具有很强的紧迫性和易变性。也许正是在这个意义上，对美国外部层面上的国家利益的高度关注，在20世纪末期以来对美国政府决策具有重要影响的各类咨询报告中也体现得非常明显。①

笔者不反对中美学界关于国家利益概念含义的层次和轻重缓急的理论性划分，学界研究中重点关照国际关系中的国家利益也无可厚非，但是，如果因此就忽略对于国内问题的研究，会使得研究成果中的结构性出现问题，展现在读者面前的国家利益概念是残缺不全的，它充其量不过是当代国际关系的一种理论化表述。笔者以为，国家利益是一个整体的概念，国际方面的利益只不过是一个国家的政府和国民福祉与利益诉求在海外的延伸，而国内利益则是国际利益的基础和根基，它们从根本上来说是为了满足国民生存和福祉改善与提高的需要。就其表现而言，任何涉及国家生存、安全、发展和国民生活的重大权益、资源分配以及长远发展等问题，都是国家利益的载体的表现。其中涉及政治、经济、文化、外交、生态环境和安全等许多领域，在每类问题中还存在着短期与长期之分，也有中心与边缘之别。从这个意义上讲，作为贯穿美国历史的外来移民问题，因为涉及美国的经济、社会、民族、文化、国家认同、外交战略和国家安全等诸多领域，因而也属于美国国家利益的范畴。

二　移民史研究中的缺憾

在美国学界，学者们对研究移民问题的热情一直未减。特别是自20世纪20年代，随着美国限制外来移民呼声的高涨，各种研究层出不穷。但是，把外来移民问题纳入历史视野下进行研究的第一人是美国移民史领域的泰斗级人物奥斯卡·汉德林。他的传世之作《拔根者》开辟了美国移民史的研究。他在该书中写道："当我想起要撰写一部外来移民史的时候，我发现外来移民就是一部美

---

① The Commission on America's National Interests, *America's National Interests*, The Commission on America's National Interests, July, 1996；http：//belfercenter. ksg. harvard. edu/files/americas_ interests. pdf. (2013 年 1 月 22 日下载)；The Commission on America's National Interests, *America's National Interests*, The Commission on America's National Interests, 2000；http：//belfercenter. ksg. harvard. edu/files/amernatinter. pdf. (2013 年 1 月 22 日下载)；Council on Foreign Relations, *U. S. Immigration Policy：Independent Task Force* No. 63, New York：Council on Foreign Relations, 2009.

国史。"① 汉德林的评价表明，外来移民贯穿美国历史的始终，其影响已深深渗透到美国社会生活的方方面面。因而，他强调外来移民对于美国历史发展的意义是不言而喻的，因为正是来自欧洲的近代移民及其文明，才使北美大陆跳过奴隶社会和封建社会之后，从印第安人的原始社会直接进入资本主义社会。因此，不研究美国历史上的外来移民及其在美国国家利益中的地位变迁，不仅无法清楚地确定外来移民在美国历史上的地位，准确认识外来移民与美国关系的意义和价值，而且，就不可能在历史视阈下，探讨美国国家利益概念的丰富内涵及其变化，从而凸显一个动态的、"多维和复杂的国家利益的体系"。② 汉德林在《拔根者》中，从"熔炉"思想出发，描述了欧洲移民迁移美国及其同化的历史进程，认为外来移民在离开欧洲时，把自己的"根"留在了欧洲，到美国之后，进入了一个全新的环境。经过融合，他们变成了与欧洲人不同的人——美国人。这种观点实际上也是汉德林本人期望外来移民向美国主流文化靠拢的心理反应。

几乎与此同时，与汉德林处于同一时代的学者约翰·海厄姆在 1955 年出版了《国土上的陌生人》。在这部研究美国排外主义领域的代表作中，海厄姆以 19 世纪末到 1925 年，美国社会上不断加剧的民族主义情绪为视角，展示了外来移民及子女到美国之后，所面临的充满敌意的社会环境和挑战，表明在美国的"熔炉"思想处于盛世的时期，移民心中对文化多元化的渴望，同时也是对 20 世纪中期美国学界盛行的"和谐一致"论的批判。③ 此后不久，参议员约翰·肯尼迪，在其《移民国家》中，通过赞颂的方式，描述了移民在美国的适应过程和社会贡献。虽然这部显得轻薄的小册子缺乏浓厚的学术味道，但是，它也成为后世学者认知和评价 20 世纪 50 年代美国主流社会对外来移民态度的评价依据。一直到 70 年代，美国移民史学的主流是从探讨移民如何成为美国人这一视角下去描写的，其内在的心理目标，实际上是对美国社会上长期存在的种族歧视的一种批判。

---

① Oscar Handlin, *The Uprooted: The Epic Story of the Great Migrations That Made the American People*, Boston: Little Brown and Company, 1951（1973, 2nd printing）, p. 3.

② 李少军:《论国家利益》,《世界经济与政治》2003 年第 1 期，第 6 页。

③ John Higham, *The Strangers in the Land: Patterns of American Nativism 1860 - 1925*, The Johns Hopkins University Press, 1955.

随着 20 世纪 60 年代美国高等教育的发展，在民权运动时期成长起来的新一代学者，具有与第一代移民史学家截然不同的思想和世界观。在他们的思想中，来自欧洲资本主义国家的移民具有一种很强的民族意识。他们到美国，并非像汉德林所说的那样，切断了与母体文化的联系，相反，他们一直都保持着自我民族认同。这种从民族多元化的角度出发而出版的著作中，首推约翰·鲍德纳的《移植者》，该书实际上是对汉德林《拔根者》的学术批判。在这部经典性的著作中，作者认为，欧洲移民在迁移的过程中，并非把"根"留在欧洲；相反，他们以家庭和亲友集体迁移的方式，像一棵大树一样，把家乡的语言、文化和生活方式，连根带土一起"移植"到美国。他们聚居在美国工业城市的民族社区，形成了现代美国社会的多元民族文化。① 在此之后，民族多元化便成为美国移民史学界的主流。在《来到美国》和《一面不同的镜子》等 20 世纪 90 年代出版的著作中，这种思想体现得非常突出。②

在美国的移民史学界，多数成果的研究内容止于 1965 年。它们关注的焦点，要么是对某一民族群体的研究，要么是对当时移民政策中盛行的种族歧视条款的批评，要么是从政治学或历史学角度，展示美国移民政策产生与发展的基本过程。③ 即使有些学者的研究视角深入到 20 世纪末期，但其成果中，作者们只有在评价 1952 年、1965 年和 1990 年移民法的时候，才会对其中旨在引进人才的条款有所评价。而且，评价的思路与体系没有超越出对移民政策评价的基本框架。专门对美国人才吸引战略的研究，至今未见新作面世。④

---

① John E. Bodnar, *The Transplanted：A History of Immigrants in the United States*, Bloomington：Indiana University Press, 1987.

② Roger Daniels, *Coming to America：A History of Immigration and Ethnicity in American Life*, New York：Harper Collins Publishers, 1990；Ronald Takaki, *A Different Mirror：A History of Multicultural America*, Boston：Little, Brown and Company, 1993.

③ Williams Bernard, *American Immigration Policy：A Reappraisal*, New York：Harper and Bros Press, 1950；Mariaon Bennett, *American Immigration Policy：A History*, Washington D. C.：Public Affairs Press, 1963；Robert Divine, *American Immigration Policy：1924 - 1952*, New York：Dale Co. Press, 1972.

④ Michael LeMay, *From the Open Door to the Dutch Door：An Analysis of U. S. Immigration Policy*, Westport, CT：1987；Steven J. Gold and Rubén G. Rumbaut, *The New Americans：Recent Immigration and American Society*), New York：LFB Academic Press Limited Inc. 2006；Leonard Dinnerstein and David Reimers, *Ethnic Americans：A History of Immigration and Assimilation*, New York：Columbia University Press, 2009.

当然，笔者并非要否定美国学者的研究，而是要说明，在对美国人才吸引战略与政策进行专题性研究的成果中，多数出自于非历史学科的学者之手。从这个方面看，美国学界的成果可谓琳琅满目、不胜枚举，其中既有对华人等单一民族群体的分析，① 也有从经济学角度分析科技人才流失后的经济影响。②

　　从纵向的研究发展过程看，学者们关注的重点各有不同，但是，其中部分解释与理论分析，还是能展示出比较清晰的发展轨迹。在 20 世纪 20 年代，美国经济研究局的学者哈里·杰洛姆，对 19 世纪美国经济发展与外来移民的关系进行了探讨，认为移民进入美国主要原因是美国社会经济发展"拉力"作用的结果。他在研究中发现，1820—1920 年，外来移民迁移到美国的曲线变化，基本上与美国经济波动的曲线相互吻合。当美国经济繁荣发展时，入境移民潮就大，反之就小。③ 这种充满自由主义思想的研究方法，在第二次世界大战后 20 世纪 60—80 年代美国非历史学界的成果中仍然很突出。当 20 世纪 60 年代英国政府报告了其人才严重流失的问题后，旋即在欧美学界出现了一股探讨人才流失问题的热潮。有的美国学者认为，科技人才的流动不存在国家之间的得失问题，它是市场经济条件下的自然反应，就像在国际贸易中一样，市场需求引起的流动对各方都有收益。移民迁入国从自己的产出中受益，而移民通过汇款和回馈技术等方式，促进了母国科技和经济发展。④ 这种以自由贸易理论为基础、强调自由放任思想的观点得到了广泛认同。其中最具有影响力的是美国学者哈里·约翰逊的观点。他在全球化视野下，将科技移民看作国际自由贸易体系中，资本和商品自由流动的补充和延伸，而科技移民从低收入国家向高收入国家流动也是"个人自由选择的一种反映"，因

---

① Tai K. Oh, *The Asian Brain Drain：A Factual and Casual Analysis*, San Francisco：R & E Research Associate, Inc. , 1977, pp. 11, 24 – 25；Joyce K. Kallgren and Denis Fred Simon, *Educational Exchanges：Essays on the Sino-American Experience*, Berkeley：University of California Press, 1987.

② Jagdish N. Bhagwati, and Martin Partington, *Taxing the Brain Drain：A Proposal*, Amsterdam：North-Holland Publishing Company, 1976；Rao G. Lakshmana, *Brain Drain and Foreign Students：A Study of the Attitudes, and Intentions of Foreign Students in Australia, the U. S. A. , Canada, and France*, New York：St. Martin Pressm, 1979.

③ Harry Jerome, *Migration and Business Cycles*, New York：National Business Bureau, 1926.

④ Herbert G. Grubel, "Brain Drain：The U. S Dilemma", *Science*, December, 1966, Vol. 154, No. 3755, p. 1421.

而不应受到限制。① 还有些学者提出了与之相似的"推拉理论"和人力资本论，等等。② 他们认为，科技移民作为一种人力资本，其跨国迁移是市场经济条件下对劳动力市场需求信息的一种自然反应，也是国际市场上生产要素自由流动的表现，它"就像物质资本一样，倾向于从生产力水平较低的地区和岗位流向那些生产力水平较高的地区和岗位"，终极目的就是最大限度的追求回报与收益。③

与上述观点截然相反的是以色列学者唐·帕蒂金提出的"民族主义观"。虽然他不否认经济全球化发展对科技人才流动的刺激作用，也尊重科技人才自由流动的权利。但他认为，国际贸易自由和个人选择自由的原则都是相对的，各国都在对本国市场和资源实行了不同程度的保护政策。美国的人才吸引政策本身"就具有高度的民族主义动机"。它就如同自由贸易中的关税壁垒一样，在保护本国产业的同时又吸引外国资源来推动本国经济的发展。因此，在探讨市场经济中的人才自由流动时，不能不涉及国家的存在。一个国家通过各种方式保护本国的人才资源与市场是合情合理的。如果一个国家自己奉行人才保护政策的同时，对他国强调人才的自由流动在逻辑上是不通的。④ 还有学者认为，美国政府一方面在向发展中国家提供包括培养留学生在内的各种援助，另一方面又通过移民政策拉拢外国人才，所以，"美国的政策是在双重目的间运作的"⑤。显然，这些观点中包含着一种潜在的、对美国利用自身优势，豪取他国人才资源的不满与批评。

尽管上述流派纷呈，观点各异，但无论是国际主义观、民族主义观还是人力资本论等观点，其中的核心是：（1）学者们都不约而同地认识到了科技人才移民与市场经济之间的关系，它在本质上是市场经济体系中，资本和商品自由流动机制的补充和延伸。（2）在一个崇尚自由贸易的社会中，迁移是个人的自由权利。（3）无论是迁出国家还是迁入国家，都会因为跨国性的人才迁移而受益。其中的差异是，民族主义观强调了自由贸易与个人迁移自由

① Harry Johnson, "An 'International' Model", in Walter Adams, ed., *The Brain Drain*, pp. 70 - 91.

② JP] Herbert G. Grubel, "The Brain Drain: A U. S. Dilemma", pp. 1420 - 1423.

③ Tai K. Oh, *The Asian Brain Drain*, pp. 5, 21.

④ Don Patinkin, "A 'Nationalist' Model", in Walter Adams, ed., *The Brain Drain*, pp. 101, 106 - 108.

⑤ Paul Ritterband, *Education, Employment and Migration*, p. 68.

的相对性，凸显了国家在其中的地位和作用，核心目的是为人才流失的国家限制本国人才迁居海外提供理论依据。而另一方面，强调自由主义的观点，实际上也是在为美国吸引外国人才的合理性提供辩解。其潜在思想是：在当时欧洲发达国家处于战后经济复苏的时期，美国作为超级大国，在经济和科技等领域，具有举世无双的优势地位。在自由贸易的体系下，只要各国政府奉行自由放任的原则，美国吸引外国人才的政策就会取得理想的效果。正是在这个意义上，有的美国学者认为："最好的政策就是自由放任；对于流动性和移民不加干预。"① 作为个体，移民是否迁移，最终决定在于自己的选择。但是，作为整体，移民作为人力资本的载体，其流动也是行使个人自由权利的一种自然表现形式。而且，在法理上讲，"迁移自由是联合国明确保卫的基本自由权利之一"②。在这种背景下，"每个人都有自由权利选择自己认为合适的职业，并且在他认为合适的时候经常性的去改变职业"③。

　　到 20 世纪 80 年代以后，随着国际人才流动趋势的加强，有些欧美学者提出了"人才循环"说，认为从发展中国家"流失"的人才在发达国家居住多年后回国发展。"人才循环"的结果之一是对发展中国家的技术转让。④ 有的美国学者通过在爱尔兰、以色列和印度等国的调查，认为随着事业有成的移民纷纷返回祖籍，美国丧失了许多"在科学、技术和工业领域掌握尖端技术的人才"。正因为如此，上述国家的高科技工业才得以迅速发展。⑤ 当学者们围绕"人才流失"问题各抒己见时，来自亚洲和拉丁美洲的低学历移民和非法移民日益增多，于是，越来越多的美国学者将吸引人才的政策纳入美国移民政策体系中考察。有学者认为，政府制定移民政策时，始终没有考虑经济发展的需求，因而在 20 世纪，美国的移民政策经过多次改革，重点始终没

---

① Walter Adams, ed., *The Brain Drain*, p. 5.

② The Committee on the International Migration of Talent, *The International Migration of High-Level Manpower: Its Impact on the Development Process*, New York: Praeger Publishers, 1970, p. 670.

③ National Science Foundation, *Immigrant Scientists and Engineers in the United States: A Study of Characteristics and Attitudes*, Survey of Science Resources Series, NSF73 - 302, Washington D. C.: U. S. Government Printing Office, 1973, p. 61.

④ National Research Council, *Policy Implications of International Graduate Students and Postdoctoral Scholars in the United States*, Washington D. C: The National Academy of Sciences, 2005, pp. 94 - 95.

⑤ David Heenan, *Flight Capital*, pp. xi - xii, 1 - 2.

有确定在以吸引外国人才为核心的实用主义政策上来，结果使大量的低学历劳工进入美国。[①] 美国哈佛大学教授乔治·博哈思和美国研究院的一些学者认为，由于美国没有奉行类似于加拿大那样的以"积分制"为核心的移民政策，入境移民的技术较低，与美国劳工的学历差距日益扩大。[②] 也有学者认为，虽然美国国会认识到了科技人才在社会经济发展中的重要作用，并在20世纪90年代移民政策的改革中增加了技术类移民限额，但是，由于国会立法中未向行政部门授予足够的执法权，加上立法中关于每年各国科技人才不能超过其移民7%的规定等限制，吸引人才的政策依然事倍功半。[③] 进入21世纪后，美国学界对移民政策中吸引外籍人才乏力的批评不绝于耳。他们指出，如果美国政府无动于衷，它可能会在日趋激烈的"争夺人才的全球性战争"中处于劣势地位。[④]

目前，美国移民史学界涉及外来人才的成果中，从美国国家利益的视角下，进行专题性研究的第一人，当属美国移民劳工史专家小弗农·布里格斯。他在移民政策方面最有影响的成果是《大规模的移民与国家利益》。在这部颇具争议的名作中，他并没有在国家利益与美国移民政策的内在逻辑和理论构建方面提出自己的思想体系，而是将美国移民政策放在美国就业市场劳动力供求关系中加以考察，重点对1965年以后每年入境的移民结构进行了分析，认为低学历移民数量的增多，直接冲击着美国就业市场上的少数民族，而首当其冲的群体是美国黑人。他指出，美国移民政策是一项"短视的和错误的政治妥协"。它导致大批低学历移民涌入美国就业市场，加剧了大都市区中心城市外来移民与美国黑人的就业竞争，阻碍了黑

---

① Vernon M. Briggs, Jr., *Mass Immigration and the National Interest*, Armonk, New York: M. E. Sharpe, 1996, pp. 14, 224 – 225.

② George J. Bojas, "Immigration Policy, National Origin and Immigration Skills: A Comparison of Canada and the United States", *Working Paper No.* 3691, National Bureau of Economic Research, 1999, p. 7, 12; http://www.nber.org/papers/w3691. (2009 年 7 月 26 日下载); National Research Council, *The New Americans, Economic, Demographic and Fiscal Effects of Immigrants*, p. 183.

③ B. Lindsay Lowell, *Foreign Temporary Workers in America*, pp. 31, 40; Udai Tambar, ed., *Movement of Global Talent: The Impact of High Skill Labor Flows from India and China*, Princeton, NJ: Princeton University Press, 2007, pp. 68, 75.

④ Jacob F. Kirkegaard, *The Accelerating Declining in America's High-Skilled Workforce*, p. 18; David L. Bartlett, *U. S. Immigration Policy in Global Perspective*, p. 1.

人在就业市场的纵向流动性,因而美国的移民政策成为"制度性种族主义的最新诠释"①。这种观点在他与另一位美国学者合著的《仍然是开放的门户?》一书中再次得到阐述,认为强调家庭团聚为主要标志的移民政策,"以裙带关系牺牲了国家经济发展需要的利益"②。与此同时,美国学者弗兰克·比恩对第二次世界大战后部分州与美国移民政策的关系进行了分析,认为美国联邦政府在平衡各种地域性、行业性和族裔利益的同时,并不为其中的某一种利益所左右,而是以美国的政治制度为基础,试图在其中寻找一种能够满足各方利益的平衡点,结果在最大限度地满足各州利益的同时,进一步完善了移民政策方面的制度建设。③ 还有些学者把与移民作为不同的社会利益集团中的组成部分来看待,指出了1896—1917年利益集团对美国总统和国会在制定限制性移民政策中的影响。④

在此之后,特别是在2000年之后,从国家利益角度审视美国移民政策的报告和学术成果越来越多。例如,有的美国学者从美墨移民和贸易关系中去界定美国的国家利益,认为两国之间的移民与贸易关系,形成了一种相互依赖的、以服从于经济和福利为核心的国家利益。在实践上,这些政策交替影响着边界居民,侵犯了边界居民的人权,损害了劳工利益,刺激了非法入境走私活动,等等。尤其是美国将移民与贸易区别对待的政策,不仅源于一些经济学理论,而且也源于以种族主义为核心的国家利益观,削弱了美国的价值观。因而,作者呼吁学界根据这一现实重新界定美国的国家利益概念。作

① James A. Dunlevy, "Mass Immigration and the National Interest by Vernon M. Briggs", *Southern Economic Journal*, Vol. 60, No. 2 (Oct., 1993), pp. 513 – 514; http://www.jstor.org/stable/1060103. (2011年10月27日下载)

② Ruben G. Rumbaut, "Mass Immigration and the National Interest by Vernon M. Briggs; *Still An Open Door? U. S. Immigration Policy and the American Economy* by Vernon M. Briggs; Stephen Moore; *Fiscal Impacts of Undocumented Aliens: Selective Estimates for Seven States* by Rebecca L. Clark; Jeffrey S. Passel; Wendy N. Zimmerman; Michael E. Fix; *Beyond Borders: West European Migration Policy Towards the 21st Century* by Sarah Collinson"; *Contemporary Sociology*, Vol. 24, No. 4 (Jul., 1995), pp. 309 – 310; http://www.jstor.org/stable/2077626. (2010年10月27日下载)

③ Frank D. Bean, "State Interests and U. S. Immigration Policy", *Contemporary Sociology*, Vol. 22, No. 4 (Jul., 1993), pp. 563 – 565; http://www.jstor.org/stable/2074423. (2011年5月16日下载)

④ Daniel J. Tichenor and Richard A. Harris, "Organized Interests and American Political Development", pp. 600 – 602.

者指出，在美国的移民政策史上，"国家利益指的是一个松散的、如何实现国内经济福利最大化的概念。在这一概念下，边界居民永远是受害者"。因为这种持续性的"以经济福利为核心的国家利益将那些明显会受到边界政策影响的居民排斥在外"①。当然，当我们将外来移民问题放在美国国家利益的视域中考察时就会发现，在不同的历史时期，外来移民对于美国国家利益的重要意义是不同的。2009 年，美国外交委员会在其《美国移民政策》的报告中指出，美国作为一个主权国家，它有权利制定政策选择它所需要的移民入境。由于国力、资源、人口增长的需要和经济机会等方面的限制，美国不可能允许所有的移民入境。它必须通过选择和限制，吸引并欢迎美国社会发展所需要的、品学兼优的人才，或符合美国国家利益的移民入境，而恐怖分子、罪犯、毒品倒卖者、人口走私者以及非法移民等，都应被排斥在外。上升到宏观意义上，外来移民与美国经济、国家安全、国际形象、核心价值观等国家利益之间有一种直接和间接的关系。②

综上所述，在迄今为止的美国学界，尚未有成果专门从国家利益的角度，分析美国人才吸引战略的发展、变迁及其与移民政策和美国社会的各种制约因素的关系。由于人才吸引政策属于美国移民政策中的重要组成部分，而移民政策本身又涉及美国外交和内政两个方面，因而作为一个有益的视角，从国家利益的角度分析美国人才吸引战略具有特殊的重要意义，一方面可以从实证角度丰富国家利益的概念和理论性探讨，另一方面有助于准确把握美国人才吸引战略在美国社会发展中的历史定位。

三　移民在美国国家利益中的"U"形模式

纵观历史上外来移民在美国国家利益中的地位，其走向基本上呈现为一个略显不对称的"U"形模式。具体说，1789—1880 年，外来移民是受到美国人欢迎的社会财富。但是，1880—1924 年，随着美国的迅速崛起与强大，

---

① Gabriela A. Gallegos, "Border Matters: Redefining the National Interest in U. S. -Mexico Immigration and Trade Policy", *California Law Review*, Vol. 92, No. 6 (Dec., 2004), pp. 1729, 1732 – 1733; http://www.jstor.org/stable/3481354. (2012 年 12 月 20 日下载)

② Council on Foreign Relations, *U. S. Immigration Policy*, pp. 12, 9 – 43.

美国人的看法发生变化，移民逐渐地被看作美国社会的"威胁"，所以，在20世纪20年代，美国国会通过立法，确立了迄今为止最为严厉的限制性立法。从1924年开始，一直到1943年，因为经济危机和第二次世界大战的爆发，整体上的外来移民问题是美国各界唯恐躲避不及的"祸水"，因而在美国的国家利益中，居于边缘性地位。1943—1965年，美国出于外交战略和国内发展的需要，开始检讨其历史错误，并缓慢地开放了国门，有选择地欢迎符合美国国家利益需要的移民入境。在1965年之后，一直到2014年为止，随着美国的国际国内形势的变化，入境的外来移民日益增多，移民在美国国家利益中的地位再次上升到前所未有的高度。其表现是：一方面，接受移民既可以满足美国在冷战时期外交战略的需要，又可以满足国内经济和科技发展对劳动力的需要。另一方面，非法移民的泛滥和恐怖主义活动的加剧，特别是"9·11"事件的发生，对美国的美国国家安全、边界安全和社会安全等方面，构成了巨大的威胁。

【备受欢迎的社会财富】在美国建国以后，美国的国土仅限于大西洋沿岸一隅，面积狭小，人口稀少，国力不盛，在外交上又处于英国的经济封锁之中。所以，在1789年以后到1917年，无论从哪个方面讲，美国都处于王希教授所说的"国家生存能力"从"保证和维持"阶段进入"巩固和扩大"的阶段。① 这个时期的主要任务是：（1）在国际上防止欧洲列强对美国的颠覆和侵略。（2）加快领土扩张，防止因为奴隶制发展造成国家的分裂。（3）加强国家职能建设，保证其能应对美国崛起过程中所面临的挑战。（4）吸引外来移民，加快人口的增长，保持工业化进程的顺利发展。在以上战略任务中，第一和第二项涉及国家安全，其性质具有高度的突发性、不确定性，应变性要求程度非常高，因而居于美国国家利益的首位。第三和第四项任务则可依靠市场经济的自发性力量和政府的作为进行调整和应对，因而其重要性退居次位。但是，由于后两项战略目标是美国生存的必要基础，与前两项战略任务具有内在的逻辑关系，因而在美国国家利益中居于十分重要的位置。

如何对待外来移民问题？虽然美国的国父们在18世纪末围绕外来移民问题有过令人深思的讨论，但他们在犹豫不决中实施了门户洞开、来者不拒的

---

① 王希：《美国历史上的"国家利益"问题》，《美国研究》2003年第2期，第16页。

移民政策。在这种政策之下，除新英格兰之外，其他所有州和准州，为各自的利益，纷纷制订出招募移民的计划。甚至在美国内战结束后的 1870 年，全美 38 个州中，还有 2/3 的州通过减免个人所得税和房产税等措施鼓励和吸引募移民。[①] 此外，各州还动员本州的移民给母国亲友写信，以亲身经历动员他们移民美国。[②] 外来移民的到来为美国西部土地的开发、工业化和城市化的发展提供了巨大的劳动力资源。从 1870 年到 1920 年，美国 16 岁以上的劳动力从 1250 万人增加到 4161 万人。在同期入境的移民中，14—44 岁的劳动力达到 2080 万人。在一些工业行业，外来移民几乎占其劳工总量的一半以上。例如，在 1914 年，外来移民占美国钢铁工人的 58%，肉类包装的工人的 61%，纺织工人的 62%，服装工人的 69%，炼油工人的 67%。由于外来移民多数集中在城市，他们占所在城市人口的比例较高。例如，在 1890—1920 年，外来移民及其子女占美国百万人口城市居民的 71%—73%、50 万人口城市居民的 57%—71%，25 万人口以上城市居民的 47%—59%。在 1890 年全国 20 万人口以上的城市中，外来移民及其子女占所在城市居民的 69% 以上，其中在密尔沃基占 88%，纽约为 81%、芝加哥、旧金山和底特律为 78%、克利夫兰 77% 和布法罗 76%、圣路易斯、匹兹堡和辛辛那提均为 70% 以上。[③] 毋庸讳言，外来移民的到来加速了西部大开发、工业化和城市化的历史进程，因而具有不可替代性的重要意义。更重要的是，伴随着美国的经济和工业化的发展与壮大，美国人口也完成了历史性转变，从建国后第一次人口普查时的 392.8 万增长到 1860 年的 3144 万，平均每十年人口增长超过 34%。在 1865 年之后，美国人口增长一路攀升，每十年人口增长率超过 24%，绝对人口从 1880 年的 5015 万增长到 1920 年的 1.05 亿。[④] 此时，美国人口规模已经超越许多欧洲发达国家，成为世界人口大国之一。

在 1860 年以前，外来移民的增多，曾经一度引起了一些美国人的反对。甚嚣尘上的排外主义组织——"无所知党"，也曾在美国政坛上，不时地发出

① Michael LeMay, *Guarding the National Gates: Immigration and National Security*, Westport, CT: Prager Security International, 2006, p. 60.
② 梁茂信：《美国移民政策研究》，第 59—65 页。
③ 梁茂信：《都市化时代——20 世纪美国人口流动与城市社会问题》，东北师范大学出版社 2002 年版，第 128、123—134 页。
④ U. S. Department of Commerce, Bureau of the Census, *Historical Statistics of the United States*, p. 8.

限制移民的呼声。但是，他们的逆流主张并没有改变美国吸引外来移民的主流趋势。因为"大规模的移民符合欧洲和美国的利益"①。1876 年，当纽约市要求运送移民的船运公司缴纳人头税时遭到控告。美国最高法院在受理"亨德森诉纽约市长"一案时指出，宪法将制定移民政策的权力授予了联邦政府，纽约市法律因侵犯了联邦权力而违宪无效。从欧洲运送大量移民到美国，不仅是美国对外贸易中的重要组成部分，而且也是美国"这个国家巨大利益中的组成部分，也是已经来到我们国家定居的外来移民重大利益的组成部分。除随身带来的财富之外，他们为我们开发我们的土地、修建我们的铁路、开发我们自然矿产、制造业和农业中蕴藏的巨大潜在的自然资源，带来更大规模的劳动力……"②。应该说，对于 1880 年以前美国这样一个迅速崛起的大国而言，奉行自由开放的移民政策，符合美国国家利益，移民是美国社会发展中不可或缺的社会财富。

【美国社会安全的威胁】1880—1924 年，美国进入了由农业社会向工业和城市化社会的转型时期。在这个时期内，美国社会各界对外来移民的态度发生转化，昔日备受欢迎的社会财富，逐渐地被视为美国社会安全的威胁。以此为转折点，外来移民在美国国家利益中的地位日渐下降。这种转变的成因表现在：（1）从 1880 年开始，一直到第一次世界大战爆发前，伴随着美国人口的增长，北美大陆的"自由"土地已开发完毕。美国不仅完成了向工业社会的转型，而且其工业产值超过了英、法、德三国的总和，铁路里程超过了欧洲发达国家的总和。美国在各方面均已成为一个发达的现代化国家。③ 在人口增长与自然资源配置日趋合理的情况下，自由放任的移民政策显然已经不再符合美国社会发展的需要。（2）在相同的时期内，由于美国政府在经济生活中继续奉行了自由放任的政策，自由资本主义时代的各种矛盾与冲突达

---

① U. S. Congressional Research Service, *Congressional Research Service Report for Congress: A Brief History of U. S. Immigration Policy*, Washington D. C. : Library of Congress, Congressional Research Service, January, 25, 1991, p. 5; http://www. ndu. edu/library/docs/91. 170. doc. pdf. （2013 年 1 月 7 日下载）

② Stenphen H. Legomsky, *Immigration and Refugee Law and Policy*, New York: Foundation Press, 2002（3thd edition）, p. 11.

③ Maxine S. Seller, "Historical Perspectives on American Immigration Policy: Case Studies and Current Implications", *Law and Contemporary Problems*, Vol. 45, No. 2, 1982, p. 149; http://scholarship. law. duke. edu/cgi/viewcontent. cgi? article =3656& context/pdf. （2013 年 1 月 20 日下载）

到了沸点：劳资矛盾、民族冲突、贫民区膨胀、社会犯罪、市政腐败和社会贫富两极化等诸多问题激化到了无以复加的程度。这些本来属于政府管理失误造成的问题，却被美国民众与媒体转嫁到移民身上，认为移民"大多数是乞丐、身患疾病者和犯罪分子"①。（3）在进入美国的移民中，随着西北欧移民的减少，来自东南欧和亚洲国家的移民日益增多。面对纷至沓来的华人、日本人、犹太人、意大利人和希腊人等，美国民众感觉到极不适应。这些移民大多数来自母国农村，文化水平低，不会说英文，又信奉天主教或东正教。他们聚居在本民族社区，孤立于美国主流社会之外，所以，在许多美国人看来，外来移民的到来，"削弱了美国的同质性，摧毁其了文化认同"②，因而被认为是美国社会的"最大威胁"。③

更令美国人恐惧的是，在1890年以后，随着美国的一些生物学家、动物学家和生理学家在种族基因遗传方面的研究成果纷纷面世，美国人的种族主义观发生了历史性的转变。按照他们的基因遗传理论的解释，人类基因细胞不会因地点的改变而发生质变，而是通过不同物种交融之后产生"劣胜优汰"的效果，其表现是：白人与黑人生育的后代是黑人，白人与印第安人生育的后代是印第安人。按照这种逻辑思维，推而广之，若美国白人与有色种族移民实现了自由通婚，最终结果是美国白人血统和种族的彻底消失。当这种认识成为一项社会性的心理负担的时候，美国人对外来移民的排斥就不可避免了。基于这样的认识，美国国会在1882年颁布排华法案之后，到1917年，在法律上彻底将亚洲大陆各国移民排斥在外，之后又在20年代经过了激烈的辩论，颁布了影响深远的1924年移民法。在这部带有非常明显的种族歧视的立法中，美国国会禁止亚洲移民入境，限制了东南欧移民，每年移民限额中的85%分配给西欧和北欧国家的移民。至此，建立在"物种基因基础之上"的移民限额制度的颁布与实施④，标志着美国的移民政策进入了一个"以保护盎格鲁种族血统纯洁性"为主要目标的"白人的美国"时代。⑤ 在此

① Paul Spickard, *Almost All Aliens：Immigration，Race，and Colonialism in American History and Identity*, New York：Routledge, 2007, pp. 278 – 279.

② Maxine S. Seller, "Historical Perspectives on American Immigration Policy, p. 139.

③ Paul Spickard, *Almost All Aliens*, pp. 278 – 279.

④ U. S. Congressional Research Service, *Congressional Research Service Report for Congress*, p. 12.

⑤ Paul Spickard, *Almost All Aliens*, pp. 278 – 279, 291 – 339.

后不久，殃及全球的 1929 年经济危机爆发，整个西方经济陷入崩溃的边缘。当德、意、日法西斯政权相继建立并对外发动侵略、奴役他国民族的时候，美国却大幅度地提高了外来移民入境的门槛，要求他们保证入境后不会要求美国政府提供福利救济。对于逃离纳粹德国铁蹄的犹太难民，美国实施了毫无人性的限制性政策，并将美国境内的 50 多万墨西哥裔驱逐出境，所有这些政策，再加上美国在外交上奉行的绥靖政策，在客观上与法西斯国家的侵略形成了一种桴鼓相应的效果。第二次世界大战爆发后，美国的政治制度和国家安全再次面临着生与死的考验。为此，美国移民局和边境巡防口岸严防死守，防止欧洲难民流入美国。至此，1820 年以来出现的、持续百余年的大西洋移民潮宣告结束，移民问题在美国国家利益中的地位也跌至谷底。

【移民政策的松动】 1942—1965 年，外来移民问题在美国国家利益中的地位开始再一次上升。其具体表现是：（1）在 1942 年美国对日本宣战后，美国政府出于外交和军事上的双重考虑，于 1943 年废除了实施长达 61 年之久的《排华法案》，决定每年给予中国 105 名移民限额。美国作出这种象征性意义的友好姿态，目的是在道义上支持中国，防止因为中国投降日本而造成美国在太平战场上的被动。此后不久，美国又对印度和菲律宾 wt 出同样的姿态。而 1947 年以后美国国会通过颁布《美军新娘法》等一系列法案，逐渐地打开了严格限制亚洲移民入境的大门。（2）虽然美国国会在 1952 年《外来移民与国籍法》中保留了 1924 年移民法中的基本框架和核心原则，但它通过设立"亚太三角区"条款（详见第 106 页注释③），允许亚洲各国每年有 100 名移民入境。尽管这种做法仍然带有种族歧视的性质，没有把亚洲移民与欧洲移民平等对待，但是，亚洲移民进入美国的大门毕竟被开得大了一些。（3）美国国会认识到了其国内经济转型的需要，在 1952 年移民法中设立吸引外来人才的双轨制度（参见第三章）。在该法案颁布后的十余年间，美国国会围绕移民政策的修正与改革，频频颁布具有反共色彩的难民法，将数十万欧洲和亚洲明显敌视社会主义制度的人士安置到美国，结果进一步打破了对亚洲和东南欧移民的限制，在客观上为 1965 年移民政策的改革创造了必要的条件。总之，以上政策的实施，表明美国的移民政策进入了一个新的历史时期。

【财富与威胁并存的时期】 在 1965 年移民法颁布后，一直到 2014 年本书完稿时为止，由于入境移民数量逐年增多，移民问题在美国国家利益中的地位大幅攀升。不过，与 19 世纪不同的是，在 1965 年以后的近半个世纪中，外来移民扮演着一种双重角色：他们既是美国社会发展需要的财富，同时也给美国的边境安全、国土安全和社会安全带来了一定的威胁。

首先，在冷战时期，面对以苏联为首的社会主义国家，美国人认为自己的生存与安全受到了威胁。在外交上遏制苏联就成为美国国家利益中的重中之重。在这种背景下，美国国会赋予了移民政策以多重性的战略目标。1995 年，美国移民改革委员会在提交给总统和国会的报告中，对美国移民政策的服务宗旨，做了精辟的概括：（1）促进美国公民和合法外侨与其外籍亲属的家庭团聚。（2）吸引外国有用之才，弥补国内劳动力市场的不足，为美国的经济发展服务。（3）为外国遭受宗教、民族或者政治压迫的人们提供庇护。这些目标自美国建国以来就一直是美国移民政策宗旨，因而"代表着外来移民迁入美国的长期传统的继续"[1]。到 2006 年，美国国会预算局在年度报告中概括美国移民政策的战略性目标时，其前三条内容与上述目标完全相同。第四条内容有所不同：它旨在鼓励那些移民较少的国家的人口向美国移民，以便丰富美国的文化多元化。[2] 这一项是 1990 年移民法中新增的内容。这种多重性的战略体系表明，美国移民政策在实践中具有多重性的功能。在政治上，它与美国的外交密切联系在一起，通过解决移民的家庭团聚和安置所谓寻求政治自由的难民，彰显美国政府重视人道主义的社会道德范式，宣传美国的政治信仰与核心价值观，同时它又通过人才吸引条款，将移民与国内就业市场的劳工供求关系联系在一起，来实现移民政策中具有实用主义的战略目标。这种多重性的战略意义在总体上与美国实现社会经济的繁荣发展、改善国民福祉的国家利益在逻辑上是一致的。从这个意义上讲，外来移民是美国社会欢迎的财富。

其次，在 1965 年以来入境的移民中，大多数是来自拉丁美洲和亚洲国家的有色种族移民。他们的到来，加上其较高的人口生育率，使白人在美国人

---

① U. S. Commission on Immigration Reform, *Legal Immigration: Setting Priorities*, 1995 *Legal Immigration Report to Congress*, Washington D. C. : U. S. Government Printing Office, 1995, p. 5.

② U. S. Congress, Congressional Budget Office, *Immigration Policy in the United States*, February, 2006, p. vii.

口中的比例不断下降，美国白人感到他们的社会地位和生活方式受到了威胁。据统计，在 1970 年，美国的有色种族人口占美国人口的 17%，到 2000 年增至 30.3%。在同期，非西班牙裔白人的比例从 83% 减少到 69%。① 由于有色种族的移民在语言、文化、宗教信仰和生活方式方面与美国白人差异甚大，对美国的种族关系、福利政策、民族同化，国家认同等方面产生了白人不愿看到的巨大影响。著名学者亨廷顿认为，在 1965 年之后，随着越来越多的有色种族移民进入美国，他们坚守着对母国的忠诚和文化认同，美国建立的以白人文化为核心的价值观逐渐被打破，300 多年来美国人所推崇的自由、平等、正义和作为世界上向善的领导者的地位也受到威胁，美国人引以为豪的种族同质性、民族属性、文化和意识形态也将不复存在。简言之，"对（美国）社会安全的最大威胁是来自移民"。对于这些问题，如果美国政府无动于衷，美国也将面临与古代斯巴达和古罗马共和国覆灭相同的命运。②

最后，外来移民对美国的国家安全构了两个方面的威胁。第一是恐怖主义者对美国国家安全的威胁。自 20 世纪 90 年代初开始，随着国际恐怖主义对美国驻外机构和个人袭击事件的增多，防止恐怖主义分子进入美国，成为美国移民政策的核心内容之一。虽然入境移民中，真正属于能够对美国构成威胁的恐怖主义分子并不多，但是，它在美国人的心理上的威胁却是巨大的。所以，在"9·11"事件之后，打击恐怖主义的问题上升到美国国家利益的首要位置，因而成为美国政府当务之急，与之相关的国家安全，也就成为美国移民政策辩论中的一个核心问题。在功能上，它意味着"移民政策中的安全措施成为主权宣示的一种新形式"。从此，安全因素的考虑在移民政策中的地位更加突出，它在国家主权与自由移民之间架设了一座桥梁，是针对"假想的对国家主权地位和社会安全威胁所作出的一种努力"③。从这个角度上看，国家主权、社会与边境安全以及防止移民犯罪等问题，构成了冷战结束

---

① Charles Hirschman, "Immigration and the American Century", *Demography*, Vol. 42, No. 4（Nov., 2005）, pp. 596, 600; http：//www. jstor. org/stable/4147331.（2012 年 11 月 19 日下载）

② ［美］塞缪尔·亨廷顿：《我们是谁？美国国家特性面临的挑战》，程克雄译，新华出版社 2005 年版，第 3、11、151 页。

③ Gregory W. White, "Sovereignty and International Labor Migration：The 'security Mentality' in Span-ish-Moroccan Relations as an Assertion of Sovereignty", *Review of International Political Economy*, Vol. 14, No. 4（Oct., 2007）, p. 691; http：//www. jstor. org/stable/25261935（2011 年 5 月 18 日下载）。

后，对美国军事、外交和经济安全等国家利益概念和含义的有效补充。

第二个威胁是禁而不止的非法移民，它威胁到美国的边界安全和以法治社会秩序为核心的价值观。自 20 世纪 60 年代末期开始，非法移民一直是美国政府非常郁闷和纠结的问题。虽然美国国会多次颁布立法，其中包括 1986 年《移民改革与控制法》和 1996 年《外来移民与个人责任法》等，白宫更是费尽心思，软硬兼施，多管齐下，主要措施中包括赦免境内非法移民，加强边界隔离墙建设，拘禁非法入境者，禁止雇主雇佣非法移民，遣返境内被抓获的非法定居者，等等，但是，非法移民问题不仅没有解决，反而不断泛滥。到 2000 年以后，美国境内的非法移民人数已经超过 1200 万。因此，如何加强边界安全，防止非法移民入境的问题，先后被纳入 1996 年和 2000 年《美国国家利益报告》之中。在 2000 年《美国国家利益报告》中，非法移民被纳入"极端重要利益"类别中。它呼吁美国联邦政府采取积极措施，"防止大规模的、失控的非法移民偷越美国边界"。报告中指出，自 20 世纪 80 年代以来，非法移民屡禁不止，严重地削弱了美国管理其社会的能力。"美国在防止大规模的、失控的人员跨越美国边界方面具有非常重要的利益。"[①] 在 2000 年之后，美国政府、国会和社会各界多次探讨解决非法移民问题的办法，然而每次都无果而终。它不仅"反映了已经被证明的不可调和的利益冲突"，而且在整个辩论的过程中，完全"忽略了国家对经济和劳工的需求"。[②] 难怪美国外交关系委员会在其报告中开门见山地写道："在美国的纲领中，很少有哪些问题能比外来移民更加复杂，或者能产生更大的分歧。"美国"很少有哪些问题能触及美国国内生活和外交领域的方方面面。外来移民是一个国土安全和国际竞争力的问题，同时也是深深地触及美国千百万个人和家庭生活中至关重要的人道主义问题"。报告中警告道：如果国会在"长期内不能设计并实施一项行之有效的、可持续性的移民政策，会产生削弱美国经济的威胁，危害到美国的外交并使国家安全处于危险之中"[③]。

总之，对于人口已逾 3 亿的美国来说，可以预言，根据国家安全和社会

[①]　The Commission on America's National Interests, *America's National Interests*, pp. 2, 6, 8, 37.

[②]　Tara Magner," Immigration Reform, Failure and Prospects", National Immigration Justice Center, (Sept. 2007), pp. 1 - 3; http://web. mit. edu/cis/pdf/Audit_ 09_ 07_ Magner. pdf. (2013 年 1 月 20 日下载)

[③]　Council on Foreign Relations, *U. S. Immigration Policy: Independent Task Force* No. 63, pp. ix, 3.

发展需要，适量控制入境移民的规模和技术构成，是今后一段时期美国政府
必须解决的重点问题之一。无论政府的政策走向如何，凡是能够入境的移民，
都是被认为可以为美国社会发展作出贡献的人，而对于美国社会不需要的各
类违法犯罪者、非法移民、恐怖分子和毒品走私者等，都会被毫不留情地排
斥在美国之外。

四　国家利益的多重性含义及其辩证关系

从前文中可以看出，在 20 世纪后半期，人才吸引战略只是美国移民政策
的重要战略目标之一。也就是说，从美国国家利益的视角来看，美国的移民
政策具有多重性的含义。人才吸引战略作为其中的一个重要组成部分，在纵
向发展过程中，很容易受到外部因素的影响与冲击；同时，再从每个时期移
民政策体系内部来看，它又很容易受到家庭团聚和难民条款等战略目标的制
约。各种外在的和内在因素的制约，导致每个历史时期美国移民政策承载的
美国国家利益具有多重性的特征，它们彼此既相互竞争，又在人才吸引方面
殊途同归，使美国移民政策在人才吸引方面形成了一个既对立又统一的矛盾
共同体。

从纵向看，在 20 世纪 20 年代，由于一些美国学者大肆宣扬伪科学基因
理论，美国的民众和国会的决策者们担心，大量的亚洲和东南欧移民的到来，
会威胁到美利坚民族血统的纯洁性，因而，美国国会对亚洲和东南欧移民实
施了严格的限制性政策。在这种指导思想下，国会设立了具有历史意义的
"限额优先原则"（以下简称"优先原则"），规定了美国优先欢迎的对象：
（1）21 岁以上的美国公民的双亲、妻子及其未成年子女。（2）精于农业耕作
技术的移民、配偶和 16 岁以下的未成年子女。这两项具有实用主义原则的条
款构成了 20 世纪美国移民政策的核心。在此前提下，1924 年移民法中确立
的以维护种族利益为最高目标的政策，与 1920 年以前为满足国内经济发展需
要而奉行的自由移民的政策相比，显然，美国国会是以意识形态来牺牲经济
发展需要的国家利益为前提的。因为在 20 年代确立的移民限额制度中，没有
任何旨在满足工业化发展对技术人才需求的条款。

当第二次世界大战刚刚结束、各国民众对战争的恐惧仍心有余悸的时候，

以苏联为首的社会主义阵营迅速崛起，无疑加剧了美国人对共产主义的恐惧心理，认为自己的国家受到了生死威胁，需要动用可以利用的军事、经济与文化资源捍卫美国的国家安全。在这样的社会背景下，美国国内也发生了具有历史意义的以科技革命为先导的社会转型。具体来说，就是美国从工业社会向以服务业为主体的经济的方向转变。它在纵向上表现为经济产业结构的升级，在横向上则表现为美国由战前的单中心结构的城市向以多中心结构为主要标志的大都市区化方向的发展。在上述两方面的重大挑战中，美国政府认为外部的挑战更为紧迫和致命，而国内问题则可以通过市场运作机制以和缓的方式完成。因此，从杜鲁门政府到冷战结束，美国历届政府都"将国内的经济利益置于外交政策的目标之下"。不啻如此，除动用军事和外交资源服务于美国的冷战战略需要之外，美国政府还以向盟国开放美国国内市场为代价，以求换取盟国在外交上对美国的支持。这种政策取得了胜利，但使美国付出了巨大代价："美国政府牺牲了成千上万的国内就业岗位，去在自由世界的国家创造就业机会和经济繁荣。"① 甚至在冷战结束后，美国仍然采取类似的"一系列单边性的、非互惠性的让步，逐渐地导致了国内制造业的衰落和生产性岗位的流失"②。这种以牺牲国内发展而满足外交上的国家利益的现象在战后美国移民政策中同样体现得非常突出。1952 年，美国国会在修订移民法的时候，再次将移民政策的改革"从属于外交政策"的需要③，将维护美国国家安全利益置于当务之急的头等位置，在战略上毫不犹豫地牺牲了国内经济高速发展对专业技术人才需求的利益。一方面，它不仅将 1950 年实施的严密甄别与打击共产党人的《国家安全法》纳入其中，明令禁止任何与共产党组织有联系的人移民美国。移民入境后若从事任何与共产党组织有关且旨在反对美国政府的活动，将被驱逐出境。另一方面，当国会自由派要求废除具有种族歧视性的民族来源条款的时候，那些在外交上的保守派坚决反对，不啻如此，他们对于杜鲁门总统根除美国国内种族歧视和隔离的政策也百般

---

① Alfred E. Eckes, "Trading American Interests", *Foreign Affairs*, Vol. 71, No. 4（Fall, 1992）, p. 135；http：//www. jstor. org/stable/20045314.（2012 年 10 月 21 日下载）

② Alfred E. Eckes, "Trading American Interests", p. 152.

③ Roger Daniels, *Guarding the Golden Door：American Immigration Policy and Immigration Since* 1882, p. 113.

阻挠。换句话说，主张在国际上坚决反共的右翼势力也是在美国国内坚决维护白人利益至上、反对消除种族歧视和隔离的政治势力，其代表就是来自种族主义思想十分突出的西部和南部议员。①　正是在他们的坚持下，国会尝试废除种族歧视性条款的努力遭到失败。需要指出的是，1952 年移民法中，国会将1924 年移民法中确立的两项优先入境原则扩展为"四项优先原则"，第一项是决定将年度总限额中的 50% 的移民限额用于那些具有突出才能和受过高等教育的移民，其余三项是关于美国公民和合法外侨的家庭团聚问题。不难看出，虽然国会在 1952 年外来移民法中，大幅度地增加了吸引外来人才的限额，但由于国会保留了 1924 年移民法中的基本原则和政策框架，年度总限额中的 85% 仍然被分配给西、北欧国家，而亚洲和南欧国家移民因此继续受到歧视。所以，在1952 年移民法实施后，亚洲国家因为得到限额甚少，移民申请者甚多，而西、北欧国家的移民限额多而实际申请者少，所以，出现了各国移民限额分配与实际申请相悖的现象，结果导致吸引专业技术人才条款难以发挥有效的作用。②正是基于这样的认识，有的美国学者认为，1952 年移民法的服务目标脱离了美国经济发展需要，其"经济功能是边缘性的，而且在相对的意义上并不重要"③。

　　尽管战后美国经济繁荣发展对国外专业技术人才需求的势头一直持续到 60年代末期，但与 1952 年移民法制定时期十分相似的是，冷战思维依然在 1965年移民政策的改革中处于主导性地位。因为这次改革的核心是强调种族平等，废除移民政策中歧视亚洲和东南欧移民长达半个世纪之久的民族来源条款，以缓解它给美国外交领域带来的不必要的压力。因为在当时受到排斥和歧视的不仅有美国在欧洲的盟国希腊、土耳其和意大利等国家的移民，而且还有美国在亚洲的盟国日韩等国的移民，以及与美国友好的菲律宾和印度等国的移民。促使此时国会在废除民族来源条款的同时，又在寻找一种既隐蔽又能产生限制有

---

　　①　John Higham, "American Immigration Policy in Historical Perspective", *Law and Contemporary Problems*, Vol. 21, No. 2, Immigration (Spring, 1956), p. 234; http://www. jstor. org/stable/1190500. (2011 年 5 月 16 日下载)

　　②　参见梁茂信《美国移民政策研究》，第 271—279 页。

　　③　Louis L. Jaffe, "The Philosophy of Our Immigration Law", *Law and Contemporary Problems*, Vol. 21, No. 2, Immigration (Spring, 1956), p. 370; http://www. jstor. org/stable/1190508. (2011 年 5 月 16 日下载)

色种族移民的替代性条款。于是，建立在"一视同仁"原则之上的家庭团聚条款，作为民族来源条款的变种，就被堂而皇之地纳入了1965年移民政策之中。它既能给移民法套上自由、公正和平等的光环，从而避免种族歧视之嫌，又能在客观上限制有色种族的移民。因为在1924—1965年进入美国的有色种族移民人数甚少。他们作为"种子移民"，其外籍亲属能够根据家庭团聚条款而移民美国的人数也是有限的。而且，与1952年移民法不同的是，在国会设立的"七项优先原则"中，其中除一项是关于难民入境的优先原则之外，第3和第6项原则是关于美国需要的技术类移民以及熟练和非熟练劳工。其余四项则是关于美国公民和合法外侨的配偶、子女和亲属的家庭团聚问题。1980年美国国会颁布了新的难民法之后，将难民类优先原则从1965年移民法限额制度中剥离出来，结果，国会在1965年移民法中确立的优先原则减少到六项。这六项优先原则一直实施到1990年移民法产生之前。显然，与1952年移民法相比，国会有意扩大了家庭团聚所占限额的比例，压缩了就业类移民的限额比例。不仅如此，难民问题首次被正式纳入永久性移民政策之中。这些都表明，美国为满足在国际上的形象和外交战略利益的需要，再一次牺牲了国内经济发展对专业技术人才的需求。

虽然在20世纪80年代，信息技术发展的强劲势头开始萌动，并在90年代成为拉动美国经济高速增长的火车头，然而，美国国会在修改1990年移民法的时候，增加了一些新的内容；进一步丰富了人才吸引条款中的内容，但是，1965年移民法中确立的基本框架并未改变，用于吸引外籍人才的限额比例并未增加。有所不同的是，随着每个年度移民总限额的增长，每年用于吸引外来专业技术人才的绝对人数也水涨船高，达到14万人。同时，国会对临时劳工计划调整之后，每年入境的专业技术人才有所增加。即使如此，技术人才的限额仍然供不应求。于是，美国国会在1998—2000年连续颁布两项立法，通过增加临时劳工人数的方法，以解燃眉之急。至于移民政策改革的问题，则因为"9·11"事件的发生和围绕非法移民问题的辩论，各方分歧甚大，最终导致2007年移民政策改革的失败。结果，以增加专业技术人才为目标的政策改革，最后却被湮没在围绕非法移民处理对策的争论中。这种捆绑式的改革模式，再一次牺牲了以人才吸引为核心目标的政策改革。

20世纪美国移民政策发展表明，在不同时期，决策者关于移民政策服务的国家利益的认识和核心含义有所不同。人才吸引的思想并非在美国移民政策中居于唯一的、至高无上的地位。冷战时期的外部环境因素对于美国移民政策的影响超过了国内经济发展需求的影响，因而在较长的时期内，人才吸引的战略作为一种居于次要地位的国家利益受到一定程度的压抑。只是到 20 世纪 90 年代的后冷战时期，当美国进入了一个被学术界称之为新经济的时期，人才吸引战略在移民政策中的地位才略有提升。但是，在随后的十多年间，社会上和国会围绕移民政策中增加专业技术人才比例的政策改革，却在非法移民的争吵声中以失败告终。这就是说，美国移民政策中的国家利益概念是随着美国所面临的国内外形势和挑战的危险程度而决定的。如果一味地从美国国内经济发展需要认识美国人才吸引战略，就出现了一些无法解释的问题。

从横向结构看，展现在读者面前的又是一个不同的界面。在 20 世纪美国历史上的任何一个时期内，美国移民政策中包含着家庭团聚、就业类劳工和安置难民三大战略目标。这种多重性的战略目标赋予了该项政策在实践中具有多重性的功能。由于人才吸引战略、家庭团聚和难民法条款处于同一体系之内，三者在实践上既相互补充又彼此竞争。所谓相互补充是指三者在功能上共同服务于美国国家利益的不同层面的前提下，都在不同程度上为美国吸引了大量的专业技术人才，因而在它们彼此属于一种相互补充的关系。它们作为对立统一的矛盾共同体，彼此既竞争又相互补充，最终以不同的方式和程度服务于美国人才吸引战略的总体目标。就三者彼此竞争关系而言，它是指在每个年度移民限额相对固定的背景下，彼此之间围绕国会规定的限额总量进行竞争，其结果是人才吸引政策与战略可以利用的资源空间受到限制。这恰好印证了摩根索所说的为实现国家利益而出现的资源配置失衡现象。因为国家无法"以平等的力量动用拥有的资源去实现所有需要的目标"。相反，它"必须尽可能地合理分配稀缺的资源。这种合理分配的不可多得的条件是，对国家利益的必要性与不同要素之间的差异有清楚的认识"。换句话说，"国家利益中的必然性要素都倾向于吞没其他的各种要素，以至于到头来，各种类型的目标，不管是实际的还是潜在的，都会以国家的生存作为其合理的理由①"。

---

① Hans J. Morgenthau, "Another 'Great Debate': The National Interests of the United States", p. 977.

　　从历史上看，自1924年美国国会设立移民限额制度以来，"家庭团聚"类移民所占比例甚大。在1924年移民法中，虽然国会在优先入境原则中只设立了家庭团聚和精于农业耕作技术的移民，但它并未明确两者的比例关系，因而在入境移民中，家庭团聚类移民处于绝对的主导性地位。到1952年国会在修订移民法的时候，将优先原则中50%的限额用于家庭团聚条款之中。此后，它在颁布1965年移民法时将家庭团聚条款所占移民限额比例提升到76%，而在1990年移民法中的比例虽然略有下降，但仍保持在72%以上。相反，从1952年到1990年，包括技术人才在内的就业类移民的限额比例却处于下降状态，从50%下降到了20%，在1990年移民法中，人才吸引条款所占限额比例下降到20%以下，并且一直沿用至今。在这种条件下，还必须指出的是，国会在1965年移民法中增加了难民法条款，其占每年移民总限额的6%。一直到20世纪90年代冷战结束后，尽管具有反共意识的难民法不再成为移民政策中主要议题，但是，每年入境的移民中难民仍然占入境移民的10%左右。这些都表明，在20世纪后半期，美国移民政策中的首要服务目标是美国公民和合法外侨的家庭团聚，而不是为满足美国经济发展需要的人才吸引战略。

　　在美国的移民政策中，家庭团聚条款之所以能上升到美国的长期战略性高度，一方面，在社会上，按照美国移民政策委员会的解释，"家庭团聚促进家庭成员的稳定、健康和生产力。家庭团聚为新来的家庭成员提供了支持性体系，帮助他们在美国适应新的生活方式的同时仍然保持家乡的某些传统"。另一方面，在政治上，如前所述，它可以满足美国外交和政治利益上的需要，宣传并彰显美国的人道主义原则。此外，在家庭团聚条款之下，就像在难民法实施过程中那样，可以在"促进美国社会上的自由的精神"的同时[1]，打着人道主义的旗号，吸引许多专业技术人才。[2] 关于这一点，后文各章节中会有详细论述。

---

①　U. S. Commission on Immigration Reform, *Legal Immigration*: *Setting Priorities*, pp. 30 – 32.

②　U. S. Congress, House of Representatives, *Benefits to the American Economy of a More Educated Work-force*: *Hearing before the Subcommittee on Immigration and Claims of the Committee on the Judiciary*, *House of Representatives*, *One Hundred Sixth Congress*, First Session, Serial No. 35, Wasington D. C.: U. S. Government Printing Office, 2000, p. 13.

值得关注的是，在历次改革与修订的过程中，当社会各界与新闻媒体要求改革移民政策、扩大技术人才限额比例的时候，美国国会除了采取零散的修补之外，每一次移民政策的改革中，都没有将人才吸引条款单独拿出来进行讨论，并在政策上予以倾斜，而是将其裹在众多的利益目标之中进行考察和议论的。这样，每一次改革中，争论更多的问题，并非与人才吸引战略相关的条款，而是家庭团聚、难民安置以及最容易产生分歧的非法移民问题。于是，在多次改革中，改革的话题是从人才引进开始的，结果却是以非法移民和国家安全等受到关注最多的话题收场的。人才吸引战略作为关乎美国国家利益的重大议题之一，却有着能善始不能善终的结果。在多数情况下，它成了各党派和政治利益集团为各自利益展开争夺的牺牲品。这种例证在 1990 年移民法、1996 年和 2007 年两次改革尝试中就是最好的体现。

五　次国家利益的冲突及其抑制性作用

次国家利益（sub-national interest）是指国家利益形成之前，一国内部不同个人、群体、地域和行业协会的利益。它们按照自己的理解和要求，在国民生活中，特别是在国家利益形成的过程中，表达得低于国家利益的利益。每个利益群体之间都不同程度地存在着矛盾和冲突，因而在国家利益形成的过程中，它们的利益诉求会产生一种相互抑制和平衡的作用，结果就是每个利益群体的部分利益得到满足，但是谁都对自己所得到的利益并不满意。

在美国人才吸引战略形成与发展的过程中，美国社会上始终存在着一种或多种矛盾性的社会心态。一方面，美国的有识之士、企业界和少数民族等利益集团及其在国会的代表，主张实施开放性的人才引进政策，有利于确保美国在全球科技发展中的领先地位；另一方面，以美国工会和行业协会等组织为代表的利益集团，从保护土生劳工利益的角度出发，要求限制或禁止外国技术人才进入美国，他们认为外来移民抢去了美国人的就业机会，降低了美国人的工资水平，加剧了美国就业市场上的职业竞争，移民的不公平竞争导致美国人的工作环境每况愈下。移民的失业加剧了美国政府在社会福利方面的财政支出，因而加重了美国人的税务负担。同时，他们还呼吁尽量减少对外籍技术劳工的依赖，通过美国正规学历教育的发展或加强对劳工的培训，加强对本国人才的培养，从而使本土劳工资源得到充分利用。在 20 世纪美国吸引外来人才的政策中，这种声音也不绝于耳。在平时，它们作为一种观点，总是在提示着美国的国会立法决策者实施严格限制的政策。而几乎在每次国会修订或者改革移民政策的时候，这种观点就成为一种抑制性的因素，对吸引外来人才主张的思想和观点，在不同程度上产生一种抵消作用，进而使得人才吸引的提议被扭曲、变形或者被压缩。

对于社会上关注本土民众公共利益的诉求，美国国会并非置若罔闻。它在战后初期就认识到了保护美国就业市场公平竞争的必要性和重要性，并在立法上做了明确的规定。1952 年移民法规定，如果劳工部长认定申请者入境就业后"会对就业的同类美国人的工资和工作条件产生消极影响，那么就禁止谋求到美国就业的外籍人入境"。然而，在实践上，美国驻外领事机构、国务院、劳工部和司法部之间协作不力，缺乏定期通报机制，使保护美国就业市场的条款束之高阁，形同虚设。有鉴于此，国会在 1965 年移民法中规定，凡是申请"就业类"移民资格的外籍人，都必须在入境前申请就业许可证，如果劳工部认为申请者入境后，可能会引起美国劳工的失业或工作条件的恶化，那么，劳工部就可以拒绝发放就业许可证。① 在 1990 年移民法中，国会决定停止实施就业许可证制度，因为它"既不能满足美国企业的需要，也不能保护国内劳动力"。不少企业主在招聘劳工时，利用立法漏洞，或掩耳盗铃，或偷梁换柱，结果使该项立法"不幸地成为一种掩饰手段"。劳工部也在这个过程中转变成一个"为排解投诉而奔波的调查和审判机构"。在这种背景下，国会对这项制度的具体实施做了进一步的严格规定，决定采用"合理化的证实"条款。具体来说，就是当美国企业需要招聘劳工的时候，企业必须在招聘劳工前，除将岗位条件和应聘者要求等信息分别向当地工会组织和劳工部等部门通报，同时还必须在当地媒体上广而告之，说明待聘岗位的技术要求、待遇以及应聘条件等。如果企业完成上述程序后依然无人应聘，则可向美国劳工部递交准备雇佣外国劳工的申请。此时，企业主必须通过实物和资料向劳工部证明，劳工招聘一切程序合法，说明招聘地点、招聘目的、应聘劳工来源、劳工组织证明、广告张贴的具体时间及时间长度以及应聘劳

---

① Demetrios G. Papademetriou and Stephen Yale-Loehr, *Balancing Interests*: *Rethinking U. S. Selection of Skilled Immigrants*, Washington D. C: Carnegie Endowment for International Peace, 1996. pp. 115 – 116.

工面试记录等资料。① 对于有争议的招聘，司法部和劳工部应在企业提交证明
文件后 30 日之内举行听证会，对于有违法情节的企业，必须严惩不贷。② 在
实践上，有些企业主在招聘劳工的过程中，并未按照广告宣传的招聘岗位操
作，但是又发现应聘者就业技能甚好，于是又将他们安排在其他岗位工作，
而待聘岗位仍然空闲，从而造成了一种客观上需要外来移民的事实。这就是
说，劳工部规定的"招聘和识别美国可以聘用劳工的程序形同虚设"③。

与上述议题性质相似的另一个关注焦点是：美国主流社会长期形成了一
种共识——美国社会发展所需要的人才应立足于本土的培养，外来人才的引
进只是其有效补充。但是，人才引进与本土人才培养的连接点应把握在何种
程度上，美国历届政府并不清楚。这一方面是因为人才培养的周期相对较长，
应对市场需求的调节过程较慢；另一方面，经济形势及其影响下的就业市场
供求关系的波动和需求结构变化等，需要作出最大限度的快捷反应。在这种
背景下，从 20 世纪 50 年代起，人才吸引与本土培养的模糊结合，构成了战
后美国人才战略资源开发中的重要内容。例如，在 50 年代，艾森豪威尔总统
就命令成立一个"科学家和工程师开发委员会"（Committee for the Develop-
ment of Scientists and Engineers），它于 1957 年 6 月 13 日改名为"科学家和工
程师总统委员会"（The President's Committee on Scientists and Engineers）。按照
总统要求，该委员会的职责是：协助联邦政府识别有关培养高级别科学家和
工程师的问题，向愿意合作的机构和个人其提供各种信息和帮助，消除人才
资源开发与培养过程中的种种障碍。该委员会在向总统提交的报告中指出，
政府应该在鼓励合理使用所有的人力资源的同时，在全国的中小学和大学，
建立缜密的人才识别、搜寻和培养体系，应该强调改善中小学关于自然科学

---

① U. S. Congress, House of Representatives, "Immigration Act of 1990: Related Report ", in *United States Code*, *Congressional and Administrative News*, 101ᵗʰ Congress, 2ⁿᵈ Session, Vol. 8, St. Paul, MINN: West Publishing Co. 1990, p. 6743.

② 立法中多次提到了"attestation area"。它是一个根据企业生产性质和招聘劳工的传统范围而确定的灵活概念，在地理上是指"一个具有传统的和可以预期的劳工供应充足的地区"。如果招聘企业的劳工主要来自于本地区，那么该企业的招聘范围可以不超出企业所在州；若企业在岗劳工的传统来源是全国各地，那么该企业招聘劳工就必须面向全国。U. S. Congress, House of Representatives, "Immigration Act of 1990: Related Report ", pp. 6743 – 6745。

③ Demetrios G. Papademetriou and Stephen Yale-Loehr, *Balancing Interests*, p. 119.

和数学的教育方法；鼓励各州和地方政府采取积极的人才培养措施。[1] 到 20
世纪 60 年代末，当美国国会、学术界和新闻媒体围绕美国的人才吸引政策是
否造成外国人才流失而展开激烈讨论的时候，加强本土人才培养的呼声再起。
在当时国会举行的听证会上，不少代表都在建议美国政府加大培养力度，更
多的培养本国的人才。例如，全国卫生人力咨询委员会提出，各地高校应该
不遗余力，加倍努力，培养更多的美国学生从事医务工作，同时加强对发展
中国家的援助，改善其医疗条件，让它们吸引更多的留学生回国。对于申请
到美国工作的外籍医生和护士，应该实行专业考试制度，内容包括英语、专
业知识和临床经验等。同时，政府还应该建立独立的研究机构，加强对国内
医疗卫生服务需求和就业市场供求关系的调查。[2] 然而，就业市场对于劳工的
需求取决于经济发展的形势。当美国经济高速繁荣发展的时期，对于高科技
劳工的旺盛需求超出了美国国内人才培养体系的能力，人才的引进就成为一
种必然。这种趋势在 20 世纪 90 年代和 21 世纪初期的十年间都非常清楚。但
是，从长远的战略目标看，美国人才吸引战略与国内人才资源开发和培养之
间的关系重点，究竟应该把握在何种程度上才能保证美国就业市场供求关系
的顺畅运作？美国劳工部长助理雷蒙德·J. 尤纳尔德（Raymond J. Unalde）
指出：由于劳动力市场内在运作机制不足以解决劳动力供求关系中的平衡问
题，因此还需要通过外在的行政手段发挥作用，通过引进外国临时技术劳工
以解燃眉之急。但是，过分依赖于外国劳工也会产生负面影响，因为大批劳
工的到来增加了劳动力供给，这也可能会抑制工资增长，对本国劳工的教育
培训和学生学习理工科专业的积极性可能会产生一定的负面影响。因此，面
对技术和经济重构引起的变化和生产技术的失衡问题，美国政府政策的首要
目标是："把增加移民视为解决技术劳动力最后的、而非首要的政策选择。"
换言之，即使引进外籍技术劳工，也应该"与优先改善美国劳工技术的整体

[1]　National Science Foundation, *Scientific Manpower*-1956, *Significant Developments*, *View*, *and Statistics*, NSF-57 - 23, Arlington, VA: National Science Foundation, 1957, p. 3.

[2]　U. S. Congress, House of Representatives, Committee on Government Operations, *The Brain Drain of Scientists*, *Engineers and Physicians from the Developing Countries into the United States*: *Hearing before a Subcommittee of the Committee on Government Operations*, *House of Representatives*, Serial Number, pp. 89 - 921, the 90th Congress, Second Session, Washington D. C.: U. S. Government Printing Office, 1968, p. 71.

目标是一致的"。因此，美国必须继续推行劳工培训与就业的政策。① 应该说，这种战略目标的定位是正确的，因为在战后美国历史上，联邦政府对中小学教育发展的重视程度前所未有，以至于美国政府将各级教育的发展纳入美国战略国策之中。所以，美国历届国会在颁布新的有关人才吸引的立法时，必须增加保护美国劳工权益、完善美国人才培养体系的条款，防止雇主在雇佣外籍技术劳工的同时，损害土生劳工的利益，或者对美国本土人才培养构成伤害。

但是，同样不可忽视的是，在战后美国人才吸引战略中，外国留学生是美国科技人才吸引的重要对象。因此，在战后的近 30 年间，美国政府把吸引外国留学生当作一项政治任务去落实。随着旅美外国留学生的增多，美国联邦政府也处心积虑地实施一种巧妙的政策：允许司法部长和劳工部长根据美国国家利益的需要，选择一些外国留学生永久性居留美国。然而，随着旅美留学生人数的增长，特别是其中研究生比例的提高，一些普通美国人的恐惧心理也随之加剧。他们认为，美国的研究生培养资源是一种零和游戏，外籍学生的增多意味着本土学生可供选择的机会必然会减少。因而对美国本土学生产生了一种"排挤性效果"。对于少数民族和妇女学生而言，"这种排挤效应在一些名校之间最为强烈"② 。当这些学生毕业之后，准备进入美国的就业市场的时候，一些美国人会担心，国际留学生在就业市场上，会与美国土生毕业生进行职业竞争。面对这样的现实，有的美国人质问道："在 1999 年被雇佣为 H - 1B 劳工的总数中，有 1/4 是来自于美国的高校，他们是在美国税民的资助下完成学业的。当他们毕业的时候，他们再与美国本土毕业生竞争这些高技术职位，这样合理吗？"③ 不仅如此，在吸引外国人才的时候，也存

---

① "Statement of Raymond J. Uhalde", in United States Congress, Senate, *High-Tech Worker Shortage and U. S. Immigration Policy*: *Hearing before the Committee on the Judiciary*, *United States Senate*, One Hundred Fifth Congress, Second Session, Serial No. J - 105 - 76, Washington D. C: U. S. Government Printing Office, 1998, p. 11.

② George Borjas, "Do Foreign Students Crowd Out Native Students From Graduate Programs?" National Bureau of Economic Research, *Working Papers*10349 （March 2004）, p. 1; http: //www. nber. org/papers/w10349. （2009 年 6 月 25 日下载）

③ U. S. Congress, House of Representatives, *Status of Regulations Implementing the American Competitiveness and Workforce Improvement Act of 1998*: *Hearing before the Subcommittee on Immigration and Claims of the Committee on the Judiciary*, *House of the Representatives*, Serial No. 113. Washington D. C: U. S. Government Printing Office, 2000, p. 18.

在着安全问题，认为一些外籍的学生和学者，利用在美国工作的机会，从事间谍活动。此外，还有更多的外籍人，通过正当的学术与技术合作，在美国工作多年，他们不仅积累了必要的物质资本，更重要的是学到了美国的技术。"随着经验丰富的劳工迁移到第三国，或者回国，他们携带的不仅仅是财政资本，而且还有可能会带回去一些技能和技术的知识，而这些技能和技术知识可能会被用来对付这些技术研制的国家。"① 美国人担心，国际留学生将自己在美国所学习的知识和经验，用于母国或第三国社会经济活动中，并与美国"在工商业高技术领域进行竞争"②。在最坏的情况下，还有些人会利用在美国学到的技术，研制攻击美国的武器。兰德公司在 2008 年提交给美国国防部的报告中指出，一旦外来移民或留美学生在美国工作多年后回国，或前往与美国处于敌对关系的国家工作，那将会给美国的经济发展和国家安全带来巨大的威胁。从长远看，"外来移民并非美国经济发展中技术劳动力长期短缺问题的答案。在一个富有竞争性的经济中，除了土生的科学家和工程师以外，没有其他替代者"。报告中指出："我们不能，而且也不应该如此地依赖于外国的人才，来填补教师、研究和工业领域的关键性岗位。"③

　　针对上述情况，美国国会在 20 世纪 80 年代就规定：（一）凡与国防科技相关的敏感专业技术领域和工作岗位，非美国土生公民不得申请。④ 即使是那些已经被归化为美国公民的外来技术人才，如果在安全检查方面不符合条件，也不能上岗。可是，由于美国国防工业可以雇佣的劳动力资源十分有限，各专业中的土生公民比例基本上平均在 60% 左右，如果不适当放宽雇佣条件和应聘岗位范围，就会出现许多岗位因空闲而造成资源无谓浪费的问题。于是，美国工程师国际交换与迁移委员会、科技和工程学人员管理局以及全国研究

① Jeanne Batalova, *Skilled Immigrant and Native Workers in the United States*, p. 33.

② U. S. Congress, House of Representatives, "Immigration Act of 1990: Related Report", pp. 6724 – 6726.

③ Titus Galama and James Hosek, *U. S. Competitiveness in Science and Technology: A Report Prepared for the Office of the Secretary of Defense by the National Defense Research Institute of Rand Corporation*, Santa Monica, CA: Rand Corporation, 2008, pp. 81, 87.

④ National Research Council, Committee on the International Exchange and Movement of Engineers, *Foreign and Foreign-Born Engineers in the United States*, *Infusing Talent*, *Raising Issues*, Washington D. C.: National Academy Press, 1988, p. 18.

院在给国会的报告中提出了如下建议："在被那些有选择的、相对不太敏感的
国防工程专业领域聘用上岗之前，外国的和外国出生的并在外国有亲属的研
究生，应该受到持续的严格筛选办法的考察。"① 即使那些在美国一直工作的
外籍学生也需要提防，因为"在美国劳动力中间，外国出生的科学家和工程
师的扩张，导致了更快的、更加广泛的美国技术发明流向外国，它们利用这
些技术生产更新或更加廉价的产品，进而伤害到美国的企业；敏感技术和诀
窍流向潜在的敌对国家后，它们就会用这些技术来反对美国……"②。为了防
止外国留学生或者在美国工作的外籍临时科技劳工偷盗美国的尖端技术，美
国在其各地的国家实验室采取了严密跟踪的措施。例如，在 20 世纪 90 年代，
洛斯阿拉莫斯（Los Alamos）国家实验室，每年用于监督一位外国科学家和工
程师的花费达到 115 美元。③（二）为避免引进外籍人才而损害本土劳工的利
益，美国国会在通过《1998 年美国劳工竞争力与改善法》和《面向 21 世纪
的竞争力法案》时规定，任何一位 H‐1B 劳工，无论是首次应聘，还是延聘
或更换雇主，每个环节都必须缴纳 500 美元的签证申请费。如果三个环节发
生在同一位 H‐1B 劳工身上，其雇主至少要缴纳 1500 美元。④ 这项规定的用
意在于：（1）尽可能提高雇佣外籍劳工的成本，鼓励企业雇佣美国劳工。
（2）利用 H‐1B 劳工计划带动美国理工科专业人才的培养。因此，H‐1B 劳
工计划实施后，企业缴纳的外籍劳工签证申请费，将用于美国中学和大学鼓
励学习理工科专业的奖学金和国内劳工在岗培训等活动，目的是通过加强本
国人才的培养，保证美国经济和科技发展对人才的需求，避免因为对于外国
技术人才的过分依赖而给美国的国家利益造成更大的伤害。

---

① Committee on the International Exchange and Movement of Engineers, Office of the Scientific and Engi-
neering Personnel and National Research Council, *Foreign and Foreign-Born Engineers in the United States*: *In-
fusing Talent and Raising Issues*, Washington D. C. : National Academy Press, 1988, p. 20.

② Titus Galama and James Hosek, *U. S. Competitiveness in Science and Technology*, pp. xxii – xxiii.

③ U. S. Congress, House of Representatives, *H-1B Temporary Professional Worker Visa Program and In-
formation Technology Workforce Issues*: *Hearing Before the Subcommittee on Immigration and Claims of the Com-
mittee on the Judiciary*, *House of Representatives*, Serial No. 31, Washington D. C. : U. S. Government Printing
Office, 1999, p. 28.

④ United States Congress, Senate, "American Competitiveness in the Twenty-First Century of 2000:
Senate Report 106 – 260", in *United States Code*, *Congressional and Administrative News*, 106nd Congress, 2nd
Session, Vol. 4, St. Paul, MINN: West Group, 2001, p. 935.

　　以上史料表明，在人才吸引战略作为国家利益被转化为政府可以操作的政策时，它实际上是国内各种利益需求"'有机组合后'的总体利益"表现，是一个必须包容不同地域、不同行业和不同利益集团的利益诉求过程。在此过程中，每个利益集团的利益诉求中都或多或少地兼容了部分国家利益，因而它们在获得最广泛支持的游说中，自觉与不自觉地"将自己的诉求与国家利益"联系在一起，并期望自己的利益在国家立法中得到最大化地表达。在这个意义上，国家利益是"不同地域性利益的妥协"，是"产生于相互竞争的地域性利益的博弈中，是一种大于任何一个特定的地域性利益，或者是其总和"。正因为如此，"在所有被关注的利益中，这种在妥协中形成的国家利益有很多并非令人满意"①。但是，作为追求国家利益载体的国家政策，"国家利益表示的是一种政策方向，以示与其他可选的政策区别"。作为一种旨在促进国家而非个人或次国家群体利益的政策，"它所强调的是将其他利益置于国家利益之下"②。表现在人才吸引战略与政策上，就是当美国国会关照本土劳工利益、就业市场运作秩序和美国人才培养等核心利益的时候，它也从另一方面限制并明确了人才吸引战略在美国人才资源开发总体战略中的补充性地位。在这种前提下，今后美国人才吸引战略可能还会因为美国国家利益的调整而出现波动，但是，美国作为一个依靠外来移民及其后裔建设和发展起来的国家，其接纳外来移民、吸纳外国有用之才的政策还会持续。

　　综上所述，在美国的移民政策中，特别是在美国人才吸引战略形成和发展的过程中，（1）"国家利益始终处于动态形成与调整过程之中。"③它经历了从冷战时期以服务于美国对外战略为最高目标向20世纪90年代以服务于美国经济高速繁荣发展需要的转变。不同时期的政策主旨差异导致了人才吸引战略作为国家利益受到重视程度的不同。在冷战时期它居于次要地位，服从于冷战时期美国外交上保护国家安全的需要，而到冷战结束后，满足国内经济发展需要的战略目标才上升到首要位置。（2）无论是在冷战时期还是在之后的20多年间，移民政策作为人才吸引战略和追求国家利益的载体，其战

---

　　① Hans J. Morgenthau, "Another 'Great Debate': The National Interests of the United States", p. 974.

　　② Arnold Wolfers, "'National Security' as an Ambiguous Symbol", *Political Science Quarterly*, Vol. LXVII, No. 4, Dec. 1952, p. 481.

　　③ 王逸舟：《国家利益再思考》，《中国社会科学》2002年第2期，第161页。

略目标并非单一的，而是具有多重性的含义。国会制定的关于就业类、家庭团聚类和难民类条款都有各自的社会功用。它们作为服膺于美国国家利益总体目标之下的一个组成部分，处于一种既相互竞争又相互补充的对立统一状态中，因而在实践上，它们在发挥各自被赋予的应有作用的同时，也都在不同程度上通过殊途同归的方式为美国吸引了大量专业技术人才。（3）在美国人才吸引战略和政策实施的过程中，不同的利益集团都在最大限度地追求自己的利益。这意味着国家利益作为不同地域、行业和群体的利益的载体，始终存在内在的甚至是固有的利益冲突，其结果必然是导致各方在国家利益政策上的妥协。受到影响的美国人才吸引战略，则被定位在一种对美国人才资源有效补充的战略层面上。这是我们准确理解和认识美国人才吸引战略发展的基本前提。

第三章

美国人才吸引战略的形成

　　虽然美国人才吸引的理念、意识和思想，最早可以追溯到英属殖民地时代，但是，它作为美国联邦政府的政策，却始于19世纪。到20世纪，特别是从20世纪30年代开始到60年代初期，美国联邦政府通过一系列行政措施和国会立法，逐渐确立了人才吸引战略与政策体系。从宏观历史背景看，这个时期是冷战兴起并日益加剧的年代，所以，冷战的发展对美国人才吸引战略产生重大影响。它不仅加剧了第二次世界大战时期美国出现的"人才赤字"并使之趋于常态化，而且，国家安全、反共意识形态、人道主义旗号下的难民法以及具有心理战色彩的对外文化交流活动，等等，都使得形成时期的美国人才吸引战略和政策显得比较分散，具有很强的隐蔽性。此外，又因当时美国社会上依然甚嚣尘上的种族歧视等因素，美国人才吸引战略与政策的有效性，在实践上受到了一定的限制。尽管如此，这个时期美国人才吸引战略的框架、核心原则和运作模式等，都奠定了20世纪美国人才吸引战略发展的基础。

一　美国"人才赤字"的恐慌及其常态化趋势

　　从概念上讲，"赤字"通常指财政上入不敷出，或国际贸易中因进口多、出口少而引起的逆差。"人才赤字"（talent deficit）是指某种非常因素导致正常的人才供给出现亏短现象。它在本文中的含义是：（1）在第二次世界大战期间，美国因将所有人力资源投入战争，导致基础科学研究和民用技术领域人才严重不足。此外，因战时美军规模空前膨胀，高校生源骤然萎缩，人才供给随之锐减。（2）在冷战时期，美国政府因不胜心理压力，逐年追加国防预算，不仅将美国经济推上了"战争经济"的轨道，而且几乎将所有人才资源倾入国防建设中。随着"科学与国家安全之间关系的建立"，美国的"科学国家安全化"格局正式形成。由于"从事与军事生产相关的科学家和工程师队伍空前膨胀"[1]，基础研究和民用技术领域的人才短缺就在所难免了。

"人才赤字"概念是第二次世界大战时期美国"科技研发办公室"主任万尼瓦尔·布什，在1945年应约向罗斯福总统提交的《科学：无止境的边疆》报告中提出的。其含义有两层意思：（1）18岁以上的美国青年大部分被应征入伍，"很少有人接受综合性的科学教育"。（2）在有大学本科学历的青年中，除少数从事医学和军事学研究外，大多数丧失了深造的机会。由于当时培养一名理工科专业的博士至少需要6年的时间，所以，战时"人才赤字"的问题会持续到1951年。为此，他提出两项建议：（1）成立可以发挥政府职能的"国家研究基金会"，统筹全美基础性科技研究并在政策方面向总统提出建议。（2）鉴于"美国的科学未来将取决于我们的基础教育"，联邦政府应重视基础教育，建设能满足国家发展需要的人才培养基地，为那些经济贫困的优秀学生提供奖学金，减少社会辍学率。这既是美国填补"战时青年科学家和工程师赤字"的最有效方式，也是振兴美国科技事业的基本前提。[2]

客观而言，布什提出的"人才赤字"问题不容小觑。一方面，30年代的经济恐慌和第二次世界大战的爆发，使大西洋上持续百年的移民潮跌至谷底。在1930—1940年，移民美国的人数不过53万人，是1820年以来任何一个十年内入境移民人数最少的时期。如果扣除30年代自愿离境的移民和被美国地方政府驱逐出境的50万墨西哥移民，这十年间美国的外来移民处于净流失状

---

① Ann Markusen, "Dismantling the Cold War Economy", *World Policy Journal*. Vol. 9. No. 3 (Summer, 1992), pp. 389 – 390; http：//www. jstor. org/stable/40209258.（2014年1月17日下载）; Joel Isaac, "The Human Sciences in Cold War America". *The Historical Journal* Vol. 50, No. 3 (Sep., 2007), p. 730; http：//www. jstor. org/stable/20175119.（2014年1月12日下载）

② Vannevar Bush, Science, *the Endless Frontier：A Report to the President on a Program for Post-war Scientific Research*, Washington D. C.：National Science Foundation, 1965, pp. xv, 7, 18, 24 – 25, 31.

态。到 20 世纪 40 年代，入境移民数量稀少的形势依然未见好转，平均每年入境人数 3 万多，只有在 1946 年以后才开始增长，从当年的 10.87 万人增长到 1950 年的 24.9 万人。[①] 外来移民作为美国劳动力的来源之一，其总体规模的萎缩难免殃及技术人才的供给。另一方面，战时美军人数暴涨直接导致了美国高校技术人才培养链的断裂。据统计，美军人数从 1940 年的 45.8 万人跃至 1945 年的 1212.34 万人，其中 18—29 岁大学适龄军人占 75% 以上。在这种背景下，美国高校在校生人数与美国人口增长呈背道而驰之势。在 1938—1943 年，美国人口从 1.29 亿增至 1.37 亿，增长了 6.2%，而在校大学生人数从 617.85 万人增至 635.65 万人，仅增长 2.8%，前者是后者的 2.2 倍以上。显然，这个时期美国大学生数量的增长远远滞后于人口增长。更加严重的是，在校的研究生人数也从 1938 年的 4.8 万人减少到 1943 年的 3.1 万人，减少了 35.4%。[②] 面对这些数据，一言以蔽之，第二次世界大战的爆发导致了美国科技人才培养链的断裂。

面对这种严峻形势，战后美国政府在人才培养方面多管齐下，不遗余力，美国的人才培养取得了长足的进步。究其要者，可概述如下：（1）政府以《1944 年军人权利法》为依据，与各地高校合作，为退伍军人提供大学教育。到 20 世纪 50 年代中期，先后有 400 多万退伍军人分别完成了本科和研究生教育。[③]（2）美国国防部、原子能委员会和国家科学基金会等机构，通过设立奖学金制度，吸引大学生学习理工科专业。在 1952—1965 年间，国家科学基金会提供了 4.24 万人次的攻读研究生学位和进修的奖学金机会，占同期申请者总数的 31.1%。[④]（3）战后美国高

① U. S. Department of Homeland Security, Office of Immigration Statistics, 2003 *Yearbook of Immigration Statistics*, 2004, p. 11; http://www. dhs. gov/xlibrary/assets/statistics/yearbook/2003/2003Yearbook. pdf; (2011 年 10 月 28 日下载) 参见梁茂信《美国移民政策研究》，第 255—258 页。

② U. S. Department of Commerce, Burau of the Census, *Statistical Abstract of the United States*, Washington D. C. : U. S. Government Printing Office, 1963, pp. 5, 262 - 263; Vannevar Bush, *Science, the Endless Frontier*, p. 31.

③ Vannevar Bush, *Science, the Endless Frontier*, p. xvi.

④ National Science Foundation, *the Fifteenth Annual Report for the Fiscal Year Ended in June 30*, 1965, Washington D. C. : U. S. Government Printing Office, 1966, p. 9; National Science Foundation, *Government-University Relationships in Federally Sponsored Scientific Research and Development*, Washington D. C. : U. S. Government Printing Office, 1958, p. 10.

校的人才培养也进入前所未有阶段，理工科专业毕业生人数在1947—
1956年达到32万人，是1932—1941年的2.6倍以上。①（4）在艾森豪
威尔总统的推动下，美国国会颁布了《1958年国防教育法》，为全美
1300多所大学提供拨款，重点为美军培养各类专业人才。在该项目生效
期间，受益学生达到10万多人。②从这些业绩看，战后初期美国所面临
的"人才赤字"问题应该有所缓解。

　　然而，大量资料显示，"人才赤字"问题非但未能彻底解决，反而呈常
态化趋势。从1951年起，美国国家科学基金会的年度报告中，年复一年地
指出："多数科学专业领域都……存在着严峻的人力短缺。"③在1956年报
告中，国家科学基金会再次发出美国"缺乏年轻的工程师"的呼声。报告
中指出："我们研究型科学家和工程师（平均每十年会翻一番）中间，具有
原创性和概念化能力的科学家严重不足。简言之，我们缺乏的不只是科学
家和工程师的数量，而是基础教育更好、多才多艺的青年人才。"④1958年
报告在比较了美、苏、英、日等国的科研体制后指出，美国在科技投入和
人才培养方面严重滞后。"如果我们不采取比前些年更加坚决的富有建设性
的措施，我们就会输掉比赛"，并在外敌入侵时遭受"毁灭性的"打击。⑤
客观而言，这些问题并非耸人听闻，它在20世纪60年代一些美国学者的
研究中得到了证实，认为美国的科技人才不仅"远远供不应求"，而且还会
"进一步加剧"。⑥所以，到1968年，美国司法部在移民申请的职业类别

---

① National Science Foundation, *Scientific Manpower* - 1956, p. 33.

② Kelly More, *Disrupting Science*, *Social Movements*, *American Scientists and the Politics of the Military*：1945 - 1975, Princeton：Princeton University Press, 2008, pp. 29 - 30.

③ National Science Foundation, *The First Annual Report of the National Science Foundation*：1950 - 1951, Washington D. C. : U. S. Government Printing Office, 1952, p. 18.

④ National Science Foundation, *the Sixth Annual Report for the Fiscal Year Ended in June* 30, 1956, Washington D. C. : U. S. Government Printing Office, 1957, p. 66.

⑤ National Science Foundation, *the Eighth Annual Report for the Fiscal Year Ended in June* 30, 1958, Washington D. C. : U. S. Government Printing Office, 1959, pp. xi, 3.

⑥ W. Lee Hansen, Claus Moser, David Brown, "The Economics of Scientific and Engineering Manpower", *The Journal of Human Resources*, Vol. 2, No. 2（Spring, 1967）, pp. 192, 200；http：// www. jstor. org/stable/144662（2011年6月20日下载）

中，列出了美国急需的 170 多种专业技术人才。①

为何会出现如此窘境呢？国内学界尚无专论，但一些间接性的论述认为，其根源在于战后美国经济结构的升级和向后工业社会的转型。② 这种说法固然有一定的道理，但从战后美国科技政策与冷战的关系看，症结在于美国的政府政策本身：即它在解决科技人才短缺问题的同时，因不胜冷战因素的压力，将"技术至上"理念融入国防政策并将其推向"举国行为"的极致。所谓"举国行为"是指美国政府动员全国的科研力量为冷战国防安全服务，所以，在当时人们"很难在纯粹的科学与国防研究之间划清界限"。③ 为说明这个问题，笔者在此从以下几个方面展开论述。

首先，在第二次世界大战后期，美国的决策者认识到了科学技术对于战争胜负的重要性，特别是他们对原子弹加速日本投降一事记忆犹新。所以，随着冷战的升级，美国为了在与苏联的军备竞赛中立于不败之地，不惜举国之力，针锋相对，结果就出现了冷战时期"两大对手相互追赶对方"的历史画面。④ 就美国而言，它在 1949 年苏联成功爆炸原子弹之后，于1950 年成立了国家科学基金会。1958 年苏联卫星上天后，艾森豪威尔政府提出了"追赶俄国人"的口号，成立了由总统直接领导、隶属于国防部的"尖端项目研究署"和"国防分析研究院"，并推动国会颁布了前文述及的《1958 年国防教育法》。⑤ 上述机构与 20 世纪 40 年代成立的海军部研究局、陆军部研究局、空军部科研局、全国卫生研究院、科学信息服务局以及洛

---

① United States Department of Justice, Immigration and Naturalization Service, *Annual Report of the Immigration and Naturalization Service*, Washington D. C.: U. S. Government Printing Office, 1968, p. 47.

② 参见梁茂信《美国人力培训与就业政策》，第 55—56 页。

③ Gregory McLauchlan and Gregory Hooks, "Last of the Dinosaurs? Big Weapons, Big Science, and the American State from Hiroshima to the End of the Cold War", *The Sociological Quarterly*, Vol. 36, No. 4 (Autumn, 1995), pp. 751 - 752; http://www.jstor.org/stable/4121350. (2014 年 1 月 17 日下载); Slava Gerovitch, "'Mathematical Machines' of the Cold War: Soviet Computing, American Cybernetics and Ideological Disputes in the Early 1950s", *Social Studies of Science*, Vol. 31, No. 2, (Apr., 2001), pp. 277 - 278; http://www.jstor.org/stable/3183114. (2013 年 7 月 2 日下载)

④ Slava Gerovitch, "'Mathematical Machines' of the Cold War", p. 278.

⑤ Kelly More, *Disrupting Science, Social Movements, American Scientists and the Politics of the Military*, pp. 29 - 30.

斯阿拉莫斯等六家国家实验室一起，形成了一个覆盖全国的科研实体和管理网络。[①] 这些机构的成立与运作开辟了一个庞大的就业市场，刺激了对科技人才的需求。例如，到 20 世纪 60 年代末，美国国防部和其他联邦机构雇用的物理学科学家和工程师人数就超过了 3.1 万人。如果将其雇佣的气象学、海洋学、航空学、化学和生物学等领域的科技人才都计算在内，人数更多。[②] 此外，由于它们代表联邦政府行使管理职能，国家政策和研发经费经由它们被传送到全国各地，因而它们在战后美国科技事业发展中发挥着不可替代的中枢作用，其运作与完善成为推动美国科技发展的动力来源。因为随着这些机构的成立与运作，政府为发展科学事业的财政投入也纷纷流向各个科研单位。与此同时，社会上的民间资本也跟随政府拨款，开始大量注入各地科研机构。据统计，在 50 年代初期，联邦政府为支持科研事业而投入了 20 多亿美元，民间基金会也投入近 10 亿美元。如此多的投入，最直接的效果是在各地创造了大批的科研和技术性工作岗位。[③]

其次，从杜鲁门和艾森豪威尔政府的财政预算及其导向看，美国国防

①   美国国家研究院（National Research Council）是 1916 年由美国国家科学院（National Academy of Sciences）创立的，目的是为整合全国力量，推进科学研究，并为美国联邦政府提供有关科学领域的咨询。为此，全美国家研究院是美国国家科学院和美国国家工程为联邦政府、公共部门科学与工程学界提供服务的主要机构。研究院的管理权归属于国家科学院和国家工程院以及医学研究院，下设若干研究委员会，专门负责具体科学领域的课题研究与操作。美国国家科学院是一个非营利性的民间机构，是美国国会在 1863 年颁布特许状之后成立的，其成员来自全国各地研究人员，宗旨是推进科学研究事业，服务全社会。见 "Renewing U. S. Mathematics, A Plan for the 1990s: Executive Summary, Committee on the Mathematical Sciences, Status and Future Directions, Board on Mathematical Sciences, National Research Council" in U. S. Congress, House of Representatives, *Increasing U. S. Scientific Manpower: Hearing before the Subcommittee on Science, Research and Technology of the Committee on Science, and Technology*, U. S. House of Representatives, One Hundred First Congress, Second Session, No. 147, Washington D. C.: U. S. Government Printing Office, 1990, p. 50。

②   David Kaiser, "Cold War Requisitions, Scientific Manpower, and the Production of American Physicists after World War Ⅱ", *Historical Studies in the Physical and Biological Sciences*, Vol. 33, No. 1 (2002), p. 152; http: //www. jstor. org/stable/10. 1525/hsps. 2002. 33. 1. 131. （2014 年 1 月 12 日下载）

③   "Statement of Alan T. Waterman, Director, National Science Foundation", in U. S. Congress, House of Representatives, *Hearing before the President's Commission on Immigration and Naturalization*, p. 1473.

部一直是最大的受益者，它在 1945—1960 年的比例虽然从 65% 以上降至 49%，但其平均值却从未低于 55%。[①] 由于国防部的宗旨是"保持科技在军事中的主导地位"，它不仅制定了各种奖励措施吸引科学家从事与国防相关的科研工作，而且其研发基金之高，达到了惊人的程度。据统计，在战后 20 多年间，美国用于国防研发基金的比例一直保持在 70% 以上，而原子能委员会、国家科学基金会和农业部等其他所有联邦机构每年所得的研发基金，各自平均不过 5% 左右。[②] 再如，在 1958 年，美国国防部获得资金占当年联邦研发资金的 74%，美国科学基金会仅为 1.5%、原子能委员会仅为 17%、国家卫生研究院仅为 2.5%、农业部仅为 1.8%。[③] 如此巨大的差异直接导致了美国科技人员职业流向的严重失衡。1950 年，直接或间接地为美军服务的科技人员占全国总数的 47%，到 60 年代达到 50% 以上。[④]

另一方面，随着美国高校接受了巨额国防研发基金后，其教学和科研均被纳入冷战轨道，高校全力为国家的军事机器提供服务，这在美国历史上还是首次。追本溯源，在第二次世界大战前，美国高校和企业之间的科研合作就已十分普遍。早在 1902 年，麻省理工学院与美国电话电报公司之间已经进行了多年的合作。1908 年，该校成立了应用化学研究室，成为美国"旨在为工业承担科研的首家单位"[⑤]。第一次世界大战结束后，美国一些研究型大学与企业之间建立了关系，成立了全国研究院，这是美国国家科学院的派生机构，宗旨是在战争时期为美国联邦政府提供有关科研信息，同时向美国各地

---

① James L. Clayton, "The Fiscal Limits of the Warfare-Welfare State: Defense and Welfare Spending in the United States since 1900", *The Western Political Quarterly*, Vol. 29, No. 3 (Sep., 1976), p. 366; http://www.jstor.org/stable/447510. (2013 年 7 月 2 日下载)

② Gregory McLauchlan and Gregory Hooks, "Last of the Dinosaurs?", p. 754.

③ Kelly More, *Dirupting Science, Social Movements, American Scientists and the Politics of the Military*, pp. 25 – 26, 29 – 30.

④ National Science Foundation, *The First Annual Report of the National Science Foundation*, p. 18; Nancy Edelman Phillips, "Militarism and Grass-Roots Involvement in the Military – Industrial Complex", *The Journal of Conflict Resolution*, Vol. 17, No. 4 (Dec., 1973), p. 626; http://www.jstor.org/stable/173551. (2013 年 7 月 2 日下载)

⑤ Daniel Lee Kleinman, *Politics on the Endless Frontier: Postwar Research Policy in the United States*, Durham: Duke University Press, 1995, p. 29.

高校通报联邦政府感兴趣的科研课题。第二次世界大战爆发后，美国联邦政府也认识到了高校在科研事业中的重要作用。当时，美国作为民主国家的兵工厂，它在满足战时日益增长的战争物资需求的同时，也加大了对军事装备的研究，因为以前仅仅依靠美国联邦政府实验室的做法已无法满足战时的需求。于是，美国联邦政府将目光转向高校和大公司的科研力量。企业和高校承担的联邦科研项目与日俱增。1940 年，美国联邦政府向全国高校支出的科研经费达到 150 万美元，到 1950 年则跃至 1.5 亿美元。[①] 在 20 世纪 50 年代，随着美国联邦政府投入的增多，高校也成为美国联邦基础科学研究的主要承担者，而其中绝大多数研发基金都与冷战相关。例如，1958 年，美国联邦政府用于科研的资金达到 34 亿美元，其中 63% 主要用于国防高科技产品开发，29% 用于应用性研究，基础性研究占 8%。在这种背景下，高校科研经费中，来自联邦政府的投入占总数的 2/3。[②] 高校科研项目的增多，需要一批技术素质过硬的人才，而研发基金中倾向于国防科技研究的政策，对高校的发展也产生了不可忽视的影响。对此，有的美国学者在评价时指出，它"不仅重塑了大学的结构，而且也改变了其学科的内容"[③]。虽然这种评价未免有些夸张，但高校科研服从于国防需要的事实却毋庸置疑。从高校研发基金来源看，最大的雇主是美国国防部、原子能委员会和美国航空航天局。在物理学等一些增长较快的学科，联邦研发基金占其研发基金接近了百分之百。难怪有的美国学者感慨地说："在每一所大学实验室的每一位物理学家，以及其他科学家和工程师，都在为国家的冷战军备从事应用性研发。"[④] 高校科研任务的增加，也给其人才培养带来了压力。许多政府官员、物理学界的元老以及全国主要报纸杂志，都"把国家安全与物理学家的培养等同起来"。在这种理念指导下，物理学每年授予的博士学位的"增长速度超过了其他所有学科"，尽管如此，就业市场供不应求的矛盾十分明显。例如，在 1962 年，求职的博

---

①　Daniel Lee Kleinman，*Politics on the Endless Frontier*，p. 29.

②　National Science Foundation，*Government-University Relationships in Federally Sponsored Scientific Research and Development*，pp. 1 – 3.

③　Joel Isaac，"The Human Sciences in Cold War America"，p. 730.

④　Gregory McLauchlan and Gregory Hooks，"Last of the Dinosaurs?" p. 754.

士候选人仅为待聘岗位的 87%。[1] 这就是说，国防科技消耗了大量的科技人才，而民生工业却面临着人才短缺的窘境。

再次，在经济层面上，从武器装备、军事设施、情报和其他各类服务看，美国国防部也是美国商品采购市场上最大的买主。它通过采购合同等方式，将大批国防资金分配到美国各地的国防工业中，形成了学界众所周知的"军事—工业—科技—复合体"[2]。它作为美国政界、军界、科技界和企业界精英根据自身利益需要而组成的特殊实体，将美国经济推上了畸形的"冷战经济"的轨道。所谓"畸形"是指美国政府向军备研发与生产投入过多，与冷战军备相关的核子能、天文学、航空学、电子工程和海洋学等吸引了大量的科技人才，而家庭汽车、钢铁、机械、家用电器和纺织业等民生行业的投资与生产却被忽略。这为战后日本和联邦德国重点发展民用品工业并成为美国最有力的竞争者提供了契机。[3] 这就是说，作为一种"战争经济"体制，它对美国在全球非军事用品市场上的竞争力的影响究竟达到何种程度，美国学术界一直争论不休。[4] 但可以肯定的是，美国政府在国防科技方面的投入，直接推动了科技革命在美国的兴起。一方面，联邦国防科技的发展推动了电子、航空、航天、火箭和微生物等诸多技术的革命性变化；另一方面，军事科技工业复合体作为军备生产的平台，也引领着民营企业的发展方向。当一项又一项军事技术被应用于民用生产领域后，直接带动

---

① David Kaiser, "Cold War Requisitions, Scientific Manpower, and the Production of American Physicists after World War Ⅱ", pp. 132 – 133, 135 – 136.

② "军事工业复合体"是以前国内外学界常见的表述，但它仅仅涵盖了军事与工业之间的关系，没有体现出政府和高校在其中的作用。于是，有的美国学者提出了"军事—工业—学术复合体"和"军事—政府—工业复合体"等概念；参见 Trevor J. Barnes and Mattew Farish, "Between Regions: Science, Military and American Geographey from World War to Cold War", *Annals of the Association of American Geographers*, Vol. 96, No. 4 (Dec., 2006), p. 811; http://www. jstor. org/stable/4124459. (2013 年 7 月 2 日下载) Gregory McLauchlan and Gregory Hooks, "Last of the Dinosaurs?", p. 757; Otto Doering, "Science and Public Policy: Shotgun Wedding or Marriage Made in Heaven?", *Weed Technology*, Vol. 8, No. 4 (Oct. – Dec., 1994), pp. 875 – 877; http://www. jstor. org/stable/3988213. (2014 年 1 月 12 日下载)

③ Ann Markusen, "Dismantling the Cold War Economy", pp. 389 – 391.

④ David Hounshell, "The Cold War, RAND, and the Generation of Knowledge, 1946 – 1962", *Historical Studies in the Physical and Biological Sciences*, Vol. 27, No. 2 (1997), p. 239; http://www. jstor. org/stable/27757779. (2012 年 1 月 12 日下载)

了美国经济结构的升级和区域经济的转换。[1] 表现在就业市场上，就是社会发展对科技人才的需求更加旺盛，这是美国政府必须解决的头等问题。

最后还必须指出的是，美国政府屡次运用立法杠杆，鼓励私有企业参与科学研究，在全国营造了崇尚科研的社会氛围。例如，《1954 年国内岁入法》（Internal Revenue Code of 1954）规定，企业用于科研的经费，可从税前收入中扣除，免于征税。《1958 年小企业法》规定，所有参加政府科研活动的企业可享受免税优惠。[2] 上述立法实施后，私有工业部门、高校和非营利性机构的研发经费投入与日俱增，从 1953—1954 年的 24.1 亿美元增至 1961—1962 年的 51 亿美元，增长了 2.1 倍以上。[3] 当这些资金流向各地高校和科研机构时，大批技术岗位应运而生。面对这样的形势，难怪有的美国学者在研究中得出了"与其说美国变得更加科技化，毋宁说科学就是美国"的结论[4]。

在这种条件下，许多人不得不想到外来移民，因为美国本身就是由外来移民及其后裔建设和发展起来的国家。在第二次世界大战时期研究原子弹的"曼哈顿工程"中，就有许多外来移民的积极参与。可以说，外来科学家在其中的作用不可替代。从现有史料看，其中有 15 个国家的近千名科学家参加了该工程，有突出贡献的外籍科学家达 44 人，他们"在研制原子弹的过程中发挥了杰出的作用"。1948 年，美国原子能委员会在给国会的报告中，也对外国科学家在研制原子弹的过程中给予了高度的赞扬和评价，认为"逃离欧洲的反法西斯科学家们在原子弹的研制中发挥了极大的作用[5]。"在 1945 年埃连诺·罗斯福在对全国广播的讲话中指出："如果没有外来移民，原子弹永远不可能成功。"更重要的是，在研制原子弹的过程中，"外籍科学家培育了

---

① Barney Warf, "The Pentagon and the Service Sector", *Economic Geography*, Vol. 69, No. 2, (Apr., 1993), p. 123; http://www.jstor.org/stable/143532. (2013 年 7 月 2 日下载)

② Vannevar Bush, *Science, the Endless Frontier*, p. xiii.

③ U.S. Department of Commerce, Bureau of the Census, *Statistical Abstract of the United States*, p. 543.

④ Trevor J. Barnes and Matthew Farish, "Between Regions: Science, Militarism, and American Geography from World War to Cold War", p. 810.

⑤ 参与曼哈顿工程研究人员数量较多国家是：英国、德国、匈牙利、意大利、俄国、加拿大、日本、荷兰、奥地利、澳大利亚、丹麦、巴西、牙买加、比利时和瑞士。"Information Provided by the United States Atomic Energy Commission Concerning References on Contributions of Foreign-Born Scientists to the United States Atomic Program", in U.S. Congress, House of Representatives, *Hearing before the President's Commission on Immigration and Naturalization*, pp. 1979 – 1980。

新一代的美国的科学家和未来的诺贝尔奖获得者"①。大量的史料表明，在这个时期的美国政府也认识到，外来科学家对美国保持在战后世界科技领域中的领先地位具有重要的作用。因此，制定吸引人才的战略也势在必行。

二 引进人才的双轨制的确立

在中国人才学创建初期，国内著名人才学家叶忠海教授就认为，人才属性具有社会性和时代性特征。"人才是一个历史的范畴。不同的历史时期，不同的社会形态，不同的阶级，人才的特征及其对人才的要求是各不相同的……否定了人才的社会性、时代性，也就混淆了不同历史时期、不同社会形态、不同阶级人才的人才质的特殊性。"因此，"人才的本质是指创造性、进步性、社会性、时代性的统一"②。根据这样的认识，我们可以指出，在美国历史上，外来移民中的出类拔萃者不计其数。尽管他们来自不同的国家，但共同特点是：他们都有一定的文化素养或一技之长。早在17世纪英属殖民地时代，吸引欧洲移民，加快土地和自然资源的开发，是各殖民地的当务之急，但是，类似于医生、教师、牧师和工匠等有一技之长的移民却更受欢迎。在美国独立之后，如何吸引欧洲人才，也是开国元勋的议题之一。富兰克林在1782年广泛发行的《移居美国指南》中表示："美国需要更多的各类工匠"，任何工艺还过得去的工匠都能在美国找到用武之地。托马斯·杰弗逊认为，美国需要外来移民，但更需要欧洲文化素质较高的人才。对于各类工匠，只要他们能遵纪守法，美国表示欢迎。至于"欧洲古老城市中放荡不羁、缺乏道德的工匠"则应排斥在外。乔治·华盛顿在1784年3月24日致友人的信中表示，他"需要一名技艺精湛的家庭木工和一名瓦工……如果他们技艺高超，亚洲人、非洲人、欧洲人、穆斯林、犹太人、基督教的任何教派，甚至无神论者都可以"③。

从上文中不难看出，美国开国元勋都不排斥吸引有用的技术人才，但

---

① Peter Kwong, and Dusanka Miscevic, *Chinese America: The Untold Story of America's Oldest New Community*, New York: The New Press, 2005, p. 290.

② 叶忠海等:《人才学概论》，第60—62页。

③ 参见梁茂信《美国移民政策研究》，第40、42、45页。

他们都在不同程度上担心，大批欧洲移民到美国之后，对新生的合众国及其政治制度会构成威胁。因此，在建国之后的半个世纪中，美国政府并未制定鼓励大规模移民的政策。尽管如此，在美国历史的进程中，吸引人才的思想清晰可见。在美国内战方酣的 1864 年，美国国会颁布了旨在满足市场需求的合同劳工法，虽然该项立法到 1868 年因美国劳工的反对而被终结，但它在同年又与中国签订了旨在引进中国劳工的《蒲安臣条约》。当臭名远扬的《1882 年排华法》颁布之后，美国并未禁止那些有文化的移民。此后到 20 世纪 40 年代，数百名来自中国的宗教牧师和大学教授获得了在美国的永久定居权。[1] 在 1917 年美国国会颁布的《文化测验法》中，排斥亚洲移民的种族歧视条款十分突出，对移民的文化水平要求并不高，凡能认识并书写英语或本民族语言文字 40 个字母以上者，就可以入境。这种重视移民文化水平的规定，反映了工业化时代美国经济发展对移民文化和劳动技能要求。

有意思的是，在 20 世纪 20 年代，当美国国会决定全面限制外来移民的时候，它并未认真考虑经济发展需要对外来人才的需求，而是从维护盎格鲁白人的种族、血统、文化和生活方式同质性的角度出发，禁止亚洲移民，限制东南欧国家的移民。在确立的入境优先原则中，它没有将科学家、工程师和大学教授等能满足美国工业发展需要的科学技术人才纳入优先吸引之列。至此，1820 年以来持续长达百年的、依靠劳动力市场供求关系确定入境移民规模的自由放任政策寿终正寝。尽管如此，移民限额制度的确立，毕竟标志着人才吸引原则开始被正式纳入了美国移民政策中。此后到 30 年代末期，入境移民规模有所下降，但"专业技术阶层"比例略有提高，非熟练移民比例在下降。对此，有的学者指出："在过去 20 多年间，国际移民中的模式和职业特征……都发生了重大变化"，专业技术移民的比例明显提高。[2] 在 1929—1945 年，全球性的经济危机和第二次世界大战的爆发，打断了人们的正常生

---

① 　U. S. Bureau of Immigration and Naturalization, *Annual Report of the Commissioner-General of Immigration to the Secretary of Labor*, Washington D. C. : U. S. Government Printing Office, 1932, p. 38.

② 　Michael J. Greenwood, "The Economic Consequences of Immigration for the United States: A Survey of the Findings" in U. S. Departments of Justice, Labor and State, *Interagency Task Force on Immigration Policy: Staff Report Companion Papers*, (unpublished document) 1979, pp. 19, 23.

活。经济发展也因为偏离正常轨道而受到不同程度的影响。此时，美国的孤立主义、排外主义和种族主义等思潮相互交织，共同发挥作用，入境移民人数之少在美国历史上实属罕见。

在第二次世界大战结束后，国际风云骤变，冷战阴云滚滚而来。在国际上，苏联原子弹研究成功、中华人民共和国成立和朝鲜战争爆发，都使美国感到国家外部安全受到生与死的威胁。如何维护国家安全，成为美国政界和思想界围绕国家利益问题争论的核心。尽管移民政策不在其中之列，但是，它不仅无法有效解决前文述及的"人才赤字"问题，而且，移民政策本身也存在着许多问题。由于欧洲主要国家在第二次世界大战中元气大伤，成千上万的民众嗷嗷待哺，特别是在作为战败国的德国，等待安置的无家可归难民超过 1000 万人。此外，第二次世界大战期间驻扎在欧亚战场的美军中有数百万人在当地娶妻生子。当他们纷纷从欧亚战场载誉归来的时候，其外籍未婚妻、配偶和子女等都需要安置。为此，在 1945—1947 年，美国国会连续三次颁布应急性立法，允许美军的妻子和未婚妻等外籍人入境，其中有不少是来自亚洲国家。这些条规的实施，实际上就打破了 1924 年移民法中禁止亚洲人移民美国的规定。当然，从整体上来说，此时的移民政策体系显得琐碎杂乱，不成体系，各类移民法和归化法数不胜数，其中多数已经过时，而那些仍在发挥作用的条款也已无法应对战后的形势需要。

在杜鲁门政府的推动下，国会在 1947 开始，进行了长达 3 年之久的取证调查，在各地先后举行了许多次听证会，听取社会各界关于美国移民政策的评价与建议。在最后提交给国会的报告中，国会最终决定保持 1924 年移民法中的基本框架和原则。为说明理由，国会在立法中指出："为这个国家发展作出最大贡献的民族有充分的理由决定，这个国家将不再是进一步殖民的场所，因此，今后的移民不仅要受到严格的限制，而且，将用来吸引那些与我们人口主体相似的并且容易同化的人。"在随后的国会报告中，麦卡伦议员也认为，"今天在美国仍有未融入美国主流生活方式的顽固不化的、难以同化的族群。他们是我们的死敌"①。美国国会在 1952 年颁布的长达 407 款的《外来移民与国籍法》中，综合了美国建国以来的各项立法，确立了迄今为止美国

---

① Lenornard Dinnerstein and David Reimers, *Ethnic Americans*, p. 100.

移民政策的总体框架。国会规定，每年移民总限额为 15.6 万人，其中 83% 用于西欧和北欧国家，设立"亚太三角区"条款，该区域内各国每年移民限额累计不超过 2900 名，各国不超过 100 名。① 20 世纪下半期，尽管美国国会对其进行多次修订，但 1952 年移民与国籍法中确立的总体原则和框架基本未变。在这部具有深远影响的法案中，美国国会做出了一系列新的调整。其中在人才吸引方面，主要规定概述如下：

首先，国会继承了 1924 年移民法中的优先入境原则。不同的是，它决定将 50% 的限额用于美国公民与合法外侨的外籍配偶和子女的家庭团聚，其余 50% 用于接受过高等教育和具有突出才能的移民。他们都必须"接受过高等教育，有技术培训的经历、专业化经验或者特殊才能（exceptional ability），其服务为美国之急需"。这类移民的申请须由美国公民个人、企业、大学和政府部门等机构代理申请。若司法部长认为申请者属于"美国急需的、并且对美国国民经济、文化利益、或美国的福利前景大有裨益的人"，则可以允许其作为永久性移民入境。②

其次，用"非移民"（nonimmigrant）概念取代了以前的"非限额移民"（non-quota immigrant），原来作为"非限额移民"入境的外籍学生、教授、技术培训人员、旅游者、探亲访友者等，都可以申请"非移民"签证。③ 值得关注的是，在非移民类别中，国会设立了一个临时劳工（H 类签证）计划，其中，H-1 签证的申请者必须是具有突出才能的专业技术人士，H-2 签证应该发放给美国短缺的熟练和非熟练劳工，H-3 签证发放给到美国接受技术培训的外籍劳工。他们之所以被称为"非移民"，除劳动技能外，主要是因为：（1）他们是"无意放弃外国居民身份的外籍人"，不能直接申请永久性居留资格或加入美国国籍；（2）他们来到美国，主要是根据申请签证时预定

---

① 梁茂信：《美国移民政策研究》，第 272、277—278 页。

② U. S. Congress, "Immigration and Nationality Act of 1952: Legislative History", in *United States Code, Congressional and Administrative News*, 82nd Congress, 2nd Session, Vol. 2, St. Paul, MINN: West Publishing Co. 1952, pp. 1691, 1694.

③ 非移民概念非常宽泛，包括外交官、商人、投资者、探亲访友者、旅游者和合同劳工等，其人数增长较快。例如，1945—1955 年入境人数达 700 多万，到 20 世纪 80 年代后则增达 1.23 亿。从其构成看，多数是旅游者，占 60 年代所有非移民的 64.19%、70 年代的 70.53% 和 1991—1994 年的 78.44%。见 B. Lindsay Lowell, *Foreign Temporary Workers in America*, pp. 1 - 2。

的技术要求、工作目标和任务，"从事需要这种劳动技能的特殊性质的临时性服务"。一俟签证规定的服务结束，他们必须回国，否则属于非法定居。该规定的重要意义在于，它与1952年移民法中吸引人才的条款一起，构成了战后美国人才吸引的双轨制度。虽然两种制度都看重外来人才可以为美国做出贡献的潜力，但区别是：（1）将人才吸引条款纳入永久移民限额制度中，标志着美国移民政策的重大转向。从此，吸引外来人才成为美国移民政策的战略目标之一。（2）与永久性的移民制度相比，以"H签证"为标志的临时科技劳工计划具有"短平快"的特点：它可以在经济勃兴时增加聘用人数，反之可酌情削减。这种张弛有度的政策显得更加实用和有效。同时，该计划还有一种过滤性作用。因为在合同期满后，如果被雇佣者仍属于美国企业需要的人才，可申请移民资格。显然，上述规定是为应对"人才赤字"问题而制定的，它打通了国际劳动力市场与美国就业市场之间的联系，拓宽了美国科技人才的来源，标志着美国移民法中实用主义功能的增强。这种政策表明，美国"国会公开承认了这样的理念：移民政策是可以用来作为一种人力资源的工具，根据劳工的受训背景和全国就业市场的需求选择需要的劳工类型"[1]。

最后，在1952年移民法中，国会规定实施就业许可证制度，凡申请技术类移民和H类临时劳工计划的人，都必须在入境申请中，申明自己入境后从事的职业。如劳工部长认为其就业会引起美国劳工的失业，或"对美国国内同类劳工的工资和工作条件产生消极影响"，则有权拒绝其入境。但是，该条款不适用于下列两类人，第一类是握有美国急需技术的人，第二类是按照"家庭团聚"条款入境的外籍人。同样，在提交临时劳工的入境申请中，三种H类签证的外籍临时劳工，都必须由雇主代理申请，然后再由司法部长批准。若司法部长认为，申请者入境后从事的工作是美国人不愿意或不能从事的岗位，则可以允许其入境。至于到美国接受技术培训的外籍人，如名副其实，就可以入境。[2] 在操作上，虽然法律授权司法部长负责外籍临时劳工的审批手续，但司法部认为劳工部比较熟悉美国就业市场的情况，所以，它要求

---

① Vernon M. Briggs, Jr., *Immigration Policy and the American Labor*, The Johns Hopkins University Press, 1984, p. 59.

② U. S. Congress, "Immigration and Nationality Act of 1952: Legislative History", pp. 1697 – 1698, 1705.

劳工部核实：待聘岗位是否属于美国人所能从事的职业，外籍人应聘后不会引起美国劳工的失业或工资水平的下降。所以，劳工部的意见是司法部长做出最终决定的依据。① 这项制度的设立终结了美国历史上只引进劳工而忽略保护国内就业市场秩序和劳工就业权益的历史，在外来劳动力和美国就业市场之间设立了一道保护性的安全屏障。

然而，从更深层次看，对于上述双轨制度，不能盲目乐观，它在实践上受到了两方面因素的制约。首先，与1924年移民法相比，其种族歧视性质丝毫未变。甚至有的美国学者认为它"包含着与纳粹德国相似的种族主义哲学"②。这种评价并不为过。一方面，虽然国会设立了"亚太三角区"条款，区内各国每年有100个移民限额，与1924年移民法相比，这是一个明显的进步，但是，限额分配的基本原则和整体格局没有变化，每年限额中的98%用于欧洲移民。③ 另一方面，美国国会在限额的使用上制定了双重标准。凡有1/4亚洲裔血统的人，不论出生地如何，其占用移民限额均计入祖籍国限额中，而欧美裔移民，不论出生地如何，其占用的限额将被计入出生国。例如，在中国之外（例如巴西）出生的华人移民美国时，将占用中国的限额，而出生在中国的欧洲裔移民美国时，其占用的限额将不计入其欧洲祖籍国家，而是要计入中国的限额中。这等于对华人移民实行了双重限制。

其次，由于1952年移民法是在冷战不断升级的背景下产生的，因而它也是"冷战和反共思维"的产物④，或者说是"美苏冷战对决的杰作"。⑤ 国会为防止共产党人入境，遂将《1950年国内安全法》纳入1952年移民法之中。它不仅禁止任何支持共产党组织的人或亲共人士入境，而且在管理上加强了政治甄别，任何可能反对美国政府或威胁其国家安全的外籍人均不得入境。

---

① David S. North, *Nonimmigrant Workers in the U. S. : Current Trends and Future Implications*, Springfield, Virginia: National Technical Information Service, May 1980 (unpublished report), p. 26.

② Michael LeMay, *Guarding the National Gates*, pp. 60, 148.

③ 在地理上，"亚太三角区"包括东至日本、西至阿富汗、南至印度尼西亚、北至外蒙古的广大亚洲地区。由于美国国会在1943—1945年先后三次颁布法令，允许中国、菲律宾和印度三国每年各有100名移民限额，所以，在亚太三角区条款实施后，这三国每年移民限额实际上是200名。梁茂信：《美国移民政策研究》，第164—165、272—278页。

④ Congressional Research Service, *Immigration: What Changes Should Be Made in United States Immigration Policy?* Washington D. C. : U. S. Government Printing Office, 1994, p. 16.

⑤ Paul Spickard, *Almost All Aliens*, p. 328.

在国内安全管理方面，国会加强了对美国共产党和所有进步组织人士的政治甄别与监控，颁布了《1954 年共产党控制法》，任何有反对美国政府嫌疑的美国公民将予以监禁，若属于外籍人，将被驱逐出境。① 这些立法不仅对当时歇斯底里的麦卡锡主义起了推波助澜的作用，而且美国国会正常的政治生活也受到了影响。据著名国会参议员威廉·富布赖特回忆，在一次又一次的国会争论中，一些议员为争权夺利，血口喷人和侮辱谩骂等"卑鄙的行为"司空见惯，而"公共利益被抛在脑后"。②

那么，在 1952 年移民法中，种族主义思想与反共意识形态为何能巧妙地结合在一起？仔细观之，根源在于此时构成美国国会保守势力的议员身上。他们大多数来自美国西部和南部地区，是早期西北欧移民的后裔。他们不希望自己业已习惯的种族等级社会结构和白人至上的生活方式，因有色种族移民的涌入而受到破坏，而是盼望更多的西北欧移民前来定居，为当地白人社会注入新的种族血液。③ 在这种思想的支配下，他们坚持保留 1924 年移民法中的民族来源条款，因为它"是一个合理的、符合逻辑的限制移民人数的方法。这样能最好地保存美国社会与文化的平衡"④。所谓"保持美国社会与文化的平衡"，就是通过限制有色种族的移民，才能确保美国以白人为主体的民族同质性，维护为白人社会服务的政治制度和价值观念。当这种目标受到来自社会主义国家威胁的时候，反共思想被纳入移民法中就成为顺理成章的事情了。⑤

鉴于 1952 年移民法中的种族歧视和意识形态条款过于苛刻，杜鲁门总统最终行使了否决权。他认为国会应该废除 1924 年移民法中的民族来源条款，把亚洲和欧洲各国的移民限额分配建立在一视同仁的基础之上，避免来自日

---

① Gerald Walsh, *Naturalization Laws*, Washington D. C.: U. S. Government Printing Office, 1981, pp. 241 – 242.

② ［美］威廉·富布赖特：《帝国的代价》，简新芽、龚乃绪和李松林译，朱士清、高雨洁校，世界知识出版社 1991 年版，第 38、40、48 页。

③ Charles P. Schwartz, Jr., "American Immigration Policy", *Columbia Law Review*, Vol. 55, No. 3 (Mar., 1955), p. 320；http://www.jstor.org/stable/1119361.（2013 年 11 月 5 日下载）

④ U. S. Congressional Research Service, *Congressional Research Service Report for Congress: A Brief History of U. S. Immigration Policy*, p. 14.

⑤ John Higham, "American Immigration Policy in Historical Perspective", p. 234.

本、韩国、意大利、土耳其、希腊和西班牙等盟国的移民因为种族歧视而受到限制，并给美国在外交上造成不必要的窘境。在移民政策中，增加保卫国家安全的条款，限制共产党人入境，但是，应该允许那些已经放弃共产主义信念的人士入境。此外，他反对国会将驱逐境内外籍人的决策权授予司法部长一人。所以，他在否决词中指出，1952 年移民法中"有如此多的缺陷"，不利于美国"在国内增强我们的国家实力，推进我们在世界上的领导地位"。[1] 他所表达的政治哲学是他基于美国政治价值观基础之上的理想主义，他主张按照种族平等的原则，对所有反对社会主义制度的民族和人士提供帮助。然而，美国国会却主张将美国国家安全和国内主流社会追求的种族和文化同质性摆在至高无上的地位。基于这样的思考，国会最终以 2/3 票数的支持，推翻了杜鲁门总统的否决。在 1952 年移民法生效后，杜鲁门成立了一个委员会，对现行移民政策条款进行研究。该委员会在其完成的报告中指出，1952 年移民法需要彻底修改，它因为倚重于种族歧视而忽略了国家利益需求。[2] 在不久后举行的听证会上，1952 年移民法成为众矢之的。"美国科学家联盟"的代表指出，1952 年外来移民法"对科学发展构成了严重威胁"。因为"我们强调的是科学家自由迁移的必要性，以便于他们与其他科学家交换看法。这对科学进步至关重要。但是，现行的移民法……剥夺了美国科学家与外国同行交流的权益，而且，它还树立了美国对外国科学家缺乏友谊的不利形象"[3]。美国国家科学基金会主任艾兰·沃特曼在国会听证会上指出，1952 年移民法，特别是其中的国家安全条款，损害了美国与非白人科学家的交流与合作。对于美国而言，"一直到 20 世纪，美国的技术和生活水平标准的进步令世界瞩目。然而，普遍性认知是，我们在这方面却严重地依赖于国外的科学成就和发现。如果没有从国外获得这些大量的信息，美国就不可能

---

① U. S. Congress, House of Representatives, *Hearings Before the President's Commission on Immigration and Naturalization*, p. 2.

② Vernon M. Briggs, Jr., *Immigration Policy and the American Labor*, p. 60.

③ "Statement of Wesley Van Sciver, Representing the Stanford Chapter of the Federation of American Scientists", in U. S. Congress, House of Representatives, *Hearing before the President's Commission on Immigration and Naturalization*, pp. 1123 – 1124.

取得这样的进步……我们的一切都是来自海外"①。现代美国科技政策的倡导人万尼瓦尔·布什批评美国移民政策时说："我们的……鞋子总是在错误的脚上，我们没有强调吸引优秀的人才，而是强调如何将不需要的人排斥在外。"国会将移民限额分配与种族联系起来，不利于吸引最优秀的人才。② 虽然上述呼声和批评并未改变国会推翻杜鲁门总统否决的结果，但是，1952 年移民法实施后所产生的种种问题，意味着美国移民政策的改革依然是任重道远。

三　国家利益、"人道主义"与人才吸引政策

何谓国家利益？依据第二章中国内外学界的成果和笔者的分析，可将其界定如下：国家利益是指一切能满足民族国家全体人民生存、发展和追求幸福所必需的物质与非物质的东西。它既存在于一个主权国家之内，也存在于国外。外部利益包括国家生存和发展所必需的国际秩序、国家安全和经济合作等方面。国内利益包含社会、经济和文化等方面的发展需求。从美国人才吸引机制的形成过程看，国家利益是通过人道主义难民法和维护国家安全的政策实现的。

不论是作为一种哲学思想还是作为一种价值观，人道主义源于文艺复兴时期的人本主义，强调对人的生命、自由和平等权利的尊重。它经过西方启蒙思想家的雕琢后，成为近代资产阶级反对封建专制的思想武器。在美国，人道主义思想与移民政策的结合，始于 1783 年美国的国父乔治·华盛顿在对爱尔兰移民演讲中的"庇护所"思想。他说："美国愿意敞开胸怀，不仅要欢迎那些富有而体面的异乡来客，也要欢迎那些来自世界各国和各种宗教的受压迫、受迫害人士……"③ 此后，向世界被压迫者提供避难所就成为美国政治价值观的组成部分，是美国在国际舞台上高举的一面旗帜。在这面旗帜下入境的难民中，既有逃离爱尔兰马铃薯饥荒的经济难民，也有 1848 年欧洲

---

① "Statement of Alan T. Waterman, Director, National Science Foundation", in U. S. Congress, House of Representatives, *Hearing before the President's Commission on Immigration and Naturalization*, p. 1474.

② "Statement of Vannevar Bush, President of the Carnegie Institution of Washington, Former Director of the Office of Scientific Research and Development", in U. S. Congress, House of Representatives, *Hearing before the President's Commission on Immigration and Naturalization*, pp. 1668 – 1669.

③ 转引自梁茂信《美国移民政策研究》，第 45 页。

革命失败后的政治难民，还有 19 世纪末逃离沙皇俄国宗教迫害的犹太难民。但是，在 20 世纪 30 年代之前，美国并未在难民问题上形成清晰而完备的政策体系。

自希特勒走上德国政坛之后，一直到 20 世纪 60 年代初期，美国并未摈弃为世界被压迫者提供庇护的招牌。在这一招牌下，每当外国出现乱局的时候，美国都会静观其变，然后再根据自己的价值观判断，适时地打出利他性的人道主义旗号，在实践上却反其道而行之，把美国国家利益作为追求的终极目标。这种功利主义政策，大大地冲淡了人道主义概念中的"人性、公正性、中立性和独立性"，使其套上了政治化的魔咒，从此，它就成了有的美国学者所说的"政治的子孙"（按：美国政府的附庸）。① 甚至在一些特殊条件下，美国还会唱着人道主义的调子，在掠夺外国人才方面，趁火打劫、巧取豪夺。对于那些真正需要救助的难民来说，他们能否进入美国，取决于他们在政治价值观、经济条件和专业技术素养等方面，能否满足美国的需要。这种以人道主义为旗帜，以服务于美国社会、经济和外交利益的实用主义原则为核心的难民安置政策，构成了 20 世纪 30 年代以来美国搜寻和安置外国科技人才的主要模式之一。因囿于篇幅和章节结构的安排，笔者在此列举几个例子，以窥一斑。

在希特勒执政后的第二年，纳粹政权就颁布了《职业文官重构法》。它作为纳粹政权实施种族清洗政策的法律依据，给犹太人和其他少数民族带来了灭顶之灾。许多被贴上"政治上不需要"标签的科学家、知识分子、商人和艺术家等纷纷逃往海外。当纳粹德国将这项政策扩展到欧洲其他国家的时候，成千上万的科学家和知识分子被迫亡命天涯，由此造成了人类历史上第一次"知识大迁移"。② 此时，虽然美国国内要求安置德国难民的呼声不绝于耳，也有一些国会议员提交了安置犹太难民的议案，但是，美国因深陷经济大危机的泥潭，国内沉寂多年的孤立主义思潮死灰复燃，各种反对犹太人的种族

---

① Michael Barnett，"Evolution without Progress？Humanitarianism in a World of Hurt"，*International Organization*，Vol. 63，No. 4（Fall，2009），p. 623；http：//www. jstor. org/stable/40345951.（2013 年 10 月 24 日下载）

② Mitchell G. Ash and Alfons Sollner，eds.，*Forced Migration and Scientific Change*，*Émigré German-Speaking Scientists and Scholars After* 1933，New York：Cambridge University Press，1996，p. 1.

主义活动也甚嚣尘上。对于惨遭蹂躏的犹太难民，美国不仅作壁上观，而且还在其入境问题上实施了苛刻的限制性政策：要求犹太难民提交资产或亲友担保证明，保证入境后不会给美国政府增添救济的负担。最令人伤感的是，在 1939 年，一项提议安置犹太儿童难民的议案遭到美国国会拒绝，同年，德国客轮"圣路易斯"上的 930 多名犹太难民抵达纽约港后要求入境时也遭到拒绝，该船返回欧洲后，船上难民全部遇难，无一幸免。① 虽然当时美国也曾向英、法等国发出拯救难民的倡议，但在无人响应之后，美国国务院便指示其驻欧洲的使领馆向逃离德国的难民科学家和工程师发放移民签证。在发出的 3286 份签证中，最终有 1236 人移民美国。只是在法国沦陷后，美国难民政策中的人道主义成分才有所加强。②

在美国参战之前，美国究竟接纳了多少欧洲特别是德国的科学家，美国学界众说纷纭，有说 3000 多人，也有说是 4000 多人。③ 有学者估计，到 1937 年，流失的科学家和知识分子占德国高校教师的 20%，也有人说是 30%。有的美国学者估计，在 1933—1945 年至少有 30% 的德国科学家流失。④ 30 年代移民美国的外国科学家、工程师和医生等知识分子，占 20 世纪 30 年代美国入境难民的 40%，仅仅在美国"国家外籍专业人士花名册"注册的人数达 3000 多人，其中多数是医生、护士、化学专家、工程师、实验员、科学家、经济学家、数理学家，等等。⑤ 此外，在入境者中间，还有许多奥地利科学家，其人数之多，以至于在美国不少城市形成了一个又一个"维也纳圈子"。当然，并非所有的难民科学家都逃往美国，也有一些流落到英国。例如，1940 年，在英国牛津大学就有 1000 名外国科学家，其中 477 名来自敌对国家。⑥ 英国各地的外籍科学家人数之多，令人惊讶。一位法国作家这样写道："从德国、奥地利和德国控制的国家逃跑出来后来到英国的科学家和技术

① Paul Spickard, *Almost All Aliens*, p. 324.

② 梁茂信：《美国移民政策研究》，第 310—313 页。

③ 同上书，第 313 页。

④ Mitchell G. Ash and Alfons Sollner, eds., *Forced Migration and Scientific Change*, pp. 7, 23.

⑤ Richard H Heindel, "The Alien Scientist and the War", *Annals of the American Academy of Political and Social Science*, Vol. 223, (Sep 1942) pp. 145 – 147; http//www. jstor. org/stable/1023798. (2009 年 3 月 6 日下载)

⑥ Mitchell G. Ash and Alfons Sollner, eds., *Forced Migration and Scientific Change*, pp. 101, 224.

人士如此之多，以至于伦敦人都在谈论‘科技膨胀问题’。然而，不管他们是逃离纳粹迫害的犹太人，还是希特勒纳粹政权的反对者，所有的科学家都来自‘敌对国的外籍人’。"①

在第二次世界大战方酣的 1943 年，美国及其盟军获悉，德国可能在加紧研制火箭、导弹、喷气式战斗机和原子弹等杀伤力更大的新式武器。对此，盟军开始筹划如何将其摧毁的计划。经过深思熟虑之后，盟军司令部决定对参与上述武器研制的德国科学家和工程师，实施搜寻和控制计划。这样做的好处是：（1）防止德国溃败后，向日本提供技术援助，避免太平洋美军遭受更多的伤亡。（2）防止苏军从东线突入德国后，将德国的科技人才运往苏联。于是，在 1943 年，美国陆军部就向非洲派遣了一支由 19 人组成的先遣队，其中有 6 人是科学技术人员，其余 13 人是军事作战人员。他们尾随盟军一线作战部队，试图在搜寻意大利科学家的同时，尽力探寻德国科学家。尽管美军在这次行动中收获甚微，但并未因此放弃搜寻德国和意大利的科技人才的想法。在 1944 年诺曼底登陆战之后，不管是美国人、英国人，还是法国人和俄国人，都认识到了科学技术对与战争胜利的重要性。于是，这些国家的军队每攻克一地，首要任务之一便是搜寻科技人才。在当时，随着苏军在德国攻占的地理范围扩大，越来越多的德国科学家和军事用途的设备落入苏联人之手。在一些城市，苏军士兵挨家挨户地搜查，大批科技文件、稀缺金属样品、试验设备、设计图纸等，都作为"最为珍贵的无价之宝"，被毫无保留地运走了。据一些学者研究，当时苏联人掠走了德国空军 2/3 的科技人才和设备。在 1946 年 10 月 22 日一天之内，从德国各地开往苏联的火车多达92 列，被运走的男女老少多达 1.5 万到 2 万人，其中科技人才有 5000 多人，其专业技术几乎涉及德国军工各个领域。②

面对苏联抢掠德国科技人才的行为，有不少美军人士抨击时任盟军司令的艾森豪威尔行动迟缓，无所作为。此时，美军高层也认识到了搜寻人才的意义。不久后，盟军前线司令部从美英联军中挑选出一些谙熟通信、爆破、航空、无线电、情报和德语的技术人才，组成了刺探德国军备研制和军事部署情报、搜寻并控制德国科技人才"特别行动队"（T – Forces）。1944 年 8

---

① Michel Bar-Zohar, *The Hunt for German Scientists*, p. 25.
② Ibid. , pp. 11, 36 – 37, 153.

月末，万尼瓦尔·布什致函美国陆军部和海军部，建议关注德国军事和民用工业生产情报。随后，美军迅速开展了对德国科学技术文献、科学家人员名单以及生产技术和设备的调查。由于美国军队和政府提出的、要求掌握德国生产和科学技术的内容非常庞杂，美国政府觉得需要成立一个专门的机构清查德国科技人员和相关的档案文献等。于是，它成立了"工业技术情报委员会"，人员来自美军情报人员和战时生产局的技术专家。与此同时，英国也成立了一个"英国情报目标分委员会"，任务与美国相同，寻找德国的科学家以及工业生产技术、发明和工程技术诀窍等，确定德国是否向日本提供技术援助情况。① 为了迅速而全面地掌握德国科学技术和军事技术的研究与生产，美国"工业和技术情报委员会"组成了 17 个小组（到战争结束时增至 19 个小组），涉及范围包括橡胶、化工、金属、采矿、纺织、林业生产、固体燃料、通信、航空和造船等工业部门。这些行动小组与前文提到的特别行动队一起，尾随美军一线作战部队身后。他们每到一处，迅速清查当地的企业、工厂、实验室、军事基地、仓库、设备与装备试验场、科研院所和大学等机构的科研人员、生产技术资料和设备。在 1944 年，一些美军行动小组甚至秘密潜入苏军占领区，不分昼夜地将那里的德国科学家秘密转移到盟军占领区。到 1945 年战争结束时，盟军基本上掌握了德国大约 1.5 万名工程师、科学家和生产技术人员的个人信息，他们后来被遣送到盟军在法兰克福、凡尔赛和卢森堡等地的集中管理中心。他们经过体检、政治与军事甄别后，著名的科学家则被运往美国。对于那些继续留在集中营的科技人员来说，漫长的政治甄别和技术考核过程，是他们在物质上、精神上和心理上受到摧残的过程。② 在 1944 年到 1945 年初，参加运送德国科学家的美国工程师理查德·波特（Richard Porter）后来回忆说："在我们派出的数百辆卡车上，都有一名德国人。他知道该去找谁联系，目的是说明情况，动员他们去美国。这件事情中，我们是每天 24 小时马不停蹄地做。每个家庭仅仅给 15 分钟时间，决定哪些东西打包随身带走。"当然，在争夺德国科技人才的博弈中，除美苏军队外，还有英国、法国、加拿大和澳大利亚军队。它们彼此间的竞争之激烈，被一

---

① John Gimbel, *Science, Technology, and Reparations: Exploitation and Plunder in Postwar Germany*, Stanford, CA: Stanford University Press, 1990, pp. 5 – 7.

② John Gimbel, *Science, Technology, and Reparations*, p. 17.

些学者戏称为"盟国间的战争"①，有学者对 1944 年底看到的一些场面做了
如下精彩的表述：

> 成千上万的调查者，呈扇形覆盖了法国，后来又充满着勇气和活力，
> 跟随着盟军深入至第三帝国心脏。科学家、工程师、工业家、语言学家、
> 医生、学者、军人和海员——这些专家以及保护他们的军队，搜遍了欧
> 洲，他们在寻找文件、设备和人员，记录敌军的每一项进步。各路专家
> 通过历史上最详细的计划的实施，使其人才掠夺有了一个冠冕堂皇的理
> 由。他们最终详细地分析研究了每一项科学、工程学以及所能找到的所
> 有的工业知识的载体，并将有价值的参考资料运往英格兰或者美国的储
> 藏室。这种带有里程碑式的转移，成为后来引进科学家不可或缺的必要
> 背景和灵感来源。许多调查者意识到了美国在各项研究领域的落后性，
> 于是就提出了"知识赔偿"这一了不起的主张。②

为了盟军的统一行动，搜寻更多的德国科学家，美国国务卿马歇尔将军
于 1945 年 6 月 5 日正式通知英国："美国参谋长联席会议一致同意……将德
国科学家运送到美国并利用其知识研制军用武器，以便打击日本。"③ 在美国
人获悉苏联军队搜寻德国科学家的进度快于美国之后，便加快了对德国境内
所有科学家和工程师的筛选和评估工作，然后实施了"曲别针计划"（Project
Paperclip），将那些科学发展潜力巨大并掌握敏感军事技术的专家运往美国。
到 1947 年底，先后被迁移到美国的德国科学家和工程师人数达到 1000 多人，
另外有 2.4 万名科学家被招募到美国和英法等国家的国防工业从事武器装备
的研制，其中有很多就是纳粹政权中的重要人物。④ 到 1947 年"曲别针计
划"结束后，美国在德国搜寻科学家和工程师的工作仍在继续。从 1949 年到

① Clarence G. Lasby, *Project Paperclip: German Scientists and the Cold War*, New York: Atheneum, 1971, pp. 5, 12 – 13, 45 – 46.

② Clarence G. Lasby, *Project Paperclip*, pp. 12 – 13.

③ John Gimbel, *Science, Technology, and Reparations*, p. 19.

④ United States General Accounting Office: *Report by the Comptroller of the United States: Nazis and Axis Collaborators Were Used to Further U. S. Anti-Communist Objectives in Europe, Some Immigrated to the United States*, Washington D. C.: U. S. General Accounting Office, GAO/GGD-85-66, June 28, 1985, p. 28.

1961 年，又有 4000 多名德国科学家陆续来到美国，其中有 2125 人是在 1955 年以后离开德国的。① 当然，美国收获的不只是科技人才，其中还有大量的设计图纸、半成品武器与工业设备等。据统计，在 1944 年到 1945 年初，当美国第一集团军第三装甲师之一部在德国的北豪森（Nordhausen）发现了德国研制和生产 V - 2 火箭的基地后，他们对当时惨遭奴役的盟国战俘和从周边国家掠来的数千名苦力所遭受的非人性的折磨视而不见，而是直接进入生产车间，将即将组装完毕的火箭分拆后，与尚未安装的大约 100 枚火箭部件一起包装，运往盟军控制区。当他们获得苏军特遣队准备袭击该工厂的情报后，美国人将火箭拆成小部件，埋藏在工厂附近的学校、啤酒厂和马厩等地，同时雇佣当地苦力劳工修复被炸坏的铁路。在 1945 年 5 月 22 日至 30 日，美军分别通过火车和远洋商船，将被埋藏的设备和半成品军事装备运往美国的新奥尔良。这次事件"构成了将敌对国设备运离欧洲战区的最大一次行动。它们后来在美国的导弹计划中被广泛应用"②。可以说，第二次世界大战中美国从德国科技人才及其生产活动中获得的信息、情报以及科研成果，都对战后美国科技事业的发展产生了巨大的促进作用。

在第二次世界大战结束后，随着冷战的兴起和不断加剧，遏制并瓦解社会主义国家，一直是美国国家利益的最高目标，它的许多重大决策，"都是以这个毋庸置疑的首要目标为前提的"③。在这种背景下，美国继续打着人道主义旗号，频频颁布反共难民法。它在 1948—1962 年颁布的难民法多达 20 余项，其中关于难民概念的界定和法律援助对象，除 1948 年的《战争流亡人员法》外，都是针对逃离共产党国家和中东地区的人。④ 可是，危地马拉、厄瓜多尔和海地等右翼国家对不同政见者的迫害，美国却视而不见。在这种双重标准之下，美国等于将安置难民的政策纳入了反共意识形态的战略之中，目的是向全世界展示美国"自由"与"民主"制度的优越性，使美国在"争夺人心和情感的战斗"中赢得胜利。⑤ 从 1948—1962 年美国难民法的安置对

① Michel Bar-Zohar, *The Hunt for German Scientists*, p. 204.
② Clarence G. Lasby, *Project Paperclip*, pp. 38 - 40.
③ Samuel P. Huntington, "The Erosion of American National Interests", p. 30.
④ 梁茂信：《现代欧美移民与民族多元化研究》，第 199—214 页。
⑤ Paul Spickard, *Almost All Aliens*, p. 329.

象看，始终贯穿于其中的原则是优先安置两类人：（1）掌握美国急需技术的
人才，或经济条件优越的资本家和商人等，而乞丐和无业游民等可能增加美
国政府救济负担的人不得申请。（2）美国公民和合法外侨的外籍双亲、配偶
和未成年子女。从这个角度看，美国难民政策的实质，并非美国学界普遍以
自身利益价值观判断而持有的利他性的"人道主义"，相反，它们承载更多
的是美国的国家利益。虽然其中包含着人道主义成分，但其归根结底是要解
决美国公民和合法移民的家庭团聚问题，在广义上是要避免因成千上万的家
庭不稳定而威胁到美国社会的稳定，在国际上则是要宣传美国的政治价值观。
这种"一箭三雕"的利益追求，与人才吸引条款一起，共同构成了战后美国
难民政策的本质。

值得关注的是，在1956年之前，美国难民法实施的目标是共产党国家，
而在此后，尽管这一目标没有改变，但其部分条款也被用于美国境内的外籍
人身上。例如，《1957年难民逃亡法》规定，第一，凡在1957年以前持非移
民签证入境的外交官、商人、教授、访问学者和留学生，若因种族、宗教、
政治观点而受到迫害，或可能受到迫害，可以协同其家属一起申请永久移民
资格。第二，凡已进入美国的外籍人，若在入境后因各种原因而导致身份发
生转化的人，可以不受限制地申请移民资格。之后，美国国会在《1961年外
籍人援助法》中，废除了1952年移民法中的"亚太三角区"条款，允许旅
美外籍留学生和访问学者放弃原有身份后申请永久定居美国的资格。[①] 从当时
的情况看，这两项难民法的实施范围超出了社会主义国家的范围，其中包括
韩国、中国台湾、墨西哥、阿根廷和伊朗等可能出现专制统治的国家和地区，
它们都是美国的盟国或友邦。上述法律实施后，这些国家的留学生和访问学
者移民美国势头开始加快。

除上述措施外，美国政府甚至还采取了其他趁火打劫、损人利己或牺牲
人类基本良知的手段。例一，美国国会在《1949年中央情报局法》中规定，
凡有利于推进美国情报事业、维护美国国家安全的外籍人才，不管其是否符
合移民条件，都可以入境，每年入境人数不超过100人。该法案实施后，美

---

① Elizabeth J. Harper and Roland F. Chase, eds., *Immigration Laws of the United States*, Indianapolis: The Bobbs-Merrill Company, Inc., 1975, pp. 30, 35.

国中央情报局将数百名纳粹罪犯招进美国从事情报和火箭研究工作。① 同时，美国为加快建设针对苏联和东欧国家的情报网络，雇佣了数百名纳粹谍报人员潜入东欧国家，他们为美国提供了"价值无法估量的情报"②。例二，在1949年蒋介石政府垮台后，滞留在美国的近4000名中国留学生失去了生活来源。美国政府通过提供资助和允许其移民的方式，将他们留在美国。③ 例三，在1959年古巴发生社会主义革命后，亲美势力纷纷逃往美国。他们大多数受过高等教育，通晓英语，经济条件优越，因而其移民"构成了西半球有史以来最大的一次人才流失"④。

从以上例证中可以看出，每当国外出现乱局的时候，美国都会打出人道主义旗号，其实质是牟取美国的国家利益。它为了获取宝贵的科技人才资源，甚至可以不择手段，趁火打劫。通过这种阳奉阴违的手法，获取他国的科技人才资源，成为战后美国人才吸引政策中一种反复实践的模式。

四　文化交流与知识分子移民

在布什·万尼瓦尔提交给国会的《科学：无止境的边疆》报告中，多处呼吁政府承担起人才培养的职能。与此同时，政府还应该加强国际交流，吸引更多的外籍人才。报告中写道：

> 科技信息的国际化交流具有日益增长的重要意义。科学的日益专业化使美国的科学家长期与国外发展保持同步，比以前任何时候都显得重要……政府可以通过以下几种方式追求这些重大结果：在国际科学大会的安排方面提供帮助，派遣美国的科学家参加这样的大会，对于有名望的外国科学家予以官方接待。在可能的情况下，加快技术信息的快速流动，包括翻译服务和提供国际奖学金。目前，一些民间基金会已经完成

① Elizabeth J. Harper and Roland F. Chase, eds., *Immigration Laws of the United States*, pp. 20 – 21.

② United States General Accounting Office: *Report by the Comptroller of the United States: Nazis and Axis Collaborators Were Used to Further U. S. Anti-Communist Objectives in Europe, Some Immigrated to the United States*, pp. 19 – 21, 32 – 40.

③ Peter Kwong and Dusanka Miscevic, *Chinese America*, pp. 228 – 229.

④ Vernon Briggs Jr., *Immigration Policy and American Labor Force*, p. 196.

了这些职能中的一部分，但是，其结构既不完整也不充分。政府应在促进国际科学信息流动方面发挥积极主动的作用。①

在 20 世纪 30 年代以前，美国教育与文化的国际交流，主要是以民间的形式展开的，尤以高校与教会学校相对较多。这主要是因为当时美国缺乏一个有效的联邦政策体系。在第二次世界大战前，美国关于外国留学生的政策十分零散。在 20 世纪初期，伊利诺伊大学校长埃德蒙·詹姆斯（Edmund J James）致函西奥多·罗斯福总统时指出："中国已经处于革命的边缘，……世界上的每个大国都将不可避免地会或多或少地卷入这场巨大的变革之中美国不应该犹豫……在教育这一代中国青年中获得成功的国家，将是在道德、教育和商业影响方面出一定的努力就有可能收获最多的国家。"此后，通过教育将中国纳入美国的文化圈，成为一代又一代具有战略远见的美国人的观点。在 1907—1911 年，美国政府运用庚子赔款的一部分，设立了 2000 个奖学金机会，资助成立了留美预备学校——清华学堂。1924 年，美国设立了教育与文化中国基金会，在已设奖学金的基础上，增加了 400 多个名额。洛克菲勒基金会在 1929—1949 年还提供了 600 多个奖学金机会。当时，位于美国的中国医学理事会，也提供了数百名机会，这些奖学金大部分在自然科学、理工科和医学。② 1930 年以后，美国政府参与的国际文化交流开始增多。在 1936—1939 年，美国与拉丁美洲国家几次签订协议，在教育与科技交流之间进行合作，目的是"促进人员、知识和技术的交换"③。然而，第二次世界大战前美国对外教育与文化交流活动，基本上是由民间机构操作的，它并未被纳入美国外交政策的战略目标中，其政治性特点并不突出。④

第二次世界大战结束后，由于欧洲主要国家的教育与文化系统遭到了毁灭性打击，其精英人士纷纷流亡海外。在没有出走的知识分子中间，存在着

---

① Vannevar Bush, *Science, the Endless Frontier*, pp. 21 – 22.

② Joyce K. Kallgren and Denis Fred Simon, *Educational Exchanges*, pp. 26 – 27.

③ Cora Du Bois, *Foreign Students and Higher Education in the United States*, Washington D. C. : American Council on Education, 1962, p. 12.

④ Jessica C. E. Gienow-Hecht, "Shame on U. S. ? Academics, Cultural Transfer, and the Cold War-A Critical Review", *Diplomatic History*, Vol. 24, No. 3 (Summer 2000), p. 466; http: //dh. oxfordjournals. org/. （2013 年 9 月 25 日下载）

一股强烈的悲观情绪。美国人担心，在苏联和其他社会主义国家的宣传攻势之下，马克思主义思想会对欧洲知识分子会产生一种"不断增长的吸引力，进而对美国和西方的民主制度产生严峻挑战"①。于是，美国在与欧洲国家建立经济和军事盟友关系的同时，也将教育与文化交流活动转化为服务于美国"外交政策和国家利益的工具"②。它在功能上是对马歇尔计划中对欧洲物质援助的补充，构成了美国外交中，与政治、经济、军事同等重要的第四根支柱，是"美国在反对共产主义世界的斗争中，履行其作为自由世界领袖职责"③的一种表现。美国政府官员相信，只有通过向海外输出美国的价值观念和生活方式，增强美国在国际上的政治魅力，美国才能"在全世界促进更多的国家建立民主制度，遏制国外的法西斯主义、共产主义和其他不适合存在的意识形态"④。

客观而言，对外教育与文化交流被纳入战后美国外交战略之中，经历了一个渐进的过程。它分别体现于《1946年原子能法》、《1946年富布赖特法》、《1948年美国信息与教育交流法》和《1956年交换学者与移民地位法》之中，其核心任务是：（1）宣传美国的政治价值观，瓦解社会主义国家；（2）向盟友提供教育与文化援助；（3）通过交流，保证美国的教育与科技发展与欧洲同步；（4）拓宽外来人才移民美国的渠道。这些内容构成了战后初期美国对外教育与文化交流战略的基本框架。

在以上立法中，涉及吸引人才的立法首先是《1946年原子能法》。当时，美国是世界上唯一的拥有原子弹的国家。美国希望通过上述立法，向其盟友或关系友好的国家提供和平利用核能的技术。在1948—1955年，美国政府根据该法案，在田纳西州的"橡树岭国家实际验室"等六所联邦实验室，为数百名外国科学家提供了放射性同位素技术培训。1954年原子能法颁布后，美

① Kathleen D. McCarthy, "From Cold War to Cultural Development: The International Cultural Activities of the Ford Foundation, 1950-1980", *Daedalus*, Vol.116, No.1, (Winter, 1987), p.94; http://www.jstor.org/stable/20025087. (2013年9月25日下载)

② Cora Du Bois, *Foreign Students and Higher Education in the United States*, p.12.

③ Liping Bu, "Educational Exchange and Cultural Diplomacy in the Cold War", *Journal of American Studies*, Vol.33, No.3 (Dec., 1999) pp.395-396; http://www.jstor.org/stabel/27556683. (2013年9月25日下载)

④ Jessica C. E. Gienow-Hecht, "Shame on U.S.?", p.467.

国放宽了核能领域与外国的合作，美国为外国培训人员的规模开始扩大。到
1959 年，美国先后为来自 70 多个国家的 2500 名科技人员提供了技术培训。
到 20 世纪 70 年代中期，在联邦核能实验室接受过培训的人员超过 1.35 万
人。从培训过程看，学习期间的基础课程由大学负责，在岗培训主要在联邦
实验室进行。由于前来接受培训的人员都有大学本科学历，有些人还有多年
的工作经验，他们在接受培训过程中展示出的才能，也没有逃过美国人的眼
睛。于是，在 50 年代末，美国政府规定：（1）若有外籍技术人员申请，应允
许外籍人员在联邦政府实验室就业，人数不做限制；（2）在未涉密或不涉及
美国国家安全的科研项目中，只要经过所在实验室的安全审查，外籍人就可
以上岗工作；（3）各实验室可根据自己的缺编情况确定雇佣外籍人数量。上
述措施实施后，美国联邦六大实验室先后雇佣外籍人员多达 2500 多人。其中
40% 在橡树岭国家实验室。到 70 年代初期，其人数最多的时候达到 1665 人，
是各个联邦实验室中人数最多的。其他实验室工作的外籍人相对较少。例如，
在阿尔贡国家实验室，被雇佣的外籍技术人员最多时只有 306 人，而布鲁克
黑文国家实验室雇佣的外籍技术人员数量最多不过数十人。①

　　从长远看，对后来外国留学生和访问学者影响较大的立法，首先是
《1946 年富布赖特法》。在第二次世界大战结束后，美国阿肯色州参议员威
廉·富布赖特在考察了遭受战火蹂躏的欧洲国家之后，主张加强各国间的文
化交流，增进彼此间的了解与认识，进而避免战争。在他的倡议下，美国国
会颁布了富布赖特法，其核心内容是：对于在第二次世界大战中曾向美国借
贷而无力偿还的国家，美国可以免去其债务，但是，这些国家必须向美国派
遣留学生和访问学者。这样做可以两全其美：它既能产生宣传美国政治与文化

---

　　① 在接受技术培训的 84 个国家和地区的科技人员中，数量较多的是：印度（1367 人）、英国
（1568 人）、日本（970 人）、意大利（756 人）、法国（646 人）、加拿大（693 人）、以色列（358
人）、瑞士（302 人）、韩国（272 人）、荷兰（249 人）、澳大利亚（221 人）、瑞典（220 人）、奥地
利（200 人）、比利时（198 人）、希腊（194 人）、中国香港（150 人）、巴西（155 人）、墨西哥
（149 人）、土耳其（145 人）、南斯拉夫（128 人）、挪威（121 人）、丹麦（118 人）、哥伦比亚（104
人）、阿联酋（103 人），其他国家都在 100 人以下。参见 United States General Accounting Office, *Diffi-
culties in Determining if Nuclear Training of Foreigners Contributes to Weapons Proliferation：Report by the Comp-
troller of the United States*, Washington D. C.：U. S. General Accounting Office, GGD-79-2, April 23, 1979,
pp. 1, 16 - 17, 28 - 29, 83。

的效果，又能使负债国家通过派遣留学人员赴美学习美国的先进技术和知识。富布赖特本人坚决反对把富布赖特计划当作一种政治宣传的工具，而是主张将其限于一种"公民与公民"之间的"外交"对话与交流。因为这种交流"在促进国际关系的人性化方面，可以作出其他任何形式的交流都无法做到的贡献"①。不难看出，富布赖特计划通过浪漫主义和理想主义的方式，把教育和文化交流与政治巧妙地联系起来，设立了一个由美国与外国合作、双方互派学者的交流计划。该计划中有一个后来被学界热议的"两年规则"（two-year rule），即所有享受政府资助旅美求学的外国学生和访问学者，必须在完成预定任务后回国工作两年，否则不得再次申请赴美工作或移民签证。此后，"两年规则"就成为各国访问学者和公费留学生必须遵守的一条硬性原则。②这表明，在战后初期，美国接受外国学者和留学生并要求其学成回国服务，确实在恪守其与外国政府达成的谅解。这在客观上说明美国尽到了为盟友提供教育援助的义务。

由于富布赖特本人坚决反对把富布赖特计划当作美国政治宣传的工具，这在客观上提出了一个新的要求：美国对外政治宣传的目的并未达到。于是，随着冷战的升级，美国国会颁布了《1948 年美国信息与教育交流法》。法案中宣称，其目的在于"促进各国人民对美国更好地了解，加强合作性的国际关系"③。然而，在实质上，它是要建立一个与富布赖特计划截然不同的带有政治色彩的计划。正如法案中所言："美国人民、我们的理想、我们的政府形式，都因为其他国家的宣传而被误解和扭曲。在一场为理想而争斗的不平等的战场上，美国和民主国家的尊严都遭到了损害，我们必须向海外告知关于美国的真相。我们再也经不起由别人替我们讲述我们的故事了。"④ 按照国会

---

① William W. Hoffa, *A History of U. S. Study Abroad: Beginnings to* 1965, A Special Publication of Frontiers: The Interdisiciplinary Journal of Study Abroad (www. frontiersjournal. com) and The Forum on Education Abroad (www. forumea. org), 2007, p. 115.

② Elizabeth J. Harper and Roland F. Chase, eds., *Immigration Laws of the United States*, pp. 26 – 27.

③ U. S. Congress, "United States Information and Educational Exchange Act of 1948", in *United States Code, Congressional Services*, 80th Congress, 2nd Session, Vol. 1, St. Paul, MINN: West Publishing Co. 1948, p. 4.

④ U. S. Congress, "United States Information and Educational Exchange Act of 1948: Legislative History", in *United States Code, Congressional Services*, 80th Congress, 2nd Session, Vol. 2, St. Paul, MINN: West Publishing Co. 1948, p. 1023.

的规定，美国国务卿采取措施，"通过出版社、出版物、广播、电影和其他的信息媒介、情报中心和海外解说机构等，用英语准备并传播有关美国、其人民和政府政策的信息"，增进美国与其他国家的人民之间的相互了解。在此前提下，美国将在互惠的基础上，设立 J 类签证计划。按照该计划，美国将与其友好国家互派留学生、培训人员、教授、科学家和技术领域的领导人。他们按照签证的规定从事活动，在签证有效期期满后，如逾期不归，或从事了"有损于美国利益的活动"，将被驱逐出境。① 1948 年法案实施后，美国政府在文化战线上，从两个方面开展了一场美国国务院高官乔治·凯南所说的"有组织的政治战争"②。第一，由杜鲁门总统牵头，发起了"真相运动"（Campaign of Truth），它实际上是美国"在心理上对苏联宣传展开的反击"。③从其地理范围看，它共覆盖了 93 个国家。所以，"美国之音"设立了含 45 种语言的广播节目，中央情报局在海外散发了数百万份小册子、杂志和传单。对于以民间身份访问苏联的艺术、工会、体育、妇女和宗教组织等各界代表团的往返路费，都由美国政府资助。它们都是美国针对苏联设计的"隐蔽性心理战行动"的重要组成部分。④ 第二，在 1948 年法案实施后，一直到 60 年代末，美国为了向盟国和友邦提供教育援助，设立了一个"教育援助计划"，其中受益的国家多达 23 个。具体负责该计划的机构是隶属于美国国务院的国际开发局。它负责监督与评估上述 23 国留学生在美国学习进展、留学生学成回国比例、留学生回国后发挥的作用、接受外国留学生的美国大学课程设置以及国际开发局的管理有效性与问题。⑤

与富布赖特计划相比，1948 年法案的政治性特点更加突出，法案规定的服务对象范围更加宽泛。在富布赖特计划中，交流对象的主体是访问学者，

---

① U. S. Congress, "United States Information and Educational Exchange Act of 1948", pp. 5, 8.

② Liam Kennedy and Scott Lucas, "Public Diplomacy and American Foreign Policy", *American Quarterly*. Vol. 57, Iss. 2（Jun 2005），p. 4.

③ Jessica C. E. Gienow-Hecht, "Shame on U. S. ?", p. 467.

④ Liam Kennedy and Scott Lucas, "Public Diplomacy and American Foreign Policy", p. 4.

⑤ 接受援助的 23 个国家包括巴西、圭亚那、洪都拉斯、智利、中国（台湾）、哥斯达黎加、厄瓜多尔、埃及、埃塞俄比亚、希腊、印度、以色列、牙买加、约旦、韩国、摩洛哥、尼加拉瓜、巴基斯坦、菲律宾、苏里南、泰国、土耳其、越南。参见 Charles Susskind and Lynn Schell, *Exporting Technical Education: A Survey and Case Study of Foreign Professionals with U. S. Graduate Degrees*, New York: Institute of International Education, 1968, p. 51。

学生居于从属地位，而在 1948 年法案中，学生与学者一起构成了美国政府服务的主体。不同的是，1948 年法案中对于"两年规则"只字未提，那些按期离境回国的外籍人是否可以在回国工作两年后再次申请赴美签证，这个问题悬而未决。此外，在 1948 年法案生效后，还出现了一个意想不到的问题：即虽然多数学生和学者按期回国，但学成不归的比例也在增长。其中有些访问学者试图在美国申请移民资格。例如，1955 年入境的外籍访问学者达 1.5 万人，在政府资助的交换学者中，有 5%—10% 的人没有按期回国。在"民间资助的外国交换学者中，滞留比例可能更高"。面对这样的问题，美国国会为寻求新的对策，颁布了《1956 年交换学者与移民地位法》，对《1948 年美国信息与教育交流法》第 201 条款规定进行了修正。1948 年法案规定："按本条款入境之人，若未能按照该条款规定保持入境身份，或在签证有效期结束时，未能按期离境……将被……拘捕并被驱逐出境。"鉴于这项条款实施后引起一些新的问题，美国国会在 1956 年法案第 201 条款中重申：凡享受母国政府或与美国政府联合资助的外籍访问学者，在美国工作期满后必须回国工作两年，工作期满后可再次申请赴美工作或移民签证。国会原本是想通过法律，告诫美国政府机构、公众和个人："交换计划不是一项移民计划，而且不应该绕过移民法的运作。"[1] 国会希望加强交换学者计划的执法力度，保证外籍人员在完成签证规定的任务后回国。但是，该法案中的另一项带有矛盾性的规定却为外国访问学者和留学生移民美国创造了条件。法案规定："根据相关政府机构的要求和国务卿的建议，若任何外籍人的入境符合美国的公共利益，司法部长则可以放弃外籍人回国的两年规则要求。"[2] 有两个原则性的解释发生了变化。第一，按照国会的意思，如果美国国务院或同等级别的政府部门提出建议，同意"放弃该外籍人在海外（按：美国之外）居住两年的规则"。在这一句话中，"该外籍人在海外居住两年的规则"，是指旅美外籍学者或者学生，在美国学习或者工作有效期结束后，既可以回国工作两年，也可以在

---

① U. S, Senate, "Exchange Visitors-Immigration Status: Senate Report No. 1608, March 1956" in U-nited States Congress, *United States Code, Congressional and Administrative News*, 84th Congress-Second Session, 1956, Vol. 2, St. Paul, MINN: West Publishing Co. 1956, pp. 2662, 2665.

② U. S, Senate, "Exchange Visitors-Immigration Status Act of 1956" in United States Congress, *United States Code, Congressional and Administrative News*, 84th Congress-Second Session, 1956, Vol. 1, St. Paul, MINN: West Publishing Co. 1956, pp. 289 – 290.

第三国居住两年。在这里，"两年规则"的地域空间空前拓宽，它已经不再局限于学生或学者的母国，只要在任何一个第三国居住两年，都可以再次申请赴美签证。显然，与以前要求留学生回母国的刚性原则相比，新的规定对于美国来说更加灵活宽松和实用，而对于学生的母国来说，则意味着人才流失的开始。第二句话的含义则更为直接："若司法部长认为，该人入境符合美国的公共利益，可允许其入境。"① 在这一句话中，美国国会以"符合美国的公共利益"作为最终的判断标准，可以不经母国同意而单方面决定外籍学者和学生的去留，这种做法实际上使"两年规则"发生了质变，留学生和访问学者的母国因此失去了防止人才流失的一道屏障。在满足美国国家利益和对友好国家的援助方面，"两年规则"就像一枚硬币，尽管其两面截然不同，但无论出现什么情况，作为"庄家"的美国都可以作出对自己最有利的解释。

不难看出，1956 年法案与前文提到的《1957 年难民逃亡法》一起，拉开了一个时代性的序幕。从此以后，外国留学生和访问学者可以采取"曲线移民"的方式定居美国，并成为当代美国科技人才中越来越重要的一个来源。美国国会之所以这样做，一方面是因为 1952 年移民限额分配失衡，那些申请较多的国家，因为移民限额较少，导致许多优秀人才无法移民美国；另一方面，"两年规则"的实施，"剥夺了我们（按：美国）许多大学需要的教师"。② 这些事实都表明，通过文化交流，获得更多的外籍人才，是美国国会积极参与对外教育与文化交流活动的主要目的之一。

五　战后科技移民潮的兴起

从上文中可以看出，在冷战初期，美国政府将人才吸引战略分散在诸多的移民法、难民法和对外教育与文化交流法规之中。这种做法的巧妙之处是：人才吸引措施被掩盖在冷战时期美国的国家安全、反共意识形态、

---

① U. S, Senate, "Exchange Visitors-Immigration Status: Senate Report No. 1608, March 1956", p. 2663.

② U. S. Congress, Senate, *Mutual Educational and Cultural Exchange Act of 1961: Report of the Committee on Foreign Relations, United States Senate on S.* 1154, 87th Congress, 1st Session, Report No. 372, Washington D. C. : U. S. Government Printing Office, 1961, p. 20.

人道主义和对外教育与文化宣传的战略与口号之下，所以，美国人以不显山、不露水的方式，将大批的外国人才招揽到美国。另一方面，恰好是由于美国的人才吸引战略是在冷战时期形成的，美国的国家安全、反共意识形态和当时美国社会上的种族主义思潮一起，反过来又对美国的人才吸引战略和政策在运作机制上产生了不可忽视的制约作用。所以，在 20 世纪 50 年代，虽然进入美国的科技人才有所增长，但增幅十分有限，外来人才的来源、规模和技术构成等，在当时并未引起美国和国际社会的关注。当国际学界在 60 年代认识到美国人才吸引战略的重要性和其他国家出现人才流失问题的时候，全世界多数国家成千上万的技术人才移民美国的格局已经不可扭转。

　　1952 年移民法实施后，美国的外来移民在许多方面发生了结构性变化。首先，入境移民中的技术构成明显提高。据美国商业部统计，1900—1920 年入境移民超过 1453.1 万人，而技术类移民仅为 18.57 万人，占这个时期入境移民总数的 1.27%。但是，在 1945—1965 年，进入美国的移民仅为 482.98 万人，技术类移民达到 37 万人，占入境移民的 7.8%。换句话说，在战后 20 年间入境的移民总数不到 1900—1920 年入境移民的 33.2%，但技术移民的比例却比前者高出 5 倍多。很明显，战后 20 年间，美国的技术移民比例之所以显著提高，除了时代发展特别是整体的移民素质有明显提高外，关键是美国吸引人才的政策发挥了重要作用。如果以每五年为统计时段进行分析，就不难发现，在 1946—1950 年，属于美国政府认定的"专业技术人士、技术人员和同类劳工"的移民占同期入境移民的 7.41%，虽然该比例在 1951—1955 年略有下降，仅为 6.66%，但在 1956—1960 年和 1961—1965 年，同比分别上升到 7.78% 和 9.0%。[①] 这种纵向比较显示，到 60 年代中期，技术人才在每年入境的外来移民中的比例，以曲线增长的方式，达到了美国历史上前所未有的水平。

　　其次，在入境的各类人才中，自然科学家、工程师和医生等理工科专业技术人才的增速尤为令人瞩目。据美国政府统计，在 1956—1966 年，移民美国的专业技术人士、技术人员和同类移民增长了 58%，而科学家、工程师和

---

① U. S. Department of Commerce, Bureau of the Census, *Historical Statistics of the United States*, p. 110.

医生三类移民的比例平均增长了 77%。如果再从医生、科学家和工程师三类人才的增长状况看，科学家的增速最高（81%），其次是医生（79%），而工程师人数的增幅最少（75.5%）。[①] 从增长时间看，1962 年是一个转折点。在此之前，由于美国政府坚持奉行偏袒欧洲移民、限制亚洲移民的政策，入境的亚洲移民数量十分有限。由于美国国会在 1962 年难民法中，废除了 1952 移民法中限制亚洲移民的"亚太三角区"条款，亚洲移民能够在比较平等的基础之上进入美国，因而入境的科学家逐年增多。所以，笔者将这个时期入境的科学家和工程师划分为两个阶段，第一个阶段是在战后至 1961 年。其间，入境的科学家累计不超过 4.3 万人，占同期美国每年培养的科学家人才的 10%。[②] 1962 年到 1965 年属于第二个阶段。其间，每年入境的科学家人数连年攀升。例如，1962 年入境的外来科学家和工程师达到 4100 人，比 1957—1961 年年均入境 3150 人增长了 30%。到 1963 年，入境的科学家和工程师又增至 5700 人，比 1962 财政年度增长了 39%。在职业结构上，虽然工程师的比重较大，但其走势处于相对下降的状态，所占比例从 1957 年的 77% 下降到 1963 年的 70%。再从其专业背景看，在 1962—1963 财政年度入境移民中，工程师占 68%，科学家占 28%，社会科学家占 4%。在上述三大门职业类中，多数人才集中在电气、电子、航空和生物学等专业。在科学家中间，人数最多的是化学专业，而社会科学中，经济学领域的人才最多。据统计，在同期入境的 400 多名社会科学家中，有 200 多人属于经济学专业，有 150 多人属于心理学专业，其他专业的人数较少。[③]

从入境渠道和身份看，真正按照 1952 年移民法第一优先原则入境的技术人才并不多。据美国著名的移民劳工经济史学家弗农·布里格斯的研究，在 1952 年移民法实施后的 13 年间，在该条款下入境的技术类移民占所有移民的比例不到 1%。[④] 也有美国学者认为，在 1952—1964 年，从境外来到美国

① U. S. Congress, House of Representatives, Committee on Government Operations, *The Brain Drain into the United States of Scientists, Engineers, and Physicians*, p. 2.

② Herbert G. Grubel, "The Brain Drain: A U. S. Dilemma", p. 1423.

③ U. S. National Science Foundation, "Scientists and Engineers From Abroad, Fiscal Years 1962 and 1963", pp. 1 - 3.

④ Vernon M. Brigs, Jr., *Immigration Policy and the American Labor*, p. 59.

的技术类移民仅占限额移民的 6%，而专业技术移民仅占 2%。[1] 应该说，上述分析是准确的，因为这种现象在美国政府其他统计中也有所体现。不过，在不同的年份，按照第一优先入境原则入境的专业技术人才比例不同。例如，在 1954 年，其入境移民为 2456 人，占当年总限额的 2.5%。[2] 1958—1962年，入境的技术移民达 17610 人，占 5 年间入境移民 136.41 万人的1.29%。[3] 这种现象发生的原因是 1952 年移民法将更多的限额用于欧洲发达国家，但是，当时欧洲主要发达国家的经济正处于战后恢复期，其国民申请者寥若晨星；而亚洲国家的移民限额全部被用完。移民申请较少的英国和爱尔兰，因限额较多而出现指标剩余浪费的现象。同时，每个年度剩余的限额不能挪入下一年度使用，也不能转借给那些限额较少的国家，结果造成移民限额的无谓浪费。[4]

此外，上述数据中还暴露出另一个问题，即在 1952 年移民法实施后的十多年间，多数技术人才是在 1952 年移民法第一优先入境原则之外进入美国的。例如，在 1962 和 1963 财政年度中，按 1952 年移民法第一优先入境原则入境的科学家和工程师人数，分别是 576 人和 491 人，分别占这两个财政年度入境的科学家和工程师总数的 13.4% 和 8.3%，而在 "其他条款" 下入境的人数分别为 1951 人和 2440 人，分别占这两个财政年度入境的科学家的45.1% 和 41.1%。按照 "非限额" 身份入境的移民分别为 1770 人和 3002人，在两个财政年度分别占 41.2% 和 50.6%。[5] 在上述统计数字中，"其他条款" 下入境的科学家和工程师，是指按照 1952 年移民法中的 "家庭团聚条款" 入境的，而 "非限额移民" 则是根据 20 世纪 40 年代末期到 60 年代初期各类难民法入境的技术人才。这些事实从另一个侧面说明了这样的事实：第

[1]　Peter Kwong and Dusanka Miscevic, *Chinese America*, p. 229.

[2]　Louis L. Jaffe, "The Philosophy of Our Immigration Law", p. 370.

[3]　United States Department of Justice, Immigration and Naturalization Service, *Annual Report of the Immigration and Naturalization Service*, Washington D. C. : U. S. Government Printing Office, 1964, p. 22

[4]　Vernon M. Brigs, Jr. , *Immigration Policy and the American Labor*, p. 59; Louis L. Jaffe, "The Philosophy of Our Immigration Law", p. 365.

[5]　National Science Foundation, "Scientists and Engineers From Abroad, Fiscal Years 1962 and 1963", p. 7.

一，1952 年移民法中的人才吸引条款，在实践上"未能完成自己的使命"。①
第二，在 20 世纪五六十年代，美国移民政策中的家庭团聚条款、难民法和对外
教育与文化交流法，构成了这个时期美国吸引外来人才的主要渠道和平台，说
明美国政府将人才吸引战略分散在移民法、难民法和对外教育与文化交流法规
中的谋略是正确的。

从入境方式看，在美国之外申请签证的"直接移民"数量和比例在下降，
而"曲线移民"的比例在上升。例如，"曲线移民"占 1957—1963 年入境移民
（3.44 万）的 25.47%，其中，工程师为 2.57 万人，自然科学家为 8743 人。②
曲线移民处于不断上升的趋势，说明美国允许国际留学生移民的政策发挥了作
用，否则就不可能出现这种看似"本末倒置"却又十分正常的历史现象。从曲
线移民的国别来源看，他们多数来自亚洲国家。例如，曲线移民占欧洲科技人
才的 32% 和亚洲人才中的 58%。在来自英国和联邦德国技术人才中，曲线移民
仅占 2% 和 6%，在欧洲其他国家的技术移民达到 10%。③ 在亚洲入境的科技人
才中，曲线移民占工程师的 60.6%、科学家的 61.7% 和社会科学家的 34.7%。
按照同样的表述，曲线移民在欧洲科学家和工程师中最高不过 11%，在北美洲
和中美洲国家的技术人才中最高不过 1%，在来自南美洲的技术类移民中最高
不过 7%。④ 这就是说，亚洲国家的技术人才，主要是旅美求学的学生和访问
学者等，而在欧洲国家的人才中，多数在母国已经工作多年。

当然，在这个时期，科学家和工程师的主要来源是欧洲国家。如前所述，
在第二次世界大战结束前，一直到 20 世纪 60 年代之前，美国及其盟国从德

---

① "非限额移民"是指移民入境时，其人数不受 1952 年移民法规定移民限额数量的限制。这既是
美国在冷战时期为瓦解社会主义阵营而在变幻莫测的国际风云中所作出的一种战略性反应，同时也是因
为杜鲁门和艾森豪威尔两任总统利用颁布难民法来打破 1952 年移民法限制的一种策略。此外，当许多外
籍人以难民身份进入美国的时候，并非是所有的人都打算永久定居美国，而美国也出于安全考虑，对已
入境的难民要进行必要的政治甄别和安全审查，只有被认为符合移民条件的人最终可以获得永久居留美
国的资格。文中引用数据，参见 Louis L. Jaffe，"The Philosophy of Our Immigration Law"，p. 365。

② National Science Foundation，"Scientists and Engineers From Abroad, Fiscal Years 1962 and 1963"，p. 2。

③ National Science Foundation，"Scientists, Engineers and Physicians From Abroad, Fiscal Year 1965"，*Reviews of Data on Science Resources*，NSF 68 - 14，No. 13，March 1968，pp. 6 - 7。

④ National Science Foundation，"Scientists, Engineers and Physicians From Abroad, Fiscal Year 1965"，p. 8。

国掠走了大量的科技人才,而在战后初期,面对本国科技人才的持续性流失,联邦德国不得不采取种种紧急性防范措施,但总体效果并不理想。① 在1961—1966 年到美国的各类技术人才中,有 7.8 万人来自于欧洲,其中有1.1 万来自联邦德国,他们占这个时期欧洲科技人才移民的 14.1%。在其他国家,科技人才流失的状况也不容乐观。例如,在相同的年份,有 2.3 万人来自英国,占欧洲流失的科技人才的 29.5%,比 1956—1960 年增长了 1/3 以上。至于欧洲的其他国家,尽管也出现人才流失,但总体趋势是流失的科技人才数量在不断下降。② 例如,在 1962 年和 1963 年两个年度,流失的科学家和工程师数量最多的 10 个国家中,有 8 个是欧洲国家。从流失的人才数量看,人数最多的是英国(2078 人)、加拿大(1159 人)、联邦德国(778人)、古巴(487 人)、波兰(245 人)和瑞士(218 人),其他国家流失的人才均不超过 200 人。③ 必须指出的是,从增速看,来自发展中国家的人才增速快于发达国家。在 1956 年,来自发达国家的医生、科学家和工程师占这三类移民总数的 67.1%,1962 年下降到 60.2%,1966 年下降到 54%。在同一时期,来自发展中国家的科学家、工程师和医生的比例分别是:32.9%、40% 和 46%。在发展中国家中,绝大多数来自亚洲(包含大洋洲)地区,该地区的科技移民和工程师占入境科技移民的比例,从 1956 年的 0.97% 跃增至 1966 年的27.7%。1956 年,来自北美洲(加拿大和墨西哥)的科技移民所占比例,从1956 年的 35.4% 下降到 1966 年的 26.2%。④ 这就是说,从 1962 年开始,迁居美国的科技人才中,增长最快的是亚洲国家。其中,多数是旅美求学的学生。他们以曲线移民的方式定居美国,开启了战后亚洲国家留学生移民美国的高潮。这说明,战后美国政府处心积虑、巧立名目地招揽外国人才的政策,是亚洲国家人才资源流失的主要根源之一。但是,这个问题,在当时并没有引起各国学界的关注和重视。

---

① Michel Bar-Zohar, *The Hunt for German Scientists*, p. 204.

② Committee on Manpower Resources for Science and Technology, *The Brain Drain: A Report of the Working Group on Migration*, p. 41.

③ National Science Foundation, "Scientists and Engineers From Abroad, Fiscal Years 1962 and 1963", p. 5.

④ U. S. Congress, House of Representative, Committee on Government Operations, *The Brain Drain into the United States of Scientists, Engineers, and Physicians*, p. 5.

第四章

20世纪六七十年代的战略与政策调整

当历史的车轮进入20世纪60年代以后，美国社会发展对人才的需求依然保持着旺盛的态势。在美国人才培养供不应求的条件下，人们再一次将目光转向外来移民。在此条件下，美国国会根据国家利益的需要，多次对相关立法进行修正。尽管每次调整有着不同的动因和目的，涉及的问题范围包括外交、政治、社会和经济诸多方面，但是，调整的结果是，美国人才吸引战略及其管理机制得到进一步完善和成熟。在此过程中，与人才吸引问题有关的立法与政策内容，泾渭分明、张弛有度，充分发挥了其服务于美国国家利益的宗旨。

一　教育交流与"两年规则"的嬗变

1961年初，当约翰·肯尼迪入主白宫时，美国从以制造业为主的经济社会向以服务业为主的经济结构的转型期尚未结束。经济结构变革引起的人才不足问题依然存在，社会各界对人才需求的呼声不绝于耳，围绕"人力革命"问题的讨论十分热烈，其共识是：美国联邦政府需要在面向未来的人力资源开发中，承担更加积极的责任。[1] 在当时，科技人才供不应求的矛盾仍然很突出，而且，在肯尼迪上任后，联邦政府的财政投入进一步刺激了就业市场对科技人才的需求。例如，在肯尼迪政府开发科技的新边疆政纲实施之后，特别是在阿波罗登月计划启动之后，美国政府加大了对电子、生物、航

---

[1]　参见梁茂信《美国人力培训与就业政策》，第52—111页。

空、导弹、火箭、航天、卫星、气象和固体燃料等高端领域的研发投入。不久后，越南战争的升级和美国投入规模倍增，进一步刺激了美国国防高科技的投入。在这种背景下，虽然美国培养的科学家和工程师的供给量也呈积极增长的态势，其中在1959—1960年的增幅达到5%以上，但是，到20世纪60年代后期，美国科技人才供不应求的现象丝毫没有缓解。许多地方都"出现待聘工作岗位比申请者多"的现象。①

当然，在人才需求保持旺盛的态势下，每一年度的人才供需状况仍然处于一种波动的状态。这种波动与每一年度联邦政府的科研投入经费的规模直接相关。在人才短缺的结构性缺陷中，高校人才不足的问题也日益凸显。一方面，高校承担的联邦科研项目不断增多。据统计，1953年，在全国各地高校的研发资金中，来自联邦政府的资助额度占54%，1965年达到73%。② 到1976年，在联邦政府的科研拨款资助中，美国大学承担的科研任务占美国基础性研究的55%，而流向联邦机构和私有企业的科研基金分别减少了16%，非营利性机构和各地国家实验室所得到的经费基本没有变化，始终保持在6%—8%。③ 另一方面，"政府资助的研发投资，在导弹、固体电路、系统电子、探测导弹线路的远程预警系统和其他国防系统"，到1963—1964年告一段落，其中有些项目（例如天宫火箭等）是因技术问题而被迫下马，而有些项目（例如大力神导弹Ⅱ型和月球探测卫星等）则是因为相继竣工。因此，就业市场上对工程师的需求明显减弱。1962年公共就业服务机构的统计显示，在工程领域的职业中，每个待聘岗位的申请者平均不到2人，到1964年，形势发生了变化，每个待聘岗位中的申请者平均为4人，科技人才呈现出短暂的相对过剩的局面。但是，到1966年，随着联邦政府加大了对阿波罗计划研究的投入，土星运载火箭（Saturn）计划、气象卫星计划

---

① U. S. Congress, House of Representatives, Committee on Government Operations, *The Brain Drain into the United States of Scientists, Engineers, and Physicians*, p. 13.

② 获得联邦资助的大学中，实际上的受益者是其国家实验室，其中包括麻省理工学院的"林肯实验室"、加州大学伯克利校区的"劳伦斯利弗莫尔国家实验室"、洛斯阿拉莫斯科学实验室、芝加哥大学的阿尔贡国家实验室、斯坦福直线加速器国家实验室和纽约州立大学附近的布鲁克黑文国家实验室。见Kelly More, *Disrupting Science, Social Movements, American Scientists and the Politics of the Military*, p. 27。

③ U. S. National Science Foundation, National Science Board, *Science Indicators*, 1976, *Report of the National Science Board*, Washington D. C. : U. S. Government Printing Office, 1977, p. 75.

以及越南战争升级对军队和国防武器研制等科研项目的投入，就业市场对科学家和工程师的需求再次上升。所以，到 1966 年中期，就业市场再次出现待聘工作岗位比申请者多的境况。[1] 1966 年，美国科学基金会的报告中这样写道："在科学的进步及其在许多问题的应用中，一流人才无可替代，二流的科学家和工程师无法胜任一流人才的工作。因此，国会在 1950 年国家科学基金会法案中确定的目标必须实现。在美国国内，必须加倍努力，发掘科技人才。这就意味着许多机构需要加强许多尚未开发的全部的科技潜力，意味着需要帮助那些已经完成本科但需要深造才能成为科技和工程学领域领导者的有前途的青年。"[2] 到 1968 年，科技人才就业市场劳动力供不应求的状况依然未见好转。因此，美国司法部在移民申请的职业类别中，列举了 170 多种急需职业的人才，包括飞行员、领航员、建筑师、作家、化学专家、教授、工程师、律师、法官、医生、农业科学家、生态科学家、地理学家、数学家、物理学家、经济学家、心理学家、社会科学家、经理和工业投资者，等等。[3]

在这种背景下，美国国会采取了两方面的措施。第一是加强对学历教育的改革，重点是从小学到中学的基础教育阶段。改革的核心是：课堂教育必须回归自然科学与知识的体系，淡化具有实用主义色彩的杜威主义教育哲学。美国政府这么做，是因为到 20 世纪 60 年代初期，美国各地小学，"许多传统的教学已经过时，而且显得没有必要"[4]。同时，为保证学校改革，国会先后颁布了《1963 年职业教育法案》、《1964 年经济机会法》、《1964 年研究生公共教育与培训修正案》、《1964 年护士培训法》、《1965 年高等教育法》和《1965 年中小学教育法》等。与此相呼应，各地高校对教学模式和课程设置进行大幅度的改革，重点是加强基础教育，提升科研水平，增加学生贷款和

---

① U. S. Congress, House of Representatives, Committee on Government Operations, *The Brain Drain into the United States of Scientists, Engineers, and Physicians*, p. 13.

② National Science Foundation, *the Fifteenth Annual Report for the Fiscal Year Ended in June* 30, 1965, p. xv.

③ United States Department of Justice, Immigration and Naturalization Service, *Annual Report of the Immigration and Naturalization Service*, p. 47.

④ National Science Foundation, *Eleventh Annual Report for the Fiscal Year Ended in June* 30, 1961, Washington D. C. : U. S. Government Printing Office, 1962, p. xii.

勤工俭学的机会，为广大贫困学生完成学业创造了有利条件。在上述两方面的合力作用下，美国的基础教育进入了新的发展时期，而高等教育则完成了由过去的精英教育模式向大众化和社会化阶段的转变。据统计，1962—1970年，联邦政府向公立大学和学院提供的拨款总额增长了近 2 倍，用于资助学生的经费增长了 1.6 倍，公共服务和其他费用拨款增长了 2 倍。1960 年联邦政府为高校提供的科研经费就多达 15 亿美元，到 1966—1968 年增加到 188亿美元。① 联邦政府的支持，推动了美国高等教育的发展。相应地，各地高校招生人数与日俱增，在校生人数由 1940 年的 150 万增加到 1970 年的近 800万，到 1980 年又跃至 1140 万。②

在加强国内人才培养的同时，美国国会将目光转向对外教育交流方面。如上所述，在 1956 年之后，到 20 世纪 60 年代初，美国国会为推动与外国的教育交流，陆续设立了 12 项计划。这些支离破碎的计划"基本上是在互不关联的措施中设立的，而且，是在没有彼此关照的情况下通过的"。更重要的是，它们"没有明确其与美国对外政策的关系"。因此，美国国会在分析 1946 年以来的各项立法的基础上，于 1961 年 9 月 21 日颁布了《1961 年双边教育与文化交流法》（又称为《富布赖特—海斯法》）。该法案是在综合之前已有的十多项教育与文化交流立法的基础上颁布的，目的是要消除各管理部门之间的壁垒，为建立统一的对外教育交流计划提供一种"连贯的总体计划和国际教育与文化交换计划的合理依据"③。就其内容来看，可以概述为以下几个方面：

首先，法案要求总统采取措施，支持美国的大学、研究机构、各类合法社会团体和个人参与外国教育、文化、宗教、艺术和体育等各类活动的交流，同那些与美国保持友好关系的国家签订协议，进行广泛的合作，实现相互派遣留学生、学者、体育与文化工作者的目标，促进一切与教育和文化交流相

---

① George F. Bresk, *Intergovernmental Fiscal Relations in the United States*, Washington, D. C. : The Brookings Institution, 1965, p. 12.

② U. S. Department of Commerce, *The Statistical Abstract of the United States*, Washington D. C. U. S. Government Printing Office, 1998, p. 166.

③ U. S. Congress, Senate, *Mutual Educational and Cultural Exchange Act of 1961*: *Report of the Committee on Foreign Relations*, pp. 2 – 3.

关的活动。① 按照法律规定，文化交流是指：（1）美国与外国领导人、特定技术与知识领域的专家和其他具有影响力的或著名人士之间的访问和交流。（2）凡涉及艺术、音乐、体育运动、比赛、会议、展览等，或任何其他形式的文化与学习交流活动的外籍人士，都可以申请 J 类签证。②

其次，规范外籍学生和访问学者的身份。他们入境时，持有 J 签证。该项签证虽然开始于 1946 年富布赖特法，但在 1961 年法案中更加全面。法案规定：J 类签证主要授予"无意放弃其外籍居民身份的外国人"。他们包括交换协议中规定的本科生、政府资助的研究生、大学教师、研究人员、接受技术培训者、工程师或某一特殊技术与知识领域的带头人，等等，目的是到美国参加一项由美国新闻总署主任认可的临时性计划，传授、演示、讲授、学习、观察、研究、咨询、展示特殊技能，或者接受培训。③ 此外，持 F 类签证和 J 签证的外国学生和访问学者，可从事与学习和科研工作相关的实践活动。持 F 类签证入境者当年在校内工作，第二年开始，可以根据课程计划和个人经济条件需要，在校园外工作，但其工作后不应引起美国人的失业。④

再次，继续保持《1956 年教育交换与移民地位法》中的规定，凡持有 J 类签证的外籍学生和访问学者，必须在签证有效期满后返回祖国工作至少两年以上，若是前往第三国，也必须至少工作或者生活两年以上，否则不得申请旅美工作或移民签证。如果任何人未经美国司法部的认可，在入境后从事了与签证规定身份不一致的活动，或从事"损害美国国家安全的活动"，则将被驱逐出境。⑤

最后，司法部长可根据国务卿或同等级别的联邦机构负责人的建议，在下列两类情况下，放弃对申请者"两年规则"的要求，允许其永久定居美

---

① U. S. Congress, Senate, "Mutual Educational and Cultural Exchange Act of 1961", in *United States Code*, *Congressional and Administrative News*, St. Paul, MINN: West Publishing Co., 1961. Vol. 1, pp. 598 – 600.

② United States General Accounting Office, *U. S. Information Agency Inappropriate Use of Educational and Cultural Exchange Visas: Report to Congressional Committees*, GAO/NSIA-90-61, February 16, 1990, pp. 14 – 15.

③ U. S. Congress, Senate, "Mutual Educational and Cultural Exchange Act of 1961", p. 606.

④ U. S. Congress, Senate, *Mutual Educational and Cultural Exchange Act of 1961: Report of the Committee on Foreign Relations*, p. 19.

⑤ Ibid., p. 29.

国：（1）申请者的移民符合美国国家利益的需要。这一条规定实际上是对
《1956 年教育交换与移民地位法》规定的重申与继续。（2）若申请者离开美
国，可能会造成与其美籍公民或合法外侨配偶和子女的"极端痛苦"，则可
以在符合美国公共利益的情况下允许其永久性移民。① 这一条规定是美国国会
新设的，它标志着美国为外国留学生和访问学者移民美国的大门开得更大了
一些。此外，在更高的国际层面上看，以"国家利益"和"极端痛苦"为借
口，美国允许外国学生和学者永久定居，在实践上打破了原有的、旨在为与
美国有教育和文化交流活动的国家提供援助的初衷。所谓"极端痛苦"首先
是指学生回国后是否会受到母国的政治迫害，或学生回国后会造成与其在美
国定居的家属的分离。而"国家利益"是指美国国防、国家安全或经济发展
急需的，或对其发展具有重大影响的专业技术。属于这些范畴的学生可以居
留美国。这就是说，在学生个人权利和美国的国家利益面前，旨在援助与美
国签约国家的回国工作两年规则变成了一纸空文。在操作上，外籍访问学者
和移民签证的审理与发放权，在于美国国务院及其下属的海外领事机构。外
籍人以非移民身份入境后，如要获得移民资格，必须向美国国务院下属的
"政府间委员会"申请。当移民局在处理移民违反回国定居两年的原则时，
它必须看国务院的眼色行事。若国务院明确表示，某一位申请者需要移民，
移民局就应该提供这种便利。正如移民局一位官员说："如果我们收到国务院
驻申请留学生所在国官员的意见，我们就会在最终的决定中考虑这一因素。
此时归国两年的规则就不会成为一个决定性的因素了。"②

应该说，在 1961 年法案生效后的一段时间内，美国新闻总署关于 J 签证
的条例解释"过于模糊不清"，以至于无法保证外籍学生入境后能按照签证
规定履责。对于接受培训、夏季工作的学生等外籍人来说，"条例中没有要求
参加者必须有相应的身份，或从事与法律一致的活动"③。但是，从总体上
讲，美国政府还是尽职尽责的，它对于访问学者和学生等非移民外籍人提交
的永久移民资格申请，进行了严格控制，大多数留学生都能在完成学业后回

---

① U. S. Congress, Senate, "Mutual Educational and Cultural Exchange Act of 1961", pp. 598 – 600.

② Paul Ritterband, *Education*, *Employment and Migration*, p. 80.

③ United States General Accounting Office, *U. S. Information Agency Inappropriate Use of Educational and Cultural Exchange Visas*, p. 22.

国。1967年，美国负责对外文化交流的助理国务卿明确指出："多年以前，美国国务院预测发展中国家将会因其学者和科学家迁居美国而出现人才流失，于是就要求国会颁布了教育'交换学者签证'的立法。所有参与政府资助计划的或美国国务院批准的私人自助计划的、到美国的外国学生、学者和研究人员，都要求持有这类签证。条例规定，持此签证入境的人必须在其学习或研究期满的时候离开美国——只有在认可的极端困难的情况下，或者涉及国家利益的情形，存在着在某些例外。"在当时，美国政府资助的每100名学生中，有99人返回母国。[1] 客观而言，这个比例还是比较高的。

不言而喻，在20世纪60年代，美国政府各部门官员尽职尽责，确保"两年规则"能得到认真执行。参加富布赖特计划的外国学者中，基本上都能保证按时回国。但是，在其他一些计划中，特别是在旅美留学生中间，"两年规则"已经发生变异。对此，美国国会报告中有着自己的解释，认为外国学生学成归国后会不适应在母国的工作，"因为他们在美国高等院校接受过的教育和训练，是针对美国的需要而设计的。在美国的科学、工程学和医疗行业的应用中，学习、研究和获得的尖端知识，并非发展中国家从他们的科学专业技能中所需要的"[2]。"美国教育委员会"在其报告中更是直言不讳。美国为开发外国人才资源不遗余力，为各国留学生提供了各种有利于个人发展的机会，但是，"倘若外国学生没有明确表示将来要回国，那么，一所学院或大学就可以在合理的条件下，毫不犹豫地利用其居留美国的兴趣"[3]。这些资料表明，美国在对外教育与文化交流中，的确为与其友好的国家提供了必要的帮助，但不能否认的是，美国在利他主义的口号下，又以关照申请者个人民权的人道主义和美国国家利益为理由，截流了大量的外国优秀留学生和访问学者。对于美国而言，这无疑是一种巨大的收获，因为它在没有投入或投入不多的情况下得到了许多高级人才。

---

[1] Paul Ritterband, *Education*, *Employment and Migration*, p. 75.

[2] U. S. Congress, House of Representatives, Committee on Government Operations, *The Brain Drain into the United States of Scientists*, *Engineers*, *and Physicians*, p. 9.

[3] Paul Ritterband, *Education*, *Employment and Migration*, pp. 74 – 78, 82.

二 1965 年改革中的不平等动机

在 1952 年移民法生效后，随着其各种缺陷的暴露，它越来越成为社会各界批评的焦点。杜鲁门和艾森豪威尔总统在抨击该法案的同时，多次呼吁国会改革移民政策。由于限额分配不公，西北欧国家的移民限额因为申请者寥寥，每年都有剩余。同时，亚洲国家因为限额偏少，移民申请严重积压。每一年度剩余的限额既不能被挪入下一年度使用，也不能借给那些限额较少而申请较多的国家，结果导致大量移民限额被浪费。在入境移民中，非限额移民的增多，表明 1952 年移民法形同虚设。更重要的是，在 1952—1965 年入境的移民人数达到了 350 多万，超过了 1952 年移民法中规定年度限额的一倍以上。在入境移民中，限额移民仅占入境移民总数的 35%，而且这个比例还在下降。到 1961 年，非限额移民占入境移民的 81% 左右。这种结构打破了 1952 年移民法的限制性。到 20 世纪 60 年代初期，改革 1952 年移民法的条件已经成熟。[①]

当时，1961 年入主白宫的约翰·肯尼迪总统也有清醒的认识。他不厌其烦地呼吁废除移民政策中的歧视性条款，要求加大人才吸引的力度。他在自己撰写的《移民国家》一书中，充分肯定了外来移民在美国历史上不可替代的重要贡献，认为 "美国经济中的每个方面，都因为外来移民的贡献而受益。……来自海外的人们在美国探寻自己的财富的同时，在工业和科学技术方面，不仅为美国而且也为全球作出了惊人的贡献"。然而，外来移民在美国却受到了不公正的待遇。因此，对于美国历史上排斥外来移民的种种行为，肯尼迪提出尖刻的批评。他说："美国移民政策应该具有慷慨性、公平性和灵活性……有了这样的移民政策，我们就能以干净的双手和清醒的意识面对世界。"[②] 他坚决要求废除 1952 年移民法中的民族来源条款。因为在他看来，"在逻辑上和理性上，使用民族来源制度都没有合理的基础。它既不能满足国家的需要，也无法完成国际目标。在一个各国相互依赖的时代，这是一项制

---

① 梁茂信：《美国移民政策研究》，第 281—303 页。

② John F. Kennedy, *A Nation of Immigrants*, pp. 64，1 - 82.

造混乱的条款"①。他的这种态度，实际上是他在担任参议员期间呼吁改革移民政策努力的继续。所以，肯尼迪被一些学者誉为"主张实施平等移民政策的雄辩的代言人"②。

肯尼迪的呼吁在国会和社会上引起了积极的响应。在国会担任参议员的爱德华·肯尼迪就是其中的典型代表之一。他作为约翰·肯尼迪总统的胞弟，在1964年为《移民国家》出版作序时指出，1952年移民法构成了"我们（按：美国）在全球尴尬的由头"，也引起了在海外有亲属的"美国公民的愤怒"，并给"我们国家作为一个整体的经济和创造性实力，造成了损失"。③后来，他在自己发表的文章中重申了这种观点，认为国会改革移民政策，实质上就是"改正过去判断的错误"④。在不久后国会举行的听证会上，民族来源条款成为众矢之的。国务卿迪安·腊斯科在作证时指出："我们所呼吁采取的行动……并非彻底脱离长期实施的移民政策，而是将我们的移民政策与最近几年来的总体立法协调起来。"⑤他所说的"总体立法"实际上是指移民法应该与美国外交政策协调起来。在此时美国的盟国中，南欧的意大利、希腊和土耳其等国家的移民，以及亚洲的日本和韩国等国家的移民，一直因为1952年移民法的限制而受到歧视。这些盟国因为国民被美国视为"二等公民"而牢骚满腹，在一定程度上影响了美国的外交政策，同时也使得自诩为"自由"和"平等"的美国在国际舞台上显得十分尴尬。因此，对于民主党人不断发出的改革呼声，美国移民与公民会议、美国意大利移民委员会、基督教全国委员会等十多家组织都纷纷表态，积极支持移民政策的改革。

按照肯尼迪总统的初衷，国会在改革移民政策时，应在不增加移民限额的条件下，废除具有种族歧视性质的民族来源条款，设立一项灵活性的条款，

---

① John F. Kennedy, *A Nation of Immigrants*, p. 74.

② Dilchoda N. Berdieva, *Presidential Politics of Immigration Reform*, Oxford, Ohio: Miami University 2003, pp. 28 – 29.

③ John F. Kennedy, *A Nation of Immigrants*, pp. x – xi.

④ Edward M. Kennedy, "The Immigration Act of 1965", *Annals of the American Academy of Political and Social Science*, Vol. 367 (Sep., 1966), p. 137; http://www.jstor.org/stable/1034851. (2012 年 12 月 21 日下载)

⑤ Vernon M. Briggs, Jr., *Mass Immigration and the National Interest*, p. 107.

根据美国就业市场需求，吸引外国出类拔萃的人才。在肯尼迪遇刺身亡之后，副总统林登·约翰逊继位。为了推进改革的进行，他在 1964 年终结了实施长达 22 年之久的、从墨西哥引进农业合同劳工的计划。但是，由于两大政党中的保守派在国会占据多数，他们坚持反对废除民族来源条款，担心亚洲和拉丁美洲的大规模移民对美国人口和民族结构产生过多的消极影响。虽然他们在酝酿移民法改革时，黑人民权运动已接近尾声，国会不仅颁布了 1964 年和 1965 年民权法，而且还开启了具有深远历史影响的"伟大社会"政纲。在这样的背景下，移民政策中继续奉行 1924 年确立的民族来源条款，显然不符合美国的国家利益需要。正如 1965 年移民政策改革的提案人、国会参议员哈特·塞勒在国会所说的那样，国会改革应废除移民政策中的种族歧视性条款，因为"一位新来者不应该在走到我们国家门前的时候，手持礼帽，为自己的种族或出生地而道歉。这是民族来源条款的最邪恶之处"。此时，国会的保守派，因迫于时势的压力不得不同意改革派的要求。可是，他们又在考虑，在废除了民族来源条款之后，又应以什么样的原则取而代之呢？国会改革派和自由派经过协商，最终选择了家庭团聚原则。这是双方所能达成的最佳选择。以家庭团聚作为衡量移民能否入境的标准，可谓两全其美。一方面，它既能完成改革派的夙愿，把各国移民的限额分配建立在平等的基础之上，像国会资深议员爱德华·肯尼迪所说的那样，使移民政策能够"与其他领域的立法——民权、贫困、教育和医疗——一样重申，我们国家在正义、平等和自由的不懈追求是一致的"①。在这个意义上，移民政策改革，作为约翰逊伟大社会政纲中的重要组成部分，"其首要动机是要颁布法令，终止美国移民政策中自 1924 年以来实施的、具有明显的种族歧视的移民法"②。

另一方面，既强调家庭团聚条款，又能赢得反对派中更多议员的支持，从而保证移民政策改革的顺利进行。当然，无论是改革派还是保守派，他们都认识到，家庭团聚原则实际上是一把双刃剑。它既能体现国会改革的

---

① Edward M. Kennedy, "The Immigration Act of 1965", pp. 138, 141.

② Vernon M. Briggs, Jr., "Reining-In a Rogue Policy: The Imperative of Immigration Reform", *The University of Miami Inter-American Law Review*, Vol. 30, No. 3 (Winter-Spring, 1999), p. 615; http://www.jstor.org/stable/40176489. (2012 年 12 月 20 日下载)

主旨，伸张约翰逊"伟大社会"政纲中所追求的自由、平等和正义，同时，它又能在实践上产生与民族来源条款异曲同工的功效。关于这一点，已在改革派的言论中展示的淋漓尽致。有学者写道："在一个接一个的声明中，政府官员、立法议员和游说者都坚持强调，新的立法并不激进，不会较大地改变移民来源。"在国会辩论中，1965 年移民法的提案人之一伊曼纽尔·塞勒在众议院说道："既然非洲和亚洲人在美国的亲属不多，能够移民美国的数量就不会太多，因为他们在美国没有亲属。"作为支持议案的领导人之一爱德华·肯尼迪在国会附议时指出：新的立法实施后，"不会出现美国被任何一个国家或地区，或非洲和亚洲人口最多、经济上最贫困国家的移民淹没"的现象。当时，类似于日本裔美国公民联盟和美国兵团等组织都表示："在实际运作中，外来移民仍然会被已经废弃的民族来源制度所控制，在未来多年中，当前移民的一般模式还会继续。""现在，亚洲人在美国的直系亲属远远少于东南欧人，其入境人数必然会远远少于意大利人、希腊人和其他南欧人种的数量。"与此同时，《华尔街杂志》的评价更加直接。它认为，家庭团聚具有更多的情感魅力。它保证了移民来源不会发生较大变化，因为国会和总统都要求在基本不改变移民模式的情况下废除民族来源法条款。① 大量史料证明，1965 年移民法改革的目的之一是追求平等。所以，国会的意图是，通过强调家庭团聚的原则，开放对东南欧白人移民的大门。但是，它并未打算增加第三世界国家的有色种族移民。因为在美国亲属甚少的亚洲和东南欧国家居民中，符合条件的申请者数量就会大幅度减少。这样，在从法律上废除民族来源条款的条件下，在客观上仍然能起到限制有色种族移民的效果。②

　　当然，反对派在坚持自己观点的同时，还要给此次改革套上移民政策服务于美国国家利益的光环。他们指出：

---

　　① David H. Reimers, "History of Recent Immigration Regulation", *Proceedings of the American Philosophical Society*, Vol. 136, No. 2（Jun., 1992）, pp. 185 - 186; http：//www. jstor. org/stable/987167.（2012 年 12 月 20 日下载）

　　② Carolyn Wong, *The Politics of Immigration: An Analysis of Policy Reform in Congress*, 1965 - 1996, Ann Arbor, MI: UMI Company, 1997, pp. 48 - 49.

在美国，没有哪个外籍人仅仅因为其外籍性质而不能入境，但是，这并非是说，所有的外籍人都有与生俱来的合法进入美国的权利。在抽象的意义上，允许外籍人入境，是一个主权国家恩泽行为中赠予的一种特权。其他国家每天都在行使这种权利，但从未有人质疑其动机。但是，到美国就不行了……除非我们继续欢迎那些所有愿意移民到美国的外国人，否则我们就有种族主义嫌疑……如果这些潜在的移民能像人们所说的那样无所不能，那么，他们难道就不能在自己的国家，或其他发展中国家做出同样的业绩吗？如果我们国家发展到了非掠夺异域人才和出类拔萃者而不能发展的时候，上帝保佑美国人，这就是等于直接承认：我们已无力培养自己的人才，而必须在异域寻找人才，才能保证我们作为一个国家求得生存。①

在反对派提交给国会的报告中，他们坚决反对增加就业类移民。他们的依据是：一方面，战后婴儿潮时期出生的人口开始进入就业市场。仅仅在1965年，新增18岁劳工就比1964年多了100万。这就意味着从1964年开始，到1980年，每年进入就业市场的土生劳工都会呈增长态势。② 在这种背景下，引进大量的劳工，会导致美国就业竞争进一步加剧，美国的社会失业率可能会上升。更重要的是，如果美国"接受如此庞杂的来自不同文化、并且持有不同价值观人入境，会加剧我们社会上的动乱"。③ 正是由于国会反对派的坚持，在最后通过的移民法中，在人才吸引方面，不仅没有增加其移民限额，反而有所下降。

从1965年移民法内容看，它并未突破1952年移民法的框架，而是对其中的部分原则作了修正：（1）它摒弃了1952年移民法中的"民族来源"条款。各国移民一视同仁，按照先来后到的原则申请入境签证。"任何人不

---

① U. S. Congress, "Immigration and Nationality Act – Amendments: Legislative History", *in United States Code*, *Congressional and Administrative News*, 89th Congress, 1st Session, Vol. 2, St. Paul, MINN: West Publishing Co., 1965, p. 3347.

② Vernon M. Briggs, Jr., *Mass Immigration and the National Interest*, p. 111.

③ U. S. Congress, "Immigration and Nationality Act – Amendments: Legislative History", p. 3348.

应因其种族、性别、国籍、出生地或居住地而受到优待、重视或歧视。"①
（2）东半球（欧洲、非洲、亚洲和大洋洲）国家每年移民总限额共计 17 万，
各国每年向美国移民的人数不超过 2 万。在西半球地区，每年限额不超过 12
万。各国移民按照先来后到的原则申请签证。至于那些未独立的殖民地居民，
每年向美国移民人数不超过其宗主国移民限额的 10%。（3）与 1952 年移民
法相比，国会将原来的"四项优先原则"扩展为"七项优先原则"。其中家
庭团聚条款由原来的三项原则扩展为四项（即限额优先原则中的第 1、2、4
和 5 项），其限额占每年移民限额的 74%，而优先原则中的第 3 和第 6 项则与
人才引进有关，两项原则下入境的移民被统称为"就业类移民"（employ-
ment-based immigrants）。其中，第 3 优先原则中的限额将发放给那些"在科学
和艺术领域具有突出才能的人"和那些"能够对美国国民经济、文化利益和
福祉的愿景大有裨益的专业人士"，其人数每年不超过总限额的 10%。而第 6
优先原则规定，10% 的限额将发给美国短缺的熟练工与非熟练工。（4）国会
首次在限额制度中设立了针对共产党国家和中东地区的难民条款，其限额不
超过每年限额的 6%。② 需要说明的是，1980 年，美国国会颁布了新的难民法
之后，将优先原则中的难民类剥离出来单列，1965 年移民法中确立的优先原
则减少到六项，并一直实施到 1990 年移民法的产生时为止。

　　从上述内容中可以看出，美国国会修改 1952 年移民法，目的在于废除具
有明显种族歧视的民族来源条款，取而代之的是加强了家庭团聚类移民在限
额分配中的比例。此外，移民政策中的意识形态、国家安全以及宣传政治价
值观原则等都没有变化。不仅如此，与 1952 年移民法相比，1965 年移民法
加强了对美国就业市场和美国劳工利益的保护。按照国会规定，所有申请就
业的移民，必须提供证明，表明自己就业后不会引起所在地区美国劳工的失
业或工资水平的下降。如果劳工部长经过调查后认为，移民申请与实际相符，
就可以发放就业许可证，否则申请者不得入境。③ 不难看出，1965 年移民政

---

　　① Gerard P. Walsh, Jr., *Naturalization Laws*, pp. 225 – 226.

　　② U. S. Congress, "Immigration and Nationality Act-Amendments", *in United States Code*, *Congression-
al and Administrative News*, 89th Congress, 1st Session, Vol. 1, St. Paul, Minn: West Publishing Co.,
1965, p. 886.

　　③ U. S. Congress, "Immigration andNationality Act – Amendments: Legislative History", p. 3334.

策中的入境标准与管理比以前更加严酷，难度有所加大。

在1965年移民法实施后，另有两个问题急需解决。第一是关于外国留学生不回国的问题开始加剧。由于美国高校承担的科研任务增多，许多高校作为培养人才的主要平台，主动挽留外国学生上岗工作的事例与日俱增，成了"雇佣外国留学生的主要雇主"，因而被一些美国学者认为是造成外国高学历"人才流失的最主要根源"之一。① 为满足美国高校对人才的需求，国会在1968年规定：（1）对享受政府资助的外国留学生，他们毕业后必须回国工作两年。这项原则同样也适用于那些属母国政府认可的急需专业技术的外籍学生。（2）自费留学生，或美国大学和基金会资助的外国学生，可在毕业后申请居留美国。这项规定等于废弃了美国在冷战初期为支援盟友或友邦而实施的教育援助政策，为外国非公费留学生移民美国打开了大门。（3）在下列两种情况下，外籍学生也可以居留美国：一是担心回国后受到母国政府迫害；二是母国政府声明，尊重学生本人的移民选择。② 这项规定大幅度地拓宽了外籍留学生移民美国的渠道，它既能满足美国高校工作的需要，又为更多的留学生移民美国创造有利的条件。

第二个急需解决的问题涉及跨国公司职工入境工作的问题。客观而言，尽管劳工从一个国家被招聘到另一个国家，具有跨国的性质，各国政府对这类劳工计划的审批比较严格，要求申报具体招聘的工作类别、性质、工作条件和工资水平等，对申报的岗位必须进行严格的考察，但是，由于这类劳工的流动始终未超出跨国公司的业务范围，属于公司内部调转，因而被一些学者称为"内部劳动力市场"的流动。在多数情况下，他们在外国工作2—3年，或者5—7年。他们作为"渠道移民"或"机制性移民"，主要是通过跨国公司或"多国公司"执行合同的短期劳工。通过跨国流动的方式可以解决劳动力供求关系不平衡的状态，而劳工可能出于职业晋升的需要，或为寻求个人更大的发展机会，也愿意接受公司的安排，他们从一个国家去另一个国家工作若干年，业务范畴和工作性质始终没有超越公司

---

① U. S. Congress, House of Representatives, Committee on Government Operations, *The Brain Drain of Scientists, Engineers and Physicians from the Developing Countries into the United States*, p. 22.

② Elizabeth J. Harper and Ronald F. Chase, eds., *Immigration Laws of the United States*, pp. 44, 46.

的范围。① 在当时，虽然美国的劳工前往其所在的跨国公司总部或总公司工作比较容易，可是，欧洲和加拿大的跨国公司职员到其美国的公司总部或子公司工作时，因缺乏法律依据而无法获得工作签证。因为，一方面，美国的临时劳工计划中不包括跨国公司职员，于是，移民局将这类外籍人士按照永久性移民对待；另一方面，美国国会在 1965 年移民法中规定各国每年移民限额不超过 2 万，技术类移民较多的英国和加拿大等国家的技术劳工若要到美国，很容易受到限制。在多数情况下，他们从申请到拿到签证，常常需要等待至少一年的时间。如果将跨国公司职员的内部调转作为临时性劳工类处理，对跨国公司职员的流动具有积极的意义。② 于是，美国国会于 1970 年 4 月 7 日颁布了新的移民法。它规定：（1）以"公司劳工调转计划"名称设立 L 类签证，凡属跨国公司业务内工作调转的外籍人士，可申请此类签证，他们入境后可工作三年，合同期满后可以再延期三年。工作期满后，若雇主愿意继续雇佣该劳工，可代其申请永久性移民资格，其配偶和子女也可以入境。（2）该法案 101（a）（15）（H）条款对 1952 年移民法中的 H 类签证劳动计划做了补充。它规定：第一，在 H－3 签证劳工计划中，前来美国的"工业受训人员"一句表述中，美国国会删除了"工业"字样，从事农业、交通、金融、商业和政府部门的受训人员及其家属均可入境。第二，凡持 H 类签证入境的外籍临时劳工，若美国司法部长认为其有突出才能，则可以申请永久居留资格。（3）在法案 212（e）条款中，凡享受政府资助的外籍访问学者和学生，均可申请永久性移民。这项规定进一步开放了外国留学生移民美国的大门。③

　　虽然 1970 年法案内容简短，但在人才引进方面，其实质和重要意义不亚于 1965 年移民法。它不仅使美国业已运行的吸引技术人才的临时劳工计划更加全面和完善，而且还允许他们申请永久性地定居美国。对于美国的跨国企业来说，1970 年移民法有利于美国的企业维持并改善跨国公司的管

---

　　① Robyn Iredale, "The Need to Import Skilled Personnel", p. 92.

　　② U. S. Congress, "Immigration and Nationality Act-Entry of Nonimmigrant, House Report, No. 91 － 851" in *United States Code, Congressional and Administrative News*, 91st Congress, 2nd Session, St. Paul MINN: West Publishing Co. 1971, Vol. 2, pp. 2753 － 2754.

　　③ U. S. Congress, "Immigration and Nationality Act-Entry of Nonimmigrant, House Report, No. 91 － 851", pp. 2755 － 2756.

理效益，扩大商品出口，并在海外市场更具有竞争力。此外，在国际留学生方面，美国国会有关"两年规则"的从宽性解释，几乎从法律上彻底推翻了 1948 年以来美国政府确立的"两年规则"。来自外国的具有"优秀品质和才能"的人才，不仅可以到美国从事临时性岗位服务，而且，还可以通过永久性移民，满足了美国的企业、事业机构和高校中许多急需外籍优秀人才的永久性岗位的用人需求，也解除了美国雇佣外籍技术人才的机构，在雇佣环节中经常与政府产生摩擦的烦恼，从而在更广阔的层面上打开了美国吸引人才的大门。[①]

三　入境移民的技术构成分析

著名的移民经济史学家布林利·托马斯（Brinley Thomas）在研究中指出，1965 年移民法实施后，对"专业技术类移民的巨大增长产生了重要影响"。这种评价的前提是建立在对 1960 年以前半个世纪中，入境移民技术构成比较分析的基础之上。甚至到 1960 年，技术类移民占入境移民总数的比例也不过 17.9%，但是，到 1970 年达到 29.4%。然而，也有学者指出，移民的技术构成实际上比入境统计中显示的比例要低，因为他们进入美国就业市场之后，在专业技术行业就业的比例明显偏低。例如，1970 年技术类移民占入境移民总数的 29.4%，但在两年之后，真正从事专业技术岗位的移民仅占 17.8%。[②] 这种以就业岗位类别衡量外来移民技术构成的方法有失公允，因为移民来到美国就业市场之后，其就业岗位的技术含量受到多种因素的制约，其中不仅包括移民自身的学历、专业技术择业范围与难易程度、语言熟练程度和经济活动的民族特性等，而且也涉及移民在美国居住时间的长短、就业市场供求关系中的需求、劳工对就业市场运作机制的熟悉程度、就业市场公平竞争的程度、所在区域的经济结构和经济发展形势，等等。也就是说，移民入境后在就业市场的状况涉及民族同化中的

[①]　U. S. Congress, "Immigration and Nationality Act-Entry of Nonimmigrant, House Report, No. 91 – 851", p. 2751.

[②]　Michael J. Greenwood, "The Economic Consequences of Immigration for the United States: A Survey of the Findings", pp. 21 – 22, 23.

许多问题，绝非入境移民技术构成与其就业岗位技术类别和性质的简单对比就能说清楚的。

还有学者认为，作为国家利益的载体，移民政策的改革应该强调满足就业市场上对劳工技术素质的需求。然而，由于 1965 年移民政策的改革与美国"经济发展中的就业发展趋势完全背道而驰"，大批低学历移民进入就业市场之后，将美国黑人和西班牙裔排挤到就业市场的边缘。这种加剧而非解决美国黑人就业前景暗淡问题的移民政策，在制度上保持了种族主义的色彩，因而成为"制度性种族主义的一种形式"①。这项评价中，作者关于政策改革宗旨与经济发展需要背道而驰的观点切中要害。与笔者关于 1965 年移民法改革注重于外交需要和政治价值观而脱离经济发展需要的观点是一致的。但是，笔者不同意美国学者布里格斯仅仅从 1965 年移民法改革后的政策实施结果进行评价的做法。因为他忽略了对改革过程与环节的关照，这样会在学理分析上显得残缺不全，无法让读者看到一个整体的画面。

实际上，与 1952 年移民法在人才吸引方面的客观效果相比，1965 年移民法改革中也存在着同样的种种不尽如人意之处，但是，从其客观的实践效果来看，它绝对是 1952 年移民法所不能比拟的。按照 1965 年移民法中限额分配的原则和方法，其重视家庭团聚的指导思想决定了就业类移民所占年度移民限额不超过 20%。我们将"就业类移民"限额换算成绝对人数，每年最多也不过 5.8 万人。考虑到这类移民中，多数已结婚生子，所以，即使按照每一名技术移民身后必有一名家属的原则判断，每年入境的技术类移民绝对数量仅为 2.9 万人。② 这就是说，在 1965 年移民法实施后，每年入境的技术类移民比例必然是有限的。但是，由于国会在该项法案中实施了劳工就业许可证制度，它对家庭团聚类移民和难民类的就业技能和

① Ruben G. Rumbaut, "*Mass Immigration and the National Interest* by Vernon M. Briggs; *Still An Open Door? U. S. Immigration Policy and the American Economy* by Vernon M. Briggs and Stephen Moore; *Fiscal Impacts of Undocumented Aliens*: *Selective Estimates for Seven States* by Rebecca L. Clark; Jeffrey S. Passel; Wendy N. Zimmerman; Michael E. Fix; *Beyond Borders*: *West European Migration Policy Towards the 21st Century* by Sarah Collinson", pp. 309 – 310.

② U. S. Departments of Justice, Labor and State, *Interagency Task Force on Immigration Policy*: *Staff Report Companion Papers* (unpublished document), 1979, p. 25.

文化素质的提高也会产生积极的影响，所以，入境移民的技术构成显然会高于第 3 和第 6 优先入境原则中规定的标准。从这一点来看，1965 年移民法实施后，不仅每年入境的技术人才数量明显增长，而且其技术构成之高，也是到截止当时的美国历史上最好的时期。

从美国人口普查局的统计看，在 1961—1965 年入境移民中，"专业技术人士、技术人员和同类劳工"占移民总数的 19.8%，到 1966—1968 年达到了 24.6%，而在 1969—1972 年入境移民中则跃至 29.6%。如果在上述三个年份中，将经理、官员和业主等类型的移民统计在内，具有较高文化素质和就业技能的移民比例会分别提高到 24.5%、29.5% 和 33.6%。从时间上看，1966—1968 年实际上是 1965 年法案生效时的过渡期。其间，技术类移民比例明显提高，主要是美国国会决定将欧洲国家此前多年积攒的富余限额分配给申请积压较多的亚洲国家。而 1969 年及以后的数据则是 1965 年移民法生效后的实际效果。所以，如果将 1969—1972 年入境的专业技术人才比例与 1952 年移民法生效期间入境的专业技术移民进行比较，就可以发现，1969 年以后入境的专业技术人才增长了 50% 以上。从 20 世纪 70 年代开始，申请第 3 和第 6 优先原则的移民，其等待签证批复的时间开始延长，表明其申请人士日益增多。这与 1965 年移民法实施以前技术类移民限额每年都有剩余的现象恰好相反，说明 1965 年移民法中吸引劳工和专业技术人才的条款，在实践上充分发挥了其积极作用。[①]

在上述情况下，外来技术人才的来源开始发生变化，技术专长的移民在入境移民中的比例明显提高，其中除第 3 和第 6 优先入境原则下入境的各类技术移民外，还有从家庭团聚条款和难民类条款下入境的技术人才。例如，在 1967—1976 年入境移民中，"专业技术人士和同类劳工"（不含家属）的人数为 38.69 万人，其中按照第 3 优先原则入境的人数是 9.01 万人，按照第 6 优先入境原则入境的劳工数量为 2.57 万人，以上两项累计为 11.62 万人，占专业技术人士和同类劳工的 30%。这就是说，在 1967—1976 年入境的技术类移民中，70% 是在家庭团聚和难民类条款下入境的。

---

① Charles B. Keely, "Effects of U. S. Immigration Law on Manpower Characteristics of Immigrants", *Demography*, Vol. 12, No. 2（May, 1975）, p. 183; http://www.jstor.org/stable/2060759.（2011 年 5 月 16 日下载）

此外，还有 6.51 万人在申请永久移民资格时已在美国居住，他们作为曲线移民，相当于第 3 优先入境原则下移民总数的 44%。①

从专业技术移民的区域来源看，也发生了巨大变化。欧洲国家专业技术人士所占的比例从 1961—1965 年的 45.9% 下降到 1969—1972 年的 19.6%，是降幅最多、最快的地区。虽然北美洲和南美洲也处于逐渐下降的状态，但是，降幅明显小于欧洲。例如，在相同的时期内，北美洲从 32.4% 下降到 14.5%，南美洲从 9.7% 减少到 3.9%。另一方面，亚洲国家在相同的时期内从 9.7% 跃至 55.9%。换句话说，专业技术人才在亚洲各国移民中的构成是世界各大地区中最高的。在当时的非洲移民中，专业技术人才占这个时期迁移到美国的专业技术人才的比例，从 1.6% 上升到 4.9%，大洋洲从 0.8% 增至 1.1%。不言而喻，美国的外来技术人才发生了历史性的转换。亚洲取代欧洲，成为美国外来人才的主要来源。再从专业技术移民在各国移民中的比例看，亚洲国家仍然是最高的。例如，在与上述相同的三个统计年份，专业技术人才在移民中的比例，在欧洲移民中较低，在 1961—1965 年为 20%，到 1969—1972 年时为 19%。在相同的时期，亚洲国家的比例从 39.5% 上升到 62.5%。非洲国家移民中，专业技术人才比例之高，与亚洲各国移民中的比例相同，从 36% 上升到 63.2%。尽管大洋洲也出现增长，但是增幅相对有限，从 37.8% 增至 43.7%。比较而言，南北美洲则分别出现下降的趋势。北美洲从 16.1% 减少到 12.6%，而南美洲则从 25.8% 减少到 21.0%。② 显然，在 1965 年移民法实施后，美国外来人才的区域来源发生了历史性的转变，亚洲成为当代美国专业技术人才的主要来源。这一点在对 1965 年移民法条款的行文分析中，可以说处处可见。

如前所述，在 1965 年移民法中，第 3 优先原则是用来专门吸引外国具有突出才能的技术移民。第 6 优先入境原主要是用来吸引美国就业市场上短缺的技术人才，其中既有专业技术人才，也有熟练与非熟练劳工。为充

---

① U. S. Departments of Justice, Labor and State, *Interagency Task Force on Immigration Policy*, p. 302.

② Charles B. Keely, "Effects of U. S. Immigration Law on Manpower Characteristics of Immigrants", p. 183.

分展示 1965 年移民法实施后的政策效用，本文首先以第 3 优先入境原则为
对象进行重点分析。之后，再对第 6 优先原则以画龙点睛的方式进行点评。
以此为中心，充分展现 1965 年移民法在实践中吸引外国专业技术人才的整
体效果。

　　从第 3 优先原则实施的效果看，基本上是令人满意的。从表 4.1 中的
统计看，在第 3 优先入境原则下，专业技术人才的来源有两类。第一类是
直接移民，第二类是曲线移民。在美国的官方统计中，这类人才被计入
"调整身份"类别中。他们中间，多数是获得学位的学生、访问学者、接受
技术培训的技术人员，或持 H 类签证入境的临时科技劳工，包括科学家、
工程师、医生和护士，等等。根据统计，在 1967—1976 年，在第 3 优先原
则下获得永久性移民资格的直接移民合计 16.92 万人，其中技术人才达到
9.10 万人，占总数的 53.78%，而家属为 7.82 万人，占总数的 46.20%。
此外，在第 3 优先原则下的"曲线移民"合计 5.55 万人，专业技术人才有
3.94 万人，占 62.8%，而家属有 2.06 万人，占 37.16%。如果将直接移
民和曲线移民合计在一起，其总数将达到 22.47 万人，其中，专业技术人
才达到 12.59 万人，占总数的 56.03%，而家属有 9.88 万人，占 43.96%。
从区域来源看，在这个时期，来自亚洲的专业技术人才最多，在其国家入
境移民中的比例也是最高的，超过了这个时期迁入美国的专业技术人才占
所有限额移民比例 10.5% 的一倍以上（21%）。以直接移民统计为计算标
准。在这十年间，进入美国的直接移民（不含家属）是 9.10 万人，而亚洲
国家则达到 8.35 万人，占同类移民总数的 92%。在"曲线移民"中，各
国按照第 3 优先入境原则进入美国的技术人才达到 3.49 万人，其中亚洲国
家达到 3.08 万人，占 88.2%。虽然非洲国家科技人才占其限额移民的比例
也比较高，多数国家超过了 10% 的标准，但是，其绝对人数相对少于亚洲
国家。在各大地区中，欧洲国家的专业技术人才最少，占所有限额移民的
比例多数在 1% 以下。西半球国家的比例略高于欧洲国家，但是仍然不能与
亚洲国家和非洲地区相提并论。（参见表 4.1）

表 4.1　　　　　　　　　1967—1976 年第 3 优先入境原则下入境的移民
及人数较多的国家来源统计①

地区和国家	直接移民及其家属总数	占限额移民的比例（％）	直接移民数量	曲线移民数量	直接移民家属	曲线移民家属
总数	169291	10.5	91069	34913	78222	20647
欧洲	6782	0.9	3815	2770	2967	1707
英国	1137	1.1	438	360	699	403
意大利	1076	0.7	645	406	431	247
希腊	716	0.7	520	426	196	111
南斯拉夫	597	1.1	332	199	265	118
联邦德国	444	1.3	207	172	237	156
波兰	490	1.4	349	258	141	76
西班牙	407	1.8	273	190	134	49
亚洲	155419	21.0	83568	30833	71851	17997
中国（含台湾）	14596	11.2	8483	7811	6113	4783
中国香港	1076	2.7	546	459	530	264
印度	26141	24.0	15232	7546	10909	4131
伊朗	1897	12.9	1221	897	676	389
以色列	1042	6.9	479	413	563	423
韩国	14707	13.6	6899	2153	7808	1705
菲律宾	85429	48.4	44471	7678	40958	4330
土耳其	1038	7.7	525	264	513	175
非洲	5366	10.8	2927	983	2439	654
埃及	3828	16.7	2115	364	1713	248
南非	466	13.9	216	125	250	132
尼日利亚	339	10.4	203	196	136	107
大洋洲	978	5.1	485	321	493	285
澳大利亚	690	9.0	344	232	346	215
西半球	746	1.9	274	6	472	4

说明：（1）表格中第一栏，第 3 优先原则下入境移民总数（169291 人）等于第 3 优先原则下入境移民数量（91069 人）及其家属数量（78222 人）之和。这个数字中没有包括美国国内的曲线移民（34913 人）和家属（20647 人）。表格中各国统计数字的计算方法以此类推。（2）占限额移民比例是指在第 3 优先原则下入境的专业技术人才占当年获得永久移民资格数量的比例。

---

① U. S. Departments of Justice, Labor and State, *Interagency Task Force on Immigration Policy*, p. 152.

再从表格4.1中具体不同的国家看，亚洲国家专业技术人才的人数最多，比例最高。其中最突出的是菲律宾、印度、中国和韩国。这四个国家的直接移民及其家属累计达到14.17万人，占第3优先原则下直接移民及其家属16.92万人中的83%。同样，中国、印度、韩国和菲律宾的"曲线移民"人数达到了2.56万人，占第3优先入境原则下的曲线移民总数3.49万人中的73.4%。这种结果表明，在来自欧洲的技术人才中，多数是已有多年工作经验的直接移民，而在亚洲国家中，虽然直接移民人数较多，但曲线移民占其总数中的比例较大，说明来自亚洲国家的技术人才中，留学生人数较多。在各国的技术人才中，菲律宾直接移民数量较多，而曲线移民较少，表明其中多数是在母国已完成了各类学历教育，并可能工作了若干年。值得关注的是，在菲律宾，由于申请人数众多，其年度移民限额无法满足要求，申请积压现象十分突出。美国司法部、劳工部和国务院三部委的联合调查报告中指出："菲律宾人申请第3优先原则签证的积压需要几乎十年时间才能清理完毕。"面对亚洲国家科技人才和留学生移民美国的这种情况，美国三部委联合调查报告中承认，亚洲移民中存在着"人才流失"的问题。[1] 至于原因，笔者将在留学生和亚洲技术人才移民一章中详细论述。

其实，第3优先入境原则下入境的科技人才的来源、身份、方式和职业等信息，在第6优先入境原则下入境的移民中同样体现得十分突出。例如，在1967—1976年，依据第6优先原则入境的移民达到12.74万人，其中移民占54.85%，家属占45.1%。在这些移民中间，直接移民共计7.20万人，其中移民和家属各占45.7%和54.3%。家属比例较高，与第3优先原则下入境的移民家属比例较高是一致的。它说明在第3和第6优先原则下入境的直接移民中，多数已经成家立业，而且，在他们移民美国的时候，家属亦跟随而来。而5.5万名曲线移民中，劳工和家属各占67.4%和33.2%。这种结构与第3优先入境原则中曲线移民技术人才比例高于其家属的结构是相同的。[2]

从技术人才的职业类别看，不管是直接移民还是曲线移民，人数最多的依次排序是：经理和管理人士（8.26万）、工程师（6.86万）、教师（6.27

① U. S. Departments of Justice, Labor and State, *Interagency Task Force on Immigration Policy*, pp. 150, 309.

② Ibid., p. 127.

万）、护士（5.97 万）、速记员（5.19 万）、医生（4.84 万）等。科学家人数达到 2 万余人，但是，与会计、书记员、作家、技术人员等技术类移民的数量相比明显偏少。在第 3 优先入境原则下的直接移民中，最多的却是工程师（1.9 万）、护士（1.4 万）、医生（1.2 万）和会计与审计（3.18 万），而教师（9504 人）和科学家（5067 人）仍然不在前四位之中。在第 6 优先原则下入境的技术类劳工中，排在前四位的仍然是工程师、经理和管理人士、教师和技术人员。若将第 3 和第 6 优先原则下入境的技术人才对比分析，就可以看出，排在前四位的仍然是工程师、护士、医生和教师，会计与审计位于第五位。而在曲线移民中，高居首位的分别是工程师、教师、医生和护士，而科学家只有 3601 人，位于第五位。（详见表 4.2）

表 4.2　　　　　　　1967—1976 年第 3 和第 6 优先入境原则下
获永久移民资格的职业统计①

职业分类	入境技术移民总数	第 3 优先原则		第 6 优先原则		第 3 和第 6 原则下直接移民之和		第 3 和第 6 原则下曲线移民之和		
		人数	占入境人才比例（%）	人数	占入境人才比例（%）	人数	占入境人才比例（%）	人数	等于第 3 和第 6 直接移民之比	占入境技术移民比例（%）
会计与审计	31853	11613	36.5	679	2.1	12292	38.6	2010	16.3	6.3
工程师	68676	19082	27.8	5397	7.9	24479	35.7	12161	49.6	17.7
护士	59797	14043	23.5	2338	3.9	16381	27.4	5372	32.7	8.98
医生	48469	12351	25.5	1918	4.0	14269	29.4	6727	47.1	13.8
科学家	20076	5067	25.2	1410	7.0	6477	32.3	3601	55.5	17.9
教师	62792	9504	15.1	3268	5.2	12772	20.3	7180	56.2	11.4
技术人员	31346	1617	5.1	2666	8.5	4283	13.6	2735	55.4	8.7
作家、艺术人士	25309	1186	4.7	2113	8.3	3299	13.0	2342	70.9	9.2
速记员和秘书等	51975	17	0.03	2075	4.0	2029	4.0	1372	67.6	2.6
经理和管理人士	82635	282	0.3	4256	5.2	4538	5.5	3060	67.4	3.7
累计	482928	74714	15.4	26120	5.4	100837	21.3	46560	46.1	9.6

① U. S. Departments of Justice, Labor and State, *Interagency Task Force on Immigration Policy*, pp. 302, 305.

在表 4.2 中，"入境技术移民总数"不等于表格内各项人数相加之和。如果将表格中第 3 和第 6 优先原则下的直接移民之和与曲线移民之和相加，其在"入境技术移民总数"中的比例并不高。例如，相加后的工程师人数仅占"入境技术移民总数"栏目下工程师总数中的 53.4%。按照同样的计算方法表述，护士占 36.4%，医生占 43.2%，科学家为 50.2%，教师为 31.7%、会计与审计是 44.9%、技术员是 22.3%，作家与艺术人士是 22.2%。这种结构表明，在进入美国的各类技术人才中，还有大量技术人才分别从家庭团聚和难民条款下入境的。从这个层面上看，家庭团聚和难民法条款在实践中具有一石二鸟的功效。一方面，它体现了美国移民政策中彰显的人道主义和政治价值观，这一点与美国在冷战时期遏制共产主义国家的外交战略的目标是一致的；另一方面，它在实践中又通过吸引大量的专业技术人才，丰富了美国的技术人才资源。同时，这些数据还说明：如果仅仅依靠第 3 和第 6 优先原则下入境的技术人才数量去评判 1965 年移民法在人才吸引方面的效用，显然会出现挂一漏万的问题。对此，美国司法部、劳工部和国务院在联合提交给国会的报告中指出，在 1965 年移民法设计的七条优先原则中，"没有哪一项优先入境原则是吸引入境技术移民数量最多的主要贡献者"[1]。这种分析是有道理的，并且在以后每年入境移民中再一次得到体现。以 1985—1987 年为例，"就业类移民"中的建筑师仅占当年同类移民的 21.8%、数学家和计算机科学家的 52.93%、医生的 11.4%、自然科学家的 40.18%、工程师和测绘科学家的 39%、大学教师的 35.63%、律师和法官的 8.16%、中小学教师的 7% 和护士的 30%。换句话说，每年入境的"就业类移民"在各类高学历移民总量中的比例是有限的，而有近半数的技术移民是从"家庭团聚"或难民法条款下入境的。[2]

外国专业技术人才进入美国，对于需求潜力巨大的美国就业市场会产生何种影响？美国学术界具有不同的看法。有人认为，外来移民的到来对于美国经济、就业市场和劳工工资以及政府救济福利等，都产生了积极的影响。有些学者则持有不同的观点。这样的争论在美国历史上不同时期都能看到。

---

① U. S. Departments of Justice, Labor and State, *Interagency Task Force on Immigration Policy*, p. 304.

② U. S. Department of Labor, Bureau of International Affairs, *The Effects of Immigration on the U. S. Economy and Labor Market*, Washington D. C. : U. S. Government Printing Office, 1989, pp. 31 – 32.

但是，相对于美国庞大的劳动力资源，有些美国政府报告中这样给以评价：

很明显，相对于美国的劳动力总量供应，职业优先原则在数量上微不足道，仅仅在1967—1976年占美国劳动力增长的不到1%。但是，该优先原则的设计是旨在提供特殊的人力资源。他们是某些职业中的劳动力重要来源吗？对于这个问题的回答，除个别职业外，是否定的。相对于其他渠道的劳动力供应，入境移民数量太少。为说明这个问题，以护士为例，在同一时期内，每年有1600名护士在职业优先原则下入境，这个数字相当于过去10年内美国护士供应的10%。

按照报告中的统计，第3和第6优先原则下入境的护士，加上家庭团聚等其他条款下入境的护士，总计人数每年不过6000人。他们作为"过去10年来人数最多的移民职业之一"，对于美国的医疗护理就业市场的影响比较明显，但是，可能由于其入境后区域性集中，影响可能更加突出。这种问题在入境的外籍医生职业中也体现得非常明显。尽管在1967—1976年，每年在职业优先原则下入境的医生人数不过1400人，加上通过家庭团聚条款下入境的医生类移民，每一年度在所有条款下入境的医生接近5000余人。这个数字在某些年份相当于美国每年新增医生的50%左右。[1] 医疗护理人员与医生作为专业技术类移民中一个重要组成部分，他们入境后对美国的医疗就业市场供求关系矛盾具有一定的缓解作用。但是，这两类职业因为涉及人的卫生与健康问题，因而，来自异域专业技术人员在美国的医院履职的过程中，也会产生一些意想不到的问题。由于医疗服务行业的社会化特征比较突出，其中暴露出的任何问题，都很容易引起社会的广泛关注。

四　外籍医务人员的暴涨及其原因

自美国国会在1946年设立了J类签证之后，特别是在《1948年美国情报

---

① U. S. Departments of Justice, Labor and State, *Interagency Task Force on Immigration Policy*, p. 308.

与教育交流法》实施之后，以非移民身份入境的交换学者和留学生人数与日
俱增，加上1952年移民法中设立的H类签证计划，以临时技术劳工身份入境
的外籍人数也在增长。如前所述，在各类职业的外籍人中间，医生和护士增
长迅速并成为战后20年间，继科学家和工程师之后人数最多的群体之一。值
得关注的是，在医务人员中，大学本科和研究生学历的人数增幅惊人。到
1950年，他们占美国医疗系统实习岗位的10%和"临床工作岗位"（residen-
cy positions）的9%，两类岗位合计为19%，到20世纪50年代末期，两类岗
位的医务人员合占美国医生和护士总数的25%，这个比例一直保持到1965
年。在此期间，每年进入美国实习和临床工作岗位的医学本科毕业生在1950
年分别达到1116人和1350人，1965年，实习生达到2361人，临床工作岗位
的医生达9133人，是1950年的6倍多。由于1965年移民法颁行之后，各国
移民能在平等的条件下入境，入境的外籍医生人数与其他类型的专业技术人
才一起并行不悖，逐年增多。在1965年以后的十年间，入境医生人数大约增
长了三倍。就参加临床培训计划的人数而言，1965年仅为8153人，到
1973—1974年增至14908人。从1970年开始，每年入境的外籍医务人员中，
具有大学本科以上学历的人数比每年美国国内医学专业的毕业生人数还要多。
因此，在美国各地的医疗卫生服务单位中，医务人员中的"外来"特征十分
明显。外国毕业生占临床工作岗位比例，从1964—1965年的24%增长到
1973—1974年的31%。[①]

　　从外籍医生入境身份及其人数看，最多的还是J-1签证的学者。从
1962—1973年的相关统计看，入境的外籍医生总数达到10.1万人，其中J
类签证人员达到5.53万人，占总数的54.77%。在一些具体年份，J类签
证持有者的比例更高，但是在总体上呈现出下降态势。例如，在1962年，
持J类签证的学生占当年入境医学专业学生总数的68.83%，但是，到
1970年和1973年则分别下降到58.75%和33.88%，十年间减少了50%以
上。出现这种状况，主要是每年以永久性移民身份入境的医生人数迅速增
加。在1962年，以永久性移民身份入境的外籍医生占当年入境的各类身份

① U. S. Congress, House of Representatives, "Health Professions Educational Assistance Act of 1976: House Report 94 - 266", in *United States Code*, *Congressional and Administrative News*, 94th Congress, 2nd Session, Vol. 4, St. Paul, MINN: West Publishing Co. 1976, pp. 4988 - 4989.

的外籍医生总数的 31.16%，此后到 1965 年，其比例未见明显增长，它仍然停留在 32.6% 的幅度上。但是，从 1965 年开始，其加速势头明显，到 1970 年和 1973 年分别达到 37% 和 58% 以上。值得关注的是，在 1962—1973 年，以各种身份入境的外籍医务工作人员达到 10.1 万人，比同期美国高校医学专业毕业的本土学生（9.78 万人）多出 3200 多人。从具体时间看，在 1966 年以前，每年入境的外籍医生人数少于美国当年培养的医生人数。在 1966 年以后，几乎在所有年份，外籍医生人数都超过了本土医生的数量。（详见表 4.3）

表 4.3 　　　　1962—1973 年进入美国的外籍医学研究生分类与统计①

财政年度	获得学位的美国医学研究生	获得学位的外国医学研究生人数			
		总数	永久性移民	非移民签证	
				J 签证	其他
总数	97809	101066	43089	55360	2617
1962	7168	5767	1797	3970	NA
1963	7264	6730	2093	4673	NA
1964	7336	6767	2249	4518	NA
1965	7409	6172	2012	4160	NA
1966	7574	6922	2552	4370	NA
1967	7743	8897	3326	5204	367
1968	7973	9125	3128	5701	296
1969	8509	7515	2756	4460	299
1970	8367	8523	3158	5008	357
1971	8974	10947	5756	4786	407
1972	9551	11416	7143	3935	338
1973	10391	12285	7119	4613	553

---

① U. S. Congress, House of Representatives, "Health Professions Educational Assistance Act of 1976: House Report 94 – 266", p. 4989.

需要指出的是,表 4.3 中并未包含其他渠道入境的外籍医生。例如,在 1975 年入境的外籍医生中,有 2.59 万人是永久移民,其中在第 3 和第 6 优先原则下入境的人数达到 6720 人(占 26%),另有 1.91 万人(74.08%)是其他移民法条款下入境的。在第 3 和第 6 优先原则下入境的医生中,有 49.56% 是曲线移民。此外,"持有非移民签证"入境的医生达到 2.47 万人,其中有 2.28 万人是按照富布赖特计划和 1948 年情报与教育交流法条款入境的。相比之下,持"H-1"签证入境的医务工作人员不多,仅有 1096 人。① 从入境的外籍医生的特征看,据 20 世纪 70 年代美国学者对 174 名医生的调查,其中有 93% 以上在 20—40 岁,86% 为男性,58% 已婚,配偶和子女在美国居住的医生占 47%,有 60% 的人曾经在美国或者母国接受过美式教育。在区域来源上,他们分别来自 55 个国家,其中,东半球国家占 78%,发达国家占 55%,而在发达国家中,日本最多(22 人),其次是英国(10 人)、法国(9 人)和联邦德国(7 人)。② 当然,由于美国学者在研究中确定的被调查人数较少,有些数据并不能说明问题的客观性。特别是在这个时期,外籍医生的区域来源发生重大变化的过程没有体现出来。例如,在 1965 年入境的 2012 名医生中,42% 来自北美洲和中美洲,南美洲占 17.3%,欧洲为 28%,亚洲仅为 10%,其余来自非洲和大洋洲等地区。到 1975 年,情况发生变化,在入境的 7144 名医生中,亚洲国家占 69.9%,欧洲占 12.8%、中美洲和北美洲占 9.7%,南美洲为 3.7%。③ 从此之后,亚洲国家成为美国外籍医生和护士移民的主要来源。④ 在美国医务工作领域,在 1964—1973 年的十年间,来到美国的外籍医生人数与美国自身培养的医生数量一样多。

外籍医生和护士人数的增加,改变了美国医务工作人员的结构。据估计,在 1967 年,在美国工作的医生达到 28 万人,其中有 4.5 万人(16%)是在外国获得学位的。如果要用金钱购买这些外国医生的服务,那么在 1961—1965 年

① Thomas D. Dublin, "Foreign Physicians: Their Impact on U.S. Health Care", *Sicence*, Vol. 85, No. 4149 (Aug. 2, 1974), p. 408; http://www.jstor.org/stable/1738206. (2009 年 6 月 3 日下载)

② David S. North, *Nonimmigrant Workers in the U.S.*, pp. 103 - 107.

③ Thomas D. Dublin, "Foreign Physicians: Their Impact on U.S. Health Care", p. 409.

④ U.S. Congress, House of Representatives, "Health Professions Educational Assistance Act of 1976: House Report 94 - 266", p. 4991.

的费用大致在 8.55 亿至 9.25 亿美元。在 1966 年，美国全国发放的医生上岗证中，有 17% 是外国留学生，在一些州，外国留学生所占总数的比例则高达 50% 以上。[①] 在 1972 年获得上岗证的外籍学生（有些是在美国毕业的，有些是在外国毕业的）占当年发放上岗证的 64%。在 1975 年，全美医生数量达到 33.4 万人，有 20%（6.33 万人）出生在国外，其中实习生占 1/3。就个别国家而言，其人数增长之快，令人惊愕。例如，以旅美菲律宾籍医生为例，其绝对人数达到 7000 多人，而美国的黑人医生不过 6300 人。来自其他国家的医生人数虽然不及菲律宾那样多，但是也不可小觑。在 1970 年，进入美国的外籍医生来自全球 84 个国家，其中人数最多的国家是菲律宾（7352 人）、印度（3957 人）、联邦德国（3502 人）、意大利（3208 人）、古巴（2757 人）、英国（2641 人）、瑞士（2510 人）、韩国（2095 人）、墨西哥（1821 人）、西班牙（1801 人）、奥地利（1698 人）、伊朗（1631 人）、澳大利亚（1313 人）和泰国（1098 人），上述各国累计 3.73 万人，占总数的 65.34%。在这些医生中，除部分来自境外，还有许多是在美国高校获得学位的。1972 年，在美国完成学历教育的外籍医学研究生达到 1.7 万人，占美国同类学生的 33%。但是，由于地理分布不均，在有些州的比例较高。例如，他们占 1972 年纽约医生的 52%、特拉华的 62%、罗得岛的 54%、新泽西的 78%、伊利诺伊的 53%、密歇根的 44%、俄亥俄的 44%、南达科他州的 50%、西弗吉尼亚的 50%、康涅狄格的 46%。在美国获得学位的外籍医生的区域流向，与境外的外籍医生入境后的流向大体一致。两类医生中多数集中在美国的东北部和中西部地区，占新泽西、纽约、马里兰、佛蒙特、特拉华、西弗吉尼亚、伊利诺伊和罗得岛等州的医生总量的 30%—39%。[②]

　　再从这个时期的护士看，增速更加惊人。在 1970 年，作为永久性移民入境的外籍护士人数达到了近 5000 人，此后多数年份，基本上保持在 6000 人以上，9 年间累计入境护士超过 5 万多人。在同一时期，持非移民签证入境的临时劳工也不断增加。尤其是在 1974 年以后，每年入境的各类临时劳

---

　　① U. S. Congress, House of Representatives, Committee on Government Operations, *The Brain Drain of Scientists, Engineers and Physicians from the Developing Countries into the United States*, p. 65.

　　② U. S. Congress, House of Representatives, "Health Professions Educational Assistance Act of 1976: House Report 94 – 266", pp. 4992 – 4994.

工护士都超过 2000 人。如果将永久性移民和非移民类临时劳工人数加起来，在 70 年代大部分时间里，每年入境的外籍护士都超过 7000 多人，有些年份还超过了 1 万人（详见表 4.4）。

表 4.4　　　1970—1978 年度入境的外籍护士类别和人数统计①

类别	1970 年	1971 年	1972 年	1973 年	1974 年	1975 年	1976 年	1977 年	1978 年	1970—1978 年
移民护士										
入境总数	4934	6442	6851	6335	5331	6131	7782	5825	4963	54594
原则 3："直接移民"	728	984	961	823	1688	1980	2427	1342	731	11664
原则 3："曲线移民"	123	276	527	433	355	451	768	445	238	3616
原则 6："直接移民"	261	261	167	40	32	59	13	29	45	908
原则 6："曲线移民"	52	108	202	78	62	66	38	23	479	1108
其他身份的护士	3770	4812	4994	4961	3194	3575	4536	3986	3450	37278
非移民类护士										
入境总数	1159	1321	1889	3133	2580	2329	2549	2714	2865	20539
H－1	7	716	1486	2673	2096	2084	2278	2504	2744	16588
J－1	1109	567	382	424	313	213	226	167	105	3506
H－3	13	14	4	12	54	16	8	15	8	144
H－2	30	19	17	22	63	6	33	14	6	210
L－1	—	5	—	2	54	10	4	14	2	91
以上两类累计	6093	7763	8740	9468	7911	8460	10331	8539	7808	75113

　　*原表格中的年度均为财政年度。1976 年统计有两组数据，一是财政年度，二是财政年度起始日期发生变化，以前每年的 7 月 1 日为下一财年的开始，但美国国会在 1976 年将新财年的起始日期调整到 9 月 1 日，过渡期的统计结果单列。笔者在援引表格中的 1976 年数据时，将原表格中的两组数据合二为一。此外，在表格中，有些数据可能比实际入境人数有所夸大。因为在 1965 年移民法中，第 3 和第 6 优先入境原则中，都出现了"曲线移民"的护士。他们当初是作为"非移民"入境的，但在获得永久移民资格后，分别在两类护士的统计中均有反映，而实际上入境者只有 1 人。所以，重复统计可能使统计人数大于实际入境人数。

---

　　① David S. North, *Nonimmigrant Workers in the U. S.*, p. 131.

　　外籍医生和护士人数的增长是多种因素造成的。一方面，它与美国医学教育投入不足有关。在 1960 年之前，美国联邦政府对医疗卫生行业的人力培训与教育支持，"在最好的时候是零碎的，在最糟糕的时候是微不足道的"。美国卫生、教育和福利部在 1960 年为全国卫生、教育和福利行业的投入不过 2400 万美元，其中生物医学研究仅为 1500 万美元，护士与公共卫生人员的培训不过 800 万美元，而公共卫生学校设施建设不过 100 万美元。面对这种情况，美国卫生、教育和福利部与国会参议院拨款委员会一起，先后向国会提交了四份报告，呼吁联邦政府"立即采取措施，增加美国培养的医生人数"。对于全国医生和护士人数增长滞后于美国人口增长的状况，如果联邦政府不通过改造、扩建和新建公共医疗服务设施，那么，在不远的将来，美国很可能会面临一场"全国性危机"[①]。在这种背景下，美国国会先后在 1963 年和 1968 年两次颁布立法。1963 年《卫生职业教育援助法》决定对公共卫生学校提供资助。可是在经过两年多的实践证明，1963 年法"显然不能满足日益增长的有素养的卫生人力的需要"。于是，美国国会颁布了 1965 年《卫生职业教育援助法修正案》，对于那些承诺扩招学生的学校提供部分运营和管理经费，缓解其因扩招学生造成的财政压力。可是，两年之后形势并未改观。1968 年美国国会的一份报告显示，在全美医疗卫生系统，"人力严重短缺的问题继续存在"，并且已近乎"紧急危机"的状态。面对这种情况，美国国会在 1970 年和 1971 年两次颁布立法，增加了对公共卫生系统的投入。从相关统计看，1968 年，美国国会对医学、牙科、退伍军人医疗等方面的拨款从 1013.17 万美元增至 1970 年的 3858 万美元，1971 年达到 5047.81 万美元的顶峰后又开始下降，到 1973 年仅为 578.58 万美元。[②] 显然，联邦政府不仅投入少，增速缓慢，而且，政府投入要在人才培养环节中发挥作用，也是一个缓慢的过程。因为在医生和护士培养的过程中，其专业课程的学习具有很强的实践性，不少课程和专业的学习，需要学生通过临床实践完成。于是，越来越多的大学医学院及其附属医院要求学生去实践。许多医院提供的培训机会比实际的申请者还要多。

---

　　① U. S. Congress, House of Representatives, " Health Professions Educational Assistance Act of 1976：House Report 94 - 266", p. 4954.

　　② Ibid. , pp. 4954, 4957.

在 1965 年的 1.29 万个实习岗位中，来自全国医学院的申请者只有 7574 人，说明在校学生人数增长缓慢，不能满足医院需求。在 1967 年，全美医院提供的实习岗位达到 1.28 万个，而美国大学毕业生人数却增幅有限。即便如此，多数美国的医学毕业生都去大学教书，或者到各地工作条件优越的大学附属医院工作，因此，当许多规模较小的医院出现待聘岗位的时候，它们便只好求助于外国的留学生。[1]

与此同时，由于战后美国人口增长迅速，城市化发展也由过去的单一中心结构向以大都市区化为标志的多中心结构的方向转变。大都市区中心城市和郊区出现两极化趋势，郊区人口居住非常分散，这种趋势加剧了医务人员服务的成本，结果导致供给与需求之间的矛盾进一步加剧。例如，在 1950 年，美国平均每 10 万人口中的医生数量为 142 人，10 年后的格局基本未变，到 1970 年才略有好转，增加到 156 人。尽管医生数量不断增长，但多数集中在专业性很强的领域，掌握综合性知识的医生较少。1965 年，每 10 万人口中的综合性医生仅为 59 人，1970 年为 50 人，1975 年为 51 人，呈下降状态。[2] 此外，在 1959—1970 年，美国医生人数的区域性增长和分布差异也比较明显。在东北部地区，每 10 万人口中的医生人数从 164 人增长到 190 人，分别增长了 22%，而南大西洋沿岸诸州则从 112 人增长到 149 人，增长了 28%，可是在南部中区，其增幅仅为 13%，是全国增幅最低的，相对而言，南部西区增长较多，达到了 20%。西部山区和太平洋海岸分别为 23% 和 17%，但是，中西部东区和中西部西区分别为 9%，是全国增幅最少的地区。[3] 到 1970 年，美国每 10 万人口中医生数量为 156 人。以此为衡量标准（100%），那么，新英格兰和大西洋中部地区平均比全国平均水平高出 22% 和 26%，西海岸地区则高出 17%，而南部各地区则比全国平均水平少将近 18%，而中西部则少 13% 左右。具体

① U. S. Congress, House of Representatives, Committee on Government Operations, *The Brain Drain of Scientists, Engineers and Physicians from the Developing Countries into the United States*, p. 65.

② U. S. Council on Graduate Medical Education, *Physician Distribution and Health Care Challenges in Rural and Inner-City Areas: The Tenth Report*, Washington D. C. : U. S. Department of Health and Human Services, 1998, p. 1.

③ U. S. Congress, House of Representatives, "Health Professions Educational Assistance Act of 1976: House Report 94 – 266", p. 4966.

到一些州，与全国平均水平差异达到惊人的程度。例如，在密西西比州，每 10 万人口中的医生数量仅相当于全国平均水平的 57%，是全国最低的。阿肯色、阿拉巴马、南卡罗来纳、南达科他和爱达荷等州，平均为全国水平的 61% 左右。相反，在首都华盛顿，每 10 万人口中的医生数量，相当于全国平均水平的 337%，其他州虽然略低一些，但也都高于全国平均水平的 20%—50%。例如，这个比例纽约为 151%、马萨诸塞为 137%、马里兰为 149%、科罗拉多为 126%、加州为 124%，康涅狄格州略低一些，为 121%。①

从全美各地城市与农村差异看，也可谓判若云泥。在 1970 年，全国各地城市地区，每 10 万人口的医生比例达到 180 人，农村地区仅为 80 人，不到城市同比的 50%。在全国 35 个州中，农村地区每 10 万人口中的医生数量之比仅相当于城市人口与医生之比的 50%，在 14 个州，农村同比仅为城市的 2/3。在这种情况下，全国有 43 个州的农村地区人口与医生之比日显恶化。1974 年，北卡罗来纳大学的一位学者在国会听证会上指出："农村医生分布的不足，是至少 50 年来公认的事实和关注的焦点。然而，事实表明，在过去 50 年间，这种差距丝毫没有改善……城乡差异依然在每况愈下。"同样，大都市区中心城市和郊区之间的差异也十分惊人。以 1970 年的芝加哥大都市区为例，其内层郊区（inner suburban）与中心城市居民人均医生数量差异较大。在内层郊区，每 10 万人口中的医生数量是 123 人，中心城市仅为 75 人，后者不到前者的 2/3。在其他城市，"内城与郊区的差异成为许多城市地区无法逾越的障碍"。更重要的是，郊区医生与人口之比的状况在改善，而中心城市却在恶化。在 1950 年、1960 年和 1970 年，全国中心城市每 10 万人口中的医生人数分别是 111 人、80 人和 75 人。② 城市与乡村、中心城市与郊区之间的居民与医生数量之比关系的恶化，更深层次的原因在于战后美国人口与社会资源的区位配置发生重大变化。随着战后经济结构向以服务业为主体的方向转变，大量农村人口和外来移民在继续流向中心城市的同时，大都市区的大批企业和中上层社会的人口，却纷

---

① U. S. Congress, House of Representatives, "Health Professions Educational Assistance Act of 1976：House Report 94 - 266", p. 4965.

② Ibid. , p. 4966.

纷迁移到自然条件优越的郊区。郊区优美的自然环境、日益改善的交通条件、代表社会发展潮流的花园式住房、为中上层社会服务的各级学校、大型购物商城等因素，构成了吸引中上层社会人口郊区化的主要动因。在这种背景下，与郊区自然和人文环境背道而驰的中心城市和乡村地区，对于走出校门的医学专业的研究生失去了吸引力。与中心城市和乡村相比，郊区不仅职业工作条件优越、服务对象素质较高，而且，子女接受教育的就学条件优越，工资和福利条件好，地方政府投入甚多，这些因素成为吸引医学毕业生的主要原因。此外，许多大学的医学部作为医学人才培养的基地和中心，它们附近又与学生实习的医院组成一个医学人才教育与培养的复合体。这些复合体通过自身的辐射功能，促进了周边服务业的发展，形成了居住与工作条件优越、有利于个人职业发展的"大型医疗中心"。在这些中心周围都有一个完整的生活与文化圈，因而那里吸引的毕业生人数较多。在这种条件下，在大学和医学院及其医院附近就出现了医生过剩的现象。也正是这些导致美国本土医生就业出现区域流向差异的因素，同样也在影响着外籍医生和护士的区域就业流向，所以，就自然而然地出现了"地理分布严重失衡"的现象。从已有的统计资料看，其中多数集中在大西洋中部和五大湖区各州。例如，外国医生上岗的人数，占五大湖区医生的总量的 38% 、特拉华州的 31% 、新泽西的 31% 、伊利诺伊的 29% 和俄亥俄州的 26% 。[1]

五 对外籍医务人员临床工作的限制

随着外籍医生、护士与医学专业毕业生数量的不断增长，相关的问题也成为美国学界和社会各界议论的焦点。首先，大批外国医务人员到美国长期工作，在一定意义上造成了发展中国家人才流失。到 20 世纪 70 年代，所有资本主义国家的医生和护士中，有 20% 在美国工作。[2] 作为医学专业的留学生和访问学者，他们在美国长期滞留不归，使得原本作为美国与相关

---

① U. S. Congress, House of Representatives, "Health Professions Educational Assistance Act of 1976: House Report 94 – 266", pp. 4968, 4990.

② David S. North, *Nonimmigrant Workers in the U. S*, pp. 98 – 99.

国家的教育与文化交流计划发生了质变。按照 1948 年立法规定，美国培训外国医生和研究生，是为了表示美国的友好和善意，旅美外籍医生和研究生回国后，可在当地政治、经济、教育和科技等领域的发展中发挥积极的作用。但是，大量史料显示，残酷的现实却恰好相反。正如美国国会报告中所描述的那样，医学专业人才流失较多的国家，"近年来成为美国医院、长期提供医疗服务的机构、精神病院和监狱的廉价人力的首要来源。就医学移民而言，交换学生协议作为美国的善意的创举却已完全变质"①。

　　其次，不论其入境身份如何，当他们走上工作岗位时，美国各地医院的医生和护士的供求关系均发生了变化。如前所述，由于外籍医生和在美国获得学位的外籍学生在就业市场的流向不均，多数流向美国五大湖区和大西洋沿岸中部地区城市。在纽约、新泽西、宾夕法尼亚等州的大城市就业市场，当大量外籍医生和护士入境后，增加了就业市场的供给，原本形成的刚性需求的市场不复存在，美国本土医生和护士以前享有的特权也随之消失。虽然大批外国医生和护士上岗后增强了医院的服务能力。但是，由于他们的英语水平较低，对美国医院的工作习惯、周围社会文化习俗等不甚了解，许多医生素质不具备上岗的条件，在工作中与患者的沟通存在着语言困难，服务中的耐心不足，影响了向病人提供服务的质量。对此，美国政府相关的报告中指出，外籍医生在美国医生供求关系中，其地域和专业分布方面并"没有作出多少贡献。相当多的数据表明，他们唯一的贡献是：美国人享受的医疗服务质量在恶化"②。

　　在 20 世纪 70 年代，美国护士协会不断要求联邦政府终止以前外籍护士只要提供学历证明就可上岗的政策，取而代之的是上岗前的英语和专业考试，合格者方可颁发上岗许可证。在当时，美国许多州已经采取了护士上岗前的考试制度，各地考试的时间分别在每年的 2 月和 7 月。各州允许护士参加考试的次数各有不同，在一些州，护士只能参加两次考试，个别州允许三次，唯有哥伦比亚特区华盛顿规定，护士可以参加四次考试。

　　令人惊讶的是，在一次又一次的考试中，外籍医生和护士的考试成绩不

---

　　①　U. S. Congress, House of Representatives, "Health Professions Educational Assistance Act of 1976: House Report 94 – 266", p. 4991.

　　②　Ibid., p. 4989.

仅令人失望，而且合格率还处于下降的状态。例如，在1955—1965年举行的外籍医学毕业生考试中，其有格率平均在56%—71%，而同期美国学生及格率在98%—99%①，到20世纪70年代初，在美国一些州举行的考试中，美国出生的护士的及格率高达82%，而外籍护士特别是来自菲律宾的护士的及格率仅为18%。有些护士至少参加了三次以上的考试才能通过，最终总的及格率达到了50%。后来其他州的多次考试结果表明，每次参加考试的人中，每6个人中间有5个人考试不及格。②另据1975年美国外国医学研究生教育委员会（Educational Council for Foreign Medical Graduates，简称ECFMG）举行的考试中，成绩达到80分以上的考生，占美国学生的80%以上，但在外籍医学专业毕业生应试者中间仅占12%，其及格率比例仅为36.6%。③按照当时多数州立法规定，凡参加考试失败三次的外籍护士，自然就丧失了上岗资格，于是，那些多次考试最终不及格的外籍人别无选择，只好退而求其次，选择作为美国护士的助理上岗。即便如此，他们在美国工作的形势也不容乐观，因为不久后美国移民局就决定，凡考试不合格而丧失上岗资格的外籍护士，应该自动离境回国。

然而，从法理上讲，移民局要求外籍医务人员自动回国的规定，依然缺乏法律效力，因而在实践上也不会取得令人满意的效果。有鉴于此，美国国会颁布了《1976年卫生职业教育援助法》。其中，美国国会开门见山地指出："美国再也不存在医生和外科大夫数量不足的问题了，因而再也不需要根据《外来移民与国籍法》中的优先入境原则引进外籍医生和外科大夫。"④法案中规定：（1）外籍医生作为移民入境时，必须按照《外来移民与国籍法》的规定，提交就业许可申请，无就业许可证者不得入境；（2）为了规范和统一管理，外籍医生若是申请临时签证，就只能申请H-1签证，而不能申请H-

① U. S. Congress, House of Representatives, Committee on Government Operations, *The Brain Drain of Scientists, Engineers and Physicians from the Developing Countries into the United States*, p. 65.

② David S. North, *Nonimmigrant Workers in the U. S.* pp. 132 – 134.

③ U. S. Congress, House of Representatives, "Health Professions Educational Assistance Act of 1976: House Report 94 – 266", p. 4995.

④ U. S. Congress, "Health Professions Educational Assistance Act of 1976", in *United States Code, Congressional and Administrative News*, 94th Congress, 2nd Session, St. Paul, MINN: West Publishing Co. 1976, Vol. 2, p. 2243.

2 和 H－3 签证；（3）J－1 签证入境者必须是实习生，他们在提交入境申请时，必须提交美国大学和医院开具的提供教育和训练的证明。他们实习期满后，必须回国至少工作两年以上，在美国实习期间不得申请曲线移民①；（4）所有外籍医务人员，无论是医生还是护士，不管是移民还是持各类非移民类签证者，都必须参加由美国国家医学考试委员会主持的专业考试，或者参加由美国卫生、福利与教育部指定的官方考试，考生的英语口语和写作技能，必须达到能够满足工作要求的水平，否则不能上岗。这项规定同样适用于就业类移民，但是，家庭团聚类移民除外；（5）凡在海外留学的美国公民，如果在国外期间所学专业也属于医学，该公民回国后若要从事与所学专业对口的职业，也必须在回国后到附近的美国政府登记注册，接受相关的考核与必要的专业培训，负责专业培训的学校和科研机构，必须在完成培训结束之后，向联邦政府相关机构提交书面汇报。学生接受培训的费用，由美国联邦政府承担；②（6）凡在美国政府认可的高校获得医学专业学士和硕士以上学历的外籍学生，无须参加上述各类考试，可以直接上岗。这项规定的逻辑是：美国政府认为，在美国高校接受教育的国际留学生"在（美国的）医生分布、供求关系以及满足未来卫生服务需求的资源配置方面，发挥了直接的作用"③。

　　在 1976 年法案颁布后不久，美国一些城市出现了医生短缺的现象，各地医院抗议声不断，它们要求废止该项立法。为缓解社会矛盾，美国国会颁布了《1977 年卫生服务扩展法》，国会在说明该项立法的性质和意图时指出："具有争议性但极具重要意义的 1976 年修正案引起了管理方的极大不安。卫生、教育和福利部、司法部、全国医学考试委员会，在该项立法实施的紧迫性和有效性方面几乎不一致。此外，所采取的行动并未真实地反映国会颁布 1976 年立法时的本意。"④ 应该说，该项法案实施后，对美国本土医生的就业权益、工作条件和福利待遇等方面而言，利大于弊。因为在美国医生工会组织的努力下，全美医生行业的就业市场需求日益紧缩，劳工工资和劳

---

① David S. North, *Nonimmigrant Workers in the U. S.*, pp. 100－101.

② U. S. Congress, "Health Professions Educational Assistance Act of 1976", pp. 2301－2302, 2314.

③ U. S. Council on Graduate Medical Education, *Internaional Medical Graduates*, p. 1.

④ David S. *North*, *Nonimmigrant Workers in the U. S.* p. 101.

动标准受到严格保护。从更大的范围看，上述立法实施后，虽然入境的移民类和非移民类护士数量受到了一定的冲击，但是与20世纪70年代上半期入境的两类护士人数相比，总体变化不大（参见表4.4）。唯一不同的是，临时劳工中的医生人数却急剧下降。1978年，持临时劳工签证（包括H-1签证、H-2签证、H-3签证、J-1签证和L-1签证）的外籍医生人数从1975年的3466人减少到1978年的1169人。换句话说，1978年入境的持各类临时劳工签证的医生人数仅仅相当于1975年和1973年同类劳工的33.72%和21.78%。（见表4.5）

表4.5 　　　　　　　　　1970—1978年入境的非移民医生人员统计①

非移民类别	1970年	1971年	1972年	1973年	1974年	1975年	1976年	1977年	1978年
突出才能的临时工（H-1）	83	178	231	350	578	426	542	455	180
其他临时工（H-2）	100	47	25	0	0	0	0	0	0
工业培训人员（H-3）	174	173	82	178	149	143	77	65	20
交换学者（J-1）	5008	4784	3935	4613	4717	2849	2562	1578	951
公司内调转人员（L-1）	0	9	10	25	73	48	62	43	18
累计	5365	5191	4283	5166	5517	3466	3243	2141	1169

进入20世纪80年代之后，虽然入境的外籍医生和护士人数得到了一定程度上控制，但是，70年代的立法在实践上产生了矫枉过正的效果。外籍医生和护士受到限制之后，美国本土出生医生和护士在全美医生和护士中的比例直线上升。例如，土生护士在美国注册护士的比例从1977年的70%上升到1984年的78.7%和1988年的80%，绝对人数从1984年的150万人增加到1988年的160万人。在同年注册的160多万名护士中，有110万人在各类医院工作，其余在城市社区保健中心和养老院护理中心等单位工作。此外，还有40万注册护士退出了医疗护理行业，其中有28%从事了与护士无关的工作岗位，余者则彻底退出了就业市场。美国护士大规模转行，其部分原因在于她们感觉到，护士职业工作辛苦，整天与各类患者打交道，工作性质缺乏"阳光性"，工作时间的应急性调整要求较高，自主自

---

① David S. North, *Nonimmigrant Workers in the U. S.*, p. 102.

由支配的时间较少，工薪较低，福利待遇难如人意。在这个时期，虽然注册护士的失业率下降到各个行业中最低的 1.4% 的水平上①，然而，美国护士短缺的问题，不能不引起美国政府的注意。1988 年，美国卫生与人类服务部的一项报告显示，在 1983—1988 年，因注册护士短缺而造成全美医院待聘岗位的用人需求从 4.4% 增长到 11.3%。美国全国有 3/4 的医院声称存在不同程度的护士短缺问题，19% 的医院表示严重短缺，另有 1/3 的护士站受到严重的影响。当然，从全美医生短缺问题的严重程度来看，东北部、佛罗里达南部和西海岸地区的短缺现象比较严重。在各地区的中心城市低收入居民区，护士短缺的问题最为突出。在 1987 年，全美 30% 的城市医院和 15% 的农村医院声称，由于医生和护士不足，医院被迫大幅度削减护理床位。②

　　80 年代美国护士出现短缺的问题，原因在于如下几个方面。首先战后婴儿潮时期出生的人口走向中年，美国人口生育率的下降和老年人口的过快增长，使得美国社会上对医生和医疗护理人员的需求再次出现快速增长，造成了美国医疗卫生服务人员的再次短缺。其次，美国在校注册的护士专业学生人数在减少。自 1983 年以来，由于护士毕业生人数并没有出现大幅增长，护士在就业市场供不应求的矛盾日益尖锐。在全美范围内，医院对护士的需求人数已经超过 20 万人。③ 最后，在 1985 年，美国移民局规定，凡持有 H－1 签证的非移民外籍人，在美国工作的期限不得超过 5 年，逾期不归者，将被视为非法移民。可是，到 1989 年 5 月，美国移民局估计，在美国工作的外籍护士人数大约有 2.44 万人，其中 2/3 是在 1988 年以前入境的，其中有 70% 来自菲律宾，其次人数较多的是来自加拿大、英国和爱尔兰等国家，他们多

　　① U. S. Congress, House of Representatives, Committee on the Judiciary, *Immigration Nursing Relief Act of 1989*: *Hearing before the Subcomittee on Immigration, Refugees, and International Law of the Committee on the Judiciary, House of Representatives*, One Hundred First Congress, First Session on H. R. 1507 and H. R. 2111, Serial No. 13, Washington D. C. : U. S. Government Printing Office, 1989, pp. 25 - 26.

　　② U. S. Department of Labor, Bureau of International Affairs, *The Effects of Immigration on the U. S. Economy and Labor Market*, p. 145.

　　③ U. S. Congress, House of Representatives, Committee on the Judiciary, *Immigration Nursing Relief Act of 1989*: *Hearing before the Subcomittee on Immigration, Refugees, and International Law of the Committee on the Judiciary*, p. 29.

数在纽约和新泽西地区的医院工作。① 他们中间已有不少人属于滞留不归者。
若按照签证规定，他们必须离境。但是，按照现行的法律，他们只能申请
移民资格，可是 1965 年移民法中第 3 和第 6 优先原则的申请积压过多，可
供分配的移民限额根本无法满足现实申请数量的需求。以来自菲律宾的护
士为例，人数占旅美外籍非移民护士的 75％。如果他们申请 1965 年移民法
中的第 3 和第 6 优先原则入境，他们还需要等待 10 年的时间。如果国会不
采取行动，美国的护士短缺问题可能还会持续到 2000 年。对于这样的问
题，美国国会报告中显示，注册护士的短缺是一个"真正的、广泛的、并
且十分严重的问题"。"无论是在城市还是在农村，都存在着护士短缺问题，
而且，这个问题涉及所有医疗卫生的护理部门。"在纽约市，护士短缺的程
度达到严重的程度，因为护士不足而造成的岗位闲置比例平均在 15％—
20％，空闲岗位的绝对数量达到 5400 多个。② 从各地区看，全国有 3/4 的
医院都在不同程度上面临着护士短缺的问题，特别是在大城市，这类问题
尤为严峻。为此，美国国会在 1988 年颁布了一项修正案，决定从 1988 年
11 月 15 日以后开始，临时性地延长 H－1 签证护士在美国工作的年限。那
些已在美国居住了 5 年的外籍护士，可以将其在美国居留时间延至 1989 年
12 月 31 日。此外，为进一步缓解美国的护士短缺问题，国会鼓励符合条件
的外籍护士申请永久移民美国的资格。若申请者有家属同在美国居住，也
可以按照移民法规定申请移民。③ 该法案颁布后，美国的护士短缺问题，在
一定程度上得到缓解。

综上所述，在 20 世纪六七十年代，美国政府在人才吸引方面的政策表现
出两个特点，第一，在 1965 年移民政策改革中，国会显得谨小慎微，人才吸

---

① United States General Accounting Office, *Health Care*: *Information on Foreign Nurses Working in the United States Under Comtemporary Work Visas*: *Report to the Subcommittee on Immigration and Refugee Affairs Committee on the Judiciary*, *U. S. Senate*, GAO/HRD－90－10, Washington D. C.: United States General Accounting Office, November 21, 1989, pp. 1－2.

② U. S. Congress, House of Representatives, Committee on the Judiciary, *Immigration Nursing Relief Act of 1989*: *Hearing before the Subcommittee on Immigration*, *Refugees*, *and International Law of the Committee on the Judiciary*, pp. 25－26, 37.

③ United States General Accounting Office, *Health Care Information on Foreign Nurses Working in the United States Under Comtemporary Work Visas*, pp. 2－3.

引政策的力度有所下降，对美国就业市场的保护进一步加强；第二，在临时劳工的立法方面显得比较大胆、果断。这种特点在1961年双边教育与文化交流法、跨国公司人员交换法以及对外籍医务人员的政策调整方面都显得十分突出。这些立法表明，虽然美国政府并没有摈弃其冷战思维和种族主义意识形态，但它通过颁布临时技术劳工的立法，使美国人才吸引战略在总体上向更加务实、灵活、有效的方向推进，加强了政府政策与就业市场需求及其内在运作机制之间的契合程度，使国际技术劳工的流动与美国就业市场之间的对接更加完美和顺畅。同时，随着时间的推移和美国人才吸引政策的实践，美国人才吸引战略也日趋成熟和实用。

第五章

世纪末期的改革与应急性立法

从 20 世纪 70 年代初期开始，一直到 80 年代中后期，在长达十多年的时间里，美国社会各界围绕非法移民问题的争论，沸沸扬扬，众说纷纭。美国国会和白宫在多次商议对策的同时，也举行了多次听证会，试图广听民意，寻找堵塞管理漏洞、禁止非法移民的有效办法。在国会，各种利益集团都试图想把自己的意见纳入国策之中。国会两党经过反复的激烈交锋，最后在妥协中颁布了《1986 年外来移民改革与控制法》。此后不久，与之关联的合法移民政策的改革也被提上议事日程。虽然美国国会在短暂的争论中颁布了令各方都不大满意的 1990 年移民法，但在 90 年代，随着经济全球化的加速和美国经济的腾飞，美国国内专业技术人才供不应求的矛盾再次加剧，其程度之高，为 20 世纪 60 年代以来所少见。作为一种补救性的措施，美国国会先后两次颁布立法，通过扩大临时技术劳工规模的办法，满足就业市场需要。这样，到 90 年代末期，美国人才吸引战略方面，各类临时技术劳工计划，成为美国吸引外来人才的主要载体，同时，就业市场作为检验外来人才的试金石和过滤器，地位更加重要，并在美国人才吸引战略中上升到主要位置，而旨在调控永久性移民的政策，则发挥着战略性的保障作用，并为境外技术人才和在美国已就业的各类临时劳工的移民，提供了合理的通道。

一　1990 年移民法的颁布

1965 年移民法实施后，到 20 世纪 70 年代中期，以各种途径非法入境的外籍人日益增多，美国边境被扣押的非法入境者也与日俱增，于是，美国国

内的非法移民之多，让美国人感觉到：美国边境已陷入失控状态。到 20 世纪
80 年代初期，非法移民成为美国举国上下关注的焦点。美国"边境失控"问
题对美国的国家安全和社会制度构成了最大的威胁。因此，在 1978 年卡特总
统的提议下，美国组成了一个"外来移民和难民政策特别委员会"。该委员
会经过 3 年紧张而繁忙的调查后，向国会提交了一份报告，其中的核心建议
之一是：美国应"关闭后门，禁止无证件移民和非法移民进入；打开前门，
让更多的符合美国国家利益的合法移民进来"①。美国国会在参考了这一建议
后，开始酝酿制定禁止非法移民入境和就业的政策。经过大约 4 年的激烈
辩论后，美国国会在 1986 年颁布了《外来移民改革与控制法》。其中的核
心内容包括：加强边境巡防，杜绝非法入境现象；禁止雇佣非法移民；设
立能满足农场主利益的临时农业劳工计划；赦免境内的非法移民，允许他
们永久性定居美国。

　　在 1986 年移民法实施之后，改革合法移民入境的政策再次被提上议事日
程。当时，美国各界观点不一。一些卓有见识的人主张增加移民限额，提高
技术人才的比例，但对于一般民众而言，多数主张限制移民规模，担心"外
来移民的到来会增加美国社会的财政支出"。此外，放宽移民入境规模会加快
美国人口的增长，助长社会问题的泛滥，对美国的自然环境也会造成更大的
压力。② 在这种背景下，1986 年 7 月 30 日，众议院移民、难民和国籍法司
法分委员会开始举行听证会。两年后，美国国会启动了移民政策的改革工
作。由于两院的进度不一，各自议案内容差异甚大，尽管双方经过多次协
商，但最后仍未达成一致。从议案的内容看，参议院的议案中未包括美国
公民与其亲属的家庭团聚条款，而众议院通过的《1988 年合法移民法修正
案》（又称 HR5155 议案）中，将"就业类"移民的限额大幅度擢升后，限
制了家庭团聚移民的限额。尽管国会两院司法委员会均表示支持改革，但
因国会休会日期临近，没有时间关照移民政策中的其他重大问题。于是，
国会草草通过了《1988 年移民法修正案》。其中规定：（1）照顾 1965 年以
前因种族歧视的限制而导致移民人数较少的国家的移民，其每年移民数量

① U. S. Congress, House of Representatives, "Immigration Act of 1990: Related Report", p. 6713.

② Dilchoda N. Berdieva, *Presidential Politics of Immigration Reform*, pp. 116 – 117.

由原来的 5000 人增加到 1.5 万人，一直实施到 1990 年结束。（2）每年设立 1 万名移民限额，关照向美国移民人数较少的国家的移民，突出民族文化的多元化。（3）延长某些合法外籍护士在美国居留的时间，该项条款一直实施到 1989 年。①

由于 1988 年修正案未从根本上触及移民限额制度核心问题，一位已失去耐心的国会议员在提出批评时指出："合法移民的制度一团糟……它已经成了一个言而无信的制度。它不但无法满足那些希望移民美国的人的需求，也不能满足美国这个国家的需要。"资深民主党参议员爱德华·肯尼迪也不耐烦地指出："再要耽搁，没有理由"，移民政策的改革必须尽快解决。②不久后，肯尼迪与纽约州共和党议员艾伦·辛普森联手向国会提交了一份议案。他们主张，移民限额年均为 60 万人，设立年均 5.5 万人限额的独立移民，其入境依据是类似于加拿大的积分制，其中的要素包括学历、英语水平、年龄和就业技能等，那些无法在家庭团聚条款下入境的移民可以申请这一类限额入境。但是，以积分制为基础的独立类移民条款，遭到了亚洲裔和西班牙裔的反对。他们认为，以语言和技能作为入境条件，带有种族或者民族歧视的性质。于是，1989 年，肯尼迪和辛普森修改了自己的议案后，又将其提交给国会。它在保留 1988 年议案中大部分内容的同时，增加了就业类移民条款，取消了把英语水平作为衡量移民能否入境的标准，而是强调申请者的技术和物质资本等条件。

虽然该议案在国会再次遭到了两党部分议员的批评，但社会上有利的舆论氛围加速了国会的改革进程。是年，由美国劳工部资助的哈德森研究院完成了其《2000 年劳动力》报告，其中肯定了外来移民在美国历史上的贡献，指出了 20 世纪 90 年代美国人口增长缓慢、技术劳工将严重短缺的问题。③与此同时，美国的少数族裔组织也纷纷向国会施压，华裔美国人组织、美国意大利移民委员会、美国爱尔兰裔委员会等，都表示支持改革，建议国会继续突出具有人道主义的家庭团聚条款。另一方面，美国商社、全国制造业协会、

---

① U. S. Congress, House of Representatives, "Immigration Act of 1990: Related Report ", p. 6714.

② Dilchoda N. Berdieva, *Presidential Politics of Immigration Reform*, pp. 120 – 121.

③ Ibid. , p. 122.

美国国际人事委员会和西部农场主集团等，都通过各种方式向国会施加压力，认为已有的移民政策已成为美国"贸易与投资的障碍"，新的政策不应该牺牲美国经济发展利益的需要。应该说，这种呼声与劳工部"吸引更多的高技术移民"的主张是一致的，都在强调增加技术移民对改善美国技术劳动力市场的重要性。美国审计总署也在提交给国会的报告中指出："增加移民，满足美国经济的需要，有利于增强美国经济的国际竞争力，解决与低生育率相关的劳动力供给和美国青年劳工教育中的薄弱问题。"① 有意思的是，美国社会各界呼吁加强人才吸引力度的主张，迎合了美国经济顾问委员会的观点。它在 1990 年美国总统经济报告中指出："目前，美国移民政策的基础，首先是建立在家庭团聚和难民安置中的人道主义原则之上。近几年来，入境的技术移民不到总数的 10%。显然，低技术移民仍将是雇主珍贵的劳动力来源。然而，对未来几年内技术劳工增长的预测表明，国家在实施传统的家庭团聚条款的同时，与有针对性的技术移民的整体结合起来，国家会受益更多。高学历移民，或者说接受培训更多的移民，可以为美国经济做出更多的贡献……"在 1988 年接受调查的 38 位最著名的经济学家中，63% 的人主张实施积极的人才吸引政策。有些学者指出："外来移民的主要经济影响，是为经济提供稳定而新的人力资源。假设吸引外来移民的是美国的经济机会……他们对美国经济振兴的贡献将是非常大的。他们的态度明确，愿意工作，敢于探索，能带来新的思想。"②

从当时移民政策运行状况看也需要国会的改革，因为按照 1965 年移民法规定，每年各国移民限额不超过 2 万人，那些移民申请较多的国家，因限额紧缺，申请积压严重。由于美国公民的直系亲属入境时，人数不受限制，而合法外侨每年入境人数不能超过 7.5 万人，在这样的背景下，合法外侨的配偶与未成年子女的申请积压了 24.5 万份，相当于第二优先原则申请的 42 万份中的 58%。如果将合法外侨的配偶和未成年子女每年入境人数提高到 11.5 万人，那么，申请者等待签证的时间就会明显缩短。更加严峻的问题是，在积压的申请中，有 50% 来自墨西哥、菲律宾和多米尼加共和

① Dilchoda N. Berdieva, *Presidential Politics of Immigration Reform*, pp. 127 – 128, 131.

② U. S. Congress, House of Representatives, "Immigration Act of 1990: Related Report", p. 6717.

国。按照 1965 年移民法中关于国别限额的限制，墨西哥移民的申请要获得批准，需要等待 15 年，菲律宾和多米尼加移民要等待 7 年，其他国家的申请者也必须等待 3 年左右。如果合法外侨与其外籍配偶和子女长期分居，必然会威胁到美国公民家庭和社会的稳定性，而且，"在控制非法移民方面会产生适得其反的效果"，因为对于分居的家庭成员而言，若分居时间过长，他们就会把家庭团聚问题置于法律之上而非法入境。在就业类移民中，申请积压的现象也同样存在，移民从申请到拿到签证，一般等待一年半左右，甚至申请美国短缺的熟练与非熟练劳工，也需要等待 2 年半。这种迟滞的反应必然会影响到美国的企业在全球竞争中的规划与运作。对此，美国国会众议院的报告中指出，环视国内外形势，美国移民政策亟待改革。一方面，在国际视野下，全球化背景下国际竞争不断加强，美国"移民政策并未与这些全球性变化保持同步，其现行结构阻碍了需要的高技术移民及时地入境"；另一方面，美国国内的企业存在着大量的待聘岗位，而与此同时，在较长时期内，美国劳工技术与就业市场需求脱节，"短期内不可能有大量训练有素的劳工能满足合理的就业需求"。因此，必须通过对移民政策的改革，保证"外来移民在对美国劳工工资和工作条件不产生消极影响的条件下，能够而且应该被纳入竞争日趋激烈的、全球化经济中需要的、可以促进创新的劳工队伍的战略中"①。

　　然而，当时坐镇白宫的乔治·布什总统对移民政策改革并不十分关注，因为在总统竞选期间，移民政策的改革并未被纳入其政纲之中。甚至有的美国学者认为，布什总统因为"没有一个清晰的政纲而受到学者们的批评"。在布什执政后，因为许多问题上缺乏明确的目标，"内阁成员经常在会议上争辩"。"很少有国内问题能引起他的关注，外来移民问题显然也不是被关注的问题之一。"② 这种执政思路显然对移民政策的改革有一个不利的迟缓作用。在缺乏行政部门的推动下，争论不休的国会终于在 1990 年 9 月下旬通过了 1990 年移民法，当年 10 月 29 日布什签字后，该项立法生效。

---

① U. S. Congress, House of Representatives, "Immigration Act of 1990: Related Report", pp. 6717 – 6719, 6721 – 6722.

② Dilchoda N. Berdieva, *Presidential Politics of Immigration Reform*, pp. 117 – 119.

从 1990 年移民法的内容看，它是 1924 年以来美国移民法最为全面的改革之一，同时又是一次继 1952 年以来国会再次增加技术类移民的一次改革。此外，它作为 1986 年移民法的补充，目的是通过"开放前门"，增加合法入境的移民。① 按照法律规定，每年入境移民增至 1992—1994 年的 70 万，之后每年回归 67.5 万。在最初的 3 年间，家庭团聚类移民每年为 52 万，3 年后为 48 万，就业类移民每年为 14 万，多样性计划的移民年均为 5 万，1994 年之后每年为 4 万。② 此外，它规定设立一个 9 人委员会，评价 1990 年移民法实施后的效果与问题。从各类限额及其比例来看，家庭团聚类移民所占限额比例仍高居榜首，高达 74.28%（1994 年以后也高达 71% 以上），而就业类移民（其中包含一部分美国需要的非熟练劳工）却不到总数的 21%。这个比例略高于 1965 年移民法中规定的比例，但增幅不大。这就是说，国会自 1924 年移民法中确立的、1965 年移民法中进一步扩大的家庭团聚与人才类移民的比例关系并未发生质变。按照国会多数派的解释，这样的定位比较符合美国的国家利益。它在提交给国会的报告中指出："家庭团聚对国家利益的服务，不仅体现在它通过政策本身所展示的人性化方面，而且也体现在它对公共秩序和国家福祉的促进作用上。在心理上和社会意义上，家庭成员与其近亲的团聚，促进了美国的健康和福利。"可是，对于这样的结构安排，反对者认为，1990 年移民法不是一项"能满足所有美国的国家利益的政策"，相反，它"只是满足了向美国移民制度提出要求的每个特殊利益集团的利益要求"③。

当然，与 1965 年移民法中的技术类移民条款相比，1990 年移民法中的分类和界定无疑更加细致和周密。例如，第一类是"首位劳工"，其中包括四类移民：有突出才能的人、杰出教授、研究人员、跨国公司总裁（经理）等有出色商业才能的人，限额每年为 7.5 万人。他们无须申请就业许可证，也不需要参加市场准入考试，只要参加一个由劳工组织代表出席、由招聘

---

① U. S. Congress, House of Representatives, "Immigration Act of 1990: Related Report", pp. 6780 – 6782.

② Dilchoda N. Berdieva, *Presidential Politics of Immigration Reform*, p. 135.

③ U. S. Congress, House of Representatives, "Immigration Act of 1990: Related Report", pp. 6717, 6775 – 6776.

企业主持的面试。他们"快速进入美国的能力将有助于企业主，符合美国国家利益"。具体而言，"突出才能的人员"是指在科学、艺术、教育、商业和体育等领域，具有国际专业组织认可的突出能力的人，或者是国际组织认可的有突出成就和声誉的人；他们在申请入境时必须证明自己是"已经上升到所在领域顶端的人"，证明文件包括国际组织颁发的奖励证书、荣誉证书或在相关领域机构开具的针对性评价，或在相关领域专业杂志上发表文章。他们到美国后必须继续从事自己的本行，并符合美国的国家利益。至于杰出的教授和研究人员，是指在"一个具体学术领域具有公认的杰出地位"的人。他们到美国之前，已经在所申请的领域工作 3 年以上，并且已经接到来自美国政府认可的大学或学术与研究机构的聘书。他们入境后可在被邀请的大学或者学术与研究机构从事研究与教学工作。他们有明确的任期、岗位目标和薪金等规定。跨国公司总裁（经理）等突出才能的人，必须是到美国之前 3 年之内，至少在跨国公司担任经理或公司执行官一年以上。他们的工作职责不仅要监督公司职工履职状况，而且还"管理着一家公司的运作"，酝酿公司决策，确定公司发展目标，或执行上一级的指令。经理必须是负责一家组织或其中的一个部门，负责督导本部门内其他职员的管理工作，对所督导岗位人员有建议解聘和雇佣的权利。①

　　第二类是熟练劳工、职业人士和其他劳工。其中，熟练工是指在申请移民前，受过至少 2 年以上的专业技术培训，并能从事美国劳工不能从事的职业，而职业人士是指具有大学本科学历或其以上学历的人，在某一个专业技术领域受过专门的技术训练，其他劳工是指能够从事美国劳工不能或不愿意从事的非熟练职业。此外，在 1990 年移民法中，"特殊移民"是指"投资移民"，每年不少于 1 万名。他们到美国后，能在高失业区投资不少于 100 万美元，或在低失业区投资不少于 50 万美元。在投资创业后，能够雇佣至少 10 名以上的美国人和合法移民。②

　　值得关注的是，国会在 1990 年移民法中，还对运行多年的临时技术劳工

---

①　U. S. Congress, House of Representatives, "Immigration Act of 1990: Related Report", pp. 6724 –
6740.

②　U. S. Congress, "Immigration Act of 1990", in *United States Code*, *Congressional and Administrative News*, 101th Congress, 2nd Session, Vol. 4, St. Paul, MINN: West Publishing Co. 1990, p. 4950.

计划进行了调整：（1）将 H－1 计划一分为二，分别设立 H－1A 签证计划和 H－1B 签证计划。H－1A 计划主要是用于吸引美国需要的医生和护士，H－1B计划主要用来吸引那些有突出才能的非移民类外籍人，每年限额 6.5 万人；（2）法案中设立了 O 类和 P 类签证。O－1 签证主要是用于影视界的艺术家、科学家、教育、商业人才和国际著名运动员等，O－2 签证发放给其技术性辅助人员和家属；（3）P－1 签证主要是发给国际上的著名运动员、教练和医生等"核心支持人员"，P－2 签证用于互惠性的交换协议计划，P－3 用于"特殊文化表演"才能的人员，其中 P－1 和 P－3 年度签证数量被限制在 2.5 万人左右。①

从上述条款中可以看出，虽然国会限制了每年 H－1B 劳工计划数额，而这个数额低于 80 年代末期实际入境的同类劳工人数，但考虑到 1990 年移民法在将 H－1 计划一分为二之后，保留了 H－1A 类计划和其他 H 类临时劳工计划，因而 H 类签证计划的实际限额有所增加，而不是减少。至于与访问学者相关的 J 类签证和跨国公司职员相关的 L 类签证计划，则未做限制。因为这两个计划之下的实际入境人数不是根据市场需求而调整的，每年实际入境人数波动不大。更重要的是，在 1990 年移民法生效之后，1994 年美国与加拿大和墨西哥签订的北美自由贸易协定开始生效，其中的附件之一是，美国与加墨两国签订的"北美自由贸易区技术劳工工作计划"也同时生效，允许加拿大和墨西哥的技术劳工在美国就业。这些都表明，在以 1990 年移民法为核心的人才吸引政策体系中，外籍临时技术劳工的实际规模明显增加，计划种类更加丰富多样。需要说明的是，在 1990 年移民法实施后，在 1991 年 6 月 26 日，美国参议院司法委员会主席（即 2009—2017 年美国副总统）约瑟夫·拜登致函美国移民与归化局，认为 1990 年移民法案中的 O 类和 P 类签证，在实践上引起了许多问题，而且，两个计划"与现行的H－1B计划偏离甚大"。他参考了美国体育和文化娱乐界人士的意见，认为在这两类签证之下入境的外籍人士的素质不符合法定标准，

---

① United States General Accounting Office, *Nonimmigrant Visas Requirements Affecting Artistis*, *Entertainers and Athlets*: *Report to Congressional Committees*, GAO/NSIAD-93-6, Washington D. C.: United States General Accounting Office, February 16, 1990, pp. 2－3.

而且还威胁到美国体育、艺术和文化娱乐界人士的利益。因此，在参议院司法委员会的推动下，国会在1991年10月1日颁布了新的立法，决定从1992年开始，1990年移民法中规定的P类签证数量不再有效，P类和O类签证下入境的外籍人并入H-1B计划之中。①

国会调整临时劳工计划的原因在于两个方面：第一，美国每年培养的计算机专业毕业生人数不断下降，国内人才供不应求。例如，在工商管理学专业，具有计算机专业的学士学位毕业生人数从1986年的7.81万人减少到1990年的6.59万人，减少了1.22万人。换句话说，1990年该专业的毕业生人数仅相当于1986年的87.1%。在两个相同的年份，计算机科学的学士学位毕业生从4.18万人下降到2.51万人，这个数字仅相当于1986年的59.87%。与此同时，入境移民和持有各类临时劳工签证入境的、具有同等学力层次的非移民类人数却增幅不大。在1986—1990年，每年入境的具有学士学位的工程学学科专业背景的计算机专业移民从8389人增加到10676人，增幅达27.26%。拥有计算机专业学士学位的移民从1042人增至1739人，增加了66.89%。另一方面，在各类临时劳工计划中，实际入境人数增长惊人，具有工程学背景的计算机专业学士学位人数从1986年的1.84万人增加到1990年的3.56万人。在相同的年份，计算机科学学士学位人数从3424人增加到4608人，自然科学中的计算机专业学士学位人数从6259人增至1.27万人。② 在上述情况下，美国社会各界一直要求在1990年移民法中增加技术类移民的比例，限制低学历移民的比例。

第二，国会之所以对H类劳工进行调整，主要原因是国会的认识发生变化。它认为，在1990年以前，H-1计划一直处于"自由放任"的状态，

---

① U. S. Congress, Senate, *Oversight Hearing on the Immigration and Naturalization Service and Immigrant Issues*, *Hearing before the Subcommittee on Immigration and Refugee Affairs of the Committee on the Judiciary*, *United States Senate*, One Hundred Second Congress, First Session, Serial No. J-102-29, Washington D. C. : U. S. Government Printing Office, 1992, pp. 6 – 7.

② 百分比为笔者计算。U. S. Congress, House of Representatives, *Immigration and America's Workerforce for the 21st Century：Hearing before the Subcommittee on Immigration and Claims of the Committee on the Judiciary*, *House of Representatives*, One Hundred Fifth Congress, Second Session, Serial No. 93, Washington D. C. : U. S. Government Printing Office, 1999, p. 182.

每年入境人数没有限制，因为每年的需求比较稳定，每年平均在 5 万左右。但是，随着 20 世纪 80 年代末期美国就业市场对外籍技术劳工需求的增大，每年入境的人数开始增多，由 1981 年的 4.5 万人增至 1988 年的 7.8 万人，而且，有些劳工除学士学位之外，并无突出才能可言。他们入境后抢去了大量的低技术岗位，影响了该行业美国劳工的就业率和工资水平。所以，该计划遭到不少国会议员、工会组织和社会各界的批评，成为一项"富有争议的计划"①。有鉴于此，美国移民局专门组织人员进行调查，结果发现确实出现 H-1 签证劳工素质低下的现象，但是，因其数量不多，对美国劳工的就业和工资水平并没有产生较大的影响。②

　　临时劳工计划中之所以出现上述问题，主要的原因是：第一，在管理上，劳工许可证审批过程中，缺少一个重要环节。受到冲击的土生劳工没有合法渠道投诉雇主在劳工雇佣和工资调整等诸多环节中的不公平行为。劳工只能求助于美国劳工部来解决。可是，劳工部对各州雇佣程序的默认，使许可证发放程序上漏洞百出。在各州，由于对"何为雇佣程序"概念的界定五花八门，劳工招聘环节上，没有实现标准化管理。在许多情况下，工资标准的确定完全掌握在企业主手中。劳工部参考的劳工招聘计划，并未经过市场测试，其存废都是在无市场数据或公众制约下完成操作的。因此，"所有这些问题的肆虐，导致人们丧失了对临时劳工制度的信任，加剧了劳资关系的僵化"③。第二，尽管临时技术劳工计划已实施多年，它在总体上也产生了积极的效果，但是，"在国际市场上，外籍临时劳工的供应滞后于美国企业的需求"。甚至是依据美国与外国签订的国际贸易条约需要而设立的 E 类签证，也不能充分满足美国企业的需要。涉及跨国公司职工的 L 签证也不能应对跨国公司向"美国派遣轮执官员和管理人员的需要"。第三，国会立法中的监督机制不明确，执法不力。这是外籍临时技术劳工雇佣过程中，问题较多的最主要根源。因此，各地工会组织等利益集团不断

---

①　U. S. Congress, House of Representatives, "Immigration Act of 1990: Related Report", pp. 6723 – 6724.

②　U. S. Commission on Immigration Reform, *Legal Admissions*: *Temporary*, *September* 1997 (unpublished report), pp. 140 – 141.

③　U. S. Congress, House of Representatives, "Immigration Act of 1990: Related Report", p. 6723.

呼吁国会加强监督，保证劳工招聘过程中的公平性，同时，加强对美国劳工的技能培训，最大限度地保证土生劳工的基本权益。[①] 鉴于以上问题，国会在 1990 年移民法中还增设了一些保护美国就业市场、规范劳工就业的规定。同时，国会为吸引外国留学生，允许其在读期间做零工（详见第八章）。这些条款实施后，对于吸引更多的外国留学生、保护美国劳工的利益等，具有积极的意义。

二　对外来移民申请福利权的限制

1990 年移民法实施后，进入美国的外来移民走向呈两大趋势。第一种趋势是入境移民的技术构成较低，特别是专业技术人才的比例不高，甚至低于该类移民在总限额中的比例。然而，在 1991—1993 年，美国经济经过了战后少有的严重的经济萧条之后，进入了战后第二个高速增长的繁荣时期。在此期间，经济发展对劳动力的需求，与以往明显不同，特别是信息技术的迅猛发展进一步刺激了对技术劳动力的需求，其发展速度之快，远远超出了美国人才培养的供给能力。这在客观上对美国国会提出了修订移民政策、增加技术移民比例的要求。关于这个问题和美国国会的对策，笔者还要在下文中进行专门分析。

第二种趋势与非法移民相关。如前所述，在美国国会实施了旨在解决非法移民问题的立法之后，美国人仍然面临着巨大挑战。按照 1986 年移民法的规定，符合法律规定条件而获得赦免的非法移民人数超过 300 万人。他们获得在美国永久居留的资格之后，也将被计入国会规定的合法移民限额之中。正因为如此，才出现了美国外来移民统计中出现的、1990 年和 1991 年入境移民人数分别跃至 153. 58 万和 182. 66 万的历史顶峰。[②]

在地理位置上，加利福尼亚州位于美国的西海岸，是 1965 年以来亚洲国家和部分美洲国家移民的主要入境口岸，所以，伴随着亚洲和拉丁美洲

① U. S. Congress，House of Representatives，*Immigration and America's Workforce for the 21ˢᵗ Century*，p. 182

② United States Department of Homeland Security，*Yearbook of Immigration Statistics*：2011，p. 5.

移民人数及其比重的增长，加州自然而然地成为当代美国合法入境的移民与非法移民流向最密集的地区，其社会经济等方面受到了较大的影响。许多非法移民及其子女获得了合法居留资格后，因为享受了当地教育、有未成年子女的单亲家庭救济、医疗及住房等社会保障等方面的服务，因而增加了加州地方政府的福利性财政支出。为此，加州政府采取了两方面的措施，一是状告联邦政府，认为它在赦免非法移民之后，并没有对非法移民所在的地区予以一定的经济补偿，特别是福利财政方面的补偿；二是加州在 1994 年 1 月 8 日举行公民表决，结果，投票以 59% 票支持 41% 的反对，通过了具有加州宪法性质的"187 号"决议，禁止非法移民享受州政府提供的各种社会服务，要求地方各部门对所有申请者严加审查，若发现非法移民，向警察局报告。应该说，加州"187 号"提案并非空穴来风。按照 1990 年移民法中的规定，非法移民被赦免并获得了合法的移民资格之后，他们及其子女就可以享受教育、医疗、女性家庭单亲援助计划和失业保险等福利待遇，对于入不敷出的加州政府来说，这无疑是一个沉重的负担。据加州政府统计，1996 财政年度，该州为非法移民社会福利支出达到 26 亿美元，其中，中小学教育支出 17 亿美元、医疗保险 4.14 亿美元、因监禁服刑非法移民的支出 5.03 亿美元。此外，政府还为非法移民在美国生育的子女提供了 9.54 亿美元的支出，其中教育经费为 5.99 亿美元、贫困救济 2.78 亿美元、医疗保健 7700 万美元。即使扣除联邦政府提供的 7.32 亿美元，加州政府的支出仍达 28 亿美元。① 另据美国国家研究院（the National Research Council）在 1997 年的研究，每位外来移民家庭享受的州政府和地方政府的经济服务支出达到 3463 美元，对于加州的每位土生公民来说，意味着每年增加了 1170 美元的税收负担。这种经费支出并非因为移民享受的政府服务比土生的美国公民多，而是因为移民的家庭规模大、人口数量多。在各类公共机构中，最为突出的是学校。在加州，移民的生育率比土生加州人高 30%—40%，所以，移民集中在加州，增加了加州公立学校学生人数，其小学至高中的学生人数，在 1986—1996 年从 440 万人增加到 580 万人。这种增长的影响在社区学院和

---

① Nicholas Laham, *Ronald Reagan and The Politics of Immigration Reform*, Westport, CT: Praeger Publishers Inc., 2000, p. 159.

大学同样十分明显，其中以西班牙裔和亚洲裔较多。①

　　然而，加州通过的"187号"议决并没有任何内容涉及如何禁止非法入境的问题，因而一些美国学者认为，该决议的真正目的不是要禁止非法移民入境，而是要限制非法移民享受当地政府的福利。关于这一点，美国学者迈克·P. 史密斯认为，"187号"决议的主要目的是"尽可能允许更多的廉价劳工进入美国，但他们不能享受社会福利……这方面的费用，要让墨西哥政府承担"。② 尚且不论这种相互抵牾的措施能否有效，但最高法院在此前的一次判决，实际上使"187号"决议成为一纸空文。1992年，得克萨斯州禁止非法移民子女接受中小学公共教育，但联邦最高法院在普莱厄诉多伊（Plyer v Doe）案件的判决中认为，该州不能提供足够的证据说明，非法移民子女因接受教育而增加了该州经济的负担，因此该州法律违反了宪法第五条修正案中关于美国公民接受教育的平等权利。尽管非法移民的子女应该与其父母一起被驱逐出境，但这些子女无法左右其父母的行为。由于父母能在美国就业，其子女必然要在美国滞留，因此，得克萨斯州通过剥夺非法移民子女接受教育的机会，等于剥夺了他们将来为美国社会贡献的权利。法院的这种解释使地方政府失去了执法的依据。基于同样的理由，加州颁布"187号"决议违反了宪法，这在客观上又使政府的政策多了一个漏洞。③

　　得克萨斯和加州禁止非法移民享受地方政府福利的举措虽然失败了，但在1993年新闻媒体关于非法移民、世界贸易中心的爆炸案和美国中央情报局总部附近的枪声的报道，却加剧了美国民众对于外来移民的恐惧心理。这些事件都与"187号"决议一起，给华盛顿发出了一个信息：即要求禁止非法移民入境。社会上指责外来移民的各种声音不断，其原因是公众认为20世纪90年代美国经济的衰退是因为外来移民的失业问题引起的。同时，加州与得克萨斯等州状告联邦政府，指责其不为非法移民的教育、医疗保险等

　　① U. S. Congress, House of Representatives, *Immigration and America's Workerforce for the 21ˢᵗ Century*, p. 20.

　　② David Heer, *Immigration in America's Future: Social Science Findings and the Policy Debate*, Boulder: Westview Press, 1996, p. 69; Helene Hayes, *U. S. Immigration Policy and the Undocumented: Ambivalent Laws, Furtive Lives*, Westport, CT: Praeger Publishers Inc., 2001, pp. 131 – 132.

　　③ Nicholas Capaldi, *Immigration: Debating the Issues*, Amherst, New York: Prometheus Books, 1997, p. 148.

费用提供补偿。同时，境内非法移民人数的迅速增加，也使国会同样的呼声
日益高涨。对于这种"山雨欲来风满楼"的形势，美国的《基督教督报》刊
文指出，总统与国会处于"公众日益增长的、要求减少外来移民、加强边境
执法、遣返要求政治庇护的外籍人的压力之下"①。1995 年，一位参议院议员
在抨击美国移民政策时指出，仅仅禁止非法移民已经不能满足美国社会的需
要，还应该限制每年入境的合法移民，因为对美国各类劳工和大学毕业生来
说，"外来移民对他们的工资和个人的就业机会产生了负面影响"，另一方
面，外来移民对美国社会、经济、民族认同及国家安全等方面构成了较大的
威胁。有的学者也耸人听闻地指出："在 20 世纪 90 年代，美国的电视屏幕上
到处是恐怖的画面，增加了美国在世界上数百万非法移民面前无能为力的恐
惧感，到目前为止曾经保护美国免遭历史上最残酷战争的两大洋，面对一种
不同形式的入侵（按：非法移民），却突然变得十分脆弱。"在这种情况下，
在全国范围内"向非法移民问题开战"已成当务之急。②

　　虽然说上述舆论与评价多少有些夸张之嫌，可是，美国社会面临的严峻
形势是，每年试图入境的非法移民的确在增长，并且在 20 世纪 90 年代后期
再次进入了一个新的高潮。据一些美国学者研究，每年因为偷越国境而被扣
押的外籍人从 1991 年的 119.7 万人上升到 1993 年的 132.7 万人人的新高度。
尽管其人数在 1994 年略有降低，为 109.4 万人，但从 1995 年开始再次猛增，
并在 1997 年再次达到史无前例的 153.6 万人的高度。非法移民与合法移民有
一些惊人的相似之处。例如，在 1990 年以后入境的合法移民中，依然保持了
1965 年以来美国合法移民的特点，拉丁美洲和亚洲国家仍是美国外来移民最
主要的来源地区。在 1997 年入境的合法移民中，墨西哥移民占总数的 27%，
并与其他拉丁美洲国家的移民一起，合计占总数的 50% 以上，另有 27.1% 来
自亚洲，而欧洲和非洲移民仅占 20%。③ 在非法移民来源最多的 10 个国家
中，除波兰和菲律宾外，其余均为中美洲和北美洲国家，其中墨西哥的非法

---

①　Dilchoda N. Berdieva, *Presidential Politics of Immigration Reform*, p. 139.

②　Robert Suro, *Watching America's Door: The Immigration Backlash and the New Policy Debate*, New York: The Twentieth Century Press, 1996, p. 12.

③　Vernon M. Briggs, Jr., *Immigration and American Unionism*, Ithaca, Cornell University Press, 2001, pp. 127 – 143.

移民占美国所有非法移民总数的 54.1%，萨尔瓦多的非法移民占总数的 6.7%，危地马拉为 3.3%，加拿大为 2.4%，海地为 2.1%，菲律宾为 1.9%，洪都拉斯为 1.7%，巴哈马、尼加拉瓜和波兰分别占 1.4%，合占总数的 76.4%，绝对人数为 382 万。① 从非法移民进入美国后的区域流向看，两者也基本相同。例如，在 1994 年，合法移民流向最多的前 10 个州中，加州占 34%，纽约占 28%，佛罗里达占 9.2%，得克萨斯占 8.05%，伊利诺伊占 4.8%，新泽西占 4.8%，马萨诸塞占 2.6%，合占总数的近 92%，其他各州占 8.4%。② 在非法移民方面，加州占 40%，得克萨斯为 14.1%，纽约为 10.8%，佛罗里达为 7%，伊利诺伊为 5.8%，新泽西为 2.7%，亚利桑那为 2.3%，马萨诸塞为 1.7%，弗吉尼亚为 1.1%，哥伦比亚特区华盛顿为 1%，这些地区合占非法移民总数的 86.5%。③ 上述三个方面惊人的一致性说明，各国移民之间的流向和构成，既与这些州的经济发展状况具有密切的联系，也与移民过程中的民族网络联系有关。无论是合法还是非法移民，那些先来的移民在迁入地区居住一段时间后，将其所掌握的就业、住房及社会文化等信息传递给后来的移民，其中也包括非法入境者。

美国舆论媒体关于非法移民入境再次处于失控状态的报道，引起了社会各界对非法移民的关注。在各种对政府禁止非法移民问题中无所作为的谴责声音中，美国各界围绕合法移民问题的争论也越来越激烈。在当时，最值得关注的一件事情是：在 1994 年美国国会和总统选举中，共和党赢得了两院中的多数席位。同时，由于民主党在移民政策的改革上迟迟不愿意表态，特别是在加州竞选的时候，没有对加州的"187 号"提案作出回应。这就意味着共和党在控制国会的情况下，围绕移民问题的辩论开始向右转。在此时的美国国会，多数议员首先考虑的是如何禁止外来移民入境后就享受美国政府的福利。但是，克林顿政府担心，美国国会保守性的改革措施会激怒拉丁美洲国家，进而影响美国对该地区的外交政策。到 1994 年，在了解到拉美国家对美国移民改革不会作出强烈反应的时候，特别是当克林顿政府认识到"敌视移民的反弹开始在全国迅速增长"的时候，克林顿总

---

① Helene Hayes, *U. S. Immigration Policy and the Undocumented*, pp. 4 – 5.

② Robert Suro, *Watching America's Door*, p. 19.

③ Helene Hayes, *U. S. Immigration Policy and the Undocumented*, pp. 4 – 5.

统开始考虑颁布带有排斥性的立法。1994 年 3 月 28 日《华盛顿邮报》刊文指出："行政当局官员正在几个方面试图重新控制关于移民的辩论。"克林顿考虑的问题之一，是在福利改革一揽子计划中限制外来移民享受福利的权益，许诺移民将不会被纳入医疗保险的改革范畴之中。换句话说，此时的克林顿政府已经下定决心，禁止外来移民入境后享受美国政府为美国人提供的各种福利计划。① 但是，对于此前已经入境的移民及其子女，克林顿还是持有一种比较开明的态度。他说："如果你拒绝向孩子们提供医疗照顾，就会给全社会制造医疗卫生的危险；如果剥夺了这些孩子们的教育，他们仍然在美国，而且没有办法让他们离开美国，他们就会流落街头，增加社会犯罪的危险，其他反社会的行为也会随之而来……我不认为这（按：加州"187 号"提案）解决问题的好办法。"② 在这种形势下，一些国会议员向国会提交议案，要求制定更加严厉的政策。他们指出，政府政策不应该是纯粹禁止非法移民，还应该限制每年入境的合法移民，因为大量合法移民对美国的非熟练劳工、大学毕业生和熟练劳工等许多群体构成了极大的威胁。"对于太多的美国劳工来说，外来移民的影响包括对美国劳工的工资和个人就业机会产生了负面的影响。"美国民众对于政府限制外来移民的政策失去了信心。移民在各方面改变着美国社会，因此，需要对美国的移民政策进行根本性的改革。③

　　美国国会经过激烈的辩论后，于 1996 年颁布了《非法移民改革与移民责任法》。它规定：（一）禁止非法移民享受政府在住房、医疗、保险、教育及贫民救济等方面的福利，他们应该"依靠自己的能力、他们的家庭、担保人以及私人组织的资源"，来满足自己的需要。（二）成立新的调查局，专门负责调查那些以合法身份入境但滞留不归的外籍人。凡在就业、福利和公共安全等方面，对社会构成负担或威胁的外籍人，将被驱逐出境；对于那些明知非法移民身份但仍雇佣其就业的企业主，实施 5 年以上的监禁；走私非法移民者或参与类似组织者，首次违法者将被监禁 10 年，再犯者将被监禁 15 年以上；伪造移民证件者，将被监禁 15 年；

---

① Dilchoda N. Berdieva, *Presidential Politics of Immigration Reform*, p. 148.

② Ibid. , p. 150.

③ Robert Suro, *Watching America's Door*, p. 10.

涉及毒品走私者将被监禁 20 年；从事恐怖活动者将被监禁 25 年以上。（三）增加对移民局的预算，在入境口岸和境内建立一套新的识别个人身份的设备系统，加强边境检查、拘留及驱逐非法入境者的力度；对于那些被扣押的非法入境者，建立指纹档案，以便机器能鉴别。为此，在 1997—2001 年，移民局将每年增加 1000 名巡防人员，使其总人数达到 1 万人。另外，在同期每年增加 300 名雇员以加强后勤保障。① 但是，法案中的有些条款存在着明显的矛盾性。例如，关于地方执法权方面，法案规定各州"在确定外籍人接受公共救济的资格时，应该采取可以利用的最少的限制性手段，保证外籍人在按照国家移民法规定的自力更生的前提下，推进政府利益"②。这里明确界定了各州在执行联邦法律时的义务，但又没有说明地方政府在执法中，究竟有哪些自主性权利及其最高限度。这种矛盾性规定，极大地削弱了联邦法律在地方实践中的有效性。更为致命的是，在该法案颁布后，最高法院依据其在普莱厄诉多伊案中的判决，认为 1996 年法案中禁止非法移民享受政府福利的规定是违宪的，所以，1996 年法案实施后，非法移民问题依然如故。

有的学者在评价这个问题的时候指出，美国国会限制外来移民享受教育、失业保险等权利，是一种排外主义的表现。在某种意义上，这种说法有一定道理，但也不完全准确。因为该项立法中，与之并行不悖的另一个内容是：（1）美国国会经过多年的激烈辩论，终止了实施长达半个世纪的对未成年子女家庭援助（AFDC）计划，取而代之的是实施了一个《贫困家庭临时援助计划》。它在鼓励贫困单亲家庭组成双亲家庭的前提下，限制了女性单亲无期限地申领福利的机会，鼓励有未成年子女家庭的母亲就业工作。（2）该法案中还实施了一项针对各类残疾人的就业计划。也就是说，当美国国会在限制外来移民享受福利的权利的同时，也在约束着美国本土居民享受政府福利的权利和机会，在总体上体现了美国政府和社会多年来追求的"工作福利"的原则。③ 当然，上述限制外来移民享受美国政府福利的条款，也同样适用于

① Michael LeMay and Elliott R. Barkan, *U. S. Immigration and Naturalization Law issues*, pp. 304 – 305.

② Nicholas Capaldi, *Immigration：Debating the Issues*, p. 148.

③ 参见梁茂信《美国人力培训与就业政策》，第396—447 页。

有专业技术移民。类似于这样并非直接针对专业技术人才移民的法律，在本章其他内容的论述中也同样涉及。

三　H-1B 劳工计划的调整

1990 年移民法实施后，美国迎来了历史上前所未有的移民高潮。从具体年份看，每年入境移民的规模起伏波动甚大。如前所述，因受 1986 年移民法赦免大量非法移民的影响，他们也被纳入每年的合法移民之中，所以，在 1990 年和 1991 年入境的合法移民分别达到了美国历史新高。从 1992 年开始，每年入境的合法移民人数略有下降，甚至到 1999 年一度下降到 64 万人左右，但是，在 1991—2000 年入境移民人数累计达到 908 万，超过了 20 世纪最初 10 年间入境移民的近 800 万的数字。① 从 20 世纪 90 年代入境移民的渠道和类别看，"就业类移民"的数量及其在入境移民总数中的所占比例并不高（表 5.1）。

表 5.1　　　　1993—2011 年美国入境的就业类移民及其各子项统计 ②

年度	总数（万）	就业类移民	就业类移民（%）	首位劳工	高学历与特殊才能移民	熟练工、职业人士与非熟练工	特殊移民	投资移民
1993	90.42	147012	16.26	21114	29468	87689	8158	583
1994	80.44	123191	15.31	21053	14432	76956	10406	444
1995	72.04	85336	11.85	17339	10475	50245	6737	540
1996	91.59	117499	12.83	27501	18462	62756	7844	936
1997	79.83	90607	11.35	21810	17059	42596	7781	1361
1998	65.44	77517	11.85	21408	14384	34317	6584	824
1999	64.47	56678	8.79	14844	8557	27920	5072	285
2000	84.10	106642	12.68	27566	20255	49589	9014	218

---

① U. S. Department of Homeland Security, *Yearbook of Immigration Statistics*：2008，p. 5.

② 在上述表格中，1993—1998 年数据来源于 U. S. Department of Justice, U. S. Immigration and Naturalization Service, *Statistic Yearbook of the Immigration and Naturalization Service*，2000，p. 27；1999—2008 年的数据来源于 U. S. Department of Homeland Security, *Yearbook of Immigration Statistics*：2008，p. 18. 表中"就业类移民"的比例为笔者计算所得。

续表

年度	总数（万）	就业类移民	就业类移民（%）	首位劳工	高学历与特殊才能移民	熟练工、职业人士与非熟练工	特殊移民	投资移民
2001	105.89	178702	16.88	41672	42550	85847	8442	191
2002	105.93	173814	16.41	34168	44316	88002	7186	142
2003	70.35	81727	11.62	14453	15406	46415	5389	64
2004	95.78	155330	16.22	31291	32534	85969	5407	129
2005	112.22	246877	22.0	64731	42597	129070	10133	346
2006	126.61	159081	12.56	36960	21911	89922	9539	749
2007	105.24	162176	16.41	26697	44162	85030	5481	806
2008	110.71	166511	15.04	36678	70046	48903	9524	1360
2009	113.08	140903	12.46	40924	45552	40398	10341	3688
2010	104.20	148343	14.23	41055	53946	39762	11100	2480
2011	106.20	139339	13.11	25251	66831	37216	6701	3340

　　在 1993—2002 年，就业类移民占年度入境移民比例，有三个年份保持在16%左右，也有三个年份保持在11%左右，甚至在1999年下降到9%以下。若将视阈扩展到2011年，最高的2005年也没有超过22%。这就是说，在多数年份，入境移民中的实际技术构成还没有达到1990年移民法规定的"就业类移民"所占总限额比例的20%。如果将家庭团聚类移民中的高学历人才计算在内，可能效果会更好一些。例如，在1996年，"就业类优先入境原则"下入境的移民不多，只占3763名自然科学家中的60%、3281名数学家中的62%、8278名护士中的50%，4764名教师中的33%。总之，在当年入境的7.52万名高学历移民中，有34%是按照就业类移民入境优先权入境的，另有约2/3是在家庭团聚等条款下入境的。这就是说，在就业类优先入境原则之外，入境的移民不全是非熟练劳工，其中还有大量的专业技术人才移民。① 正因为如此，家庭团聚条款在一定程度上弥补了"就业类移民"中专业技术人才比例较低的短板，结果是在20世纪90年代入境移民中，外来移民的学历构成接近了美国人

---

　　① U. S. Congress, House of Representatives, *Benefits to the American Economy of a More Educated Workforce*, p. 13.

的平均水平，特别是在本科以上学历的比例，超过了同龄美国人的平均水平。①
另一方面，1990 年移民法实施之后，每个年度入境的移民中，就业技能较低的
熟练工和非熟练工毕竟占绝大多数，这种技术结构使美国移民政策成为社会各
界诟病的主要对象。正因为如此，大约是从 20 世纪 90 年代中期开始，随着美
国经济的复兴和快速发展，特别是就业市场对专业技术劳工的旺盛需求，美国
社会各界关于改革移民政策的呼声再起，这个问题的争论和 21 世纪初期美国国
会关于移民政策的改革问题，笔者将在下一章中展开论述。

　　在 20 世纪 90 年代繁荣发展的美国经济中，信息产业技术一马当先，
成为拉动美国经济发展的龙头产业。相应地，就业市场上对信息技术人才
的需求骤然增加，这种趋势在 1995 年以后更加明显。然而，入境的外籍技
术劳工数量很难满足就业市场需求。例如，在 1991—1996 年入境的移民
中，拥有计算机专业学士学位的移民人数不超过 8.4 万人，而在入境的临
时劳工中，拥有计算机专业学士学位的劳工达到 29.93 万人。在这种条件
下，当企业无法雇佣到国内劳工的时候，国会通过增加 H - 1B 劳工人数就
成为唯一的选择。然而，由于需求旺盛，移民局每年发放的 H - 1B 劳工签
证数量供不应求。国会规定每年 6.5 万名 H - 1B 临时劳工限额，每年都出
现"透支"现象。例如，1996 年，入境的 H - 1B 劳工人数实际上已经超过
当年规定的限额，其中有 2800 人是借用 1997 年限额才入境的。到 1997
年，同样的现象再次发生，其入境劳工人数中有 3800 人是借用 1998 年限
额入境的。② 到 1997 年 11 月份，移民局宣布，当年 6.5 万名限额已经被用
完。这种供不应求的现象加剧了美国用人企业的恐慌心理。各地企业也采
取相应的措施，提前向移民局申请下一年度的限额。可是，到 1998 年 5
月，形势更加严峻，当年的限额就已经被用完。这种现象年复一年地出现，
令排队等待申请批复的企业感到失望。于是，美国各地的大型企业，特别
是以微软公司、英特尔公司和苹果公司等信息产业中的龙头企业，纷纷致
函美国政府和国会，要求增加临时劳工限额，以解经济发展对 H - 1B 劳工
要求的燃眉之急。1998 年，包括微软公司在内的、美国最大的 14 家企业总

---

① 梁茂信：《当代美国外来移民的学历构成分析：1965—2000 年》，《史学集刊》2011 年第 1 期。

② U. S. Congress, House of Representatives, *Immigration and America's Workforce for the 21*st *Century*, pp. 181 – 182.

裁联名致函国会，信中指出："如果不增加 H－1B 计划的限额，就等于限制了美国公司增长与创新的能力，它同样会限制美国劳工可以利用的就业岗位的增长……如果不提高 H－1B 劳工计划的限额，就等于……将人才（按：国际留学生）逐出我们的国家，是对我们的竞争对手的帮助……这可能意味着美国在全球高技术领域领导地位的丧失。"[1]

此外，随着临时劳工的数量增长，企业雇佣环节中的争议日益增多。因为"现行的法律并没有要求美国的企业主保证不解雇美国劳工"，美国政府也没有采取具体的行政措施，防止企业主用 H－1B 劳工替代美国劳工，从而加剧美国社会的失业率。从 1993 年开始，白宫和劳工部就要求国会颁布修正案，以解决上述问题，但是国会一直无动于衷。[2] 直到 1998 年，在企业界的推动下，美国国会经过了短暂的激烈辩论，颁布了《1998 年美国竞争力与劳工改进法》，10 月 21 日，克林顿总统签署了该项法案。按照国会的解释，1998 年法案颁布的逻辑依据是："当美国的业主发现，如果不增加技术劳工来源，他们的企业就无法增长与创新，并在全球市场上竞争，那么，美国的业主将面临更加严峻的困境。"在该项法案实施后，国会认为美国就业市场上的技术劳动力供求矛盾应该会得到缓解。可是，在实践上，由于美国经济持续繁荣发展，每年的 H－1B 劳工签证依然供不应求。国会发现，各地企业发展对"技术劳工的需求已经超过了当初预期"。到 1999 年 6 月份，当年的 H－1B 劳工限额已经告罄。按照移民局的解释，如果它批准所有申请，必然会全部占用 2000 年限额。对此，一些国会议员再次呼吁国会修正 H－1B 劳工计划，扩增其年度限额。国会的一份报告中在呼吁增加 H－1B 劳工签证数量时道出了当时的困境："当前，我们的企业主无法雇佣到技术人员的困难，是一个短期和长远的问题。美国需要立即增加其雇用技术人员的渠道，以满足当前的需要。然而，为从长远保证满足美国的需要，美国的教育系统必须培养更多的、愿意并有能力进入要害领域的青年人，我们必须增强我们的其他培训能力。这样，更多的训练有素的

---

[1] United States Congress, Senate, "American Competitiveness in the Twenty-First Century of 2000: Senate Report 106－260", pp. 937, 943.

[2] U. S. Congress, House of Representatives, *Immigration and America's Workerforce for the 21st Century*, p. 42.

美国人才能保证，美国具有领先的地位和在全球市场上的竞争力。"① 不言而喻，国会报告中道出了美国在人才培养方面的窘境。一方面，它在批评美国的教育系统未能培养出美国经济发展所需要的人才；另一方面，人才培养又是一个缓慢的过程，即使美国各地高校倾尽全力，加大人才培养力度，也不能打破人才培养的规律。因为教育发展和人才培养的规模总是滞后于经济发展。而且，即使如此，还是远水解不了近渴。在这种背景下，美国国会在 1998 年法案有效期即将结束的时候，又颁布了《21 世纪美国竞争力法案》。

综观《1998 年美国竞争力与劳工改进法》与《21 世纪美国竞争力法》中的主要内容，其政策特征可以概述如下：第一，将每年 H－1B 劳工入境人数从 1990 年移民法中的 6.5 万人提高到 11.5 万人，保证在 1998 年、1999 年和 2000 年入境的 H－1B 劳工人数都不低于这个标准。到 2001 年，其人数减少至 10.75 万人，2002 年再返回每年 6.5 万人的规模上。② 在《21 世纪美国竞争力法》中，国会规定，在 2001—2003 年，每年 H－1B 劳工入境限额提高到 19.5 万人。到 2004 年，再恢复到每年 6.5 万限额的水平上。然而，在 2004 年 10 月，美国公民资格与移民局宣布，2005 年限额已经被用完。③ 按照这样的逻辑，从 2006 财政年度开始，每年将再次会出现"透支"下一年度限额的现象。到 2006 年 8 月份左右，美国移民局再次宣布，2007 财政年度的 H－1B 限额已经被用完。这种现实就意味着这样一个事实：即美国的公司在长达 16 个月的时间内无法再雇佣到需要的专业技术人才。有鉴于此，在 2005 年，美国国会通过了一项特殊规定：在每个年度的 6.5 万 H－1B 限额的基础上，每年再预留 2 万 H－1B 劳工限额，以备

① United States Congress, Senate, "American Competitiveness in the Twenty-First Century of 2000: Senate Report 106 – 260", p. 934.

② United States Congress, "American Competitiveness and Workforce Improvement Act of 1998", in *United States Code*, *Congressional and Administrative News*, 102nd Congress, 2nd Session, Vol. 2, St. Paul, MINN: West Group. 1998, p. 641.

③ U. S. Congress, House of Representatives, *Should Congress Raise the H – 1B Cap? Hearing Before the Subcommittee on Immigration*, *Border Security and Claims of the Committee on the Judiciary*, *House of Representatives*, One Hundred Ninth Congress, Second Session, March 30, 2006, Serial No. 109 – 95, Washington D. C.: U. S. Government Printing Office, 2006, p. 2.

急用。这些限额将被发放给在美国高校获得学位并且已经接到美国企业聘书的国际留学生。①

美国国会在调整 H－1B 劳工数量的同时，也对其聘用程序和方法等规则作了缜密的规定。例如，国会在 1990 年移民法中规定，H－1B 劳工的最低学历必须是学士学位。劳工入境后，"在聘任时期的工资至少不低于所在地区通行的工资标准"。受聘者的工作条件"将不会对相同职业岗位上就业劳工工作条件产生消极影响"。雇主申请雇佣 H－1B 劳工的时候，应说明准备雇佣人数和待聘岗位类型、工资水平和工作条件等。企业在按照法定程序提出雇佣 H－1B 劳工申请之当日内，必须在驻地附近，公开招聘申请和附件证明，以便接受政府和社会相关利益群体的质询。劳工部在受理申请后进行调查，处理并调查投诉，核实申请表格及其文件证明。若劳工部认定各项申请、附件证明和聘用程序等均符合法律规定，可签署同意意见，若有违法行为，则对雇主罚款，每违例一次，罚款 1000 美元，若有违法犯罪行为，将移交司法部审理。②

在 1998 年法案中，国会规定：（1）在申请雇佣 H－1B 劳工的合同生效之前和之后的 90 天之内，不得解雇美国土生劳工，也不得将被雇佣的 H－1B 劳工转入另一家公司，并造成土生劳工的失业。（2）在准备雇佣 H－1B 劳工之前，雇主不得传播误导性信息，必须将准备招聘 H－1B 劳工的岗位广而告之，表明其工作条件、要求和待遇等，确定土生劳工或合法移民中无人应聘。（3）被雇佣者必须有硕士及其以上学位，年薪不少于 6 万美元，公司员工总数不少于 25 人。每家企业雇佣 H－1B 劳工人数最多不得超过 7 人。③（4）雇主必须保证，雇佣 H－1B 劳工的工资标准和工作条件符合所在行会的"普遍标准"，而被雇佣的 H－1B 劳工，其素养和专业技能，必须高于土生美国人，

① United States Senate, *U. S. Visa Policy: Competition for International Scholars, Scientists, and Skilled Workers, Hearing Before the Subcommittee on Immigration, Border Security and Citizenship of the Committee on the Judiciary*, United States Senate, One Hundred Ninth Congress, Second Session, Serial No. J－109－105, Washington D. C. : U. S. Government Printing Office, 2007, p. 33.

② U. S. Congress, House of Representatives, "Immigration Act of 1990: Related Report", pp. 5020－5023.

③ United States Congress, "American Competitiveness and Workforce Improvement Act of 1998", pp. 642－643.

若具有相同素养的美国土生劳工在竞聘过程中受到不公正的待遇,他（她）就可以投诉雇主。(5) 在申请和雇佣H－1B劳工的过程中,如果雇主有任何误导性和欺诈性行为,将受到法律的惩罚和罚款,罚款额度最低不少于5000美元,最多可达3.5万美元,罚款总额和禁止参与H－1B劳工雇佣申请的年限依据企业违法雇佣外籍劳工人数总量累计。凡违反国会立法规定的雇主,3年内不得参与申请H－1B劳工计划。同时,在雇佣H－1B劳工之后,不得通过延长工时、增加工作量或者克扣工资等任何形式压榨和剥削H－1B劳工;另一方面,若H－1B劳工在被雇佣期间违反美国的法律,也将受到惩罚,然后被驱逐出境。① (6) 国会将美国的企业划分为"H－1B计划劳工依赖型"和"不依赖型企业"。前者指大中型企业,H－1B劳工不超过企业职工总量的15%,而后者,特别是雇员人数约为20人左右的企业,H－1B劳工人数不得超过7人,如果企业雇员累计在26人以上、50人以下,H－1B劳工人数不得超过12人。② (7) 通过H－1B计划带动美国劳工的培训。1998年立法规定,凡是雇佣H－1B劳工的企业,必须缴纳首次入境签证费（500美元）、签证延期更新申请费（500美元）和更换雇主申请签证费（500美元）,如果这三种手续同时发生在雇佣同一位劳工的同一位雇主身上,雇主就必须缴纳1500美元的费用。这一笔费用将通过美国劳工部和国家科学基金会的安排,用于资助美国的在校学生和劳工在岗培训。其中,56.3%用于美国劳工的技术培训,28.2%用于资助高校数学、工学和计算机科学专业的学生奖学金,培养更多的学生热爱理工科专业。8%用于中小学的教学改革和奖学金,剩余部分用于项目管理费,其中劳工部的管理与执法费用占总额的6%,国家科学基金会占1.5%。③

更重要的是,国会在《1998年美国竞争力与劳工改进法》第418款中规定,美国国家科学基金会主席将负责"分析未来10年内技术劳工市场的需求",内容应包括:(1) 技术与信息技术行业的各家公司对劳工的技术需求

---

① United States Congress, "American Competitiveness and Workforce Improvement Act of 1998", pp. 646 – 647.

② United States Congress, Senate, "American Competitiveness in the Twenty-First Century of 2000: Senate Report 106 – 260", pp. 938 – 939.

③ Ibid. , pp. 935, 940.

与高校学生专业教育的对接和学生就业需求，保证各层次学生的专业知识与市场需求的对接。（2）美国的教育系统、企业和政府部门应该协商，着力改善美国的数学、科学、计算机和工科领域的教学水平，保证美国高校毕业生充分就业。（3）美国专业技术劳工在海外就业的人数与趋势。（4）包括数学、科学、计算机、英语和历史学科内，美国中学生与外国学生之间的差异。（5）重点探讨理工科领域，美国高校学生与外国学生的差异和根源分析。（6）高技术行业对外籍劳工的技术需求及其对美国经济、高校、劳工、雇主和消费者的影响。（7）美国的高技术行业为满足某些海外特殊市场而必须采纳的技术和产品调查。（8）美国的制造业和金融业，在向海外投资的趋势和规模及其对美国就业市场的影响。上述报告不应晚于 2000 年 10 月 1 日之前提交给国会。同时，美国商业部、劳工部、总统经济委员会、联邦预算与管理局、美联储州长委员会主席等内各级单位和成员，都应及时地向国会提交报告，说明 H－1B 劳工计划对美国经济的影响。①

　　在《21 世纪美国竞争力法案》中，国会关于企业主雇佣 H－1B 劳工的程序未作变动，而是在原有的基础上增加了如下几条：第一，每年入境的 H－1B 劳工计划不受国别限制，签证发放按照先来后到的原则进行。此外，关于"就业类移民"签证的申请，如果一个国家的限额没有用完，则"可以不考虑其人数限制"而继续发放。这两项规定的意义在于：第一，有利于充分利用每年的 H－1B 签证限额，允许来自申请较多的国家（例如中国和印度）劳工的申请。如果不增加这一条款，中国和印度可能会因为其申请者人数过多而受到限制，而其他国家则因为限额没有用完而导致签证闲置浪费。第二，如果企业对 H－1B 劳工在受聘期间的工作感到满意，即使在合同期满 6 年而无法再延聘，雇主可以代表 H－1B 劳工申请永久性居留美国的资格。若获得批准，被雇佣者则可转换为永久性移民，并且获得了将来申请美国公民的资格。这项规定对吸引外籍人才具有重要的意义。第三，虽然 H－1B 劳工入境后最长的工作时间不超过 6 年的规定保持不动，但在处理方法上更加灵活。例如，企业在雇佣 H－1B 劳工时，既可以申请一次性聘用，也可以分期聘用。若一次性聘用 6 年，只需提交一次申请，但是，同一名雇主雇佣同一名

---

① United States Congress, "American Competitiveness and Workforce Improvement Act of 1998", pp. 656－657.

劳工，即使是分开为两次雇佣，只能算占用一个限额。若属于延聘申请，也不重复计算。这项规定实际上有助于简化申请程序，提高申请手续环节上的工作效率，有利于充分发挥每一个限额应有的作用。

四　国会频繁调整 H－1B 劳工计划的原因

在 20 世纪 90 年代后期，美国国会频繁颁布立法，增加 H－1B 劳工限额，加强其雇佣环节和程序的规范化和透明化管理，所有这一切都有其诸多的促成因素。首先，如前所述，在各项吸引外来人才的计划中，唯有 H－1B 劳工计划在实践上的应用性、雇佣环节中的自由性、社会性以及灵活性程度最高，其他所有的临时劳工计划都不具备这些特点。同时，国会在调整该项计划年度限额规模的过程中，表现出的灵活多样性，也表明该计划作为一项张弛自如的计划，是美国国会用来回应技术劳工供需变化的最有力的杠杆。

当然，从更加广泛的社会经济语境下看，促成国会调整临时劳工计划最主要的根源还在于美国经济的繁荣发展。在 1993 年美国经济走出萧条之后，迎来了长达 118 个月的高速增长期。这也是第二次世界大战后美国历史上，继 20 世纪 60 年代之后美国经济发展最好的第二个 10 年。与以往不同的是，在这一次的经济发展中，最主要的动力来自于信息与网络技术产业的发展。由于计算机和与之相关的各种操作软件涉及经济活动领域、教育系统、政府部门和社会服务各个部门，其应用引起了办工业的革命和人们工作方式的革命性变化。通信、联络、产品设计、科技创新、文字编辑、动漫设计，等等，人们工作和生活的方方面面，都与电脑软件产生了密切的联系。因此，社会上对信息与网络技术的需求与日俱增。在它的带动下，不仅涌现出一批新兴行业，而且，传统的产业也焕发出新的生机。表现在商品市场和就业市场两个层面上，出现两头紧缺的情况，一方面是生产环节中相关的计算机劳工的短缺，另一方面是消费市场对计算机设备软件和硬件的巨大需求。后者成为前者供求关系的矛盾根源。有学者认为，从 1988 年以来，到 90 年代末期，美国经济发展创造的 1700 万个就业岗位中，有 2/3 属于专业技术和管理型工作岗位，在 1995—1998 年美国经济的发展创造了 600 万个岗位，有 500 万个岗位属于初次进入就业市场的劳工，另有 100 万人来自失业者。① 还有的学者认为，从 1986—2006 年，美国新增 3960 万个就业岗位，增长 35.6%，而对技术劳工增长的需求达到 940 万，增长 69%，是就业总量增长的 2 倍。技术岗位的增长导致了某些行业的劳工短缺问题更加严重。此外，除了信息技术劳工严重短缺之外，还存在着其他职业技术劳工的短缺问题。有资料显示，在广大的农村地区，出现护士和医生不足，而教育系统出现数学、物理和化学教师的不足。技术劳工的短缺可能会影响到一些地区或行业的经济增长，而有些行业受到影响后，可能会对地区性和全国性经济的增长产生巨大的影响。例如，根据美国商业部的估算，在 20 世纪 90 年代中期，信息技术产业对美国经济增长的贡献率达到近 1/3，与此同时，全国出现了计算机前所未有的巨大市场。在 1993—1998 年，全美各地对计算机设备的投资占工业投资的 50% 左右。②

在这种背景下，与计算机相关的产业和就业市场，成为最引人注目的行业。例如，在 1990—1995 年，计算机编程服务岗位从 15.24 万增加到 37.1 万，增长了 144%，半导体制造业岗位从 24.24 万增加到 28.5 万，增长了 18%。在各个行业中，工资增长最快的也是计算机行业。在 1990—1997 年，美国劳工的平均年薪从 4.48 万美元增长到 5.31 万美元，增长了 19%，但是，电子计算机制造业的工资从 1990 年的 5.64 万美元增长到 7.04 万美元，增长了 25%，软件制造业的工资从 5.66 万美元增长到 7.96 万美元，增长了 41%，计算机终端制造业的平均工资从 5.2 万美元上升到 6.35 万美元，增长了 22%。③

从各方面的信息和资料看，在 20 世纪 90 年代美国经济的各行各业中，信息技术产业发展成为拉动美国经济发展的主要动力。在此前提下，美国各个行业呈现出一种非均衡式的增长态势，其中最能说明这一深刻变化的

①　United States Congress, Senate, *High-Tech Worker Shortage and U. S. Immigration Policy*, pp. 87 – 88.

②　Lawrence A. West, Jr., Walter A. Bogumil, Jr., Edward B. Ridolfi, "Foreign Workers as a Strategic Staffing Option [and Executive Commentary]", *The Academy of Management Executive* (1993), Vol. 14, No. 4 (Nov. 2000) p. 71; http://www.jstore.org/stable/4165686. (2009 年 6 月 3 日下载)

③　U. S. Congress, House of Representatives, *Benefits to the American Economy of a More Educated Workforce*, p. 51.

例子，是信息技术产业中的龙头企业的职工人数的增长。例如，在1990—1997年，美国在线公司职员从116人增至7371人，增幅达6254%。海湾网络公司职员从774人增至5960人，增幅670%，从事互联网设计与制造的西科系统公司职员从254人增加到1.1万人，增长4231%。康柏克电脑公司职员从1.14万人增加到3.26万人，增长了186%。戴尔电脑公司职员从1500人增至10350人，增幅达到590%，英特尔职员从2.39万人增加到6.37万人，增长167%。视窗软件的设计与制造业的霸主——微软公司则从5635人增加到2.22万人，增幅达到295%。生产硬盘的锐德赖特公司职员从893人增加到2.3万人，增幅达到2488%。① 这些公司职工人数的增长，从一个侧面见证了20世纪90年代美国信息技术产业发展，说明了它们在20世纪90年代美国经济发展中的拉动作用非同一般。

在许多行业中，企业对信息技术劳工的需求之旺盛、市场潜力之大、职业之诱人，以至于许多其他从事非计算机技术或者非信息技术专业的大学毕业生，都选择从事了信息技术产业的工作。甚至在一些行业，还吸收了那些没有接受过正规学历教育的计算机人才。例如，在1998年，美国的计算机与信息科学行业就业的人员达到了64.12万人以上，其中有1.03万人没有大学学士学位。在拥有学位的63.10万人中，计算机和信息技术专业的毕业生占有学位人数的25.8%，工商管理专业的人员占13.97%，社会科学专业占12.34%，应用数学专业占5.17%，心理学占3.82%，经济学占3.54%，教育学占3.76%，政治学占2.84%，物理学占2.20%。显然，这种学科门类庞杂、专业背景千差万别的结构，构成了这个时代信息技术就业队伍的基本特点。这种现象在计算机编程类职业、电子/电气和计算机工程类的就业劳工中也十分普遍。例如，在计算机编程类职业就业的20.49万劳工中，5502人没有学士学位。在有学位的19.94万劳工中，计算机科学占38%，应用数学占17.02%，工程学占12.58%，物理学占6.53%。同样，电子/电器和计算机工程类就业人员中，总计有57.86万人，其中1.19万人没有学士以上学位。在有学位的56.64万人中，工程学占47.10%，其中电子、电器和计算机工程科学占5.56%，计算机和信息

---

① U. S. Congress, House of Representatives, *Immigration and America's Workerforce for the 21ˢᵗ Century*, p. 168.

科学占 10.40%，应用数学占 6.05%，工程技术占 4.79%，机械工程占 2.50%，工商管理 2.28%，人文学科占 2.08%。①

信息技术行业从业人员的这种"万科牌"特征，一方面，源于信息技术的超常规发展速度，超出了就业市场劳动力供给的能力。另一方面，也是因为美国各地高校培养能力有限，包括计算机信息、编程和硬件处理等方面的毕业生供不应求。总体来看，由于美国大学理工科专业的生源日益萎缩，每年培养的毕业生人数呈下降趋势。例如，在 1990 年美国高等院校授予的各类学位达到 190 万，1996 年上升到 220 万，增长了 16%，但是，技术类专业的毕业生从 21.8 万下降到 20.7 万，下降了 5.1%，其中，工科专业的毕业生从 7.39 万下降到 7.14 万，减少了 3.1%，工程技术从 5.85 万减少到 4.93 万，下降了 16%，计算机科学从 4.51 万减少到 4.48 万，相反，商业信息专业的毕业生从 1.3 万增加到 1.61 万，增长了 24%，数学专业的毕业生从 2.1 万减少到 1.91 万，减少了 9%，物理专业的毕业生本来就不多，从 7300 人减少到 6900 人，减少了 5%。② 令美国的决策者和企业感到窘迫的是，美国高校培养能力滞后于就业市场需求的问题，并非在短期内就能破解。例如，在 1996—2006 年这 10 年间，美国高校培养的计算机与信息技术专业的毕业生累计不超过 25 万人，仍然不能满足实际需求。在 1986—1995 年美国高校计算机科学专业本科生减少了 42%，从 1997 年入学的学生看，到 2001 年，美国各地高校毕业的计算机专业的学生数量仍然无法恢复到 1986 年的水平。显然，人才不足的问题，不仅影响到公司的经济的增长，实际上也制约着美国经济在全球经济中的竞争力。诚然，美国企业每年为劳工的培训花费了大量的人力和资金，其绝对额度达到 2100 亿美元，但是，仅凭企业培训无法解决就业市场对正规学历教育培养的专业人才的需求问题。据美国国家学者的研究，中学阶段的教育令人担忧。因为美国的学校就"没有给予学生们需要的足够的教育"。据美国研究院的分析，到 20 世纪 90 年代末期，美国 3/4 的高中毕业生不能通过大学一年

---

① U. S. Congress, House of Representatives, *Immigration and America's Workforce for the 21ˢᵗ Century*, pp. 180 – 181.

② U. S. Congress, House of Representatives, *Benefits to the American Economy of a More Educated Workforce*, p. 57.

级数学和工科专业的考试。"不幸的是,许多高中生甚至放弃了努力。"这种趋势意味着美国人才培养链条上不可避免地出现断层,必然导致美国高校理工科专业生源的萎缩。随之而来的问题是,高校毕业生中,理工科专业的毕业生供不应求。在 1994 年,全美大学毕业生中,仅有 12% 的人出自理工科专业。①

由于供求关系链条中的脱节日益严重,技术人才供不应求的矛盾必然会进一步加剧,就业市场围绕人才的争夺也会越来越激烈。到 1997—1998 年,美国各地的"就业形势是如此的充满竞争力",不少地方出现了明争暗斗式地抢夺人才的"战争"。"在马萨诸塞理工学院,前来招聘劳工的公司超过了每年毕业生的数量。"这种现象在其他高校普遍存在。② 在 1997 年,美国微软公司向各地派遣了 80 多名技术劳工招募人员,他们分散在美国各地 200 所大学校园,长期设点宣传其招聘计划与工作待遇。此外,该公司还每年派专门人员参加各地的就业洽谈会,同时,该公司专门建立了网站,设立了人才专栏,定期公布公司需要招聘的各类人才及要求。尽管该公司在招聘国内劳工方面"付出了极大的努力",可是实际招聘的劳工人数不到预定目标 2900人的 50%。于是,该公司利用各种渠道招揽人才,同时,其代表在各种公开场合,呼吁政府加大引进 H-1B 劳工的计划。该公司在国会听证会上的代表指出:"雇佣 H-1B 劳工非常耗时、昂贵,雇佣 H-1B 劳工常常是我们公司的最后一招。然而,我们离不开这些劳工。因为尽管我们为雇佣美国劳工付出了极大的努力,但是我们一直无法雇佣到能满足我们要求的劳工。尽管信息技术工业竭力在培训美国劳工方面做出了巨大的努力,微软公司用于培训的费用达到了 5 亿美元,可是,我们目前存在雇佣不到需要的劳工现象。"为了保证能雇佣到更多的合格劳工,微观公司计划,在中学、大学和社区学院为 10 万名学生提供职业培训,为 25 万名劳工提供岗位培训,其中也包括妇女、残疾人和少数民族。③

---

① "Statement of Hon Spencer Abraham, A U. S. Senator from the State of Michigan", in U. S. Congress, Senate, *The High-Tech Workers Shortage and U. S. Immigration Policy*, pp. 6, 8.

② United States Congress, Senate, "American Competitiveness in the Twenty-First Century of 2000: Senate Report 106 – 260", p. 945.

③ "Statement of Michael Murry, Vice President for Human Resources and Administration at Microsoft", in U. S. Congress, Senate, *The High-Tech Workers Shortage and U. S. Immigration Policy*, pp. 17 – 18.

　　经济高速发展当然是众望所归的事情，但是，当各家公司为发掘和雇佣劳动力而感到犯难的时候，美国各家调研机构的结果，加剧了各企业的紧张心理。调查结果显示，20 世纪 90 年代中期以来的经济高速繁荣发展还会持续到 21 世纪。例如，美国商业部预测，在 1996—2006 年美国将会面临劳工短缺的现象。在这 10 年间大约需要 130 万信息技术产业的劳工，平均每年大约 13.78 万人。在同一时期，美国经济发展创造的岗位达到 113.4万，另有 24.4 万岗位属于劳工退休或者跳槽而空余出来的岗位。在各个行业中，增长最快的是计算机系统分析，其岗位将从 1996 年的 50.6 万增长到 2006 年的 102.5 万，增幅达到 103%，而所有行业仅增长 14%。此外，计算机科学家和工程师岗位将从 42.7 万增加到 91.2 万，增幅达到 114%，计算机编程岗位将从 56.7 万增加到 69.7 万，增幅达到 23%，在该行业新增岗位仅为 12.7 万，同时还有 17.7 万岗位是因为劳工退休和跳槽而空出来的岗位。当然，从更广泛的领域看，类似于金融、交通、通信、房地产和商品批发与零售等都传统服务业将创造出大量的与信息技术相关的岗位。到 2006 年，美国全国服务业内的工作岗位中，计算机系统分析、科学家和工程师等职业增幅达到 177%，计算机编程岗位为 47%。相反，在制造业方面，计算机工程师、科学家和计算机分析师的岗位增长缓慢，大约在44%，而计算机编程职业岗位甚至可能会减少 20%。[①]

　　面对美国商业部的预测，美国其他的一些机构也纷纷推出自己的调查报告。虽然调查重点和对未来预测的乐观程度各有不同，对美国经济增长和就业市场的劳工供给增长的预测，可谓大同小异，但是，对未来经济增长带动人才需求预测的共识是毋庸置疑的。例如，美国信息技术协会的调查表明，1997 年美国有 19 万个技术岗位待聘，涉及职业包括网络计算机、系统开发、信息系统管理、个人电脑服务。报告中指出，"确凿的事实表明，信息技术的岗位增长已经超过了人才的培养，在计算机和软件相关的职业中，技术劳工的短缺尤其突出"。从长远看，信息技术劳工短缺可能会削弱美国的技术发明、竞争和生产力以及经济增长。信息技术是当代经济中最重要的能动性技术（enabling technology），在数字化产品、服务和数据

---

①　U. S. Department of Commerce, Office of Technology Policy, "Update: America's New Deficit", pp. 126 - 127.

处理等方面，会影响到美国的每个行业。信息技术可能会成为未来许多重要产品、服务和数据处理系统的基础。在接受美国信息技术协会调查的公司中，70%的公司都把劳动力短缺看作未来公司发展的主要障碍。被调查的公司都一致认为，技术劳动力不足是影响公司未来增长的核心因素之一。若按照先后顺序排，这个问题位列经济条件、利润、税收或资本投资不足等议题之前，属于亟待解决的问题。①

　　但是，也有一些学者对信息技术行业劳工工资水平变化进行分析后，提出了相反的观点。美国城市研究院经济学教授罗伯特·勒曼（Robert Lerman）教授认为，美国商业部夸大了技术劳动力短缺的程度。从信息技术劳工的增长判断，各行业增幅不同。例如，计算机科学领域的劳工在1988年为50万，1994年越过80万大关，1997年超过120万。计算机编程在1988年为60万，1990年略有下降，达到58万，1997年达到60万。操作研究员（operation researcher）则始终保持在20万左右。再从工资看，如果劳动力短缺，其行业工资就会迅速上涨，从而会吸引其他行业的劳工。但从各方面数据看，劳工工资并没有迅速上涨。在1988—1994年，所有专业技术劳工的工资水平都比较稳定，平均每周工资在700美元以上，1994—1997年明显增加，达到750美元以上。即使在信息技术行业本身，不同职业的工资水平也不同。计算机科学家的工资，在1988—1991年每周在880—920美元，到1997年平均都在900—930美元。这种以行业工资增长判断就业劳工规模扩张的潜力与增长空间的观点，在其他研究人员的报告中得到了同样的体现。有学者对美国500家计算机公司进行了调查，结果发现，在1995年和1996年，该行业劳工工资分别上升了7.7%和8%，《计算机杂志》也对美国26种信息技术职业的工资进行了跟踪，发现有11种职业的工资在1996—1997年增长了10%以上，其中，计算机分析师的工资增长了15%以上，计算机编程人员增长了11%，计算机系统开发人员的工资也增长了10%以上。美国劳工部劳工统计局的报告分析显示，计算机分析师在每周工资的中位数收入（median weekly earnings）平均在1000美元左右，每小时工资25美元。此外，由于信息技术行业劳工的工资增长并不那么引

---

① U. S. Department of Commerce, Office of Technology Policy, "Update: America's New Deficit", p. 131.

人注目，该行业的劳工流动性极高。例如，在1988年，计算机科学和数据处理职业中有48.4万劳工，到1993年，有21.5万人已离开原有工作岗位，在45万计算机编程人员中，有20万离开了原有的工作岗位。上述数据表明，信息技术产业的发展的确很强劲，但是对劳工需求的程度并非像有些学者说的那样严峻。①

上述资料表明，第一，20世纪90年代后半期开始，乃至于到21世纪初期，美国技术劳工的短缺问题的确存在，但是，关于短缺程度的认识存在着差异。第二，美国国内高校人才培养能力与就业市场需求之间脱节，即使通过加强对劳工的技术培训，仍然不能有效地解决问题。第三，移民政策中的技术劳工引进力度，不足以应对美国就业市场的需求。据哈德逊研究院（the Hudson Institute）的预测，从短期效应看，如果美国技术劳工短缺问题得不到解决，会导致美国经济的增长率下降5%，绝对收入会减少2000亿美元以上。从长期效应看，由于高科技行业占90年代美国经济年均增长率的30%，该行业劳工短缺给美国经济发展造成的损失可能会远远高于上述数字。② 另据美国商业部预测，信息技术劳工短缺可能会削弱美国在重要市场上的绩效表现。在全球范围内，计算机、软件和信息服务的全球市场价值已经达到2770多亿美元。美国作为信息技术的主要生产者和供应者，充足的信息技术劳工对美国在上述领域占据主导性地位至关重要。③ 美国政府和民间的各种调查和分析，得到了美国参议院司法委员会主席奥伦·哈奇（Orring G. Hactch）的支持。他在1998年2月25日主持国会听证会的开幕词上指出，美国多数高科技企业的共识是："在全球市场上，技术劳工不足已经成为制约美国企业发展和竞争力的主要障碍。"在他的家乡犹他州，高科技劳工的短缺已成科技产业发展的"潜在的首要障碍"，对于美国全国而

---

① "Prepared Statement of Robert Lerman", in United States Congress, Senate, *High – Tech Worker Shortage and U. S. Immigration Policy*, pp. 81 – 82, 87 – 88.

② "Statement of Hon Spencer Abraham, A U. S. Senator from the State of Michigan", in U. S. Congress, Senate, *The High-Tech Workers Shortage and U. S. Immigration Policy*, p. 7.

③ U. S. Department of Commerce, Office of Technology Policy, "Update：America's New Deficit", p. 131.

言，如果联邦政府不采取对策，美国的高科技产业将面临"真正的危机"。①

社会各界的呼声和国会专业委员会负责人的观点，为国会颁布增加临时科技劳工的立法创造了有利的舆论条件。然而，当国会议员的工作进入立法条款的酝酿和构建阶段的时候，各方的分析与争议再次展开。究竟将 H－1B 劳工计划的规模提高到何种程度，如何在保证满足美国就业市场需要的前提下，避免美国劳工的利益受到损害。例如，美国劳工部部长助理指出，随着 20 世纪 90 年代美国经济增长，就业市场的刚性特征日益增强，劳工供不应求现象日益突出。但是，待聘岗位数量和劳工不足之间的临界点究竟在何处，社会各界的认识仍然模糊不清，有些岗位的出现源于劳工的流动或退休，而解决技术劳动力不足的正常渠道是发展学历教育，加强对在岗劳动力的技术培训。这也是美国联邦政府、企业和教育界共有的责任，企业也在竭力改善工作条件，提高劳动工资，加强对劳工的技术培训。可是，当劳工接受技术培训之后，他们也会根据市场需求变化，寻找薪水更高、工作条件更加优越、职业前景更好的岗位。② 对于 H－1B 计划中存在的问题，也需要改革。关于这一点，民主党资深议员爱德华·肯尼迪认为，外来移民对美国社会、经济和科技事业发展，作出了"许多非凡的贡献"。如果没有无数外籍人才的到来，美国就不可能"在信息技术产业中，享有在国际上的领导地位"。H－1B 临时劳工计划作为美国引进外籍技术人才的一项计划和对美国移民政策的补充，的确发挥了积极的作用，但是，它在实践上也存在着一些问题。他指出："现行的签证分类结构中缺乏灵活性，不能确定当务之急，以满足我们最紧迫的职业的需求。H－1B 计划覆盖了广泛的职业类别，从时装模特到外科医生，从拥有市场准入技术的计算机编程人员到大学教授。掌握独特技术的计算机编程人员，与掌握市场准入技术（entry-level skill）的人，享有同样的优先权，而最先拿到签证的人是首先提交申请的人。"③ 对于肯尼迪的评判，国会

---

① "Opening Statement of Hon. Orrin G. Hatch, A U. S. Senator from the State of Utah", in United States Congress, Senate, *High-Tech Worker Shortage and U. S. Immigration Policy*, p. 1.

② "Statement of Raymond J. Uhalde, Acting Assistant Secretary for Employment and Training, U. S. Department of Labor", in U. S. Congress, Senate, *The High-Tech Workers Shortage and U. S. Immigration Policy*, pp. 10－11.

③ "Statement of Hon. Edward Kennedy, A U. S. Senator from the State of Massachusetts", in United States Congress, Senate, *High-Tech Worker Shortage and U. S. Immigration Policy*, pp. 4－5.

许多议员纷纷表示认同。他们也认为有必要通过新的立法，解决就业市场劳动力不足和 H-1B 计划中存在的诸多问题。

综上所述，在 20 世纪 90 年代，以信技术息产业为核心的经济发展，带动了美国经济的繁荣发展，而经济发展中，各个行业对信息技术人才的需求之旺盛，促使美国国会不断在呼吁加强本国人才培养的同时，加强了对临时劳工计划的引进力度。而 H-1B 劳工计划中诸多的问题，加上它作为美国各类临时劳工计划中最能灵活应对就业市场变化的特殊性质，使得该计划成为美国满足经济发展对高技术人才需求的有效杠杆，从而为美国社会经济的发展，开辟了宝贵的吸引技术劳动力资源的新途径。

第六章

跨世纪的辩论与新世纪的改革

在 1990 年移民法实施之后的 20 年间，美国政府和社会各界，围绕美国移民政策体系的改革，展开了长达十多年的辩论。在讨论的内容中，除前文提到的关于如何限制非法移民享受政府福利和增加以 H－1B 为标志的临时技术劳工等问题外，核心议题就是加强边界安全，加大吸引外籍专业技术人才的政策力度。虽然社会各界中，多数人主张对现行移民政策进行改革，但是，在如何改革的问题上，因争论问题甚多，分歧较大，结果导致改革移民政策的步伐越趄不前。虽然在 2008 年美国总统大选中获胜的黑人总统巴拉克·奥巴马明确表示，支持国会改革移民的政策，但是，到 2013 年初，他才将其作为核心政纲内容之一。

一　关于移民政策服务宗旨的定位与批评

如前所述，美国国会在颁布 1990 年移民法的时候，要求成立一个移民政策改革委员会，重点考察 1990 年移民法的实践效果和其中存在的问题。该委员会在 1992 年成立之后，经过 5 年的调查，最终在 1995—1997 年陆续完成了多卷本调查报告。从报告内容看，它十分全面，其中不仅涉及移民政策的总体框架、服务宗旨和行政管理中存在的诸多问题，而且还涉及外国留学生、各类临时劳工计划、合法移民、难民和非法移民，等等。就外来移民而言，报告对 1990 年移民法实施后的效果，给予了积极的评价，认为在美国历史上，特别是 1965 年以后入境的外来移民，对于美国社会、经济、科技和文化事业发展作出了积极的贡献。在许多"城市绝望的环境中"，"大批外来移民来到洛杉矶、纽约、旧金山和迈阿密等城市，对中心城市的增长和多样性作出了贡献。"这些调查报告中也提到说："在外来移民集中的地区，他们常常建立新的企业，并通过从事其他能够创造就业机会的活动，对城市的街区和商业区复兴起到了促进作用。"从家政、社会服务、餐饮、医院，家具、电器、肉类包装以及建筑等许多行业，都能看到外来移民的身影。在 20 世纪的美国，有许多外来移民就是诺贝尔奖获得者、著名的发明者、企业领导、艺术家、体育明星，他们都对美国经济的繁荣和社会发展作出了"无法估量的贡献"。①

但是，在分析 1990 年移民法的框架、实践效果和入境移民技术构成的时候，移民政策改革委员会的报告认为，每年入境的移民规模过大，应予以适当削减，人数应限制在 55 万左右，家庭团聚类移民应该从 48 万减少至 40 万，就业类移民从 14 万减少到 10 万，难民从 9 万多减少到 5 万，取消多样性计划之下的 5 万移民限额。这样，每年入境移民人数会比已有的每年 72.5 万移民的规模减少 17 万人。此外，在实行新的改革之前，允许有一个 5—8 年的过渡期，在过渡期内每年的移民人数保持在 70 万人。建议中的计划和实施方案具体如表 6.1：

表 6.1　　　　　　　关于每年入境移民规模建议和改革目标②　　　　单位：万

类别	现行移民政策限额分配		提议的移民限额分配	
	提议方案	数量限制	1996 年预测	5—8 年过渡期
核心家庭移民	48.0	48.0	55.0	40.0
技术类移民	14.0	10.0	10.0	10.0
难民	视情况调整	9.0	5.0	5.0
多样性移民	5.5	5.5	0.0	0.0
每年总数	67.5	72.5	70.0	55.0

从上述内容中可以看出，与 1990 年移民法中的总体框架和原则相比，移民政策改革委员会的核心思想基本没有变化：第一，从概念上看，虽然"核

---

① U. S. Commission on Immigration Reform, *Legal Immigration*, pp. 20, 24.

② Ibid. , p. xii.

心家庭"的范围比 1990 年移民法中的界定更加狭窄，仅限于美国公民和合法
外侨的外籍父母、配偶和未成年子女，但是，家庭团聚类移民所占的限额比
例却没有减少，仍然占"5—8 年过渡期"总限额 70 万中的 78.57% 和"提议
的最终方案"的 55 万限额中的 72.72%。这就是说，1990 年移民法中确立
的、以家庭团聚类移民占据绝对优势的基本格局没有变化。美国国会之所以
如此倚重于家庭团聚条款，是因为它在实践上具有一种双重功用：（1）它可
以在人道主义的光环下，促进美国公民与外籍亲属的家庭团聚。"家庭重新团
聚在一起，有益于美国社会和经济利益……促进了家庭成员的稳定、健康和
生产力。"① 家庭作为社会的基本单位，其和谐与安定对于美国的社会安定具
有十分重要的影响，同时，通过家庭在物质上和精神上提供的帮助与支持，
可以避免给国家和社会增添不必要的经济负担。（2）从人才吸引的作用看，
每年在家庭团聚条款下入境的专业技术移民数量，并不比"就业类"条款下
入境的专业技术人才少。因此，在移民政策改革委员会看来，在现行移民政
策中，保持家庭团聚条款及其所占限额比例，是一种理想的选择。

　　第二，在表 6.1 中，"5—8 年过渡期"和"提议的最终方案"栏目中，
技术类移民年均规模保持不变，均为 10 万，但是，技术类移民在"5—8 年
过渡期"的限额分配中，其所占年度限额比例为 14.28%，小于 1990 年移
民法中的比例，但是，它在"提议的最终方案"中，将其限额分别提高到
18.18%。这个比例仍然略低于 1990 年移民法中的就业类移民的比例。但
是，为了加强美国企业的竞争力，保持美国在全球科学技术和经济发展中
的领先地位，它建议国会：（1）允许企业主进入全球劳动力市场，挑选最
优秀的美国急缺的技术人才。（2）鼓励国内外企业的投资活动，或者创办
新的企业，保证美国的企业在国内和国际上获得需要的劳动力资源。
（3）为美国国内的劳工提供保护，避免因为外来移民技术劳动力的到来而
加剧他们的失业。（4）鼓励并且监督企业主，保证其在可能的条件下雇佣
美国劳工。雇佣劳工的宣传活动应面向全国展开，同时，促进企业主加大
投入，加强对美国的劳工的培训。在具体的操作上，委员会提供的政策性
思考与现行的政策基本相同。不同的是，报告中建议取消引进非熟练劳工

---

① U. S. Commission on Immigration Reform, *Legal Immigration*, p. 31.

的计划。它指出："本委员会建议终止引进非熟练劳工。……允许非熟练劳工入境，不符合国家利益。当美国经济难以吸收处境不利的劳工的时候，当福利改革表明许多美国土生劳工即将进入就业市场的时候，尤其如此。"此外，委员会还建议，对于那些雇佣外国劳动力的企业，应该征收管理费用，用来培训美国的土生劳工。这种做法旨在提高企业雇佣外籍劳工的成本，使得他们在可能的情况下不再雇佣外来劳工。报告中指出："为展示对外籍劳工的切实需求，增强美国劳工的竞争力，要求雇主支付相当的费用。也就是说，为已注册的私有行业提供相当的金融投资，实施增强美国劳工竞争力的措施——例如，通过教育和培训。"[1] 显然，在移民政策改革委员会提出的建议中，除压缩年度移民规模之外，并未见到有关移民政策特别是关于人才战略方面的结构性创新。1965 年以来确立的、在 1990 年移民法中确认的政策原则都被继承下来。尽管它建议减少非熟练劳工，加大对本土劳工的培训，但是，如何限制非熟练劳工，每年入境人数究竟应保持在什么程度上，报告中却只字未提。

移民政策改革委员会的报告公布之后，美国学界和社会将 1990 年移民法实施后所引发的社会性和学术性批评推向了一个新的高度，从而在 20 世纪末期的美国社会，掀起了新一轮的全国性大辩论。在这场长达十余年的辩论中，有些问题随着国会立法的颁布得到了解决。例如，在 1996 年，美国国会颁布了限制外来移民申领政府福利的立法。1998 年和 2000 年国会先后两次颁布了调整临时劳工计划的立法。此外，国会还在《21 世纪美国竞争力法》中，对 1990 年移民法中的"就业类移民"条款也做了修正。按照1990 年移民法规定，每年就业类移民的限额为 14 万，这一类移民和包括家庭团聚类移民在内的所有移民一起，各国每年限额不超过 5 万。但是，在《21 世纪美国竞争力法》中，国会规定，废除就业类签证的国籍限制的目的，就是要"终结这些限制性条款对于某些亚太国家移民限制的歧视性效果"。国会之所以这样做，就是因为它认识到，按照国籍分配每年就业类的14 万签证，不利于那些申请者较多的国家（如中国和印度）的移民申请，因而对美国的企业寻找永久性的劳工会产生一种妨碍性作用。国会在颁布

---

[1]　U. S. Commission on Immigration Reform, *Legal Immigration*, pp. xxi – xxii, xxiv – xxv.

立法的时候解释说："该项条款的本意是，如果可以利用的签证不足以满足合格的申请者需求，就可以用这一条款，在不同国家的申请者重新配置限额。本项法案将终止这种限制，除非对签证的需求表明14万限额已经用完。在这种情况下，国籍限制的原则仍然将保留。它作为一种调配机制，其使用方式如下：如果按照国籍限制的原则，发放了每个季度的就业类移民签证之后，就业类移民签证仍然没有用完，在发放剩余移民限额的时候，不再考虑申请者的国家来源。"[①] 显然，这项改革有利于充分利用已有的移民限额，吸引更多的外籍人才为美国社会与经济的发展服务。

然而，国会上述改革并未触及移民政策体系的基本宗旨和原则。因而在实践上也没有改变每年入境移民中，技术类移民比例偏低、低学历移民比例偏高的格局。在这种情况下，1990年移民法和移民政策改革委员会建议的改革方案，仍然是众矢之的，要求改革移民政策的呼声，在1996—1997年和2000年以后再次兴起。

就学术界而言，长期致力于移民问题研究的学者，对于移民政策中关照技术类移民不足的批评一直不绝于耳。在1990年移民法实施后不久，著名移民劳工史经济学家小弗农·布里格斯就指出，1990年移民法是"先天性畸形，设计上有欺骗性，时间选择不佳，并带有种族主义问题"。他的意思是：1990年移民法是在1990—1993年美国经济陷入衰退的时候开始生效的。当本土劳工纷纷失业的时候，大批的低学历移民却蜂拥而至，加剧了美国下层劳工，特别是黑人等少数民族劳工的社会失业率。国会强调家庭团聚、淡化人才吸引条款的法律原则，与美国经济发展的需要格格不入，因而1990年移民法丝毫不能被认为是一项符合美国国家利益的法律。它延续并扩大了移民限额制度中最糟糕的特征，同时又增添了一些具有反作用的甚至是损害黑人等少数民族等下层劳工利益的不道德的条款。[②] 在20世纪90年代，布里格斯在许多公开性场合，都对移民政策持有一种尖刻的批

---

① United States Congress, Senate, "American Competitiveness in the Twenty-First Century of 2000: Senate Report", p. 954.

② Vernon M. Briggs Jr., "The Immigration Act of 1990: Retreat from Reform", *Population and Environment*, Vol. 13, No. 1 (Fall, 1991), p. 89; http://www.jstor.org/stable/27503225. (2012年12月20日下载)

评态度。他在 90 年代末期发表的《终止无赖政策》一文中指出："移民政策被特殊利益集团和一些有自己私有利益纲领的组织所绑架。他们很少关注自己的利益目标是否与国家利益一致。结果，移民政策成为一项无赖政策，它不考虑对经济和人口后果而奢侈地运行着。控制移民政策已经成为国家的当务之急。"移民作为劳工是一个经济性问题，但由于"移民涉及人口而非产品的流动，任何分析政策与国家利益一致性的努力，其核心就是移民对劳务市场产生的后果。尽管移民是一个经济问题，而 1965 年之后的史实证明，这种公共政策很少是以国家利益为基础的"①。他在对 1990 年以来入境移民的结构、就业率、贫困率及其对美国社会的影响进行分析后指出，由于低学历劳工人数多，就业难度大，因而他们的到来加剧了美国社会的失业率。1997 年，在非熟练劳工、农场劳工和操作员等低技术岗位上工作的移民劳工占外来移民的 45%，移民的失业率达到了 7.4%，而美国本土劳工仅为 4.9%，具有高中以下学历的移民失业率是 9.8%，美国土生人为 14.5%。这种结果表明，移民对美国就业市场的影响导致了本土劳工就业困难。因此，他呼吁改革美国移民政策，批评美国的"决策者们对于美国目前现行的移民政策的产物——工资和收入不平等或劳工市场畸变等——漠不关心。它们对于人口产生的长远影响是显而易见的。……外来移民带来的代价，最终会积少成多，移民政策具有的重塑性的力量将会继续影响美国的命运。公共政策中的毒素终将被切除。这一天来得越早，对这个国家就越好"②。

与此同时，自从 20 世纪 80 年代末期以来就一直关注外来移学历构成的哈佛大学经济学和社会政策教授乔治·伯哈斯（George J. Borjas）也认为，由于美国移民政策中过分强调移民的家庭团聚制度，结果导致入境移民的学历结构偏低。他指出："家庭团聚制度的弊端是：它生成的裙带关系不利于有技能的移民比例的提高。"进一步而言，低学历移民的增多必然会引起与美国劳工的职业竞争，加剧美国社会业已存在的不平等现象。无论是土生美国人还是外来移民，失业者的增多也会引起美国政府福利支出的增长。与注重家庭团聚条款的移民政策相比，吸引人才的政策对美国经济发展会产生巨大的

①　Vernon M. Briggs, Jr. , "Reining-In a Rogue Policy", pp. 613 – 614.

②　Ibid. , pp. 619 – 620, 627.

推动作用。因为技术移民的劳动技能可以创造的商业利润和向政府缴纳的税收都比较高,对于美国经济和国民财政收入等各方面都有积极的作用。因此,国会应该放弃家庭团聚条款,采纳类似于加拿大和澳大利亚那样的积分制度。通过技术类移民在科技和经济创业中的带动作用,"实现土生人口经济利益的最大化",在不刺激社会贫富差距的条件下,最大限度地擢升美国国民物质生活的富有程度,这就要求美国在移民政策中严格控制低学历的移民劳工入境。从逻辑上讲,实现这个目标的必由之路就是必须彻底地改革移民政策。①

另一方面,美国伊利诺伊大学经济学教授、著名移民史学家巴瑞·奇斯威克(Barry Chiswick)也对 1990 年移民法持有批评态度。他认为,国会没有对人才吸引政策给予足够的重视。在 20 世纪 90 年代多次参加国会听证会的时候,他的这种观点一直没有改变。他在 2000 年出席听证会的时候指出,自 1990 年以来,随着经济全球化的一体化程度的加强,美国经济的繁荣与发展依赖于美国科学技术的竞争力。高技术对于美国维持国际竞争力变得至关重要,然而,1990 年移民法只是"在这个方向迈出了小小的一步,象征性的认识到了改革移民政策的需求"。他虽然不否认美国移民政策中家庭团聚和难民法条款承载的人道主义的义务和原则,但是,在 1990 年移民法中,国会将过多的限额分配给家庭团聚和难民类条款,压制了美国需要的高技术人才比例,而非熟练劳工却越来越多。"这些移民的到来,牺牲了美国人的利益",受到冲击最大的是美国的下层劳工。他们在就业市场和福利分配方面遇到了低学历移民的激烈竞争。② 还有学者认为,1990 年移民法中确立的"就业类移民"制度已不能满足美国经济发展对杰出人才的需要,它已经发展成为"官僚体制的噩梦"。它"只是在偶然地与广义上的美国利益有关联"。它关注的是短期目标,填补那些确定美国劳工短缺的就业岗位,对美国劳工的保护也未取

---

① "Statement of George J. Borjas, Professor of Economics and Social Policy, Kennedy School of Government, Harvard University", in U. S. Congress, Senate, *Employment-Based Permanent Immigration: Examining the Value of a Skills-Based Point System*, *Hearing of the Committee on Health, Education, Labor, and Pensions*, *United States Senate*, One Hundred Ninth Congress, Second Session, Washington D. C.: U. S. Government Printing Office, 2007, pp. 13 – 16.

② U. S. Congress, House of Representatives, *Benefits to the American Economy of a More Educated Workforce*, pp. 13, 16.

得令人满意的效果。①

　　从美国智库的角度看，他们对 1990 年移民法也持有批评的态度。例如，兰德公司在《经济变化中的外来移民》中指出，低学历劳工数量的增长和低薪就业机会的减少，导致美国就业市场非熟练岗位的竞争日益加剧。"在美国经济和移民政策之间，当前出现了一种愈演愈烈的分离趋势：移民政策产生了一股学历低下的移民。我们明确建议修改现行政策，提高外来移民的学历水平。"② 美国哈德逊研究院人力开发中心主任理查德·朱迪（Richard W. Juddy）指出，美国移民政策中强调以家庭团聚为核心的人道主义政策已经过时，因为它在实践上面临着两个方面的困难。第一，在以信息技术为标志的美国新经济出现持续繁荣增长的时期，就业市场对专业技术人才的需要供不应求；第二，在美国自己已拥有大量熟练与半熟练劳工的同时，移民政策中的家庭团聚条款将会引进更多的低学历、低技能劳工，其就业能力和生产力水平都比较低，无法胜任高技术工作岗位的需要。在经济萧条的时期，低素质劳工供给过剩会导致大批土生和外籍劳工的失业。政府实施救济就意味着美国政府的失业救济、医疗照顾和其他福利计划财政支出的增加，因而加重了美国政府的经济负担。因此，国会应该改革移民政策，提高对外来移民文化与专业技术素质的要求，将家庭团聚政策放在次要位置，使移民政策更好地服务于美国经济的发展的需要。③

　　在国会两院，也不时地能够听到要求改革移民政策、压缩家庭团聚年度限额的声音。例如，美国参议院司法委员会所需"移民、准民与边境安全特别委员会"主席约翰·科宁（John Cornyn）在国会指出："美国的大学、公司和政府机构为争夺人才，发动了一场全球性的战争。但从各方面看，我们的移民法规和政策却将我们置于竞争的不利地位……要保持我们在经济、技术和军事领域的优势，美国需要积极地为争夺全球的人才而竞争。"④ 同样，

①　Demetrios G. Papademetriou and Stephen Yale-Loehr, *Balancing Interests*, pp. 13 – 15.

②　U. S. Congress, House of Representatives, *Immigration and America's Workerforce for the 21ˢᵗ Century*, p. 3.

③　U. S. Congress, House of Representatives, *Benefits to the American Economy of a More Educated Work-force*, pp. 24 – 25.

④　"Opening Statement of Hon. John Cornyn, A. U. S. Senator from the State of Texas", in United States Senate, *U. S. Visa Policy*, p. 1.

移民与投诉特别委员会主席拉马尔·史密斯（Lamar Smith）在国会指出，在 20 世纪 90 年代入境外来移民中，35% 的人（绝对人数超过 300 万）没有高中学历，这与新增工作岗位中 90% 都要求至少有高中以上学历的实际背道而驰，意味着美国移民政策在运作和核心原则上出现了严峻的问题。因此，美国应该强调吸收具有高技术人才移民。他援引美国制造业协会主席的话说："技术雇员的短缺不再是一个遥远的威胁。技术差距现在正在加大，并可能威胁过去 10 年来的惊人的增长和生产力。寻找充足的合格的劳工是当今美国工业面临的头号问题。"美国的制造业中有 88% 的企业正在面临着合格雇员不足的问题，60% 的在岗职员缺乏最基本的数学基础，55% 的职员存在着对岗位基本技能理解不到位的问题。由于美国外来移民成为当代美国劳工的一项重要来源，提高外来移民的技能事关重大。所以，如果不修改移民政策，严格控制低学历移民入境规模，美国在将来会每年花费数百亿美元用于外来移民的教育、医疗和各种救济福利。为此，他呼吁道："我们应该将我们的移民政策与美国的利益结合起来。经济呼吁更多的高学历劳工。解决劳工供应最容易也最省钱的办法之一，就是改革移民政策。对于所有的美国人而言，就意味着更多的机会。"①

二 关于移民积分制利弊的辩论

有意思的是，在社会各界围绕移民政策改革辩论的过程中，纷纷提到了加拿大和澳大利亚等国家的积分制度。于是，积分制就成为这场辩论中引人注目的核心话题之一。例如，美国学者 B. 林赛·洛威尔（B. Lindsay Lowel）认为，加拿大和澳大利亚等国积分制，因将行政管理的权力交给了行政部门，因而"积分制度的诱惑力是它能对当务之急较快地作出反应"，能更加有效地吸引外国人才。②哈佛大学经济学教授伯哈斯认为，采纳类似于加拿大和澳大利亚那样的积分制，吸引更多的优秀人才，可以在避免增加政府救济负担的前提下，增加政府岁入。如果技术类移民的比例从当时的 30% 提高

---

① U. S. Congress, House of Representatives, *Benefits to the American Economy of a More Educated Workforce*, pp. 3–4.

② B. Lindsay Lowell, *Foreign Temporary Workers in America*, p. 40.

到100%，那么，移民对美国社会和美国国民年收入增长的贡献率就会提高4倍。因为在基础设施和生产资料不变的条件下，劳动力技术构成的提高会促进经济生产效益的明显提高。此外，技术类移民对就业市场具有一种功能性分配的效果。大批外来技术移民到美国之后，他们会增加技术劳动力供给，削弱美国劳工的竞争力及其工资增长的要求，相应地，技术劳工的工资增长要求就会被抑制，劳动力极端性的工资结构就会消失。① 著名的移民史学家巴瑞·奇斯威克也建议，在保留难民和家庭团聚条款中的人道主义原则的同时，可以借鉴加拿大和澳大利亚的积分制，强调个人能力、学历、技术专长、职业经历和英语熟练程度等因素。如果夫妻两人都是高学历，而且在入境前已被美国公司录用，可获得额外加分。对于申请家庭团聚的移民，若其就业技能符合规定，则可以入境；若其学历和技能不达标，则要求其在美国的亲属提供不少于为期5年的经济担保，期间不得享受美国的福利待遇。他接着指出："澳大利亚和加拿大都奉行以生产力为基础的积分制度，这些都是未来可以借鉴的参考。加强对入境申请人可能对美国经济的贡献，会提高外来移民的技能，扩大选择移民来源的国家范围。"② 拥有1500家企业会员的美国企业和工业委员会代表指出，制定类似于加拿大的积分制是"最受欢迎的举措"，有利于大幅度增加技术类移民的供给。政府应实施根据就业市场需求而不断灵活调整的人才引进政策，在经济繁荣发展时期增加技术类移民限额，在经济衰落或萧条的时期减少其入境人数。这样可以对症下药、量体裁衣，避免因盲目引进而对就业市场造成无谓的竞争和压力。③ 这种思考的前提是，美国专业技术人才的主要来源是美国的人才培养体系，通过移民政策引进外来人才，只是其有效补充。同时，增加技术劳动力供给，有利于企业充分利用劳动力资源，抑制劳工工资的过快增长，保证企业最大限度地获得利润。这是其出发点，也代表了美国

① "Statement of George J. Borjas, Professor of Economics and Social Policy, Kennedy School of Government, Harvard University", in U. S. Congress, Senate, *Employment-Based Permanent Immigration*, pp. 14, 16.

② U. S. Congress, House of Representatives, *Benefits to the American Economy of a More Educated Workforce*, pp. 15 – 16.

③ "Statement of Alan Tonelson, Research Fellow, U. W. Business and Industry Council Educational Forum", in U. S. Congress, Senate, *Employment – Based Permanent Immigration*, p. 24.

多数企业的心声。

从现有史料看，有关积分制的建议，先后于 1981 年和 1988 年两次提交到美国国会。20 世纪 80 年代之后，每逢国会举行听证会讨论移民政策改革的时候，都会出现建议采纳积分制的呼声。从战后欧美各国移民史看，积分制于 60 年代发端于加拿大，之后到 70 年代，澳大利亚和新西兰等国家也采纳了积分制。到 90 年代末期，英国也将积分制纳入其移民政策之中。

由于加拿大与美国为邻，同样有着吸引外来移民和技术人才的历史。特别是加拿大国土面积庞大，居于世界第二位，但是人口规模和增幅始终较小。在第二次世界大战后，加拿大把吸引外来移民看作其人口和劳动力补充的重要来源。从 20 世纪 60 年代开始，加拿大就实施并不断完善积分制政策。该项政策经过多年的实践与积累已日趋完善，并在其移民政策中发挥着重要的作用。在加拿大的积分制之下，移民被划分为五大类。第一类是家庭类移民，其中，首先是担保人也即加拿大公民或合法侨民的外籍配偶和未成年子女，他们享有优先入境的权利。其次是担保人的父母亲、祖父祖母和 18 岁以下的孙子孙女。最后是其他亲属。如果有担保人，其入境申请首先按照积分制打分。不过，这类移民因为有家庭担保，可以获得 5 分的额外加分，累计分数达到 67 分之后可以入境。第二类是商业移民。他们被划分为投资者、企业家和自主就业者。这三类无须用积分制衡量均可入境，但是，其重要性程度不同。投资者因为能创造就业机会，净收益最多，可优先入境。其次是企业家，其价值比投资者较小，因而居于次要位置，而自主就业者只能解决自己的问题，不能为他人创造就业机会，所以，在三类移民中的价值最小。第三类是积分制度。在这项制度下，有一个省提名移民规则。联邦政府与各省签订协议，允许各省根据自己的计划和需要提名。在这个计划中，魁北克省的积分制与加拿大联邦的积分制相同，不同的是，会说法语的申请者，可以获得 5 分的额外加分。第四类是难民，第五类是客籍劳工计划。① 从积分制的特点

---

① The Law of Congress, "Immigration Laws and Policies: Immigration Points System, Canada, A Report for the Congress, April 2007", in U. S. Congress, House of Representatives, *An Examination of Point Systems as A Method for Selecting Immigrants: Hearing Before the Subcommittee on Immigration, Citizenship, Refugees, Border Security and International Law of the Committee on the Judiciary, House of Representatives*, One Hundred Tenth Congress, First Session, Serial No. 110 – 20, Washington D. C.: U. S. Government Printing Office, 2007, p. 34.

看，凡是能讲流利的英语/法语，受过高等教育，拥有专业技术的移民优先受到欢迎。①

在 2000 年之后，加拿大对其积分制进行了两次微调。第一次是在 2002年。在此之前，移民只能申请加拿大人不能或不愿意从事的职业。申请者的专业技术必须与待聘岗位要求一致。但在实践上，由于对于职业界定过于狭窄，常常出现待聘岗位和申请者的就业技能差异甚大，加上审批手续和签证发放时间过长，往往导致许多移民最终放弃申请。即使移民被批准入境，已经是时过境迁了。原来的待聘岗位，因经济形势变化，早已经不存在了。面对这种事倍功半的效果，加拿大在 2002 年进行改革，将原来移民申请与待聘岗位审批的"填空"模式改为"人力资本模式"。所谓"人力资本模式"就是强调移民的技能与学历，只要移民高等院校的学士及其以上的学历，英语水平熟练，容易同化，符合政府规定的各项要求，就能入境。② 这种政策的逻辑依据是：凡具有学士及其以上学历的人，其英语水平较高，不管申请者是否在加拿大有待聘岗位，也不论申请者本人的专业技术和待聘岗位的技术要求是否对口，只要有文化、学历和工作经验，就能较好地融入加拿大社会。③第二次调整是在 2005 年。由于加拿大政府认识到学生作为技术类移民的重要性，允许在加拿大高等院校毕业的外籍学生毕业后，在加拿大工作两年，前提是他们必须到蒙特利尔、多伦多和温哥华等大都市区以外的其他城市工作，这样做的动机在于鼓励外籍学生到传统的移民聚居区之外工作，使移民带来的利益也能相对均衡地惠及以前移民流向较少的其他地区。该项

---

① 加拿大的积分制构成是：（1）学历：博士最高 25 分，高中毕业仅为 5 分。（2）语言积分，满分为 24 分，英语和法语非常熟练者 16 分，其他语言熟练者为 8 分，除口试外，申请者还要参加笔试。（3）工作经验：凡符合条件者最多可获 21 分。若申请者准备入境后从事职业超出政府界定的范畴，申请者不得入境。（4）21—49 岁之间的申请者，最多获 10 分的年龄分，超出此范围者，按照年龄档次递减。（5）若申请者有被担保的工作岗位，可获积分 10 分。（6）申请者的适应能力：包含申请者配偶是否有在加拿大的学历、工作经验和可以保障的就业岗位。以上累计达 67 分即可入境。The Law Library of Congress, "Report for Congress, 2006: Immigration Points Systems for Skilled Workers", in U. S. Congress, Senate, *Employment-Based Permanent Immigration*, p. 49.

② "Statement of Charles M. Beach, Professor of Economics, Queens University", in U. S. Congress, Senate, *Employment-Based Permanent Immigration*, p. 7.

③ The Law Library of Congress, "Report for Congress, 2006: Immigration Points Systems for Skilled Workers", in U. S. Congress, Senate, *Employment-Based Permanent Immigration*, p. 49.

政策在 2005 年 5 月 16 日生效后，为加拿大的企业主选择更好的技术劳动力，提供了更加丰富的劳动力资源。①

应该说，加拿大强调个人素养和就业技能的人才引进政策取得了较好的效果。入境移民的学历层次明显提高，但是，对于移民的语言技能影响不大，说明移民政策中强调以人力资本为核心的原则在实践上更加有效。据统计，本科和研究生学历的移民分别占 1980 年入境移民的 5.8% 和 1.8%，到 2000 年分别达到 25.1% 和 9%。在两个相同的统计年份，大学本科以下学历（含大学肄业生）出现波动，从 16.5% 下降到 15.6%。高中学历比例从 59% 下降到 35%。更重要的是，在入境的移民中，经济类移民（也即强调移民年龄、学历和就业技能的类型的移民）的比例，从 1980 年 34.9% 上升到 2000 年的 58.7%。在同期，家庭类移民从 35.9% 下降到 2000 年的 26.6%，难民从 28.2% 减少到 13.2%。② 在 2002 年和 2005 年的政策调整之后，由于加拿大拓宽了人才吸引的渠道和来源，申请者范围进一步扩大，人才引进的效果更加理想。据统计，在 2004 年，迁入加拿大的移民达 23.6 万人，其中技术类移民达 56.36%、家庭团聚类占 25.42%、商业移民占 4.23%、难民占 13.5%、各省提名移民占 2.54%。③ 就商业移民而言，其中包括商人、企业家和投资者。投资类移民必须保证入境后能投资 40 万加元，而企业家则必须投资 30 万加元，自主性就业者必须保证自己入境后能就业。④

与加拿大相比，澳大利亚和英国等国家的积分制大同小异。例如，澳大利亚的积分制的构成是：（1）年龄积分：18—29 岁者获 30 分，30—34 岁者获 25 分，35—39 岁获 20 分，40—44 岁获 15 分。（2）如果申请的职业与申

---

① "Testimony of Kaplan, Lance, Partner, Fragomen, Del Rey, Bersen, Loewy, LLC, on behalf of the American Council on International Personnel, Islin, New Jersey", in United States Senate, *U. S. Visa Policy*, p. 53.

② "Statement of Charles M. Beach, Professor of Economics, Queens University", in U. S. Congress, Senate, *Employment-Based Permanent Immigration*, pp. 6 – 7.

③ The Law Library of Congress, "Report for Congress, 2006: Immigration Points Systems for Skilled Workers", in U. S. Congress, Senate, *Employment-Based Permanent Immigration*, p. 49; "Testimony of Kaplan, Lance, Partner, Fragomen, Del Rey, Bersen, Loewy, LLC, on behalf of the American Council on International Personnel, Islin, New Jersey", in United States Senate, *U. S. Visa Policy*, p. 53.

④ The Law Library of Congress, "Report for Congress, 2006: Immigration Points Systems for Skilled Workers", in U. S. Congress, Senate, *Employment-Based Permanent Immigration*, p. 50.

请者专业对口，可获 60 分，如果不一致，仅获 50 分，无职业担保的申请者仅得 15 分。(3) 如果英语熟练，可得 20 分，水平一般者仅得 15 分，英语水平仅满足于生活需要者则不加分。(4) 凡由澳大利亚公民和合法外侨担保的移民申请者，如有配偶可得 15 分。如果属于地方政府担保的申请者，可额外得 10 分。(5) 凡具有工作经验者，可获加分 5 分。(6) 奖励分：如果在入境 12 个月之内，能在澳大利亚投资 10 万澳大利亚元、英语熟练，有在澳大利亚工作经验者，可获奖励积分 (5 分)。在以上各项中，凡得积分不低于 70 分者，可获得备选资格，而积分超过 110 分以上者，就可以直接入境。在新西兰，政府平均每两个星期对积分制进行一次调整。在 140 分的分值内，凡分值达到 100—140 分的申请者可以入境。获得入境资格的参照标准是：就业岗位、相关的工作经验、年龄、学历资格和家庭关系。在新加坡的积分制度之下，凡符合下列条件者可以获得入境许可：技术人员和、中小企业经理，月收入在 1800 新加坡元以上。与澳大利亚相同的，新加坡确定的衡量标准也是：工资、学历、工作经验岗位类型。[①]

　　虽然英国实施吸引专业技术类移民的积分制比较晚，但它在参考了加拿大和澳大利亚等国家积分制政策的基础上，制定了以"国家利益"为核心的积分制政策。政府的目的非常清楚，就是要"保证该项制度能够吸引到那些在英国劳动市场最有可能成功的人士"[②]。按照政府设立的"高技术移民计划"的要求，申请者必须获得 65 分以上才能入境。在众多的积分点中，包括申请者的学历、工作经验、收入、科技成就，以及申请者配偶的就业技能和学历等。如果配偶有研究生及其以上学历和相应的就业技能，可以获得 10 分的奖励。年龄在 28 岁及其以下的申请者，若有工作经历，可获得加分 (5 分)。在 2005 年，英国政府将技术类人才计划进一步扩展，吸纳对象也包括工商管理硕士。申请者毕业学校必须是英国财政部认可的全球 50 所学校之一，此外，有工作经验者，可以优先考虑。很明显，这个项目是要吸引全球

---

　　① The Law Library of Congress, "Report for Congress, 2006: Immigration Points Systems for Skilled Workers", in U. S. Congress, Senate, *Employment-Based Permanent Immigration*, pp. 44 – 45, 47.

　　② The Law of Congress, " Immigration Laws and Policies: Immigration Points System, United Kingdom, A Report for the Congress, April 2007", in U. S. Congress, House of Representatives, *An Examination of Point Systems as A Method for Selecting Immigrants*, p. 34.

最优秀的人才。[1]

表 6.2 　　　　　　　　英国积分制度结构解析表 [2]

标准	28 岁以下	28 岁以上
学历	博士 30 分、硕士 25 分、学士学位 15 分	博士 30 分、硕士 25 分、学士 15 分
工作经验	在要求有研究生学历的岗位上工作 2 年，获 25 分；在相同的岗位上工作 4 年以上，获 35 分；工作 4 年，其中至少有一年在高级职位上工作的人，获 50 分	在要求有研究生学历的岗位上工作满 5 年者积 25 分；有博士学位并在要求研究生学历的岗位上工作 3 年，其中在高级管理岗位上工作 2 年，获 35 分；在有研究生学历要求的岗位上工作 10 年，其中有 5 年在高级管理职务的岗位上工作满 4 年，获 50 分
以往收入	在 "E" 类地区（例如非洲加纳）的申请者，在移民英国之前的年收入不低于 2350 英镑（折合 4100 美元）；来自于 "A" 类地区（例如美国）的年最高收入不低于 6 万英镑（折合 10.5 万美元）。按照地区类别和收入分为三类，最高加分为 50 分，第二档加 35 分，第三档加 25 分	在 "E" 类地区（例如非洲加纳）的申请者，在移民英国之前的年收入不低于 3500 英镑（折合 6100 美元）；来自于 "A" 类地区（例如美国）的年最高收入不低于 25 万英镑（折合 43.7 万美元）。来源地区和收入分为三类，最高加 50 分，第二档为 35 分，第三档为 25 分
申请者成就	有 "重大成就" 者获 15 分，"特殊贡献" 者获 25 分	有 "重大成就" 者获 15 分，"特殊贡献" 者获 25 分
申请者配偶成就	申请者配偶加 10 分，工商管理硕士加 65 分，持有英国政府认可的医学学历证书者加 50 分	申请者配偶加 10 分，工商管理硕士加 65 分，有英国政府认可的医学学历证书者加 50 分

　　除此之外，英国也实施了一种类似于美国的临时劳工就业计划，其中有 5 个类别：（1）商业签证允许英国的企业雇佣欧洲经济区以外的专业技术劳工，从事英国人不能或者不愿意从事的职业。（2）国际著名运动员或影视明星。（3）在食品制造行业，可以从欧洲经济区以外招募劳工，工作

---

①　The Law Library of Congress, "Report for Congress, 2006: Immigration Points Systems for Skilled Workers", in U. S. Congress, Senate, *Employment-Based Permanent Immigration*, p. 56.

②　Ibid. , p. 57.

期限为一年。（4）允许外国有学士以上学位的毕业生在英国从事专业实习工作。（5）短期培训计划，允许外国企事业单位的劳工在英国接受岗位培训，时间不超过一年。①

　　实际上，美国国会对于加拿大、英国、澳大利亚和新西兰的积分制给予了前所未有的重视。在 2006—2007 年举行的一次又一次听证会上，美国国会都邀请了来自加拿大、英国、澳大利亚和新西兰的律师或者政策问题专家进行说明，"评价技术劳工的根据是旨在确定明确等级的积分制"②。随之而来的结果是，在美国围绕移民政策的争论中，也能听到关于积分制的辩论。由于上述各国的积分制和人才吸引政策各有千秋，其中的利弊都成为美国人争论的焦点。例如，卡内基基金会在提交给政府的报告中，对加拿大和澳大利亚的积分制内容、管理、申请者来源和政策实践效果与问题等，进行了系统的比较和分析，并在整体上给予了较高的评价。报告中认为，"积分制的'神奇之处'是它能较快地适应经济重心变化，或者被认为是经济'好的方面'，或者是较快地适应二者之一"。显然，美国移民管理机构在效率上不如加拿大和澳大利亚，因为在这两个国家，总理领导下的内阁制能够在移民政策的制定与实践中"发挥领导性的作用"。相比之下，美国移民局在政策制定和实施的过程中都显得无足轻重。在立法解释方面，美国移民局必须听命于国会和最高法院，在执法过程中又必须听命于总统及内阁。因而，它在美国"外来移民问题上发挥着相对被动的作用"。如果国会采取积分制度，允许行政机构承担更多的责任，移民政策就会对劳工市场的保护发挥更加积极主动的作用。它认为："在美国采纳一个类似于积分制的优势是清楚的，令人信服的。这项制度将使经济类移民的焦点从当前的几乎强调'劳工短缺'转向更加注重于美国经济环境的问题上。只要构建和实施得当，积分制度将会允许美国政府发挥特长，特别在与私有企业的合作方面更是如此。"③

---

① The Law of Congress, " Immigration Laws and Policies: Immigration Points System, United Kingdom, A Report for the Congress, April 2007", in U. S. Congress, House of Representatives, *An Examination of Point Systems as A Method for Selecting Immigrants*, p. 32.

② The Law Library of Congress, "Report for Congress, 2006: Immigration Points Systems for Skilled Workers", in U. S. Congress, Senate, *Employment-Based Permanent Immigration*, p. 44.

③ Demetrios G. Papademetriou and Stephen Yale-Loehr, *Balancing Interests*, pp. 150 – 152.

当然，也有些组织和个人明确表示反对积分制。早在 1995 年，美国移民政策改革委员会在分析加拿大和澳大利亚等国的积分制时认为，它"与美国现行的制度相比，并不能有效地服务于美国的国家利益，后者在有效保护美国劳工免受不公平竞争的框架之下，更加依赖于美国人的家庭和企业主的判断"。反过来说，积分制并不能有效地保护美国的劳动市场，而是一味地强调移民的个人能力，忽略了对国内劳动力市场的需要和人道主义的考虑。① 普林斯顿大学教授道格拉斯·S. 马西同样对积分制采取了排斥的态度。他认为，加拿大和澳大利亚单纯从移民自身素质出发确定人才吸引标准，取得了积极的效果，但是，当大批的技术人才入境后产生了许多问题。许多移民入境后无法找到对口专业，因而失业率和贫困率较高。在 2000—2005 年入境的移民中，工资收入处于贫困线以下的移民比例高达 36％，其中亚洲移民达到 41％，东南亚移民高达 51％，移民子女的贫困率达到 41％，而土生公民子女仅贫困率为 18％。在美国，移民失业率远远低于加拿大移民，其平均失业率仅为 18％，土生美国人仅为 11％。② 此外，众议院司法委员会主席约翰·康耶斯（John Conyers）指出，美国已有的家庭团聚条款既能满足经济上的要求，还能满足国际政治中的人道主义原则的需求。若采取积分制，则"可能会酿成僵化的、管理主义噩梦"。因为在积分制之下，职业分类与打分是根据政府预测进行的，这种做法形同"从患者手中夺走了医疗决策权"一样，将就业市场是否雇佣外籍人的权力从雇主手中转移到官僚手中。另一方面，积分制会在劳工部造成庞大的官僚队伍，增加劳工部的工作负荷，更重要的是，"积分制可能助长种族主义"，因为以英语作为其中的衡量标准之一，将会导致许多不讲英语的发展中国家移民被排斥在外。③ 令人惊讶的是，甚至出席听证会的加拿大律师协会的一位官员在作证时指出，积分制的最大不足是，一位申请者能否入境，不在于其职业技能是否为加拿大就业市场需要，而是在于申请者自身的文化

---

① U. S. Commission on Immigration Reform, *Legal Immigration: Setting Priorities*, p. xii.

② "Statement of Douglas S. Massey, Office of Population Research, Princeton University", in U. S. Congress, Senate, *Employment-Based Permanent Immigration*, p. 20.

③ U. S. Congress, House of Representatives, *An Examination of Point Systems as A Method for Selecting Immigrants*, p. 4.

与技能素质，因而它脱离了就业市场需求，导致大量外来的技术人才失业。例如，在1991年入境的移民中，到1996年在加拿大就业市场的表现大多不好。在具有学士学位的土生居民劳工中，从事职业技术的比例，在加拿大劳工中为59%，女性为57%，但在具有同等学力层次的移民中，从事技术职业的男性为35%，女性为28%。在拥有硕士学位的劳工中，从事职业技术的加拿大男性劳工达到79%，女性达到78%，而在同等学力层次的移民中，从事技术职业的男性为59%，女性为49%。虽然不能说积分制是导致移民高职低聘的唯一根源，但是，由于积分制没有与市场需求挂钩，它成为移民高职低聘的促成因素之一。因此，他建议美国在确定积分制的时候，最好增加一条：即接到美国企业录用通知的移民，可以获得一定程度的加分。这样可以避免外籍技术人才供大于求的现象。①

　　以上各方观点和国会听证会的证词表明，加拿大移民政策结构比较符合美国移民政策改革的方向。加拿大移民政策中的家庭团聚类移民、就业类移民、难民、客籍劳工计划和限制非法移民的政策，都与美国颇为相似。换句话说，积分制只是加拿大移民政策中众多类别之一，是对家庭团聚和难民条款的补充。不同的是，加拿大的积分制是建立在国家利益的基础之上。国家根据经济发展制定决策，将国家利益融入移民政策之中。它不像美国那样，在招聘就业类移民的过程中，企业主优先考虑的不是国家利益，而是企业自身的利益，国家利益只是建立在企业利益的基础之上。因此，美国移民政策中，就业类移民条款是"以企业主为导向的移民选择制度，它允许雇主判断自己需要哪些劳工，然后再由顾主根据相对宽松的政策标准选择其劳工"。基于这样的认识，有人建议在美国的移民政策中，将积分制作为美国移民政策中的一种有效补充，而不是作为"美国经济类移民的核心部分"。这样，积分制"作为一种备用的工具，它还是有效的，特别是在人才争夺的竞赛中尤其如此"②。

---

①　"Prepared Statement of Howard Greenberg：The Use of a Point System in Selecting Immigrants：Lessons from the Canadian Model"，in U. S. Congress，House of Representatives，*An Examination of Point Systems as A Method for Selecting Immigrants*，pp. 92 – 93.

②　"Prepared Statement of Demetrios G. Papademetriou，President of Migration Policy"，in U. S. Congress，House of Representatives，*An Examination of Point Systems as A Method for Selecting Immigrants*，pp. 82 – 83.

三　新世纪改革的坎坷与失败

随着 1990 年移民法在实践中暴露出的问题越来越多,社会各界的期望也逐渐地转化为不满和批评。而在批评之后,人们听到的更多的还是对其改革完善的建议。然而,历史的发展一次又一次地证明,移民政策的改革是一个复杂而庞大而复杂的系统工程,其中任何条款的改动,都会牵动许多社会利益集团的利益。当各方都不想放弃自己利益的时候,如果没有政治上的妥协,改革的失败就在所难免。

早在 1991 年 6 月 24 日给国会提交的报告中,美国审计总署对美国移民与归化局事倍功半的效率提出了严肃的批评。它指出:"软弱的管理体系,缺乏连续性的领导能力使移民与归化局的不少严重问题一直没有解决。没有统一的整体领导和基本的管理改革,移民与归化局就不能有效地解决日益变化的执法责任和长期积累的服务问题……"[①] 虽然 20 世纪 90 年代,国会对于移民局的投入在不断加大,边境巡防人员数量也在增加,但是,其工作效率低下的问题依然没有解决。1993 年,美国国会的投入多达 150 亿美元,1998 年达到 380 亿美元,巡防执法人员从 1.9 万人增加到 3.1 万人,但是,根据美国审计总署的报告,移民与归化局在战略性规划、作用定位、内部联络与协调、金融与财务管理以及在边境执法、移民入境与归化申请的审理与批复等各方面都存在很多问题。到 90 年代末期,在被评价的美国联邦政府 15 个机构中,移民与归化局"在所有被评估机构中是得分最低的"。当时,移民与归化局积压的申请书多达 440 多万,其中有 180 万是归化申请,80 多万是永久居留权申请。从类别看,就业类移民的入境申请需要等待 3 年才能被批准,一位具有永久居留权的移民要获得公民资格,其申请要获得批准,需要等待 2—3 年。更有甚者,有些移民的入籍申请,其指纹数据丢失多达 4 次,归化申请等待了 3 年。[②] 有关文献资

---

① U. S. Congress, Senate, *Oversight Hearing on the Immigration and Naturalization Service and Immigrant Issues*, p. 46.

② U. S. Congress, House of Representatives, *Immigration Reorganization and Improvement Act of 1999: Hearing before the Subcommittee on Immigration and Claims of the Committee on the Judiciary, House of Representatives, One Hundred Sixth Congress, First Session on H. R. 2528, Serial No. 76*, Washington D. C. : U. S. Government Printing Office, 2000, pp. 2, 27 – 36.

料显示，移民入境与归化申请的积压，是一个积存多年的顽疾。早在 1995 年，被积压的家庭团聚类移民入境申请超过了 110 万，到 1997 年 1 月仍然在 100 万以上。从递交申请到入境的时间，由过去的两年延长到 4 年以上，"而且等待时间还在延长"①。有意思的是，每年申请 H－1 和 L－1 签证的人数日益增多。他们在合同期满后，不少人申请永久移民资格，但是，由于申请就业类移民的数量较多，积压现象非常严重，许多人提交申请后需要等待 5 年才能获得批准。更为滑稽的是，有些移民在递交申请时，子女未满 21 岁，父母的移民申请获得批准时，子女也可以入境。但是，由于移民申请被积压时间过长，等待了 4—5 年，申请时子女未满 21 岁，可是等到获得批准的时候，子女已经 23 岁或 24 岁了。此时，他们作为成年人，要想申请移民，就需要重提交新申请。②

关于上述问题，美国移民政策改革委员会在 1997 年提交给国会的报告中建议，成立一个专门负责美国国内执法的机构，名称是移民执法局，隶属于司法部。委员会相信："在美国移民制度之内、执法功能的重要性和复杂性，需要在司法部内建立一个级别更高、职责更加明确的机构。……新组建机构的职权与目前司法部联邦调查局相似。该机构的局长任期应改为 5 年……该机构负责对国内和海外的美国外来移民执法活动进行规划、实施、管理和评估。"③ 由于国会内部存在分歧，它迟迟无动于衷，但相关的社会辩论还在继续。4 年之后，国会为缓解移民与归化局的压力，在 1999 年颁布了《移民改组与改进法》，将隶属于美国司法部的移民与归化局一分为二，设立了移民服务局和移民执法局。前者负责签证、入籍、避难和难民入境申请的审批问题。后者主要负责边境巡防、信息情报和境内调查，遣返或驱逐境内触犯美国法律的外来移民。④

① U. S. Commission on Immigration Reform, *Becoming an American*: *Immigration and Immigration Policy*: 1997 *Report to Congress*, Washinton D. C. : U. S. Government Printing Office, 1997, p. 387.

② U. S. Congress, Senate, *Immigration Policy*: *An Overview*, *Hearing before the Subcommittee on Immigration of the Committee on the Judiciary*, U. S. Senate, One Hundred Seventh Congress, First Session, Serial No. J－107－12, Washington D. C. : U. S. Government Printing Office, 2002, p. 7.

③ U. S. Commission on Immigration Reform, *Becoming an American*, p. XLVI.

④ U. S. Congress, House of Representatives, *Immigration Reorganization and Improvement Act of* 1999, pp. 4－5.

2000 年，共和党总统候选人乔治·布什在总统竞选中获胜后，敦促国会启动了《农业工作机会权益与安全法》的立法程序。该法案旨在改善H-2 农业劳工计划中的招聘程序和规范化管理问题。虽然该项立法得到了工会组织和雇主双方的支持，但是，国会共和党议员却要等待布什入主白宫后再议。由于布什在选举中获得了西班牙裔的大力支持，他上任后，多次与墨西哥总统商议，决心把美墨边界从"以前充满敌意的关系转向充满合作的关系"。为此，布什于 2001 年 2 月与墨西哥合作，成立了一个高级别的"美墨工作委员会"，其负责人分别是美国和墨西哥的国务卿、外交部长和内政部长，主要任务是分析美国境内的非法移民赦免、边境执法和临时劳工计划问题。① 此时，美国的国会主要围绕三项议题展开讨论：（1）对《外来移民与国籍法》第 245 款（i）条进行修改，允许美国境内的部分非法移民直接申请永久居留资格。（2）允许在美国完成 12 年教育并进入大学深造的外籍人永久居留美国。（3）落实《农业工作机会权益和安全法》具体条款的实施。

然而，在"9·11"事件爆发之后，打击恐怖主义、维护美国的国家安全，成为美国国家利益中的头号问题。因此，加强对入境外籍人的甄别与管理，防止国际恐怖主义分子混入美国，成为美国国会反恐战略中的焦点问题之一。在此期间，美国国会也收到了不少议案。一个月后，也即 200年 10 月 26 日，国会颁布了《美国爱国者法》，成立了"国土安全办公室"，目的是"研发并协调一项全面的、保证美国免受恐怖主义分子威胁或攻击的国家战略"。同时，国会责成移民局和联邦调查局等机构，加强对旅美外籍人的监督，防止威胁美国国家安全的事件再次发生。那些被认为威胁到美国国家安全的外籍人或与恐怖组织有关系的外籍人，都将被驱逐出境。2002 年 11 月 25 日，国会又颁布了《国土安全部法案》，成立了美国国土安全部。这是第二次世界大战后美国国防部成立以来，美国联邦政府"对行政功能进行最大的一次调整"②。按照国会规定，国土安全部的职能

① Marc R. Rosenblum, *U. S. Immigration Policy Since 9/11: Understanding the Stalemate Over Comprehensive Immigration Reform*, August, 2011, Migration Policy Institute, p. 3; http://www. migration-policy. org/pubs/RMSG-post-9-11 policy. pdf. （2013 年 1 月 20 日下载）

② Marc R. Rosenblum, *U. S. Immigration Policy Since 9/11*, p. 4.

是加强边境巡防和外籍人身份鉴别，成立了美国海关和边境保护署，专门处理移民执法和边境巡防。至于美国境内的外来移民，则由美国移民与海关执法局负责。上述机构成立后，其与各地警察局积极配合，在搜查非法移民、排查境内外籍恐怖主义者等涉及国家和社会安全方面，出现了"移民执法内部化和地方化"的趋势，目的就是加强对外来移民的安全管理。这样，国土安全不再是一个仅仅与边境口岸相关的问题，而是一个可能涉及成千上万的外来移民的问题。①

　　当美国人在心理上仍然未走出"9·11"事件阴影的时候，有的学者呼吁关注外来移民问题。他们指出："鉴于当前移民政策中的公共利益，我们有必要对当前的政策及其对我们社会的影响进行充分评估。只有通过一场广泛的全国性移民政策的讨论，我们才能决定移民政策是否需要改革。"②虽然移民政策的改革与恐怖主义问题之间看似没有直接的联系，但在多数美国人心目中，改革移民政策，特别是加强边境安全的管理，符合美国国家的长远利益，因而，外来移民被认为是"美国国家面临的头号问题。在许多人心目中，它是仅次于国际恐怖主义威胁的问题"③。从 2004 年开始，如何改革移民政策，调整政策结构，加大人才吸引力度，再一次成为国会和白宫的主要议题之一。由于非法移民与日俱增，绝对人数接近 1200 万人，他们进入美国后，在就业、福利、人权和社会秩序等诸多方面，损害了美国人的利益，因此，按照有些美国学者的说法，美国社会面临着一场前所未有的"移民危机"。在美国的一些机构围绕这一议题的调查中，有 3/4 的被调查者认为移民问题是一个"相对较大或非常大的全国性问题"。有 54% 的人认为，美国"需要受到保护"，48% 的人认为，"新来者威胁了美国的传统价值观和习惯"。在围绕外来移民和边境控制的争论中，甚至有不少美国人夸大了美国境内的外来移民数量。尽管外来移民占美国人口的 12%，但

---

　　① Robyn M. Rodriguez, "（Dis）unity and Diversity in Post-9/11 America", *Sociological Forum*, Vol. 23, No. 2（Jun., 2008）, pp. 379 – 382；http：//www. jstor. org/stable/20110274.（2012 年 12 月 20 日下载）

　　② Mary M. Kritz, "Time for a National Discussion on Immigration", *International Migration Review*, Vol. 36, No. 1（Spring, 2002）, p. 33；http：//www. jstor. org/stable/4149526.（2012 年 12 月 20 日下载）

　　③ Tamar Jacoby, "Immigration Nation", *Foreign Affairs*, Vol. 85, No. 6（Nov.-Dec., 2006）, p. 50；http：//www. jstor. org/stable/20032143.（2012 年 12 月 20 日下载）

有53%的美国人认为其数量达到25%以上。①

从2005年下半年起，在国会启动的关于移民政策的改革中，参众两院分歧甚大，难以弥合，导致改革议案几次胎死腹中。在2005年12月16日，美国众议院经过反复辩论，通过了一项打击非法移民的法案。它在要求加强边境巡防的同时，要求企业在雇佣劳工时验证应聘者身份。逾期居留的外籍人必须离境，否则被视为刑事犯罪，各级政府必须加强遣返非法移民的力度和进程。同时，国会拨款22亿美元，在与墨西哥交界的加州和亚利桑那州修筑长达1123公里的边境隔离墙，防止更多的非法移民入境。②不久后，亚利桑那参议院约翰·麦凯恩（John MaCain）和马萨诸塞州参议员爱德华·肯尼迪联名向国会提交了一份议案，后被命名为《2006年全面移民改革法》并于2006年5月25日以62对26票通过。该项议案的内容是：（1）加强边境安全，新增边境巡防人员1000余名，到2011年达到1.4万人。（2）在边境修建370多英里的隔离墙和500英里的移动式栅栏，向美墨边界派遣国民警卫队，以加强边境巡防。（3）对于美国国内的非法移民，美国政府应该分类对待。具体做法是：（A）在美国已经住满5年者（约700万）可申请永久性移民资格，但每人必须缴纳3250美元的罚款，补交个人所得税。（B）在美国居住约2—5年者（约300多万）必须暂时离境，然后到美国政府指定地点重新申请入境工作签证。（C）在美国居住不到2年（约200万）的非法移民必须离开美国，他们能否重新入境，国会不予任何保证。（D）在美国持有客籍劳工计划签证者（约150万），可申请移民资格。凡雇佣非法移民的企业，雇主必须在法案生效18个月之内用电子系统核实雇员的身份，若雇佣非法移民，每雇佣1人，将被罚款2万美元。在该法案内容公布后，引起全国各地少数民族反对。洛杉矶、纽约、芝加哥和华盛顿等大城市的民众举行游行，反对国会关于强行驱逐非法移民的立法。尤其是美国南部的西班牙裔在游行中高举墨西哥国旗，要求赦免非法移民。此时又恰逢美国国会中期选举，许多白人土生居民大为

---

①　Douglas S. Massey, "Understanding America's Immigration 'Crisis'", *Proceedings of the American Philosophical Society*, Vol. 151, No. 3 (Sep., 2007), p. 309; http://www.jstor.org/stable/4599074. （2012年12月20日下载）

②　姬虹：《美国新移民研究（1965年至今）》，第225页。

不满，他们要求国会采取严厉措施，驱逐境内非法移民。为应对不满情绪，国会两院删繁就简，首先围绕在美墨边界修建隔离墙的问题上达成一致，颁布了《2006 年安全隔离墙法》，10 月 4 日布什总统签署了该法案，决定在亚利桑那到加州圣迭戈地区修建长达 700 英里的隔离墙。① 该法案颁布后，国内非法移民这一最棘手的问题仍未解决。如何制定新的人才吸引战略的问题，美国国会尚未讨论。这就意味着移民政策的改革远远没有完成。

2007 年，布什总统再次敦促国会修改 1990 年移民法。布什总统的呼吁，得到了企业界、少数族裔群体和许多有识之士的支持。西部农场主、墨西哥裔合法权益保护会以及 40 多家全国性和地方性的民权组织组成了"全面性移民改革联盟"，目标是通过教育、公民参与、尊重人权来促进美国的民主并维护国家安全。它要求继续实施家庭团聚条款，赦免非法移民、在维护法治社会、保障公民权利的条件下，帮助移民就业。这些主张的思想核心是，在移民入境、政治庇护和就业等方面，彰显美国的自由主义传统，鼓励移民通过自己的辛勤努力，获得美国公民资格，实现令人向往的美国梦，在国际上展现美国"作为一个外来移民国家和法治国家"的形象。这不仅符合美国国家利益需要，而且还可以推动移民为美国社会发展作出更大贡献。②

2007 年 5 月，一些民主党议员提交了《安全边界、经济机会与 2007 年移民改革法》（被称为 1348 号议案），它经过参议院司法委员会的修改，成为众所周知的长达 380 页的《2007 年全面移民改革法》。其主要内容包括：（1）编制可以每年调整的边境检测战略，提供边境巡防预算、活动类型等，报告边境控制效果。在大约 5 年内，移民局将增加大约 2200 名海关和边境巡防人员，边境巡防人员将增至 1.8 万人，其中的 25% 将用于执法队伍建设。为频繁出入美国与加拿大、墨西哥和百慕大等地区的美国公民自由出入境，设计并启用一种不超过 24 美元的过境卡，以方便过境者使

---

① Marc R. Rosenblum, *U. S. Immigration Policy Since 9/11*, pp. 7 - 8；姬虹：《美国新移民研究（1965 年至今）》，第 225—226、229 页。

② Margaret E. Dorsey and Miguel Díaz-Barriga, "Senator Barack Obama and Immigration Reform", *Journal of Black Studies*, Vol. 38, No. 1, (Sep., 2007), p. 94；http://www.jstor.org/stable/40034404. (2012 年 12 月 20 日下载)

用。此外，移民局还应加强入境口岸的安全管理，边境地区已经老化的 370 英里的隔离墙将被翻新，另外增加新建 150 英里的隔离墙，安装 70 座雷达和瞭望塔，对于南部边境的安全每年评估一次。（2）授权工作和合法身份条款。在 2005 年 4 月 5 日之前在美国居住 5 年以上的外籍人，若在美国已经至少工作 3 年以上，无违法犯罪记录，并按照规定缴纳罚款和规定的税金，国土安全部长就可以授予其合法的永久性居留资格。在程序上，这类外籍人必须离开美国，然后在 2007 年 1 月 7 日之前进入美国，并在此日之后一直在美国居住。他们在美国期间的失业时间不超过 60 天以上，没有犯罪记录。（3）设立临时客籍劳工计划（Y 类签证）。凡在 2005 年 12 月 31 日前入境并在美国连续工作 24 个月以上的非法移民，若无不良记录，在缴纳违法入境约 400 美元的罚款后，可申请临时劳工计划中的"挣得身份"（earned status）。此后，若连续 5 年内在美国农场工作，且无申请福利计划记录，每年工作时间不少于 100 天，则可以申请永久性移民资格。该计划下，每年限额一般不超过 40 万，但可根据市场需求适当调整，签证有效期为 2 年，每人申请续签不超过 3 次。（4）加大对雇佣非法移民的惩罚力度。国会规定，在 2007 年以前入境的非法移民，可申请为期 4 年的可续签的"Z"类签证，然后回国并在母国申请绿卡。（5）建立积分制度，取代家属团聚条款，废除美国公民和合法外侨的兄弟姐妹和子女入境优先的原则，每年按照积分制发放 38 万份签证。在分值比例上，工业绩效占 50%，学历占 25%，英语能力占 15%，家庭团聚仅占 10%。在家庭团聚类限额中，美国公民和合法外侨的配偶与未成年子女不超过 8.7 万人，美国公民的父母不超过 4 万人。（6）凡在 16 岁以前入境、在美国完成 12 年基础教育并进入大学深造的外籍人，可申请移民资格。（7）为雇佣外籍人的企业设立一个与互联网相连接的电子雇佣识别系统，验证应聘者身份。应聘者必须在验证 10 天内提交验证结果，经雇主确认后 30 天之内形成最后文件。凡雇佣 H-2 劳工的企业，必须"免费提供标准不低于市场水平的住房"或"提供合理的住房租金"，在必要的情况下，必须提供家庭住房。若通勤距离超过 100 英里，雇主必须提供交通补贴。每小时工资不低于政府规定标准。对于这项议案，白宫表示支持，认为"美国的移民制度急需这样的全面改革"。它"为我们国家支离破碎的移民制度提供了急需的对策。这项建议将会产生一个安全的、建设性的、有序的和公平的移民制度"①。

　　该议案虽然照顾了美国各利益集团的利益，但没有哪一家利益集团感到满意，因而它遭到了许多利益集团的反对。共和党人反对大赦非法移民，认为那样会损害美国法治社会的利益，对于那些按照先后顺序排队申请入境签证的合法移民不公平。少数民族则坚决反对用积分制代替家庭团聚条款，因为积分制强调工作技能的规定，加大了入境申请的难度，同时还会加剧美国公民和合法外侨与其外籍亲属的家庭分离。美国的大企业也反对积分制，认为它脱离了美国企业需要而单纯判断申请者个人能力，忽略了企业在引进人才中的作用。结果，参议院在最后的投票中，投反对票的民主党人有 16 人，共和党人有 37 人，赞成票未能过半，结果，2007 年的移民政策改革再次失败。②

四　未写完的历史

　　2007 年的改革失败，有诸多的社会根源。国会保守的共和党人、被称为超级保守主义（Ultraconservative）组织的美国移民改革联合会和移民研究中心等，经常危言耸听，夸大美墨边境失控和国家主权受到威胁的严重程度。面对国会的改革，它们批评移民政策改革为满足大企业利益而牺牲了国家利益。在它们看来，无论从哪个方面看，移民都是美国社会的威胁。它们不仅反对任何宽松的移民政策改革，而且也反对富有自由主义色彩的北美自由贸易协定。美国移民改革联合会在给国会的报告中指出："我们反对那些削弱美国行使主权、控制外来移民和边境管理的国际协议。过去的例子中就包括北美自由贸易协定，它打开了洪水的大门，允许大企业引进廉价劳工，大规模地侵占美国的就业岗位。"③ 同样，美国移民研究中心也在批评美国人才吸引政策。它在调查中发现，入境的专业技术人才中，"多数

---

　　① 姬虹：《美国新移民研究（1965 年至今）》，第 230 页；Executive Office of the President, *Statement of Administration Policy*, May 23, 2007；http：//www. justice. gov/archive/olp/pdf/s1348sap. pdf. （2013 年 1 月 20 日下载）

　　② Marc R. Rosenblum, *U. S. Immigration Policy Since 9/11*, pp. 7 – 8.

　　③ Margaret E. Dorsey and Miguel Díaz-Barriga, "Senator Barack Obama and Immigration Reform", p. 93.

并非是名副其实的高技术劳工"，他们入境"与国家利益无关"，而是在牺牲美国劳工利益的基础上，满足企业寻求廉价劳动力的需求。从 2005—2007 年入境的就业类移民的技术素质看，多数是"技术人才的配偶和子女"，各类招募移民劳工的计划都是移民进入美国的跳板。① 由于外来移民中以有色人种为主，又聚居在本民族社区，不愿意融入美国主流社会。当"移民在心理上认同母国的时候，他们发自内心地在情感上对于美国、它的历史和'爱国主义同化'的认同就成为一种空谈了"。按照这种逻辑，国会的一些议员借题发挥，认为外来移民坚持对母国文化和民族的认同，最终会导致美利坚民族文化的死亡。"如果文化死亡了，这个国家也就消失了。"因此，捍卫以盎格鲁 – 撒克逊传统为基础的美利坚文化就成为移民政策中，维护美国政治与社会价值观的核心任务。这种思想指导下，他们要求对于南部边界严防死守，对国内非法移民分别对待，长期就业的劳工可申请农业客籍劳工计划，无业者则应被遣返回国。②

应该说，在移民政策改革领域的公众争论就像在其他领域的问题一样，民众经常能听到慷慨激昂的有关国家利益受到威胁的演讲。在表面上，从维护美国的国家利益、价值观和市民生活方式的角度出发，最容易唤起民众反对改革的激情。正因为如此，美国大众媒体也日复一日地推波助澜，不厌其烦地强调移民，特别是拉丁美洲移民，对美国社会的就业、税收、社会犯罪和文化等方面的负面影响，加剧了美国民众对外来移民的恐惧感，进而挫败国会放宽入境标准和移民规模的政策改革。③

2007 年的改革虽然失败了，旨在加强专业技术人才吸引力度的条款，也成为失败的陪葬品。但是，由于与移民相关的各种问题没有解决，非法

---

① "Prepared Statement of Mark Krikorian" in U. S. Congress, House of Representatives, *Need for Green Cards for Highly Skilled Workers*: *Hearing before the Subcommittee on Immigration*, *Citizenship*, *Refugees*, *Border Security and International Law of the Committee on the Judiciary*, *House of Representatives*, One hundred Tenth Congress, Second Session, Serial No. 110 – 89, Washington D. C.: U. S. Government Printing Office, 2008, pp. 42 –43.

② Margaret E. Dorsey and Miguel Díaz-Barriga, "Senator Barack Obama and Immigration Reform", pp. 92 –93.

③ Ted Brader, Nicholas A. Valentino and Elizabeth Suhay, "What Triggers Public Opposition to Immigration? Anxiety, Group Cues, and Immigration Threat", *American Journal of Political Science*, Vol. 52, No. 4 (Oct., 2008), p. 975; http: //www. jstor. org/stable/25193860. (2012 年 12 月 20 日下载)

移民对美国边界安全和社会秩序的威胁依然没有解除，对美国在科技和经济领域保持在全球领先地位至关重要的人才吸引政策仍没有完成改革的历史使命。所以，在 2007 年，共和党人为即将到来的总统大选准备竞选纲领的时候指出，移民政策改革问题"比其他任何一个问题（包括战争、恐怖主义和经济）都显得尤为重要"①。虽然布什在其任期内未能解决这个问题，移民政策改革的任务就不可避免地落在了在 2008 年总统大选中获胜的巴拉克·奥巴马身上。

在 2009 年，国会参议院的一些议员又开始探索移民政策改革的途径和方法。他们在原有议案中增加了部分新的内容，其中包括限制低素质的劳工，加强边界执法，建立身份证制度，对境内非法移民实行以国籍为基础的赦免制度，成立专门机构调查国内就业市场对人才需求状况，等等。到 2010 年，新泽西民主党参议员鲍勃·梅嫩德斯（Bob Menendez）和佛蒙特州议员帕特里克·莱希（Patrick Leahy）等人提交了《2010 年全面移民改革法》议案。它在保持原有内容的条件下，主张取消身份证制度，反对限制低技能劳工入境，取消临时劳工计划。然而，上述议案还没有在国会展开辩论就再次搁浅了。此时，争吵不休的众议院也通过了一项争议甚大的议案，但是，当它被送到参议院时就遭到封杀。在此期间，被金融危机和医疗改革问题弄得焦头烂额的奥巴马总统，除了口头呼吁外，行动上毫无作为，其政府第一任内的移民政策改革尝试再次失败。

总结 1997—2010 年美国移民政策的改革历程，美国政府和社会各界争论的焦点集中在边境安全、雇主制裁条款、非法移民赦免、临时劳工计划以及驱逐境内非法移民出境等问题上。而围绕合法移民的政策条款，包括家庭团聚、就业类移民和积分制等问题的争论相对较少。由于改革内容中涉及的问题繁多，各种利益集团的要求犬牙交错，任何解决方案只能满足一部分人的利益，各方在多数条款上的分歧甚大，无法达成共识，因而有的美国学者认为，外来移民已"成为事实上的威胁美国作为一个国家的安全与认同的危机"。无论进行多少次辩论，都会"提出如此多的几乎不可能解决的基本问

---

① Ted Brader, Nicholas A. Valentino and Elizabeth Suhay, "What Triggers Public Opposition to Immigration?", p. 959.

题"。① 这种威胁的范围和层面不仅涵盖了美国的边界安全和国内社会安全，甚至在类似于移民改革这样的涉及国计民生的问题上，也威胁国家决策环节。当各方围绕改革条款进行辩论的时候，却"忽略了国家对经济和劳工的需求"这个环节。同时，在每次辩论与博弈中，各方都在坚持自己的利益，谁也不愿意作出让步，结果，当历史的发展需要尽快做出改革决策的时候，"已经被证明的不可调和的利益冲突"阻碍了国会决策进程。② 这个问题再次证明笔者在十年前提出的美国政治体制在解决社会问题中的效用有限性的观点是正确的。③

有意思的是，随着 2008 年美国经济陷入经济大萧条，当年被边境检查扣押的非法移民和实际进入美国的非法移民数量均下降到 40 年来最低的水平，而美国国内被驱逐的非法移民人数之多也达到了历史高峰。在不到一年的时间内，美国境内的非法移民减少了 100 多万。④ 当然，这种变化并不意味着美国围绕移民政策的争论与改革会就此终结，历史还没有写完。

在 21 世纪初期，美国人面临的挑战与以往都不同。过去 20 年来，美国的西班牙裔人口增长之快，已经成为美国第一大少数民族，其所占美国人口比例，预计到 2030 年会上升到 20%。⑤ 他们在美国政治生活中的影响之大，以至于在 2000 年以来的四次总统选举中都表现得十分明显。特别是当两大政党在选举中相互胶着的时候，西班牙裔选民的态度会对选举结果产生重大的甚至是决定性的影响。因此，两大政党的候选人历来都不敢轻易在移民问题上表态，害怕任何不缜密的思考和语言得罪少数族裔。相反，他们在多数情况下，都会表现出一种包容的姿态，许诺对境内的非法移民实施宽松的政策。正是基于这样的现实，在 2012 年总统选举中许诺要进行改革移民政策的巴拉克·奥巴马在第二次就职仪式之后不久，就表示要完成移民政策的改革。在 2013 年 1 月 27 日，美国国会参议院的一些议员提出了关于移民政策改革的基本框架。奥巴马总统就此表示，赞赏国会在移民政策改革方面的"积极进

① Tamar Jacoby, "Immigration Nation", p. 50.
② Tara Magner, "Immigration Reform, Failure and prospects", pp. 1 – 3.
③ 梁茂信：《略论美国政府解决城市社会问题的效用有限性》，《美国研究》2002 年第 4 期。
④ Marc R. Rosenblum, *U. S. Immigration Policy Since 9/11*, pp. 9 – 13.
⑤ Ibid. , pp. 9 – 13.

展"。翌日，参议院共和党和民主党部分重量级议员就移民政策改革达成框架性协议。29 日，奥巴马在第二任期开始后访问拉斯维加斯，他在当地的一所拉美裔中学演讲时对于美国国会在移民政策改革方面不作为的问题提出了批评。他说，原有的移民政策已经过时，移民政策改革不能因无休止的争论而停滞不前。由于移民政策改革涉及美国的边境安全、雇佣非法移民行为的制裁、赦免境内的非法移民，加强移民体系的管理效率等诸多问题，国会不应再拖延。实质上，在奥巴马提议的移民政策改革内容中，多数与前文述及改革内容大同小异，他要求非法移民向政府登记，通过相关审查和缴纳相关罚款，以便获得向合法移民过渡的身份，然后再等到合法移民申请积压处理完毕之后，申请永久居留权。关于专业技术人才问题，凡在美国政府认可的大学获得理工科专业学位的人才，只要找到工作，就可以申请永久性居留权。此外，奥巴马政府要求创设"创业签证"，凡能吸引投资并创造就业会的外籍人可以申请优先入境限额。关于就业类移民限额，应该取消国家的限制，而家庭团聚条款的限额应该放宽，那些具有同性恋背景的移民也可以在平等条件下，申请移民签证，各国移民按照先来后到的原则入境。

　　从奥巴马政府和国会两院的意向看，在 2013 年的移民政策改革议题中，多数人思考的核心仍然是偏向于改革的"全面性"。也有不少人提出优先制定新的人才吸引政策，以免其受到非法移民问题的困扰。从美国国土安全部提出的与人才吸引条款有关的内容看，主要包括如下内容：（1）设立一个"启动签证"（Startup Visa）计划，重点吸引在美国高校完成学业的、具有博士学位的理工科专业的国际留学生。凡在读的持 F－1 签证的"四项专业"（STEM）的国际留学生，若属选修课之必须而工作的时间从原来的 12 个月延长到 17 个月。在完成学业后，若配偶仍然在美国高校作为全日注册学生攻读学位，配偶也可以在美国工作。（2）若 H－1B 签证劳工正在申请签证延期，或申请曲线移民而等待批复的时候，其配偶、子女及其配偶（持 H－4 签证者）也可以就业。这项规定有助于延揽那些在美国经过就业市场检验的、并属于美国企业所需要的劳工人才永久居留美国。（3）如果有外国学者和教授申请移民，若申请者确属"业内顶尖人才"，可适当放宽其提供业绩证据的范畴。（4）来自新加坡、澳大利亚和智利的 E－3 签证持有者、H－1B 和 L－1劳工等，若其合同期满并处于申请延期的等待阶段，即可在批复之前继续工作，工作时间最多可达 240 天。①

以上立法建议能否成为立法，人们拭目以待，因为移民政策的改革还会因为保守势力的反对与阻挠而步履维艰，改革议案还会在激烈的争论中被反复修改，但是，针对 1990 年移民法的改革进程是不可改变的，不管完成的时间早晚，也不管改革内容与美国社会需要的契合程度如何，具有悠久的达成妥协历史传统的美国国会必然会找到一条令多数人可以接受的走出窘境的路径，因为自 1990 年移民法颁布后，美国的移民限额制度经过 20 多年的实践检验和栉风沐雨，"在很长时期内已经变得支离破碎"。"移民改革是国内当务之急"② 的呼声也不允许改革无期限地拖延下去。在策略上，如果美国国会将合法移民与非法移民问题分开对待，通过两步走的方法，先解决合法移民问题，也许改革的成效会更加明显。至于非法移民问题，如果不能一劳永逸，也可以通过修正案的方式逐步解决。无论采取哪一种方式，笔者都对改革的态度是乐观的，其中的理由可以简述如下：

首先，回溯历史，美国作为一个由外来移民及其后裔建设和发展起来的国家，这种传统已经深入美国的历史、文化、价值观与生活方式之中。美国与外来移民有着千丝万缕的联系。由于移民问题几乎涉及每个政治与民族集团的利益，决策进程中又各抒己见，各不相让，因而难以达到高度的统一，结果，改革的立法进程十分艰难。每次改革满足了一部分群体的利益，而其他群体的利益则未涉及，或难如人意，所以，当新的移民法颁布后，实际上又开启了下一次移民政策改革的进程。这是美国移民政策史上的一个规律。

其次，美国人口、社会和经济发展需要外来移民弥补美国国内人口与劳

---

① STEM 是英文单词——科学、技术、工程学和数学——的首写字母的缩写。为便于理解，笔者将其翻译为："四项专业"，参见 U. S. Department of Homeland Security，"DHS Reforms To Attract And Retain Highly Skilled Immigrants"（Jan. 31，2012），https：//www. dhs. gov/news/2012/01/31/dhs-reforms-attract-and-retain-highly-skilled-immigrants.（2014 年 4 月 29 日下载）

② Tamar Jacoby，"Immigration Nation"，p. 50. 1924 年移民法的颁布与 1952 年移民法之间相隔 28 年。但是，这个时期内发生了 30 年代的经济大危机和第二次世界大战。1952 年移民法与 1965 年移民法颁布的时间相隔 13 年。而 1965 年移民法与 1990 年移民法之间相隔 25 年。所以，从 1990 年移民法的颁布与实施，到 2015 年也有 25 年的时间。按照这个时间推算，改革的时机成熟了。另一方面，1986 年《外来移民控制与改革法》从 1972 年酝酿到颁布，前后经过了 14 年的时间，而 1990 年移民法实施后，要求颁布移民法的时间，若从 1997 年算起，也有近 18 年的历史了。以前历次重要的移民法将合法与非法移民区分对待，唯有 2007 年改革将两者捆绑在一起。

动力资源的不足。虽然美国人口已越过 3 亿大关，美国拥有全世界最发达的高等教育体系，但作为一个科技和经济发达的强国，不可能完全解决国内发展需要的人才问题。更何况美国要保持其在全球科技、经济和军事领先地位，它就必须在完善本国人才培养体系的同时，吸收世界上最优秀的人才，从而使美国的科技发展建立在更高的水平之上。从这个意义上讲，经过半个多世纪的实践，人才引进的政策已成为美国国家利益的重要组成部分。美国总统经济顾问委员会主席爱德华·拉齐尔（Edward Lazear）在 2006 年表示："人口的缓慢增长和婴儿繁荣时期出生的一代人口的老龄化，意味着支撑经济发动机的劳动力供给会有所减少。到目前为止，经济发展中影响最为重要的因素是人口。"同样，在小布什政府担任美国劳工部部长的华裔赵小兰女士在美国国会听证会上指出，美国正在经历"难以置信的劳动力萎缩"过程，美国必须"引进新的人口……满足这种必须面对的挑战"。美国商会移民特别委员会的代表指出，美国大约 3 万家大大小小的企业需要外来移民提供必要的技术劳动力，因为美国的劳动力供不应求，劳动力短缺的程度依赖于经济发展状况和美国人口走向的影响，应对这种矛盾的有效方式，就是引进外国劳动力。因此，"我们要求国会考虑这些问题，扩大企业主可以充分利用临时劳工计划的结构，以有效的方式，在不大幅度增加官僚程序和障碍的条件下，保证在美国国内劳动力短缺的时候，使用外来移民劳工填补这些岗位"①。

以上各种担心和预测并非毫无根据。据美国劳工部统计局的预测，2004—2014 年，美国经济增长会创造 1890 万个就业岗位，在增长最快的 10 个行业中，大约 37% 的岗位仅仅需要高中学历，有两个行业需要学士学位以上的学历，有 6 个行业（商品零售、顾客服务、护士助理、清洁工、饭店招待、食品加工与外卖工等）劳工只需要短期的岗位培训就业能解决劳动力适应生产的问题。此外，2006—2016 年，美国的建筑行业每年需要

---

① "Prepared Statement of Elizabeth Dickson, Immigration Service Manager, Global Mobility Services Team, Ingersoll Rand Co., and on behalf of the U. S. Chamber of Commerce", in U. S. Congress, House of Representatives, *Guest Worker Programs: Impact on the American Workforce and U. S. Immigration Policy*, *Hearing before the Committee on Education and the Workforce*, U. S. House of Representatives, One Hundred Ninth Congress, Second Session, Serial No. 109 - 47, Washington D. C.: U. S. Government Printing Office, 2006, pp. 11 - 13.

大约18.5万建筑工人,餐饮行业将会增加180多万个就业岗位。但是,随着美国人口老龄化问题的凸显,未来10年内美国劳工增长仅为10%,远远不能满足经济增长的需要。对此,美国卫生保健协会的报告中指出:"这不是一个临时性短缺的问题……人口结构的根本性变化正在美国发生,我们面临的劳动力危机将伴随我们数十年。"美国医院协会的报告中指出,大量待聘岗位存在的现实需要寻找从病房清洁工到注册护士和护士助理的许多劳工。医院工作人员不足引发的问题是:急诊室应接不暇,病床供不应求,需要急诊的患者被迫转院,处置延迟、手术前等待时间延长,或者被迫手术取消,医院服务时间不足等。2004—2014年,美国医院需要的医生、护士、护理人员和清洁工等各类劳工约30.42万人。① 面对因人口和劳工供不应求的矛盾,美国国会耽搁不起。

再次,如第一章所述,无论发达国家还是发展中国家,各国都在20世纪90年代起实施了人才吸引的战略,各国围绕专业技术人才的国际竞争日益激烈。在不同场合,不少美国政府官员都有这样一种危机意识:随着中国和印度经济的崛起,"它们在全球科技体系中扮演着日益重要的角色……中国以最快的速度在增长……有关印度的零散数据也表明,它也在寻求快速的科学技术发展。"② 兰德公司在2008年提交给美国国会的报告中指出:"显然中国被认为是一个威胁,主要是因为其建立在廉价劳动力基础之上的庞大制造业基地、快速的经济发展和日益强大的军事。……此外,中国还在大量投资某些科学领域,例如纳米技术等。"③ 再从各国的研发基金及其在全球所占比例看,美国的形势也不容乐观,它昔日独步天下的历史一去不复返。1993—2003年,美国、欧盟15国和日本的研发基金占全球的75%,但是,这些发达国家所占的份额都处于下降状态。虽然美国每年的研发基金平均增长5.8%,接近于全球6.3%的平均水平,美国在全球研发资金中所占比例相对稳定,从37.6%下降到36.1%,降幅不大。但是,在

① "Prepared Statement of Elizabeth Dickson, Immigration Service Manager, Global Mobility Services Team, Ingersoll Rand Co., and on behalf of the U. S. Chamber of Commerce", in U. S. Congress, House of Representatives, *Guest Worker Programs*, p. 13.

② Titus Galama and James Hosek, *U. S. Competitiveness in Science and Technology*, p. 16.

③ Ibid., pp. 18 – 19.

同期，欧盟 15 国从 28% 下降到 25%，日本从 16.9% 下降到 13.9%。相比之下，其他国家增长较快。例如，中国从 3.6% 增至 9.4%，每年平均增长 16.4%。俄国每年平均增长 8.2%，韩国每年平均增长 9.4%，世界其他地区平均年增长 7.4%。① 与这种趋势并行不悖的是，世界各国在科学技术领域的人才培养与人才战略的实施，对美国构成了重大挑战。据美国国家科学委员会估算，在 2002 年，欧盟 15 国和中国毕业的本科以上理工科专业学生人数超过美国，其中，欧盟 15 国达到 50 万，中国为 53 万，美国只有 43 万。在 2004 年美国、中国和印度授予的工科、计算机科学和信息技术专业的学士学位数量分别为 13.7 万、35.1 万和 11.2 万。无论从哪一方面看，欧盟 15 国和中国每年培养的科学家和工程师人数都超过了美国。再从每年培养的博士学位数量看，2002 年在全球获得博士学位的 12.50 万人中，欧盟 15 国培养的博士学位人数达到 40776 人，占全球的 33%。美国为 26891 人，占 22%。中国有 8153 人，占全球的 7%。俄国为 10409 人，占 8%。日本、印度和罗马尼亚等国家占全球的 4%，而韩国、加拿大和澳大利亚等国分别占全球的 2%—4%，剩余的其他国家占 9% 左右。②

　　最后，奥巴马总统在移民问题上的态度与策略，决定新一轮的移民政策具有获得成功的可能性。奥巴马在担任参议员期间，对 2007 年国会改革移民政策就持支持的态度。当时，他选择的是一条兼容自由主义与保守主义思想的中间路线。换句话说，在移民政策改革的问题上，奥巴马不是持那种非此即彼的态度，而是一种两者皆可、容易调和的态度。这种态度中既吸收了自由主义思想也兼容了部分保守主义思想。他主张按照移民的表现授予永久性居留资格，那些在美国长期就业、遵纪守法的非法移民，若已经为自己非法入境的违法行为缴纳罚款、个人所得税和其他税收等，并在美国住满 5 年以上，没有违法记录，表现良好，英语水平较高，就可以获得永久居留资格。但是，当他在谈到非法移民形势的时候，又与保守派的观点是一致的，认为美国边界失控，导致大批非法移民蜂拥美国，对美国的法制秩序、就业市场和市民生活带来了威胁。显然，在奥巴马的思想中，最核心的目标是维护美国的国家利益。外来移民要在美国永久居住，就必须学习英语，努力工作，

---

① Titus Galama and James Hosek, *U. S. Competitiveness in Science and Technology*, pp. 21 – 22.
② Ibid., pp. 26 – 27.

积极融入美国主流文化，形成与美国人一样的自强意识。凡是不具备以上条件者，均该被遣返回国。在 2006—2010 年，国会颁布立法、要求在美墨边界修建边界隔离墙的立法中，奥巴马采取了支持的态度。这一点上又与乔治·布什总统的观点是一致的。布什指出："非法移民必须对其违法行为支付一笔有意义的罚款，缴纳税收，学习英语，表明他们在稳定的岗位上工作了若干年。满足了一系列条件的人，承受了时间和罚款的代价，就可以申请公民资格，但这绝不意味着就能获得批准。"①

　　总之，如同历史上的每次改革一样，1997 年开始启动的移民政策改革，虽然命运多舛、曲折艰难，但是，其历史趋势却不容置疑。而且，美国社会各界都已经认识到，边境安全与境内的非法移民问题，如同滚雪球一样，其改革拖延的时间越长，对美国社会产生的危害就越大。如果再无期限地拖延下去，美国的边界安全、境内的非法移民对美国法治社会的危害以及美国人的生活方式和价值观的破坏就越深，美国在吸引外来人才方面遭受的损失就越大。基于这样的认识，美国的决策者绝对不会无休止地争论下去而不采取任何措施。但是，值得关注的是，在这场跨世纪的辩论中，虽然其话题是从加大移民政策中的人才吸引力度开始的，社会各界和国会不同政治派别都注意到了借鉴加拿大、澳大利亚和英国的积分制，并试图将其作为美国人才吸引战略中的有效措施之一，然而，人才吸引的话题却最终被淹没在移民政策的构成，特别是围绕非法移民的争论之中。这表明人才吸引的政策作为美国移民政策中的组成部分，其调整与变革很容易受到与之相关的各种政治性和社会性因素的制约，其命运也容易被捆绑在美国移民政策的整体构架与改革之中。任何试图单独考虑修订和发展人才吸引战略的想法都显得过于幼稚，而且它在实践中也很难成为现实。在人才吸引问题处于被美国政治的、经济的、社会的种种因素层层包围的社会背景之下，进入 21 世纪的美国人才吸引战略依然停留在 1990 年移民法框架之下，它以永久性移民政策为依托、以丰富多元性的临时技术劳工计划为人才吸引主体平台，然后再以就业市场的需求和实践检验为过滤器，借此淘汰那些技术不为美国所需要的人。而那些在技术创新和社会价值创造方面潜力较大的人，最终会成为移民美国的人才。

---

① Margaret E. Dorsey and Miguel Díaz-Barriga, "Senator Barack Obama and Immigration Reform", pp. 90 – 91, 96 – 97.

不管这种战略与政策性机制存在着什么样的问题，但无法回避的是，面对来自欧盟和亚洲新兴经济国家的崛起，全球性的人才竞争必然会进一步加剧，在吸引和利用外来人才方面具有悠久历史传统的美国也不会骤然关闭国门，切断外来移民与美国的联系，它可能在适度限制每年入境移民规模的基础上，以现有的人才吸引政策为依据，调整与人才吸引相关的移民法条款，提高对移民学历与技术素质的要求，并希望外来移民为美国社会发展作出更大的贡献。

第七章
临时技术劳工计划的实践与影响

　　在 20 世纪美国人才吸引的战略中，各类临时技术劳工计划值得称道。它们作为合同劳工计划的一种形式，虽然在美国历史上不乏先例，但却从未像在第二次世界大战后那样发挥得淋漓尽致，并为美国吸引了两千多万技术劳工。更重要的是，它们与美国移民政策中的永久性移民人才吸引条款一起，构成了美国人才吸引战略中的双轨机制。临时技术劳工计划的最大特点是，能够根据市场需求变化而不断调整，张弛有度、灵活自如，并发挥了企业在雇佣环节中的核心作用。同时，为保护国内科技人才的就业权益，美国国会在立法中制定了各种不同的保护性措施，其中最重要的特色之一，就是美国政府利用引进外籍技术劳工的契机，带动了国内人才资源开发的机制。这种富有远见的政策，值得中国借鉴和学习。需要说明的是，由于各类临时技术劳工计划繁多，它们又是在战后不同时期确立和实施的，笔者在以前的章节中，曾简单地评述了其立法过程和内容。这样做的好处是可以保证每个时期，人才吸引政策完整性，不至于论述内容显得过于分散。同时，本章将专门开辟篇幅，重点论述其实践过程、效用与问题，凸显临时技术劳工在美国人才吸引方面的重要意义。

一　缓慢的启动与实践中的完善

　　在美国历史上，根据经济发展需要引进合同劳工的先例，可溯至英属殖民地时代。当时，殖民地业主根据需求引进契约工的做法，成为那个时代欧洲白人和部分黑人移民北美的主要方式。[1] 到 19 世纪以后，不仅民间引进合

---

[1]　梁茂信：《英属北美殖民地契约移民性质新论》，《历史研究》2011 年第 2 期。

同劳工的方式继续存在，而且美国联邦政府也参与其中。在美国内战方酣的1863—1864 年，林肯总统感觉到内战消耗了大量的劳动力，工业生产发展受到掣肘。于是，在他的建议之下，国会经过调查后，颁布了 1864 年合同劳工法，同意美国的企业主雇佣海外劳工，并为其提供赴美旅费。内战结束后，因该项立法越来越受到美国劳工的反对，该法案到 1868 年被终止。然而，在同年，美国又与中国签订了《浦安臣条约》，其中关于华人劳工迁移到美国的最惠国待遇的规定，就是为了满足美国西部开发需要的产物。到 19 世纪 80 年代，有些美国公司试图说服国会再次颁布立法，允许引进合同劳工，但是，由于入境的外来移民逐年增多，就业市场上的劳工供给充足，所以，美国国会在 1885 年规定，禁止美国的任何企业和个人引进合同劳工。从此之后，合同劳工作为外籍人移民美国的一种方式便销声匿迹了。只是到第二次世界大战爆发后，特别是从 1940—1942 年美国参加第二次世界大战时为止，美国的劳工队伍发生了巨大变化。据统计，当时进入就业市场的劳工人数从 5400 万增至 6600 万，而美国军队作为当时吸纳劳动力的主要用人机构，其人数也从50 万骤增至 1200 多万。在这种背景下，美国失业劳工人数从经济危机时期的 780 多万减少到经济繁荣时期的 100 万以内。随着美国经济被迫纳入战时体制轨道后，劳工供不应求的矛盾进一步加剧。于是，美国政府与加勒比海、加拿大和中美洲国家签订了引进合同劳工的协议，俗称"临时合同劳工计划"（Bracero Program），其中引进的劳工多数来自墨西哥。[1] 按照美墨两国政府的协议，美国从 1942 年开始到 1964 年该计划结束，累计引进墨西哥劳工464.59 万人，其高潮期是在 1954—1960 年，其间，年均入境劳工达 43 万人以上，占引进的墨西哥劳工总数的 59.7%。从 1960 年开始，该计划被纳入1952 年移民法中确立的 H－2 计划中之后，入境劳工人数开始下降。到 1964年，入境劳工人为 17.7 万人，1965 年仅为 2.02 万人。从 1964 年开始，H－2 计划就成为美国引进农业临时劳工的主要载体。[2]

---

[1]　Collis Stocking, "Adjusting Immigration to Manpower Reqirements", *Annals of the American Academy of Political Science*, Vol. 262（March 1949）, pp. 113 – 114; http://www.jstor.org/stable/1026980.（2009 年 6 月 3 日下载）

[2]　该计划也是战后美国引进非技术类劳工中影响最大、争议最多的计划。因为其中有许多人最终转化为永久性移民，也有不少人因"逾期不归"而成为非法移民。参见 David S. North, *Nonimmigrant Workers in the U. S.*, pp. 8, 16。

　　如第三章所述，国会在 1952 年移民法中制订了一个 H 类临时劳工计划。其中，H－1 是旨在吸引具有突出才能的外籍劳工，H－2 是以农业劳工为主的临时工，H－3 是到美国接受技术培训的劳工。在上述三类计划中，H－1 和 H－3 计划将是本章论述的重点。在 1952 年移民法中，虽然美国国会并未对 H 类计划每年入境的人数作出限制，但在 20 世纪 60 年代，在 H－1 和 H－3 计划之下入境的劳工数量并不多。到 60 年代末期，每年在 H－1 计划之下入境的技术劳工不到 1.2 万人，而在 H－3 计划之下入境的劳工不过 5000 人。① 需要指出的是，在此过程中，美国国会根据需要，不断地对计划中的概念进行调整。例如，1970 年国会将 "temporary services" 一句中的 "temporary" 字样去掉，因为 "国会感觉到，该项规定中的限制性太强"，不利于劳工申请永久居留权。② 关于 H－1 计划中的 "出色的品质与才能"（distinguished merit and ability）概念，因国会未作界定，它在实践上有一定的随意性和模糊性，容易引起滥竽充数的现象。1965 年，美国移民与归化局对该项概念作出了解释，认为它是指 "一种技术的程度，并且被公认超过了一般水平，其程度足以表明该人在所从事领域的杰出地位"。它在职业上涵盖范围较广，包括科学家、工程师、教授、医生、会计和护士等技术人士。任何申请者都必须出示学历和文凭等相关证件，入境后的工作期限一般为 1 年，如雇主确实需要，可在合同期满后延聘 1 年，多数情况下不超过 3 年。③ 美国移民局的上述规定，于 1970 年被美国国会众议院司法委员会采纳，它在具体表述上，用 "prominent" 取代了 "preeminent"，增加了 "拥有高等学历" 的内容。此后，"拥有高等学历" 和 "突出才能" 就成为 H－1 临时技术劳工能否入境的标准。

　　到 20 世纪 80 年代初期，持 H 类签证入境的劳工人数还是比较有限的。例如，在 1979 年和 1983 年，所有 H 类签证劳工分别为 5.28 万人和 5.83 万人。在这两个年份，含有科技劳工的 H－1 签证和 H－3 签证劳工人数分别为 3.1 万人和 3900 人，到 1983 年也不过 3.54 万人和 3000 人。在这两个计划之下入境的技术劳工人数，分别占所有 H 类劳工计划中入境人数的 58.7% 和

①　David S. North, *Nonimmigrant Workers in the U. S.*, p. 3.

②　U. S. Commission on Immigration Reform, *Legal Admissions* 1997, pp. 140－141.

③　David S. North, *Nonimmigrant Workers in the U. S.*, pp. 2, 127.

7.38%，到 1983 年分别为 60.7% 和 5.14%。从来源看，这个时期的临时劳工主要来自欧洲、亚洲和北美洲。在 1979 年和 1983 年，来自欧洲的劳工分别为 34% 和 30%，亚洲分别为 26% 和 38%，北美洲分别为 33% 和 23%。在职业构成方面，护士分别为 29% 和 30%，音乐家、艺术家、运动员和作曲家等职业人数，合占 H 类签证劳工的比例分别是 47% 和 28%。在 H–3 签证的劳工中，虽然人数不多，但其专业技术的成分却非常重要。例如，到 20 世纪 50 年代末，美国各地形成了一个完备的技术研究与培训网络。到 70 年代中后期，美国 194 所大学先后为盟国或友好国家培训了 1.35 万名核能专业的学者和科学家。承担培训任务的学校自身也形成了多达 3087 门课程的体系，其中核物理课程有 873 门、核放射与化学课程 202 门、核能技术课程 835 门、核辐射控制课程 169 门、核污染与卫生防护课程 544 门。[①] 在为外籍技术人才提供的培训内容中，涉及核子能科学、浓缩铀加工、核武器生产等核心技术。虽然他们在学习中只涉及核能基础知识，但根据美国审计总署的调查，美国政府并没有"监制课程的内容，也没有对外籍大学生参与大学计划的标准作出限制"。他们在学习和培训课程中，"含有可以间接性地用于制造原子弹的技术，少数人参加了浓缩铀提炼和加工的项目研究"。这种分析是比较客观的，因为在参加培训的人员中，不少人从事了实验室的具体实验环节的工作。例如，1959—1965 年在橡树岭国家实验室接受培训的外籍人员来自 13 个国家或地区，绝对人数达到 115 人，其中，人数较多的是日本（16 人）、意大利（11 人）、巴基斯坦（12 人）、印度（8 人）、中国台湾（6 人）。比利时、巴西、伊朗、菲律宾、南非、瑞典和英国等其他国家的参加人数一般都在 3 人以下。在工作中涉及的核心技术包括浓缩铀提炼技术、核反应堆技术、核反应实验、核辐射保护和核废料处理等。在 1955—1960 年参加阿尔贡国际核能科学与工程实验室技术培训的 H–3 签证的技术劳工，分别来自 70 多个国家。其中，人数最多的是联邦德国（27 人）、印度（15 人）、希腊（16 人）、

---

① 据美国审计总署的一份报告中记载，一直到 1978 年，美国移民局都没有公布非移民劳工入境人数信息，原因是"管理信息系统的问题"。从 1985 年开始，移民局才开始启动信息统计系统。这就是说，一直到 20 世纪 80 年代初，美国政府"关于非移民劳工入境人数没有可靠的信息"。United States General Accounting Office, *Difficulties in Determining if Nuclear Training of Foreigners Contributes to Weapons Proliferation*, pp. 3，5，11，13，37.

意大利（35 人）、日本（30 人）、韩国（22 人）、西班牙（34 人）、巴基斯
坦（21 人）、瑞士（11 人）、土耳其（11 人）、比利时（12 人）、巴西（14
人）、法国（15 人）、泰国（15 人）、菲律宾（10 人），而以色列和埃及等 28
个国家的受训劳工都在 10 人以下。① 到 70 年代，在美国联邦实验室承担的培
训计划中，规模最大的计划是与伊朗签订的"美国—伊朗特殊培训计划"②。
这些数字显示，在美国的临时劳工计划中，美国通过为外籍劳工的技术培训，
一方面为自己吸收不少外籍技术人才（参见第三章），另一方面也将核子能
技术扩散到与美国友好的近百个国家之中。21 世纪初期的核能扩散的技术
中，就有美国人当年的"贡献"。当伊朗坚持要制造原子弹的时候，美国人
恐怕只能暗自"悔不该当初"了。

　　在临时技术劳工计划中，第二个影响较大的计划是 1948 年法案确立的、
《1961 年双边教育与文化交流法》中进一步明确的 J 类签证计划。它与 H 类
签证劳工计划的相似之处是：其劳工也是"无意放弃祖籍的外国人"，其中
包括交换协议中规定的本科生、政府资助的研究生、大学教师、研究人员和
工程师，或某一特殊技术与知识领域的领导者，等等，目的是到美国参加一
项由美国新闻总署主任认可的临时性计划，传授、演示、讲授、学习、观察、
研究或接受某一类学科专业技术的培训。按照规定，申请 J 类签证的外籍人
包括：（1）到美国政府认可的学校或教育机构学习、进修或攻读学位。无论
是全日制还是短期培训，必须全勤修满课程，直到结业。获得学位后，还可
以在美国继续居住 18 个月，接受与专业课程一致的实践培训活动。（2）由美
国的学校、企业或研究机构承担的技术人员在岗培训，外籍人在美国的居住
期限不超过 18 个月。（3）到美国接受培训的外籍中、小学教师，在美国居住
期限最长不超过 3 年。（4）到美国政府认可的高校或研究机构从事研究与交
流活动的教授，在美国居住最长时间不超过 3 年。（5）参加学术研究，或展
示特殊技能的专业技术人员，在美国居住的最长时间不超过 3 年。（6）到美
国旅行、研究、交流、分享或展示特殊才能与知识的国际访问学者，或参加
面对面交流的外国学者与知识分子。（7）在医疗系统接受专业训练的医务人

---

　　① United States General Accounting Office, *Difficulties in Determining if Nuclear Training of Foreigners Contributes to Weapons Proliferation*, pp. 18, 20, 27.

　　② Ibid., pp. 21 – 25.

员，在美国居住的时间最长不超过 7 年。除上述人员外，还有些特殊条件的规定：（1）具有大学本科学历的护士，在美国居留的时间不超过 2 年。（2）医疗技术人员、药剂师、麻醉师和放射技术人员等，除签证规定的时间外，加上 18 个月的实习，累计在美国居留的时间不超过 3 年。（4）美国国务院新闻总署雇佣的外籍雇员，在美国居住的时间最长是 10 年。（5）美国国家医疗卫生研究院邀请并担保的研究助理，在美国工作的最长时间是 5 年。[1]

在 J 签证计划启动后的 10 年内，入境人数虽少，但是，多数年份内，入境人数平均在 5 万人左右。唯有在 1972 年和 1976 年的入境人数保持在 4.4 万—4.7 万。当然，从 20 世纪 70 年代的整体效果看，也不容小觑，在 1970—1978 年，入境的 J 类签证持有者累计 44.34 万人。他们多数是具有学士学位的大学毕业生、研究人员、访问学者、接受某些专业技术培训的军人、实习医生、护士和其他专业技术人员等，其中学生较多，占总数的 61%，而专业技术劳工平均占 38.8%。从入境后的流向看，其邀请者主要是美国的高校、政府部门、非营利性的社会服务机构以及营利性企业。例如，在 1976 年入境的 7.22 万名 J-1 签证人员中，41% 属于非营利性机构，34% 属于学术机构，企业界仅为 4.4%，剩余的 19.51% 分布在各地政府机构之中。[2] 到 80 年代上半期，这种结构一直没有发生质变。[3]

第三项临时劳工计划是 1970 年美国国会为跨国公司职员内部调转设立了一个 L 签证计划。其中，L-1 签证持有者是劳工本人，其家属可申请 L-2 签证。按照法律规定，L-1 签证申请者必须符合下列条件："在入境之前，被国外一家跨国公司，或其他实体的管理层岗位，或具有专业技术的岗位，雇佣工作一年以上，此人进入美国，旨在继续为同样的雇主或企业实体从事同样的工作。"也就是说，跨国公司职员内部调转人员的级别相对较高，属于公司部门经理和技术专家，有工作经验。这类专业技术人员申请签证的方式与 H-1 签证计划相同，准备雇佣该劳工的企业主向移民局申请，被批准率达

---

① United States General Accounting Office, *U. S. Information Agency Inappropriate Use of Educational and Cultural Exchange Visas*, 1990, pp. 8 – 10.

② David S. North, *Nonimmigrant Workers in the U. S*, p. 95.

③ United States General Accounting Office, *U. S. Information Agency Inappropriate Use of Educational and Cultural Exchange Visas*, p. 12.

到95%以上。这类劳工入境后，不得脱离雇主而另谋就业，配偶也不能在美国就业。在 1978 年被调查的 182 名 L－1 签证劳工中，92% 的人为男性，82% 已婚并有家属陪同。只有 4% 的人在美国有父母或者兄弟姐妹等直系亲属。从学历看，当时的总体构成并不高，拥有博士学位的比例仅为 2%，50% 的人有学士或硕士学位。50% 来自加拿大、英国和澳大利亚等英语国家，其中最多的是来自英国（46 人）、加拿大（28 人）、澳大利亚（11 人）、日本（10 人）和联邦德国（10 人），以上各国累计达到 105 人。在进入美国之后，这些劳工的职业升迁变化不大。例如，在入境前和入境后，从事管理岗位的比例分别为 53% 和 54%，从事专业技术职位的比例分别为 37% 和 35%，从事销售工作的比例分别为 4% 和 7%。[①]

最后，必须提及的是 F－1 签证的学生，其中包括中小学生、职业学校的学生和大学本科生。按照美国移民法的规定，外国学生旅美求学，必须表明自己有足够的经济条件完成学业，有往返机票，将来准备学成回国。但是，在学习期间，如果"是为了获得实用经验，或者是课程学习中的一部分"，或者是出于了解美国社会，或因为不可预测的意外因素而确实需要通过工作来补充收入，他们可以在入境后的第一年内在校园内工作；从第二年开始，学生可以在校园之外工作，但是必须经过移民局的批准。工作期间的学生身份不能改变，每周工作时间最多不超过 20 个小时，工作期间不应该影响学业。学生在寒暑假期间可以全日工作。在任何一年内，学生若放弃学业而全日工作，则为非法。[②] 虽然政府政策的本意是不期望大批学生来到美国之后工作，但在实践上，不少持 F－1 签证的学生入境后在就业市场上的择业自由度远远大于持 H 类签证的劳工和 L－1 签证的劳工。从 F－1 签证学生入境后的工作申请看，绝大多数能得到批准。在 1979 年财政年度，F－1 学生就业申请达到 4.46 万人，获得批准者占申请者的 74.7%。所有就业学生人数占 1979 年入学的 19 万持 F－1 签证学生的 17% 左右。这个比例还是很高的。[③]

---

① David S. North, *Nonimmigrant Workers in the U. S.*, pp. 153, 154－155.

② Committees on the Judiciary, House of Representatives and the United States Senate, *U. S. Immigration Policy and the National Interest: Final Report and Recommendations of the Select Commission on Immigration and Refugee Policy with Supplemental Views by Commissioners*, Washington D. C.: U. S. Government Printing Office, 1981, p. 209.

③ David S. North, *Nonimmigrant Workers in the U. S*, p. 147.

需要说明的是，虽然外国留学生进入就业市场后有几分劳工的性质与色彩，工作条件与工资标准都与美国劳工相同，但是，由于其身份的主要性质不是劳工，而是学生，美国国会无意将他们"纳入临时劳工计划，也不是一个作为未来具有外来移民前景而管理的培训计划"，相反，他们只是"既为其业主又为学生在内、双方各自实现自己目标的最基本的工作计划"①。所以，在下文的论述中，F 签证的学生将不作为论述的主要内容（关于各类临时工作签证计划及其人数，参见表 7.1）。

表 7.1　　　1968—1978 财政年度进入美国就业市场的非移民类劳工统计②

劳工类别与人数	签证类别	1968 年	1973 年	1978 年
据国际条约规定入境的贸易商或投资者	E 类签证	13091	41281	50431
学生	F－1 签证	73303	90693	187030
有突出才能的临时劳工	H－1 签证	11758	15670	16838
其他临时劳工	H－2 签证	52798	37343	22838
工业培训人员	H－3 签证	4593	4010	3309
以上 H 签证累计人数		69149	57023	42979
交换学者	J－1 和 J－2 签证	45320	46468	53319
美国公民未婚夫（妻）	K 类签证	n/a	8254	5730
公司职员调转	L－1 签证	n/a	8839	21495
总　计		200863	252612	360984

综上所述，在 1980 年之前，各类临时技术劳工计划均处于一个不断完善的过程之中。虽然每个计划下引进的劳工人数不算太多，但其中折射出的问题却具有重要的现实与学术意义。从国别来源看，在 1977 年入境的临时劳工中，来自发达国家的劳工占 L－1 签证劳工的 76%、H－1 劳工的 69.3%、J 类签证的 52.6%、F 类学生签证人数的 52.6%，但是，在技术含量较低的 H－2 劳工中仅占 22.3%，而在该计划中来自发展中国家的劳工达到 76.7%，

---

① U. S. Congress, House of Representatives, "Immigration Act of 1990: Related Report", pp. 6746 - 6747.

② David S. North, *Nonimmigrant Workers in the U. S.*, p. 3.

其中多数来自西半球国家。在上述计划中，无论属于何种类型，劳工在法律上都"依附于其雇主"，在合同有效期内，不能在就业市场上自由流动。如果他们擅自解除了与雇主的契约，他们就丧失了在美国合法居住的资格，并且随时可能被驱逐出境。① 但是，当我们仔细观察每个计划之间的差别的时候，还是会发现其中的一些差异。

首先，在上述各类计划中，唯有持 J-1 签证者在就业方面具有许多其他计划没有的特权：（1）J-1 签证持有者的配偶可以就业，F-1 签证学生的配偶不可以就业。（2）持 F-1 签证的学生，若要在校园外工作，必须经过美国移民局的批准，而 J-1 签证的学者是否可以在校外工作，只需要征得担保者个人或单位的同意。（3）如果大学需要引进人才，可通过 J-1 签证计划引进，入境手续相对简便，若选择走 H-1 计划渠道，入境手续更加麻烦，须经司法部、劳工部和移民局的批准。（4）H-1 签证持有者的配偶没有资格就业，但 J-1 签证的配偶可以就业。（5）J-1 签证持有者从事的工作岗位既可以是临时性的，也可以是永久性的。在 1970 年之前，H-1 签证的劳工只能从事临时性职业。从 1971 年开始，美国国会允许 H-1 签证的劳工从事永久性的职业。②

其次，在各类计划中，唯有持 J-1 签证者入境后，与美国就业市场具有一种微妙的关系。他们入境后的主要任务是从事专业技术交流，而不是在工作中创造利润。他们享受的待遇是与学术交流相关的奖学金，而非真正意义上的工资。他们与担保人或单位之间是一种合作关系，或者是学习与传授知识的关系，而不是雇佣与被雇佣的关系，而且，在签证规定的有效期限内，不得随意更换"主人"。这就是说，在就业市场上，他们并非真正意义上的自由劳动者。只有通过合法程序，与担保人之外的其他人发生雇佣关系的时候，才算进入了就业市场，因为只有进入这种契约关系之下，工资是由雇主发放的，其标准和其他福利待遇都是与美国劳工相同的。但是，通过这种方式引进劳工会增加美国国内就业市场的劳动力供给，并且不可避免地对当地劳工的工资水平和工作条件产生一定的影响。在这方面，最典型的例子是外籍医生和护士。他们到美国的方式是通过交流协议来实习，但不少人上岗后

① David S. North, *Nonimmigrant Workers in the U. S.*, pp. vii, 6, 12.
② Ibid., p. 94.

工作数年，甚至实习中的部分内容属于研究生培养环节中的实习内容。从工作性质看，虽然说是实习，但在实际工作中很难区分哪些内容属于实习必须之内容，哪些属于就业市场必须雇佣劳工来承担的工作。① 更重要的是，J类签证持有者大多数是研究生和访问学者，他们都具有一定专业技术、工作能力和经验。他们在美国期间的活动身份与性质是学术性交流，但他们的劳动成果却能转换为商品，并直接或者间接性地为邀请单位创造价值或者利润。从这个意义上说，他们的工作具有商业性劳动的成分。在这一前提下，尽管他们在旅美期间的收入所得与其劳动价值不对称，可是，他们的收入仍然要缴纳个人所得税，除非其母国与美国之间有免税协议。

　　最后，在雇佣与被雇佣的关系上，唯有H类劳工变数最大。如前所述，J类签证持有者的主要性质属于学术交流，它虽然具有一定的工作性质，但是，如要更换担保人或"雇主"，则必须通过两种方式完成。第一种方式是回国工作两年之后再次申请，第二种方式是申请永久性移民。无论属于何者，过程都是困难重重。至于L类签证计划，它的最大特点是：虽然被雇佣者从一国到另一国工作，需要申请入境签证，但是，在就业市场上，属于跨国公司的内部调动，雇主保持不变。所以，L类签证的劳工进入美国的就业市场后，不会因为雇主发生变化而引起不必要的劳资纠纷。但是，H类签证就完全不同。一方面，该项计划雇佣单位非常庞杂，涉及美国的各类企业、高校、其他非营利性事业单位和各级政府部门；另一方面，申请者职业来源非常庞杂，其中包括著名的运动员、演员、作家、医生、护士、中小学教师、科学家、教授、工程师和研究人员等。雇佣人数不仅要跟随经济和就业市场变化而波动，而且，也因为其招募过程和入境申请环节，都是由雇佣公司代理的，因此，其中舞弊行为的空间较大，各类问题也比较突出。例如，在1980年之后，美国各类工会组织和一些国会议员纷纷批评移民局在发放H-1签证的时候过于宽松，不少持H-1签证的外国劳工的水平过低，入境后只能在该行业最低水平上工作，影响了该行业的劳工素质。美国移民局专门组织人员进行调查后发现，确实存在着一些H-1签证劳工素质低下的现象。②

---

① David S. North, *Nonimmigrant Workers in the U.S.*, p. 98.

② U. S. Commission on Immigration Reform, *Legal Admissions: Temporary*, September 1997, pp. 140 - 141.

二　临时技术劳工的增长与争议

从 20 世纪 80 年代后半期开始，由于美国经济已经完成了向后工业社会经济体系的转型，经济发展对高技术劳工的需求更加旺盛。移民政策中已有的人才吸引条款和各类临时劳工计划已经越来越不能满足企业界的需求。在这种背景下，如第五章所述，美国国会在 1990 年移民法中，对临时劳工计划进行了调整，原有的 H - 1 签证计划被一分为二，形成了 H - 1A 和 H - 1B 计划。在 1990 年移民法生效后，各项临时劳工计划开始纷纷发挥作用。各类计划之下入境的劳工人数呈现迅速增长之势。在各类计划中，最为引人注目的是 H - 1B 计划，劳工人数在 1985 财政年度是 7.48 万人，1995 年是 15.24 万人，到 2004 年则高达 50.63 万人，20 年间增长 5.76 倍以上。在相同的时期内，增长最快的第二个计划是 L 类签证计划，人数从 1985 年的 6.53 万人增至 1995 年的 11.21 万人和 2004 年的 31.44 万人，增长了 3.8 倍以上。与此同时，J 类签证计划也成为美国高校和公司雇佣技术劳动力的一种主要方式，他们中间不少人在夏季和冬季临时就业，人数在 1985 年达到 11.09 万人，1995 年达到 20.10 万人，2004 年跃至 32.19 万人，累计增长了 1.9 倍。值得关注的是，在 1992 年，美国、加拿大和墨西哥三国签署了"北美自由贸易区劳工计划"。它作为即将运行的北美自由贸易区的附加计划，允许美国公司分别从加拿大和墨西哥雇佣需要的专业技术人才。该计划实施后，入境的技术劳工人数从 1995 年的 6.82 万人增至 2004 年的 17.80 万人，增长了 161%。据美国国土安全部和商业部的估算，在 2004 年，按照各类临时劳工计划规定入境的外籍科技临时劳工人数达到 150 万人，其中有约 20% 是家属，劳工人数实际为 120 万人。但是，其中究竟多少人就业，美国国土安全部的人员并不清楚，因为有些人已经转化为永久性移民，有些人在合同期满后离境。[①] 当然，如果将各类临时劳工计划通盘观察，其效果显得更加惊人。例如，2002—2011 年，持 L - 1 签证入境的专业技术人员达到 401.81 万人，持有 J - 1 签证入境的访问学者和博士后等

[①]　U. S. Congress, House of Representatives, *Guest Worker Programs*, p. 28.

高学历人才达到417.13万人，在同期入境的 H–1B 劳工为411.6 万人，北美自由贸易协定专业技术劳工计划214 万人，各项临时技术劳工计划为美国吸引的技术人才，累计达到1444.54 万人（参见表7.2）。

表 7.2			2002—2011 年进入美国工作的临时科技劳工①					单位：万	
年份	H–1B	H–3	O–1	P–1	TN	L–1	J–1	J–2	E–1
2002	37.05	0.27	2.50	4.14	7.33	31.37	32.56	4.46	4.64
2003	36.05	0.23	2.55	4.33	5.92	29.81	32.16	4.11	4.41
2004	38.68	0.22	2.71	4.04	6.59	31.45	32.19	3.90	4.71
2005	40.74	0.29	2.97	4.37	6.47	31.21	34.27	3.97	D
2006	43.19	0.41	3.19	4.62	7.39	32.08	38.52	4.18	5.02
2007	46.17	0.55	3.62	5.30	8.51	36.35	44.35	4.51	5.17
2008	40.96	0.62	4.12	5.70	8.83	38.27	45.91	4.70	5.03
2009	33.92	0.42	4.56	5.44	9.90	33.33	41.31	4.62	4.91
2010	45.48	0.31	4.99	7.29	63.41	50.27	48.47	5.85	8.79
2011	49.46	0.33	5.18	8.45	89.95	56.27	47.10	5.69	11.02
小计	417.10	3.65	35.51	53.78	214.30	370.61	396.84	45.99	53.70

表格中没有根据美国与澳大利亚签订的自由贸易区劳工计划入境的劳工。此外，各栏目代号所指劳工类别是：H–1B 是具有突出才能的技术劳工，H–3 是到美国接受技术培训的人员，O–1 是具有突出才能和成就的劳工，P–1 是指国际公认的运动员或影星，TN 是北美自由贸易区协议之下入境的专业技术人才，L–1 签证是专为美国的跨国公司劳工设立的签证，J–1 是根据交换协议入境的学生、访问学者等，E–1 是根据国际条约到美国从事商贸工作的人。除 J–2（即 J–1 签证持有者家属）之外，所有统计中不含家属。在摘录数据的时候，笔者将各类数据以万为单位，"小计"栏目中的数据为笔者计算所得。

从 H–1B 劳工的构成与特点看，可简单地概括如下：第一，H–1B 劳工的年龄平均小于土生美国劳工。例如，在 2002 年被雇佣的 H–1B 劳工中，从事电脑、网络系统分析和编程职业的劳工，平均年龄为 31 岁，而土生劳工为 38 岁。在生命科学专业背景的劳工中，H–1B 临时劳工的平均年

---

① United States Department of Homeland Security, *Yearbook of Immigration Statistics*：2011，pp. 63 – 66.

龄为35岁，而美国劳工为39岁。第二，从学位看，H－1B劳工拥有研究生学位的比例明显高于美国人。例如，在电气和电子工程学职业中，有研究生学历的H－1B劳工的比例是50%，美国人是20%，在计算机系统和编程工作岗位中，H－1B劳工的比例是38%，美国人为14%，在会计和审计职业中，H－1B劳工的比例分别是34%，而美国劳工中仅为13%。① 第三，从就业领域看，H－1B劳工就业去向正在悄悄地发生变化。例如，自1996年以来，雇佣外来移民较多的是信息产业，50%以上与计算机相关，身体保健与理疗职业占25%，其他比例较少的职业是会计、电器与电子工程师、医生和大学教研人员。② 在2000年，H－1B劳工就业相对比较集中，其中仅计算机系统分析和编程工作占54%，其他职业所占比例相对比较接近。例如，电气/电子工程学和计算科学职业占4%—5%，大学教师、会计、审计、建筑等和机械工程行业，各占总数的3%。而医生、技术与管理、其他信息产业和所有剩余的其他行业各占2%左右。到2002年，计算机系统和编程行业的比例大幅度下降，仅为总数的31%。大学教师有所增加，达到8%，而会计、审计、电气/电子工程各占4%—5%。计算机相关的其他职业、生命科学、医生、其他经理和官员以及经济师等职业各占3%，所有其他行业占34%。③ 这就是说，在2000—2002年雇佣H－1B劳工最多的是五大行业：系统分析和编程、电气和电子工程、经济学、会计、审计和生命科学。其中，在2002年，雇佣H－1B劳工人数最多的不是信息产业，而是经济学、会计学和生命科学。比较之下，从事计算机系统分析和电气工程的H－1B劳工明显下降，从2000年所占总数的65%减少到2002年的

---

① United States General Accounting Office, *H－1B Foreign Workers: Better Tracking Needed to Help Determine H－1B Programs Effects on U. S. Workforce*, GAO－03－883, Washington D. C. : September, 2003, pp. 14－15; http://www. gao. gov/new. items/d03883. pdf. （2008年12月13日下载）。如果从学士学位算起，入境的外籍临时劳工的比例高于美国人。例如，在1999年和2000年入境的H－1B劳工中，有学士学位的比例分别为56%和57%，同期美国本土劳工中仅为40%。参见 U. S. Congress, House of Representatives, *Status of Regulations Implementing the American Competitiveness and Workforce Improvement Act of 1998*, p. 8。

② U. S. Congress, House of Representatives, *Status of Regulations Implementing the American Competitiveness and Workforce Improvement Act of 1998*, p. 7.

③ United States General Accounting Office, *H－1B Foreign Workers: Better Tracking Needed to Help Determine H－1B Programs Effects on U. S. Workforce*, p. 12.

40%。第四，在 2002 年就业的 H-1B 劳工，其学历和工薪等都高于美国人，而 31—50 岁的 H-1B 劳工的学历和工资，大致与美国本土劳工相当或略低一些。① 有意思的是，2001—2002 年，上述五大行业的 H-1B 劳工和美国劳工都出现下降。此外，在接受采访的 36 家企业主中间，他们雇佣劳工的前提是劳工技能，而非公民身份和签证。在那些认为签证状况成为最终决策因素的企业中，都承认他们是在无法雇佣美国公民的条件下才雇佣外籍劳工的。第五，在招募方式方面，50% 的企业是通过雇员介绍和网上招聘等方式完成的。被招募者都已经在美国，有些是在其他公司的 H-1B 劳工。自 2000 年美国经济增长减速之后，随着就业市场对劳工需求的减少，就业竞争日渐激烈，但是，仍然存在着美国劳工短缺的现象。例如，在电子/工程学领域仍然无法雇佣到美国劳工。他们并不愿意雇佣 H-1B 劳工，因为申请和政府批准的时间较长，对企业生产影响较大，而且必须缴纳一定的申请费，因此，并非所有企业都乐意雇佣 H-1B 劳工。在雇佣的 H-1B 劳工中，有些是半日工，因为美国人不愿意接受半日工，抱怨其岗位工资水平较低。当然他们支付工资，都不低于美国政府立法规定的标准。同时，H-1B 劳工的工资也在工会组织的监督之下，不可能低于美国劳工的工资标准。② 第六，在国家来源上，来自印度的劳工占 1999 年 H-1B 劳工的 50%，在 2000 年的前 5 个月为 38%。其次是来自中国的 H-1B 劳工。在 1999 年和 2000 年，来自中国的 H-1B 劳工分别占总数的 10% 以上。从签证申请方式和途径看，在 1999 年和 2000 年的上半年，60% 以上的 H-1B 劳工是在境外申请签证的，另有 40% 是在美国国内申请的。在美国国内申请者中间，有 60% 是在美国大学读书的 F 签证留学生。③ 在各项计划中，由于 H-1B 计划之下的申请者来源和职业类别繁多，年度规模波动明显，雇佣程序复杂，不透明性质的操作空间大，涉及社会范围广，因而在实践中最容易引起争议。

---

① U. S. Congress, House of Representatives, *Status of Regulations Implementing the American Competitiveness and Workforce Improvement Act of* 1998, p. 8.

② United States General Accounting Office, *H-1B Foreign Workers: Better Tracking Needed to Help Determine H-1B Programs Effects on U. S. Workforce*, p. 4.

③ U. S. Congress, House of Representatives, *Status of Regulations Implementing the American Competitiveness and Workforce Improvement Act of* 1998, p. 8.

在 1996 年初美国劳工部提交给国会的报告中指出，H-1B 劳工计划"没有保护美国的劳工职业，相反，它允许外籍人通过先就业后移民的方式，然后再与同样资格的，或资历更高的美国劳工进行竞争，并在较低的工资水平上出售他们的服务"。报告中指出，该计划的本意是"在国际劳动力市场上招募最优秀、最出色的人才，从而在保护美国劳工工资水平的同时，满足企业对连续性的和普遍短缺的劳工需求"。但是，事实总是与愿望背道而驰。在劳工部批准的 2.41 万名申请中，有 99% 的申请者在递交申请时，已在美国国内居住多年，74% 的申请者在美国的企业就业，16% 申请者的签证有效期已经结束，1% 的人持有商业签证，4% 的人是非法移民，3% 的人持有其他签证，28% 的人在获得移民资格后，离开了原来的雇主。在检查的 12 个州的 1.06 万个待聘工作岗位中，有 2.86 万份申请是在美国的合法移民提交的，但最后被雇佣者仅为 5 人，占申请者总数的 0.02%。①

显然，的确有些不法人士和企业在利用 H-1B 劳工计划徇私枉法。例如，在 1998 年法案实施后，美国劳工部受理的投诉开始增多。在 1998 年之前，劳工部收到的投诉为 50 例，但在 1998 年法实施后的一年之内增加到 135 例，在 2000 年前 4 个月内就有 96 例。投诉最多的是雇主克扣工资。对于"坐冷板凳"的劳工，雇主既未解雇，也不发工资，还有些雇主强迫土生劳工提前退休，等等。② 另外，有资料显示，企业在雇佣环节上，的确存在着徇私舞弊的行为，有些公司利用 H-1B 签证安置自己的亲友，但数量微不足道。其他类型的诈骗案件与走私非法移民有关。③ 更可笑的是，在一些地方，一些雇主不是利用 H-1B 计划招募急需的高级人才，而是雇佣了一些庸碌无为之辈。劳工部报告指出："在我们看来，并非所有的 H-1B

① U. S. Department of Labor, Office of Inspector General, Office of Audit, "Final Report: The Department of Labors Foreign Labor Certification Programs: The System Is Broken and Needs to Be Fixed", in U. S. Congress, House of Representatives, *Immigration and America's Workerforce for the 21ˢᵗ Century*, pp. 224 – 225.

② U. S. Congress, House of Representatives, *Status of Regulations Implementing the American Competitiveness and Workerforce Improvement Act of 1998*, p. 7.

③ U. S. Congress, House of Representatives, *H – 1B Temporary Professional Worker Visa Program and Information Technology Workforce Issues*, p. 10.

申请者都能进入美国科技与经济中有竞争力的岗位。虽然说法律没有要求企业主在填写劳工条件申请表格的时候，注明国内存在着劳工短缺，但是，H-1B计划却被用来招聘会计、钢琴教师、伴奏者、小学教师、医生、讲师和教授等。尽管被雇佣的外籍人可能拥有学士学位，或者同等学力，我们疑惑的是，这些待聘岗位是否具备了特殊专业岗位概念界定的标准。"①几年以后，类似的问题再次发生。在2006年国会听证会上，一位代表指出，在雇佣技术劳工的构成方面，申请者以假乱真，被雇佣者的专业技术与待聘岗位的技术需求脱节，结果在入境后发现，许多企业聘用的劳工是会计、钢琴教师、小学教师、医生和教授等。他们可能拥有学士学位，但各自掌握的技术与应聘岗位不一致。就工资而言，有些企业提供的工资明显比土生美国劳工的工资少。例如，在IBM公司，H-1B劳工的年薪比土生劳工每年少1.26万美元，而在苹果公司则每年少1.9万美元、电子湾（eBay）公司每年少1.44万美元、谷歌公司少1.1万美元、自动化数据处理公司少8603美元、戴尔公司少6219美元。②另据美国劳工部统计，与没有研究生学位的土生劳工相比，从事计算机系统分析和编程、电气和电子工程以及会计与审计职业的H-1B劳工的工资比土生美国人的年薪高出近7000美元到1万美元，而在有研究生学位的31—50岁劳工中，H-1B劳工比土生劳工的年薪少1.1万—2.2万美元。而在31—50岁的无研究生学历的劳工中，H-1B劳工的年薪比美国人平均少5000美元。③

不仅如此，在一些地方，拖欠劳工工资，侵害劳工权利的事件屡屡发生。在美国审计总署进行的调查中，发现雇佣H-1B劳工的企业确实存在着工资拖欠问题。美国审计总署在1996年完成的24起调查中发现，违法雇主占被调查总数的92%，尽管此后逐年有所下降，但违法的雇主比例依然高居不下，到2000年仍然保持在83%左右，5年累计平均达到83%。另

① U. S. Department of Labor, Office of Inspector General, Office of Audit, "Final Report: The Department of Labors Foreign Labor Certification Programs: The System Is Broken and Needs to Be Fixed", p. 243.

② "Statement of Mr. John M. Miano, Chief Engineer, Colosseum Builders, Inc". in U. S. Congress, House of Representatives, *Should Congress Raise the H-1B Cap*? pp. 16, 20-21.

③ United States General Accounting Office, *H-1B Foreign Workers: Better Tracking Needed to Help Determine H-1B Programs Effects on U. S. Workforce*, p. 16.

外，1996—2000 年，有620 名 H－1B 劳工的工资被拖欠，涉及金额达到
238.04 万美元以上。① 这种结果与2000 年以后美国劳工部的调查结果基本
相似。例如，劳工部2000—2003 年的调查结果发现，雇主违法案件占被调
查企业的比例，2000—2003 年始终保持在88% 左右。企业拖欠H－1B劳工
工资的问题也比较突出。在2000 年，被调查的美国企业拖欠了339 名 H－
1B 劳工162.91 万美元的工资，2001 年拖欠198 名劳工133.51 万美元，
2002 年拖欠580 名劳工421.12 万美元。2003 年拖欠478 名劳工212.68 万
美元，4 年间累计有近1600 名劳工的工资被拖欠，涉及工资金额达930 多
万美元。②

当然，在一些争议中，有些问题的提出，存在着逻辑上令人无所适从
的矛盾。例如，美国众议院外来移民与申诉特别委员会主席、得克萨斯州
的拉马尔·史密斯（Lamar S. Smith）指出，在1999 年有25% 的 H－1B 劳
工是在美国大学毕业的学生。他们完成学业所需要的部分学费、生活费和
其他奖学金等，都是美国公民缴纳的税款。换句话说："他们是在美国税民
的资助下完成学业的。当他们毕业的时候，它们再与美国学生竞争这些高
技术职位，这样合理吗?"③ 当然，同样的话也可以反过来问，即使上述
25% 的学生是在美国公民的税金资助下完成学业的，当这些学生学成后
回国工作，这位先生又会怎么说呢? 他会说，美国高校用美国税民的税
金为外国培养了一大批的技术人才。他们回国后工作，与美国的劳工和
企业进行竞争。如果是那样的话，可能意味着一部分税民和美国就业机
会的流失。从"两利相权取其大，两害相权取其轻"的角度思考，如果
允许外籍学生进入美国就业市场，这不仅会增加美国的税收，而且还可
能创造新的就业机会，在总体上的受益者是美国的公司和美国社会。所
以，对于美国来说，允许国际留学生毕业后在美国工作，是一件利大于
弊的好事。

---

① United States General Accounting Office, *H－1B Foreign Workers, Better Controls Needed to Help Employers and Protect Workers*, p. 22.

② United States General Accounting Office, *H－1B Foreign Workers: Better Tracking Needed to Help DetermineH－1B Programs Effects on U. S. Workforce*, p. 26.

③ U. S. Congress, House of Representatives, *Status of Regulations Implementing the American Competitiveness and Workerforce Improvement Act of* 1998, p. 18.

当然，在上述问题中，既有企业自身的不法行为，也有美国政府监管不力的问题。因为不管是企业主还是劳工，人都有善恶两面。如果制度健全，没有法律漏洞，人的恶行就会得到抑制。相反，各类问题会层出不穷。从管理的角度上看，在1998年美国国会颁布了《美国竞争力与劳工改进法》之后的18个月中，美国行政部门动作迟缓，地方执法出现真空。于是，有些企业主"雇佣外籍劳工替代已经失业的美国劳工，而且对美国劳工的就业申请依然视而不见"。深究产生这种现象的原因，正如众议院外来移民与申诉特别委员会主席拉马尔所言："行政当局从来没有颁布条例，实施保护美国劳工的措施。"① 此外，一直到2000年8月以前，移民局及其所辖的四个地区性服务中心，没有在执法上拿出一个令人信服的决策标准。尽管服务中心的官员也承认，他们在法律颁布后参加了全国性培训，也设立了以中心为基础的标准运作程序，然而，在他们所制定的操作指南中，都没有提供详细而客观的把握标准，他们在审批的过程中，不知道企业提交的申请书中，相关信息究竟应该详细到何种程度。每个服务中心内部，以及四个中心之间，"在是否批准的标准上都存在着差异"。美国审计总署在调查中发现，各服务中心要求企业提供的信息方面，标准各异，因为如果要求提供信息过多，会造成企业的秘密泄露；如果不提供，或者提供的信息不足，会影响审批过程的判断准确性。由于执法标准模糊不清，审批手续操作过程中的各类问题在所难免，加上在执法中，缺乏对企业的有效监督，企业的违法行为在所难免。②

与此同时，负责执法的劳工部工资与工时处的执法权力十分有限。在1999年，该处收到135起投诉，可是当年入境的H-1B劳工达到13.7万人。劳工部的一位官员说，在进行调查的时候，许多H-1B劳工都不愿意就工作条件和工资提出投诉，理由是他们在申请永久性移民的时候还需要雇主的帮助。③ 最后，由于国土安全部缺乏相应的系统，美国政府中都不知道H-1B劳

---

① U. S. Congress, House of Representatives, *Status of Regulations Implementing the American Competitiveness and Workforce Improvement Act of 1998*, p. 3.

② United States General Accounting Office, *H - 1B Foreign Workers, Better Controls Needed to Help Employers and Protect Workers*, pp. 19, 23 - 24.

③ Ibid. , p. 20.

工入境之后，他们何时离境，有多少人改变了身份并最终成了美国公民。在
2003—2004 年，国土安全部才开始发明新的系统，加强对 H－1B 劳工的跟
踪。但是，在具体操作上，跟踪的难度较大。它无法在同一时间内知道究竟
在美国有多少 H－1B 劳工，因为关于"非移民出入境系统无法跟踪这类劳工
的流向，它与管理和应用信息管理系统的计算机并不共享相关数据。至于那
些改变了身份并成为永久移民的 H－1B 劳工，其数据并没有输入"。关于这
种缺陷，美国国土安全部已经有所认识，并开发了"访美者和移民身份识别
技术系统"（U. S. Visitor and Immigrant Status Indicator Technology System），它
可以跟踪每个外籍人从非移民到永久移民的全部过程。①

三　临时技术劳工对美国就业市场的影响

在美国的移民史上，人们总是能听到一些与主流社会不一致的声音：即
外籍劳工降低了美国劳工的工资，引起了美国劳工的失业。围绕这样话语，
美国社会各界展开了一次又一次激烈地争论。然而，就是在这样的吵闹声中，
美国的经济、科技和综合实力，以超常规的速度发展，并成为 20 世纪后半期
称雄世界的霸权国家。类似于这种与历史和现实相互矛盾的话题，同样在过
去 30 年间一直没有中断。例如，在 20 世纪 90 年代末期，美国劳联负责人在
国会作证指出，H－1B 劳工导致了美国信息技术产业的劳工工资水平的停滞。
"信息技术行业劳工每周实际工资中位数（real weekly median wages）几乎没
有增长……1998 年，信息技术劳工的工资实际上比 1995 年低。此外，进入
该行业的青年大学毕业生也没有看到工资的增长。"② 美国移民政策改革联盟
的代表指出："就像非法外籍劳工大规模涌入并就业后，抑制了所在地区和行
业的工资一样，现行的合法临时外籍劳工也会在一定程度上影响总体的工资
水平。正如国会预算局在最近的一份报告中所言：虽然大量外籍劳工的涌入
对土生劳工的收入影响难以量化，但是，日益增多的移民劳工已经削弱了整

---

① United States General Accounting Office, *H－1B Foreign Workers: Better Tracking Needed to Help De-
termine H－1B Programs Effects on U. S. Workforce*, p. 5.

② U. S. Congress, House of Representatives, *H－1B Temporary Professional Worker Visa Program and In-
formation Technology Workforce Issues*, p. 17.

体收入的增长。"① 按照以上观点，美国不应该设立 H－1B 等临时技术劳工计划，仅仅依靠美国的科技劳工就足以满足企业发展的需要。如果就业市场上没有大量的外籍技术劳工的出现，美国劳工的工资就会不断地上涨。按照这种观点的逻辑，可以从另外一个方面看，在全球化背景下，如果美国科学家的工资过高，会迫使美国的企业将部分投资转向海外，并且雇佣外国的科学家。这样的代价远远高于在美国提高劳工工资所付出的代价。如果出现这样的窘境，它给美国带来的负面影响，不单纯是表现在对美国劳动力市场就业的打击，而且还涉及经济发展的其他方面，例如劳工福利和向政府缴纳的税收等，也会受到影响。同时，有可能成为美国 H－1B 计划潜在雇佣对象的外国留学生，也会因为无法为美国的企业贡献才华而流向国外，并且受雇于在国际市场上与美国进行竞争的公司，给美国的公司带来巨大的挑战和冲击。

实际上，在 20 世纪 90 年代，美国政府就已经认识到，在 20 世纪 60—80 年代，不少美国企业为降低劳动成本而搬迁到国外，结果使美国丧失了大量就业机会。为避免这种结果的发生，美国国会创造了 H－1B 计划。这种计划创设的内在逻辑是：在保证企业不会搬迁到海外的条件下，面对美国劳动力成本较高的问题，有效的解决办法之一是把外国的廉价劳动聘请到美国上班。雇佣外籍劳工，包括在美国读书的国际留学生，适当增加外籍专业技术人才的供给数量，意味着劳动力成本的降低，这样会有助于国内投资和就业机会的增长，同时又能创造出更大的利润，并使美国社会和经济的总体发展受益。

从理论上讲，早在 20 世纪 50 年代，著名美国经济学家罗伯特·索罗（Robert Solow）就指出，长期的生产力水平的提高和经济增长不能单纯依靠劳动力、资本和资源，而是要依赖于科学技术。在 20 世纪，科学技术的进步对美国经济增长的贡献是无法替代的，其贡献率占美国人均产出增长的 80% 以上。尽管其他学者的估计相对较低，但索罗关于科学技术对经济增长的重要性认识却是毋庸置疑的。越来越多的经济学家们认识到，人力资本和科学技术都是"国民财富增长的重要来源"。反过来说："如果美国在科学技术领域的衰落是真实的，它在未来全球竞争的能力就会受到置疑。

① "Statement of Jack Martin, Special Project Director, Federation for American Immigration Reform", in U. S. Congress, House of Representatives, *Guest Worker Programs*, p. 28.

这样的预兆是严峻的。科学技术不仅直接地连接着美国的经济实力，而且也关乎其全球战略的领导地位。"① 2000 年以来各方面的有关研究表明："关于持 H－1B 签证劳工对土生劳工的工资和失业率的负面影响，微不足道，或者没有。视阈更为广阔的多数研究表明，外来移民很少或者根本没有影响到工资。"在 2006 年，美国经济学家詹马科·奥塔万诺（Gianmarco Ottaviano）等人的研究显示，1980—2000 年，由于外来移民的到来，每一名美国劳工工资的实际价值都至少增长了 2%。当劳动力供给增长的同时，资本的投资也在增长。在那些所谓发现了外来移民对美国劳工工资有负面影响的研究证明，当外来移民数量增加 10% 的时候，就会对土生劳工的工资产生 1% 的负面影响。② 即使这样的观点是真实的，也不足以成为反对使用 H－1B 计划劳工的理由。实际上，真正影响美国技术劳动力就业市场的因素很多，其中包括每年的毕业生数量、经济运行状况、外国商品进口对于某些行业的冲击，国外企业投资流向引起的竞争。对就业 H－1B 劳工而言，虽然有些企业也存在着拖欠工资的现象，但其拖欠工资的人均费用远远比不上企业主为雇佣 H－1B 劳工所缴纳的手续费。③

此外，的确存在着一些企业主，在雇佣 H－1B 劳工的过程中存在弄虚作假的现象，但其比例不过每年被调查总量的 15%。就全国而言，所有 H－1B 劳工占所在企业高技术劳工的 5% 到 10%，而联邦立法规定的上限是 15%。这就是说，雇佣 H－1B 劳工的一切活动并未超出联邦立法规定的范畴。H－1B 劳工与美国土生劳工之间是一种相互补充而非替代关系。在就业市场上，虽然也能听到一些学者指责 H－1B 劳工影响了土生劳工的就业。但是，实践证明，所谓 H－1B 劳工影响土生技术劳工的就业和工资水

---

① Titus Galama and James Hosek, *U. S. Competitiveness in Science and Technology*, p. 7.

② "Prepared Statement of Elizabeth Dickson, Immigration Service Manager, Global Mobility Services Team, Ingersoll Rand Co., and on behalf of the U. S. Chamber of Commerce", in U. S. Congress, House of Representatives, *Guest Worker Programs*, p. 15.

③ 国会立法规定，一位雇主要雇佣外籍技术劳工，需要缴纳下列费用：1500 美元的培训费/奖学金费用、1000 美元的申请费、500 美元的防止欺诈费、190 美元的移民手续服务费，150 美元的其他不可预计性费用（例如联邦快递等）和 100 美元的签证费。这些费用累计达 5915 美元。"Statement of Mr. Stuart Andersons, Executive Director, National Foundation for American Policy", in U. S. Congress, House of Representatives, *Should Congress Raise the H－1B Cap*? p. 51.

平的负面影响并不存在，雇佣 H－1B 劳工对土生劳工的就业利大于弊。证据表明，"H－1B 劳工没有抑制当代劳工工资的增长"，也"没有证据表明 H－1B 劳工对当代美国劳工的就业率产生了消极的影响"。① 有人指出，所谓 H－1B 劳工引起美国人的失业和工资水平下降的观点根本不成立。如果一味地扩大 H－1B 劳工计划的负面影响，把科技全球化引起的美国一些企业技术过时或落后而造成的亏损归咎于 H－1B 技术劳工；把全球性经济竞争引起的美国经济重构过程中出现的失业也归咎于 H－1B 劳工计划，这是一种不负责任的自私自利的行为。对此，国会众议院的一些议员愤懑地指出："我们不想淡化美国失业劳工面临的困境，但是我们也不能因此谴责 H－1B 劳工计划。""现在，各家企业对全球性劳工的渴望比以往任何时候都更加强烈。我们在与其他国家进行竞争，在生物技术、半导体、信息技术、咨询服务、商品零售等许多领域吸引更多的技术劳工，因此就不难理解为何需要更多的 H－1B 计划的劳工。但是，不能理解的是，当澳大利亚、加拿大、德国和其他国家在欢迎他们的同时，为何美国却在招募和保持技术劳工方面变得更加困难。我们需要考虑如何将 H－1B 计划更适合于我们更加广泛的以就业为基础的移民体系，并且能满足 21 世纪的业主需求。"美国众议院的一项报告中也指出："没有多少人会怀疑这样的事实：来自国外的技术劳工（其中有许多人在美国接受教育）可以帮助我们，保持在国际技术的前沿。"② 实践证明，以开放式的态度去思考如何面对全球化背景下的竞争，并且制定以此为基础的政策，在整体上是正确的。为了说明这一点，笔者再简单地列举几例。

例一，虽然有的美国学者认为，H－1B 计划实施后对美国的少数民族和妇女产生了不利的影响，许多妇女和少数民族被"挤出"科学家和工程师的行列。但是，事实并非如此。在 1980—1990 年，美国的科学家和工程师队伍中，黑人的比例从 2.6% 上升到 6.9%，妇女从 11.6% 增至 24.7%。在相同时期，在科技和工程领域就业的外国毕业生（包括在美国和外国高

① "Statement of Mr. Stuart Anderson, Executive Director, National Foundation for American Policy", in U. S. Congress, House of Representatives, *Should Congress Raise the H－1B Cap?* p. 50.

② U. S. Congress, House of Representative, *H－1B Temporary Professional Worker Visa Program and Information Technology Workforce Issues*, pp. 1, 10, 11.

校毕业的所有持有硕士学位和博士学位的毕业生），在美国科学和工科领域
的比例也从 11.2% 上升到 19.3%。① 本土科学家和工程师与旅美外籍科学
家和工程师并行不悖的增长态势表明，H－1B 劳工计划实施后对美国社会
产生的负面影响微不足道，相反，它给美国带来了相当可观的收入。仅就
该项计划本身而言，按照法律规定，雇主要申请一名 H－1B 计划的劳工，
必须缴纳 500 美元。2000 年颁布的《21 世纪美国竞争力法》中又规定，凡
雇佣一名 H－1B 劳工，雇主必须缴纳的签证费由以前的每名劳工 500 美元
增加到 1500 美元。1999—2005 年，各地企业主通过雇佣 H－1B 劳工所缴
纳的费用达 10 亿美元以上。这些资金用于美国科学基金会设立的各类奖学
金，受益的美国学生达到 4 万人，每名学生获得奖学金从最初的 3125 美元
增长到 1 万美元以上。美国审计总署在审计该项计划时认为："该计划正在
吸引的女性和少数民族，其比例比计算机科学、工科和数学专业中的女性
和少数民族的比例更高。"此外，雇主为雇佣 H－1B 劳工而缴纳的资金也
惠及美国的一些高中。美国国家科学基金会在全国设立的 53 个项目，惠及
高中学生 7.5 万人和 3000 多名中学教师。到 2005 年 12 月底，在缴纳 H－
1B 计划签证费中，部分资金用于美国劳工的技术培训，受益劳工达到 8.2
万人。值得注意的是，布什政府从该项费用中拨出 1.95 亿美元，用于经济
衰落地区的劳工培训和经济复兴活动。在政府政策的带动下，美国的一些
公司和个人在资本投资方向也积极配合，或者是加入劳工培训和提高教育
质量的社会公益活动中。例如，英特尔公司每年为美国的数学和科学教育
的投资达到 1 亿美元，另一家公司在 2004 年向政府捐赠 8500 万美元的现
金，向各地小学捐赠了价值约 1.5 亿美元的软件，比尔·盖茨基金会自成
立以来已经捐赠 26 亿美元，用来改善美国的教育条件和提高学校教学
质量。②

　　一些批评者认为，增加 H－1B 劳工会抑制美国土生劳工的工资，而雇
主愿意雇佣外籍劳工主要是为了节省劳动成本。美国参议院的报告中指出：
"事实上，没有证据支持这种顾虑。国家科学基金会的数据表明，典型的外

---

① "Statement of Mr. Stuart Anderson, Executive Director, National Foundation for American Policy",
in U. S. Congress, House of Representatives, *Should Congress Raise the H－1B Cap*? p. 49.

② Ibid. , p. 49.

来科学家和工程师比土生的美国同行赚得更多，而不是更少。"根据 1996
年《华尔街日报》的调查结果，土生美国工程师平均年收入为 6.6 万美元，
比其行业平均工资少 1400 美元，来自印度和中国香港的同行的年薪中位数
收入是 7.44 万美元和 7.68 万美元，刚刚来到美国的中国工程师的中位数
收入是 6.58 万美元，比土生的美国人的中位数收入每年少 200 美元。因
此，报告中说："没有证据说明外来移民降低了美国人的总体工资。"在
1998 年美国各界的辩论中，有些人担心，增加 H-1B 签证，"对美国的公
司再教育与培训方面的投入会产生消极的影响"。实际上，据美国国会参议
院司法委员会的调查："这种说法是不真实的。"种种举措表明，它对美国
的企业积极参与本国劳工培训的确起到了积极的推动作用。例如，在 1998
年，英特尔公司向美国的中小学、大学、社区学院等各级教育捐资 1.02 亿
美元的捐款，目的是为了"培养数学和科学领域的人才"。同时，它还发起
了"英特尔面向未来教育计划"。同样，在 1995—1999 年，比尔·盖茨基
金会累计投资 7 亿多美元，主要用于中小学教育、公共图书馆建设等社会
公益行活动。其他机构，如福特汽车公司、柯达公司、IBM 公司、摩托罗
拉公司等知名企业都实施了形式各异的资助计划，加强对美国劳工的培
训。① 1998 年法案生效后，美国劳工部积极采取了措施，先后与美国工会
组织、美国制造业协会、美国外来移民律师协会、美国信息产业协会、美
国护士协会、美国大学人士协会、美国合法移民商业协会等组织的代表进
行商谈，并在 1999 年至 2000 年 2 月底，先后接受财政部提供的拨款 1240
万美元（实际上是雇佣 H-1B 劳工的企业主缴纳的费用），对各地劳工进
行了三轮培训。② 与 1998 年立法不同的是，在雇主缴纳的雇佣 H-1B 劳工
的资金中，15% 将用来投入 12 年级及其以下中学生，特别是在"经济处境
不利"的农村地区，增强学生对数学、计算机科学和工科的学习兴趣，每
名学生在每个年度的奖学金由 1998 年法案中的 2500 美元增加到 2001 年的
3125 美元。此外，80% 用于高科技行业的劳工技术培训，包括"技术行

---

① United States Congress, Senate, "American Competitiveness in the Twenty-First Century of 2000: Senate Report 106-260", pp. 944, 946-947.

② U. S. Congress, House of Representatives, *Status of Regulations Implementing the American Competitiveness and Workforce Improvement Act of* 1998, p. 6.

业、信息技术和生物技术领域的就业和失业劳工的技术培训"。值得注意的是，在 2001 年法案中，联邦政府利用从企业雇佣 H-1B 劳工计划中收缴的资金，用于培训美国下岗劳工。在资金划拨方面，80% 的资金将用于培训如下领域的劳工：包括软件、通信设施、电子通信、系统安装与兼容、计算机与电子通信的硬件设备、先进制造业、卫生技术、生物技术、医学技术的研发等。此外，美国国会还设立了针对美国青少年劳动职业教育的计划，并在 2001 年为美国 2700 个"高风险社区"的青少年俱乐部提供资助，接受培训的人数约为 300 万。通过为这些青少年提供高中后职业教育和岗位技术培训，能够帮助他们有"一个安全的、无犯罪的环境"。更重要的是，参加培训的青少年能学习到他们就业需要的技术，"消除他们与那些拥有以计算机为基础的信息技术的青年之间的差距"[1]。应该说，美国国会通过 1998 年和 2000 年立法，为帮助美国的劳工接受技术培训，并为美国经济发展作出贡献，具有积极的意义。

例二，在美国国会举行的听证会上，美国微软公司人力资源部总监迈克·莫雷（Michael Murray）指出，随着信息产业的发展，美国经济经历了从传统的服务业经济向以信息技术为主导的知识型经济的转变，微软公司也经历了前所未有的勃兴。对于该公司而言，推动其迅猛发展的动力来源之一是海外市场的旺盛需求。在 1997 年微软公司产品销售中，62% 销售到海外国际市场。显然，海外市场成为推动微软公司的强大动力，同时也突出了对技术劳动力的旺盛需求。在待聘的工作岗位中，不仅需要应聘者掌握先进的技术，而且还要掌握美国劳工所没有的语言和文化。因为在向国际市场销售的产品中，有许多产品是以外语和外国文化的表述与说明为条件的。1996 年，微软公司的产品销售到 100 多个国家，使用的语言达到 30 多种，销售额占该公司在 1996 年销售额度的 62%。更为重要的是，在全球最大的 10 家公司中，有 8 家在美国，占全球销售市场的 75%。由于销售到海外市场产品都需要参与国际市场竞争，产品必须能够达到国际市场的具体要求。莫雷指出："作为美国信息技术产业的领导人之一，我们深感焦虑

---

① United States Congress, "American Competitiveness in the Twenty-First Century", in *United States Code, Congressional and Administrative News*, 106nd Congress, 2nd Session, Vol. 1, St. Paul, MINN: West Group, 2001, pp. 1251 – 1252, 1256 – 1258, 1260 – 1261.

不安，当下的技术短缺将会威胁我们在全球市场上的竞争力，进而危害这个企业每年贡献给美国经济大约 1 万亿美元的收入。"信息技术作为美国仅次于汽车和电器与电子产业的第三大产业，软件及其相关的服务，其国内市场价值达到 1028 亿美元。每年 720 亿美元的税收，创造了 60 多万个就业岗位，劳工的工资达到 837 亿美元。到 1996 年，该行业直接和间接地创造了 205.6 万个岗位，雇佣的劳动力已经占全美劳动力的 3%，每个岗位的年薪达到近 6 万美元，而服务业其他行业的工作岗位工资达到 2.8 万美元。① 微软公司之所以愿意雇佣外籍技术劳工，主要有三点原因。第一，公司中的美籍职员没有能力设计和开发能够适应于海外市场的产品。以销往西欧国家的产品为例，它涉及英语、法语、德语、意大利语、西班牙语、葡萄牙语等多种语言，参与设计与开发的人员达到 100 多人。没有 H-1B 签证劳工，微软公司就不可能完成能够适应多国的电脑视窗软件的升级与开发。第二，虽然美国的技术劳动力市场出现供不应求的现象，也不是美国的公司不愿意雇佣本国劳工，而是因为在研究生阶段，理工科专业的美国学生人数太少。在微软公司，外籍雇员仅占全公司雇员的 8%，在美国的大学校园招聘的毕业生人数不到公司外籍雇员人数的 1/3，这个比例远远低于外籍学生每年在美国大学获得硕士及其以上学位的比例。由于信息技术的发展依赖技术发明和应对市场需求的能力，这就导致必须雇用外籍劳工。微软公司认为，没有 H-1B 计划和外籍劳工，微软公司和美国的信息产业技术就不可能在竞争日益激烈的国际市场上占据有利的领先地位。第三，美国信息技术的成功是建立在国际伙伴关系基础之上的。这种伙伴关系形成了必要的、便利的、灵活的国际人才的流动。没有这一点，公司就不可能获得成功。例如，微软公司的国际伙伴包括英国、法国和比利时等国家的电讯公司，也包括日立公司、三星公司、现代公司、飞利浦公司等。在这样的背景下，"如果微软公司不能雇佣外籍人才帮助我们生产地方化的产品，不能将工程师和市场专家吸引到美国的总部来接受培训，参与新的产

① "Prepared Statement of Michael Murray", in United States Congress, Senate, *High-Tech Worker Shortage and U. S. Immigration Policy*, pp. 19-20.

品的开发与实验……美国的信息技术就会很快会衰落"①。

　　美国"太阳微型系统"（Sun Microsystems）公司是在 1982 年由四位富有理想的青年创建的，其中的两位创始人是在斯坦福大学读书的外国留学生。他们根据自己的"网络就是计算机"的理念，开始从事网络技术开发。到 1996 年，该公司已经发展成年利润达到 90 亿美元的国际化公司，公司职员超过 2.3 万人，分支机构遍布全球 150 个国家。在财富杂志的 500 强企业中排行第 203 位。由于产品和服务需求量较大，在 1996 年该公司仍有 2300 个待聘岗位，其中 1200 个岗位属于核心的信息技术岗位。此外，根据美国信息技术协会的调查，当年美国有 34.6 万待聘岗位，涉及计算机编程、系统分析和计算机科学。在 1996 年，太阳公司雇佣了 780 多名员工，计划在 1997 年雇佣 6000 多名员工，但是，因为美国国内无法雇佣到理想的员工，该公司不得不调整计划。结果，太阳微型系统公司也成为 H－1B 计划的受益者之一。多年来，该公司雇佣了数百名外籍技术劳工。对于太阳微型系统公司来说，"持有 H－1B 签证的技术劳工是我们公司成功的关键性因素。这些劳工贡献的专业化独特技术"为公司的发展作出了巨大贡献。在 1998 年国会举行的听证会上，该公司代表指出："没有技术劳工应聘这些和其他类似的空闲岗位，是我们日益不安的根源。没有这些劳工，我们的许多项目就会受到伤害，我们的商业目标就不得不打折扣。随着时间的推移，用不了多久，在步伐迅猛的高技术领域，这种技术劳工的赤字会导致公司丧失很多商业机会、技术发明滞后，以及美国高技术公司在世界市场上主导性地位的侵蚀。这些变化，进而削弱太阳公司成功的根基，迄今为止我们一直享有的创造就业岗位的势头也会萎靡不振。……甚至在一些条件下，我们不得不将公司迁移到海外，以便保证我们能够雇佣到需要的劳工。如果我们在国内雇佣不到最优秀的劳工上岗，它意味着美国经济产值就会下降，美国劳工也会看到就业岗位的减少。"②

　　例三，美国的大学也是 H－1B 计划的受益者。在密歇根大学安娜堡校

　　① "Prepared Statement of Michael Murray", in United States Congress, Senate, *High-Tech Worker Shortage and U. S. Immigration Policy*, pp. 26 - 27.

　　② "Prepared Statement of Mr. Kenneth M. Alvares", in United States Congress, Senate, *High-Tech Worker Shortage and U. S. Immigration Policy*, pp. 52 - 53.

区（University of Michigan – Ann Arbor），每年除接收世界各国的 1500 名访问学者和博士后研究人员外，还有 700 多名持有 H – 1B 签证的外籍研究人员。对此，密歇根大学国际交流处主任在国会作证时指出，他代表的不单纯是密歇根大学，而是代表着美国教育委员会、美国大学协会和美国研究生院协会等机构名下的 2000 多所大学。他指出，H – 1B 计划对于美国高校未来发展，具有"至关重要"的意义。由于美国高等院校是全球最优秀的，因此它们能够吸引全球的优秀学者。"他们在与美国同行的研究与教学合作中的贡献，有助于加强美国大学的研究和教学的能力，拓宽研究范围，有助于美国的大学成为全世界最优秀的教育机构。"从研究生层面上看，他通过列举大量的事实证明，H – 1B 专业人士的贡献是满足美国高校培养人才和教育与学术的需要。他们与美国的研究人员合作，为其所在领域的科学探索、人才培养和成果的商业生产转换等作出巨大贡献，并为整个社会带来极大的益处。通过这种方式，H – 1B 专业人士直接将自己的知识传授给美国的大学。甚至在一些条件下，"H – 1B 专业人士成为具体领域的推动者"。他进一步指出："在美国各地大学校园，多国学者组成的跨国研究团队，从事着工程学、医学、物理学、经济学和其他诸多领域的尖端研究。任何削减美国大学的外国学者人数的企图，都会造成知识和学习方面的损失，进而对美国的学生、学者和高等院校产生负面影响。"[1]

四　输送技术移民的过滤器

从临时劳工计划设立的初衷看，它是美国国会根据国内就业市场的需要，提供灵活多样、结构稳定的技术劳工来源。经过半个多世纪的发展与检验，其最大的意义在于：它通过吸引合同技术劳工的方式，缓解了美国经济发展中，因为技术劳动力供给的结构性缺陷，或者是因为经济发展而导致技术劳动力供不应求的问题。尽管各类计划在实践上存在着诸种问题，但它们在满足美国就业市场需求方面基本上是成功的。更重要的是，通过引进外国的技术劳工，包括吸引外国的留学生参与其中，允许他们在美国

---

[1]　"Prepared Statement of Stephen Director", in United States Congress, Senate, *High-Tech Worker Shortage and U. S. Immigration Policy*, pp. 71 – 72.

工作最长不超过 6 年的时间，这在客观上使该计划成为就业市场检验外来人才的试金石。通过在就业市场的检验和过滤，不仅凡是劳动技能在美国没有市场的劳工不能入境，而且那些劳动技能仅仅能够满足美国政府设立的劳工计划的外籍人士，若因为创造价值的潜力和能力都比较有限，他们可能就在合同期满后打道回府，离开美国。而那些创造价值潜能比较突出的外籍劳工，最终可能通过再次申请，调整身份，转化为永久性移民并为美国的社会与经济发展贡献其一生。在这个意义上，在过去半个世纪中，美国国会设立的临时技术劳工计划，在功能上又增加了一项：即以就业市场为过滤机制，为美国寻找到重要的永久性移民来源。

对于申请包括 H-1B 在内的各项临时技术劳工计划的外籍人来说，在申请非移民签证的时候，无论他们是在美国之外，还是在美国国内（例如留学生），他们的期望各不相同。有些人希望通过在美国工作，积累工作资历与经验，然后回国再谋求发展；有些人则将申请该计划，作为最终申请居留美国的永久性移民资格的一种过渡。无论出于何种动机，当外籍人以非移民身份进入美国就业市场的时候，他们又多了一项选择，既可以居留美国也可以回国。即使是以学习为主要目标的 F-1 签证和 J-1 签证的学生，他们在入境的时候，名义上是以推进文化交流和知识传播为主要目的，但是，在美国实施了允许学生和交换协议的学者申请定居美国的资格的政策之后，他们旅美身份的性质却发生了变化。作为非移民签证持有者的一个组成部分，外籍劳工在申请非移民签证的时候，需要表明自己没有永久移民美国的倾向，但是在获得入境签证的时候，他们的前景和未来选择空间更加光明。特别是关于 J 类签证回国工作两年的原则不断地朝着有利于申请永久性移民的方向发展的时候，以临时工身份入境的外籍人，其潜在的性质也发生了变化，成为未来美国永久性移民的潜在申请者。从这个意义上讲，有些美国人把临时劳工计划看作外籍人永久性移民的一种过渡，或者是一个台阶。这样的转化就意味着临时性劳工计划违反了初衷。

不啻如此，外籍临时技术劳工入境后进入美国就业市场，实际上就意味着他们进入了美国的大熔炉。在工作过程中，他们在积累工作资历和提高专业技能的同时，也在熟悉美国的文化、社会、工作与生活方式。他们一边工作，一边提高自己的英语水平，也在熟悉着美国的移民政策和美国社会的生活环境，还在考虑着移民的时间和条件。因此，他们在美国工作的过程，在一定意义上也是完成其美国化的过程。当他们认为自己居留美国有利于长远发展并且也能够适应美国人的价值观和生活方式时，他们就会申请永久性移民的资格。在这个意义上，作为临时技术劳工在美国工作，也是外籍人踏入美国社会的一个必要的过程和环节。参加该项计划的一个优势在于：它本身是一项临时劳工计划，而且手续主要是由美国的企业主申请的，省去了个人申请永久性移民资格所需要的漫长时间和诸多麻烦。

从现有的史料分析，要明确临时劳工转化为曲线移民的人数及其在每个年度入境的外籍临时技术劳工中的比例，首先必须明确一个大背景，在入境特征方面，整体的趋势是，直接移民的人数占每个年度入境移民总数的比例在不断下降；而曲线移民的人数及其比例逐年上升。尽管有些年份还会出现波折与下降，但是，整体的上升趋势毋庸置疑。从现有资料看，在1966年，曲线移民人数为3.58万人，占当年入境移民总数的11.1%。按照同样的方式表述，到1970年，曲线移民的比例增至年入境移民总数的15%，1973年则跃至22.7%。[1] 进入20世纪90年代以后，由于各国移民限额骤增，曲线移民的比例也在上升。例如，在1996—2004年所有入境的769.01万外来移民中，有53%是曲线移民。其中在1996年和1997年，曲线移民占当年入境永久移民的54%和52%。虽然这类移民在1998年和1999年分别下降到45%和38%，但在2000年再次上升到52%，到2002年，曲线移民跃升到64%的前所未有的高度。[2] 曲线移民的增多，意味着美国永久性移民的入境方式和来源已经发生质变，境外移民申请日益减少，在美国国内提交申请的比例不断提高。这种先入境、后申请永久移民的方式，成为过去20多年来美国外来移民的主要来源。而且，由于曲线移民中大多数是在美国完成学业的外国留学生和持非移民签证入境的临时劳工，因此，曲线移民中的技术构成更高。

曲线移民的比例不断提高的过程表明，无论是外国留学生还是临时技术

---

① 1968年统计数字急剧上升，因为这一年是1965年移民法开始生效的年份，此前分配给欧洲国家未用完的剩余限额被分配给申请严重积压的亚洲国家的技术类移民申请，导致当年入境移民人数剧增。参见 Charles B. Keely, "Effects of U. S. Immigration Law on Manpower Characteristics of Immigrants", p. 188。

② U. S. Congress, Congressional Budget Office, *Immigration Policy in the United States*, p. 4.

劳工，这两类身份的外籍人，每年入境的规模，都经历了一个由小到大的过程。关于外国留学生，可参见本书第八章。就临时劳工计划而言，如本章前文所示，年度入境人数规模开始明显增长的时间是在 1985 年以后。在此之前，临时劳工申请曲线移民的比例也不高，绝对人数也比较少。在 1967 年入境移民的统计中，曲线移民绝对人数达到 4. 16 万人，但其中只有 606 人入境时持 H 类签证，占当年曲线移民的 1. 3%，另有 985 人在入境时持 JOD 签证，占当年曲线移民的 2. 1%。到 1970 年，曲线移民人数达到 4. 35 万人，其中有 1013 人在入境时持 J 类签证，占当年曲线移民总数的 2. 3%，有 1114 人持 H 类签证，占当年曲线移民的 2. 6%。到 1973 年，曲线移民人数累计增加到 6. 98 万人，其中 J 类签证持有者达到 1716 人，H 类签证持有者达到 4548 人，两类签证的曲线移民分别占当年曲线移民的 2. 5% 和 6. 5%。① 在这些统计数字中，J 类签证者所占各年度曲线移民的比例增长缓慢，而 H 类签证的临时劳工所占比重增幅较大。由于当时各类临时劳工总数和规模比较有限，所以，尽管曲线移民的数量和比例都在处于上升状态，但是，绝对人数并不多。例如，在 1979 年四项临时劳工计划（H－1 计划、H－2 计划，H－3 计划和 L－1 计划）下入境的临时劳工有 6. 5 万名劳工，最终有 7965 人成为曲线移民，占四项临时劳工计划入境人数的 12. 25%。到 1981 年，上述四项临时劳工总数为 5. 85 万人，获得永久性移民资格者不过 5752 人，占总数的 9. 83%。在这些年份的曲线移民中，以吸引专业技术人才为主的 H－1 计划和 L 签证为例，其曲线移民的比例也不高。例如，在 1979 年，曲线移民占 H－1 临时劳工计划人数 3. 14 万人中的 12. 87%，到 1981 年，曲线移民人数达到 3833 人，占入境的 H－1 临时劳工 3. 54 万中的 16. 31%。在两个相同的年份中，获得永久性移民资格的 L－1 签证劳工人数达到 2303 人和 1420 人，分别占两个年份入境 L－1 签证劳工的 25. 87% 和 10. 67%。② 这就是说，在 20 世纪 80 年代中期以前，入境的各类技术临时劳工中，大部分在合同结束后回国，或者是前往第三国谋职或移民。

　　① Charles B. Keely, "Effects of U. S. Immigration Law on Manpower Characteristics of Immigrants", p. 185.

　　② United States General Accounting Office, *Information on Aliens Admitted into the United States as Non-immigrant Workers*, pp. 5 –6.

　　在 1990 年以前，临时技术劳工获得永久性移民资格的比例不高，还有一个重要的原因，那就是政策的限制。按照 1965 年移民法的规定，各国每年申请入境的移民限额不得超过 2 万人，其中第 3 和第 6 优先入境原则的比例累计不超过当年总限额的 20%。按照这个比例计算，每年技术类移民总限额仅为 5.4 万人。在这种条件下，提交移民申请较多的亚洲国家的移民总限额就会受到限制，而移民申请较少的欧洲国家就相对容易。例如，在 1988 年申请永久性移民身份的菲律宾护士人数达到 4100 人，但是到 1989 年 3 月 1 日，这些护士还需要等待 16.3 年的时间才能拿到第 3 优先入境原则下的入境签证，而申请第 6 条优先入境原则的签证，则需要等待 4.5 年。这就是说，如果转换身份的移民申请来自于移民限额紧张的亚洲国家，那么他们等待批复的时间就比较长，而欧洲国家的同类申请者，需要等待的时间就比较短。在这种条件下，在 1985—1988 年，申请到永久性移民资格的持有 H－1 签证的外籍护士只有 1316 人，其中菲律宾 701 人、加拿大 143 人、英国 115 人、爱尔兰 89 人、牙买加 29 人。[①] 此外，由于 1990 年国会在改革移民政策的过程中，较大幅度地扩大了每年入境移民总数，相应地，技术类移民的规模也大幅度上升。在这种背景下，每年在美国经境内申请曲线移民的数量不断增长，他们在每年入境移民总数中的比例也在不断增加，并在 20 世纪 90 年代中期，超过了每年入境移民总数的 50%。关于这一点，前文中有所论及，此处不再赘述。

　　从 20 世纪 90 年代以来申请曲线移民的结构性来源看，他们到底是来自于哪些计划呢？每个技术劳工计划之间存在着怎样的差异？从目前的史料看，据美国学者和美国移民改革委员会的推测，在 1994 年，持 L 类签证的跨国公司劳工的曲线移民比例达到 20% 以上，而 H－1B 劳工的移民比例在 25% 以上，也有人说接近了 40%。比较而言，在持有 J 类签证和 F 类签证的访问学者和留学生中，获得永久性移民资格的比例较低，大致平均在 16% 左右。访问学者和学生转换率较低，一方面是因为其中有不少人回国，或者前往其他国家。另一方面，持有 H－1B 和 L 类签证申请永久性移民成功率的比例较高，主要原因是：他们都是到美国来工作的。他们在入境后

　　① United States General Accounting Office, *Health Care Information on Foreign Nurses Working in the United States Under Comtemporary Work Visas*, pp. 8 – 9.

工作 3 年，合同期满后还可再申请延期 3 年。对于企业主来说，他们希望劳工合同期满后，将其转化为永久性职工。这种身份转换的前提是完成被雇佣劳工的签证身份，使他们能够从非移民类身份，转换为永久移民。对于公司而言，这一方面节省了因为雇佣新雇员而需要的培训和磨合时间，既能避免企业生产成本的上升，同时又能提高生产效率；另一方面，当雇员工作 6 年后，彼此双方都有一个很好的了解，劳工与雇主之间的彼此认同已经形成。当然，对于所有申请者而言，要完成永久性移民资格的申请，必须按照"对号入座"的原则提交申请。若申请者在美国没有亲属，就必须申请"就业类限额"。从 1994 年的申请看，申请永久性居住资格的渠道和来源是：国际留学生申请最多的是"享受豁免权的配偶"（exempt spouse）的身份，其比例大致占递交移民申请的学生的 47% 和就业类移民（EB－3）签证的 44%。相比之下，在持 J 签证的临时劳工和 H－1B 劳工中，半数以上申请的是就业类移民限额，而持 L 签证的劳工申请就业类移民签证的人数占总数的 81%。值得关注的是，在申请移民的 H－1B 劳工中，30% 来自自然科学和工科，而在 L 类签证中的申请者中，有 90% 属于公司高管和经理类人才。[①]

当然，在申请永久性移民身份的过程中，存在着严重的徇私舞弊问题。例如，在 20 世纪 90 年代末期，美国劳工部批准的 2.41 万份申请中，有 99% 的申请是在美国提交的，74% 的申请者在美国就业，16% 的申请者签证有效期结束，1% 持有商业签证，4% 属于非法移民，3% 持有其他签证。在永久性移民申请获得批准后，27% 的人不再为帮助他申请移民资格的企业主工作，而是弃主而去，另寻高就。在被检查的 12 个州的 2.34 万名外籍人递交的永久性移民申请书中，23% 没有按照要求提交个人简历，在提交申请的其余 77% 的雇主中，其雇员全部是外籍人。在申请"就业类"移民签证的 1.34 万人中，56% 是 H－1A/H－1B 计划的劳工，其中有 1% 的人不在美国，10% 的申请者是非法移民，6% 的人是学生，27% 的人是持有 B－1/B－2 签证的商人和旅游访问者。令人惊讶的是，有 12% 的人属于"身份不明者"：即按照申请表格中填写的雇主信息"找不到雇主，或雇主

---

① U. S. Commission on Immigration Reform, *Legal Admissions*: *Temporary*, September 1997, p. 267.

不能确定申请者在何时受雇上岗"。①

尽管上述统计中暴露出许多问题，但是，对于美国来说，在经济全球化背景下，美国是通过多渠道方式网罗外籍人才的。美国的人才吸引战略是广开门路、市场过滤的多元化人才吸引政策。无论是留学生、访问学者还是临时劳工，实际上有大批的人都通过不同的渠道，成了美国的永久性移民。

当然，对于大多数的美国企业来说，从各类临时计划中挑选出值得继续雇佣的外籍劳工，并替代他们申请永久性居留权，也是一件耗费时间、人力和财力的事情。然而，对于不少企业而言，也乐而为之。因为在它们看来，由于外籍人才对工作待遇和条件不像土生劳工那样挑剔，他们的技术水平不差，在工作中容易管理，创造的价值和利润高，是企业求之不得的人才。可是，从客观状况而言，每年美国移民总限额中，用于就业类移民的限额是有限的，不可能无限地满足所有申请者的要求。因而常常出现 H–1B 劳工入境申请和移民身份转换的申请严重排队与积压的现象。在 20 世纪 90 年代末期，就业类限额申请每年都出现了"申请积压"的现象。等待签证最长的时间需要五六年，而对于来自中国和印度的申请者来说，因为其申请者数量最多，等待签证的时间更长。就业类移民申请积压，给美国的公司和外籍申请者本人造成了极大的问题。对于招聘公司来说，招聘到理想的劳工，不算太困难，可是，要保留已有的人才，却没有把握，因为帮助外籍雇员申请永久移民的资格一事能否获得成功，需要等待多长的时间等，都是未知数。在这种情况下，一些公司常常因此而不敢重用或擢升受雇的外籍劳工。同时，受雇佣的外籍劳工常常被限于一种"岗位困境"之中。他们既没有机会得到职务的升迁，也不能到海外旅行，只能焦急地等待。在此过程中，一方面，公司的业务受到影响；另一方面，该劳工的职业晋升停滞，可能会在经济上遇到不必要的困难，子女在高校就学也不能贷款，有困难者又不能享受到美国政府规定的福利。所有这些不利因素都可能使得美国公司很难保持其外籍优秀人才，

---

① U. S. Department of Labor, Office of Inspector General, Office of Audit, "Final Report: The Department of Labors Foreign Labor Certification Programs: The System Is Broken and Needs to Be Fixed", in U. S. Congress, House of Representatives, *Immigration and America's Workerforce for the 21ˢᵗ Century*, pp. 225, 236.

外籍人才流失回国的可能性大增。在这种条件下，美国的技术性行业对移民政策中吸引人才不力的问题，一次又一次地提出了批评。有的企业代表在提交给国会的报告中指出："对于美国竞争力的伤害来自于我们过时的高技术移民政策。"因为高技术行业比任何其他行业都能说明，技术对美国经济发展的贡献。对人才的需求，无论是美国国内的还是来自于国外，引进人才本身就能"提升或者创造一个新的行业"①。但是，美国移民政策中规定的吸引技术类移民具体措施，有些已经伤害了美国的企业主。当然，不仅制造业领域如此，甚至在教育行业，对外来移民人才的需求也是无法回避的。这一点可以从下文中窥探一斑：

> 众所周知，美国各地学校正在竭力寻求最出色的，有时甚至是合格的教师，特别是数学和科学专业的教师。在教师需求更加突出的中心城市，这种问题尤为窘迫。由于在这些专业中学习的美国学生人数寥寥，美国中小学的这些专业中，教师也严重短缺。弥补这些短缺的关键方法是从其他国家招募高技术、高学历的教师。今年春天，美国一座大城市的公立学校体系中的人力资源团队正在着力解决这一问题。该团队在国外挑选出出色的、素质过硬的数学和科学教师。他们的学历与美国的硕士学位相当，甚至在一些情形下，还有些人在城市教育体系中接受过特殊的训练。但是，雇佣这些专业教师却需要经过 H－1B 签证的程序，申请该签证就成了一种机会游戏……所以，雇佣的努力最终被迫放弃，因为年度限额不够……在这种面临严重短缺的背景下，这些学校还没有其他选择余地，因此，其结果便是：在美国学校的教室只有不到一名教师。②

综上所述，旨在引进技术人才的各类临时劳工计划，在实践上发挥了应有的作用。它作为美国人才吸引战略与政策的重要组成部分，与永久性移民

---

① "Statement of Bo Cooper, Former General Counsel, Immigration and Naturalization Service, on Behalf of the Global Personnel Alliance" in United States Senate, *U. S. Visa Policy*, p. 34.

② "Statement of Bo Cooper, Former General Counsel, Immigration and Naturalization Service, on Behalf of the Global Personnel Alliance", p. 36.

签证的限额制度一起，构成了半个世纪以来美国人才吸引战略的双轨机制。如果说永久移民限额是每一位外籍人才进入美国的必经之路，那么，该项制度显得比较僵化；相比之下，以非移民身份入境、然后再曲线移民定居美国，这种方式显得灵活、有弹性。特别是它与美国就业市场需求变化的对接程度更高，因而国会对其调整更加频繁。这种张弛有度、灵活调整的政策，显得更加灵活和实用，能达到事半功倍的效果。半个多世纪的实践证明，临时劳工计划作为检验外籍劳工的试金石和美国人才吸引的过滤器，为美国输送了大批的专业技术人才，并为美国社会经济发展作出了应有的贡献。

五 临时技术劳工计划背后的学术意义

从国际层面看，美国临时技术劳工计划的实践具有重要的意义。首先，它代表着全球化进程中的必然趋势。史料显示，从 20 世纪 50 年代开始，由政府主导并组织实施临时合同劳工计划的国家中，除美国外，发达国家中还有联邦德国、法国、英国、加拿大和日本等国家。此外，在中东、西非和巴西与哥伦比亚等地区，也都因为石油或其他经济行业的发展吸引了大量的外籍劳工。但是，从引进劳工类型看，战后美国临时劳工计划招募的主要对象是技术劳工，而其他地区的临时劳工则以非熟练合同劳工为主。在英、法、德等发达国家，其技术劳工计划的实施始于 90 年代。也就是说，美国的技术劳工计划比欧洲发达国家早了近 40 年。从区域来源看，美国的临时技术劳工主要来自世界各地，而欧洲发达国家的临时劳工主要来自于其周边国家和前殖民地。进入 90 年代后，欧洲国家的临时劳工的全球化特点才显得比较突出。所以，有的学者将欧洲比作"全球大熔炉"。[1] 从应聘者来源和入境方式看，无论是美国还是欧洲国家，技术劳工的应聘者中间，外国留学生人数越来越多。他们在留学期间，对所在国家的历史、语言、文化、工作习惯和生活方式都比较了解，受聘后容易融入当地社会，所以在就业市场上备受企业主的青睐。他们受聘后，按照合同条款服务，周期一般在 6—7 年。许多人在合同期满后获得了移民资格，其他人则选择回国，或前往第三国谋职。不管

---

① Demetrios G. Papademetriou, "Migration", *Foreign Policy*, No. 109（Winter, 1997 – 1998），p. 17；http：//www. jstor. org/stable/1149453.（2013 年 11 月 5 日下载）

是留学生、访问学者还是临时劳工，也不论其是否作为移民永久定居异乡，他们作为跨国流动人口中的重要组成分，在进入拟求学或工作的国家之后，都给当地的少数民族社区注入了活力，并与母国民族文化交相辉映，出现了一种民族文化在多国并行繁荣发展的壮观场景。在美国的纽约和旧金山、加拿大的多伦多和温哥华、英国伦敦、法国巴黎、德国柏林以及日本东京等许多地方出现华人社区及其文化圈，就是典型的一例。这种通过留学生、临时劳工和移民等方式，使同一个发展中国家的民族文化同时在诸多发达国家民族社区同时出现的格局，绝非华人独有。韩国、菲律宾和印度等国的居民在当代欧美国家建立民族社区的现象并不鲜见。换句话说，以临时劳工为标志的跨国流动促进了文化的跨国发展，并成为当代全球化进程中的重要组成部分。

其次，对于劳工输出国而言，劳工的跨国流动有利于缓解国内就业市场的压力，减少不必要的社会动荡。所以，有的学者认为这种计划是劳工输出国家社会经济发展的安全阀。更重要的是，他们通过在海外工作和学习，对母国社会发展的促进作用不容忽视。这一点可从三个方面阐述：（1）通过向家乡汇款，为母国经济发展注入活力。作为劳工个人收入，这些汇款主要用于修建住房、儿童教育投资或者创办企业等活动，但是，其主要受益者是消费者所在的地区和国家。据统计，在 2005 年，跨国性的汇款总额达到 2320 亿美元，其中 1670 亿美元流向发展中国家。官方统计可能没有计算那些非正式渠道邮寄的汇款，所以，他们预计每年的国际汇款可能达到 3000 亿—4000 亿美元，其中涉及 36 个国家。在一些欠发达国家，海外汇款很可能具有"雪中送炭"或"锦上添花"的功效，对其国民经济发展具有重要的意义。例如，在阿尔巴尼亚、波黑、克罗地亚、海地、也门和约旦等国家，每年所得海外汇款，超过了政府官方引进的资本投资额度，因此，对于这些国家而言，一旦失去了稳定的海外汇款，经济可能会陷入崩溃。这些国家收到来自海外的汇款后，对于母国的公共设施、地方经济和劳工与移民所在家乡的经济发展，都具有积极的促进意义。例如，在墨西哥，有 10% 的金钱是由"家乡协会"（hometown associations, HTAs）负责的，据统计，墨西哥人在美国建立了 2000 多个这类组织，每年邮寄的汇款多达 6000 万美元。在其他的一些国家，例如印度，则鼓励海外人才和企业家回国投资。到 2005 年，印度吸引的专项投资资金超过 100 亿美元。① （2）回国人员带回了重要的人力资本，其中包括先进的专业技术、工作理念、民族文化、价值观和生活方式与习惯等。有的美国学者将其称为"社会汇款"。相对于母国文化、价值观念和生活方式，这些"社会汇款"可能微不足道，但它可以弥补劳工母国人力资本的不足，并在社会发展中"改变其经济、价值观和社会行为"。② （3）在海外学习或工作期间，他们都建立了以自己工作为核心的社会网络。他们回国后，可利用这些网络关系为母国科技、教育和经济发展发挥牵线搭桥，或筑巢引凤，培育新的投资增长点。例如，印度是全世界向美国家输送临时技术劳工数量最多的国家，技术劳工利用其在美国学习到的技术和在美国的网络关系，推动了印度软件产业的发展，使其成为继美国之后第二个软件商品出口创汇最多的国家。仅在 2003 年，印度软件出口创汇就多达 130 亿美元。③ 由此不难看出，临时劳工对跨国经济的发展具有积极的推动作用。

　　最后，自 20 世纪 90 年代开始，劳动力的跨国流动引起了欧美学界的关注，一些学者在由此提出了"跨国主义"（trans‑nationalism）的学说。从其含义看，它是泛指"民族国家疆界之外的人民与机构连接起来的多重关系和互动"。④ 从该概念的含义看，可以从三个方面概括：（1）从发展中国家到发达国家的移民与劳工。（2）劳工和移民成为发展中国家经济和社会结构中的主要部分。（3）不断增长的移民跨国居住，其日常活动关系到两个或两个以上的国家。也有人认为，它是"在全球化的背景下，越来越多的国际移民在移居地建立起新家庭、新社区的同时，与祖籍地保持着频繁而有序的金融、产业、贸易、文化、政治等联系"。这种跨越国界的生活方式"不仅满足了移民家庭在两地的经济需求，也降低了移民个体无法完全融入移居地主流社

　　① Peggy Levitt and B. Nadya Jaworsky, "Transnational Migration Studies: Past Developments and Future Trends", *Annual Review of Sociology*, Vol. 33 （2007）, pp. 134 – 135, http://www.jstor.org/stable/29737757. （2012 年 8 月 13 日下载）

　　② Peggy Levitt and B. Nadya Jaworsky, "Transnational Migration Studies: Past Developments and Future Trends", p. 132.

　　③ Roli Varma and Everett M. Rogers, "Indian Cyber Workers in USA", *Economic and Political Weekly*, Vol. 39, No. 52 （Dec. 25 – 31, 2004）, p. 5650; http://www.jstor.org/stable/4415983. （2013 年 11 月 11 日下载）

　　④ 转引自吴前进《跨国主义：全球化时代移民问题研究的新视野》，《国际观察》2004 年第 3 期，第 55 页。

会所产生的不适应感、困惑以及结构方面的歧视"①。毋庸置疑，"跨国主义"作为一种研究的新范式，有其积极成分：（1）它在微观层面上，把目前学术界频繁使用但又模糊不清的"全球化"概念具体化了，指出了过去传统经济理论中被长期忽略的留学生、劳工和移民跨国流动在经济全球化进程中的作用，特别是它强调跨国文化认同的观点，丰富了全球化概念的含义，指出了其对劳工迁出和迁入地区经济相互依赖、互利共赢的重要性。在此基础上，他们大胆地预言："如果各国之间都取消限制，自由移民对于全球福利的贡献会增加一倍。"②（2）它走出了"推拉"理论、社区网络论和世界体系论等传统的跨国移民理论中所强调的从单一民族国家角度去研究移民和劳工跨国流动的狭窄视角，进入了一个双向性的甚至是多向性、多层面研究的阶段，因而它开启了历史研究的新视野和新层面。（3）作为一种研究方法，从外部环境变化观察某一国在某一阶段或某一层面的发展，可以起到"庐山之外观察庐山"的效果，避免"只缘身在此山中"而无法识别庐山真面目的弊端。也正因为如此，在 2001 年美国历史协会年会的主席演讲中，哥伦比亚大学历史学教授埃里克·方纳发出了从跨国角度研究美国历史的呼声。他认为，在与外界的交往中，美国人关于"自由"概念与含义的理解"也产生了重要的影响"。换一个表述，"美国与全世界的关系，不管是现实的还是想象的，也强有力地影响自由的思想及其演进"。他举例子说，例如独立、平等和公民资格等概念，都是根据假定的敌人而一次又一次进行界定的。当然，美国的自由概念与外界的关系是双向的，一方面，在其他国家的人对美国的判断中，美国人发挥着重要的作用；另一方面，从外部世界看，美国始终是被作为一个有某种自由的国家看待的。在很多关键时期，美国与外界的关系一次又一次地帮助美国人拓宽了对自由概念的含义和认识。例如，第二次世界大战时期，美国人在参与反法西斯的战争中，认识到了其国内存在的种族歧制度的不公正性。这就是说，外部的世界和与美国人的交往，对于美国人在 20 世纪五六

---

① 转引自周敏、黎相宜《国际移民研究的理论回顾及未来展望》，《东南亚研究》2010 年第 6 期，第 58 页。

② Howard F. Chang, "Liberalized Immigration as Free Trade: Economic Welfare and the Optimal Immigration Policy", *University of Pennsylvania Law Review*, Vol. 145, No. 5 (May, 1997), pp. 1149 – 1151; http://www.jstor.org/stable/3312665. (2013 年 11 月 11 日下载)

十年代的民权运动、妇女解放和民族多元化等概念和含义的理解产生了积极的影响。① 这表明世界历史的研究开始突破"处于主导性地位的国家史学范式"的历史阶段。②

　　当然，作为一种全新的研究视角和方法，跨国主义研究中也存在着一些无法回避的问题，因而也不断地遭到学术界的批评。概括来说，可以简列如下：（1）有学者认为，跨国主义（trans-nationalism）的概念含混不清，它与"全球化"（global）、国际化（international）、"双边地方化"（bi-lo-calism）和"跨国活动"（trans-state activity）等概念之间的区别，没有清楚地交代。跨国主义将移民同化简单地描述为与传统的民族同化不一致的理论，把一种两地、两国或者泛族裔（pan-ethnic）交往夸张地表述为跨国主义，忽略了国家主权、国家利益和其他方面的限制。在人类历史上，两地或者跨越国界的民族文化交往一直在跨国移民中存在，而且这种交往主要表现在第一代移民中，到第二代和第三代移民的身上就开始减弱，甚至已不再存在。值得关注的是，甚至提出跨国主义理论的学者本人也在调查中发现，真正"常规性的、持续性的"参与跨国交往活动的移民比例是相当低的，仅占被调查者的10%到15%，而且，到他们的第二代和第三代子女中间也不复存在了。如果这样的解释可以被应用于长时段的历史研究中，那么可以断定，无法判定移民的第二代和第三代及其后裔是否也从事了跨国主义的活动，因而也难以把握跨国主义的范畴和社会深度。（2）跨国主义研究肇始于多种学科，包括社会学、民族学、文化人类学和历史学科，等等。因研究对象不同，非历史学科往往在研究中不大注重历史发展过程和历史语境，其研究对象多属于现状性或前瞻性的问题，所以，有些研究可能将一种新生事物当作历史发展的主流趋势，或者是把刚刚萌芽的现象当作一种确凿无疑的现实，对于其所处的社会层面，背景、变化和发展过程等问题都忽略掉了，容易使人产生本末倒置的感觉。在分析过程中，运

---

① Eric Foner, "Presidential Address, American Freedom in a Global Age", *American Historical Review*, Vol. 106, No. 1, （Feb. 2001）, p. 5, 11; http://ahr.oxfordjournals.org/content/106/1/1.full.pdf + html. （2013年11月5日下载）

② Patricia Clavin, "Defining Transnationalism", *Contemporary European History*, Vol. 14, No. 4, Theme Issue: Transnational Communities in European History, 1920–1970 （Nov., 2005）, pp. 433–434; http://www.jstor.org/stable/20081278. （2013年12月22日下载）

用的资料往往带有很强的选择性，因而读者无法判断其资料的体系性、完整性和准确性，凸显在读者面前的资料，有时候只能看到个案，而看不到整体，更无法判断其范围、程度和差异。① （3）因为研究对象不同，对跨国主义的理解和认识存在着差异，所以，运用跨国主义的研究方法去分析不同性质问题的时候，得出了相反的观点。例如，有的美国学者用跨国主义概念分析冷战时期两大阵营对峙的时候，认为无论站在"铁幕"的哪一边去研究，都会得出"跨国主义因素可能会阻碍全球化发展"的认识。② （4）就跨国移民和劳工而言，跨国主义理论与其他已有的国际移民理论一样，具有强烈的自由主义色彩，把人口的跨国流动看作一种超越国家主权和移民政策限制的"自由流动"，其支配性因素是市场经济机制下劳工与移民根据其主观判断所作出的选择。这种强调主观的分析有一定的道理，但是因此忽略行为主体的客观语境有悖于历史的现实，因为恰好是在 20 世纪各发达国家都在不断加强边界和入境口岸管理的同时，颁布了完善的移民政策体系。有鉴于此，有的美国学者认为，跨国主义"排斥国界限制是不成熟的，与这种观点相反的是，民族国家体系在可以判断的将来是不可能消失的"③。然而，有的美国学者还以自由主义理论为依据，作出了这样大胆的推测，认为在全球化的推动下，"全球性的文明将会取代各国的传统文化"。何谓"全球性文明"，他并没有说明，但却认为以民族、宗教和地方为基础的暴力冲突，"直接促进了民族国家传统功能的衰落"。在不久的将来，以领土为基础的"民族国家的功能将会衰弱"。④ 这样的预测是否会成为现实，我们可以拭目以待。

综上所述，战后美国临时技术劳工计划的实践经历了一个缓慢的发展过程，其多元化的政策体系，丰富了美国在全球化时代借用"他山之石"服务于美国社会和经济发展需要的实用主义思想。尤其是它通过劳动力市场的价值淘汰机制，为美国选拔了大量的出类拔萃者，仅此这点而言，临

---

① Peggy Levitt and B. Nadya Jaworsky, "Transnational Migration Studies: Past Developments and Future Trends", p. 131.

② Patricia Clavin, "Defining Transnationalism", p. 431.

③ Peggy Levitt and B. Nadya Jaworsky, "Transnational Migration Studies: Past Developments and Future Trends", p. 131.

④ Eric Foner, "Presidential Address, American Freedom in a Global Age", pp. 14 – 15.

时劳工计划与美国吸引永久性技术移民的法律规定一起，构成了美国人才吸引战略中的双轨制。站在全球化的高度看，它折射出的画面就是全球化在跨国劳工流动中的体现。正是这种新的变化，促使一些学者在研究中提出了"跨国主义"学说。作为一种研究的视角和方法，它有新颖之处，其中的问题也需要国内外学界进一步探讨，但在全球化的背景下，劳工和移民跨国流动的现象及意义却不容小觑。

第八章

国际留学生移民美国的趋势

在 20 世纪 50 年代中期以后迁入美国的外来人才中，一个引人注目的现象是国际留学生越来越多，其中，来自发展中国家的留学生增长迅猛，并在 70 年代中期以后，成为美国留学生移民最主要的来源。他们中间既有在母国完成所有学历教育的博士后人员，也有些人是在母国完成本科阶段的学习任务之后在美国完成研究生学习的学生，还有少部分学生是在美国完成所有学历教育的学习任务。国际留学生作为美国国会在 1952 年移民法中规定的不愿意放弃"祖籍"的"非移民"，其人数的快速增长对美国教育产生了重要影响。然而，当他们在美国最终完成身份转换并成为曲线移民的时候，留学生的母国是否遭受了"人才流失"，这个问题也引起了美国学界的讨论。为此，笔者将在本章中，在历史视角下分析学生移民的成因及其对美国社会的影响，从而为全面认识当代和今后美国人才吸引政策提供一个重要的维度。

一　国际留学生旅美求学的历史趋势

从历史上看，虽然美国接纳外国留学生的历史可溯至建国初期，但是，从美国学历教育体系形成的时间和它接受国际留学生的规模看，两者均起始于 19 世纪末期。可是，在 20 世纪 40 年代初期，因种种原因的限制，美国接纳的国际留学生人数仍然十分有限。这意味着美国国际留学生教育仍然处于起步阶段。1945—1970 年，是美国吸收国际留学生的加速阶段。从 1970 年开始，特别是在石油危机爆发之后，美国国际留学生教育的历史进入了全球化高速发展阶段，美国也成为全球接纳国际留学生人数最多的国家。

　　[美国接受国际留学生的起始阶段] 从现有史料看，在美国建国后不久，当一些国家的外交官员携带其家属和子女来到美国履职的时候，子女亦随父母赴美就学，成为美国接受的最早的外国学生。但是，在严格意义上，美国高校有规模的接收外国学生的时间大致在 19 世纪中期以后。据史料记载，在 1847 年，华人留学生先驱容闳赴美，他于 1850 年考入耶鲁大学，1854 年毕业后回国。1871 年，他说服清政府派遣百余名学生赴美留学。① 在日本明治维新之后，日本为学习西方强国之路，也开始向欧美国家派遣留学生。在 1865—1885 年，总共有 293 名日本学生在美国学习。中日两国留学生旅美求学，开启了美国大规模接受国际留学生的历史。虽然这个时期的国际留学生不多，但是，因为他们在美国高校的分布不均，因而在有的高校，外国留学生的比例显得比较高。例如，在 1856 年密歇根大学安娜堡校区，国际留学生占所有在校学生的 5.6%。②

　　从长远看，对美国接纳国际留学生的历史具有影响深远的因素是研究生教育，特别是在博士学位招生计划设立之后。在美国高校中，多数高校设立博士培养计划的时间均在 1870 年之后，例如，霍普金斯大学开始招收研究生的时间是 1876 年，克拉克大学是 1887 年，芝加哥大学是 1890 年。此后，各地的研究生教育计划如雨后春笋，方兴未艾。哈佛大学、加州大学、密歇根大学、哥伦比亚大学和威斯康星大学，等等，纷纷模仿德国模式，设立了研究生教育。1898—1910 年，美国先后与德国、英国、法国和日本等国家签署了交换协议，这标志着美国与外国留学生双向交流的开始，美国接受的国际留学生也日益走向正规化和专业化阶段。但是，总体而言，在 20 世纪之前，欧洲是世界各国留学生求学的圣地，甚至许多美国人的高等教育学历也是在欧洲完成的。1815—1914 年，先后有约 1 万名美国学生在德国求学。1835 年，外国学生占德国大学生的 4%，此后略有增长，但增幅非常有限，到

---

　　①　在 19 世纪 70 年代旅美中国学生有 100 人。80 年代再未派遣，因为清政府担心学生被美国化，不利于清政府统治的稳定。1900 年以后中国旅美学生再次缓慢增长，从 1906 年的 300 人增长到 1915 年的 1000 人以上。Ye Weili, *Seeking Modernity in China's Name: Chinese Students in the United States, 1900 - 1927*, Stanford, CA: Stanford University Press, 2001, pp. 9 - 10.

　　②　William W. Hoffa, *A History of U. S. Study Abroad*, p. 51.

1904 年，德国的外国留学生人数增至 8%，绝对人数达到 3097 人。在 1911 年德国的 4524 名外国大学生中，来自美国的大学生达到 272 人，亚洲学生有 272 人。同年，巴黎大学招收的 3267 名外国学生中，有 2569 人来自俄国，313 人来自土耳其，319 人来自保加利亚，另外还有 294 名埃及人，来自美国的学生不多，仅有 35 人。哈佛大学校长、著名的希腊语教授爱德华·埃弗里特、著名历史学家乔治·班克罗夫特、亨利·亚当斯和乔治·蒂克纳等人，都有在欧洲留学的经历。①

　　到 20 世纪初期，旅美留学生日益增多。当然，由于美国是一个接受外来移民的国家，许多移民子女到美国后，进入美国的各类学校就学，他们与当时的驻美官员和外国使节的子女身份难以辨认，因而也无法统计其具体人数。无论是属于哪一类，旅美留学生人数开始呈现出稳步增长的势头。1904 年，在美国的 74 所高校中，共有 2673 名国际留学生，这个数字到 1911 年增长到 4856 名，1920 年达到 8357 名。② 这就是说，每年进入美国大学的留学生人数并不多，而且增速缓慢。甚至在 1920 年以后，基本情况也是如此，平均每年入境的国际留学生不到 2000 人。例如，1929 年入境的外国学生仅有 1898 人，当年旅美学生总数仅有 8929 人。③ 1929 年经济危机爆发后，入境的外国学生人数明显减少。例如，在 1932 年其人数也不过 1266 人。这个时期，由于美国政府对外国留学生的移民严格限制，因而其回国率也比较高，占 1924—1932 年入境外籍学生的 54.94%。④ 在随后的 15 年间，由于经济危机和世界大战的影响，旅美外国学生人数骤减，只有到第二次世界大战结束后才有所回升，到 1950 年，其年度入境人数已达 2.64 万人。⑤

　　第二次世界大战前旅美留学生人数增长缓慢，原因在于两个方面：第一是美国的研究生培养能力有限。19 世纪 80 年代，在美国高校每年获得博士学位者不过 45 人，其中 1880—1884 年为 218 人，这个水平维持到 1889 年，

①　William W. Hoffa, *A History of U. S. Study Abroad*：*Beginnings to* 1965, pp. 32 – 33.

②　Ibid. , p. 54.

③　U. S. Bureau of Immigration and Naturalization, *Annual Report of the Commissioner-General of Immigration to the Secretary of Labor*, Washington D. C. ：U. S. Government Printing Office, 1929, pp. 23 – 24.

④　Ibid. , p. 35.

⑤　Otto Klineberg, *International Educational Exchange*：*An Assessment of Its Nature and Its Prospects*, Paris：Mouton and Ecole des Hautes Etudes en Sciences Sociales, 1976, p. 201.

是年，全美毕业的博士生只有 121 人，1885—1889 年累计为 348 人。1890 年以后逐年增长，其中，在 1890—1894 年，累计毕业的博士生达到 877 人，1895—1899 年增至 1247 人。从 1880 年到 1920 年这 40 年，从美国各地大学获得博士学位的人数累计 1.07 万人。进入 20 世纪 20 年代以后，尽管其增幅喜人，但又因 30 年代经济危机的影响，因而 1920—1939 年全美授予的博士学位总量不过 1.36 万人。第二次世界大战爆发后，美国的博士教育制度再次受到冲击，每年授予的博士学位数量，从 1940 年的 3245 人减少到 1944 年的 1939 人，经过战后短暂的恢复后，到 1948 年，美国各地高校授予的博士学位人数才超过了 1940 年的水平。[①] 第二，第二次世界大战前美国的科学技术与高等教育水平与欧洲相比并无明显优势[②]，与现代工业密切关联的理工科专业在高校的主导地位尚未确立，社会科学和人文学科各专业的招生规模和每年培养的博士毕业生人数比例较大。在 1920—1939 年全美博士学位获得者累计 3.74 万人中，理工科占 49.25%，社会科学和人文学科占 50.74%。从留学生的地区来源看，1920—1939 年美国高校五个学科门类（物理、生物、社会科学、艺术和教育）授予的博士学位人数达到 2335 人，其中，美洲占 45.35%，亚洲为 28.2%，欧洲为 24.2%，非洲仅占 1.8%，获得学位人数最多的国家依次是：加拿大（1029 人）、中国（362 人）、英格兰（133 人）、德国和印度分别为 76 人，五国合占同期总数的 71.8%。[③] 从以上统计结果可以看出，到第二次世界大战爆发前，旅美留学生的全球化特点比较明显。

[**国际留学生迅速增长的阶段**] 在第二次世界大战期间，因为大西洋上的炮火不断，旅美留学生人数未见明显增长，但是，在战后美国政府的推动下，随着美国对外教育交流计划的实施，特别是对遭受战火蹂躏的欧亚国家教育援助计划的实施，旅美学生年度入境人数逐年递增，旅美留学生总数从 1954

①　Lindsey R. Harmon and Herbert Soldz, *Doctorate Production in United States*, 1920 – 1962, Washsington D. C. : National Science Academy, 1963, p. 1.

②　在 1901—1945 年全球获得诺贝尔奖的 142 人中，德国占 26.76%、美国占 14.08%、英国占 18.3%、法国占 10.7%、其他国家占 28.87%；1946—1976 年全球诺贝尔奖获得者 171 人，美国占 49.7%、英国占 19.8%、联邦德国占 7.01%、苏联占 4.09%、法国占 2.9%、其他国家占 16.3%。见 U. S. National Science Foundation, National Science Board, *Science Indicators*, 1976, pp. 194 – 195。

③　Lindsey R. Harmon and Herbert Soldz, *Doctorate Production in United States*, 1920 – 1962, pp. 10 – 11, 209.

年的 3. 42 万人增至 1964 年的 8. 2 万人，1975 年增至 17. 93 万人后继续攀升，到 1979 年已跃至前所未有的 28. 6 万人的规模。然而，如此跃进式地增长不仅未能明显提升外国学生在美国高校大学生中的比例，相反，它从 1954 年的 4. 6% 减至 1964 年的 1. 5%，此后至 1975 年跌至谷底。1976 年以后明显增长，并在 1979 年增至 2. 4%。这种先降后升的变化与同期美国高校学生总量增长曲线呈背向走势。据统计，美国高校招生人数从 1954 年的 249. 98 万人增至 1964 年的 532 万人，然后再由 1970 年的 864. 9 万人增至 1975 年的 1129. 07 万人。显然，美国高校学生成倍增长，是外国留学生比例下跌的关键原因。在 1975 年之后，因美国高等教育已经基本上完成了社会化办学进程，每年的招生增势减缓，到 1979 年不过 1170. 71 万人。在这种背景下，外国学生在相同年份的比例自然呈上升之势。①

　　值得关注的是，在这个时期，美国的研究生教育和留学生人数、获得学位人数以及专业结构等方面，都发生了一些变化。例如，旅美学生每年入校人数与每年获得博士学位的人数之间，存在着明显的甚至是悬殊的差距。其中的原因是：（1）美国各地大学每年招收的博士学位研究生和授予学位数量受到社会和经济大环境的影响。例如，美国高校授予的博士学位人数由 1960 年的 1 万人增加到 1970 年的 3. 3 万人，然而随着 1970—1971 年、1973—1975 年和 1980—1982 年美国经济危机和萧条接踵而至，攻读博士学位人数有所减少，到 1990 年以前，各地高校每年授予的博士学位总量未超过 3. 5 万人。（2）在旅美学生中，有许多本科生、攻读硕士学位的研究生和一些短期访问学者，再加上有些学生因为种种原因而半途辍学或延迟毕业。这样，从入境后到获得学位的时间各有不同，有些人是 5 年，有些人是 6 年、7 年或 8 年以上。1960 年，获得博士学位的外国留学生人数为 2000 人，1970 年达到 5000 人，之后的 15 年间几乎没有显著增长。②（3）在获得博士学位者中间，外国学生人数之所以与美国土生学生成正比关系，其原因还在于注册的外国

　　①　National Science Foundation, *Foreign Participants in U. S. Science and Engineering Higher Education and Labor Markets*, *Special Report*, NSF 81 – 316, Washington D. C.： U. S. Government Printing Office, 1981, p. 1.

　　②　Emily Blanchard, John Bound and Sarah Turner, "Opening（and Closing）Doors：Country-Specific Shocks in U. S. Doctoral Education", in Ronald G. Ehrenberg and Charlotte V. Kuh, eds., *Doctoral Education and the Faculty of the Future*, Ithaca：Cornel University Press, 2009, p. 226.

研究生比例也处于波动状态。它在 20 世纪 60 年代经过快速增长之后，到 70 年代经济危机和滞涨时期急剧下降。据统计，在旅美学生中，攻读硕士和博士的比例从 1954 年的 39% 增至 1964 年的 48%。随后的几年间，它经过缓慢增长后开始出现下降，并且在 1975 年降至 46%。此后，在经济萧条的干扰下，各地高校大幅削减对研究生的资助，结果，研究生的比例在 1978 年和 1979 年分别降至 43% 和 35%。① 从每年获得博士学位的外籍留学生人数看，也不算多。1960 年，获得博士学位的外国留学生有 2000 人左右，1965 年超过 3000 人，1970 年达到 5000 人，到 1975 年，因为受到美国经济不景气的影响，获得博士学位的人数保持在 5100 人左右。② 从国际留学生获得博士学位的人数占美国高校每年授予博士学位总量的比例看，虽然不高，但是增势明显。例如，在 1960—1981 年外籍学生获理工科博士学位人数累计达到近 6.2 万，占同期美国各地高校授予的理工科博士学位总数（31.9 万人）的 19.42%。其中 1960—1969 年，外籍学生获得的博士学位占 17.13%。进入 70 年代后，获得博士学位的外国学生数量明显增长，从 1970 年的 3238 人增长到 1979 年的 3533 人，十年间累计达到 3.69 万人，占同期美国授予的理工科博士学位（18 万）的 20.4%。③ 在获得博士学位的专业结构上，不仅存在着非均衡状态，而且彼此间的消长也不尽相同。在 1960 年以前，外国学生仅占美国所授予的博士学位的 7%—9%，到 1975 年已达 15% 以上。在这两个统计年份，理科、工科、医学和农学等应用性较强的学科增幅明显，其所占美国大学所授予的博士学位的比例明显高于外国研究生在美国研究生数量中的比例。1960—1964 年，获得博士学位的外国学生占工程学的比例从 22% 上升到 1965 年的 24%，1970 年以后迅速增长并在 1975 年高达 34%。在 1960—1964 年和 1977 年两个统计时期内，获得博士学位的外国留学生占物理学的比例从 15% 上升到 22%，在化学专业中从 12% 增加到 18%，数学专

① National Science Foundation, *Foreign Participants in U. S. Science and Engineering Higher Education and Labor Markets*, p. 2.

② Emily Blanchard, John Bound and Sarah Turner, "Opening (and Closing) Doors: Country-Specific Shocks in U. S. Doctoral Education", p. 226.

③ 引文中的数据是根据各页表格合成的，参见 National Science Foundation, *Science and Engineering Doctorates*: 1960 - 1981, Special Report NSF 83 - 309, Washington D. C. National Science Foundation, 1983, pp. 14 - 17, 28 - 31, 32 - 35, 36 - 39, 40 - 43, 44 - 47。

业中从 17% 上升到 20%，医学专业保持在 19%—22%，社会科学保持在
18% 左右，生命科学甚至还出现略微下降，从 17% 下降到 15%，唯有农学增
幅较大，从 27% 上升到 37%。这种结构在博士后研究人员中也同样突出。在
1977 年，美国的博士后研究人员达到 1.97 万人，外国出生的博士后达到
6213 人，占总数的 32%。但是，外国出生的博士后人员占工程学的 53%、物
理学的 41%、环境科学的 30%、数学的 36%、生命科学的 27%、社会科学
的 27% 和心理学的 10%。①

最后，从留学生的国家来源看，也发生了明显的转变。在 1956 年以前，
多数学生来自经济发达国家。从 20 世纪 60 年代中期开始，发展中国家的学
生构成了旅美留学生的主要来源。据统计，1920—1959 年获得博士学位的外
国留学生中，51% 来自发达国家，但是，在 1960—1966 年，发展中国家的比
例却增至 65%。其中，亚洲国家的留学生居于多数地位。在 1956—1967 年入
境的各国留学生中，亚洲国家的比例从 1956 年的 15.27% 上升到 1962 年的
22.02%，后增至 1967 年的 24.2%。② 从绝对人数看，在 60 年代，每年入境
的外籍学生人数平均 4 万—6 万人，其中在 1962—1967 年来到美国求学的
29.47 万学生中，发达国家不过 10.73 万人，占总数的 36.41%，其余 2/3 来
自发展中国家。从各大洲看，最多的是来自北美洲（加拿大被计入发达国
家），其人数在 1962—1967 年达到 8.3 万人，亚洲（不包括被计入发达国家
的日本）为 6.25 万人，如果加上日本，亚洲学生总数将超过 7.11 万人，南
美洲和非洲国家的留学生分别为 2.91 万人和 0.74 万人，以上发展中国家的
留学生占这个时期美国国际留学生人数的比例，累计达到 61.75%。其他国
家，如日本、加拿大、澳大利亚和新西兰等，共计 8.66 万人。③ 进入 70 年代
之后，随着亚洲国家留学生人数的增多，已占 1975 年旅美留学生的 50% 以
上，而拉丁美洲国家仅占 16%、非洲为 14%，欧洲国家占 7%。④ 另据美国
国家科学基金会的统计，在 1954 年、1974 年和 1979 年三个年份的旅美留学

① U. S. National Science Foundations, National Science Board, *Science Indicators*, 1978, *Report of the National Science Board*, 1979, Washington D. C. : U. S. Government Printing Office, 1981, p. 35.
② U. S. Congress, House of Representatives, Committee on Government Operations, *The Brain Drain of Scientists, Engineers and Physicians from the Developing Countries into the United States*, pp. 22, 119.
③ Ibid. , pp. 119 – 120.
④ National Science Foundation, National Science Board, *Science Indicators*, 1978, p. 35.

生中，人数最多的 10 个国家或地区中，亚洲占 6—7 个，其中包括中国台湾、中国香港、印度、日本和韩国等。① 亚洲国家留学生之所以蜂拥美国，原因是其母国多数刚刚独立，社会经济百废待举，科技教育水平落后，国民生活水平低下。美国学者在 20 世纪 60 年代的一次调查中发现，48.6% 的亚洲学生说母国缺乏所学专业或学位授予计划，41.4% 的学生认为在美国学成后有充裕的就业机会，39.1% 的学生认为有助于加强对美国人的认识和了解，26% 的学生回答说是因为在美国获得了资助。② 无论学生的动机如何，他们旅美求学既为自己创造了深造的机会，也丰富了美国大学校园的文化，更重要的是，为美国提供了不可忽视的人才资源。

[1980—2010 年全球化发展阶段] 从 1980 年开始，美国吸收的外国留学生日益增多。与以前不同的是，在这个时期，来自中国的留学生日益增多，并成为美国各国留学生中人数较多的国家之一。与此同时，来到美国的其他国家留学生也在迅猛增长。美国接受的外国留学生人数从 1980 年的 31 万人，上升到 1985 年的 34.5 万人，1990 年越过了 40 万大关。③ 到 21 世纪初期，美国吸收的外国留学生人数之多，已经跃居全球首位。到 2002—2003 年，外国学生入学人数总量上升到 58.6 万人，占当年美国高校入学总人数的 4.6%。但是，由于"9·11"事件的爆发，旅美求学的人数明显下降。翌年，美国国会决定成立美国国土安全部，美国国内的外籍人签证申请与审查手续也随之转交给国土安全部负责。在这个转化过程中，学生的申请程序时间延长，入学人数减少到 2005—2006 年的 56.4 万人，占美国当年入学总数的 3.9%，尽管在 2006—2007 年国际留学生人数有所上升，达到 58.3

---

① 1954 年，向美国派遣留学生最多的 10 个国家或地区是：加拿大（4660 人）、中国台湾（2550 人）、印度（1670 人）、日本（1570 人）、菲律宾（1480 人）、哥伦比亚（1300 人）、墨西哥（1250 人）、韩国（1200 人）、伊朗（1000 人）、委内瑞拉（880 人）。1974 年最多的 10 个国家或地区是：伊朗（13780 人）、中国香港（11060 人）、中国台湾（10250 人）、印度（9660 人）、加拿大（8430 人）、尼日尔（7210 人）、泰国（6250 人）、日本（5930 人）、墨西哥（4000 人）、韩国（3339 人）。1979 年最多的 10 个国家是：伊朗（51310 人）、中国台湾（17560 人）、尼日尔（16360 人）、加拿大（15130 人）、日本（12260 人）、中国香港（9900 人）、委内瑞拉（9860 人）、沙特阿拉伯（9540 人）、印度（8670 人）、泰国（6500 人）。National Science Foundation, *Foreign Participants in U. S. Science and Engineering Higher Education and Labor Markets*, p. 2.

② Oh, Tai K., *The Asian Brain Drain*, p. 38.

③ U. S. Commission on Immigration Reform, *Legal Admissions: Temporary*, September 1997, p. 127.

万人，仍然没有恢复到 2003 年的水平。[①] 显然，与 1964—1965 年美国旅美留学生的 8.2 万人规模相比，到 2003—2004 年，旅美的外国学生人数增长了 5 倍多，到 2007 年则增长了 7 倍左右。但是，由于美国国内招生人数的增长，外国留学生占美国在校学生总数的比例仅从 1965 年的 1.5% 增加到 2004 年的 4.3%。[②]

在 21 世纪初期的 10 年，旅美留学生人数增长出现波动，最大的影响因素是"9·11"事件。这次事件中，恐怖分子不仅袭击了纽约的世界贸易大厦，而且也击垮了美国人心理上的安全感。在此次事件之后，美国国土安全部出于安全考虑，对旅美留学生签证的发放采取了极其严格的控制，各国留学生赴美签证的拒签率直线上升。例如，2002—2003 年，F 类签证的拒签率分别达到 27% 和 25% 以上。只是到了 2007 年，该类型签证的发放数量才达到了 29.83 万，略微超过了 2001 年 29.33 万的水平。虽然每年发放的 J 类签证数量也受到影响，但相对而言，波动较小。例如，在 2001 年发放的签证数量为 26.17 万，2002—2005 年平均每年保持在 25 万左右，但是，到 2006 年和 2007 年再创新高，分别达到 30.99 万和 34.39 万。在三个类别中，M 类签证数量较小，且处于缓慢增长状态。它从 2001 年的 5373 人增加到 2007 年的 9221 人。在上述各年份中，本科生的比例在下降，研究性学者和学生的比例在上升。例如，在 2001 年、2004 年和 2007 年发放的签证中，J 类签证的数量分别占发放签证总数的 46.7%、53.22% 和 52.79%。[③] 在这个时期，旅美留学生的主要来源仍然是亚洲。在 1981—1993 年，来自亚洲的学生人数较多，占总数的 61%。到 1993—1994 年，亚洲国家留学生人数占入学的旅美外国留学生的 60%，而欧洲国家占 13.9%，拉丁美洲仅为 10.1%，北美洲为

---

①　U. S. Congress, House of Representatives, Committee on Science and Technology, *Status of Visas and Other Policies for Foreign Students and Scholars*: *Hearing before the Subcommittee on Research and Science Education*, *Committee on Science and Technology*, *House of Representatives*, *One Hundred Tenth Congress*, Second Session, Serial No. 110 - 74, Washington D. C.: U. S. Government Printing Office, 2008, pp. 4 - 5.

②　Jeanne Batalova, *Skilled Immigrant and Native Workers in the United States*, p. 29.

③　"Statement of Mr. Stephen A. 'TONY' Edison, Deputy Assistant Secretary of State for Visa Service, Bureau of Consular Affairs, U. S. Department of Sates", in U. S. Congress, House of Representatives, Committee on Science and Technology, *Status of Visas and Other Policies for Foreign Students and Scholars*, pp. 20 - 21.

5.2%，非洲为 4.6%。在留学生人数最多的 10 个国家中，其人数和比例从高到低的排名依次是：日本（16%），中国（包含香港和台湾，14%），韩国（9%）和印度（5%）。其他国家是加拿大、墨西哥、英国、联邦德国和西班牙。① 在外国留学生人数增长的同时，他们每年获得博士学位的数量和占美国所有高校授予的博士学位的比例也在提高。在 1960 年，获得博士学位的美国籍学生人数为 1 万人，1970 年达到 2.5 万人，在此之后，一直到 1990 年，处于缓慢下降的状态，在 1985 年以后到 1989 年保持在 2.5 万以下，1996 年以后再次上升，到 2005 年仍然保持在 2.5 万。从美国的人口增长和攻读博士学位的数量来看，在 1975—2005 年，美国每年获得博士学位的美国籍学生人数没有增长，始终在 2.5 万左右徘徊。而在 1980 年以后，外国学生所占比例日益提高，到 1990 年以后基本上保持在 40% 以上，到 2005 年达到 50%。从绝对人数看，在 20 世纪 70 年代，每年获得博士学位的外籍学生平均为 5000 多人，1980 年以后开始再次增长，并在 1990 年达到 1 万人。进入 90 年代后，虽然有所增长，但增速放慢，到 1996 年达到 1.5 万人，是美国留学生历史上的最高水平，这个数字保持到 2000 年。在"9·11"事件后，外国留学生受到影响，获博士学位人数有所减少，在 2003—2004 年下降到 1.4 万人，到 2005 年以后再次上升到 1.5 万人以上。② 在学科结构上，外国学生多数集中在理工科专业。例如，在工程学领域，获得博士学位的外国留学生人数所占之比重，1961—1964 年不到 24%，1970—1974 年上升到 40%，1985—1990 年基本上保持在 50%—55%。在科学领域获得博士学位的比例相对较低，1961—1964 年仅为 16% 左右，1970—1974 年仅为 18% 左右，1981 年超过了20%，1990 年接近 30%。数学专业的博士学位所占的比重，1961—1964 年近占总数的 18%，1970—1974 年接近 25%，1980 年达到 30% 以上，1990 年达到 65%。在计算机博士学位中的比重，从 1961—1964 年的 15% 上升到1980 年的 30%，到 1990 年则超过 50%。在与上述相同的时期内，物理科学从 1961—1964 年 10% 左右跃至 1990 年的 46%。物理化学从 1980 年的 30%

---

① U. S. Commission on Immigration Reform, *Legal Admissions*, pp. 115 - 116; B. Lindsay Lowell, *Foreign Temporary Workers in America*, p. 212.

② Emily Blanchard, John Bound and Sarah Turner, "Opening (and Closing) Doors: Country-Specific Shocks in U. S. Doctoral Education", p. 226.

增至 1990 年的 40% 左右。① 从以上数据中可以看出，1980 年以后，旅美留学生人数的增长日趋多元化，来自亚洲国家的学生迅猛增长，成为最近 30 年美国国际留学生日益增长的主要来源。他们多数集中在理工科领域。这样的专业结构既与美国大学研究生来源中本土学生和外国留学生的供给比例有关，也与留学生本人的专业兴趣和抱负有关，许多留学生希望学习美国的先进技术，将来回国效力。

二 留学生人数猛增的原因分析

外国留学生蜂拥美国，是多种因素发挥作用的结果。在第二次世界大战后初期到 20 世纪 70 年代初，美国接受外国留学生的政策，具有明显的意识形态色彩，在本质上属于美国外交战略中的组成部分。在此之后，随着西欧国家、加拿大和澳大利亚等经合组织成员国之间围绕吸引外国留学生竞争程度的加剧，美国对外国留学生的政策发生了变化，它从以前重视意识形态的色彩转向以"贸易出口"性质为主要目的"产业式"发展阶段。

如第三章所述，在第二次世界大战结束后，美国凭借着其超强的科学技术、经济和军事综合实力，以西方"领导者"身份发号施令，纵横捭阖。它在与盟国遏制社会主义国家的同时，又对盟友施以经济、军事和教育等方面的援助。为此，美国政府在战后多次颁布立法，积极推进国家教育的交流，1946—1952 年颁布的涉及教育交流的立法达到 13 项之多，涉及联邦政府机构达 30 多个。② 这些立法的实施，为美国的留学生教育提供了强大的推动力。在美国政府的支持下，到 1968 年，有 110 多所美国大学与外国 191 所大学开展了教育与学术交流活动。例如，堪萨斯大学医学院与菲律宾大学开展合作，而加州大学洛杉矶校区分别与南斯拉夫、日本等国家的大学进行交流和派遣留学生的活动。③

---

① B. Lindsay Lowell, *Foreign Temporary Workers in America*, pp. 240 – 241.
② Cora Du Bois, *Foreign Students and Higher Education in the United States*, pp. 20 – 21.
③ Otto Klineberg, *International Edcucational Exchange*, pp. 199 – 200.

　　正是由于美国对外教育交流政策的实施，才出现了前文中提到的旅美留学生规模空前的事实。对于美国政府而言，吸引外国学生，不仅有利于扩大并宣传美国在外国青年中的美好形象，帮助他们加深对美国政治体制、社会与文化的了解和认识，而且，更重要的是，也为美国找到了更具有诱惑力的人才来源。虽然美国政府始终强调教育与文化交流的非政治性质，但在实践中，与政治和外交完全脱离的纯粹的教育与文化交流显然不存在。因为在战后美国对外教育与文化交流活动中，政府提供了丰厚的资助。在许多不同的官方与非官方场合，"公民外交官"或"公民大使"的话语，在美国政府官员谈话中随处可见，字里行间都表现出了教育交流与美国政治和外交之间千丝万缕的关系。一直到1964年，负责美国教育与文化事务的美国助理国务卿卢修斯·巴特尔（Lucius Battle）多次强调了艾森豪威尔总统的思想。他指出："成千上万的美国青年参与了这项海外活动之后，就成为我们时代最伟大的潮流之一——人员国际交流——的参与者……推进一项新的常常被称作'新外交'事业的发展。外交关系不可能纯粹局限于政府官方代表之间进行。现在，具有浓厚兴趣的青年人与另一个国家的人民，在其进步状况、教育水平、态度和雄心中的交往活动日益增多。这种外交活动的展开显然依赖于我们的公民的积极参与。"①

　　进入20世纪70年代之后，美国政府对于教育功能的认识进一步拓宽。教育被看成一种可以带来丰厚利润的出口产业。第一，外国留学生既是廉价劳动者又是消费者，他们带动了所在学校周围的住房租赁、商品销售和餐饮业，等等。他们的亲友探访又在一定程度上带动了所在地区旅游业发展。第二，留学生毕业后通过在美国工作，可以创造无穷的物质和社会财富，许多外国留学生在美国工作若干年以后，成为美国公民。第三，那些回国的留学生，无论是创业还是从事科研教学工作，都会带动母国与美国科技与文化交流，扩大美国社会经济、文化和教育的影响范围。从以上三个方面看，战后美国吸引的外国留学生人数越多，给美国带来的收益就越大。基于这样的认识，1997年，美国移民改革委员会在提交给总统和国会的报告中指出，美国高等教育是"成功的服务出口工业"，通过吸引外国的大学生，"美国的专业

---

① William W. Hoffa, *A History of U. S. Study Abroad: Beginnings to* 1965, p. 119.

学院和大学体系成为一种有价值的服务出口"。① 这种定位是比较准确的。因为从经济意义上讲，招收外国学生是美国等发达国家增加收入的一种"看不见的出口"（invisible export），与教育相关的个人旅行支出，越来越受到欧美各国的重视。澳大利亚和新西兰甚至将其列为各类出口创汇项目中的第二和第三位，与之相关的收入之多，在两国所有出口业务中排列第 14 和第 15 位。在美国，教育出口带来的收入不可小觑。在 1998 年学生流动形成的国家市场价值大致相当于 300 亿美元，占全球服务出口的 3%。留学生是目前跨国教育交流中的主要方式，因此常被用来衡量教育发达与否的主要指标。在美国，招收外国学生带来的收入从 1989 年的 45.75 亿美元上升到 1997 年的 83.46 亿美元和 2001 年的 114.9 亿美元，分别占这三个年份美国商业服务出口的 4.4%、3.5% 和 4.2%。在三个相同的年份，英国教育出口创汇额是 22.14 亿美元、40.9 亿美元和 111.41 亿美元，分别占三个年份英国商品出口的 4.3%—4.5%。相比之下，澳大利亚发展更快，在三个相同年份分别是 5.84 亿美元、21.9 亿美元和 21.45 亿美元，分别占澳大利亚商业服务收入的 6.6%、11.8% 和 13.1%。相对而言，加拿大的相关收入增长缓慢，在三个年份分别是 5.3 亿美元、5.95 亿美元和 7.27 亿美元，分别占其商业服务出口收入的 3%、1.9% 和 2%。② 正因为如此，在 20 世纪末期的 30 年间，美国与其他欧洲发达国家之间围绕招收外国留学生、举办跨国教育交流活动等方面展开了激烈的竞争。因此，在美国外国留学生人数增长的同时，英、法、德等国家也通过各种手段，扩大招收外国留学生的来源。它们一方面与学生资源丰富的发展中国家（如中国、印度、菲律宾等）签订双边协议，开展丰富多彩的联合办学活动。另一方面通过设立奖学金，允许外国留学生就业和定居等方面的优惠政策，吸引外国学生。应该说，上述政策取得了明显的成效。到 2001 年，在英国的外国留学生达到近 23 万，在德国的国际留学生也接近 20 万，法国有近 15 万，澳大利亚达到 12.1 万。相比之下，虽然日本、西班牙、奥地利、意大利、瑞士和瑞典等其他经合组织成员国家的外籍留学生人

---

①　U. S. Commission on Immigration Reform, *Legal Admissions*, p. 274.

②　Organization for Economic Co-operation and Development, *Internationalisation and Trade in Higher Education*, p. 32.

数较少，但总数累计也接近 40 万人。①

欧洲发达国家招揽外国留学生的政策，不能不引起美国高校和美国政府的注意。客观而言，自第二次世界大战后以来，美国凭借着其在教育和科技领域的优势地位，特别是在战后初期，欧洲国家因遭第二次世界大战浩劫，教育与人才培养体系遭到严重破坏，发展中国家又因为百业待举，急需大量的专业技术人才，因而美国的留学生资源比较稳定。但是，在 20 世纪 70 年代以后，美国意识到欧洲发达国家招收外国留学生所带来的压力，因而它也在调整自己的政策。如前所述，美国国会在 60 年代初期，就允许外籍学生和访问学者从事与专业相关的实践工作。但是，对于 F 类签证的本科生的就业限制比较严格，其工作范围一般不超出校园，学生在校园之外做零工，或者半日工，其工作内容必须与所学专业相关，或者是因为意想不到的经济困难而需要经济上的补贴。为此，在 1990 年移民法中，美国国会设立了一个实验计划，允许外国留学生在毕业之后，在大学校园之外工作 3 年。凡在学校完成了一年正规学习的外国学生，每周可以在校园之外工作 20 小时。这项规定不设专业要求，也取消了以前对申请者的经济条件的限制。但是，雇主必须保证，在决定雇佣外国留学生之前 60 天之内，曾经以公开的方式，招聘土生学生或劳工，待聘岗位属于无人应聘的空闲岗位。雇主提供的工资不低于就业市场同类岗位的工资水平。这项计划实施后，对于旅美留学生产生了巨大的吸引力。到 1992 年，参加该项就业计划的外国学生人数达到 23.7 万人，其中有 3.3 万是学生家属。②

在 2001 年的"9·11"事件之后，随着美国政府对签证申请者背景的安全检查程度的加强，签证批复时间被延长到 60 多天，在美国国内要求调整身份的学生，遇到重重困难，缴纳的各种费用成倍提高。所有这些都给外国学生造成了美国在排斥外国留学生的印象。在这种背景下，旅美留学生人数骤降，从 2001 年的近 60 万下降到 2006 年的 55 万。其中，2003—2004 年申请赴美攻读研究生学位的外国学生人数减少了 28%，而录取人数下降了 18%，2004—2005 年，招生规模又减少了 5%，同期，美国在全球招收的国际留学生比例从占全球总数的 25% 下降到 20%。同时，日本、新西兰、澳大利亚、

---

① Organization for Economic Co-operation and Development, *Trends in International Migration*, p. 36.

② U. S. Commission on Immigration Reform, *Legal Admissions*, p. 96.

法国等国家的国际学生人数呈明显增长之势。① 在这种情况下，在社会利益集团的呼吁下，美国政府又开始调整。一方面，美国向海外增派了 570 多名签证官，加快签证的审批过程。根据美国学者的调查，美国有 60% 的大学加快了吸引外国留学生的步伐。33% 的大学启动了新的国际合作计划，26% 的大学增加了宣传和招收外国大学生的人员编制，23% 的大学增加了到海外进行宣传的经费，21% 的大学增加了市场营销的预算，各地大学均加强了在亚洲地区的招生活动。另一方面，美国国务院在 2005—2006 年发起了宣传美国吸引留学生的活动，其中最典型的是提供资助将全球 123 所大学的校长召集在一起，举行了第一届"国际教育美国大学校长峰会"。在这次会议上，当时担任美国国务卿的赖斯指出："在新的世纪里，美国的使命是必须欢迎更多的外国学生到美国来，派遣更多的美国学生去海外留学。要取得成功，我们的政府和我们的大学必须为教育交流建立一种新型的伙伴关系、一种建立在新的思维和行动之上的伙伴关系。"②

为了应对欧洲发达国家在吸引国际留学生方面给美国带来的竞争压力，美国审计总署在 2006 年将美国联邦政府相关负责人召集在一起，未雨绸缪，寻求良策，核心议题是讨论"9·11"事件对旅美生源的潜在影响、评估欧洲国家扩大招收留学生后对美国的影响，探讨如何在保证美国国家安全的前提下，将留学生人数继续保持在全球的领先地位。参加会议的代表认识到了"9·11"事件对美国在签证与安检措施方面的负面影响。参加会议的代表一致认为，仅仅由联邦政府某些机构制订并实施比较详细的招收外国学生的计划，显然是远远不够的。美国政府应该广泛参考美国国务院、教育部、劳工部、商业部和国土安全部等机构的意见，建立一个协调有序、

---

① United States Government Accountability Office, Comptroller General's Forum, *Global Competitiveness*: *Implications for the Nations Higher Education System*, GAO - 07 - 135SP, Washington D. C. : January 23, 2007, pp. 4 - 5; http://www. gao. gov/new. items/d07135sp. pdf. （2008 年 10 月 13 日下载）; United States Government Accountability Office, *Homeland Security*: *Performance of Foreign Student and Exchange Visitor Information System Continues to Improve*, *but Issues Remain*, GAO-05-440T, Washington D. C. : March, 2006, p. 20; http://www. gao. gov/new. items/d05440t. pdf. （2008 年 12 月 13 日下载）

② "Statement of Dr. Harvey V. Fineberg, President, Institute of Medicine, The National Acadmies", in U. S. Congress, House of Representatives, Committee on Science and Technology, *Status of Visas and Other Policies for Foreign Students and Scholars*, pp. 38 - 39.

目标明确、手续简便的计划，适当地削减高昂的学费，加强高校对半日工的投入，帮助天资聪慧但经济困难的外国学生能够到美国接受高等教育，取消签证申请中要求学生保证学成必须归国的规定；或者设立一种过渡性签证，增加学生及其配偶在读书期间的工作机会，将他们在校学习时间和实践活动记录在案，允许他们获得永久性居留权资格后，无须等待 5 年而直接加入美国国籍。[1]

美国政府之所以不遗余力地吸收外国留学生，最为关键的是它认识到招收外国留学生的重要意义。关于这一点，美国审计总署在给国会的报告中作了精彩的概括："美国一直依赖于来自于其他国家的本科生和研究生，以支持美国的经济和外交政策利益。在我们日益以知识为基础的经济中，国际学生一直是发明和生产力的重要源泉。他们带来了需要的研究、劳工技术，增强了我们的劳动力。在美国的一些数学和科学领域，至少 1/3 以上的高级学位被授予给了国际学生。即使外国学生学成回国，这类交换有助于美国的公共外交政策，改进其他国家对我们的了解。"[2] 细而观之，这一段话的含义包括：（1）虽然外国留学生所占比例不高，但因其中多数是攻读学位的研究生，还有些是进入博士后流动站的博士毕业生。他们在各地高校理工科专业中的比例较高，因而是美国高等院校和研究机构中的一支不可忽视的科技劳动力。他们作为所在学校导师和研究人员的助手和廉价劳动力，是美国高校科研工作中从事基础性科研工作的重要力量。（2）外国学生可以通过各种方式的消费，为美国带来丰厚的收入。美国国务院主管领事馆事务的一位高级官员在国会听证会上指出，在 2000 年之后的每个年度，外国留学生缴纳的学费和生活费为美国经济贡献了 130 亿美元。[3] 2006—2007 年，在美国读书的 58.29 万外国学生，每年消费支出达到 145 亿美元。因此，美国商业部准确

①　United States Government Accountability Office, Comptroller General's Forum, *Global Competitiveness*, pp. 8 – 9, 13 – 16.

②　United States Government Accountability Office, Comptroller General's Forum, *Global Competitiveness: Implications for the Nations Higher Education System*, p. 1.

③　"Statement of Mr. Stephen A. 'TONY' Edison, Deputy Assistant Secretary of State for Visa Service, Bureau of Consular Affairs, U. S. Department of Sates", in U. S. Congress, House of Representatives, Committee on Science and Technology, *Status of Visas and Other Policies for Foreign Students and Scholars*, p. 17.

地指出："国际教育是美国第五大的出口服务行业。"① 需要指出的是，由于许多外国学生是自费留学，他们及其亲属到美国后，为所在大学和周边社区带来了数十亿美元的收入。② （3）国际留学生的到来丰富了美国大学校园文化的多样性，使美国学生能直接地接触域外文化、语言、风俗习惯、学习方法和经验。（4）外国留学生的到来可以补充美国所需要的人才。由于许多外国学生和学者希望毕业后定居美国，而具有移民传统的美国在战后也有允许外国学者和留学生移民美国的政策规定，因此，他们无论是永久性移民，还是毕业后在美国工作，都在客观上扩大了美国理工科专业的智力资源，从而有助于美国科学技术的发明和在全球科学技术中的领先地位。（5）实行开放性的留学政策，鼓励外国留学生学成回国，一方面，有利于其母国教育和科技与社会经济的发展。另一方面，他们作为公共外交的推动者，也有利于宣传美国的文化，扩大美国的政治、经济与文化的影响，开创于美国有利的外交环境和氛围。在这个意义上，"外国留学生的工作极大地推动了我们的学术和科研，他们接触我们的文化和自由，这就意味着公共外交获得了至关重要的成功"③。

最后，吸引外国留学生也是战后美国高等教育发展的必然。如前文所述，半个世纪以来，大批外国留学生来到美国，是因为美国高校提供了丰厚的奖学金。尽管奖学金的数额比较有限，但是，因为它们大多数集中在理工科专业，因而就出现了外国留学生在理工科专业占有较高比例的现象。如前所述，留学生的母国大多数属于发展中国家，政府没有在法律和工商管理等专业中投入较多的资金和奖学金机会，教学研究水平和社会应用水平均与美国有天壤之别。加上语言文化的差异，外国学生一般很难与美国学生在这些专业中展开竞争。另一方面，美国大学在法学和工商管理专业中的奖学金比例不高。

---

① "Statement of Dr. Harvey V. Fineberg, President, Institute of Medicine, The National Acadmies", in U. S. Congress, House of Representatives, Committee on Science and Technology, *Status of Visas and Other Policies for Foreign Students and Scholars*, p. 35.

② U. S. Congress, House of Representatives, Committee on Science and Technology, *Status of Visas and Other Policies for Foreign Students and Scholars*, p. 5.

③ "Statement of Mr. Stephen A. 'TONY' Edison, Deputy Assistant Secretary of State for Visa Service, Bureau of Consular Affair, U. S. Department of Sate", in U. S. Congress, House of Representatives, Committee on Science and Technology, *Status of Visas and Other Policies for Foreign Students and Scholars*, p. 17.

每年申请者中，只有1%的人能获得资助，但是，在经济、教育、心理学等社会科学中，获得奖学金的申请的比例高达20%，而理工科学生申请奖学金的成功率却在70%以上，而外国学生高达80%以上。也就是说，美国各地大学资助的首要对象是理工科专业的学生。在1993年获得博士学位的学生中，自费攻读学位的比例占教育专业的80%、社会科学专业的50%、人文学科的48%、生命科学的20%、物理和工程学的10%到15%。换个角度看，获得大学资助的博士学位获得者占物理学专业的80%、工程学的70%以上、生命科学的近60%，社会科学和人文学科中的40%—50%。[①] 外国学生在理工科专业中的比例偏高，与两方面的因素有关。第一，多数美国学生倾向于学习律师、工商管理和国际贸易等工薪较高的专业，而选择理工科专业的学生人数较少。第二，多数美国学生的理工科专业知识基础较差，无法与外国学生竞争。这一方面是因为到美国来读书的学生，大多数来自其国内学生中的佼佼者。另一方面，半个世纪以来，美国的基础教育一直没有走出教育质量低下的窘境。尽管美国各级政府和社会各界一直在做出不懈的努力，想方设法地提高美国基础教育的质量，但是，到20世纪末期，正如美国兰德公司在提交给美国国防部的报告中所说的那样，美国的基础教育是一种失败，特别是其数学、化学和物理等专业的教育始终存在着严峻的危机。"自苏联卫星上天后迄今为止的47年间，美国的科学和数学教育从来没有像今天这样明显而迫切地需要改进。"美国教育危机的产生，主要是美国中小学教育中一直存在着对数学和科学投入不足的问题。联邦政府投入不足是一个"常见的话题"。因此，"科学和数学专业都面临着合格教师的严重赤字问题，中小学学生考试表现越来越差"。2000年，在美国所有的4年级、8年级和12年级的学生中，数学和科学及格的比例不到1/3。美国总统科学技术顾问委员在2004年指出："在1—12年级学生参与的全国性数学和科学考试中，多数学生的考试成绩令人失望。"美国中学生多次在国际大赛中令人失望的表现，使美国学术界普遍流露出一种担忧。在2006年召开的全国科学委员会上，与会的美国专家们一致认为："我们国家的中小学学生，在科学成绩方面一直下滑，与国际同行比较，数学仅仅属于一般水平。在应用科学和数学国际竞赛中，我们15岁的学

---

① B. Lindsay Lowell, *Foreign Temporary Workers in America*, pp. 247–249.

生几乎是成绩最低的。"美国的科学家们担心："与国际同行相比，美国中小学学生在数学和科学领域的成绩没有改进，预示着美国丧失了在科技发明和创新领域具有的全球领先地位。"对此，美国国家科学委员会认为，美国中小学教育是一种"广泛被认为制度性的失败"。为防止问题的恶化，该委员会呼吁："我们国家必须投入必要的资源，重新振兴我们大学以下的理工科专业的技术性教育。"① 美国的高科技劳工数量日益减少是因为美国选择学习高技术的学生人数在减少。例如，在各地大学注册的研究生中，选择理工科专业的人数从 1960 年的 38% 下降到 1975 年的 25%。在 20 世纪 70 年代上半期，申请物理学专业的研究生从 8% 下降到 4%，工程学专业从 12% 减少到 6%。② 不难看出，外国留学生旅美求学是对美国教育事业的战略性补充。

当然，外国学生来到美国求学，也有他们自己的考虑。在战后初期，处于重建过程的西欧各国，因在第二次世界大战时期的战火中遭受的破坏性程度比较高，各国科技人才损失较大，大学在重建中招生有限，于是，那些经济条件不错、在第二次世界大战中错过读书机会的欧洲学生纷纷来到美国读书。所以，在战后初期到 20 世纪 60 年代初期，欧洲学生在旅美留学生中的比例较高。但在 60 年代中期以后，美国的外国留学生多数来自发展中国家，其中亚洲国家留学生数量增长最快。学生在赴美求学之前，对自己国家和美国各方面的差异都比较了解，特别是对在美国的工作条件、科研实验水平、薪金和工作条件等，都有清醒的认识。所以，不少人赴美求学，就带着对未来的憧憬和梦想。在 70 年代对亚洲留学生的问卷调查中，几乎所有学生都表示，自己到美国的原因主要是学习知识。此外，有 48.6% 被调查者表示，他们所选择的专业，大部分是本国没有开设的，或水平太低。41.4% 的学生认为在美国留学，有利于找到更好的就业机会。39.1% 的学生认为有助于加强对美国人的认识和了解。26% 的学生说在美国获得了资助。18.4% 的学生说是为了培养自己的独立性。17.7% 的学生说是家长要求自己留学的。在回答未来去向问题的时候，不同国家的学生回答不甚相同。例如，表示旅美留学会增加就业机会的学生占印度学生的 54.8%，而在日本学生中仅占 16.3%。从各个专业的差异看，也不尽相同。例如，表示留学有利于就业的工科学生

---

① Titus Galama and James Hosek, *U. S. Competitiveness in Science and Technology*, pp. 63, 70 – 71.
② National Science Foundation, National Science Board, *Science Indicators*, 1976, p. 162.

高达48.3%，而在医学专业的学生中间仅为20%，在回答增加就业机会比例的学生中间，63.2%的人表示在毕业后将在美国工作，但是其中只有8.5%的准备永久性居留。① 以上调查表明，赴海外留学是多数学生为自己未来考虑的重要因素。他们希望通过自己的努力，寻找一个更能适合个人发展的良好机会。在被调查的学生中，打算定居美国或家庭已经定居美国的比例并不高。同时，在学生留学的决定中，外部环境也会产生一定的影响，例如，配偶成家、家庭成员去留以及对本国政治和经济形势变化的判断，等等。在留学生中，有些计划要求学生在签证有效期结束时回国。例如，持J−1签证的访问学者就属于这一类，目的是"防止出现人才流失"②。

三 学生身份的转换及其移民趋势

在第二次世界大战之前，对于外国留学生、访问学者和教授等技术人士移民美国的问题，美国政府都有严格的规定。按照1924年移民法规定，外国留学生是没有永久居留资格的"非限额移民"。他们到美国后，必须在美国劳工部长认可的学校学习，并保持自己入境时的签证身份。尽管美国移民局的年鉴中常常会出现"移民学生"字样，但从学生转变为永久性移民，显然受到了政府的严格控制。1924—1932年，按照学生身份入境的外籍人累计1.36万人，其中有54.94%回国。在回国者中，还有些是在1924年之前入境的。因此，实际上在美国定居或移民他国的比例可能更高。③

在第二次世界大战结束后，特别是从20世纪50年代中期开始，随着每年来到美国求学的外国留学生人数的增多，美国政府也开始调整了允许外国留学生和访问学者等专业技术人士调整身份、申请永久性移民的政策。如前文所示，以《1956年教育交流与移民地位法》、《1957年难民逃亡法》和《1961年双边教育与文化交流法》为标志的国会立法，以一种不大张扬的方式，打着保护人权的旗号，开放了外国留学生移民美国的大门。从此，旅美留学生便成为美国

---

① Tai K. Oh, *The Asian Brain Drain*, p. 38.

② U. S. Commission on Immigration Reform, *Legal Admissions*, pp. 118 – 119.

③ U. S. Bureau of Immigration and Naturalization, *Annual Report of the Commissioner-General of Immigration to the Secretary of Labor*, p. 35.

人才吸引战略中不可忽视的重要来源。大量的史料表明，在美国获得博士学位的留学生，多数没有回国。据 2001 年经合组织调查报告显示，1945—1954 年，在美国获得博士学位的外国留学生，40 年后绝大多数没有回国，到 1995 年，他们中间不在美国定居的比例为 6.1%。1955—1964 获得博士学位的外国留学生，也是有绝大多数居留在美国，到 1995 年，离开美国的比例是 13.7%。按照相同的方式表述，在 1965—1974 年获得博士学位的外国留学生中同比为 22.7%，在 1975—1984 年的学生中同比为 22.2%，在 1985—1994 年的学生中同比为 19.4%。[①] 这一组数据显示，旅美留学生完成学业后，通过申请永久性移民定居美国的比例，尽管呈现出波浪起伏的走势，但在总体上呈现为逐渐下降的状态。反过来说，在过去半个世纪中，绝大多数外国留学生没有回国，其学成回国的比例在缓慢增长。

但是，如前文第一章和第七章中所述，在战后进入美国的外籍科学家和工程师等科技人才中，直接从美国境外申请移民资格的比例在下降，而在美国国内通过调整身份而获得移民资格的曲线移民的比例处于上升的状态。从 20 世纪 50 年代后半期一直到 60 年代中期，每年入境的曲线移民的比例仅仅在 20%—25%。[②] 1965 年美国国会废除了移民政策中的种族歧视条款之后，亚洲国家的移民能够在平等的条件下与世界各国移民一起申请移民美国的签证。在这种条件下，每年入境移民中的科学家和工程师比例不仅呈同步增长，而且曲线移民日益增多，但是，增速比较有限。到 70 年代中期，仍然未超过 40% 的比例。[③] 这其中的原因，关键在于这个时期的留学生和临时技术劳工基数比较有限，因而两者申请移民资格的比例都比较低。当然，与临时技术劳工相比，学生移民的比例相对较高。例如，曲线移民占入境科学家和工程师的比例，在 1967 年为 40%，但在 1968 年仅为 32%，其中，在美国居住 5 年以上的人占 1967 年曲线移民的 48% 和 1968 年的 60% 以上。[④] 到 90 年代，曲线移民增长更快，人数占

① Organization for Economic Co-operation and Development, *Innovative People*, p. 248.

② U. S. National Science Foundation, "Scientists and Engineers From Abroad, Fiscal Years 1962 and 1963", p. 2.

③ U. S. National Science Foundation, "Scientists and Engineers From Abroad: Trends of the Past Decade, 1966 – 1975", p. 1.

④ U. S. National Science Foundation, "Scientists, Engineers and Physicians From Abroad, Fiscal Years 1968", pp. 5, 12.

这 10 年间入境移民的 1/3 以上，有些年份超过 50%。例如，1993—2000 年，曲线移民占每年入境移民的 46% 以上，其中在比例最低的 1994 年占 39.03%，而在比例最高的 1996 年和 1997 年，他们分别占 54% 和 52.31%，其他年份都在 40%—47%。① 进入 2000 年之后，曲线移民的比例仍在高速增长，他们平均占 1999 年以后十年间入境的"就业类移民"的 80% 以上。② 关于其中的详情，笔者在前文已有所述及，不再赘述。需要说明的是，在上述调整身份而获得永久性移民的统计中，申请移民的国际留学生比例并不高。例如，在 1967 年，曲线移民人数达到 4.62 万人（100%），其中，持 F 签证入境的学生占当年曲线移民的 21.6%，J 类签证持有者占 2.1%，两类合计为 23.7%，1969 年两类签证的申请者为 25.4%、1970 年为 26.4%，达到了战后留学生移民的高峰。尽管 1972 年他们申请移民的比例仍然较高，达到 20% 以上，但随着 1973—1975 年经济危机的爆发，其申请移民的热情骤然下降，仅仅在 1973 年就已经下降到 16% 左右。③ 显然，在上述统计中，结合第七章中的内容，可以看出，在当时的曲线难民中，难民和临时技术劳工的比例不可忽视。不过，由于学生从入境到完成研究生学业，然后再申请永久性移民的资格，需要一个相对漫长的过程。从入境时间到递交永久性移民申请之间的时间越长，申请永久性移民的资格的比例可能就越高。例如，在 1970—1975 年入境的 59.61 万持 F-1 和 J-1 签证的外籍人中，入境 5 年内申请永久性移民的比例并不高，其比例在 1972 年达到 13.9%、1974 年为 11.2%、1976 年约为 10%，5 年间平均为 9.25%，绝对人数 5.51 万人。④

从调整身份的学生所在专业看，人文学科的比例较低，而理工科专业的比例较高。这种结构性特点与战后旅美留学生中理工科专业学生比例较

① U. S. Immigration and Naturalization Service, *Statistical Yearbook of the Immigration and Naturalization Service*, 2000, p. 27,

② 引文中的百分比为笔者自己计算，参见 U. S. Department of Homeland Security, Office of Immigration Statistics, *Yearbook of Immigration Statistics*: 2008, p. 18。

③ Charles B. Keely, "Effects of U. S. Immigration Law on Manpower Characteristics of Immigrants", p. 185.

④ 戴维·诺斯的计算方法是：列出每年入境的两类签证的学生和学者人数，然后按照滞后两年的方法进行分析。例如，他根据 1972 年曲线移民人数和被移民局扣押人数，计算学生回国的比例。分析的间隔年份是 4 年或 6 年，因为本科完成的时间是 4 年，高中和研究生、博士后以及交换协议等计划完成的时间大多是 3 年以内。见 David S. North, *Nonimmigrant Workers in the U. S.*, p. 10。

高的格局是一致的。例如，1998 年获得博士学位的外国学生，2003 年仍在美国工作的比例占所有学科的 61% 、农学的 46% 、计算机科学的 70% 、经济学的 36% 、生命科学的 70% 、数学专业的 59% 、物理学的 69% ，其他社科专业的 37% 。[①] 正是由于外国留学生和访问学者定居美国，美国高校等科研机构的研究队伍中，具有一种明显的"外来"特征。在 2003 年美国高校全日制理工科专业的教师队伍中，28.3% 是外国出生的。在研究型大学中，32.8% 的全日制理工科专业的教师是外国出生的。[②] 这充分说明，旅美留学生获得博士学位以后定居美国，对美国高校教师队伍产生了结构性影响。更重要的是，由于外国留学生在美国大学理工科专业攻读博士学位的比例较高，他们占 2000 年以来美国每年获得理工科专业博士学位学生的 50% 以上。在美国工作的所有博士学位获得者中，外国出生的博士学位获得者占数学、计算机科学和物理学专业中的科学家和工程师的 45% 。有了这种雄厚的基础，所以，在 1990 年以来到 2007 年获得诺贝尔奖的科学家中间，有 33% 以上是外国移民。在 2004 年英特尔科技天才搜寻竞赛中，美国中学 60% 的科学专业的学生是外来移民的后代，其中 20% 是外国留学生的后代。[③] 显然，在当代美国的外来人才中，留学生已成为不可替代的重要来源。

当然，在各国中，学成回国的比例不尽相同。在战后初期到 20 世纪 60 年代中期，学生移民的主要来源是英国、联邦德国和法国等发达国家。类似以色列和日本等经济快速发展的国家的留学生也出现了学成不归的现象。但是，欧洲发达国家留学生申请调整移民身份的比例并不高，因为在这个时期，欧洲作为美国外来移民和科技人才的主要来源，从欧洲申请移民签证的比例仍然高于旅美留学生移民的比例。例如，1957—1965 年，曲线移民占入境的欧洲科学家和工程师的 11% 、北美洲的 1% 、南美洲的 7% 和亚

① Mark C. Regets, "Research Issues in the International Migration of Highly Skilled Workers: A Perspective with Data from the United States", p. 8.

② U. S. Congress, House of Representatives, Committee on Science and Technology, *Status of Visas and Other Policies for Foreign Students and Scholars*, p. 5.

③ "Statement of Dr. Harvey V. Fineberg, President, Institute of Medicine, The National Academies", in U. S. Congress, House of Representatives, Committee on Science and Technology, *Status of Visas and Other Policies for Foreign Students and Scholars*, p. 36.

洲国家的 58%。① 在 1965 年之后，亚洲国家的比例增长更快，并成为定居美国的科技人才的主要来源。例如，曲线移民占 1967 年入境的亚洲科学家和工程师总数的 80. 19% 和 1968 年的 67. 95%。② 这就是说，在入境的科学家和工程师中间，来自欧洲的人才中多数是在母国工作多年的专家，而来自亚洲的人才中，多数是在美国大学获得博士学位的留学生，其中有不少人在转换身份前已经在美国工作了数年。而来自于发展中国家的留学生中，亚洲国家增速惊人。例如，在 1967 年入境的 7913 名科学家、工程师和医生中间，48% 的人（3772 人）就是学成不归的留学生，他们占中国留学生的 89%、韩国留学生的 80%、印度留学生的 78%。在学成不归的亚洲学生中，东亚地区各国的移民比例甚高。在 1958—1960 年、1961—1963 年和 1964—1966 年，毕业后在美国就业的博士分别占中国留学生的 90%、91% 和 90%，印度学生的 35%、47% 和 58%，日本学生的 53%、50% 和 48%，韩国学生的 38%、57% 和 78%。在 1967 年入境的 7913 名科学家、工程师和医生中，48% 是学生移民，他们占中国学生的 89%、韩国学生的 80% 和印度学生的 78%。③ 显然，从学生移民的角度看，亚洲是留学生人才流失率最高的地区。④ 进入 20 世纪 90 年代以后，虽然世界各国旅美留学生人数在增长，曲线移民的比例略有下降，但在各国家的留学生中比例高低不同。

---

① National Science Foundation, "Scientists, Engineers and Physicians From Abroad, Fiscal Year 1965", pp. 7 – 8.

② U. S. National Science Foundation, "Scientists, Engineers and Physicians From Abroad, Fiscal Year 1968", pp. 5, 12.

③ Tai K. Oh, *The Asian Brain Drain*, pp. 21, 26.

④ 大批留学生没有回国，有诸多原因。其中一个重要原因是因辍学和缺勤而未能按时毕业。按照美国政府规定，外籍学生入境后，应到被录取学校报到。凡未报到者，或在注册后经常缺勤、辍学，或在规定时间内未完成修业课程等，均应报告移民局。但是，何谓"没有修满学业的学生"？法律文件中没有界定，各个学校自行其是。在一些学校，学生每一学期只选 1—2 门课程，其他时间在打工。有些学校并不清楚自己的责任是什么；另一方面，由于美国移民局管理滞后，它对外籍学生违规问题并未采取相应的措施。据美国审计总署报告，在 1974 年旅美的 22. 2 万外国留学生中，有 42% 属于逾期不归者。在纽约和洛杉矶地区，违规学生达到 5000 多人。1975 年，全美违规的外国留学生人数多达 2. 2 万人。见 David S. North, *Nonimmigrant Workers in the U. S.*, pp. 145 – 146；United States General Accounting Office, *Immigration-Need to Reassess U. S. Policy*：*Report to the Congress by the Comptroller of the United States*, Washington D. C.：U. S. General Accounting Office, GAO/GGD – 76 – 101, June 28, 1985, pp. 28 – 29。

例如，在亚洲移民中，移民比例处于快速上升的状态，而在欧洲和其他地区的留学生，虽然比例有所下降，但仍然接近或超过 50% 以上。表现在具体的年份，有些国家增长十分明显。例如，在 1992—2001 年，每年获得博士学位后，大约 4—5 年内仍然在美国定居的比例，在各国留学生中从 41% 增加到 56%，滞留美国的比例在中国学生中从 65% 上升到 96%，在印度学生中从 72% 上升到 86%。显然，在不同的专业和国家背景方面，居留率差异甚大。当然，居留率较高的不单纯是发展中国家，也包括发达国家。例如，在发展中国家间，居留率超过 50% 的国家还有类似于伊朗、阿根廷以及东欧等国家，而英国、以色列、加拿大、新西兰和希腊等发达国家也都在 50% 以上。相反，韩国、日本、印度尼西亚、巴西、智利和哥伦比亚等国家的滞留率较低。即便是在定居美国比例最低的法国留学生中，在 1999 年也有近 40% 的人定居美国。[①] 如果对美国和欧洲主要国家的留学生学成后回国的比例进行比较，美国仍然是最高的。在 1990—1999 年获得博士学位的外国学生中，居留美国的工科专业的学生占中国学生的 87%、印度学生的 82%、中国台湾学生的 57%、韩国学生的 39%、阿根廷学生的 57%、哥伦比亚学生的 53%、墨西哥学生的 30.6%、英国学生的 79%。在英国政府公布的数据中，外国学生学成后回国的比例高于在美国求学的国际留学生的回国率。例如，在 1998 年，从英国回国学生占中国留学生的 59%、德国学生的 57% 和爱尔兰学生的 50% 左右，而土耳其和马来西亚等国的学生中几乎全部回国。在法国政府公布的数据中，外国学生回国的比例较低。在 1998 年，法国的外国留学生中，工科专业中的学生回国比例仅为 20%，自然科学中为 28%，但整体回国率达到 40%。这就是说，其他学科的回流率较高。[②] 再从在 1996 年获得博士学位的国家的学生中，5 年后也即 2001 年仍然在美国居住和工作的比例，分别占中国留学生的 96%、印度学生中的 86%、伊朗学生中的 77%、加拿大学生的 62%、以色列学生中的 51%、土耳其学生中的 50%、新西兰学生中的 56%、东欧国家学生的

---

①　Organization for Economic Co-operation and Development, *Internationalisation and Trade in Higher Education*, p. 279.

②　Organization for Economic Co-operation and Development, *Science, Technology and Industry Outlook 2002*, pp. 238 – 239.

77%、阿根廷学生的 57%、英国学生的 53%、德国学生的 48%、部分中南
美洲国家的 49% 和埃及的 47%。①

　　上述数据中显示，第一，在各大洲的留学生中，亚洲学生移民美国的
比例比较高。关于这个问题，笔者在第九章中还要详细论述。第二，各国
留学生中间都存在曲线移民的现象。尽管其比例高低不同，但这种现象至
少说明，在当代旅美留学生中，学生移民是一个非常复杂的现象。它既不
能用传统的"推拉"理论解释，也不能用"移民体系论"等理论解释。同
时，学生移民美国是一个全球性的现象。第三，旅欧留学生回国比例较高、
旅美留学生回国比例较低的现实，既与欧美国家在移民政策和每年可以接
纳的移民人数规定上的差异有密切关系，也源于两大经济区域对外籍技术
劳动力需求水平的差异。在欧洲，接纳国际留学生人数最多的英国、德国
和法国等发达国家，其外籍留学生的增长主要发生在 20 世纪 90 年代以后，
而这些欧洲发达国家允许外籍留学生移民的政策也是在 90 年代发展起来
的，而且，就单个国家接纳的留学生数量、国家总体的科研实力和国民经
济发展对科技劳动力的需求，都无法与美国相提并论。② 尽管如此，对于许
多外国留学生和美国学生而言，欧洲是继美国之后另一个具有吸引力的工
作和生活的区域。尤其是在欧盟成立之后，特别是欧盟成员国内部劳动力
的自由流动等项规定，对各国留学生具有较大的吸引力，他们进入欧盟一
个成员国之后，也有一个更大的自由流动的选择空间。也是因为这一点，
有些在美国获得博士学位的美国公民和外国留学生愿意到欧洲去。在 2002
年获得理工科专业的博士学位的美国学生中，有 3.2% 的人前往欧洲工作，
而在旅美留学生中大约有 23% 的人不是回国，而是准备前往第三国定居。③
这些材料表明，留学生毕业后，无论是在美国还是去欧洲就业定居，他们
都"构成了所在国家熟悉就业市场规则和流行的习惯的、一支具有潜力的

---

　　① Organization for Economic Co – operation and Development, *Internationalisation and Trade in Higher Education*, p. 281.

　　② 关于欧洲国家吸引人才的政策，参见梁茂信《第二次世界大战后专业技术人才跨国移民的趋势分析》，《史学月刊》2011 年第 12 期；梁茂信《现代欧美移民与民族多元化研究》，商务印书馆 2011 年版。

　　③ Organization for Economic Co-operation and Development, *Internationalisation and Trade in Higher Education*, p. 279.

高技术劳工的储备军"①。

就美国而言，在更深的社会层次上，学生移民的出现，是战后美国人才吸引战略中的有机组成部分，也是战后美国社会、经济、教育和科技等诸多方面发展的必然结果。如果说战后美国经济发展、科技投入和移民政策的发展变化等因素，在客观上为留学生移民创造了有利的客观条件，那么前文述及的美国中小学学生数学和理工科教育质量低下的问题，以及学生对数学和理工科毫无兴趣的现实，等等，决定了美国人才培养链条不可避免地出现断层，相应地，每年申请大学理工科专业的本科和研究生的人数会减少，难以满足大学招生需求。这种供求关系的脱节，必然为外国留学生成功地申请到攻读博士学位的机会留下很大的空间。按照这种逻辑，它也同样意味着理工科专业的外国留学生在毕业后会面临着巨大的就业市场需求。因此，当外籍留学生毕业后，美国高校和企业就成为留学生移民最直接的受益者。在20世纪60年代，"许多授予学位的大学就是雇佣外国留学生的主要雇主。数据还进一步显示，大学参与美国联邦政府资助的研究计划，成为人才流失的最主要的根源"②。到90年代，当信息技术迅猛发展的时候，人才供求关系脱节的矛盾更加突出。于是，留学生就成为各家企业雇佣的首选对象。相对于外国已经成才而且经验丰富的科技人才，在美国留学的学生，其攻读学位的过程在一定程度上就是美国化的过程。当他们获得学位的时候，他们通过参加课堂内外的各类学习与社会活动，对美国社会、文化、法律、教育等宏观方面的了解已经达到了相当高的程度，而对本专业相关的就业市场行情、就业规则、岗位需求、生活环境以及美国人的生活方式等微观性因素，也有了足够的了解和心理准备。他们走上工作岗位之后，就是现成的科技劳动力，因而是各家企业和经济实体与科研单位的首选对象。基于这样的因素，外国留学生加入永久性移民的行列后，成为当代美国外来移民中，继劳工移民、家庭团聚移民和难民之后的第四个移民类型。

---

① Organization for Economic Co-operation and Development, *Trends in International Migration*, p. 36.

② U. S. Congress, House of Representatives, Committee on Government Operations, *The Brain Drain of Scientists, Engineers and Physicians from the Developing Countries into the United States*, p. 22.

对于留学生而言，他们到美国求学，不少人有一种不言而喻的移民美国的心理期盼。而美国关于留学生和移民政策的变化以及美国就业市场的旺盛需求，恰好就为外国留学生提供了从学生转化为永久性移民的机会。对于他们来说，这是关乎个人职业前途的历史性转变。另一方面，在留学生的祖国，因为经济落后、科研水平较低、工资待遇和生活水平等各方面都无法与美国相提并论，这种差距在发展中国家更加突出。因此，"来自发展中国家的外国学生，在从美国高校学到的知识向回国后应用于专业技术工作的转变中遇到一些困难：设备和技术设施严重匮乏、文化上的差异、学校管理机构中老一代人对从美国留学回国学生观念的抵制，以及在一个不利于新技术应用环境中存在着从理论到实际应用的问题"①。这种现实差距与实践经历，也会使得那些已经回国的一些留学生决定第二次移民。对于他们来说，寒窗苦读十余年，目的就是在工作条件、实验设备、工资待遇等方面找到理想的工作场所，为自己的职业发展、家庭幸福和子女教育创造良好的条件。在这些方面，移民美国就是最理想的选择。关于这一点，有的美国学者总结道，外国留学生中间会有不少人通过就业转向永久性移民，"即便有些博士学位获得者要回国，他们还会回头的，专业技术市场现在已经全球化，每个人会不时地见到命运多舛的移民，或回国后再次迁移别国的移民，最终还是返回了最初他们选择获得博士学位的这个具有吸引力的国家"。这段文字中，道出了这样一个事实："很少有哪几个国家能在专业实验设施和学历深造方面与美国提供的条件竞争。也没有哪几个国家能像美国那样为第二代人创造如此多的机会。可以想象，你的孩子是在东京而非纽约长大，是在神户而非奥斯汀长大，这根本就不能相提并论。"②毫无疑问，当越来越多的旅美留学生加入移民行列的时候，这意味着美国作为一个人成长过程中人才培养的最后一个环节，却成为最大的受益者。旅美留学生移民美国，为美国的社会、经济和科技发展提供了强大的人才资源，但是，对于留学生成长过程中投入甚多的母国而言，则意味着巨大的人才资源的流失。

---

① National Science Foundation, *Foreign Participants in U. S. Science and Engineering Higher Education and Labor Markets*, p. 3.

② B. Lindsay Lowell, *Foreign Temporary Workers in America*, pp. 250–251.

四　留学生移民与人才流失的关系

面对外国留学生纷纷移民美国的问题，有人提出了"人才流失"（brain drain）问题，并对美国的移民政策提出了批评。关于这个问题的由来、学术界的争论以及主流观点的变化等，笔者将在第十章中详论。这里必须指出的是，对于外国留学生移民的问题，有些美国学者认为，外籍学生到美国前并未完成其高学历教育，许多人只有高中学历，因而他们移民美国算不上是人才流失。甚至到 90 年代，还有学者持这种观点，认为在狭义上留学生属于"即将受训"的人，而不是"已经被训练过的人才"。他们到美国的首要任务不是工作，而是学习。① 按照这种思维分析，那么，从战后初期到 90 年代末期，各国移居海外的留学生人才超过 100 多万。如果他们不算是人才流失，那么应该归入哪一类呢？上述观点的最大失误就是忽略了这样一个事实：凡是拥有大学本科学位的毕业生才是人才，而没有获得大学本科以上学位的学生都不算是人才，哪怕是前来美国攻读硕士或者是博士学位的学生，都可以不计入人才的范畴，遑论那些仅仅完成了高中学历教育的中学生？在严格意义上，大学本科学历以上的高学历人员都属于美国学界和美国移民政策中认定的"人才"范畴。② 因为从相对广义的概念上，凡通过迁移所发生的人才资源的区位转移，造成了一个国家现成的或者潜在的、具有良好教育素质的人才的流失，都属于人才流失的范畴。笔者所强调的"潜在的、具有良好教育素质"的人不仅包括大学学历及其以上的专业技术人才，而且，也包括完成了高中教育并且能够创造经济价值和社会财富的青年。

人才概念有其内在的相对性含义。虽然人人都有可能成为人才，但是并非所有的人都是人才，或者已经成为人才。人才是对那些尚未成为"人才"的非"人才"而言的，任何人才都有从"非人才"到"人才"的成长过程。

---

① Herbert G. Grubel, "The Brain Drain", p. 1421; Anne Marie Gaillard and Jacques Gaillard, *International Migration of the Highly Qualified：A Bibliographic and Conceptual Itinerary*, New York：Center for Migration Studies, 1998, p. 23.

② Andrés Solimano, *The International Mobility of Talent：Types, Causes and Development Impact*, pp. 20 – 30; Jeanne Batalova, *Skilled Immigrant and Native Workers in the United States*, p. 22.

此外，人才还有不同的类型和层次，其中有优秀人才、一般人才、杰出人才。此外，还因为专业或行业领域差异，有科学人才、教育人才、管理人才、体育人才和艺术人才等。[①] 在这个层面上，所有留学生居留美国本身就是人才流失的一种表现形式。正是因为这个原因，早在 20 世纪 60 年代末期，有的美国学者对美国政府允许旅美留学生移民美国的政策提出批评，外国学生成为永久性移民后对美国而言是一种巨大的收获，因为美国在没有投入，或投入不多的情况下得到了许多高级人才。但是，另一方面，令美国人尴尬的是，它意味着美国违背了原本希望通过培养学生作为向发展中国家提供教育援助的承诺，在客观上"造成了外国的人才流失"。[②] 由于当时学生移民呈现快速增长之势，多数又来自接受美国援助的盟国或者与美国关系友好的国家，因此，学生移民问题也成为一些接受美国援助的国家和美国"教育和公共事务领域"中共同关注的"一个炙热的问题"。[③]

首先，必须强调的是，留学生移民对于美国高校的某些专业具有拯救性的意义。这种意义在美国的理工科专业中最为突出。如前所述，战后以来，外国留学生中的研究生比例处于逐渐提高的趋势。据美国国际教育研究院的统计，研究生占外国留学生人数中的比例，在 1955—1956 年为 36%、1964—1965 年为 43%，1966—1967 年为 45%。但是，其学科分布颇为不均。在人文和社会科学专业中占 29.2%，物理和自然科学中高达 62%，工商管理专业中为 32%，农学专业中为 60%。在 1967 年到美国求学的外国工科专业学生中，研究生占非洲留学生的 35.58%，其中在医学专业中占 37.9%，物理与生命科学专业中占 54.36%。在亚洲地区的学生中，研究生占工科专业的 64.82% 和医学专业的 42.93%、物理学和生命科学专业的 73.47%。在来自欧洲国家的 2407 名工科专业学生中，研究生占 45.45%，医学专业中占 44.78%，物理学和生命科学专业中占 64.96%。[④] 面对如此高的研究生比例，有的美国学者发出这样的感慨："外国学生来到美国接受博士教育，实际上是

①　彭文晋：《人才学概说》，黑龙江人民出版社 1983 年版，第 13 页。

②　Paul Ritterband, *Education*, *Employment and Migration*, p. 68.

③　Tai K. Oh, *The Asian Brain Drain*, p. 11.

④　U. S. Congress, House of Representatives, Committee on Government Operations, *The Brain Drain of Scientists*, *Engineers and Physicians from the Developing Countries into the United States*, pp. 14, 21.

对这些技术密集型出口物品中的一种即时性投入。"① 通过这种方式的投入，美国的大学将来自外国大学本科毕业生培养成持有博士学位的高级人才，然后允许他们定居美国。对于发展中国家来说，这就是高学历专业人才的流失。

其次，外国留学生的到来，增加了所在学校的财政收入，为学校的正常运转提供了新鲜的血液。在 20 世纪 60 年代末期以前的外国留学生中，无论是在本科生还是在研究生中，自费生的比例是各类学费资助来源中最高的，分别占本科生和研究生中的 46.2% 和 29.3%。美国大学提供的奖学金在本科生和研究生中的比例分别为 21.1% 和 32.6%，美国民间与私人组织资助的比例分别是 10.8% 和 11.6%。美国联邦政府和留学生母国政府的资助都相对比较低，美国政府资助的比例分别占 8.8% 和 9.6%，留学生祖国资助的比例分别为 5.7% 和 7.2%。其他来源的比例分别为 7.3% 和 9.7%。② 进入 70 年代以后，随着美国经济长期滞胀，美国大学和民间自助的学生学费的比例有所下降，而外国政府资助的公费留学生比例有所增长，并在 1976— 1979 年高达80% 以上。尽管在 80 年代之后，随着自费留学生比例在发展中国家的留学生的比例的提高，并且在 2005 年，外国政府资助、学生自费和外国民间资助的留学生的比例达到 75% 以上。③ 这种较高的来自于美国之外的学费注入美国高校之后，为美国高校带来了一笔丰富的资金。这对于 70 年代之后陷入经济萧条和滞胀的美国经济来说，无疑具有重要的意义。例如，在 1973 年经济危机爆发后，由于许多学生家庭困难，本科毕业后深造的美国学生人数减少，于是，不管是公立大学还是私立大学，都把招收外国学生看作 "维持学院（系）规模的手段"。这一方面是因为外国留学生中政府资助的公派留学生比例提高，另一方面是因为美国大学承担美国政府资助的基础性研究课题增多。据统计，1953 年，大学在全美基础性科研任务中的比例为 26%，私有企业占35%，联邦科研机构占 24%。到 1976 年同类科研任务中，大学承担的比例提高到 55%，而联邦科研机构和私有企业的基础性科研基金分别减少了 16%。④

① Emily Blanchard, John Bound and Sarah Turner, "Opening (and Closing) Doors", p. 230.

② U. S. Congress, House of Representatives, Committee on Government Operations, *The Brain Drain of Scientists, Engineers and Physicians from the Developing Countries into the United States*, p. 21.

③ United States Government Accountability Office, Comptroller General's Forum, *Global Competitiveness: Implications for the Nations Higher Education System*, p. 10.

④ National Science Foundation, National Science Board, *Science Indicators*, 1976, p. 75.

到 1976—1979 年，美国高校承担的基础性科研任务中，联邦资助的比例平均高达 80% 以上。① 换个角度看，无需美国奖学金的外国留学生，包括自费生和母国政府资助的学生，或者是美国友好人士提供资助的学生，都"是保证美国的许多高效运作的至关重要性的因素"。在其他一些情况下，外国学生对于各地高校中各个学院经济的收支平衡至少有重要的帮助作用。因此，有的美国学者认为，"F-1 签证计划背后主要利益的受益者不是雇主（雇佣外国医学研究生和本科毕业的护士的医院就是例证）而是培养他们的高校"②。这就是说，招收外国学生不仅能解决大学基础科研所需要的技术研究人员的不足问题，还能通过招收外国公费留学生来增加学校收入。虽然外国学生缴纳的学费不足以抵消其在学期间引起的所在大学的各项经费支出，但如果不招收外国学生，加上前文提到的美国土生学生选择理工科专业的研究生日益减少，那么，各地高校就会面临生源和学费萎缩的严重后果。在这个意义上讲，外国学生的到来挽救了 70 年代美国高校的研究生教育。

深究否认学生移民是人才流失的观点，其最大失误是通过一刀切的方式将高中生、大学本科毕业生、到美国攻读博士学位和从事博士后研究的学生混为一谈。毋庸讳言，旅美留学生中，约有半数是接受本科教育的高中毕业生。但是，正如有的美国学者所言，他们不是普通的高中毕业生，而是"来自于全世界最出色、最优秀的学生"，他们在母国高中阶段"接受过出色的训练"③，是其国内高中阶段的顶尖人才，具有潜在培养价值的好苗子。此外，美国学者关于学生不是人才的思想中，没有考虑到这样的事实：即旅美留学生的抚养费、从小学到中学阶段的教育费用以及其他形式的人力资本投资，等等，都是由母国政府、社会和家庭共同完成的。即使他们来到美国是为了完成本科学历，但是其中许多是自费生。例如，在 1955 年、1964—1967 年外国留学生中，自费学生和母国政府资助的学生比例分别占本科生和研究生比例的 52% 和 36.5%。④ 这就是说，在理论和逻辑上，这些学生都应学成

①　National Science Foundation, *Foreign Participants in U. S. Science and Engineering Higher Education and Labor Markets*, pp. 3 - 4.

②　David S. North, *Nonimmigrant Workers in the U. S.* p. 144.

③　B. Lindsay Lowell, *Foreign Temporary Workers in America*, p. 216.

④　U. S. Congress, House of Representatives, Committee on Government Operations, *The Brain Drain of Scientists, Engineers and Physicians from the Developing Countries into the United States*, p. 21.

后回国效力。然而，在 20 世纪 70 年代接受调查的持有 F 类签证的中国和中国香港学生中，表示毕业后愿意归国的比例分别为 11%，在日本学生中是 46.9%，韩国学生为 16.7%，印度学生为 15.7%，中国台湾学生为 12.2%。① 不难看出，除日本外，毕业后直接回国的比例在亚洲各国学生中都不高。对于这种结果，有美国学者中肯地指出，外国学生移民"意味着一个国家现成的或潜在的各层次专业技术人才的流失"②。

最后，在永久定居美国的学生移民中，有许多人是来自国外的博士后人员。与攻读学位的研究生相比，博士后属于大学的全日制研究人员。他们不承担教学义务，而是按照合同规定从事科研活动。根据美国国家科学基金会的统计，在 20 世纪 70 年代中期，受雇的博士后总人数从 1974 年的 1.67 万增加到 1979 年的 1.86 万，增长了 12%。在 1979 年的博士后人员中，外籍博士后占总数的 33%，但是，由于其多数集中在理工科专业，因而实际比例在一些专业中更高。例如，外籍博士后占 1979 年生命科学专业的 25%，在工科领域占 61% 以上，其中在物理学、数学和计算机专业分别达到 50% 以上。1979 年生命科学专业中外籍博士后的比例较低，主要是因为生命科学是一个大学科，涉及政府、企业和大学的研发活动，相关岗位和受雇的土生博士后人员较多。③ 在上述博士后中间，许多人最终还是成为永久性定居美国的移民。

综上所述，虽然美国接受外国学生的历史可回溯至 18 世纪末期，但是，其高速发展却始于第二次世界大战之后，这既与战后美国政府政策和美国高等院校的培养能力和科研水平相关，也取决于各国留学生的选择。就其来源看，他们多数来自发展中国家，其中以亚洲国家最为突出。随着美国移民政策的松动，学生移民的比例日益提高。他们定居美国后，一方面，增加了美国的技术劳动力供给。另一方面，造成了母国宝贵的人才资源的流失，意味着发展中国家"接受了高质量的教育和培训的未来领导人的损失，一种发展

---

① Tai K. Oh, *The Asian Brain Drain*, p. 29.

② Anne Marie Gaillard and Jacques Gaillard, *International Migration of the Highly Qualified*, p. 23.

③ National Science Foundation, *Foreign Participants in U. S. Science and Engineering Higher Education and Labor Markets*, pp. 19 - 20.

中不可替代的能力、动力和水平的丧失"。[①] 诚然，大量留学生迁居美国，既有美国政府政策和国内需求的拉力作用，也有学生母国各种因素的推力作用，但是，在更广阔的意义上，科技人才的跨国流动也是当代经济全球化背景下市场经济社会中的一种必然，其中不仅涉及发展中国家，而且也涉及发达国家，是一种多层次、多方位的流动。因此，外国学生移民美国不单纯是某一个国家人才流失的现象，而是发展中国家普遍出现的问题。这些问题值得学界同仁进一步探讨。

---

　　① U. S. Congress, House of Representatives, Committee on Government Operations, *The Brain Drain into the United States of Scientists, Engineers, and Physicians*, p. 8.

第九章

亚洲的科技移民与人才流失

　　在第二次世界大战前永久定居美国的亚洲移民中，虽然也有一些是技术类移民和学成不归的留学生，但是，亚洲科技人才大规模移民美国的历史却始于第二次世界大战以后，特别是在 1965 年移民法颁布之后。在此后半个世纪的岁月里陆陆续续迁入美国的亚洲技术人才中，既有在驻亚洲各国的美国领事馆申请签证的直接移民，也有在美国读书的留学生。特别是在 20 世纪60—80 年代，由于亚洲国家侨居美国的"种子移民"少之又少，所以，利用美国移民政策中的"家庭团聚"优先入境原则的亚洲移民人数寥若晨星。只是到 20 世纪 80 年代以后，利用家庭团聚条款入境的亚洲移民才有所增多。在此之前，留学生移民就成为侨居美国的亚洲国家外来人才的主要来源。这是战后亚洲技术人才移民美国的过程中，与欧洲明显不同的特点之一。本章将重点解析战后亚洲技术人才流失的过程及根源，从而为宏观上认识当代全球人才跨国流动提供一个新的维度。

一　亚洲人才移民美国的趋势

　　由于 1924 年移民法中禁止亚洲国家移民迁入美国，在 20 年代和 30 年代，进入美国的外来移民中，基本上看不到亚洲移民的身影，只有菲律宾作为当时的美国殖民地，居民可以作为美国的国民（nationals），自由地移民美国。随着 40 年代反法西斯战争接近尾声，美国出于外交战略的考虑，才开始解除对中国和印度等国移民入境的禁令。从此，亚洲人再次翻开了移民美国的历史。尽管美国国会在《1952 年外来移民与国籍法》中设立了亚太三角区，每年给予亚洲各国约 100 名移民限额，而且，按照法律规定，若申请者至少有 1/4 的血统属于亚洲裔，不论其出生何地，都将计入其在亚洲祖籍国家的限额之中。例如，出生在中国以外的华人，若要移民美国，其所占指标，将被计入中国的限额。这在客观上限制了中国的移民人数。在如此苛刻的限制性条件下，每年都出现了亚洲各国移民限额供不应求、移民申请严重积压的现象。然而，让人们感到意外的是，美国出于意识形态的考虑，通过颁布难民法，安置了大量的意识形态移民。同时，在 20 世纪 50 年代后期，随着美国政府实施了允许外国留学生和访问学者等申请永久移民资格的政策，亚洲科技人才移民美国的进程骤然加速。

从现有资料看，在 1965 年以前，进入美国的亚洲移民人数屈指可数。从专业技术人才移民的情况看，除了一部分是作为难民身份申请入境之外，更多的是以"曲线移民"的方式定居美国的。例如，1961 年，在美国读书的 4757 名台湾地区学生中，最终只有 1% 的人返回原籍。在当年台湾地区派遣到海外读书的 1 万名学生中，学成归来的比例不到 10%。美国国务院的一名专家指出，在来自中国台湾、香港和东南亚地区的华人学生中，1963—1964 年返回原籍的比例估计在 5%—7%。在同一年度的中国台湾官方报道中显示，返回原籍的比例不到 5%。就韩国学生而言，在 1946—1961 年到美国读书的 8000 多名学生中，回国的比例不到 10%，其中，在 1953—1966 年通过赴美留学考试的 6368 名学生中，只有 6% 的学生学成回国。关于印度的学生，虽然缺乏准确的数据，但有的美国学者估计，约有 78% 的人最终没有回国。到 1963 年，至少有 8000 多名印度理工科专业的学生毕业后在海外工作。日本留学生人才流失的现象相对较轻。因为到 20 世纪 60 年代末期，日本经过战后近 30 年的重建，它在欧美资本主义国家的哺育之下，已经成为一个经济发达国家，国内经济和科技发展创造了许多颇具诱惑力的发展机会，削弱了人才外流的促成因素。但是，在一些具体的学科，日本人才流失的现象也不同程度地存在。例如，数学专业流失的人才相对比较严重，其他学科领域的人才流失率均低于亚洲地区的平均流失率。据日本文部省在 1967 年的调查，人才流失率占出国留学生的 10% 左右。[①] 在 1964—1965 年，旅居美国的外国医生和护士实习

---

① Tai K. Oh, *The Asian Brain Drain*, pp. 24 – 25.

生人数达到 1.1 万人，占当时美国医生和实习生 4.1 万人中的 26.82%。其中有 72.7%（8000 多人）来自韩国、中国台湾、印度和菲律宾等国家和地区。[1] 在 20 世纪 60 年代旅美的各国留学生中，最终没有回国的比例，各国不同，但是总体上达到 51%，可是，在来自中国台湾的留学生中，有 90% 留在美国。在亚洲各国的留学生中，流失率最低的是巴基斯坦，仅为 14%。[2]

如果将亚洲国家的留学生移民美国的比例，放在更大的视野下考察，那么，就可以看出，亚洲国家留学生流失率较高的问题骤然凸显。根据美国学者的调查，在 1958—1960 年、1961—1963 年和 1964—1966 年三个统计时间内，外国学生获得博士学位后，在美国工作的比例分别是 46%、48% 和 51%。按照这个标准，三个时期内，中国学生定居美国的比例始终平均在 90% 左右，而日本留学生则平均在 50% 左右，印度和韩国均处于快速增长的趋势，印度从 38% 增至 78%，而韩国则从 46% 上升到 51%（参见表 9.1）

表 9.1　　　　　　1958—1966 年亚洲四国留学生中获博士学位后
在美国工作的比例统计[3]

本科学历 所在国家	1958—1960 年		1961—1963 年		1964—1966 年	
	数量	百分比	数量	百分比（%）	数量	百分比（%）
印度	118	35	295	47	498	58
中国	154	90	239	91	395	90
日本	53	53	73	50	73	48
韩国	17	38	44	57	79	78
外国总计	1066	46	1770	48	2724	51

值得关注的是，在 1965 年美国颁布了废除种族歧视的移民法之后，各国移民能够在平等的基础上申请移民签证。但是，由于 1965 年之前移民美国的亚洲人数甚少，美国公民和合法外侨中，亚洲裔的比例甚低，因而，能在美

---

① Walter Adams, ed., *The Brain Drain*, pp. 1–3.

② U. S. Congress, House of Representatives, Committee on Government Operations, *The Brain Drain of Scientists, Engineers and Physicians from the Developing Countries into the United States*, p. 22.

③ Tai K. Oh, *The Asian Brain Drain*, p. 26.

国移民法中的家庭团聚条款下入境的亚洲移民不多。更多的人则是依据1965年移民法中第3和第6优先原则规定的"就业类"身份入境的。这种状况到70年代后期才有所改变。例如，有美国学者认为，在1965年以后进入美国的亚洲科技人才中，其历史可以划分为两个阶段。第一个阶段是1966—1976年，第二个阶段是1977—1988年。在第一个阶段，亚洲的专业技术人士、技术人员和同类劳工年均2.15万人，是1965年入境的2000名技术移民的10倍。与此同时，技术类移民在亚洲移民中的比例由7.7%上升到28.6%。由于亚洲技术类移民数量较多，他们占同期美国所有入境的技术类移民的50%以上。① 换一个角度看，亚洲技术移民经历了一个先高后低的曲线走势。具体说，专业技术人士、技术人员以及同类劳工的比例从1966年的15%上升到1971年的28.6%，1976年之后开始急剧下降。在第二个阶段中，也即1977—1988年，技术人才占亚洲国家移民的比例从1978年的10.5%下降到1981—1985年的7.7%，而到1986—1988年则下降到每年平均的8.4%以上。尽管如此，亚洲技术类移民在同期入境的各国技术类移民中的比例还是相当高的，占1966—1988年美国所有入境技术类移民的49.6%，其中1971—1976年水平最高，平均达到61%以上，此后虽然有所下降，但仍占所有入境的科技类移民的52%。② 以上述数据中可以看出，在70年代后期，亚洲移民的学历水平开始下降，主要是因为美国接受了大量的低学历越南难民。"他们整体上的学历不高，就业技能、学历和英语水平都更加有限。"③

　　应该说，上述美国学者关于亚洲移民的阶段划分和分析还是比较准确的。因为在1977年以前，亚洲国家移民申请家庭团聚的比例较低，绝大多数申请的是就业类限额。这种状况一直持续到1977年。在此前的十年间进入美国的亚洲移民中，44%是专业技术人士，加上行政官、技术管理和经理比例的

　　① John M. Liu，"The Contours of Asian Professional，Technical and Kindred Work Immigration，1965 – 1988"，p. 674.

　　② 1981—1982年美国移民局没有提供具体数字，因此，以上数据中不包括1981—1982年，参见John M. Liu，"The Contours of Asian Professional，Technical and Kindred Work Immigration，1965 – 1988"，pp. 680 – 681。

　　③ Jose Macias，"Forgotten History：Educational and Social Antecedents of High Achievement Among Asian Immigrants in the United States"，*Curriculum Inquiry*，Vol. 23，No. 4（Winter，1993），p. 424；http：//www. jstore. org/stable/1180067.（2009年6月3日下载）

14%，总数超过了50%以上。在此之后到1991年，由于先期入境的亚洲移民中不少人已经加入美国国籍，他们留在母国的亲属可以申请家庭团聚条款。所以，在1978年以后入境的移民中，家庭团聚类移民比例日益上升，而就业类限额因为有限，移民申请积压现象日益严重，所以，入境的专业技术人士和管理类比例均下降到26%，而技术层次较低的操作员、组装员、体力劳工和农场劳工等比例上升。在1990年移民法实施之后，专业技术的比例再次上升，达到33%，而低层次的技术劳工比例减少。这种增长来源于1990年移民法中关于技术类移民的比例和各国总限额比例的上升。但是，专业技术人士的比例仍然低于1972—1977年的阶段。[①]尽管如此，1965年以后，专业技术人才占亚洲国家移民比例骤然提高是显而易见的。再如，专业技术人才在入境的亚洲国家的移民的比例从1965年以前占美国外来科技移民中的17.3%锐增至1965—1979年平均水平的46.4%，增长了1.68倍以上。在1980年之后，随着美国政府不断放宽每年入境移民的总数和提高技术移民比例，亚洲国家人才流失的现象进一步加剧，所占入境技术移民的比例增长到50%以上。到2000年，尽管亚洲国家的技术移民在同期入境的科技移民中的比例略有下降，但无法回避的事实是，亚洲国家已经成为1970—2000年美国最大的技术类移民的来源（详见表9.2）。

表9.2　　　　　美国的技术移民来源及其百分比统计[②]

	1965年之前	1965—1979年	1980—1989年	1990—2000年
数量（万）	34.63	88.12	78.60	97.46
百分比（%）	100.0	100.0	100.0	100.0
欧洲	44.8	18.1	15.6	23.3
北美洲	9.3	4.1	3.1	6.1
拉丁美洲	25.7	24.9	23.0	13.8

① Arun Peter Lobo and Joseph J. Salvo，"Changing U. S. Immigration Law and the Occupational Selectivity of Asian Immigrants" *International Migration Review*，Vol. 32，No. 3（Autumn，1998），p. 748；http：//www. jstor. org/stable/2547770.（2012年12月21日下载）

② Jeanne Batalova，*Skilled Immigrant and Native Workers in the United States*，p. 49. 本项表格中，有关中国的技术移民统计数据中包括中国大陆地区、中国台湾和香港的华人移民。其他章节和行文中，除非明确行文说明，一般就指中国大陆地区、台湾和香港的移民。

续表

	1965 年之前	1965—1979 年	1980—1989 年	1990—2000 年
非洲	1.7	4.5	6.2	5.4
大洋洲	0.7	0.8	0.7	1.1
其他国家和地区	0.5	0.4	0.3	0.2
亚洲	17.5	46.5	51.1	50.2
亚洲主要国家				
中国	3.7	7.9	13.3	13.1
印度	1.5	7.7	9.2	16.6
菲律宾	2.4	9.3	9.1	6.0
越南	0.1	4.6	4.4	1.7
韩国	1.0	4.5	3.5	2.7
日本	4.6	2.1	1.2	2.8
中东	3.1	7.3	6.4	4.4
亚洲其他地区	1.1	3.1	4.0	2.9

＊亚洲国家中包括中亚和中东地区（不包括埃及），北美洲包括百慕大、格陵兰和加拿大。

上述表格表明，在不同的时期，亚洲各国都出现了技术人才移民美国的现象。从各国的情况看，在 1965 年之前，人才流失较多的国家或地区是中国台湾和日本，而在 1965—1979 年是中国、印度、菲律宾、越南和韩国。在 80 年代，上述格局基本未变，但越南和韩国所占比例有所下降。到 2000 年，技术移民较多的是中国、印度和菲律宾。在这三个国家中，中国和印度持续增长，而菲律宾在经过了 25 年的稳定增长之后有所下降。相对而言，日本和韩国经过了 1965—1990 年的稳定增长后，到 20 世纪末期，其技术人才移民美国的趋势明显减弱。从绝对人数看，在 1966—1988 年入境的 45.32 万技术移民中，多数来源于中国、菲律宾、印度和韩国。例如，来自中国（大陆、台湾和香港）的技术移民人数达到 7.99 万人，占同期亚洲技术移民的 19.9%，印度的技术移民为 9.27 万人，占 20.2%；韩国的技术人才有 4.04 万人，占 8.8%，菲律宾的人才有 13.03 万人，占 28.6%，四国的技术类移民数量合计达到 34.35 万人，占亚洲技术人才总数的 75.5%。值得关注的是，在中国的技术移民中，1977 年以前的比例并不高，尽管在 1966—1979 年入境的技术人士占中国移民总数的 16.31%，但在 1983—1988 年则平均在 22.42%，比以前明显上升。华人技术移民的比例出现这种明显的转变，主要原因是中国大陆地区实施了开放性的移民出境政策所致。但是，亚洲其他国家都不同程度地出现了先升后降的现象。例如，印度的技术移民占亚洲科技移民的比例在 1966—1979 年是 21.5%，在 1983—1988 年是 17.3%。在两个相同的年份，菲律宾分别为 29.76% 和 25.64%，比例最高的年份是 1968 年、1969 和 1970 年，分别占亚洲技术移民的 37.4%、42% 和 38%。其他时间虽然有所下降，但仍占据较高的比例。①

　　从亚洲国家流失的技术人才类型看，多数是理工科专业。例如，在 1972—1985 年中国流失的科技人才中，有 2.04 万人来自于数学、自然科学和工程学等领域，占同期中国"专业技术人士、技术人员和同类劳工"移民的 63.85% 以上，其中在比例最高的 1982 年，达到了 76%，而在 1980 年和 1985 年分别达到 73% 和 72%。在入境的印度移民中，数学、计算机、自然科学、工科和医学等领域的技术人才占同期印度"专业技术人士、技术人员和同类劳工"的 50.78%，其中在比例最高的 1979 年和 1980 年，分别达到 67% 和 68%，而在最低的 1972—1975 年也平均在 33% 左右。相对而言，韩国的专业技术人才中，来自数学、计算机、科学、工程学和医生类科技人才的比例和增长趋势，基本上与中国相同，经历了一个由低到高的变化过程。1972—1985 年，来自韩国的各类专业技术人才有 5497 人，远远少于同期印度的 25944 人。1972—1979 年，数学、计算机、工程学和其他技术类人员的比例占技术类移民总数的 25.87%，到 1980—1985 年平均达到 52.16%。② 需要指出的是，在菲律宾和印度的专业技术人才中，医生占据较大的比例。这种技术结构的出现，是因为印度和菲律宾曾经长期接受西方国家的殖民统治，国内的教育水平，特别是医学和英语教育水平整体较高，因而其护士和医生移民的比例较高。他们更容易进行语言沟通，中国、韩国和日本移民，因受英语水平的限制，其医生和护士类移民的比例偏低。相反，在自然科学、工科等领域，由于科学知识的标准化和通用化程度较高，工作

---

① John M. Liu, "The Contours of Asian Professional, Technical and Kindred Work Immigration, 1965 – 1988", pp. 680 – 681.

② Ibid., pp. 684, 686, 688.

中对英语交流的需要程度不高，工作人员也可以通过实验、符号和公式等多种方式表述，因此，亚洲国家中，韩国、日本和中国的理工科的移民人数较多。

从入境身份看，在美国境外申请签证入境的直接移民较少，而曲线移民的比例较高，多数是来自于美国高校毕业的留学生。这种现象在 20 世纪 60 年代就非常突出，70 年代进一步增强。例如，1967 年入境的 7913 名科学家、工程师和医生中，有 48% 是学成不归的留学生，他们占中国留学生的 89%、韩国留学生的 80% 和印度留学生的 78%。① 进入 80 年代以后，亚洲国家留学生学成不归的比例仍然居高不下。例如，每年在美国高校获得工科博士学位的欧洲、北美和亚洲留学生人数，从 1985 年的近 2500 人增至 1990 年的 4500 人以上，此后，其人数与日俱增，并在 1996 年达到 8000 多人。在上述年份毕业的学生中，表示愿意在美国居留的比例，也处于逐渐上升的状态，从 1985 年的 48% 上升到 1990 年的 53%，然后再从此跃至 1996 年的 70%。从各大洲的差异来看，亚洲国家的流失率是最高的。例如，在 1988—1996 年，在美国各地高校获得理工科专业的博士研究生总数是 55444 人，其中"计划滞留"（with plans to stay）的比例达到 63%。有"坚决滞留计划"（with firm plans to stay）的比例是 39.3%。在世界各大洲中，亚洲留学生的数量最多，比例也最高。例如，1988—1996 年获得理工科博士学位的亚洲留学生人数达到 43171 人，其中，"计划滞留"的人的比例达到 65.5%，有"坚决滞留计划"的比例是 39.3%。在同期，获得博士学位的欧洲学生有 8760 人，"计划滞留"和有"坚决滞留计划"的比例分别是 55.9% 和 40.2%。在获得博士学位的北美洲留学生人数有 3513 人，两类滞留计划的比例分别是 49.5% 和 36.8%。从各国的滞留率看，中国留学生的滞留率最高。他们占 1988—1996 年获得工科博士学位的中国留学生的 85.5%、印度留学生的近 80%、韩国留学生的 36.1%、中国台湾留学生的 47.7%、英国留学生的 69.3%、加拿大留学生的 55.4%、德国留学生中的 55.7%、希腊留学生的 52.9%。从专业看，学成不归的留学生中绝大多数是理工科专业的学生。例如，表示愿意居留在美国和已经接到录取通知而表示"坚决滞留在美国"的比例，占生物学专业

---

① Tai K. Oh, *The Asian Brain Drain*, p. 21.

博士毕业生的 80% 和 60%，物理学专业的 70% 和 50%，计算机专业中的 70% 和 50%，工程学专业中的 60% 和 39%，社会科学专业的 45% 和 30%。[①]

再从这些留学生在美国从事的职业看，绝大多数从事了科技开发与研究相关的职业。例如，在 1988—1996 年滞留在美国的学生中，从事"研发"与"教学"的比例占中国留学生的 61.2% 和 16.5%、中国台湾留学生的 68.2% 和 14.9%、韩国留学生的 51.0% 和 35.6%、印度留学生的 59.6% 和 22.8%。这就是说，亚洲国家留学生中，大多数从事了对语言交流要求较低的研发工作，而从事英语水平要求较高的教学比例相对较低。这种状况与欧洲留学生相比差别较大。例如，在同期滞留美国的欧洲学生中，从事研发职业的比例占西欧国家留学生的 41%，从事教学的比例占 42.9%。在北欧国家的留学生中，从事"研发"与"教学"工作的比例分别为 50.7% 和 30.3%。在各国的职业分布中，英国留学生从事"研发"与"教学"的比例分别是 32.8% 和 44.5%、法国留学生中分别为 35.1% 和 50.4%、德国留学生中分别为 38.9% 和 44.6%、加拿大留学生分别为 37.6% 和 36.8%。[②] 上述数据表明，在战后半个世纪中，无论是从母国直接申请移民，还是先留学后移民的曲线移民模式，亚洲都是美国科技人才的最主要来源。据美国国家科学基金会在 21 世纪初期的统计，在 2003 年美国 2160 万科学家和工程师中，有 16% 是在外国出生的，其绝对人数达到 335.2 万，其中有 64% 已归化为美国公民，有 11% 是持临时签证的非移民。从区域来源看，有 56% 生于亚洲，19% 出生于欧洲，西半球累计占 19.3%，非洲约占 6%。在他们中，63% 的人到美国的时候是在 18—34 岁，24% 的人在 18 岁以下，14% 的人超过了 35 岁，75% 的人在美国已经居住了 10 年以上。[③] 在亚洲国家中，印度、中国和菲律宾等国家，是

① National Science Foundation, Division of Science Resources Studies, *Statistical Profiles of Foreign Doctoral Recipients in Science and Engineering: Plans to Stay in the United States*, NSF99 - 304, Arlington VA: National Science Foubdatiuon, 1998, pp. 3 - 5.

② National Science Foundation, Division of Science Resources Studies, *Statistical Profiles of Foreign Doctoral Recipients in Science and Engineering*, pp. 29, 31, 38, 41, 47, 53, 59, 62, 65, 68. 表中数据是根据各页表格中的统计合成的。

③ National Science Foundation, "Why Did They Come to the United States? A Profile of Immigrant Scientists and Engineers", *InfoBrief-Science Resources Statistics*, NSF0 7 -3 24, June 2007, pp. 1 - 3; www. nsf. gov/statistics/infbrief/nsf07324/nsf07324. pdf. （2009 年 1 月 15 日下载）

科技人才流失最多的地区。据统计，到 2003 年，旅居美国的外国出生的科学家和工程师中，有 50 万印度人、32.6 万中国人、30.4 万菲律宾人、12 万韩国人和 12 万中国台湾人，这些国家和地区是亚洲国家人才流失最严重的地区。[①]

二 亚洲人才移民美国的原因分析

在战后半个多世纪中，亚洲各国之所以成为当代美国外来技术人才的主要来源，其背后有着诸多历史根源与现实促成因素。从美国作为人才吸引一方的因素看，其"拉力"因素包括：不同历史时期美国劳动力市场的旺盛需求、人才吸引政策中的鼓励性条款、具有一定包容性的社会与文化氛围、优越舒适的生活和工作条件、发达的学历教育体系，等等，都是有利于吸引外国人的重要因素。当然，除美国一方的"拉力"作用外，更多的因素还在于移民自己及其母国社会。从更大的历史背景空间看，战后亚洲既是冷战中热战频频发生的区域，也是多数国家摆脱殖民地统治之后，社会经济从农业社会向工业社会转型发展比较迅速的区域，同时也是各国经济快速发展并不断融入经济全球化浪潮中的地区，更是全球人口增长最快的地区。这些带有"历史性变革"的多重性重大变化，叠床架屋，相互交叉，都在不同程度上对人口的流动与迁移产生了重大影响，持久不消。换句话说，工业化发展时期，曾经导致欧洲各国人口大规模移民美国的各种因素，在战后亚洲国家也表现得淋漓尽致。同时，在亚洲国家经济迅速腾飞和崛起的时代出现大量的向海外移民，包括技术人才的移民，从另一个方面也表明亚洲国家结束了过去几百年来游离于世界发展主流趋势之外的历史，它们在战后全球化发展的浪潮中，以积极的姿态，主动融入美国学者沃勒斯坦所说的"世界经济体系"中。亚洲移民进入欧美发达国家之后，其母国也在一定程度上通过经贸与文化的交流活动，拉近了与发达国家之间的关系。在此前提下，再从微观因素上分析，究其要者，它们可表述如下：

其一，虽然冷战时期美苏争霸的战略重点在欧洲，但亚洲却是冷战与热

---

① National Science Foundation, Direcotrate for Social Behavioral and Economic Sciences, "Why Did They Come to the United States?", p. 6.

战交叉、地区武装冲突比较频繁的地区。在中国，国共两党经过 3 年多的血腥厮杀之后，国民党政权于 1949 年退守台湾。在此之后的 20 多年间，亚洲又相继爆发了朝鲜战争、有法国和美国参与的越南战争、中苏边界冲突、四次中东战争、苏联入侵阿富汗、两伊战争和海湾战争，等等，这些事件的爆发，加上一些国家因政治局势动荡，人心惶惶，影响了人们安定的生活。许多人移民海外，就是为了寻找宁静的生活环境，或者是为躲避战火蹂躏而逃离家园。不论属于何者，当大批移民迁移海外的时候，其中也包括受过高等教育或者有一技之长的专业技术人员。

其二，自 16 世纪以来，一直到 20 世纪中期，亚洲各国是西方殖民主义政策的重灾区。其中，英国人先后控制了印度、巴基斯坦、孟加拉国、中国香港和新加坡；法国人长期占据了越南；荷兰人将印度尼西亚纳入自己的统治之下；而西班牙人和荷兰人先后占领过菲律宾；美国人则在日本、中国台湾、韩国等地区长期发挥着重要的影响。中国则在鸦片战争之后的百余年间，一直是西方列强掠夺和蚕食的对象。所以，亚洲国家的人民在遭受西方列强蹂躏的同时，思想和意识形态又都在不同程度上受到了西方教育制度和文化的影响，这就在亚洲人的文化因子中埋下了对西方文化有某种认同的种子。此外，从国内经济和社会形势看，在第二次世界大战后，多数亚洲国家刚刚摆脱了欧洲的殖民统治，或者在第二次世界大战中饱受战火蹂躏，国内百业待举，其中最根本的任务是在现代化建设中需要完成经济结构的升级和向后工业社会的转型。经济、政治、社会服务与管理、教育和科学技术等各领域发展，都需要各方面的专门人才，尤其是亚洲国家在社会经济发展的过程中，都面临着在科学技术方面向西方发达国家学习的问题，而大量的科学技术设备在生产领域中的广泛应用，必然会在生产力各领域产生"破旧立新"的革命性影响。然而在微观上，"破旧"的速度远远快于"立新"的速度。当生产力水平提高时，可利用的一般性和非熟练岗位日益减少，新兴行业和原有产业中的高技术职业的增长日益旺盛，导致就业市场上技术人才供不应求。然而，与此相悖的客观现实是：这个时期发展中国家就业机会的总量增长依然无法满足劳动力就业的需要。这一方面是因为战后发展中国家普遍出现了人口增长速度快于经济增长速度的现象；另一方面，发展中国家普遍出现了人才培养增长快于经济增长的现象。在科技人才流失最严重的发展中国家，每年教育系统培养的人才增长在 5%—15%，每年毕业生的总体增长都在 10% 左右，然而其国民经济生产总值却仅仅限于 3%—7%。也就是说，经济发展的滞后性导致了人才就业不足的现象，结果出现了人才的相对过剩。① 为了能说明问题，笔者在此再列举几例。

菲律宾作为战后亚洲人才流失较多的国家之一，曾长期遭受西方殖民统治，独立后的国民经济以农业为主，工业化因缺乏动力而踟蹰不前，特别是在 1960 年以后的 5 年间，菲律宾的国民经济几乎没有增长，而人口年增长却高达 3.6% 以上，居民年收入不过 136 美元。在这种背景下，社会失业率居高不下，许多大学毕业生很难找到理想的工作，在 20 世纪 50 年代末期毕业后就处于失业状态的大学生多达 3.5 万人。即使那些就业的技术人员，其工作条件较差，个人职业前途非常渺茫。② 与此同时，菲律宾的大学招生人数却在增长，在 1965 年获得学士学位的毕业生人数达到 7.9 万人，在校的大学生仍然超过了 60 多万人，而且，每年以 3% 的速度增长。在这种背景下，许多失业的大学毕业生便迁移到国外。1967 年，在菲律宾注册的医生人数达到 1.9 万人，可是，在菲律宾的就业市场，只有 9000 多人在工作，占总数的 47%。在工作的医生人数中，有 2000 人在美国，占总数的 22%，有 500—800 人在加拿大，占总数的 6%。换一个角度看，在菲律宾注册医生中，有 13% 在国外工作，而有 1 万人（占国内医生的 53%）在国内处于失业或半失业状态。③ 与菲律宾略有不同的是，在战后中国台湾和韩国，都出现了中学毕业生过剩和大学招生有限的瓶颈问题。就韩国国家教育而言，它在美国的援助下，发生了结构性变革，中学教育的普及性发展远远超越了其国内高校的招生能力。为保证教学质量，韩国政府不得不限制高等教育的学生招生人数，鼓励职业教育的发展。然而，到 1966 年，各地高校学生人数超过了政府规定标准的 30%—38%。一些私立学校招生人数之多，超过其法定能力的 50% 以上。尽

① The Committee on the International Migration of Talent, *The International Migration of High-Level Manpower*, pp. 685 – 686.

② U. S. Congress, House of Representatives, Committee on Government Operations, *The Brain Drain of Scientists, Engineers and Physicians from the Developing Countries into the United States*, p. 78; The Committee on the International Migration of Talent, *The International Migration of High-Level Manpower*, p. 47.

③ The Committee on the International Migration of Talent, *The International Migration of High-Level Manpower*, pp. 58, 63.

管如此，能够进入大学深造的中学生比例依然有限，而高校扩招后的结果，也导致学生毕业后的就业难问题。于是，许多学生在高中毕业后赴美留学，希望大学毕业后能在美国工作。在中国台湾，由于政府奉行精英教育哲学，每年能进入大学读书的学生仅占高中毕业生的 3%。能够进入台湾最著名的几所大学的学生人数不过 1666 人。如此激烈的竞争意味着学生从小学和中学开始就必须具有优异的成绩。能够获得大学文凭，就意味着将来能够获得一份收入丰厚的工作，实现在物质生活上丰裕安逸的梦想。而在读学生人数的增长，对培养能力有限的高校造成了巨大的压力。尽管 1959—1966 年台湾地区的高校学生人数年均增长 13% 以上，但是，在每年符合录取条件的 4.9 万学生中，有机会去大学深造的学生不过 27.5%。对于那些无缘大学深造的学生来说，海外求学或永久性移民就成为唯一选择。① 对于台湾民众来说，他们对美国并不陌生，特别是在 1950 年以后美台关系的发展，也使得许多青年人对美国有了比较深刻的了解。到美国读书，并在可能的情况下获得一份职业，成为许多梦想过着伊甸园生活的青年人的梦想。于是，许多人发奋，力求到美国求学。然而，按照中国台湾当地政府的规定，能够离开台湾到美国读书，也需要通过台湾官方举办的选拔考试。所以，能够来到美国留学的台湾学生，也是久经考场，并成功"杀出重围"的佼佼者。②

当然，同样严峻的是，当亚洲学生来到美国之后，随着求学梦的实现，他们也在思考自己的未来。客观上而言，无论是大的社会环境，还是具体的工作条件、生活水平和个人发展前途，母国均无法与美国相提并论，因而他们在学成后移民美国的比例之高，达到了惊人的程度。1961 年，在美国读书的 4757 名台湾地区学生中，最终只有 46 人返回台湾地区。在当年台湾地区派遣到海外读书的 1 万名学生中，学成后回归的比例不到 10%。在 1963—1964 年台湾地区的一份官方报告中指出，在旅美求学的中国台湾留学生中，学成不归的比例高达 95%。对此，有的美国学者指出："台湾事实上将最好的学府进行改造，将自己培养的成千上万的世界级科学家出口到美国，中国的大学毕业生成为美国主要大学和实验室、公共卫生设施和国防工业中最稳

① John M. Liu, "The Contours of Asian Professional, Technical and Kindred Work Immigration, 1965 – 1988", p. 676; Peter Kwong and Dusanka Miscevic, *Chinese America*, p. 242.

② Peter Kwong and Dusanka Miscevic, *Chinese America*, p. 242.

定的来源"。就韩国学生而言，自1946年到60年代初期到美国读书的8000多名学生中，回国比例不到10%，其中在1953—1966年通过赴美留学考试的6368名学生中，只有6%的学生回国。同样，在20世纪五六十年代的印度学生中，移民海外的比例高达78%。到1963年，至少有8000多名印度理工科专业学生毕业后在海外工作。[1]

在战后，印度虽然接受美国的经济援助不如中国台湾、韩国和菲律宾等国家那样多，但是自从20世纪50年代中期开始，印度也进入了大规模的发展高等教育的时代。在50年代中期到60年代中期，印度对国内高校教育设施的投资，每年以11%的速度增长。但是，大学生人数的增长也给国内的就业市场带来了巨大的压力，每年有大约10%的大学本科毕业生流向海外，占印度每年培养的科学家的10%、医生的10%和工程师的23%。那些没有离开印度的本科毕业生，在1955—1961年的失业率平均在14%到15.7%，绝对失业人数达到十多万，就业不足的人数达到30万人。[2]

对于人才的流失，留学生母国政府并非一无所知。相反，它们采取了诸多吸引人才回国的措施，但效果却差强人意。例如，早在20世纪50年代后期，"人才流失的问题在印度人力开发中就已经是一个公认的事实"。大批人才流失给印度造成了较大的损失。在50年代末期到60年代初期，在每年大学毕业的印度学生人数达到10.9万人，移居海外的人数达到1.1万，占总数的10%，其中在工程学领域每年毕业的学生人数达到1.2万人，移居海外的人数达到2800人，占总数的12%。在毕业的5500名医生中，有1000人移居海外，占总数的18%，在科学领域每年毕业的学生人数达到1.23万人，移居海外的人数达到1400人，占总数的11%。[3] 为了吸引海外人才归国，挽留国内的科技人才，加快印度的现代化进程，尼赫鲁政府在1958年颁布的《科技政策决议》中，将发展科学技术确定为当务之急，目的在于推动经济发展，创造适合科技人才事业发展的就业机会。与此同时，为了积极吸引海外印度

---

① Tai K. Oh, *The Asian Brain Drain*, pp. 24 – 25；Peter Kwong and Dusanka Miscevic, *Chinese America*, p. 232.

② John M. Liu, "The Contours of Asian Professional, Technical and Kindred Work Immigration, 1965 – 1988", p. 674.

③ The Committee on the International Migration of Talent, *The International Migration of High – Level Manpower*, p. 223.

学生回国，印度政府在 1958 年成立了"科技人才库"，并为留学回国人员实施过渡性的临时就业计划，帮助他们在印度永久性地安居乐业。上述政策和措施实施后，印度每年都能动员 20—250 人回国。自该机构成立以来，先后被动员回国的人才达到 2100 多人，占印度全国归国人才的 1/3 以上。同年，印度还成立了"印度国家注册海外部"，任务是向留学人员提供印度的就业岗位信息与动态。1959 年，印度政府还成立了"印度学者服务协会"，它作为一个辅助性的非营利性机构，任务是在印度国内公司和海外印度学生和学者之间架起一座信息桥梁，疏通并帮助海外留学人员归国工作。从短期效应看，每年都有一批印度学生学成归来，然而，从长远效果看，上述政策实施后，却并未取得令人满意的效果。虽然当时有一部分印度留学生回国，他们在后来印度工学院的筹建和发展中发挥了重要的作用。但是，在同一时期，印度政府在如下两个方面的工作，对于吸引人才回国产生了不利的影响。第一，印度政府先后采取了种种措施，限制有大学本科学历的技术移民迁居海外，甚至强行规定，凡要出国深造的印度人都必须经过政府的批准。同时，它在 1967 年要求美国政府停止在印度举行招聘医务工作人员的考试。但是，上述各项措施仅仅是针对美国实施的，限制范围却未将英国和加拿大包括在内，结果前往美国留学的学生人数下降，迁入英国的印度医生却成倍增加，其中很多人成为永久性移民。第二，如上所述，虽然有一些科技人才返回印度。但是，在人才的使用与管理方面出现断层与脱节，科技人才难有用武之地的问题不断加剧，结果导致不少回国的人才再次流失。例如，由于前文述及的"科技人才库"只是起到了一个应急性的"福利院"作用，它不能也没有解决永久性就业和个人职业发展的问题，那些已经回国的人员在该机构挂靠时间较长，难以找到理想的永久性职业。更重要的是，该机构没有彻底解决"印度国内人才资源浪费和用人不当的问题"。结果在"科技人才库"积压的等待安置永久性就业的人才数量日益增多。在 1963 年回国的科技人才中，等待永久性安置的人才比例达到 30%，到 1965 年上升到 40%，1967 年比例高达 48%。许多人就业无望，只好再次出国。①

另一方面，在美国学习过的学生，在价值观念和工作与生活方式等方面

① The Committee on the International Migration of Talent, *The International Migration of High-Level Manpower*, pp. 246 – 250.

已经发生转化，美国化的色彩也十分浓烈。而在同一时期，母国的变化不大，所以，有些人回国后发现自己已经不能适应国内的工作与生活。在50年代中期接受调查的110名印度学生中，20%的人认为自己的思维方法发生了变化，40%的人改变了自己与他人交往的方式，40%的人认为自己的工作方式发生转变，55%的人就业后认为自己所学非所用。多数人认为回国后在工作岗位上无法适应国内体制。此外，在印度就业是一个漫长的过程，尽管海外留学回国人员有着更好的职业流动机会。例如，在印度高校，海外留学人员仅占教师总数的10%，但是却占高校系主任的2/3。实践证明，凡能适应印度高校文化的归国人才，职业发展前景显得更加光明和乐观。①

　　进入20世纪70年代之后，由于亚洲国家与美国在社会、经济、文化和教育等各方面的差异依然存在。五六十年代推动亚洲人才和学生移民美国的各种因素仍然在发挥着作用。例如，在70年代对亚洲旅美学生的一次问卷调查中发现，大部分学生说，他们到美国的原因主要是学习知识，他们所选择的大部分专业在本国没有，或水平太低。他们期望学成回国效力。在问卷调查中，48.6%的学生说本国没有相关的专业或者学位授予计划，41.4%的学生认为在美国留学有利于找到更好的就业机会，39.1%的学生认为在美国读书有助于加强对美国人的认识和了解，26%的学生说在美国获得了资助，18.4%的学生回答说是为了培养自己的独立性，17.7%的学生回答说自己是按照家长的要求到美国留学的。在回答中，说学习英语、定居美国，或者家庭已经定居美国的比例并不高。在回答将来就业去向问题的时候，认为在美国读书会增加毕业后就业机会的学生占印度学生的54.8%、日本学生的16.3%，占工科专业学生的48.3%、医学专业学生的20%。在回答旅美求学能够增加就业机会的学生中间，63.2%的人表示在毕业后将在美国工作，只有8.5%的人准备永久性居留。在回答准备在美国就业的学生中间，其母国的就业前景不大乐观。② 这就是说，学生从留学开始到最终定居美国，都有一个复杂的心理变化过程。在现实生活中，他们在一边读书，一边观察与思考，寻找着更多、更好的适合于个人发展的机会。同时，个人之外的其他因素也对学生毕业后的去向产生较大的影响。例如，在求学期间，与美国公民结婚

　　① Charles Susskind and Lynn Schell, *Exporting Technical Education*, p. 47.

　　② Tai K. Oh, *The Asian Brain Drain*, p. 38.

成家，美国与母国双边关系的变化，母国政治和经济形势的变化，等等，这些因素都会影响留学生是否移民的决定。在追求的生活方式方面，他们在为满足物质需求的同时，心理上的变化也具有重要的作用。例如，在70年代对韩国留学生在读期间的调查表明，当问到他们决定移民美国的最重要的三个重要因素时，他们回答最多的是：在美国接受和深造的机会非常丰富（65%），有利于个人发展（45%）和美国拥有良好的职业保证（37%）。等到他们毕业前再一次回答同样的问题时，学生们回答的重要因素的次序发生了变化。他们认为最重要的是：家庭环境已经不利于回国（55%），在美国拥有良好的职业保证（47%），在美国有利于个人成长和发展（37%）。① 可以判定，这些人才中多数已经在美国成家立业，子女进入中小学教育阶段，他们已经适应了在美国的生活，回国后反而有一种"外来人"的感觉，因而很难适应故乡的生活。

进入20世纪80年代之后一直到21世纪初期，上述因素还在继续对亚洲留学生移民美国发挥着重要的作用。据美国国家科学基金会在2003年对其国内的10万科学家和工程师的调查，大批科技人才移民美国，原因多种多样。例如，37%的人回答说他们移民是为寻求家庭团聚，30%是为了追求教育机会，21%是为寻求更好的就业机会，5%是因为追求更好的科研工作环境。在家庭团聚移民中，70%是在18岁以前到美国的，而在18—34岁到美国的科学家中，39%是为了寻求更好的教育机会。在35岁以上移民科学家中，为了寻求家庭团聚和经济就业机会的比例分别达到34%。在1994年以前来到美国的科学家中，40%是为了寻求家庭团聚，31%是为谋求教育，17%是因为有了比较理想的就业机会。而在1994年以后来到美国的移民中，年龄在18岁以上者中间，有33%是为了谋求经济机会，而在2003年以前几年间定居美国的科学家中，28%是因为家庭团聚，26%是因为教育机会。当然，在每个地区，学生移民美国的原因也不尽相同。除亚洲和非洲外，其他地区的科学家和工程师移民主要是为了家庭团聚，这是"最常见的原因"。来自欧洲和北美洲（加拿大和墨西哥）的移民主要是为了经济机会，而来自亚洲、非洲和

---

① David Zweig and Chen Changgui, *China's Brain Drain to the United States: Views of Overseas Chinese Students and Scholars in the 1990s*, University of California-Berkeley, 1995, p. 13.

南美洲的科学家中，强调接受教育机会的比例远远高于其他地区。[1]

表9.3　　　　　2003 年部分国家的科学家和工程师移民美国的成因统计[2]

	所有移民	印度	中国	菲律宾	加拿大	英国	韩国	中国台湾
移民美国最重要的原因								
家庭相关的原因	37.1	31.3	32.0	47.2	42.3	41.4	54.0	35.5
教育机会	29.7	31.4	46.8	12.5	17.5	12.3	31.2	49.8
就业或者经济机会	20.8	29.1	12.3	36.4	31.3	35.3	11.3	9.0
科研或者专业条件	4.9	6.5	7.3	2.3	5.9	6.6	2.1	5.1
其他	7.4	1.8	1.6	1.6	2.6	4.4	1.3	0.8

从表9.3可以看出，亚洲留学生在回答移民美国最重要的原因中，除家庭团聚之外，教育机会、就业和与个人相关的科研条件三项因素所占比例，还是比较高的。尽管在各国留学生之间，回答每个原因的比例高低也有所不同，但是，学生回答的背后反映出这样一个事实：因为美国有发达的教育、充足的就业机会和优越的科研条件，实际上从反面说明了他们对母国在上述诸多方面的不满意，也从一个侧面折射出留学生母国在上述各方面的落后状态及与美国的差距。也就是说，亚洲国家社会经济的落后状态，成为亚洲各国人才流失的普遍原因。

三　华人技术人才移民美国的高潮

如前文所述，在第二次世界大战之前，由于美国的移民法禁止亚洲移民入境，20 世纪 30 年代的经济危机又使美国进一步加强了对外来移民的限制。因此，在 40 年代之前，能够移民美国的亚洲人并不是一个普遍的现象。在第二次世界大战前中国留学生移民美国的历史上，虽然美国移民局的报告中并没有十分清楚的专门记载，但可以肯定，留学生学成不归的事例十分鲜见。第二次世界大战爆发后，美国政府成立了一个"中国学生战时计划委员会"

---

① National Science Foundation，"Why Did They Come to the United States?"，pp. 3 - 4.

② National Science Foundation，"Why Did They Come to the United States?"，p. 6.

（the Committee on Wartime Planning for the Chinese Students），接着从总统紧急基金中拨款，提供了 2000 名奖学金的机会，在 1948—1955 年美国国会拨款1000 万美元，为当时 3641 名旅美的中国学生提供奖学金。由于当时新中国与美国处于敌对状态，美国不愿意旅美的中国留学生返回中国，于是，按照美国政府的规定，这些中国学生几乎全部被留在美国。① 这件事情开创了大批中国留学生因政治原因而永久移民美国的先例，同时也标志着 20 世纪中国科技人才大规模移民美国的开始。需要说明的是，在 1979 年中国决定实施改革开放的政策之前，进入美国的中国移民主要是来自台湾地区，另外有一部分是取道香港地区进入美国的大陆移民。中国大陆地区移民和科技人才大规模地进入美国的时间是在 1980 年以后。

从现有的史料看，华人技术人才移民美国的第一个高潮发生在 20 世纪50 年代。在这个时期，对华人技术人才移民美国影响较大的有两大事件。第一是新中国的成立；第二是 50 年代中后期美国允许留学生移民美国的政策开始实施。在新中国成立之后，原来曾经为国民党政府服务的许多人，逃往台湾地区或者香港地区。美国国务院派遣美国驻香港领事馆，与美国的一些非政府组织合作，从大陆到香港地区的难民中挑选出近 2 万名知识分子，其中许多是著名科学家、教育家、作家、律师和医生等具有高等学历的人。同时，美国的一些反共人士组成援助团，通过在台湾和香港设立的蛊惑性宣传站，不断地散布反华言论，妖魔化新中国，鼓励那些认同美国价值观的知识分子移民美国，希望"他们能有机会运用其技术和经验为自由世界的利益服务"。② 通过这种做法，移民美国的知识分子不仅可以为美国的经济和国防事业的发展作出贡献，而且在外交上还可以做出一种哪怕是象征性的姿态，"增强美国在亚洲政治和道义上的立场。"③

从 50 年代中后期开始，一直到 1979 年中美两国关系正常化之前，意识形态的因素使美国把接收来自中国台湾和香港留学生作为对盟友或者关

① Joyce K. Kallgren and Denis Fred Simon, *Educational Exchanges*, p. 27.

② "Statement of Chiristopher Emmet, Executive Vice Chairman, Aid Refugee Chinese Intellectuals, Inc." in U. S. Congress, House of Representatives, *Hearing before the President's Commission on Immigration and Naturalization*, pp. 209 – 210.

③ Ibid. , pp. 209 – 213.

系友好国家和地区的一种援助，因而最终能够移民美国的华人主要是留学生。他们中间，多数来自中国台湾和香港，另有一少部分是经由两地后再转向美国的大陆华人。例如，在 1972—1979 年进入美国的华人中，有许多人的出生地是中国大陆地区，但是，最后居住地却不在中国。这类"辗转移民"的数量占入境的科技人才总数的 80% 左右。而在中国出生、并且直接从中国移民到美国的人数平均占 20.21%。到 1980 年之后，随着中美两国在科技、教育和文化方面交流活动的全面开展，在中国出生、并且从中国直接移民美国的科技人才，与许许多多的大陆普通华人移民一起西渡美国，相应地，来自中国大陆地区的科技人才有一种"水涨船高"的趋势，其比例明显提高，达到了史无前例的 62.2%。在移民美国前，在台湾地区出生并居住的移民，在上述两个相同的时段内的比例分别为 90.73% 和 95.2%，而在香港地区出生并一直在香港居住的科技人才分别为 82% 和 82.19%。与华人移民模式不同的是，在迁居美国的印度科技人才中，有不少人在进入美国之前曾经居住在英国、巴基斯坦和孟加拉国等。[①]

　　自中美两国在 1979 年建立外交关系之后，根据中美两国的教育交流协议，中国开始向美国派遣留学生。根据 1978 年中美双方协商，在 1978—1979 年，中国向美国派遣大约 500 名留学生和访问学者，美方向中国派遣大约 60 多名学者和学生。[②] 此后，到美国的中国留学生日益增多。由于当时中美关系刚刚解冻，彼此对对方的教育模式和质量不甚了解，特别是美国高校的管理者，对来自中国留学生的才学持有怀疑的态度，不少大学甚至不敢接收中国留学生，担心他们无法完成学业。随着大批中国留学生进入美国，美国各地高校茫然不知所措，各地高校竟然没有可资借鉴的方式，所以在人才培养和教学方式上，不知道如何应对日益增多的中国留学生。于是，各地高校根据中国留学生的实际，专门设立了针对中国留学生的课程与培养模式。在哥伦比亚大学执教的李政道教授参与了该校的物理学考试命题。在第一年度招生考试的笔试成绩出来之后，美国大学派遣一些专家前来中国，面试那些笔试成绩优异的中国考生，然后再根据笔试和面试

---

　　① John M. Liu, "The Contours of Asian Professional, Technical and Kindred Work Immigration, 1965 - 1988", p. 697.

　　② Joyce K. Kallgren and Denis Fred Simon, *Educational Exchanges*, p. 123.

的成绩确定录取对象。尽管不少中国留学生在语言交流上存在着障碍，但是，"在一些科学院系，其他国家的留学生抱怨说，他们的中国留学生同事是如此优秀，常常是脱颖而出"。哥伦比亚大学物理学专业开启的先例，后来被扩展到其他许多学科。"这些学科同样也因为同样素质出众的中国学生而受益匪浅。"在 20 世纪 80 年代末期，美国高校的"研究人员和管理者常常提到的与中国开展学术对话的动机是，培养中国最聪明、最富有理想、勤勤恳恳的攻读研究生学位高才生，在理工科尤其是如此。中国拥有世界上最大的尚未开发的人才资源。假如中国研究生中出类拔萃者到美国学习，这些学生都绝对是最优秀的。"[①]

对于来自中国的留学生，美国高校尤为欢迎，因为在美国高校，自然科学和工科有大量的科研项目。它们需要招收更多的有敬业精神和专业技能的人才。一位大学的主要研究人员说："美国有 80% 的招收研究生的大学，正在渴望并搜寻有研究能力的学生。资金是现成的，他们需要人手。所以，我们提供给中国学生和中国学者的资金恰好就是这些资金……"中国留学生大多集中在理工科，不是因为各高校有意识地将他们从中国招来，而是因为他们在各国学生申请的竞争中非常出色。一位在 80 年代末期招收了几位中国留学生的美国教授说："美国与中国的爱情（按：喜欢招收中国留学生）还在继续。那是因为来到美国的中国留学生质量非常高，……如果他们的素质低劣，就不会再持续。基本上而言，这些学生来到美国的唯一目的就是学习，他们会按照所要求的百分之百到百分之一百五十的目标去做。"[②] 由于美国的大学教授们非常赞赏中国留学生的勤奋与聪颖，他们似乎也在有意识地阻止中国学生回国。有的美国学者对此评价指出："中国官员的论点——美国的教授们和研究者们竭力挽留中国的工科学生——不是没有道理的。有些教授很有可能就是这样做的，根本不顾中国政府提出的'共同协作'、保证学生回国的呼吁。可以毫不夸张地说，在多数情况下，中国学生与美国大学的教授们之间的吸引力都是相互的。"[③] 也就是说，美

---

① Joyce K. Kallgren and Denis Fred Simon, *Educational Exchanges*, pp. 132 – 133.

② Ibid. , p. 133.

③ Leo A. Orleans, *Chinese Students in America: Policies, Issues and Numbers*, Washington D. C. : National Academy Press, 1988, p. 118.

国教授开出的条件，包括工资和工作条件，以及定居美国之后对子女未来发展的重要性等，都对许多中国学生具有很强的吸引力。当然，美国高校不单纯是在教育与科学技术方面培养中国的留学生，美国的高校还有其他的考虑。有学者指出，美国大学培养中国留学生的目标之一，是实现中国留学生在观念上的美国化。具体而言，就是让中国留学生在观念上更像美国人：

> 科学家们强有力地道出了我们的首要目标，那就是向最富有才气的中国学生提供我们所能提供的最好的教育，我们培训他们掌握最前沿的技术。许多人，特别是管理者和教师，参与了为中国学生提供的服务。他们都希望，中国学生在美国的时候会吸收我们的价值观，他们就会和我们一样，在他们完成了学习任务后，也更像美国人，许多美国人盼望他们将来回国。人们认为，而且许多人也强调说，他们将会成为下一代的科学技术的带头人和实现积极变化的积极推动力。①

显然，美国人的意图很明显：既让中国留学生在学习美国的科学技术的同时，也让他们掌握更多的美国人的文化和价值观念，从而在长远培养亲美势力，最终迫使中国向着美国人设想的民主社会转变。对此，有的美国学者讲得很清楚："就像中国学生在美国学习会帮助中国的现代化的观点一样，他们关于美国的生活方式、研究方法、所有这些都会产生压力，促使他们的政府发生变化。"②

随着旅美中国留学生人数的增长，其滞留美国的比例也处于上升的状态。例如，在获得博士学位后，打算居留美国的学生比例，从 1985 年的 39% 上升到 20 世纪 90 年代的近 60% 以上，而在 1995 年和 1996 年则高达 90% 以上，拥有"计划坚决滞留"的比例也从 27% 上升到 1989 年的 50%，虽然它在 90 年代上半期下降到 45% 左右，可是到 1996 年再次上升到 56% 以上。（详见表 9.4）

---

① Joyce K. Kallgren and Denis Fred Simon, *Educational Exchanges*, p. 145.
② Ibid. , p. 145.

表 9.4 　　　　 **1985—1996 年中国与所有其他国家旅美博士学位获得者**
计划居留美国的比例统计①

年份	中国以外的其他所有国家					中国				
	总数	计划居留	比例（%）	计划坚决滞留	比例（%）	总数	计划居留	比例（%）	计划坚决滞留	比例（%）
1985	2266	1148	50.7	927	40.9	135	53	39.3	36	26.7
1986	2415	1216	50.4	1022	42.3	198	106	53.5	89	44.9
1987	2725	1316	48.3	1123	41.2	293	163	55.6	134	45.7
1988	2903	1445	49.8	1213	41.8	480	284	59.2	231	48.1
1989	3175	1492	47.0	1262	39.7	620	381	61.5	313	50.5
1990	3852	1762	45.7	1301	33.8	1150	687	59.7	477	41.5
1991	4374	2261	51.7	1539	35.2	1793	1429	79.7	858	47.9
1992	4580	2465	53.8	1553	33.9	2045	1809	88.5	988	48.3
1993	4787	2505	52.3	1513	31.6	2227	1975	88.7	1003	45.0
1994	5059	2763	54.6	1667	33.0	2531	2345	92.6	1138	45.0
1995	5090	2988	58.7	1759	34.6	2752	2545	92.5	1241	45.1
1996	5074	3091	60.9	2033	40.1	2952	2690	91.1	1680	56.9

　　从表格中可以看出，从 1989 年开始，在美国获得博士学位的中国留学生中，计划滞留在美国的比例骤然提高，并在 1992 年和 1993 年达到了历史的最高点。之所以出现这种现象，主要是因为在 1989 年"六四风波"之后，美国国会多次颁布法律，以保护中国学生的人身安全为理由，将大批的中国学生滞留在美国。例如，1989 年 7 月 3 日参议院通过了《1989 年移民法》，该法案中包括了一项《1989 年中国移民紧急救济法》，其中涉及中国留学生的内容是：第一，凡在 1989 年 6 月 5 日之前来到美国的中国访问学者，并且一直在美国居住，就可以不受原有的"两年规则"的限制，直接申请移民美国的资格。第二，凡持有 F 类、J 类和 M 类签证的中国留学生和访问学者，自 1989 年 6 月 5 日起一直在美国居住，可以享受如下待遇：（1）如果学生为保

①　National Science Foundation, *Statistical Profiles of Foreign Doctoral Recipients in Science and Engineering*, p. 18.

持自己的非移民身份，即使是到第三国旅行一段时间，并且表明了继续在美国居住的意愿，仍然在美国具有居住权。（2）在规定的期限内，中国留学生和访问学者可以在美国就业。（3）符合上述规定的中国留学生可以在美国居住，一直到 1990 年 6 月 5 日。此日之后，他们可以在美国居住到 1993 年 6 月 5 日之后，除非司法部长和总统向国会证明，学生已经安全返回中国，在总统表明此种观点之后 60 日之内，终止中国留学生在美国的居住权。（4）如果这项计划的有效期一直到 1993 年 5 月，那么，在 1993 年 6 月 5 日之前 90 天之内，上述中国留学生和访问学者可以申请在美国的临时居住权。到 1990 年 4 月，美国总统根据美国宪法和《外来移民与国籍法》中规定的权力，颁布了 12711 号总统行政命令，对留美的中国学生实施"延迟强迫离境"计划。凡在 1989 年 1 月 1 日和该日之后来到美国的中国留学生，一直在 1994 年 1 月之前都不能以强制性的方式迫其离境。在此期间：（1）不论中国学生签证和护照有效期是否期满，都可以不离开美国或者返回中国。（2）美国各地和海外领事馆官员应该提供一切方便，帮助在其他国家的中国学生能够自由出入美国；已经从美国出境者，可以再次返回美国。（3）凡持 J 签证的学生或者学者，在完成预期工作任务之后，可以不执行"两年规则"而继续居留在美国。（4）在 1994 年 1 月 1 日之前，旅美的中国学生都可以进入就业市场就业。（5）任何持有 F - 1 签证的中国学生，只要提交因为堕胎或政治原因而要求避难的申请，司法部长和国务卿都应该批准。① 美国众议院司法委员会在提交给国会的报告中指出，虽然总统允许中国的留学生在美国继续居住，一直到 1994 年 1 月底，但是这个问题并未解决。其一，到 1994 年 1 月底之前，如果国会继续延长本项政策，则意味着届时这些学生有关教育、就业和家庭团聚等问题仍然不能及时解决；如果不延期，而是要求他们按照移民法规定离境，会增加美国移民局的负担。该行政命令颁布一年之后，到 1991 年 3 月 1 日，居留美国的申请书数量已经达到 12 万份。② 由此产生的新问题是，如果这些申请获得批准，就意味着他们的旅美身份会转换为永久性移民。在这

---

① "United States House of Representatives, Chinese Student Protection Act of 1992: House Report No. 102-826", in *United States Code*, *Congressional and Administrative News*, 102nd Congress, 2nd Session, Vol. 4, St. Paul, MINN: West Publishing Co. , 1992, pp. 1356 - 1357.

② Ibid. , pp. 1357 - 1358.

种前提下，美国政府考虑颁布立法，授予中国留学生永久性移民的问题。1992 年美国国会经过短暂的辩论，颁布了《1992 年中国学生保护法》。它规定，凡在 1990 年 4 月 11 日之后到 1992 年之前，一直在美国居住的中国留学生，只要返回中国的时间不超过 90 天，就可以申请永久性移民的资格。在该项立法实施后，获得永久性居留权的中国学生人数，累计达到 5.3 万人，其中在 1993 年有 26915 人，1994 年有 21297 人，1994 年以后有所减少，仅为4213 人。之后到 1997 年，平均每年申请永久移民的中国留学生都在 500 人以下。[1] 通过这一组统计数据可以看出，美国政府打着所谓自由民主的旗号，以保护中国留学生为借口，不费吹灰之力地得到了如此众多的优秀人才。他们几乎占 20 世纪 80 年代中国派往美国的华人留学生的 90% 以上。这种因某种事件为借口，以趁火打劫的方式，将他国大批科技人才据为己有的例子，在美国历史上并不鲜见，前文各章节中均有述及。它再一次暴露了美国政府为自身国家利益而损人利己的本质和习性。

四　中国大陆地区留学生学成回国的思考

如前所述，学生在到美国入境求学的时候，持有非移民签证。在性质上，他们的入境身份不允许他们在美国永久性定居。学生在完成学业后必须回国，在逻辑上和法理上，都是合情合理的。从历史上看，自从中国向美国和海外派遣留学生以来，学生学成回国的例子比比皆是。有统计显示，在海外学习的中国学生回国人数不断增加。例如，在 1957 年回国的学生人数仅为 347人，1966 年和 1975 年分别为 199 人和 186 人。他们中间大多数是属于赴欧洲国家的留学生。[2] 进入 20 世纪 80 年代以后，随着中国向美国派遣留学生的增

---

① U. S. Commission on Immigration Reform, *Becoming an American*: *Immigration and Immigration Poli-cy*, *A Report to Congress*, *September* 1997, p. 3; U. S. Department of Justice, Immigration and Naturalization Service, *Annual Report*: *Legal Immigration*: *Fisical Year*: 1997, Washington D. C.: U. S. Department of Jus-tice, Immigration and Naturalization Service, 1999, No. 1, p. 8; http://www.dhs.gov/xlibrary/assets/sta-tistics/reports/97Legal.pdf. （2008 年 10 月 30 日下载）

② Kristian Thorn and Lauritz B. Hom-Nielsen, "International Mobility of Researchers and Scientists: Pol-icy Options for Turning a Drain into a Gain", in Andrés Solimano, *ed.*, *The International Mobility of Talent*, p. 160.

多，许多学生在学成后并未回国，而是居留在美国。据美国学者在 20 世纪 80 年代末对旅美中国留学生的调查，1979—1987 年，美国国务院向中国留学生和访问学者发放了 5.6 万份签证，到 1988 年 7 月，有 1.95 万人已经回国，占这个时期旅美学生的近 35%，其中，有 1.25 万人是持 J-1 签证的学者，有 7000 多名是持 F-1 签证的学生。另外，有 2.8 万人仍然在美国学习，或者说未完成其签证规定的工作任务，这一类的比例占总数的 50%，其中，持有 J-1 签证的学者有 2.1 万人，正在攻读学位的 F-1 签证学生有 7000 多人。此外，还有 8000 多名持有 F-1 签证的学生已经在美国定居。从这一组数据看，在 20 世纪 80 年代，受中国政府资助的访问学者和留学生，大部分都在完成学业之后返回了中国。而居留在美国的留学生，除因继续从事需要完成的学业外，那些决定居留在美国的学生中，大部分是接受美国大学资助而完成学业的学生。从这个意义上说，在 20 世纪 80 年代，大陆地区学生人才流失的问题还不算严重。[①]

在 20 世纪 90 年代旅美中国留学生中，随着享受公费出国留攻读学位的学生人数的减少，自费留学生的人数日益增多。据统计，享受中国政府公费资助的 J-1 签证学生人数，从 1979 年占中国留学生资助总额的 54% 减少到 1981 年的 36%，到 1985 年只有 17%。另一方面，享受美国大学资助的比例从 1979 年的 18% 上升到 1981 年的 41%，到 1985 年又跃至 57%。自费留学的学生比例也从 3% 增加到 9%，美国政府资助的 J-1 签证持有者人数也从 7% 减少到 4%。[②] 在 1988—1996 年获得理工科专业博士学位的中国学生中，享受美国大学奖学金的中国留学生占总数的 95.7%，其中占物理学专业中获得博士学位者的 96.6%、地球大气与海洋学专业的 96.6%、数学专业的 96.1%、计算机信息技术专业中的 95%、工程学的 95%、生命科学的 95.2%、农学的 94.3%、心理学的 95.2%。[③] 在这些专业的毕业生中，大部分留在美国，回国者人数寥寥无几。这种情况表明，当留学生获得美国大学奖学金的时候，他们显然就不再会受到"两年原则"的约束，因而比较容易

① Leo A. Orleans, *Chinese Students in America*, pp. 11 - 14.

② Ibid., p. 91.

③ National Science Foundation, *Statistical Profiles of Foreign Doctoral Recipients in Science and Engineering*, pp. 30 - 32.

地成为美国高校挽留的廉价劳动力。一些学者在 1993 年对纽约、波士顿、洛杉矶、旧金山和圣迭戈等高校华人学生进行调查，在发出的 273 份问卷中有 269 人回复。在回答是否学成归国问题的时候，8.3% 回答说肯定在毕业后就回国，24.4% 表示愿意回国但是时间未定，19.9% 的人表示可能回国并与国内保持着某种联系，也有 19.9% 的人表示不可能回国，10.2% 的人认为除非发生大变化，否则不回国，7.5% 的人表示肯定不回国。还有 9.8% 的人表示愿意回国，但是在国内没有任何联系，不知道回国后去什么单位工作。在回答为何不愿意回国的原因的时候，经济条件、工资收入、住房条件、子女教育以及对国内就业市场的了解程度，等等，都是他们考虑的主要因素，但是，他们或多或少地与祖国的家乡保持着联系，其中，有 50.9% 的人向居住在祖籍的父母亲寄钱，或者提供其他方式的帮助。18.7% 的人在想方设法帮助亲友迁居美国。21.4% 的人将自己的研究成果信息发送给国内的工作单位。24.7% 的人与国内的原来的工作单位保持着长期的联系。37.7% 的人不再与原单位保持联系。29% 的人每年与国内只联系一次，在这些人中，多数是邮寄贺年卡。面对这种状况，一些美国学者感慨地说："中国人才流失的代价是相当高的。"①

与英国等欧洲国家的中国留学生回国状况相比，旅美中国留学生的回国比例是比较低的。在 1978—2001 年出国留学人员中，分别从日本、澳大利亚和其他西方国家回国的中国留学生的比例保持在 37%—50%，而在美国的中国留学生中，其回国率仅为 14% 左右。② 另据经合组织统计显示，在 1978—1999 年到海外学习的中国学生中，永久性定居国外的中国留学生占这个时期所有海外中国留学生总数的 75%，但是，具体到不同的国家，其移民的比例也是高低不同的。例如，已经移民外国的中国留学生占旅美中国学生的 85%、日本中国留学生的 62.6%、澳大利亚中国留学生的 55.1%、英国中国留学生的 53.3% 和法国中国留学生的 52.4%。③ 在上述各国中，在欧洲留学的中国学生中，回国的比例较高。而在留美的中国学生中，没有回国的比例

① David Zweig and Chen Changgui, *China's Brain Drain to the United States*, pp. 2 – 4.

② Andrés Solimano, *ed.*, *The International Mobility of Talent*, p. 72.

③ Organization for Economic Co – operation and Development, *Internationalisation and Trade in Higher Education*, p. 278.

较高，主要根源之一就是美国实行人才吸引战略的结果。

当然，中国留学生是否学成回国，不仅取决于欧美国家的人才吸引政策，而且也取决于中国经济发展所带来的工薪增长、工作环境的改善以及个人职业发展空间等诸多因素。正因为如此，从 20 世纪末期开始，随着中国经济形势和国内国际环境的改善，回国的人数开始增多。一些美国学者对 21 世纪初返回中国和印度的 1023 名技术人才的研究发现，返回印度的人才，平均年龄为 30 岁，返回中国的人才平均 33 岁。从学历构成看，在返回中国的人才中，51％的人有硕士学位，41％的人有博士学位。在返回印度的人才中，拥有硕士学位和博士学位的比例分别为 66％和 12％。在回答回国原因的时候，事业前景、语言障碍、思乡情结、文化同化和照顾父母等因素居于前列。其中，强调母国发展对自己前程的吸引力占中国回国人才的 87％和印度回国人才的 79％，而思乡情结分别占两国回国人才的 1/3 以上。此外，87％的华人和 62％的印度人认为回国后职业前景更加广阔。50％的人说回国后创业的机会比在美国多。不可忽视的是，印度人的 88％和华人的 77％说回国是为了寻求一个更好的家庭氛围，而照顾父母的因素占印度归国人才的 89％和华人的 77％。因文化与价值观而回国的人才中，印度为 80％，华人为 67％。① 从这一组数据看，这是一个可喜的现象。

根据中国教育部发布的消息，在 20 世纪 90 年代末和 21 世纪初，学成回国的中国留学生人数呈增长态势。据教育部统计，自 1978 年至 2003 年底，中国出国留学人员总数达 70.02 万人。但是，在 2003 年以后的几年间，到海外留学的中国公派留学生人数迅猛增长。到 2011 年为止的 30 多年间，中国向海外派遣的各类留学生人数跃升至 224.51 万人。其中，在美国各地的大学和学院学习的中国留学生人数达到 15.75 万人，比上一学年度增长了 23.3％，占在美国的国际留学生总数的 21.8％。中国成为美国最大的国际学生来源

---

① Vivek Wadhwa, "Why Skilled Immigrants Are Leaving the U. S.: New research shows that highly skilled workers are returning home for brighter career prospects and a better quality of life"; http://www. soc. duke. edu/GlobalEngineering/pdfs/media/americasloss/bw_ whyskilled. pdf. （2014 年 4 月 29 日下载）

国。① 从这些数字中可以看出，在 2003 年以后，中国政府向海外派遣留学生的人数增幅惊人。特别是在 2006 年以后更加明显。在 2011 年，中国向海外派遣出国留学人员有 33.97 万人（其中国家公派 1.28 万人，单位公派 1.21 万人，自费留学 31.48 万人）。从回国的留学生总量看，人数也处于逐渐上升的态势。例如，在 1978—2003 年中国派往海外的留学生中，留学回国人员达到 17.28 万人，到 2006 年跃升至 27.52 万人，到 2011 年，回国留学生总人数累计已经达到 81.84 万人，占出国总数的 36.45%。仅在 2011 年度，各类留学回国人员总数就高达 18.62 万人，其中国家公派 0.93 万人，单位公派 0.77 万人，自费留学 16.92 万人。按照百分比计算，1978—2003 年，中国留学生回国的比例为 24.67%，但是 2003—2006 年跃升为 28.03%，而 2006—2011 年回国的比例达到 46.11%，这是一个前所未有的积极态势。② 不言而喻，学成回国的学生比例呈现出迅速上升的增长态势。这种趋势在 2006 年以后明显加速。例如，与 2010 年度统计数据相比较，2011 年中国出国留学人数增加 5.50 万人，增长了 19.32%；留学回国人数增加 5.13 万人，增长了 38.08%。截至 2011 年底，以留学身份出国的留学人员有 142.67 万人，其中 110.88 万人正在国外进行相关阶段的学习和研究。③

中国海外留学人员回国的趋势表明，随着中国经济的发展，回国人员数量和比例都在提高。究其原因看，中国留学生回国的总体趋势，似乎在复制着以前中国台湾、韩国、日本和新加坡等地经济发展与人才回流比例关系的

---

① 杜尚泽：《携手同进 继往开来——教育部部长袁贵仁谈中美人文交流》：资料来源 http://www.moe.edu.cn/publicfiles/business/htmlfiles/moe/moe_863/201202/130435.html.（2012 年 4 月 6 日下载）

② 教育部国际合作与交流司：《2003 年教育部留学回国人员"科研启动基金"资助情况统计》，资料来源：http://www.moe.edu.cn/publicfiles/business/htmlfiles/moe/moe_851/201001/77924.html。（2012 年 4 月 6 日下载）；教育部国际合作与交流司：《教育部 2006 年度各类留学人员情况统计结果》http://www.moe.edu.cn/publicfiles/business/htmlfiles/moe/moe_851/201001/78191.html。（2012 年 4 月 6 日下载）；教育部国际合作与交流司：《2011 年度我国出国留学人员情况统计》，资料来源：http://www.moe.edu.cn/publicfiles/business/htmlfiles/moe/moe_863/201202/130328.html。（2012 年 4 月 6 日下载）

③ 教育部国际合作与交流司：《2011 年度我国出国留学人员情况统计》，资料来源：http://www.moe.edu.cn/publicfiles/business/htmlfiles/moe/moe_863/201202/130328.html。（2012 年 4 月 6 日下载）

发展模式。有学者认为，从以前日本、中国台湾和韩国的留学生回国的时间来看，学生回国的决定性因素是国民经济发展的水平。例如，1980 年国内人均生产总值在中国达到 290 美元的时候，回国率为 10%，中国香港的人均生产总值达到 8719 美元，其海外留学生回流率达到 31%，中国台湾的人均生产总值达到 4459 美元，回流率达到 36%。到 1990 年，中国人均总值达到 370 美元，回流率达到 12%，中国香港人均国内生产总值达到 14849 美元，回流率为 45%，中国台湾分别为 8063 美元和 54%。2000 年，中国分别为 812 美元和 30%，香港分别为 24187 美元和 50%，台湾分别为 12704 美元和 72%。因此，按照这种解释，国内腹地和沿海之间存在着较大的差异，上海的人均国内生产总值早已超过 4000 美元，因而吸引了较多的人才回国。当中国的人均国内生产总值超过 4000 美元的时候，中国的留学生的回国率就可能超过 40%。此外，除经济形势之外，政治形势也具有重要的影响。在 20 世纪 90 年代初期，国内政治形势趋紧，经济通货膨胀严峻，流失的学生较多，但是，到 90 年代后期，美国经济出现膨胀，加上 2001 年的 "9·11" 事件，美国的经济形势更加恶化，赴美签证更为困难，到美国的学生的数量减少，而返回中国的学生的数量在增多。同样，在 2000 年韩国的国内生产总值达到 12420 美元，回国的学生人数达到 89%，可是在 1980 年回国率不到 40%，当时韩国的国内生产总值仅为 3093 美元。1990 年，韩国的国内生产总值超过 8712 美元，学生回国率达到 65%。①

　　除经济发展形势之外，海外留学生回国比例的提高，也是因为政府采取了多种激励人才的政策，建立了完善的人才培养机制。改革开放 25 年来，教育部作为全国出国留学工作的归口管理部门，认真贯彻中央提出的 "支持留学，鼓励回国，来去自由" 的留学工作方针，全面、系统地做好留学人员选派、在外管理和回国服务等方面的工作。为吸引留学人员回国工作或以多种方式为国服务，教育部先后设立了 "霍英东青年教师基金和教师奖"、"优秀青年教师资助计划"、"留学回国人员科研启动基金"、"跨世纪优秀人才培养计划"、"长江学者奖励计划" 等一批项目。1996 年，教育部设立了面向高层次海外留学人才的 "春晖计划"，2000 年底又增设了

---

① Birgit Zinius, *Chinese America, Stereotype and Reality: History, Present and Future of the Chinese A-mericans*, New York: Peter Lang Publishing Inc., 2005, pp. 198 - 199.

"春晖计划"海外留学人才学术休假回国工作项目。近年来，这些项目在规模和效益上不断拓展，共资助或支持了 2 万多名优秀留学人员，以多种方式回国服务。为配合国家"西部大开发"战略，教育部与西部地区建立实质性合作机制，在西部地区实施"三个走入"工程：让双边、多边的合作项目、资金和海外人才进一步走入西部。1997 年，教育部率先组织留法学人支持甘肃活动，之后又成功组织了留英学人、留日学人、留美学人、留澳学人等赴西部其他省份工作或者从事学术、科研与创业活动的交流。由于对口支援活动注重实效，取得了很好的经济效益和社会效益，受到西部地区的欢迎。随着我国经济实力的不断增强和国际地位的不断提高，留学人员回国创业人数稳步上升。截至 2003 年统计，教育部与科技部、人事部、外国专家局共同批准 21 个"国家留学人员创业园"，留学人员在国内创办的企业共 5000 多家，产值 300 多亿人民币。2002 年，教育部会同公安部、外交部等部委联合制定了方便优秀留学人才多次出入境和长期居留的实施办法。针对中外文化教育差异较大、留学回国人员子女难以适应国内学校教学要求的困难，教育部制定并进一步落实方便留学人员子女入学的措施，以解决制约留学人员长期回国创业的各种因素。为便于留学人员回国创业，教育部所属中国留学服务中心设有专门的"回国服务处"、"留学人员回国投资事务处"和留学人员学历学位认证和档案服务机构，并开办了"中国留学网"。2002 年，教育部成立"留学回国工作办公室"，以"集团式、捆绑制、基地化"的模式吸引留学人员以多种方式回国服务，同时，组织留学人员到西部地区任职或挂职。①

综上所述，从 20 世纪 40 年代开始，随着美国政府对亚洲移民政策的改革与松动，亚洲的技术人才、留学生和其他移民都能相继进入美国。尽管在 1965 年以前移民美国的亚洲人才数量并不多，但是，从 70 年代开始，亚洲技术人才数量之多，所占亚洲移民中的比例之高，使亚洲成为美国外来科技人才的重要来源，并造成了亚洲国家人才的严重流失。在亚洲各国的人才流失中，中国、印度和菲律宾损失最多。这种状况既与这些亚洲国

---

① 教育部国际合作与交流司：《2003 年教育部留学回国人员"科研启动基金"资助情况统计》，资料来源：http：//www. moe. edu. cn/publicfiles/business/htmlfiles/moe/moe ＿ 851/201001/77924. html.（2012 年 4 月 6 日下载）

家社会经济发展密切相关，也与美国的人才吸引政策有着内在的逻辑关系。特别需要指出的是，在进入美国的科技人才中，来自中国台湾、香港和大陆地区的华人留学生，通过曲线移民的方式移民美国，构成了1980年以来美国华人社区高学历和高技术层次特征的基础。① 中国科技人才流失美国的现象，在今后一段时间内还会存在。这是发展中国家与美国作为发达国家之间经济发展与人口流动的一种必然结果。同时，亚洲特别是中国的人才流失也给我们提供了一个值得思考的问题：人才流失对于今后中国发展意味着什么，它会对中国未来社会、经济、科技和教育等事业的发展产生什么样的影响？这些问题都需要学界同人进一步思考和研究。

---

① Peter Kwong and Dusanka Miscevic, *Chinese America*, p. 232.

第十章
"人才循环"和"美国人才流失"说的
谬论与实质

自 20 世纪 60 年代以来，随着每年有成千上万的外国技术人才迁入美国和美国外来人才的累积性增长，一些西方学者提出了"人才流失"说，其中既反映了战后技术人才跨国性迁移的全球化趋势，及其与经济全球化发展进程之间的关系，也暗含着对美国的指责与批评。然而，几乎与此同时，有的美国学者对"人才流失"说提出质疑，认为发展中国家人才流失的历史已经结束。取而代之的是，那些旅美多年的移民、临时工和留学生纷纷回国，从而在发展中国家与美国之间形成了一种人才循环。甚至还有的美国学者提出了"美国人才流失"说。面对这种相互对立、各执一词的学术讨论，中国学界迄今未见系统性论述。为澄清史实，笔者拟在从全球化视野下对其进行分析，勾勒当代全球人才流向与美国人才吸引战略实施后的得失，从而为中国防止更多的人才流失，提供一定的参考和借鉴。

一　"两说"的由来

随着战后美国人才吸引战略的形成与实施，美国在 20 世纪 60 年代上半期迎来了历史上首次科技移民潮。尽管其规模、结构和来源等方面，无法与 20 世纪末期或 21 世纪初期相提并论，但是，由于当时美国关注的重点是吸收西欧和北欧国家的技术人才，因而在迁入美国的技术人才中，来自英、法、德等西北欧国家的技术人才占据主导性地位，相应地，这些国家受到"人才流失"（brain drain）的冲击力也就比较大。

"人才流失"的概念最初是由美国小说家艾恩·兰德（Ayn Rand）1957年在其小说《耸肩的阿特拉斯》（*Atlas Shrugged*）中使用的。意思是指在政治、经济和社会等各种因素的作用下，研究人员和企业家脱离了生产过程。[①]然而，最先用该词来表述本国技术人才流失的国家是英国。从 1963 年起，英国政府屡屡发出"人才流失"的警示。1965 年，英国政府的一份报告中指出，自 20 世纪 40 年代以来，"英国通过向外移民，大量的一流人才年复一年地流失"。流失人才之多，已"超过了英国的承受能力"。在英国的人才流失问题中，有暂时的流失和长期流失。暂时流失是有益的。例如，学生或专业技术人员到海外留学或工作，拓宽了视野，学习了新的知识，获得了必要的工作技能和经验，整体素养和能力均会大幅度提升，因而归国后会发挥更加积极的作用。但是，长期流失基本上是弊大于利。虽然向海外移民会在一定程度上缓解某些行业或学科领域因人才供给增长所带来的压力，但从长远看，当大批人才流失海外，并为他国服务的时候，母国就受到了伤害。概而言之，第一，如果长期出现人才流失，意味着英国为人才成长的教育投资也就流失国外，"为这些人才成长所提供教育和培训支出的社区遭受了损失"。第二，当大批人才流向美国或其他国家之后，增强了美国在国际市场上的竞争力，进而在美国与英国的竞争中损害了英国的利益。第三，对于像英国这样一个资源有限的国家来说，高学历人才的持续性流失，会"给英国工业和经济带来灾难性的后果"[②]。

英国政府关于其人才流失的报告公布后，技术人才的跨国迁移成为许多国家关注的焦点之一。美国作为一个吸引外来人才的大国，则饱受各方批评。

---

① 近年来，有学者对"人才流失"概念提出质疑，认为该词已被使用 40 多年，其含义已发生质变，将未受过专业训练的学生包括在人才概念之内，不符合实际，用"人才转让"、"技术储备转让"或"训练有素人员的流失"等概念表述比较准确。参见 Michele R. Pistone and John J. Hoeffiner, *Stepping Out of the Brain Drain: Applying Catholic Teaching in a New Era of Migration*, New York: Lexington Books, 2007. pp. 9 – 11。

② Committee on Manpower Resources for Science and Technology, *The Brain Drain: Report of the Working Group on Migration*, Presented to Parliament by the Secretary of State for Education and Science and the Minister of Technology, by Command of Her Majesty October, 1967, London: Her Majesty's Stationery Office, 1967, pp. 4 – 5, 14.

英国首相威尔逊（Harold Wilson）对于英国的人才流失深表忧虑。苏联总理柯西金（Aleksey Kosygin）在 20 世纪 60 年代中期访问西欧的时候，批评美国是造成欧洲优秀人才流失的根源。以色列对本国人才的流失深感不安。对于欧洲国家政府和领导人关于人才流失问题的表态，美国国内政界也发出了不同的声音，其中有的承认事实，有的予以矮化。例如，马萨诸塞州民主党参议员爱德华·肯尼迪在国会听证会上作证时，对外国出现的人才流失问题表示不安。他说："人才流失"问题"正在威胁着我们与几个国家政府的关系，以及我们国家通过多种渠道援助其他国家发展的目标"。同时，美国国务院的一位高级官员认为，外国优秀人才迁移美国的规模，"比目前多数讨论显示的规模要小得多"。又说："'人才流失'在很大程度上是因为美国的工业、大学、医院和研究机构招募有一技之长的人才的结果。"对于这种结果，有些议员也感到不安，呼吁修改美国移民政策，减弱人才吸引力度。但是，多数人认为，人才流失是一个国际性问题，它不可能通过美国单边政策得以解决。采取限制性措施有悖于联合国提倡的各国公民享有自由迁移的权利的原则，它也与市场经济社会中的自由迁移和思想交流的传统相悖。美国总统科学技术办公室的官员认为，人才流失的问题根本存在于母国。从"推拉"理论分析，美国的高收入、优越的经济条件、舒适的工作与生活条件以及自由平等的民主氛围，吸引各国英才来到美国。而科技人才母国的科研经费不足、社会与政治环境不稳定、大学僵化的用人制度、恶劣的科研实验条件、较低的工薪等各种因素，都是造成人才流失的根本性因素。[①]

　　与上述个人态度相互矛盾的现实非常相似的是，在美国官方报告中，政府的态度也是充满争议和矛盾。1967 年，美国国会一些委员会通过调查后，否认了外国技术人才流失美国的问题，声称"没有发现相关问题的数据"[②]。同年春天，美国联邦"国际教育与文化事务跨机构委员会"在其调查报告中指出："发达国家科学家和技术人员向美国的移民，并非一个严重的大问题，

　　① 没有作者，"Brain Drain: The Sound and the Fury"，*Science News*，Vol. 91，No. 11（Mar. 18, 1967），pp. 255–256；http://www.jstor.org/stable/3951800。（2009 年 6 月 3 日下载）

　　② U. S. Congress, House of Representatives, Committee on Government Operations, *The Brain Drain into the United States of Scientists, Engineers, and Physicians*, p. 1.

或者说是对其他国家科学和技术实力构成严重的威胁。"① 美国政府认为，每年入境的移民科学家和工程师数量并不多，仅占 1962 年美国高校自然科学专业毕业生人数的 2.2%。在此之后，该项比例还在下降，到 1964 年仅为 1.9%，而到 1965 年则下降到 1.6%。入境的外籍工程师人数呈现出先下降后上升的走势。例如，1956 年入境的外籍工程师相当于美国高校工科专业毕业生人数的 8.9%，1962 年下降到 6.6% 后再次上升，到 1966 年增至 9.5%。在医学领域，外来移民的比例明显偏高，占 1956 年美国高校毕业生的 15.7%、1962 年的 18.4% 和 1966 年的 26.1%。报告因此认为，外来移民对美国科技人才的贡献率是有限的，只有医生 "对美国科技人力的贡献是重要的"②。但是，美国众议院的报告却提出了不同的看法，认为 "仅仅从数量上或教育与培训资金上谈论发展中国家的损失，那将是一个错误。一个贫穷国家丧失少数具有特殊才能的个人意味着一项未竟的伟大事业，是对未来领导人开发的高质量的教育与培训机会的剥夺、是发展中必不可少的活力、动力和远见的消失"③。对此，美国的《基督教科学观察》杂志指出："一方面，美国在向这些国家提供发展需要的数亿美元的资金。另一方面，它却拿走了自然科学、医疗和技术知识领域的未来领导人的种子（seed corn）。对于这些国家来说，这些人才甚至比食品和机器还要珍贵。"④

　　显然，在上述观点中，由于各自参照的标准不同，因而对外国人才流失问题凸显的重要性认识，也存在着较大程度的差异。将每年入境的外国科学家和工程师与美国每年培养的专业人才相比，外国人才所占的比例肯定是偏低的，因为这个时期外来移民作为一个整体，所占美国人口的比例也不过 5% 左右。若是按照这个标准，外来科学家和工程师在美国同行中的比例显然还是很高的。当然，不管美国政府持有哪一种观点，最重要的是，以科学的态度进行研究的美国学者，究竟持有一种什么样的观点？

　　当欧洲国家和美国政府围绕 "人才流失" 的问题各执一词的时候，人才

① U. S. Congress, House of Representatives, Committee on Government Operations, *The Brain Drain of Scientists, Engineers and Physicians from the Developing Countries into the United States*, p. 70.

② U. S. Congress, House of Representatives, Committee on Government Operations, *The Brain Drain into the United States of Scientists, Engineers, and Physicians*, p. 3.

③ Ibid. , p. 8.

④ Walter Adams, ed. , *The Brain Drain*, pp. 1 – 3.

流失的问题也引起了多国学者的注意。1967 年，美、英、法、德等十多个国家的学者云集瑞士洛桑，就战后欧亚各国科技人才流失问题探赜索隐，各抒己见，讨论的场面十分热烈，其中多数人的共识是：的确存在着欧洲和其他各大洲特别是发展中国家的"人才流失"问题。在此后 20 多年间，关注发展中国家人才流失问题的学者纷纷著书立说，对美国政府不择手段拉拢各国人才的做法提出了尖锐的批评。有学者从第三世界与发达国家之间的国际经济关系层面入手，从政治经济学的角度分析，认为人力资源是知识生产中的首要投入要素，其中蕴含着创造知识的来源，这种知识要素是知识产权的来源，它是科学、技术和信息发展中的基础，因而技术人才作为人力资源的迁移意味着受到保护的知识的转移。[①] 发达国家为防止自己的产品和技术被发展中国家为追求商业利润而剽窃，或者无偿性地复制，特意规定将知识产权问题纳入关贸总协定的法律文本之中，但是，没有一个发达国家提议对于能够产生知识和与知识产权的发展中国家的人才流失问题实施保护性措施，以便帮助发展中国家防止更多的高级人才的流失。因此，当大批的人才从发展中国家流向发达国家的时候，就出现了由于人才流失引起的、实质上等于在向发达国家提供一种无偿性的"技术转让"。"如果知识产权可以被视为发达国家的新殖民主义技术剥削的一个层面，那么人才流失可以被视为这种新殖民主义的另一个层面。这样就可以提出这样的指责：实际上，发达国家以两种方式抢劫了第三世界国家的人力资本带来的收益：通过专利法，它们阻止了知识自由地流入第三世界国家；通过人才流失，他们又剥夺了第三世界国家能够生产知识的最珍贵的资源——高素质的人力。"[②] 发展中国家中，有些是接受美国援助的国家。美国为这些国家培养留学生，也被认为是对其援助的一种重要形式，然而，当大量的留学生学成后定居美国的时候，客观上造成了发展中国家的人才流失。这在实质上是对美国的"一种无偿性出口——一种向

① Binod Khadria, "Patents, Brain Drain and Higher Education: International Barriers to the Defussion of Knowledge, Information and Technology", *Social Scientist*, Vol. 18, No. 5 (May, 1990), pp. 4 - 5; http: // www. jstor. org/stable/3517465. (2009 年 6 月 3 日下载)

② Binod Khadria, "Patents, Brain Drain and Higher Education: International Barriers to the Defussion of Knowledge, Information and Technology", p. 5.

其他国家赠送的价值连城的礼品"①。还有学者认为,从 20 世纪 70 年代以来,"发达国家之间为技术劳工展开了竞争,就像它们以前在殖民地争抢生产原材料一样"②。

面对各国学者研究成果中暗含的对美国的指责与批判,美国学术界也开始发出回应。从总体上看,美国学者在阐述自己的观点的时候,却表现出一种文过饰非的态度。有的美国学者发表文章指出,从 20 世纪 60 年代末期开始,不仅英国的"人才流失已经结束并开始发生逆转",而且,联邦德国、法国和斯堪的纳维亚国家也因为科学技术和经济发展产生了较大的拉动力,其专业技术人才纷纷返回祖国,这种趋势使"美国正在经历逆向人才流失"。"不管是外国出生的还是美国出生的,越来越多的科学家和工程师都去海外工作。"③ 还有人认为,每年美国接收的外国学生,在 60 年代初期达到 6.47 万人,美国政府提供的费用达到 1.48 亿美元。按照每年有 10% 的学生学成回国的比例计算,那么,就意味着美国每年毕业的外国留学生中多数返回了自己的祖国,美国因此每年为留学生的祖国转让了价值近 1500 万美元的资产。④进入 80 年代以后,一些学者通过研究又发现,随着中国和印度等国经济的发展及其吸引人才回国政策的实施,发展中国家"人才流失"的现象已不复存在,所有国家都存在着科技移民迁入和迁出的现象。因此,用"人才循环"(brain circulation)来解释当代科技人才的跨国流动更加切合实际。他们指出,从 20 世纪 90 年代开始,"那些原来离开母国、到国外谋求更好生活的人,现在正在把人才流失转化为人才循环"。由于他们掌握了专业诀窍和管理技术,通晓英语,在美国拥有市场联系,所以,他们回国后如鱼得水,在经济和科技领域均有非凡表现。以色列、印度和中国的信息技术的发展就"依赖于回

① U. S. Congress, House of Representative, Committee on Government Operations, *The Brain Drain into the United States of Scientists, Engineers, and Physicians*, p. 5.

② Roli Varma, "Changing Borders and Realities", pp. 544 - 545, 546.

③ Thomas P. Southwick, "Brain Drain: Fewer Scientists Enter U. S. , More Seek to Leave", *Science*, Vol. 169, No. 3945 (August, 1970), p. 565; http://www.jstor.org/stable/1730347. (2011 年 5 月 17 日下载)

④ Herbert G. Grubel, "The Brain Drain", p. 1423.

流的科学家、工程师及跨地区的投资者"①。

　　那么，在"人才循环"中都有哪类人？概括说来，其中既有迁居美国工作多年的科技移民，也有学成归国的留学生，还有那些散居者（diaspora）——19 世纪和 20 世纪上半期迁移到美国的移民的后裔。② 他们往往通过三种方式发挥作用：（1）通过正式或非正式的协会联系在一起，然后利用网络关系融资，以独资或合资方式参与母国经济建设。（2）利用母国与美国之间的贸易协定，在两国企业间的合作中实现共赢。（3）出于民族、文化认同与谋求经济利益的多重考虑，强调"知识交流而非知识转让"。知识交流强调的是"向母国提供咨询性建议，或通过建立潜在的商业伙伴关系的机会"，实现"知识的双向流动"。③ 这三类方式在印度、菲律宾、中国大陆地区与台湾地区都比较突出。④

　　不容回避的是，"人才循环"说实繁有徒，其中有些是发展中国家的学者。一位菲律宾学者通过对菲律宾的人才流失问题研究后指出，当大批科技人才移民美国后，国内更多的人看到了投资教育的希望，国民教育投入的增多必然会促进科学技术的发展；另一方面，旅美留学生学成回国后，带回了国外先进的技术和理念。在一些国家，回流人才比例之高，相当惊人。在1971—1981 年迁入美国的移民中，约有 30% 后来回流母国。在加勒比海地区，有 4 个国家迁出技术人才的回流率达到 70%。在人才流失严重的非洲国家，有 2/3 的国家科技人才的回流率高达 45%。因此，这些所谓的人才流失的国家，其"人才所得远远超过了人才的净流失"⑤。

　　正当各国学者在人才循环问题上展开争论的时候，有的美国学者通过在

　　① Anna Lee Saxenian, "Brain Circulation: How High – Skill Immigration Makes Everyone Better Off", *The Brookings Review*, Vol. 20, No. 1 (Winter, 2002), pp. 28 – 29; Andrés Solimano, *The International Mobility of Talent*, pp. 117, 119, 127 – 128.

　　② C. Wescott and J. Brinkerhoff, eds. , *Converting Migration Drains into Gains: Harnessing the Resources of Overseas Professional*, Manila, Phillippines: Asian Development Bank, September, 2006, p. 1.

　　③ Anna Lee Saxenian, "Brain Circulation", pp. 28 – 29, 31.

　　④ Jean-Christophe Dumont and Georges Lemaître, "Beyond the Headlines: New Evidence on the Brain Drain", pp. 1290 – 1291; C. Wescott and J. Brinkerhoff, eds. , *Converting Migration Drains into Gains*, p. vi.

　　⑤ Jennifer M. Brinkerhoff, "Diaspora, Skill Transfer, and Remittances: Evolving Perceptions and Potential" in C. Wescott and J. Brinkerhoff, eds. , *Converting Migration Drains into Gains*, pp. 5 – 7.

爱尔兰、冰岛、以色列、日本、印度、中国台湾地区、中国大陆、新加坡和墨西哥等地区的调查，提出了"美国人才流失"说，认为几百年来，美国丰富的经济资源、宽松的社会氛围和优越的生活条件，吸引了全球数百万优秀人才，然而到20世纪90年代，随着各国经济发展对高技术人才需求的扩大，"成千上万的美国人（按：外来移民）……开始回流母国"，形成了一种"逆向人才流失"（reverse brain drain）。特别是在"9·11"事件之后，"美国开始成为一个净出口者……在过去的每个年度，平均有近20万外国出生的美国人……返回了祖国。在一定程度上受到国家优惠政策刺激的这种逆向人才流失，或者叫做资本流失，促进了从东南亚到斯堪的纳维亚广大国家的科学技术的勃兴"。美国出现的人才流失，"对其他国家来说是好消息，对美国来说是坏消息"，"以前曾经是不起眼的涓涓细流现在变成了一种稳定的向外流动"。如果美国政府对此置若罔闻，美国出现的人才流失会在斗转星移中削弱美国在国际上的竞争力，进而"给美国的国家安全、科技和经济优势造成严重的威胁"。面对这样耸人听闻的想象加分析，他们夸张地说：在美国处于自由放任状态下的"人才流失会将美国送入黑暗的世纪"①。

客观而言，这种观点实际上是"人才循环"的变种，因为其依据与人才循环说相同。但不同的是，人才循环说以全球化发展为视野，认为各国都存在着人才迁入与迁出的现象，这种双向流动对全球经济与科技发展不无裨益，但是，它是站在前文第七章中所说的"跨国主义"的视角下进行研究的，研究结果中出现了逻辑上的本末倒置，抹杀了美国与发展中国家在人才流失与收益之间的差异。相比之下，"美国人才流失"说是站在美国的角度上，单向度地审视科技人才的跨国流动问题，它只看到了每年有许多技术人才迁出，但又完全忽略甚至是有意掩盖了每年有数十万科技人才迁入美国的事实。在这一点上，"美国人才流失说"与人才循环说相比，又具有殊途同归的效果，而且两者的共同弊端是：它们都陷入了"只见树木，不见森林"的泥潭。

---

① David Heenan, *Flight Capital*, pp. xi – xii, xii, 2 – 3.

二　美国:全球最大的人才收益者

2004 年经合组织的报告,对当代全球专业技术人才的跨国流动做了精彩的评述与划分。它认为,人才流动使一些国家出现了"人才流失"现象,而另一些国家则是"人才收益"（brain gain）,还有些国家是"人才交换"（brain exchange）。就"人才收益"的概念而言,它是相对于"人才流失"而言的,是指一个国家相同层次的人才迁入数量超过了迁出数量,反之则谓之人才流失;如果人才迁入与迁出持平,则谓之"人才交换"。① 要揭穿"人才循环"说和"美国人才流失"说的本质,最有效的方式是站在全球化视角下,运用无可争辩的事实,展示美国作为全球最大的人才收益者的史实。

穷原竟委,美国是西方发达国家中最早制定并实施人才吸引战略和政策的国家。它从 20 世纪 30 年代开始,就以"趁火打劫"的方式,从逃离德国和奥地利的犹太难民中安置了数千名科技人才。50 年代初,美国国会在修订移民政策时,不仅明确了吸引外来人才的战略,而且还运用种种方式,扩大了人才吸引的范畴。意识形态上的反共难民、外籍留学生和访问学者、接受技术培训的劳工,甚至前纳粹分子等,都成为美国拉拢的对象。美国联邦政策的开放性,为美国各类机构吸引人才提供了难得的契机,甚至美国中央情报局等机构也加入了争夺外来人才的行列。② 可以说,战后美国各家机构争夺外来人才的"战争"一直没有停止。到 20 世纪 90 年代初,正如美国著名的出版商麦格劳 – 希尔公司（McGraw – Hill Company）总裁所言:"由于技术人才短缺,美国的每家机构都正在遭受着持续性的严重损失……这些机构正在从事一场全方位的争夺出类拔萃者的战争。"③ 从医院到学校,从企业到政府机构,它们无不煞费苦心地搜寻人才。优厚的岗位待遇和工作条件对世界各地的科技人才产生了巨大的诱惑力。虽然也有些科技人才迁入欧洲国家,但

---

① Organization for Economic Co-operation and Development, *Internationalisation and Trade in Higher Education*, p. 277.

② 参见梁茂信《美国移民政策研究》,第 278—279、313、325—326 页。

③ Lawrence A. West, Jr., Walter A. Bogumil, Jr., Edward B. Ridolfi, "Foreign Workers as a Strategic Staffing Option [and Executive Commentary]", *The Academy of Management Executive*, Vol. 14, No. 4, (November, 2000), p. 84.

其数量不足以与迁入美国的外来人才相提并论。1990年，居住在美国的外国出生人口中，有学士学位者达620多万，占经合组织成员国总数的49.8%。随着20世纪90年代迁入美国的高学历移民和劳工的大幅度增长，有学士学位及其以上学历的外来人口在2000年达到1250万，占经合组织成员国的50.7%。[①] 也有统计显示，2000年，居住在经合组织成员国的外来技术人才达2000万以上，其中北美占2/3，欧盟国家占25%，澳大利亚、新西兰、日本和韩国合计占15%。[②] 必须指出的是，虽然上述统计中使用了"移民"（migrants）一词，但并非所有的人都是永久性移民，其中不乏临时劳工。因此有学者认为，2000年居住在经合组织成员国的外来人才（包括入籍者）中，永久性移民达到1020万，其中539.69万人居住在美国，欧洲有265.97万，加拿大有120.22万，澳大利亚有61.18万，日本、韩国和墨西哥等国家合约34万。[③] 按照"人才循环"和"美国人才流失说"的观点，包括美国在内的各国都有人才的迁入与迁出。可是，从现有资料来看，迁入美国的外来人才很多，而从美国迁出的人数甚少。无论从哪一个方面看，美国仍然是一个外来技术人才净迁入最多的国家（参见表10.1）。

表10.1　　　　　　　2000年经合组织成员国人才净收益统计[④]　　　　单位：万

国别	外国出生的技术人口	迁出的技术人口	净收益人口	国别	外国出生的技术人口	迁出的技术人口	净收益人口
澳大利亚	153.96	11.67	142.29	土耳其	14.10	17.40	-3.30
加拿大	274.21	51.64	222.56	奥地利	10.32	13.04	-2.72
卢森堡	2.93	0.73	22040	英国	125.68	144.13	-18.45
美国	1035.43	43.13	992.29	意大利	14.24	40.82	-26.58
瑞士	28.66	8.80	19.86	丹麦	3.18	6.86	-3.67

[①] David L. Bartlett, U. S. *Immigration Policy in Global Perspective*, p. 6.

[②] Organization for Economic Co – operation and Development, *Policy Coherence for Development*, p. 66.

[③] Mario Cervantes and Andrea Goldstein, "Talent Mobility in the Global Economy: Europe as a Destination" in Andrés Solimano, *The International Mobility of Talent*, p. 314.

[④] 笔者在引用时，对换算单位进行了调整。表格中数量以万为单位，小数点后因四舍五入，累计总数与原表格中的数据略有差异。参见 David L. Bartlett, U. S. *Immigration Policy in Global Perspective*, p. 18.

续表

国别	外国出生的技术人口	迁出的技术人口	净收益人口	国别	外国出生的技术人口	迁出的技术人口	净收益人口
新西兰	23.23	16.17	7.05	匈牙利	5.45	12.44	-6.99
瑞典	22.07	7.77	14.03	斯洛伐克	4.19	7.94	-3.74
比利时	18.61	10.22	8.39	冰岛	0.45	0.65	-0.20
法国	61.45	31.24	30.21	波兰	10.34	45.90	-34.55
挪威	6.42	4.62	1.80	韩国	5.21	65.28	-60.07
捷克	5.96	8.81	-2.84	芬兰	2.15	6.61	-5.46
德国	99.60	84.84	14.75	墨西哥	14.11	92.29	-78.10
西班牙	23.01	15.98	7.07	葡萄牙	2.98	14.74	-11.76
日本	32.88	26.89	5.99	希腊	2.38	15.98	-13.60
荷兰	25.36	25.67	-0.31	爱尔兰	11.57	20.91	-9.34
外国技术人才累计	2040.30	迁出	853.30	净收益	1187.00		

从上述资料中可以看出：（1）在包括美国在内的所有经合组织成员国家中，有学士学位以上学历的技术人才双向流动的确存在。（2）在人才双向流动的格局下，有 13 个国家是人才净收益国家，17 个属于净流失国家。在人才净收益的国家次序排名中，美国以 992.92 万人的绝对优势高居首位。所有其他国家则相形见绌。排在第二位的加拿大只有 222.56 万人，不到美国的 1/4。澳大利亚更少，仅有 142.29 万人，相当于美国的 14.33%。其余的欧洲国家中，类似法国、德国、瑞典和瑞士等，也属于人才净收益国家，但是，绝对人数均在 100 万以下。这就是说，尽管在经合组织成员国之间的确存在着一种不大对称的循环流动，但美国作为最大的人才收益国家是不争的事实。在 17 个净流失的成员国家中，净流失人才数量最多的排名依次是：墨西哥（78.1 万）、韩国（60.1 万）、波兰（34.55 万）、意大利（26 万）、英国（18.44 万）、希腊（13.6 万）和葡萄牙（11.76 万）等。这种事实表明，即使在经合组织成员国家内部，许多国家出现了人才流失的现象也是一个不容置疑的现象。在各国中，美国是无可争议的最大的人才收益国家。

必须指出的是，虽然英国、法国和联邦德国都在战后出现人才严重流失的现象，但是，它们出现部分人才流失后，由于一些来自发展中国家的人才迁入，这些欧洲发达国家的部分人才流失后得到了一定程度的补偿，因而人才流失的程度远不如发展中国家那样严重。例如，在1965—1966年进入英国的外国人才中，外国留学生人数达到8000人以上，占英国理工科专业学生总数的10%以上，其中50%是研究生，他们中间不少人也居留在英国。这表明，英国在帮助英联邦成员国培养科技人才的同时，外国留学生学成不归的现象也十分突出。正如20世纪60年代英国政府的报告所言，居留在英国的外来人才也在"为英国的科学作出巨大贡献。英国竭力吸引外国高水平的技术人才，并享受着英国国际声誉所带来的利益，同时又不愿意接受我们最优秀人才流失的现实，显然是不合理的。重要的是在这里要保持一种平衡。如果迁出多、迁入少，我们就很难长期保持我们的优势"[1]。再譬如，在美国的邻居加拿大，它虽然也是一个人才净收益国家，但是，与美国相比，加拿大又是一个人才净流失的国家。据美国学者研究，"移民的选择机制导致加拿大人才流失"。在两国人才的双向流动中，"加拿大出口的是高层次移民，而美国在出口低层次移民"[2]。在1950—1963年，迁入加拿大的技术移民达到7790人，其中1230人来自美国，但是从加拿大流向美国的人才年均4681人，加上部分流向欧洲国家的人才，累计达到5476人。将这些迁出人才从每年迁入加拿大的人才数量中扣除，那么，每年仍有净迁入科学家和专业技术人才2314人。显然，加拿大仍然是一个净迁入国家。需要说明的是，在从加拿大迁入美国的人才中，存在着一种"人才假流失"的现象。因为从欧洲迁入加拿大的技术移民中，实际上有不少人是准备迁入美国的人才。例如，在1962—1963年进入美国的外国科学家中，有2316人申明自己进入美国前的最后住址是在加拿大，但是在标明出生国的时候，真正出生在加拿大的人数不过1159人。这就是说，从加拿大进入美国的科技人才中，有1157人不是在加拿大出生的。他们占迁出加拿大移民科学家的近50%。他们实际上是从欧洲国家或亚洲迁出后，在加拿大定居了一段时间，然后再通过第二次或者

① Committee on Manpower Resources for Science and Technology, *The Brain Drain*, p. 25.

② George J. Bojas, *International Differences in the Labor Performance of Immigrants*, W. E. Upjohn Institute for Employment Research, 1988, pp. 91–92.

第三次移民，最终成为美国的移民。①

　　这种事实表明，在战后各国技术人才跨国迁移的历史趋势中，其流向并非一种线性的单向流动，而一种复杂的多次迁移的流动。在战后全球性的这种错综复杂、扑朔迷离的人才多向性流动中，许多科技人才的移民并非是一蹴而就，而是在达到目的地国家之前经过了第二次甚至是第三次迁移。从流向看，虽然美国并非所有人才流向的唯一目的地，但是，它确实是多数人的最终选择。这种现象反映在迁入美国的外国科技人才的"出生地"和"最后居住地"为标准的统计结果中。例如，在 20 世纪 60 年代上半期迁入美国的外国科技人才中，依据"出生地"统计的欧洲移民有 5400 人，但按照"最后居住地"统计的移民有 4082 人，有 1318 人是在出生国之外居住了一段时间后移民美国的第二次或者第三次移民。在亚洲移民中，报告"出生地"的移民科学家是 1904 人，占总数的 18.6%，但依据"最后居住地"统计的亚洲移民科学家只有 1749 人，占总数的 17.1%。两相比较，有 155 名亚洲科学家在到美国之前曾经迁移到其他国家，并在那里居住过一段时间。在按照"出生地"的统计结果中，英国占总数的 20%，加拿大占 11%，联邦德国占 3%。但根据"最后居住地"统计显示，来自英国科技人才仅占总数的 15%，加拿大占 33%，联邦德国占 7%。② 值得关注的是，科技人才的多次迁移的行为并非一时之短暂现象。1968 年美国国家科学院的统计中显示，在 1964 年和 1965 年，按照最后居住地统计的欧洲科学家和工程师移民分别为 2447 人和 2387 人，但按照出生地标准统计，两个年份进入美国的科学家和工程师人数分别是 2982 人和 2978 人。两相比较，按照"出生地"标准的统计比按照"最后居住地"标准的统计分别多出 535 人和 591 人。这些人就是前文所提及的第二次或者第三次移民。按照同样的方法比较，在 1964 年进入美国的工程师和科学家中，根据"最后居住地"和"出生地"统计的加拿大科学家和工程师人数分别是 1144 人和 685 人，两者相差 459 人。在 1965 年分别为 902人和 762 人。这就是说，按照出生地标准，当年从加拿大入境的科学家和工程师人数比按照最后居住地的标准实际上少 140 人。在亚洲移民中，两种方

　　① Brinley Thomas, "Modern Migration", in Walter Adams, ed., *The Brain Drain*, p. 36.

　　② U. S. National Science Foundation, "Scientists and Engineers From Abroad, Fiscal Years 1962 and 1963", p. 1.

法的统计结果是：1964 年分别为 1053 人（出生地）和 982 人（最后居住地），在 1965 年分别是 566 人（出生地）和 536 人（居住地）。① 显然，二次或者三次移民的现象也绝非欧洲移民中独有的现象。

面对发展中国家人才的流失史实和西方学界的相关学说，世界银行的一些学者提出了不同见解。虽然他们对学术界围绕发展中国家人才流失的正反面影响争论未置可否，但通过对五大洲 24 个发展中国家进行研究后认为②，在迁入经合组织成员国的移民中，虽然有高中及以上学历的比例超过了 87%（不含非法移民），明显高于母国人口的平均水平，但从发展中国家高学历人才的流失率看，多数国家高学历人才的流失率超过 10%。因此，他们得出结论说："就最高学历而言，向美国移民人数最多的国家并未出现人才流失。"因为在被统计的 24 个国家中，有 14 个国家高学历人才的流失率不到 10%。"即使对于向美国流失移民最多的第三大国——中国来说也是如此。"在他们看来，人才流失率超过 10% 的国家不在亚洲，而在拉丁美洲。例如，中国的人才流失率仅为 2.6%，而多米尼加、萨尔瓦多、危地马拉和墨西哥等都超过了 10%，牙买加达近 73%。拉美国家人才的流失率高，原因有三：（1）拉美国家人口基数小，密度低。（2）按照 1965—1990 年美国移民政策中以国籍为基础的限额制度规定，各国每年移民美国的人数不得超过 2 万，1990 年移民法则将其改为每年 5 万。这种制度实施后对拉美国家的人才流失会产生较大的影响。（3）拉美国家与美国的地理距离较近，文化上又多属于基督教文化圈范围，彼此间的经济联系紧密，因而与美国之间的人口流动频繁，规模大，相应地，它们"遭受的高学历人才流失率都是最高的"③。这样的划分与研究与下文中其他学者的研究基本相同。（参见表 10.2）

---

① National Science Foundation, "Scientists, Engineers and Physicians From Abroad, Fiscal Year 1965", pp. 3, 5.

② 24 个国家包括：巴西、哥伦比亚、多米尼加、萨尔瓦多、危地马拉、牙买加、墨西哥、秘鲁、埃及、突尼斯、摩洛哥、阿尔巴尼亚、亚美尼亚、克罗地亚、土耳其、中国、印度、印度尼西亚、菲律宾、孟加拉、巴基斯坦、斯里兰卡、尼日尔和苏丹。参见 Richard H. Adams, Jr., *International Migration, Remittance and the Brain Drain: A Study of 24 Labor-Exporting Countries*, Washington D. C.: World Bank, Policy Research Working Paper 3069, June, 2003, p. 2。

③ Richard H. Adams, Jr., *International Migration, Remittance and the Brain Drain*, pp. 13 – 14, 19.

表 10.2 　　　　 **2000 年人才流失率最高和最低的 20 个国家和地区的**
　　　　　　　　　　 流失率统计① 　　　　　　　　 单位：%

流失率最高的 20 个国家和地区				流失率最低的 20 个国家和地区			
圭亚那	76.9	塞拉利昂	32.4	美国	0.4	中国	2.6
牙买加	72.6	加纳	31.7	日本	1.2	秘鲁	2.9
几内亚比绍	70.3	肯尼亚	27.8	巴西	1.5	土耳其	3.0
海地	68.0	塞浦路斯	26.0	泰国	1.5	加拿大	3.0
特立尼达和多巴哥	66.1	中国香港	25.3	印度尼西亚	1.5	孟加拉国	3.0
莫桑比克	52.3	乌干达	24.9	巴拉圭	1.8	尼泊尔	3.2
毛里求斯	50.3	刚果	24.9	阿根廷	1.8	玻利维亚	3.2
巴巴多斯	47.1	利比里亚	24.4	澳大利亚	2.4	印度	3.4
斐济	42.9	爱尔兰	22.6	西班牙	2.4	埃及	3.6
冈比亚	42.3	斯里兰卡	20.4	缅甸	2.5	委内瑞拉	3.7

　　笔者以为，世界银行的学者将 10% 作为界定人流失的标准缺乏一定的合理性，因为对于中国和印度等人口规模大、密度高的国家而言，除非其国内政治、经济或社会等方面出现结构性动荡，否则在经济和平发展时期很难出现 10% 的人才流失率。但是，毋庸置疑的事实是，中国大陆地区、台湾和香港一国三地之间，与印度和菲律宾等亚洲国家一起，成为战后科技人才流失最严重的地区，是美国科技人才主要来源地。因此，笔者以为，将发展中国家科技人才的流失率确定在迁出移民中的 33%—35% 是比较合理的。② 据此可以发现，多数发展中国家都出现了人才流失的问题。例如，具有学士学位及以上学历的移民占中国台湾向海外移民中的 62%、尼日尔移民中的 57%、印度移民中的 54%、埃及移民中的 53%、马来西亚移民中的 53%、赞比亚移民中的 51%、南非移民中的 51%、日本移民中的 50%、新加坡的 48%、莱

---

　　① Jean-Christophe Dumont and Georges Lemaître, "Beyond the Headlines: New Evidence on the Brain Drain", p. 1288.

　　② 到 21 世纪初，大学本科以上学历人口占美国人口的 1/3，这个标准均高于发展中国家高学历人口在其国家总人口中的比例。当一个发展中国家迁出人才比例超过同期迁出移民的 35% 的比例，实际上就超过了多数发展中国家高学历人才资源的承受能力，所以，笔者选取这个标准作为判定一个国家是否出现人才流失的依据是比较合理的。详见梁茂信《当代美国外来移民的学历构成分析：1965—2000 年》，《史学集刊》2011 年第 1 期，第 98—106 页。

索托的 48%、菲律宾的 48%、伊朗的 47%、津巴布韦的 45%、蒙古的 45%、科威特的 45%、利比亚的 45%。在其他的一些国家中，流失比例较低的是集中在中美洲和非洲以及欧洲国家。例如，人才流失的比例占迁出移民的比例，在墨西哥移民中占 6%，土耳其移民中为 7%，葡萄牙移民中为 7%，萨尔瓦多移民中为 8%，危地马拉移民中的 8%，阿尔巴尼亚的 9%，洪都拉斯的 10%，马里移民中的 13%，意大利、索马里和马其顿移民中的 13%，在斯洛伐克移民中为 14%。①

诚然，如果纯粹从人才流失的视角审视所有国家，可将各国按照其流失程度划分为三类：人才的低度流失国家、中度流失国家和元气大伤国家。在低度流失国家都是人口资源丰富的大国。例如，美国的流失率是 0.4%、日本是 1.2%，而巴西、泰国、印度尼西亚和巴拉圭等都在 1.5% 左右，澳大利亚和西班牙均为 2.4%，中国为 2.6%，秘鲁、土耳其和加拿大分别为 3.0%，尼泊尔和孟加拉国分别为 3.2%，玻利维亚、印度、埃及和委内瑞拉等国家都在 3.4%—3.7%。第二类是中度流失的国家和地区，其中肯尼亚高达 27.8%，塞浦路斯为 26%，中国香港是 25.3%，刚果是 24.9%，爱尔兰是 22.6%，斯里兰卡是 20.4%，夏纳是 31.7%，利比里亚是 24.4%。这一类别的国家的人才流失基本上相当于其国内人才总体数量的 1/4—1/3。第三类是"元气大伤"的国家，其中，流失率最高的国家依次是：圭亚那（76.9%）、牙买加（72.6%）、几内亚比绍（70.3%）、海地（68%）、特立尼达—多巴哥（66.1%）、莫桑比克（52.3%）、毛里求斯（50.3%）、巴巴多斯（47.1%）、斐济（42.9%）和冈比亚（42.3%）等国家。② 显然，无论是发展中国家还是比较发达的国家，多数国家人才流失的事实毋庸置疑。在出现人才流失的大多数发展中国家中，流失现象最严重的国家又是经济比较落后、国民比较贫困的弱小国家。它们的人力资源单薄，经济和教育的"造血功能"弱小，因此，长期的人才流失严重地制约了国家综合实力的发展。此外，在各国中，美国尽管也存在着一定的流失率，但是，正像美国政府智囊兰德公司在给美国国防部的报告中所指出的那样，尽管从美国"回国的外国科学

① Jean-Christophe Dumont and Georges Lemaître, "Beyond the Headlines: New Evidence on the Brain Drain", p. 1282.

② Ibid., pp. 1282, 1288.

家和工程师日益增多，但是，不同的研究显示，其人数仍然较少，美国仍然是外国高技术人才的净收益者"①。除此之外，还有一些国家因为政体变革而引起人才流失加剧的问题。例如，在苏东解体后出现大量人才流失。在1989—2002年独联体流失的技术人才达到2.2万人，其中55%流向美国、德国和法国。在2000年迁出俄国的科学家中间，86%以上流向德国和以色列。②

总之，在战后复杂多变的人才跨国迁移浪潮中，只有美国、加拿大和澳大利亚等少数国家是净收益者。人才流失现象不但存在于发展中国家，而且也存在于发达国家。在20世纪五六十年代，人才流失的重灾区主要是在欧洲，但是，从70年代开始，它转向亚洲、非洲和中美洲与加勒比海地区。到21世纪初期，科技人才流失问题成为所有发展中国家的一种现象。在这种格局下，虽然部分发达国家也存在着人才流失的现象，但是，他们又是"人才循环"流动中的受益者，其人才流动遭受的部分损失却因为来自发展中国家技术移民的迁入得到部分补偿。但是，在发展中国家出现的大量人才的流失，却没有任何形式的补偿，属于不折不扣的人才流失。显然，欧美学者所说的"人才循环"和"美国人才流失"说，在发展中国家人才流失这个镜子面前，其妖魔化原形就暴露无遗。

三 回流移民的类型与原因分析

笔者强调美国的人才收益，并非要否定回流移民（return migration）现象的存在。实际上，早在17世纪英属北美和加勒比海殖民地的草创时期，当一批又一批英国人和欧洲移民迁居北美时，就有人从殖民地"返回自己的祖国"。在1640—1675年的新英格兰，回流移民之多，"超过了进入马萨诸塞殖民地的英国移民"。在依靠自然风力的帆船时代，虽然此类事例并不具普遍性，因为海上漫长的航行、艰苦的生活条件、大风大浪的危险等因素制约了回流移民的人数与规模，但是，在19世纪，随着蒸汽动力被应用于航海事业后，越洋时间大幅度缩短，跨越大西洋的时间从17、18世纪的近两个月，减少到19世纪后期的一个星期左右。更重要的是，随着船上居住条件的改善，

---

① Titus Galama and James Hosek, *U. S. Competitiveness in Science and Technology*, p. 130.

② Andrés Solimano, *The International Mobility of Talent*, p. 68.

旅行中的舒适性也明显提高，因而回流移民日益增多，并成为国际移民中的一个普遍现象。在1852—1915年，从澳大利亚回流英国的移民约有32万人，占同期从英国迁入澳大利亚移民的40%。[1] 在19世纪最后30年迁居美国的欧洲移民中，各国移民的回流率差异甚大。例如，东欧犹太人的回流率只有7%，但东南欧其他国家的移民回流率超过了40%。[2] 在西欧和北欧移民中，回流率达到1/6，葡萄牙、塞尔维亚、匈牙利和波兰等国的移民中平均为44%，而在意大利、西班牙、希腊和克罗地亚等国的移民中高达50%—70%。[3] 上述史料表明，回流移民并非当代美国移民中独有的现象。越洋移民对流的格局在第二次世界大战前已经形成，但是，欧美学术界没有人以偏概全，用"回流移民"作为解释近代跨越大西洋移民潮的学说。

在第二次世界大战后，随着美国移民入境管理制度的完善，美国对于外国人的入境控制越来越严格，外籍人申请移民签证的难度随之加大。许多成功入境的移民，都不敢轻易离开美国，担心因为某种闪失而被美国拒之门外，所以，与第二次世界大战前相比，回流移民的比例也有所下降。据一些美国学者研究，在1970—1974年入境的200万移民中，到1980年已有21.5%回国，或者迁往第三国。而在1975—1979年入境的260万移民中，到1980年已有17.8%离开美国。在各地区，亚洲移民的回流率最低。在1975—1979年入境的亚洲移民中，到1980年为止，回流率为3.5%，而欧洲移民的回流率为18.4%，南美移民为24.8%，北美洲（主要是加拿大和墨西哥）的回流率为34.5%。具体到不同国家，结果差异甚大。例如，在1970—1974年和1975—1979年两个时期迁入美国的英国移民中，到1975年和1980年的回流率分别为26.1%和28%，意大利移民分别为27%和29.8%，希腊移民分别为35.9%和36%。在非洲地区，虽然各国移民的回流率都比较高，但均处于

① Marjory Harper, ed., *Emigrant Homecomings: The Return Movement of Emigrants*, 1600-2000, Manchester, UK: Manchester University Press, 2005, pp. 17, 79-89.

② Thomas Kessner, *The Golden Door: Italian and Jewish Immigrant Mobility in New York City*, 1880-1915, NewYork: Oxford University Press, 1977, p. 30; Dino Cinel, *The National Integration of Italian Return Migration*, 1870-1929, NewYork: Cambridge University Press, 1991, p. 97.

③ Julien van den Broeck, *The Economics of Labour Migration*, Cheltenham, UK: Edward Elgar Publishing Company, 1996, p. 37; Dudley Baines, *Emigration From Europe* 1815-1930, Hamshire, England: Macimillan Education Ltd., 1991, p. 39.

下降状态。例如，埃及移民的回流率分别是 47.2% 和 44.7%，肯尼亚移民分别是 35.5% 和 19.8%，摩洛哥移民分别是 45.8% 和 43.2%，南非移民分别是 59.1% 和 49.6%。比较而言，亚洲移民的回流率是最低的。在 1975 年和 1980 年，中国移民的回流率分别为 4.6% 和 0.4%，中国香港移民分别为 5.9% 和 8.3%，印度移民分别为 6.5% 和 1.3%。韩国和中国台湾地区，到 1975 年的回流率分别为 2.2% 和 4.7%，到 1980 年的回流率分别为零。① 显然，第二次世界大战后的各洲移民中，欧洲和非洲移民的回流率相对较高，而亚洲移民的回流率较低。在亚洲国家中，中国的回流率明显偏低，这个问题在本书第九章中已经有所阐述。

回流移民都是哪些人？著名的英国移民经济史学者罗素·金（Russell King）在探讨 19 世纪末至 20 世纪 80 年代的全球回流移民时，将其分为事业失败型、文化保守型、叶落归根型和回国创业型。事业失败型移民中，多数在母国有家室，他们梦想挣钱回国，结果事与愿违，在国外居住约 5 年后因无法适应而被迫回国。在保守型移民中，他们在国外居住时间较长，多数在 15 年左右，其间，他们保持着自己的文化传统和生活习惯，准备攒足资金后回国。第三类是那些事业有成并工作到退休的移民。他们海外居住了 30 多年，积攒了充足的资金，有丰富的工作经验，回国后可能对母国的经济建设作出贡献。第四类是创业型移民。他们在迁入国家生活了 6 年至 30 年不等。他们充满自信，有很强的发明精神，但是，回国创业并非一帆风顺，因为这类移民自身因在外国居住多年，思维方式、工作与生活习惯以及价值观等，均已发生变化，而母国的经济结构、社会运行机制和工作环境等基本没有变化。他们回国后，按照西方国家的方式创业，在企业管理、资源分配、物质资本和人力资源的安排与利用等许多方面，与当地人频繁发生冲突。在个人事业受挫、前途不畅的条件下，许多人便再次移民海外。② 与上述结果有所不同的是美国学者博哈斯的观点。他认为，回流移民基本上属于"失败型"。他们多数来自经济上比较发达，或在地理上离美国较近的国家。在移民前，

---

① George J. Borjas and Brent Bratsberg, "Who Leaves? The Outmigration of the Foreign Born", *The Review of Economics and Statistics*, Vol. 178, No. 1 (February, 1996), pp. 170 – 171.

② Russell King, "Return Migration: A Neglected Aspect of Population Geography", in Vaughan Robinson ed., *Geography and Migration*, Cheltenham, UK: Elgar Publishing Company, 1996, pp. 360 – 361.

他们多数人在母国已事业有成，他们来到美国是对由于从美国获得的就业信息作出了错误的判断。他们到美国后发现，现实与理想差距甚大，于是又纷纷回国。①

虽然上述学者的观点并非无懈可击，但可以肯定的是，在回流移民中，有成功型也有失败型。由于各国关于回流移民的数量、学历、年龄以及移民国家的来源与流向等，都缺乏翔实的统计，现有的学术成果中也没有详细的分类，所以，我们无法判断各类回流移民的比例，但失败型回流移民的存在却是无可争辩的事实。此外，在各国的回流移民中不全是技术人才，其中也有大量的非熟练或低学历劳工。根据一些学者的研究，从拉丁美洲国家的回流移民的学历看，基本上呈现出一种不大对称的"U"形，其表现方式是，小学毕业的低学历和大学本科以上的高学历移民的回流率和二次迁移率较高，而高中毕业的中等学历移民的回流率较低。例如，在 1999 年入境的 30 岁的移民中间，居住 5 年后的回流率和二次移民迁移率，在低学历移民中的比例为 34%，中等学历的移民中为 4.4%，大学学历以上的移民中为 23.5%。美国学者 2007 年的一项研究表明，在美国获得博士学位的外国学生中间，毕业 5 年后仍然在美国居住的比例达到 65%—70%。换句话说，回流率和二次迁移率达到 25%—30%。同样，在 2000 年从美国迁回墨西哥的 25—64 岁的移民中，低学历、中等学历和高学历的回流率分别为 3%、2% 和 4%。在回流巴西的移民中分别为 17%、12% 和 14%，在智利移民中分别为 13%、7% 和 5%。在从西班牙返回母国的移民中，低学历、中等学历和高等学历的移民分别在墨西哥移民中是 12%、6% 和 25%，在智利移民中分别是 20%、14% 和 30%，在巴西移民中分别是 9%、4% 和 25%。② 不难看出，回流移民中的高学历移民比例微不足道，但强调"人才循环"说和"美国人才流失"说的学者却本末倒置，完全违背了客观史实。

在回流移民中，还有两个容易产生歧义的问题。一是留学生，二是各类临时工，他们都属于"非移民"（nonimmigrant visa）类的"临时寄居者"。他们按照签证规定履职，一俟签证有效期结束便立即回国。但是，从 20 世纪 50

① George J. Borjas and Brent Bratsberg, "Who Leaves? The Outmigration of the Foreign Born", p. 165.

② Organization for Economic Co-operation and Development, *Trends in International Migration: Annual Report*, Paris: OECD, 2008, p. 177.

年代中期开始，由于美国政府不断修订移民政策，允许外国留学生和外籍临时工永久移民美国，于是，越来越多的外国留学生和科技劳工就转化为永久性移民。那些没有获得永久移民资格的留学生、临时工、商人和访问学者等都必须回国，否则属非法移民。[①] 但是，他们回国却成了"人才循环"说的依据。由此可以看出，强调"人才循环"说和"美国人才流失"说的学者把永久移民与留学生和临时工等非移民类外籍人混淆在一起，并将他们看成美国的财富。如果他们回国，自然就被视为美国财富的流失。按照这种逻辑进一步推理，可以得出这样的、与部分美国学者观点一致的结论：留学生学成不归属于人才流失的范畴。这一点与有的美国学者在分析人才流失的概念时把外国留学生纳入人才流失的范畴的思想是一致的。[②] 这种观点也是笔者在第九章最后一部分所强调的。

　　无论是永久性移民，还是非移民类外籍人，他们决定回国是多种因素发挥作用的结果。就永久性移民而言，在相同的条件下，主观性因素可能对他们的去留影响更大。当各国因为经济发展而纷纷制定人才吸引政策和措施的时候，无论其条件多么优厚，科技人才自己也在根据自己的专业特长、科研实验条件、团队结构与水平、工作环境与待遇、文化氛围以及子女教育等各方面需要作出全盘性考虑。关于这一点，笔者不久前的一篇文章中已经有所分析。[③] 其中的核心是，在 20 世纪后半期，随着经济全球化趋势的加速和发展，无论是发达国家还是发展中国家，各国经济都经历了不同程度的升级与转型。交通和通信技术的革命性发展，将全球的经济资源、生产过程和市场销售等方面的活动连成一体，越来越多的发展中国家被卷入以市场经济体系为主要标志的世界经济体系之中。在此条件下，市场经济繁荣发展不可或缺的流动性，就突出地表现在人口、物质资本、商品、信息和各种商业服务等生产要素的自由流动状态。专业技术人才作为经济生活中最具有创造力的生产要素，其自由流动，也是市场经济充满活力的一种表现。在这个意义上可

---

　　① 梁茂信：《1950 至 1980 年外国留学生移民美国的趋势分析》，《世界历史》2011 年第 1 期，第 67—78 页。

　　② Rao, G. Lakshmana, *Brain Drain and Fogeign Students*, p. 3.

　　③ 梁茂信：《第二次世界大战后专业技术人才跨国迁移的趋势分析》，《史学月刊》2011 年第 12 期。

以说："高技术移民日益成为国家技术与经济发展政策中不可分割的一部分。由于某些技术与岗位分工的专门化，或供不应求，它们的来源已被国际化了……在高技术劳工的国际化流动中，不同国家和地区通过参与其中，可能会获得或丧失人力资本，然而，这种参与可能不是自愿的，而是因为事实上的全球化所强加的。"[①]

诚然，就完成学业的留学生和合同期满的各类临时工而言，他们回国是美国的法律规定使然。美国国会在《1952年外来移民与国籍法》中设立H类劳工计划时规定，在该计划下入境的劳工，属于"无意放弃外国国籍的外籍人"，其任务是"临时性地从事需要这种品质和能力的特殊性工作"。[②] 换句话说，这类外籍人旅美的身份没有被赋予永久居留美国的资格，他们必须按照签证规定如约履职后回国，否则属非法定居。后来，美国国会在《1961年双边教育与文化交流法》和《1970年移民法》中设立J类签证和L类签证计划时都重申了这个原则。例如，在《1961年双边教育与文化交流法》中规定，凡根据交换协议规定入境的外籍本科生、政府资助的研究生、大学教师、研究人员和工程师等，都是来参加美国政府认可的学术与文化交流活动。尽管他们在美国可以居住的时间长短不一，但他们都必须在签证有效期满后离境回国。[③] 也就是说，美国在处理移民和外籍人的政策中关于非移民类签证的性质，决定了在迁入美国的外国科技人才中，每年必然会有大批的外籍人在美国学习或者工作若干年之后回国。

虽然非移民类外籍人构成了"曲线移民"的主要来源，但在1990年以前，每年能获得移民资格的非移民类外籍人数量非常有限。例如，在1970—1975年入境的59.61万持F-1和J-1签证的外籍人中，曲线移民的比例仅为9.25%。[④] 在1979年入境的6.5万名H类和L-1类劳工中，仅有12.3%的人获得了永久移民的资格。[⑤] 每年获得移民资格的人数之所以如此有限，根

---

① Sami Mahroun, "Europe and the Immigration of Highly Skilled Labour", pp. 27 – 28.

② Commission on Immigration Reform, *Legal Admissions*, p. 91.

③ United States General Accounting Office, *U. S. Information Agency Inappropriate Use of Educational and Cultural Exchange Visas*, p. 8.

④ David S. North, *Nonimmigrant Workers in the U. S.*, pp. 3, 10.

⑤ United States General Accounting Office, *Information on Aliens Admitted into the United States as Nonimmigrant Workers*, pp. 5 – 6.

源在于美国移民政策的限制性。按照 1965 年移民法的规定：（1）每年各国的移民限额不得超过 2 万人。（2）各国每年技术类移民的限额不超过当年该国移民限额的 20%。在实践上，移民申请较多的亚洲国家很容易受到限制，而移民申请较少的欧洲国家却相对容易申请成功。此外，由于每年美国的移民总限额和吸引专业技术人才的限额都是有限的，因而那些没有获得永久移民资格的外籍人都必须回国。

客观而言，吸引外国科技人才符合战后美国社会发展的需要，但美国移民政策中的限制性，在一定程度上反映了美国政府和社会的矛盾性心理：（1）美国人欢迎外来人才，但又担心因此而忽略对本国人才的培养，从而在战略上将美国置于不利的甚至是非常危险的境地。（2）美国人欢迎外籍学生和科学家，认为这样会丰富美国社会的多元性文化，从而为人才培养和科技创新提供肥沃的土壤，但是他们又担心，外籍人才和留学生会消耗美国的资源，并通过竞争，对美国人产生一种排他性效果。（3）美国政府担心，如果在涉及国家安全的科技领域雇佣外来科学家，很可能会使一些非常敏感的技术传至国外，特别是与美国为敌的国家，那样会对美国的国家安全造成不必要的威胁。①

诚然，对于许多外籍科技人才来说，倘若他们没有机会居留美国，他们还可以选择前往英、法、德及加拿大和澳大利亚等发达国家，因为他们在主客观两个方面都存在着比较成熟的条件。一方面，在多数情况下，能够在美国就业的技术人才，在其他欧美发达国家就业的可能性也比较大。这种预测的前提是：在信息化时代，各国间的许多产业发展状况、技术构成、生产过程和劳动力素质等，具有很强的相似性。另一方面，其他许多发达国家也在 20 世纪下半期实施了各种吸引外来人才的政策和措施。加拿大和澳大利亚等国都实施了旨在吸引专业技术人才的积分制。这项具有实用主义色彩的制度后来也成为英国吸引外来人才政策中的重要组成部分。法国则实施了吸引科技人才的签证计划，而联邦德国则通过发放绿卡等方式，允许外籍技术人才永久性移民。与此同时，各国都不遗余力地吸引外国留学生，它们在提供丰厚的奖学金计划的同时，还为在读的外籍研究生提供各类半日工机会，对已

---

① Titus Galama and James Hosek, *U. S. Competitiveness in Science and Technology*, pp. xxii – xxiii.

经获得硕士与博士学位的外国留学生,实施了就业许可证豁免制度。到 20 世纪末,由于经济繁荣发展,各国围绕专业技术人才的竞争愈演愈烈。[①] 甚至一些经济发达较快的发展中国家也都采取了各类吸引人才的政策与措施。例如,墨西哥设立了总统基金,以十分优厚的条件,鼓励在国外居住的研究人员和博士学位获得者回国工作。1991—2000 年,墨西哥吸引的人才达到 2000 多人。[②] 同样,自 20 世纪 80 年代以来,中国政府先后实施了旨在吸引海外留学人员回国的"长江学者奖励计划"和"千人计划"等。各地高校和研究机构也频繁宣传自己吸引海外人才的政策与措施,在科研条件、工资待遇、职务晋升、配偶工作安排与子女就学等方面给予各种优惠。[③]

最后,人才回流也与母国的社会经济发展状况密切相关。经合组织的一份报告中指出,从人才流失到人才循环,实际上体现了经济发展的三个阶段。第一阶段是人才流失,这个问题在经济落后和贫困的非洲国家比较严重,人才回流几乎不存在。第二阶段是人才流失仍然存在,但人才回流数量增多。这类现象在中国、印度和越南等经济发展较快、个人发展机会较多的发展中国家比较突出。第三阶段是人才循环,即人才流失与人才收益基本平衡。这种现象在经济比较发达的中国台湾、韩国、日本和欧洲国家比较普遍。[④] 从现有史料看,这种分析是比较正确的,母国经济与全球化融合的程度越高、政府对科技人才的重视程度和投入越高,科研工作条件改善越快,人才回流的比例就越高。这一点在第九章中国经济发展与海外华人留学生回国的互动关系中得到了充分的论证。

---

① 详细内容,参见梁茂信《1950 至 1980 年外国的留学生移民美国的趋势》,第 75—76 页;梁茂信:《第二次世界大战后专业技术人才跨国迁移的趋势分析》,《史学月刊》2011 年第 12 期。

② Kristian Thorn and Lauritz B. Hom-Nielsen, *"International Mobility of Researchers and Scientists: Policy Options for Turning a Drain into a Gain"*, in Andrés Solimano, ed, *The International Mobility of Talent*, p. 154.

③ Xiang Biao, "Promoting Knowledge Exchange through Diaspora Networks (The Case of the People's Republic of China)", in C. Wescott and J. Brinkerhoff, eds., *Converting Migration Drains into Gains*, pp. 33 – 34.

④ Organization for Economic Co-operation and Development, *Internationalisation and Trade in Higher Education*, p. 283.

四 关于外来人才贡献的评价

"人才循环"说的依据之一是回流移民对母国社会经济发展作出了巨大贡献。还有人认为,即使发展中国家出现了人才流失,它也是一种"有益的人才流失"。因为人才流失有益于国内教育投资、教育水平的提高和国民经济的发展。[①] 2005 年,经合组织的报告中也得出了同样的解释:"如果有小部分人因为深造而迁居海外,那么更多的人会受到诱惑,国内受过高等教育的人口就会增长。简言之,迁移的可能性会刺激技术和人力资本构成的改善,进而推进国内经济的增长。"[②] 还有的美国学者认为,科技人才的移民对于母国具有三个方面的功能:第一,那些长期失业或者就业不足的科技人才有可能加入反对派的行列。如果物质条件没有改善,他们可能会成为反对派的领导人。第二,科技人才迁移,是防止他们自身技术与知识退化的有效方式。只有迁移到美国这样的发达国家,才能保证他们的技术不会落后于时代。第三,通过移民,这些来自发展中国家的科技人才在美国继续发展,能够为母国提供必要的技术和科技资源。例如,20 世纪 60 年代中国台湾就通过各种方式,邀请在美国的台湾籍学者和科学家回台湾讲学,在一定程度上对台湾的科技发展具有积极的作用。[③]

还有学者认为,人才流失给母国带来的巨大收益是海外巨额汇款。他们举例说,在 21 世纪初,旅居海外的移民给母国邮寄的汇款之多,超过了许多国家获得的官方外援。在 2004 年,发展中国家收到的海外汇款达 700 亿美元,2006 年增至 1670 亿美元。上述观点中的问题是:笔者对回流母国的科技人才对于母国科技、教育和经济发展的贡献并不否认,而倡导人才循环说的学者们对迁入美国的科技移民及其对美国的历史贡献都避而不谈,只是一味地强调移民回国后创业的事迹,而且,没有哪个学者能列举出一个人才流

---

① Jennifer M. Brinkerhoff, "Diaspora, Skill Transfer, and Remitances: Evolving Perceptions and Potential" in C. Wescott and J. Brinkerhoff, eds., *Converting Migration Drains into Gains*, pp. 5 – 7.

② Organization for Economic Co-operation and Development, *Policy Coherence for Development*, p. 62.

③ John M. Liu, "The Contours of Asian Professional, Technical and Kindred Work Immigration, 1965 – 1988", p. 677.

失的国家因教育和经济腾飞而跃居发达国家之列的例子。他们在论及海外移民的汇款时,无法区分留学生、移民和海外劳工的汇款来源和额度。他们常常以菲律宾为例,认为在过去几十年间该国接收到的海外汇款已经成为经济发展的动力来源之一(详见本章后文分析)。在分析海外侨民与母国进行的贸易活动时,他们忽略了商业贸易中的规则,而是将其视作母国的特殊恩惠,对于美国对外贸易特别是涉及敏感技术的转让方面的种种限制,只字不提。①

与上述观点相比,尽管美国国家科学基金会关于人才流失后对迁出和迁入国家影响的评价中存在着一些问题,但其中毕竟多了几分客观性。报告中认为,第一,人才的跨国迁移扩大了人才求职的选择范围;同时也会促进企业在全球范围内寻找所需的技术劳工。对于迁入地区而言,可能会在某些地区(例如美国硅谷)形成国际科学技术研发中心。更重要的是,国际社会围绕人才的竞争,会促使各国加大对人力资本的投资,进而推动全球教育、经济和社会的发展。第二,当一个发展中国家出现人才流失后,会产生一系列积极和消极的效果。积极效果包括:(1)人们看到接受教育的价值后会在人力投资方面趋之若鹜。(2)通过移民,技术出口的可能性增强。(3)随着知识流动性的增强,与外国合作的机会也日益增多。(4)人才定居海外后会提供汇款和其他服务。(5)部分留学生学成回国,带回了国外的先进技术和经验。与此同时,对迁出国家的负面影响包括:人才流失意味着生产力的流失,科学技术发展受到阻碍,科研活动不能满足当地急切的需求。第三,当大批的科技人才迁入发达国家后,同样会产生一系列积极的和消极的效果。就积极效果看:(1)科技人才的增加必然有利于国家科技事业的发展。(2)对外文化与知识交流的机会日益增多,范围也有所扩大。(3)增加了商品技术的出口机会。(4)研究生生源更加丰富,拯救了生源萎缩的冷僻专业,提升了整体的专业培养质量。但是,负面效果也不容小觑:(1)选择理工科专业的本土学生逐年减少。(2)在最好的高校,外国学生之多,"淹没"了本土学生。(3)向市场上的竞争

---

① Jennifer M. Brinkerhoff, "Diaspora, Skill Transfer, and Remittances: Evolving Perceptions and Potential", in C. Wescott and J. Brinkerhoff, eds., *Converting Migration Drains into Gains*, pp. 1, 8–9.

对手甚至是敌对国家转让敏感技术的危险性增加。① 上述评价的可贵之处在于它认识到了人才流失后对迁出国家的负面影响，同时也肯定了对迁入国家的积极影响。但是，仍然等待回答的问题是：当大批的人才从母国迁入美国之后，收益最多的是美国还是移民的母国？

有的学者把汇款作为旅居美国的科技人才对母国贡献的证据之一。但是，2004 年经合组织的一份研究报告中的结论则推翻了这样的论断。报告中指出，对于一些发展中国家来说，汇款是其硬通货收入保障的一项重要来源，但随着时间的推移，移民汇款在减少。"最近一项覆盖部分发展中国家的研究表明，定居在国外的技术人才并不能始终为母国经济的增长作出重大贡献。"② 笔者认同这样的解释，永久性移民之所以向母国邮寄汇款的数额有限，其主要原因是：他们在异国他乡安家落户，需要购买住房、医疗保险和作为就业交通工具的家庭汽车。这是他们在美国维持基本生存的必要条件。除此之外，养儿育女和日常生活的开支也需要一定的物质基础。面对如此多的支出需求，他们不会倾力将全部积蓄邮寄回国。在正常时期，他们可能会向远在母国的父母和姊妹邮寄汇款，但除非这些直系亲属救急之需，否则不会邮寄大笔资金。正是这个原因，在 2000 年全球 24 个发展中国家收到的汇款中，其来源最多的不是来自美国和欧洲，而是来自中东石油输出国家。收到汇款较多的国家主要包括印度（79.94 亿美元）、墨西哥（58.16 亿美元）和土耳其（40.35 亿美元）等。他们既是移民大国又是向海外输出劳工较多的国家。相比之下，中国在海外的移民数量与上述三国相当，但中国收到的海外汇款仅为 4.9 亿美元，远远不及移民少而劳务输出较多的巴基斯坦（10 亿美元）、尼日尔（11.98 亿美元）和印度尼西亚（10.53 亿美元）。③ 这表明跨国汇款的主要来源不是移民，而是在海外的合同工。

①　Mark C. Regets, "Research Issues in the International Migration of Highly Skilled Workers: A Perspective with Data from the United States", *Working Paper*, SRS 07 – 203, National Science Foundation, (June 2007), p. 3; http://www.nsf.gov/statistics/srs07203/pdf/srs07203.pdf. （2009 年 1 月 15 日下载）

②　Organization for Economic Co-operation and Development, *Internationalisation and Trade in Higher Education*, p. 277.

③　Richard H. Adams, Jr., *International Migration, Remittance and the Brain Drain*, pp. 13 – 14, 22 – 24.

　　强调人才循环说的学者，常常以接受海外汇款较多的菲律宾作为他们学说的依据。为澄清事实，笔者在此也以菲律宾作为剖析的对象。早在20世纪70年代，菲律宾政府为了降低国内失业率，采取了积极向海外输出劳工的政策。根据菲律宾官方统计，1975—1987年，有333.47万菲律宾公民申请去海外工作，到1988年，其人数增至477.76万人，其中扣除部分已经回国的劳工之外，在海外常年工作的劳工有150多万。到90年代，菲律宾向海外输出劳工的政策并没有改变。到90年代初期，常年在海外工作的菲律宾人超过200万，其中有140万人以非移民身份居住在美国。此外，在中国香港（3万）、新加坡（1.5万）、意大利（12万）、法国（2万）、西班牙（2万）和联邦德国（1.5万）等都有万人以上的菲律宾劳工。其余的劳工都在中东石油输出国组织成员国家就业。在2005年，海外的菲律宾劳工人数之多，占旅居海外的792.42万菲律宾人中的46.08%，而移居海外的永久性移民仅占42.79%，非法移民占11.11%，他们分布在193个国家。值得注意的是，在海外永久性移民和临时劳工中都有技术类移民。例如，1995年，有学士学位的人占菲律宾国内劳工的20%，但却占其海外劳工和海外永久性移民中的44%和40%。应该说，菲律宾劳工出口政策在一定程度上取得了良好的成效，特别是技术劳工的输出成为菲律宾"外汇收入的一项重要来源"。它"对菲律宾国家的经济发展作出了巨大贡献"①。

　　从客观上讲，这种评价基本上是准确的。菲律宾的劳工输出为该国赚取了巨额外汇。据统计，在1983—1985年，菲律宾收到来自海外的汇款超过20亿美元。这个数字超过了当时作为菲律宾产业出口赚取外汇最多的干椰子仁和铜矿石所带来的外汇收入。到1989年，来自海外的汇款，无论是通过菲律宾官方银行还是私人银行，累计接近21亿美元。必须明确的是，关于海外劳工向母国汇款的途径，菲律宾政府有明确的规定：凡在海外工作的菲律宾劳工，每年收入中必须有40%是通过菲律宾官方银行邮寄。在这种相对宽松的政策作用之下，有许多人选择了简便易行但具有一定风险的黑市银行汇款，其汇款金额之大，每年累计接近20亿美元。当然，以上资金中还没有包括个

① Jeremaiah M. Opiniano and Tricia Anne Castro, "Promoting Knowledge Transfer Activites Through Diaspora Networks: A Pilot Study on the Phillippines", in C. Wescott and J. Brinkerhoff, eds., *Converting Migration Drains into Gains*, pp. 73 - 34, 78 - 79.

人回国时随身携带的资金，这部分资金的额度累计超过 10. 15 亿美元，其中，多数资金来自侨居美国的菲律宾永久性移民。在以上汇款中，来自于美国的永久性移民的资金比例不到总数的 20%。当然，从全球范围内看，菲律宾因此收到的海外汇款总额还在增长。在 2003 年，全球范围内邮寄回母国的资金约有 1600 亿美元，其中 50% 流向发展中国家。在菲律宾，来自海外的汇款占其国民生产总值的比例从 1990 年的 2. 7% 增至 2003 年的 10% 以上。①

任何秉承唯物史观的学者都会承认，任何事物都有其内在的辩证逻辑。笔者提出与人才循环说观点不同的看法，并非要完全否认迁居海外的技术人才对于母国社会经济发展的重大贡献。但是，强调"人才循环"说的学者却在抹杀外来科技人才对美国科技事业发展的贡献的同时，又夸大了回流人才对母国社会经济发展的贡献。为此，笔者认为有必要在此简单陈述外来科技人才对战后美国社会、经济、科技甚至国防事业的贡献。可以说，从第二次世界大战时期的原子弹研制成功到 20 世纪 60 年代的阿波罗登月计划、从电脑信息技术到美国硅谷的崛起、从美国高校的发展到美国国家科学基金会的年度报告，到处都能看到外来移民的身影和他们为美国社会作出突出贡献的事迹。这样的观点是建立在美国政府官方文件，国会报告，政府领导人的思想与认识和美国学界方家研究成果的确凿证据的基础之上的。

早在 1952 年美国科学基金会的年度报告中指出：一直到 20 世纪，美国的"科技和生活水平达到了人类前所未有的程度"。然而，众所周知，在实现这个目标的过程中，美国就是因为大量吸引并"充分利用了来自国外科学中研究成果和成就。如果没有充分利用大量的外国科学技术的信息，我们就不可能取得这样的成就"②。报告中指出："我们从别国的科技发现中受益之多，是任何一个强国都无法比拟的。"因此，"得到并将最优秀的人才聚集在一起，这是我们最感兴趣的事情……雷达、原子弹、喷气式飞机、青霉素等

① Richard B. Fremman, "People Flow in Globalization", *The Journal of Economic Perspectives*, Vol. 20, No. 2 (Spring, 2006), p. 158; Andrew Gonzalez, "Higher Education, Brain Drain and Overseas Employment in the Philippines: Towards a Differentiated Set of Solutions", *Higher Education*, Vol. 23, No. 1 (Jan., 1992), p. 25; http://www.jstor.org/stable/3447317. (2009 年 6 月 3 日下载)

② "Statement of Alan T. Waterman, Director, National Science Foundation", in U. S. Congress, House of Representatives, *Hearing before the President's Commission on Immigration and Naturalization*, p. 1474.

都是在美国完成的，其基础就是我们拥有了在国外完成的发明和研究"①。当代美国科技政策的奠基人之一，万尼瓦尔·纳什指出②，吸引外国科技人才有利于推进美国的科技发展，增强综合实力。"与原子弹相关的所有成果，都是全世界寻求知识的结果。"因为从该项研究的开始，一直到最后的研制成功，"所需要的基础知识的主要贡献者都是其他国家的科学家完成的"。虽然美国人的贡献不可磨灭，"但是，对于基础性的探究来自于国外的事实避而不谈，那将是危险的、不切合实际的。说是危险，因为它会抹杀迄今为止美国在基础科学领域依赖于世界上其他国家的事实"。他接着说："用于原子能计划的基础研究确实是国际性和全球性的。站在最基本的角度上看，这个国家（按：美国——下同）的确只是贡献了其应有的一份，绝对不是原子能研究成功的核心基础的主要部分。事实上，在战前的许多纯粹的科研领域，美国基本上是依赖于世界上的其他国家的基础性成果……一直到最近之前，在基础科学研究领域，我们并不出色，自从战争（按：第二次世界大战）爆发以来，我的感觉是我们在向前移动，在以前许多并不出色的领域确立了我们的领先地位。"③

到20世纪60年代初期，在任的美国总统约翰·F.肯尼迪曾经也出版了一本《移民国家》册子。在书中，肯尼迪指出："美国经济中的每个方面，都因为外来移民的贡献而受益。当然，我们都知道移民的辉煌成就：来自海外的人们在美国探寻自己的财富的同时，在工业和科学技术方面，不仅为美国而且也为全球作出了惊人的贡献。"④ 他在书中列举了数十位闻名全球的科

① "Statement of Alan T. Waterman, Director, National Science Foundation", in U. S. Congress, House of Representatives, *Hearing before the President's Commission on Immigration and Naturalization*, pp. 1476 – 1477.

② 1970年，万尼瓦尔在接受一家杂志编辑的采访时说，创设国家科学基金会不是他个人的思想，而是他对第二次世界大战期间美国政府组织人力从事科研活动的一个概括和提炼。"尽管人们说，国家科学基金会的起源在于我提交给总统的《科学：无止境的边疆》之中，我觉得它的起源更为具体一些……在战争时期这个国家（按：美国）意识到了政府支持科研的力量……那份报告只是点燃了火花。"参见 William D. McElroy, "A Visit with Vannevar Bush", *Mosaic*, Vol. 1. No. 1（Winter 1970）, p. 9。

③ "Statement of Vannevar Bush, President of the Carnegie Institution of Washington, Former Director of the Office of Scientific Research and Development", in U. S. Congress, House of Representatives, *Hearing before the President's Commission on Immigration and Naturalization*, p. 1672.

④ John F. Kennedy, *A Nation of Immigrants*, pp. 64 – 65.

学家之后写到，即使是在技术类移民比例较低的 19 世纪和 20 世纪初期，在迁入美国的外来移民中，也有不少技术人才和投资者。他根据美国学者对各类人物传记的统计和分析发现，外国出生的人才占 18 世纪和 19 世纪美国商人总数的 20%、学者和科学家的 23%、工程师的 24%、建筑师的 28%、牧师的 29%、音乐家的 46% 和演员的 61%。对此，肯尼迪感叹地指出："外来移民最富有持久力的影响可能表现在数以百万计从未出名的外来移民所带来的生活、习俗和行为细节中。这种自下而上的影响是能感觉到的。对美国的制度的贡献可能是对美国人生活影响最为深刻的方面。"①

从美国政府的相关文件中可以得出这样的结论。即使是在人口与经济资源配置日趋合理、美国人才培养体系日臻完善、美国教育和科技发展的成就建立在本国居民辛勤劳动的基础之上的前提条件下，也不能抹杀外来科技人才对于美国社会发展作出的贡献。外来科技人才在 20 世纪美国崛起的过程中，仍然具有不可替代的作用。为了说明这种观点，笔者在此列举几例。

例证之一，根据美国国家科学基金会的统计，在 1901—1976 年部分国家获得物理学、化学、生理学和医学诺贝尔奖的 313 名学者中，有 142 人是 1901—1945 年的获奖者，而 1946—1976 年获奖者人数达到 171 人。换句话说，后 30 年获得诺贝尔奖人数是前 45 年的 120.42%。从国家来源看，美国获得诺贝尔奖人数达到 105 人，超过总数的 1/3 以上，其中在 1945 年以前不过 20 人，而 1946—1976 年达到 85 人，后 30 年是前 40 年的 4 倍以上。联邦德国累计获得 50 人，其中在 1901—1945 年获得者达到 38 人，而后 30 年间仅为 12 人。在获得诺贝尔奖的 20 名法国学者中有 15 人是在 1945 年以前获得的，同样，在英国的诺贝尔奖获得者达到 60 人，前 45 年不过 26 人，后 30 年超过 34 人。也就是说，在所有的国家中，美国和英国在战后的诺贝尔奖获得者人数最多。联邦德国的数字中也包括 1946 年之前的东德。联邦德国在战后获得诺贝尔奖人数较少，其中一个原因就是科技人才的流失。在美国获得奖励中，颁发的生理学和医学领域的诺贝尔奖励累计 118 人，美国在生理学和医学领域有 47 人，在物理学领域总共有 106 人，美国获得奖励者 37 人，在化学领域的总数是 89 人，其中美国人 21

---

① John F. Kennedy, *A Nation of Immigrants*, p. 66.

人，是获奖最多的专业领域。[①] 联邦德国和美国的诺贝尔获得者人数在两个时期的巨变表明，战后美国诺贝尔学者中，就有 1/3 以上是在外国出生的。如果没有美国在战后从德国和欧洲其他国家吸引的外来人才，在第二次世界大战前仅有工艺而基础科学薄弱的美国就不可能有如此多的优秀科学家能获得诺贝尔奖。再从 1998—2005 年科技人才中的结构看，在这个时期美国获得诺贝尔奖获得者中间，有近 50% 是海外出生的，在麻省理工学院获得博士学位的毕业生中有 40% 是外国出生的，在美国就业的博士学位获得者中间 50% 出生在国外，其中外国出生的博士学位获得者占美国的物理学、计算机和数学等专业的获得博士学位的总量的 45%、外国出生的物理学教师占美国中小学教师的物理学的 1/3，在美国的医院工作的医生和护士中间 1/4 的女性是海外移民。[②] 不言而喻，外来移民科学家和工程师，在当代美国科学技术和经济发展中具有不可替代的作用。

例证之二，外籍人对美国科学技术的发明与创造做出了巨大的贡献。据美国国家科学基金会的统计，战后至 1970 年入境的移民科学家中，有 1/3 以上在移民美国之前就已经在本国获得了技术发明，8% 的移民来到美国之后获得了技术专利。35% 的移民科学家在美国出版学术专著或者在美国的科技刊物上发表专业论文。60% 的科学家在国外的学术刊物上发表文章。[③] 此外，就移民的专利与发明而言，其成就也是相当可观的。在 1960—1976 年，侨居美国的外籍居民发明的专利数量从 1960—1962 年平均 1 万份左右增长到 1966—1968 年每年的 1.2 万份左右。在 1970 年上升到 2 万份大关之后，继续攀升，到 1975—1976 年保持在 2.5 万份之间。[④] 这些发明之间有些是美国的外来移民的，有些是外国留学生的。

例证之三，外籍科学和技术人才的到来，为美国节省了大量的教育经费。在战后最初的 20 年间进入美国的医生、科学家、工程师人数达到 10 多万，为美国节省的教育经费达到 400 多亿美元。在 60 年代中期，每年有

① U. S. National Science Foundation, National Science Board, *Science Indicators*, 1976, pp. 194 – 195.

② David Heenan, *Flight Capital*, pp. 1 – 2.

③ National Science Foundation, *Immigrant Scientists and Engineers in the Unite States*, p. 15.

④ U. S. National Science Foundation, National Science Board, *Science Indicators*, 1976, p. 109.

20%的医生（大约1200人）加入美国的医疗队伍。① 从20世纪70年代初期美国国家科学基金会对入境科学家的学历背景的调查结果看，许多科学技术人才的培养成本都是由其母国承担的。从本科学历构成看，有12%的移民科学家是在美国接受教育的，78%的人是在母国完成本科学历教育的，10%是在第三国完成本科教育的。从研究生学历看，在母国接受教育的人才比例达到49%，另有12%是在第三国完成的，在美国完成研究生学历教育的人才仅占39%。如果将本科和研究生学历综合分析，就可以发现，72%的人是在母国完成所有学历教育的。②

　　有的美国学者从宪法、国际税收和人权的角度，对战后美国的外来科技人才进行了分析，认为发展中国家大量的人才流失给美国带来了巨大的收益。他们在分析了高学历人才流失对发展中国家的影响，并建议发达国家应该给予发展中国家补偿，要求移民在母国出境的时候缴纳一定的培养税，同时，接受外国优秀人才较多的发达国家，应该将其收税中一部分用来帮助发展中国家发展经济。这个建议在1975年2月15—19日举行的学术会议上进一步讨论。③ 他们先确定了1962—1969年到美国的技术移民的数量、1969年入境移民的技术类别，然后确定了入境移民的年龄特征、相同年龄段和相同技术在美国的工资水平，计算出移民的年收入，然后再按照10%的纳税标准计算。他们计算的结果是，在1969年应该收取的移民的收入所得税是6900万美元。这个数字相当于1971年美国对发展中国家援助的十分之一。④ 尽管这些建议并不可行，也没有被任何一个发达国家采纳，但是，学者们对技术人才流失后给母国造成的损失的研究，可以为我们认知人才流失的经济效用提供一定的证据。这一点还可以从另外一个例子中得到一定的参考。2004年英国的一份调查报告显示，在英国工作的菲律宾护士有7000多人，菲律宾因此损失了数千万美元的投入。此外，自1951年以来，印度因为人才流失损失了50亿美元，加纳损失了6000万美

① Rao G. Lakshmana, *Brain Drain and Fogeign Students*, pp. 7 – 8.

② National Science Foundation, *Immigrant Scientists and Engineers in the Unite States*, p. 7.

③ Jagdish N. Bhagwati and Martin Partington, *Taxing the Brain Drain*, pp. 3, 13, 11 – 20.

④ Jagdish N. Bhagwati and William Dellafar, "The Brain Drain and Income Taxation: the U. S. " in Jagdish N. Bhagwati, and Martin Partington, *Taxing the Brain Drain*, p. 37.

元。在英国，来自欧共体经济区之外其他国家培训的医生占英国医生的65％。"由于富裕国家对国际医学劳动市场的压力显然已经形成，（发展中国家医学人才流失的）局势将更加严重。"在英国，外来医生主要满足了医学就业市场中的中下层劳动力需求，而英国本土医生主要位于金字塔的顶层。① 所以，外来医生和护士到英国之后，对于英国医生的职业流动性具有积极的推动意义。

上述资料表明，在不同的国家，接受外来科技人才的国家不会对迁出国家有任何方式的弥补。此外，在不同的国家，最大的问题是主权问题。国与国之间的贸易、技术转让等，都会受到知识产权等贸易政策的保护，技术人才迁入发达国家之后，他们发明的技术专利等都可能会成为被禁止出口的对象。甚至还会出现外国人才迁入发达国家之后，他们发明的科学技术被应用于军事装备和武器生产之后，再成为发达国家打击移民母国的工具。中国在美国留学生或者科学家发明的诸多敏感技术，美国人不仅不会慷慨地赠送给中国，而且还可能采取种种方式，对任何敏感技术加以严格的限制。那些在工作上与美国的国防高科技发展相关的华人，也常常会被看作"间谍"而受到监视。因此，从正面讲，虽然说在中国出现人才流失之后，也会出现侨居海外的人才通过汇款和技术合作等方式，为母国的社会经济发展作出贡献，但是，与人才迁居美国后为美国社会发展的贡献相比，其为母国的贡献是微不足道的。因而在迁出国家和迁入国家相比，人才为母国的贡献这种收益是一种不对称的、滞后的、有代价的、微不足道的收益。

总括前文，"人才循环"说与"美国人才流失"说是美国学者针对长期流行于欧美学界的"人才流失"说而言的。它们置每年迁入美国的数以十万计的科技人才的事实于不顾，反而以战后回流母国的科技人才、留学生和合同期满的临时工为依据，强调其在母国经济、贸易和科学技术等方面的贡献。它们给人们造成的错觉是：在人才循环的视野下，人才跨国迁移

① Roger Dobson, "Poor Countries Need To Tackle The Health Brain Drain", *British Medical Journal*, Vol. 329, No. 7463 (Aug. 21, 2004), p. 419; http://www.jstor.org/stable/25468960. (2011年5月17日下载)

的最大收益国是移民的母国。这种颠倒黑白的观点扭曲了战后科技人才的跨国迁移史实。同时，它们抹杀了另外一个史实：迄今为止，非洲和亚洲仍然是人才净流失最多的地区。大量的科技人才迁出母国之后，其贡献的主要受益者首先是美国，其次才是母国。当然，这种格局的形成，固然有很多的因素在发挥作用，但美国政府为拉拢他国人才而不择手段的政策是不言而喻的。中国作为人才流失比较严重的国家之一，要彻底扭转人才流失的窘境，恐怕还要走很长的路。

结　　语

　　总括前文，经过半个多世纪的实践检验，美国人才吸引战略与政策经历了一个漫长的形成、修正、发展和完善过程。其中既有值得肯定和借鉴的经验，也有一些值得关注和应该汲取的教训。更重要的是，美国人才吸引战略与政策作为一个具有一定现实性意义的学术课题，对其研究与探讨并不应该随着本课题的完成而结束，而应该是一个值得期待的开始。

　　可以这样说，在全球范围内，美国在吸引外来人才方面，一直走在世界各国的前面，不仅其政策体系的形成与实施时间是各国中最早的，而且，其战略与政策体系的建设也是欧美发达国家中最为全面和完善的，因而也是全球范围内，吸引外来人才最多的国家。仅此一点而言，美国人才吸引战略与政策的制定与实施在总体上是成功的。大批外来人才定居美国之后，为美国的经济、科学技术和教育事业的发展，起到了巨大的推动作用。

　　回眸 20 世纪美国人才吸引战略与政策的发展，其中最值得肯定的是：从 30 年代纳粹德国疯狂迫害犹太人和不同政见者的时候开始，一直到 21 世纪初，几乎每一个 5 年之内（20 世纪 80 年代除外），美国政府行政部门或国会，都会颁布一项与人才吸引问题相关的举措与立法。这种经常性的政策调整与补充，既决定了美国人才吸引战略与政策的形成是一个相对缓慢的过程，同时又展示了美国政府能够审时度势、与时俱进的战略眼光与魄力。更重要的是，经常性地对人才吸引战略与政策进行调整，可以根据政策的实践效果与暴露出来的问题，对症下药、补苴罅漏，从而使其在实践上产生防微杜渐的效果，避免某项法律条款或政策，因为先天性缺陷，或因补救措施滞后而产生严重的负面效果。例如，在 1945—1965 年，美国国会对移民政策进行重大改革的立法是 1952 年移民法，它对美国人才吸引战略的形成与实施，既有积极的促进作用，也因为其中的种族歧视和反共意识形态条款，将美国吸引外来人才的区域来源局限于西北欧国家，而亚洲和东南欧国家不在重点吸引对象之列。不可忽略的是，在这20年间，除1952年移民法之外，美国实施的大大小小的吸引人才的立法超过20多项，它们在功能上弥补了1952年移民法中的缺陷，在实践上加速了美国人才吸引战略与政策的形成与发展。进入90年代以后，美国又多次通过这样的手法，不断完善和补充其人才吸引政策的实施范围，其中在各类临时技术劳工计划方面的举措尤为突出。这些都表明，美国政府依据实践效果不断修订其人才吸引战略与政策的做法值得借鉴。当然，无法回避的是，美国政府在吸引他国人才的过程中，常常有一些不义之举，甚至是利用他国动荡之机会，豪取他国人才，这种趁火打劫的做法应该在道义上受到批判。

从美国人才吸引战略与政策的社会与历史定位看，由于它孕育于美国移民政策之中，因而其产生、形成与发展，一方面，会受到美国所面临的国内和国际形势变化的挑战与影响，与之相关的种族主义、国家安全、作为经济发展晴雨表的劳动力市场的供求关系、经济全球化因素、体现美国政治价值观的人道主义和与美国外交战略密切相关的文化交流等因素，都在不同时期对美国移民政策特别是人才吸引政策与战略，产生较大的影响；另一方面，在美国移民政策体系内，美国人才吸引战略与政策又受到家庭团聚和难民法等条款的制约。这就是说，作为满足美国就业市场对技术人才需求的一种补充性渠道，美国的人才吸引战略与政策，会经常受到与家庭团聚条款和难民法背后的利益集团的制约。因此，无论是美国的移民政策还是作为其中部分之一的人才吸引战略，它们作为美国国家利益的载体，都不是美国社会上某些特定利益集团的利益要求的简单升级与综合，而是在适当地吸收各种利益诉求的基础上，还有着更高层次的考量与追求。如前文所述，在20世纪的美国移民政策中，就业类移民条款的目标就是为了满足美国社会、经济与科学技术事业发展的需要。至于家庭团聚和难民类条款，不管是在设计上还是在实践上，被赋予"三重"使命：（1）在狭义上，家庭团聚条款首先是为了解决美国公民和合法外侨与其外籍亲属的异地分居问题，在社会层面上是维护美国社会稳定，而难民法产生与实施的招牌是"为被压迫者提供庇护所"，两者的共同之处，在于彰显美国的人道主义政治价值观。（2）在外交上，家庭团聚与难民法条款带有很明显的理想主义色彩，目的是为了反对和瓦解社会主义国家，宣传美国的政治价值观，树立美国作为西方"民主"、"自由"国家的榜样。在这个层面上，家庭团聚与难民法条款，又与冷战时期美国遏制社会主义国家的外交战略所追求的目标是一致的。（3）在具体操作上，能够优先入境的人首先是那些经济条件优越、受过大学教育、英语水平较高的有用之才。这一点又与前文提到的人才吸引战略条款的初衷与功效是一致的，因而，它们又是对人才吸引战略具有补充作用的、在形式上比较隐蔽的重要组成部分。大量的史料显示，上述条款实施后，入境的移民中，受过高等教育或具有一技之长的专业技术人才数量之多，甚至超过了每一个年度在就业类移民条款下入境的技术类移民人数。这种在对外关系上表达了美国的理想主义、在国内实现了实用主义目标的政策，并非是一些美国学者所说的那样，仅仅是为了满足部分美国人的利益而牺牲了美国的国家利益。相反，它们所承载的是美国国家利益的多重性的目标。

必须强调的是，虽然家庭团聚条款在实践上为美国引进了不少专业技术人才，但是，每年在该条款之下还有大量的低于高中学历的移民。他们每年入境人数之多，占入境移民总数的50%以上。在技术移民限额供不应求的紧张状况下，大量限额被发放给低学历移民，是否属于一种"资源浪费"，一直是美国社会各界争论的焦点，而大量低学历移民进入美国就业市场之后，对美国劳工的工资、工作条件、政府福利支出和就业市场运行秩序等方面的正负面影响，美国人感到十分头疼，社会各界特别是学术界一直争论不休。多数学者认为，低学历移民对于美国就业市场和福利支出产生的正负面影响都存在，其主流观点是：这些低学历移民对美国就业市场和社会发展的影响是正面大于负面。而在强调负面影响的观点中，认为受到冲击最大的美国劳工主要是位于就业市场底层的黑人和妇女等弱势群体。① 但是，也有学者认为，"在总体上，非洲裔黑人的经济机会没有因为

---

① 关于美国学界围绕低学历移民进入美国就业市场后的正负面影响的讨论，参见 National Research Council, *The New Americans*, *Economic*, *Demographic and Fiscal Effects of Immigrants*, pp. 7, 223, 230; Michael J. Greenwood and John M. Mcdowell, "The Labor Market Consequences of U. S. Immigration: A Survey", *Immigration Policy Research*, Working Paper No. 1, Washington D. C.; U. S. Department of Labor, Bureau of International Labor Affairs, February 1990, pp. 20 – 101。

外来移民而减少，因为黑人和移民分别居住在不同的城市，……如果在相同的地区，相同的工业行业，非熟练的美国少数民族和非熟练的外来移民进行竞争，这些负面影响就最为突出"①。这两方面的例子表明，低学历移民进入美国后，对美国不同地区的少数民族的就业率影响还是存在的，尽管其影响程度不同，但其负面影响在客观上是毋庸置疑的。因此，如何有效地限制低学历移民，也是 20 世纪 90 年代以来美国社会各界呼吁改革移民政策的主要原因之一。

　　诚然，倘若我们跳出美国移民政策的框架去观察美国人才吸引战略与政策体系，看到的是几乎完全不同的景象。在结构上，美国人才吸引战略的具体措施，形同一个倒置的三角形，其中，永久性的"直接移民"与以临时科技劳工和国际留学生为核心的"曲线移民"一起，构成了现代美国人才吸引机制中多层次性的双轨制制度。其中，可以根据经济形势调整入境劳工人数的临时技术劳工计划的作用日益突出。在该计划之下，不仅劳工的技术来源与构成日趋复杂，而且其中通过调整身份转化为永久移民的数量越来越多。因此，自 20 世纪 90 年代以来，每年入境的技术劳工移民中，"直接移民"的数量与比重在不断地下降，而"曲线移民"数量和比例却在不断提高。这表明美国技术人才的来源发生了巨大变化，在美国读书多年的国际留学生和在美国工作若干年的技术劳工，已经成为 20 世纪末期以来美国外来技术人才的主要来源。

　　需要指出的是，与加拿大、澳大利亚和欧洲发达国家相比，美国人才吸引战略机制中，最值得称道的是美国从一开始就建立了以就业市场为核心的过滤性机制。这是美国人才吸引战略与政策中比较成功的经验，具有积极的借鉴意义与参考价值。在实践上，它主要体现在两个方面：第一，通过实施就业许可证制度，保护美国就业市场的有序运作和美国劳工的权益。如前所述，按照美国移民法规定，凡是能够从事美国人不愿意或者不能从事的职业的外籍人都可以入境。那些不为美国就业市场需要的外籍劳工因此被排斥在

---

① U. S. Congress, House of Representatives, *Final Report of the Commission on Immigration Reform: Hearing before the Subcommittee on Immigration and Claims of the Committee on the Judiciary*, *House of Representatives*, One Hundred Fifth Congress, First Session, Serial No. 82, Washington D. C. : U. S. Government Printing Office, 1999, p. 7.

外。遗憾的是，这项规定只适用于就业类移民，而未能覆盖家庭团聚类和难民类移民，所以，在整体上，就业许可证制度的实践价值被大打折扣。第二，在临时劳工计划中，外籍技术劳工能否进入美国就业，其决定权在于美国的企业。这种做法与加拿大、澳大利亚和英国等国的积分制截然不同。在积分制之下，申请者能否入境，关键因素不是移民满足国家就业市场的需求，而是申请者自身是否符合积分条件。这种不首先考虑就业市场需求而注重于申请者自身素质的做法，在一定程度上忽略并打乱了就业市场内在机制及其运作规律的作用，导致某些行业出现技术劳工的供给相对过剩而引发社会失业率上升的问题。这也是美国为何多次围绕积分制的利弊展开讨论但迄今为止一直没有采纳的原因之一。反过来说，正是由于美国根据企业需求引进技术劳工的政策，每个年度进入美国就业市场的技术劳工的总量，基本上与美国经济的兴衰变化保持一致，因而在战后美国历史上，外籍技术劳工进入美国就业市场之后，对于美国劳工的就业、工资水平和就业市场的有效运作等方面，并没有产生明显的社会负面影响。

显然，美国政府用就业市场作为检验外来人才的试金石，具有重要的意义。第一，它决定了这样一个事实：在美国社会经济发展中，外来人才是美国技术人才资源的重要补充者，而不是替代者。这种定位可以保证美国人才吸引战略的实施，不会对美国本土人才培养体系构成威胁，或者产生某种破坏性作用。第二，对于已经进入美国就业市场的劳工而言，通过政府、社会与工会组织等机构对企业在雇佣环节中的监督，保护工会组织的权益、本土劳工就业条件和工作待遇，进而避免因为吸引外来人才而对美国就业市场秩序的干扰和破坏性影响。第三，通过吸引外来人才，适当地加强就业市场的竞争，带动本土劳工就业技能与技术水平的提高，并在整体上推动美国经济和科学技术的发展。这种政策思维是通过两个方面体现的：（1）通过就业市场的竞争，刺激那些劳动技术过时落后的劳工，自觉寻求岗位培训或者学历教育深造的机会，进而形成劳工就业技术能够适应时代发展需要的良性循环。（2）美国国会通过立法规定，要求企业积极投资劳工职业教育与岗位培训。从前文各章中可以看出，美国国会在企业雇佣外来技术劳工的具体环节上都作出了这样的规定：凡雇佣一名外籍技术劳工，企业都必须缴纳一定的签证费。这笔经费主要用于两个方面，第一是用于美国下岗劳工的技术再培训。

第二是在美国各地的中学和大学设立奖学金，吸引更多的青年学生学习理工科专业。这种以联邦政府牵头、以企业和学校为平台，通过雇佣外籍技术人才的政策，形成一种长效联动机制，进而带动美国的人才培养。这是一种富有远见的战略选择。它所产生的经济与社会效益之大，已经远远超出了美国人才吸引战略与政策本身。

对于按照合同规定到美国就业的各类临时科技劳工来说，履行合同规定本身就是要在就业市场经过价值规律的淘汰。那些不再有市场价值潜力的劳工，则在合同期满之后必须离开美国，而就业市场价值潜力依然较大的劳工，可以由雇佣企业申请，转化为永久性移民。同样，已经完成学业的外国留学生作为"曲线移民"中的一个重要来源，他们在美国完成学历教育的过程中，对美国社会、政治体制、语言文化、价值观念、工作习惯和生活方式等方面，有了较深的了解，因而在很大程度上已经被美国化了。不管他们是否加入 H-1B 等临时劳工计划，他们在求学的过程中，可能因为学位课程要求而必须进入就业市场上岗实践，也有不少人在获得学位后直接就业，他们或多或少地都会经历就业市场的过滤与检验。正是由于他们在美国高校接受学历教育并完成了某种程度的"美国化"，他们成为美国企业和科研院校备受青睐的雇佣对象。总之，不论外籍人才在美国的合法身份如何，只要他们属于美国就业市场需要的专业人才，他们就可以成为永久性的移民。

诚然，如前所述，美国人才吸引战略与政策是在历史的实践中不断修正和完善的。它在实践上既要受到美国社会上各种利益集团和国家利益的制约，同时又因为它属于美国移民政策中的组成部分而受到家庭团聚和难民类条款的限制。在这种前提下，有一个问题伴随着美国人才吸引战略和政策发展的始终：那就是在 20 世纪后半期的美国移民政策中，与技术人才相关的就业类移民限额数量较少，其所占年度移民总限额中的比例从 1952 年的 50% 下降到 1990 年移民法中的 20% 左右。出现这种状况，主要是因为美国的企业主、少数族裔和政治上的保守派势力，各自有着不同的利益诉求。在利益诉求多元化的背景下，以"民主"自诩的美国政府和国会常常会很难在各方的利益诉求中寻找到令各方满意的平衡点。例如，在 1965 年以后，由于家庭团聚条款成为拉丁美洲和亚洲移民进入美国的主要渠道，无论是国会两党议员还是在白宫主政的总统，都不敢轻易触及这个"烫手的山芋"，因为倘若处理不当，会殃及两党在国会和总统选举中民众支持率，尤其是两党议员都害怕因为他们主张压缩家庭团聚移民而丧失美国西班牙裔和亚裔选民的支持。正因为如此，虽然增加技术移民限额的话题，每一次都会成为移民改革中各方争论的焦点之一，但当这个问题被提上议事日程的时候，它又与家庭团聚、非法移民和国家安全等重大议题被捆绑在一起。类似这样的现象在美国国会中不止一次地出现。甚至在1997年以来美国国会围绕技术移民限额偏少的问题而展开讨论的时候，代表美国社会上不同利益集团的国会议员，再一次上演了一场没有结果的大论战。一直到2014年，国会各派因为无法达成共识，结果迫使奥巴马政府通过行政命令的方式，提出首先通过赦免措施，解决美国国内非法移民的问题。这就是说，围绕1990年移民法改革的问题还没有解决，相关的争论还会持续一段时间。这种因为各方争吵而导致国会立法踟躇不前的现象，在美国历史上的移民法、福利改革、国内区域发展、教育和民权等许多方面屡见不鲜，充分暴露出美国宪政体制中社会效率低下的弊端。

在执法方面，尽管自20世纪80年代中期以来美国国会屡次通过立法形式，不断加强对移民局执法队伍的投入，但是，由于美国国会和政府决策者对于包括外来移民、国际留学生和非法移民在内的各类外籍人口疑心过重，要求移民局加强监督与跟踪，履行如下多重性的义务：保护美国的边境与境内社会安全，防范恐怖主义者对美国的袭击，打击非法越境现象，监督外国间谍以移民和留学生等身份盗取美国的军事和科技情报，检查企业主在雇佣外籍劳工方面是否遵守法律程序，在就业市场上是否出现企业主利用外籍劳工排挤本土劳工的现象，等等。过多的任务使得移民局在执法的过程中捉襟见肘，顾此失彼。尽管美国国会在2001年之后成立了国土安全部，将移民局和归化局分离开来，但是，在这些执法机构内部，由于其编制和人员的限制，或因对执法标准的理解宽松程度不同，结果执法漏洞百出，常常成为美国社会各界和媒体诟病的众矢之的。客观而言，这一类型的问题，大多属于与时俱进的问题，它们都在每次移民改革中得到了解决。前文述及的就业许可证就是在这种背景下，经过1952年、1965年和1990年三次移民法的改革与完善逐步得到解决的。也就是说，在不同的历史时期，美国人才吸引战略与政策实施过程中都出现了一些问题，但是，美国国会都通过立法方式，及时地予以纠正，因而美国人才吸引战略与政策实施后，给美国社会带来的负面影响并不像人们所想象的那么严重。例如，在 20 世纪 60、70 年代，美国各地的医院迫于社会服务需求的压力，大力招聘外籍护士和医生进入美国上岗服务。由于联邦政府监管不力，许多外籍护士和医生英语水平有限，口音严重、与患者的沟通不畅、加上专业技术水平、素养、服务态度和方式等方面的专业训练不到位，结果引起许多医院的医疗服务质量下降，医务人员与患者之间的纠纷日益增多。到 70 年代中期，美国国会相继通过立法，要求外籍医生和护士必须参加美国国内专业机构的职业考试，否则不能上岗工作。该项立法实施后产生了积极的社会效果（参见第四章）。另一个例子是持 H－1B 签证的临时技术劳工。在 20 世纪 90 年代，由于美国经济的繁荣发展，各个行业对信息技术劳工需求巨大，不仅入境的 H－1B 劳工数量空前膨胀，而且其他类型的技术劳工人数也达到了前所未有的历史高度。在就业市场上，由于政府监管力度有限，劳资之间在聘任程序、工资、福利及晋职等方面，纠纷频仍，民众怨声载道。因此，这些问题遂成为 1998 年和 2000 年美国国会立法中重点解决的问题（参见第七章）。

　　此外，当成千上万的外籍技术劳工进入美国就业市场之后，他们是否对美国劳工的社会失业率、工资水平和工作条件等方面产生负面影响？这个问题也是笔者观察的主要问题之一。然而，笔者在查阅资料的过程中发现，美国学界关注的焦点不是技术类移民，而是学历较低的劳工。这个问题已经在前文中有所交代，不再赘述。在多数涉及技术类移民劳工的研究中，多数成果持有积极的评价。有的学者认为，那种认为"高技术移民抑制了工资、加剧竞争的恐惧言过其实了"。① 这种强调外来技术人才在美国就业市场产生了积极作用的观点，也在美国的专业机构和美国国会的相关报告中得到了印证。例如，美国国家研究院在其研究中发现，凡具有高中或者其以上学历的移民，他们向美国政府缴纳的各种税收明显高于他们享受各种社会福利所引起的政府福利支出。相反，那些没有学历或者学历较低的移民，其一生中向政府缴纳的税收，一般不足以抵消其使用各种服务所引起的政府福利财政支出。也就是说，低学历移民享受的福利待遇超过了他们对美国社会的贡献。② 这种评

---

① Jeanne Batalova, *Skilled Immigrant and Native Workers in the United States*, pp. 6－7.
② U. S. Congress, House of Representatives, *Final Report of the Commission on Immigration Reform*, p. 7.

价还可以从美国国会专业委员会的调查报告中得到证实。例如，在 20 世纪 90 年代末期的众议院报告中指出，如果外来移民的技术与土生美国劳工接近或相同，那么，移民对就业市场就不会产生负面影响。如果移民的整体学历低于土生美国人，就会引起美国劳工工资的下降。报告中指出，自 1965 年移民法生效后，入境的外来移民的学历，在总体上处于停滞或略微下降的状态。例如，在 1970 年，典型的外来移民接受的教育平均为 10.7 年，而典型的土生劳工的学历平均为 11.5 年。到 1990 年，典型的外来移民的学历平均为 11.6 年，而典型的美国土生劳工的学历平均为 13.2 年。随着外来移民与土生劳工的学历差异的加大，移民的年均收入也逐渐地落后于美国土生劳工。由于外来移民的整体学历构成处于略微下降的状态，因而外来移民的工资水平不仅低于美国同等学力层次的劳工，而且与后者的差距还有所扩大。在 1965—1970 年入境的外来移民与土生美国的工资相差为 16.6%，到 1975—1980 年入境的移民中，与土生的美国人的工资相差 27%，到 1990 年的时候相差 31.7%，入境的外来移民的工资相差之大就是因为学历构成处于下降的状态。①

此外，从前文中可以看出，争论主要集中在两个方面。第一是关于 20 世纪 90 年代入境的 H－1B 劳工对于美国劳工工资的影响。这个问题笔者已经在第七章中有所论述，不再展开。第二方面是关于国际留学生是否"抢去了"美国高校学生奖学金机会的争论。关于这个问题，笔者可以略述如下。

自 20 世纪 70 年代开始，随着美国留学生政策的调整，旅美国际留学生人数迅猛增长，于是，一些学者撰文指出，日益增多的外国留学生的到来，过多地消耗了美国高校的奖学金资源，占用了本该属于美国黑人学生攻读博士学位的机会。对于类似的发问，也有一些美国学者撰文反驳，认为从整体上，外国留学生到美国后，特别是其中不少人毕业后在美国工作，对于美国的教育、科学技术和经济发展的贡献之大，远远超过了他们在攻读学位期间所消耗的奖学金资源。② 还有一些学者认为，从 80、90 年代美国黑人的在中

---

① U. S. Congress, House of Representatives, *Final Report of the Commission on Immigration Reform*, pp. 12 – 13.

② U. S. Congress, House of Representatives, Committee on Science and Technology, *Status of Visas and Other Policies for Foreign Students and Scholars*, p. 5.

学和大学的专业分布看，多数黑人集中在语言、文学、历史和教育学等人文学科，选择理工科专业的学生甚少。而美国高校提供的奖学金机会主要分布在理工科专业，所以，即使没有外国留学生的到来，黑人学生获得奖学金的机会也不会太多。例如，在 1990 年赴美攻读博士学位的外国留学生中，有69% 的人的奖学金是美国各地大学提供的，其中 81% 在理工科专业。再从理工科专业看，实际上黑人获得博士学位的人数还是有所增长，从 1975 年的 11人增加到 1990 年的 28 人，在生命科学中从 56 人增加到 63 人，在社会科学中从 153 人增加到 172 人。① 如果将所有学科的黑人学生作为一个整体进行考察，可以看出，在 1990—2004 年，美国本土大学生获得学士学位和攻读研究生学位的人数都没有增长。"如果说外国学生造成了国内学生的流失，那么就会期望看到国内学生的增长而非下降。"可是，事实并非如此。也许下面一组数据，可以从另外一个侧面展示外国人才和留学生移民美国后，对于美国社会发展所作出的贡献。在 1990—2004 年美国的 130 名诺贝尔奖获得者中间，外国出生的人才占 46.9% ，他们占物理学专业 37 人中的 46% 、化学专业 32人中的 59% 、心理学和医学专业 33 人中的 45% 、经济学领域 28 人中的35% 。从其学源看，在所有诺贝尔奖获得者中间，有 37% 是在国外完成学业的，其中占物理学获奖者的 61% 、化学专业的 45% 、心理学和医学专业的46% 。② 面对这样的数据，读者会得出怎样的看法呢？

　　在笔者看来，当代美国人才吸引战略与政策所遇到的最大阻碍性因素，便是美国人对包括外国留学生在内的所有外籍技术人才的不信任感。因而美国在入境口岸和国内跟踪等方面，形成了一套严密的监视系统，其中也包括技术警示（technology alert）系统和外国留学生与访问学者信息系统（the Student and Exchange Visitor Information System），这些带有安全防范性措施的制定与实施，目的在于"减少国际访问者对美国构成的潜在威胁"。但是，这些措施实施后，人们能明显地感受到美国社会对外国出生的技术人才和国

　　① B. Lindsay Lowell, *Foreign Temporary Workers in America*, pp. 253 – 254.

　　② National Research Council, *Policy Implications of International Graduate Students and Postdoctoral Scholars in the United States*, pp. 42, 61.

际留学生，营造了"一种不欢迎的气氛"。① 此外，美国人还有一种担心，一些外国学者在美国工作多年后，不仅积累了必要的物质资本，更重要的是学习到了美国的技术。他们获得了与母国合作的机会之后，便将掌握的技术转让给母国，或其他在商业或军事领域与美国竞争的国家。当被转让的技术应用于生产过程之后，技术被转化为商品，并在国际市场上与美国进行竞争；若其技术被应用于军工生产之后，其生产的武器也可能会对美国的国家安全构成威胁。如果出现这种结果，那么，美国人才吸引战略的负面效果将会是灾难性的。② 基于这样的思考，美国政府在第二次世界大战后期通过巴黎统筹委员会的组织形式，或者美国国内立法的形式，严格限制敏感性技术流失国外（参见第二章）。

更重要的是，一些美国的有识之士站在长远的战略高度，建议美国不断地加大对本国人才培养体系的投入力度，逐步减少对外来技术人才的依赖性。例如，在21世纪初，美国国家科学院专门成立了一个"21世纪全球经济繁荣委员会"，专门对美国和国外的科学技术发展趋势进行了比较和分析。该委员会的报告中指出："在评价了美国和国外的发展趋势后，本委员会感到深切的不安。当其他国家的实力在增强的时候，对于我们的经济领导地位至为关键的科学和技术却在萎缩。"如果美国在人才培养方面不采取重大举措，或者说在本土人才培养方面无法确立在全球的领先地位，美国将会丧失其在科学和技术领域的领导地位。这是"令我们感到恐惧"的事情。③ 因此，该委员会建议：（1）通过设立奖学金和奖励基金的方式，鼓励更多的理工科专业的高校毕业生在数学、物理学、生命科学和工科专业中从事基础教育，凡是愿意到中心城市贫民区和农村地区工作长达5年以上的毕业生，可以为其每年追加1万美元的奖金。（2）通过硕士研究生培养计划和夏季学习班

① National Research Council, *Policy Implications of International Graduate Students and Postdoctoral Scholars in the United States*, p. 64.

② Jeanne Batalova, *Skilled Immigrant and Native Workers in the United States*, p. 33.

③ National Academy of Sciences, National Academy of Engineering and Institute of Medicine of National Academies, "Rising Above the Gathering Storm: Energizing and Employing America for a Brighter Economic Future—Executive Summery" in Titus Galam and JamesHosek, *Perspectives on U. S. Competitiveness in Science and Technology: Prepared for the Office of the Secretary of Defense,*, Santa Monica, CA: Rand Corporation, 2007, p. 10.

的方式，为全国在职的中小学教师提供专业培训，参加学习的教师人数应该不少于25万人。（3）在全国各地中学，通过增加奖学金和减免学费的办法，鼓励更多的中学生学习科学和工科专业，然后再通过鼓励他们参加高级人才学习计划和国际学术交流计划。到2010年，争取每年参加上述计划的中学生人数达到150万人。（4）在2005年以后的未来7年内，呼吁政府加大对中学和大学的科学技术专业的投入，联邦政府的拨款额可按照每年10%的比例逐年递增。每年可以设立50万美元的科研奖励基金，用于鼓励那些有潜力、有成就的青年科学家的科研事业。同时，每年再设立5亿美元的培植基金（incremental fund），保证研究型大学能够维持其研究和试验设备的运行。（5）设立总统科学奖励基金，专门用来对那些"在高校科学和工程领域从事教育事业的出类拔萃者"个人提供奖励，对其从事的科研项目，提供奖励性资助。[①]

　　上述计划的提出，表明了美国加大培养本土人才力度、适当减轻对外来人才依赖的决心，但是，它并不意味着美国将会关闭国门，不再实施人才吸引战略与政策。相反，美国政府还会根据时代的要求，通过修订已有的人才吸引战略，制定出适合于新时期美国社会发展的人才政策。其中，理工科专业人才仍然是美国人才吸引政策中必须关照的重中之重。笔者作出这种判断的原因是：（1）鉴于美国历史上已经形成了吸引外来移民的历史传统，美国人与外来移民之间业已形成千丝万缕的联系。如前所述，人才吸引战略与政策作为美国国家利益多重性的有效载体，在许多方面对美国具有不可替代的价值与意义。更重要的是，随着第二次世界大战后以来美国人口生育率的持续性下降，美国人口老龄化的问题也日益凸显。在这种背向发展的矛盾不断加剧的条件下，美国社会、经济、人口和综合国力的发展，也需要外来移民提供丰富的人口、科技和劳动力资源。在此前提下，美国不可能只引进非熟练劳工而无视技术类移民的存在。（2）如前所述，20世纪的美国中小学教育，虽然经过了多次改革，但是，在突出"以

---

① National Academy of Sciences, National Academy of Engineering and Institute of Medicine of National Academies, "Rising Above the Gathering Storm: Energizing and Employing America for a Brighter Economic Future—Executive Summery" in Titus Galam and JamesHosek, *Perspectives on U. S. Competitiveness in Science and Technology*, pp. 13 – 15.

人为本"、强调个性化培养的美国教育体系中，杜威的教育哲学依然在发挥着重要的作用。美国高等教育的核心不是强调学生对基本知识结构的熟练掌握，而是重点关注学生的学习兴趣和实际技能的提高。在这样一种前提下，个性较强的美国学生中普遍出现了对理工科专业不感兴趣的现象，甚至有许多学生对于理工科反复做练习题的事情颇为反感，因而在美国社会上出现了一个美国人既感到费解又无可奈何的尴尬境遇：在战后一次又一次的各类国际机构举办的中学生学习能力的比赛中，美国学生的成绩始终令人失望。进入 21 世纪以后，这种问题仍然没有解决。例如，在 2003 年举行的有 40 个国家的中学生参与的 "国际学生评估计划"（the Program for International Student Assessment，简称 PISA）考试中，美国的学生排名第 24 位。在全球范围内，选择自然科学和工科专业的学生平均占学生总数的 38%，但在法国却达到了 47%、在中国为 50%、新加坡为 67%，但在美国仅为 15%。[①] 在 2012 年经合组织成员国 15 岁以上的中学生参加的竞赛中，美国学生的阅读能力成绩排在第 15 位，在自然科学专业成绩中排在第 23 位，在数学专业中排名第 15 位。这就是说，尽管美国有着自己培养人才的长远计划，但因美国理工科专业的生源明显不足，等到大学毕业的时候，愿意在理工科专业继续深造的美国学生屈指可数，因而无法满足美国社会发展的需要。甚至有的美国学者在纵向考察了战后外来人才对美国社会发展的重要性的时候得出了这样的结论："美国对具有天赋的外来移民的依赖性不是在下降，而是一直在上升。"这种趋势在今后很长的一段时期内还会持续。[②] 由于美国人才培养中的结构性缺陷，给美国高校特别是研究生培养方面，广泛吸收具有理工科专业背景的国际留学生留下了很大的空间。因而，美国高校成为全球国际留学生人数最多的国家就不足为奇了。（3）自从 20 世纪 80 年代末期以来到 21 世纪初期，甚至到今后很长的时期内，经济全球化的发展，使专业技术人才成为各国企业竞相争夺的对象。除了传

---

　　① National Academy of Sciences, National Academy of Engineering and Institute of Medicine of National Academies, "Rising Above the Gathering Storm: Energizing and Employing America for a Brighter Economic Future—Executive Summery" in Titus Galam and JamesHosek, *Perspectives on U. S. Competitiveness in Science and Technology*, pp. 20 – 21.

　　② Gordon H. Hanson & Matthew J. Slaughter, "Talent, Immigration, and U. S. Economic Competitiveness", p. 3; http: //www. ucsd. edu/assets/001/504703. pdf. （2014 年 4 月 8 日下载）

统的移民国家，例如加拿大、澳大利亚和新西兰之外，英国、法国、德国、瑞典、比利时、瑞士、日本、韩国和墨西哥等经合组织成员国之间，围绕技术人才的争夺，已经达到了非常激烈的程度。与此同时，加入人才竞争行列的国家中，还有类似于中国、印度和俄国等经济发展较快的"金砖国家"。这就是说，当世界各国为专业技术人才而展开激烈争夺的时候，一心谋求保持在世界科技领先地位的美国，绝对不会置身事外。

显然，世界各国围绕人才的各种竞争之激烈，也是人类历史上前所未有的。特别是亚洲国家经济的快速发展，对美国的科学技术和经济的发展构成了巨大的挑战，美国人心中的危机意识日渐强烈。2007 年，兰德公司在提交给美国国防部的一份报告中指出，在全球范围内获得理工科专业硕士和博士学位中，美国所占份额在减少，而中国和印度等亚洲国家的份额在增加。这种反向发展的态势必然会在斗转星移中削弱美国在高科技领域的领先优势，"其中也包括涉及国家安全的一些行业"。随着这些国家的科学技术人员创造与发明的增多，其整体的科研水平和实力都会大幅度地提升，并且在从生产民用产品的企业，到生产军事装备的国防科技生产领域，都会与美国展开全方位的竞争，这是美国未来面临的必然挑战。报告中指出，在过去半个世纪中，美国一直是世界科学技术领域的领导者和市场经济的典范。仅占世界人口 5% 的美国却拥有世界 1/3 的科技研究人员和40% 的研发经费，美国科学家发表的科技论文占全球论文总量的 35%，美国学者发表的理工科论文被引用次数占全球的 44%，美国学者中获得诺贝尔奖的人数之多也是举世无双的。显然，"科学技术领域的领先地位赋予了美国在全球经济中的相对优势"。然而，令兰德公司研究人员感到不安的是，随着中国和印度等国家迅速崛起，美国在科研领域的总体实力处于相对衰落的状态。例如，美国学者发表的科技论文从 1998 年占全球的 38% 下降到 2001 年的 31%，美国学者发表的论文被引用率从 1992 年占全球的52% 减少到 2001 年的 44%。① 面对这种趋势，兰德公司的研究人员表现出一种过度的紧张和担忧。特别是他们获悉中国在 2007 年开始加大了吸引海

---

① Richard B. Freeman, "Globalization of the Scientific/Engineering Workforce and National Security" in Titus Galama and James Hosek, *Perspectives on U. S. Competitiveness in Science and Technology*, pp. 82 - 83.

外留学生回国的政策力度之后，表现出了极度的不安和惶恐。报告中指出，中国的新政策是在 2010 年之前，吸引回国的海外留学生人数达到 20 万人，平均每年达到 2 万—3 万人。"如果中国的这些政策获得成功，美国就会面临着最大的不利影响，因为美国一直是多数高技术的中国移民的目的地。"①

虽然兰德公司提交给美国国防部的报告中难免夸大是非之嫌，但是，它给美国的决策者提出的警告却是真实的。按照一些欧美国家的学者研究，平均每隔 80 年到一个世纪左右，全球科技中心就会发生转移。他们认为，在 1540—1610 年，世界科学技术的中心在意大利，到 1660—1730 年转移到英格兰，而 1770—1830 年在法国，到 1820—1920 年转移到德国，1920—2007 年则转移到美国。面对"金砖国家"的崛起，美国正在丧失其科技领域的领先地位。② 在 2012 年世界经济论坛上宣布的"全球竞争力"排名中，美国从 2004 年的全球第 2 位下降到第 7 位，在"创新能力"的排名中也由第 1 位下滑到第 7 位。面对这种每况愈下的窘境，一些美国人呼吁："如果不采取措施加强美国的创新能力，美国的排名还会继续下滑。"③ 面对全球竞争的加剧与美国在经济教育和科技等领域面临的挑战，美国的决策者必然会继续实施其人才吸引战略，甚至在一定程度上还会加强人才吸引的政策力度。

美国人才吸引战略实施的结果之一，就是亚洲国家，特别是中国多年来出现的人才流失现象。虽然这个问题引起了一些机构和个人的关注，中国也在过去的 20 多年间实施了一些引智政策并初见成效，但是，对照每个年份的迁出与迁入人数不难发现，改革开放 30 多年来，中国仍然是一个科技人才净流失的国家。面对这样一种持续多年的社会现象，中国政府应该以怎样的态度去面对？虽然中国不能因为出现一定程度的人才流失就禁止科技人才移民海外，或者禁止学生出国留学。当我们调换一个角度看，包括中国的科技人才在内的各国技术类移民纷纷流向美国并对其文化、教育、科技、经济和国防事业发展作出贡献的时候，我们能说，中国出现的人才流失是一件符合中

① Jacob Funk Kirkegaard, *The Accelerating Declining in America's High-Skilled Workerforce*, pp. 24, 31.

② Titus Galama and James Hosek, *Perspectives on U. S. Competitiveness in Science and Technology*, p. 1.

③ Gordon H. Hanson & Matthew J. Slaughter, "Talent, Immigration, and U. S. Economic Competitiveness", p. 2.

国国家利益的事情吗？这是一个发展中国家面对发达国家的竞争必须付出的代价吗？一个长期利用全球精英人才为自己服务的美国，会给迅速崛起的中国和其他发展中国家带来什么样的挑战？所有这些问题，都值得学术界和决策层进一步去讨论与深思。

参考书目

政府文献

1. Bush, Vannevar, *Science, the Endless Frontier: A Report to the President on a Program for Post-war Scientific Research*, Washington D. C. : National Science Foundation, 1965.

2. Committee on the International Exchange and Movement of Engineers, Office of the Scientific and Engineering Personnel and National Research Council, *Foreign and Foreign-Born Engineers in the United States: Infusing Talent and Raising Issues*, Washington D. C. : National Academy Press, 1988.

3. Committee on Manpower Resources for Science and Technology, *The Brain Drain: Report of the Working Group on Migration*, Presented to Parliament by the Secretary of State for Education and Science and the Minister of Technology, by Command of Her Majesty October, 1967, London: Her Majesty's Stationery Office, 1967.

4. Committees on the Judiciary, House of Representatives and the United States Senate, *U. S. Immigration Policy and the National Interest: Final Report and Recommendations of the Select Commission on Immigration and Refugee Policy with Supplemental Views by Commissioners*, Washington D. C. : U. S. Government Printing Office, 1981.

5. Congressional Research Service, *Immigration: What Changes Should Be Made in United States Immigration Policy?* Washington D. C. : U. S. Government Printing Office, 1994.

6. Council on Foreign Relations, *U. S. Immigration Policy: Independent Task Force No. 63*, New York: Council On Foreign Relations, 2009.

7. Galama, Titus and Hosek, James, *Perspectives on U. S. Competitiveness in Science and Technology: Conference Proceedings, Prepared for the Office of the Secretary of Defense*, Santa Monica, CA: Rand Corporation, 2007.

8. Galama, Titus and Hosek, James, *U. S. Competitiveness in Science and Technology: A Report Prepared for the Office of the Secretary of Defense by the National Defense Research Institute of Rand Corporation*, Santa Monica, CA: Rand Corporation, 2008.

9. Greenwood, Michael J. , "The Economic Consequences of Immigration for the United States: A Survey of the Findings" in U. S. Departments of Justice, Labor and State, *Interagency Task Force on Immigration Policy: Staff Report Companion Papers*, (unpublished document) 1979.

10. Kramer, Roger G. , "Development in the International Migration to the United States: 2003", Washington D. C. : U. S. Department of Labor, *Working Paper No. 38*, 2003.

11. Kennedy, John F. , *A Nation of Immigrants*, New York: Harper and Row Publishers, 1964.

12. National Research Council, Committee on the International Exchange and Movement of Engineers, *Foreign and Foreign – Born Engineers in the United States, Infusing Talent, Raising Issues*, Washington D. C. : National Academy Press, 1988.

13. National Research Council, *The New Americans, Economic, Demographic and Fiscal Effects of Immigrants*, Washington D. C. : National Academy Press, 1997.

14. National Research Council, *Policy Implications of International Graduate Students and Postdoctoral Scholars in the United States*, Washington D. C: The National Academy of Sciences, 2005.

15. National Science Foundation, *The First Annual Report of the National Science Foundation: 1950 – 1951*, Washington D. C. : U. S. Government Printing Office, 1952.

16. National Science Foundation, *Scientific Manpower – 1956, Significant Developments, View, and Statistics*, NSF-57-23, Arlington, VA: National Science Foundation, 1957.

17. National Science Foundation, *the Sixth Annual Report for the Fiscal Year Ended in*

June 30, 1956, Washington D. C. : U. S. Government Printing Office, 1957.

18. National Science Foundation, *Government-University Relationships in Federally Sponsored Scientific Research and Development*, Washington D. C. : U. S. Government Printing Office, 1958.

19. National Science Foundation, *the Eighth Annual Report for the Fiscal Year Ended in June* 30, 1958, Washington D. C. :U. S. Government Printing Office, 1959.

20. National Science Foundation, "Scientists and Engineers From Abroad, Fiscal Years 1962 and 1963", *Reviews of Data on Science Resources*, NSF65 – 17, No. 1, July, 1965.

21. National Science Foundation, *Eleventh Annual Report for the Fiscal Year*, 1961, Washington D. C. : U. S. Government Printing Office, 1962.

22. National Science Foundation, *the Fifteenth Annual Report for the Fiscal Year Ended in June* 30, 1965, Washington D. C. : U. S. Government Printing Office, 1966.

23. National Science Foundation, "Scientists, Engineers and Physicians From Abroad, Fiscal Year 1965", *Reviews of Data on Science Resources*, NSF68 – 14, No. 13, 1968.

24. National Science Foundation, "Scientists, Engineers and Physicians From Abroad, Fiscal Years 1968", *Reviews of Data on Science Resources*, NSF69 – 36, No. 18, 1969.

25. National Science Foundation, *Immigrant Scientists and Engineers in the United States: A Study of Characteristics and Attitudes*, Survey of Science Resources Series, NSF73 – 302, Washington D. C. : U. S. Government Printing Office, 1973.

26. National Science Foundation, National Science Board, *Science Indicators*, 1976, *Report of the National Science Board*, 1977, Washington D. C. : U. S. Government Printing Office, 1977.

27. National Science Foundation, "Scientists and Engineers From Abroad: Trends of the Past Decade, 1966 – 1975, *Reviews of Data on Science Resources*, NSF77 – 305, No. 28, 1977.

28. National Science Foundation, National Science Board, *Science Indicators*, 1978, *Report of the National Science Board*, 1979, Washington D. C. : U. S. Government

Printing Office 1981.

29. National Science Foundation, *Foreign Participants in U. S. Science and Engineering Higher Education and Labor Markets*, Special Report, NSF 81 – 316, Washington D. C. : U. S. Government Printing Office, 1981.

30. National Science Foundation, *Science and Engineering Doctorates: 1960 – 1981*, Special Report NSF 83 – 309, Washington D. C. : U. S. Government Printing Office, 1983.

31. National Science Foundation, *Statistical Profiles of Foreign Doctoral Recipients in Science and Engineering: Plans to Stay in the United States*, NSF99 – 304, Arlington VA: National Science Foundatiuon, 1998.

32. Organization for Economic Co – operation and Development, *International Movement for the Highly Skilled*, Paris: OECD, 1997.

33. OrganiZation for Economic Co-operation and Development, *Trends in International Migration: Annual Report*, Paris: OECD, 1998.

34. Organization for Economic Co-operation and Development, *Innovative People: Mobility of Skilled Personnel in National Innovation Systems*, Paris: OECD, 2001.

35. Organization for Economic Co-operation and Development, *Science, Technology and industry Outlook* 2002: *International Mobility of Science and Technology Personnel*, Paris: OECD, 2002.

36. Organization for Economic Co-operation and Development, *Trends in International Migration: Annual Report*, Paris: OECD, 2004.

37. Organization for Economic Co-operation and Development, *Internationalization and Trade in Higher Education: Opportunities and Challenges*, Paris: OECD, 2004.

38. Organization for Economic Co-operation and Development, *Policy Coherence for Development: Migration and Developing Countries*, Paris: OECD , 2007.

39. Organization for Economic Co-operation and Development, *Trends in International Migration: Annual Report*, Paris: OECD, 2008.

40. The Committee on the International Migration of Talent, *The International Migration of High-Level Manpower: Its Impact on the Development Process*, New York: Praeger Publishers, 1970.

41. United Nations, Population Division, *International Migration and Development: the Concise Report*, ST/ESA/SER. A/164, New York: United Nations Reproduction Section, 1997.

42. U. S. Bureau of Immigration and Naturalization, *Annual Report of the Commissioner-General of Immigration to the Secretary of Labor*, Washington D. C. : U. S. Government Printing Office, 1929.

43. U. S. Bureau of Immigration and Naturalization, *Annual Report of the Commissioner-General of Immigration to the Secretary of Labor*, Washington D. C. : U. S. Government Printing Office, 1932.

44. U. S. Commission on Immigration Reform, *Legal Immigration: Setting Priorities*, 1995 *Legal Immigration Report to Congress*, Washington D. C. : U. S. Government Printing Office, 1995.

45. U. S. Commission on Immigration Reform, *Legal Admissions: Temporary*, September 1997. (Unpublished report)

46. U. S. Commission on Immigration Reform, *Becoming an American: Immigration and Immigration Policy: 1997 Report to Congress*, Washington D. C. : U. S. Government Printing Office, 1997.

47. U. S. Council on Graduate Medical Education, *Physician Distribution and Health Care Challenges in Rural and Inner-City Areas: The Tenth Report*, Washington D. C. : U. S. Department of Health and Human Services, 1998.

48. U. S. Congress, "United States Information and Educational Exchange Act of 1948", in *United States Code, Congressional Services*, 80th Congress, 2nd Session, Vol. 1, St. Paul, MINN: West Publishing Co. , 1948.

49. U. S. Congress, "United States Information and Educational Exchange Act of 1948: Legislative History", in *United States Code, Congressional Services*, 80th Congress, 2nd Session, Vol. 2, St. Paul, MINN: West Publishing Co. , 1948.

50. U. S. Congress, "Immigration and Nationality Act of 1952: Legislative History", in *United States Code, Congressional and Administrative News*, 82nd Congress, 2nd Session, Vol. 2, St. Paul, MINN: West Publishing Co. , 1952.

51. U. S. Congress, "Immigration and Nationality Act-Amendments", in *United States*

Code, *Congressional and Administrative News*, 89th Congress, 1st Session, Vol. 1, St. Paul, MINN: West Publishing Co. , 1965.

52. U. S. Congress, "Immigration and Nationality Act-Amendments: Legislative History", in *United States Code*, *Congressional and Administrative News*, 89th Congress, 1st Session, Vol. 2, St. Paul, MINN: West Publishing Co. , 1965.

53. U. S. Congress, "Immigration and Nationality Act-Entry of Nonimmigrant, House Report, No. 91 – 851" in*United States Code*, *Congressional and Administrative News*, 91st Congress, 2nd Session, Vol. 2, St. Paul, MINN: West Publishing Co. , 1971.

54. U. S. Congress, "American Competitiveness in the Twenty-First Century", in *United States Code*, *Congressional and Administrative News*, 106nd Congress, 2nd Session, Vol. 1, St. Paul, MINN: West Group, 2001.

55. U. S. Congress, "Health Professions Educational Assistance Act of 1976", in*United States Code*, *Congressional and Administrative News*, 94th Congress, 2nd Session, Vol. 2, St. Paul, MINN: West Publishing Co. , 1976.

56. U. S. Congress, House of Representatives, *Hearing before the President's Commission on Immigration and Naturalization*, 82nd Congress, 2nd Session, Washington D. C. : United States Government Printing Office, 1952.

57. U. S. Congress, House of Representatives, Committee on Government Operations, *The Brain Drain into the United States of Scientists, Engineers, and Physicians: A Staff Study for the Research and Technical Programs Subcommittee of the Committee on Government Operations*, Washington D. C. : U. S. Government Printing Office, 1967.

58. U. S. Congress, House of Representatives, Committee on Government Operations, *The Brain Drain of Scientists, Engineers and Physicians from the Developing Countries into the United States: Hearing before a Subcommittee of the Committee on Government Operations, House of Representatives*, Serial Nomber, 89 – 921, the 90th Congress, Second Session, Washington D. C. : U. S. Government Printing Office, 1968.

59. U. S. Congress, House of Representatives, "Health Professions Educational Assis-

tance Act of 1976: House Report 94 – 266", in *United States Code*, *Congressional and Administrative News*, 94th Congress, 2nd Session, Vol. 4, St. Paul, MINN: West Publishing Co. , 1976.

60. U. S. Congress, House of Representatives, Committee on the Judiciary, *Immigration Nursing Relief Act of 1989: Hearing before the Subcommittee on Immigration, Refugees, and International Law of the Committee on the Judiciary, House of Representatives*, One Hundred First Congress, First Session on H. R. 1507 and H. R. 2111, Serial No. 13, Washington D. C. : U. S. Government Printing Office, 1989.

61. U. S. Congress, "Immigration Act of 1990 ", in *United States Code*, *Congressional and Administrative News*, 101th Congress, 2nd Session, Vol. 4, St. Paul, MINN: West Publishing Co. , 1990.

62. U. S. Congress, House of Representatives, "Immigration Act of 1990: Related Report ", in *United States Code*, *Congressional and Administrative News*, 101th Congress, 2nd Session, Vol. 8, St. Paul, MINN: West Publishing Co. , 1990.

63. U. S. Congress, House of Representatives, *Increasing U. S. Scientific Manpower: Hearing before the Subcommittee on Science, Research and Technology of the Committee on Science, and Technology*, U. S. House of Representatives, One Hundred First Congress, Second Session, No. 147, Washington D. C. : U. S. Government Printing Office, 1990.

64. United States Congress, House of Representatives, "Chinese Student Protection Act of 1992: House Report No; 102 – 826", in *United States Code*, *Congressional and Administrative News*, 102nd Congress, 2nd Session, Vol. 4, St. Paul, MINN: West Publishing Co. , 1992.

65. United States Congress, "American Competitiveness and Workforce Improvement Act of 1998", in *United States Code*, *Congressional and Administrative News*, 102nd Congress, 2nd Session, Vol. 2, St. Paul, MINN: West Group, 1998.

66. United States Congress, Senate, *High-Tech Worker Shortage and U. S. Immigration Policy: Hearing before the Committee on the Judiciary, United States Senate, One Hundred Fifth Congress, Second Session on Examining United States Immigration*

Policy with Regard to Labor Market Conditions in High-Technology Industries and the Administration Proposal to Raise the Annual Quota of H – 1B, Which Enable Skilled Workers to Enter the United States to Work for the American High-Tech Companies. Serial No. J – 105 – 76, Washington D. C.: U. S. Government Printing Office, 1998.

67. U. S. Congress, House of Representative, *H – 1B Temporary Professional Worker Visa Program and Information Technology Workforce Issues: Hearing before the Subcommittee on Immigration and Claims of the Committee on the Judiciary, House of Representatives,* Serial No. 31, Washington D. C. : U. S. Government Printing Office, 1999.

68. U. S. Congress, House of Representatives, *Immigration and America's Workforce for the 21ˢᵗ Century: Hearing before the Subcommittee on Immigration and Claims of the Committee on the Judiciary,* House of Representatives, One Hundred Fifth Congress, Second Session, Serial No. 93, Washington D. C. : U. S. Government Printing Office, 1999.

69. U. S. Congress, House of Representatives, *Benefits to the American Economy of a More Educated Workforce: Hearing before the Subcommittee on Immigration and Claims of the Committee on the Judiciary,* House of Representatives, One Hundred Sixth Congress, First Session, Serial No. 35, Wasington D. C. : U. S. Government Printing Office, 2000.

70. U. S. Congress, House of Representatives, *Immigration Reorganization and Improvement Act of 1999: Hearing before the Subcommittee on Immigration and Claims of the Committee on the Judiciary,* House of Representatives, One Hundred Sixth Congress, First Session on H. R. 2528, Serial No. 76, Washington D. C. : U. S. Government Printing Office, 2000.

71. U. S. Congress, House of Representatives, *Status of Regulations Implementing the American Competitiveness and Workforce Improvement Act of 1998: Hearing before the Subcommittee on Immigration and Claims of the Committee on the Judiciary,* House of the Representatives, Serial No. 113, Washington D. C. : U. S. government Printing Office, 2000.

72. U. S. Congress, House of Representatives, *Guest Worker Programs*: *Impact on the American Workforce and U. S. Immigration Policy*, *Hearing before the Committee on Education and the Workforce*, U. S. House of Representatives, One Hundred Ninth Congress, Second Session, Serial No. 109 – 47, Washington D. C. : U. S. Government Printing Office, 2006.

73. U. S. Congress, House of Representatives, *Should Congress Raise the H – 1B Cap? Hearing before the Subcommittee on Immigration, Border Security and Claims of the Committee on the Judiciary*, House of Representatives, One Hundred Ninth Congress, Second Session, Serial No. 109 – 95, Washington D. C. : U. S. Government Printing Office, 2006.

74. U. S. Congress, House of Representatives, *An Examination of Point Systems as A Method for Selecting Immigrants*: *Hearing before the Subcommittee on Immigration, Citizenship, Refugees, Border Security and International Law of the Committee on the Judiciary, House of Representatives*, One Hundred Tenth Congress, First Session, Serial No. 110 – 20, Washington D. C. : U. S. Government Printing Office, 2007.

75. U. S. Congress, House of Representatives, Committee on Science and Technology, *Status of Visas and Other Policies for Foreign Students and Scholars*: *Hearing before the Subcommittee on Research and Science Education, Committee on Science and Technology*, House of Representatives, One Hundred Tenth Congress, Second Session, Serial No. 110 – 74, Washington D. C. : U. S. Government Printing Office, 2008.

76. U. S. Congress, House of Representatives, *Need for Green Cards for Highly Skilled Workers*: *Hearing before the Subcommittee on Immigration, Citizenship, Refugees, Border Security and International Law of the Committee on the Judiciary*, House of Representatives, One hundred Tenth Congress, Second Session, Serial No. 110 – 89, Washington D. C. : U. S. Government Printing Office, 2008.

77. U. S. , Senate, "Exchange Visitors-Immigration Status Act of 1956" in *United States Code, Congressional and Administrative News*, 84th Congress-Second Session, Vol. 1, St. Paul, MINN: West Publishing Co. , 1956.

78. U. S. Congress, Senate, "Exchange Visitors-Immigration Status: Senate Report No. 1608, March 1956" in *United States Code*, *Congressional and Administrative News*, 84th Congress-Second Session, Vol. 2, St. Paul, MINN: West Publishing Co., 1956.

79. U. S. Congress, Senate, *Mutual Educational and Cultural Exchange Act of 1961: Report of the Committee on Foreign Relations*, *United States Senate on S. 1154*, 87th Congress, 1st Session, *Report* No. 372, Washington D. C. : U. S. Government Printing Office, 1961.

80. U. S. Congress, Senate, "Mutual Educational and Cultural Exchange Act of 1961", in *United States Code*, *Congressional and Administrative News*, 87th Congress, 1st Session, Vol. 1, St. Paul, MINN: West Publishing Co., 1961.

81. U. S. Congress, Senate, *Oversight Hearing on the Immigration and Naturalization Service and Immigrant Issues*, *Hearing before the Subcommittee on Immigration and Refugee Affairs of the Committee on the Judiciary*, United States Senate, One Hundred Second Congress, First Session, Serial No. J – 102 – 29, Washington D. C. : U. S. Government Printing Office, 1992.

82. United States Congress, Senate, *High-Tech Worker Shortage and U. S. Immigration Policy: Hearing before the Committee on the Judiciary*, United States Senate, One Hundred Fifth Congress, Second Session, Serial No. J – 105 – 76, Washington D. C. : U. S. Government Printing Office, 1998.

83. United States Congress, Senate, "American Competitiveness in the Twenty-First Century of 2000: Senate Report 106 – 260", in *United States Code*, *Congressional and Administrative News*, 106nd Congress, 2nd Session, Vol. 4, St. Paul, MINN: West Group, 2001.

84. U. S. Congress, Senate, *Immigration Policy: An Overview*, *Hearing before the Subcommittee on Immigration of the Committee on the Judiciary*, U. S. Senate, One Hundred Seventh Congress, First Session, Serial No. J – 107 – 12, Washington D. C. : U. S. Government Printing Office, 2002.

85. U. S Congress, Senate, *The L-1 Visa and American Interests in the 21st Century Global Economy: Hearing before the Subcommittee on Immigration, Border, Secu-*

rity and Citizenship of the Judiciary Committee, Serial No. J – 108 – 31, Washington D. C. : U. S. Government Printing Office, 2004.

86. United States Senate, *U. S. Visa Policy: Competition for International Scholars, Scientists, and Skilled Workers, Hearing Before the Subcommittee on Immigration, Border Security and Citizenship of the Committee on the Judiciary*, United States Senate, One Hundred Ninth Congress, Second Session, Serial No. J – 109 – 105, Washington D. C. : U. S. Government Printing Office, 2007.

87. U. S. Congress, Senate, *Employment – Based Permanent Immigration: Examining the Value of a Skills – Based Point System, Hearing of the Committee on Health, Education, Labor, and Pensions*, United States Senate, One Hundred Ninth Congress, Second Session, Washington D. C. : U. S. Government Printing Office, 2007.

88. U. S. Congress, Congressional Budget Office, *Immigration Policy in the United States*, February, 2006.

89. U. S. Congressional Research Service and Library of Congress, *U. S. Immigration Law and Policy, 1952 – 1979: A Report Prepared at the Request of Senator Edward M. Kennedy, Chairman, Committee on the Judiciary, United States Senate upon the Formation of the Select Commission on Immigration and Refugee Policy*, Ninety-Sixth Congress, First Session, Washington D. C. : U. S. Government Printing Office, 1979.

90. U. S. Department of Commerce, Bureau of the Census, *Statistical Abstract of the United States*, Washington D. C. : U. S. Government Printing Office, 1963.

91. U. S. Department of Commerce, Bureau of the Census, *Historical Statistics of the United States, Colonial Times to 1970*, Washington D. C. : U. S. Government Printing Office, 1975.

92. U. S. Department of Commerce, *Bureau of the Census, The Statistical Abstract of the United States*, Washington D. C. U. S. Government Printing Office, 1998.

93. United States Department of Justice, Immigration and Naturalization Service, *Annual Report of the Immigration and Naturalization Service*, Washington D. C. : U. S. Government Printing Office, 1964.

94. United States Department of Justice, Immigration and Naturalization Service, *Annual Report of the Immigration and Naturalization Service*, Washington D. C. : U. S. Government Printing Office, 1968.

95. U. S. Department of Justice, Immigration and Naturalization Service, *Statistic Yearbook of the Immigration and Naturalization Service*, 2000, Washington D. C. : U. S. Government Printing Office, 2002.

96. U. S. Department of Labor, Bureau of International Affairs, *The Effects of Immigration on the U. S. Economy and Labor Market*, Washington D. C. : U. S. Government Printing Office, 1989.

97. U. S. Departments of Justice, Labor and State, *Interagency Task Force on Immigration Policy: Staff Report Companion Papers*, (unpublished document) 1979.

98. United States General Accounting Office: "Statement of Victor I. Lowe, Director, General Government Division before the Subcommittee on Immigration, Citizenship, and International Law", *House Judiciary Committee on the Investigation of Alleged Nazi War Criminals Residing in the United States by Immigration and Naturalization Service*, Washington D. C. : U. S. Department of Justice, August, 1977.

99. United States General Accounting Office, *Difficulties in Determining if Nuclear Training of Foreigners Contributes to Weapons Proliferation: Report by the Comptroller of the United States*, Washington D. C. : U. S. General Accounting Office, GGD – 79 – 2, 1979.

100. United States General Accounting Office, *Information on Aliens Admitted into the United States as Nonimmigrant Workers: Report to the Chairman, Committee on the Judiciary, House Representatives*, Washington D. C. : U. S. General Accounting Office, GAO/GGD – 85 – 27, 1984.

101. United States General Accounting Office: *Report by the Comptroller of the United States: Nazis and Axis Collaborators Were Used to Further U. S. Anti-Communist Objectives in Europe, Some Immigrated to the United States*, Washington D. C. : U. S. General Accounting Office, GAO/GGD – 85 – 66, 1985.

102. United States General Accounting Office, *Immigration-Need to Reassess*

U. S. Policy: *Report to the Congress by the Comptroller of the United States*, Washington D. C. : U. S. General Accounting Office, GAO/GGD – 76 – 101, June 28, 1985.

103. United States General Accounting Office, *Health Care Information on Foreign Nurses Working in the United States Under Contemporary Work Visas*: *Report to the Subcommittee on Immigration and Refugee Affairs Committee on the Judiciary*, *U. S. Senate*, GAO/HRD – 90 – 10, Washington D. C. : United States General Accounting Office, 1989.

104. United States General Accounting Office, *U. S. Information Agency Inappropriate Use of Educational and Cultural Exchange Visas*: *Report to Congressional Committees*, GAO/NSIA – 90 – 61, Washington D. C. : United States General Accounting Office, 1990.

105. United States General Accounting Office, *Nonimmigrant Visas Requirements Affecting Artists*, *Entertainers and Athletes*: *Report to Congressional Committees*, GAO/NSID – 93 – 6, Washington D. C. : United States General Accounting Office, 1990.

106. United States General Accounting Office, *U. S. Information Agency Inappropriate Use of Educational and Cultural Exchange Visas*: *Report to Congressional Committees*, Washington D. C. : United States General Accounting Office, 1990.

107. U. S. General Accounting Office, *Immigration Management*: *Strong Leadership and Management Reforms Needed to Address Serious Problems*, GAO/GGD – 91 – 28, Washington D. C. : United States General Accounting Office, 1991.

108. U. S. General Accounting Office, *Financial Management*: *INS Lacks Accountability and Controls Over Its Resources*, GAO-AFMD-91-20, Washington D. C. : United States General Accounting Office, 1991.

109. United States General Accounting Office, *Information Management*: *Immigration and Naturalization Service*, *Lacks Ready Access to Essential Data*, GAO-IMTEC-90 – 75, Washington D. C. : United States General Accounting Office, 1990.

110. United States General Accounting Office, *H – 1B Foreign Workers*, *Better Controls Needed to Help Employers and Protect Workers*, *Report to the Ranking Minority*

Member, *Subcommittee on Criminal Justice*, *Drug Policy and Human Resources*, *Committee on Government Reform*, House Representatives GAO/HEHS – 00 – 157, Washington D. C. : United States General Accounting Office, 2000.

111. United States General Accounting Office, *H – 1B Foreign Workers*: *Better Tracking Needed to Help Determine H – 1B Programs Effects on U. S. Workforce*, GAO – 03 – 883, Washington D. C. : United States General Accounting Office, 2003.

112. U. S, Senate, "Exchange Visitors – Immigration Status Act of 1956" in , *United States Code*, *Congressional and Administrative News*, 84th Congress – Second Session, Vol. 1, St. Paul, MINN: West Publishing Co. , 1956.

113. U. S, Senate, "Exchange Visitors-Immigration Status: Senate Report No. 1608, March 1956" in *United States Code*, *Congressional and Administrative News*, 84th Congress-Second Session, Vol. 2, St. Paul, MINN: West Publishing Co. , 1956.

英文著作

114. Adams, Richard H. , Jr. , *International Migration*, *Remittance and the Brain Drain*: *A Study of 24 Labor-Exporting Countries*, Washington D. C. : World Bank, Policy Research Working Paper 3069, 2003.

115. Adams, Walter, ed. , *The Brain Drain*, New York: The Macmillan Company, 1968.

116. Ash, Mitchell G. , and Sollner, Alfonsed. , *Forced Migration and Scientific Change*, *Émigré German-Speaking Scientists and Scholars After 1933*, New York: Cambridge University Press, 1996.

117. Baines, Dudley, *Emigration From Europe 1815 – 1930*, Hamshire, England: Macimillan Education Ltd. , 1991.

118. Bar-Zohar, Michel, *The Hunt for German Scientists*, translated from French by Len Ortzen, London: Arthur Barker Limited, 1967.

119. Bartlett, David L. , U. S. *Immigration Policy in Global Perspective*: *International Migration in OECD Countries*, Washington, D. C. : American Immigration Law Foundation, 2007.

120. Batalova, Jeanne, *Skilled Immigrant and Native Workers in the United States: The Economic Competition Debate and Beyond*, New York: LFB Scholarly Publishing LLC, 2006.

121. Berdieva, Dilchoda N. , *Presidential Politics of Immigration Reform*, Oxford, Ohio: Miami University, 2003.

122. Bhagwati, Jagdish N. , and Partington, Martin, *Taxing the Brain Drain: A Proposal*, Amsterdam: North-Holland Publishing Company, 1976.

123. Beard, Charles, *The Idea of National Interest: An Analytical Study in American Foreign Policy*, c1934, reprint, Chicago: Quadrangle Books, 1966.

124. Bernard, Williams, *American Immigration Policy: A Reappraisal*, New York: Harper and Bros Press, 1950.

125. Bennett, Mariaon, *American Immigration Policy: A History*, Washington D. C. : Public Affairs Press, 1963.

126. Blotevogel, Hans H. , and Fielding, Anthony J. , eds. , *People, Jobs and Mobility in the New Europe*, New York: John Wiley and Sons, 1997.

127. Bodnar, John E. , *The Transplanted: A History of Immigrants in the United States*, Bloomington: Indiana University Press, 1987.

128. Bojas, George J. , *International Differences in the Labor Performance of Immigrants*, W. E. Upjohn Institute for Employment Research, 1988.

129. Bresk, George F. , *Intergovernmental Fiscal Relations in the United States*, Washington, D. C. : The Brookings Institution, 1965.

130. Broeck, Julien van den, *The Economics of Labour Migration*, Cheltenham, UK: Edward Elgar Publishing Company, 1996.

131. Briggs, Vernon M. , Jr. , *Immigration Policy and the American Labor*, The Johns Hopkins University Press, 1984.

132. Briggs, Vernon M. , Jr. , *Mass Immigration and the National Interest*, Armonk, New York: M. E. Sharpe, 1996.

133. Briggs, Vernon M. , Jr. , *Immigration and American Unionism*, Ithaca, Cornell University Press, 2001.

134. Capaldi, Nicholas, *Immigration: Debating the Issues*, Amherst, New York:

Prometheus Books, 1997.

135. Cinel, Dino, *The National Integration of Italian Return Migration*, 1870 – 1929, NewYork: Cambridge University Press, 1991.

136. Daniels, Roger, *Coming to America: A History of Immigration and Ethnicity in American Life*, New York: Harper Collins Publishers, 1990.

137. Daniels, Roger, *Guarding the Golden Door: American Immigration Policy and Immigration Since* 1882, New York: Hill and Wang Inc. , 2004.

138. Dinnerstein, Leonard, and Reimers, David, *Ethnic Americans: A History of Immigration and Assimilation*, New York: Columbia University Press, 2009.

139. Divine, Robert, *American Immigration Policy: 1924 – 1952*, New York: Dale Co. Press, 1972.

140. Du Bois, Cora, *Foreign Students and Higher Education in the United States*, Washington D. C. : American Council on Education, 1962.

141. Ehrenberg, Ronald G. and Kuh, Charlotte V. eds. , *Doctoral Education and the Faculty of the Future*, Ithaca: Cornell University Press, 2009.

142. Foster, Lorne, *Turnstile Immigration: Multiculturalism, Social Order and Social Justice in Canada*, Toronto: Thompson Educational Publishing, Inc. , 1998.

143. Gaillard, Anne Marie, and Gaillard, Jacques, *International Migration of the Highly Qualified: A Bibliographic and Conceptual Itinerary*, New York: Center for Migration Studies, 1998.

144. Gimbel, John, *Science, Technology, and Reparations: Exploitation and Plunder in Postwar Germany*, Stanford, CA: Stanford University Press, 1990.

145. Gold, Steven J. and Rumbaut, Rubén G. , *The New Americans: Recent Immigration and American Society*, New York: LFB Scholarly Publishing LLC, 2006.

146. Handlin, Oscar, *The Uprooted: The Epic Story of the Great Migrations That Made the American People*, Boston: Little Brown and Company, second printing, 1973.

147. Harmon, Lindsey R. and Soldz, Herbert *Doctorate Production in United States*,

1920 – 1962, Washington D. C. : National Science Academy, 1963.

148. Harper, Elizabeth J. , and Chase, Roland F. , eds. , *Immigration Laws of the United States*, third edition, Indianapolis: The Bobbs – Merrill Company, Inc. , 1975.

149. Harper, Marjory, ed. , *Emigrant Homecomings: The Return Movement of Emigrants*, 1600 – 2000, Manchester, UK: Manchester University Press, 2005.

150. Hayes, Helene, *U. S. Immigration Policy and the Undocumented: Ambivalent Laws, Furtive Lives*, Westport, Connecticut: Praeger Publishers Inc. , 2001.

151. Heenan, David, *Flight Capital: The Alarming Exodus of America's Best and Brightest*, Mountain View, CA: Davis-Black Publishing, 2005.

152. Heer, David, *Immigration in America's Future: Social Science Findings and the Policy Debate*, Boulder: Westernview Press, 1996.

153. Higham, John, *The Strangers in the Land: Patterns of American Nativism 1960 – 1925*, The Johns Hopkins University, 1955.

154. Hoffa, William W. , *A History of U. S. Study Abroad: Beginnings to 1965, A Special Publication of Frontiers: The Inter-disciplinary Journal of Study Abroad and The Forum on Education Abroad*, 2007.

155. Holmes, Leslie and Murray, Philomena, *Citizenship and Identity in Europe*, Brookfield, Vermont: Ashgate Publishing Company, 1999.

156. Jerome, Harry, *Migration and Business Cycles*, New York: National Business Bureau, 1926.

157. Kallgren, Joyce K. , and Simon, Denis Fred, *Educational Exchanges: Essays on the Sino-American Experience*, Berkeley: The Regents of University of California, 1987.

158. Kennan, George F. , *American Diplomacy, 1900 – 1950*, Chicago: Chicago University Press, 1951.

159. Kessner, Thomas, *The Golden Door: Italian and Jewish Immigrant Mobility in New York City, 1880 – 1915*, New York: New York University Press, 1977.

160. Kirkegaard, Jacob F. , *The Accelerating Declining in America's High-Skilled Workforce: Implications for Immigration Policy*, Washington D. C. : Peterson

Institute for International Economics, 2007.

161. Klineberg, Otto, *International Educational Exchange*: *An Assessment of Its Nature and Its Prospects*, Paris: Mouton and Ecole des Hautes Etudes en Sciences Sociales, 1976.

162. Kleinman, Daniel Lee, *Politics on the Endless Frontier*: *Postwar Research Policy in the United States*, Durham: Duke University Press, 1995.

163. Kwong, Peter and Miscevic, Dusanka, *Chinese America*: *The Untold Story of America's Oldest New Community*, New York: The New Press, 2005.

164. Laham, Nicholas, *Ronald Reagan and The Politics of Immigration Reform*, Westport, CT: Praeger Publishers Inc. , 2000.

165. Lakshmana, Rao G. , *Brain Drain and Foreign Students*: *A Study of the Attitudes, and Intentions of Foreign Students in Australia, the U. S. A. , Canada, and France*, New York: St. Martin's Press, 1979.

166. Lasby, Clarence G. , *Project Paperclip*: *German Scientists and the Cold War*, New York: Atheneum, 1971.

167. Legomsky, Stenphen H. , *Immigration and Refugee Law and Policy*, New York: Foundation Press, 3thd edition, 2002.

168. Lemay, Michael, and Barkan, Elliott R. , *U. S. Immigration and Naturalization Law issues*: *A Documentary History*, Westport, CT: Greenwood Press, 1999.

169. LeMay, Michael, *From the Open Door to the Dutch Door*: *An Analysis of U. S. Immigration Policy*, Westport, CT: Praeger Publishing Co. , 1987.

170. LeMay, Michael, *Guarding the National Gates*: *Immigration and National Security*, *Westport*, CT: Praeger Security International, 2006.

171. Lowell,. B. Lindsay, *Foreign Temporary Workers in America*: *Policies that Benefit the U. S. Economy*, Westport, CT: Quorum Books, 1999.

172. Malarek, Victor, *Haven's Gate*: *Canada's Immigration Fiaso*, Toronto: Macmillan of Canada, 1987.

173. More, Kelly, *Disrupting Science, Social Movements, American Scientists and the Politics of the Military, 1945 – 1975*, Princeton: Princeton University Press, 2008.

174. Morgenthau, Hans, *In Defense of the National Interest: A Critical Examination of American Foreign Policy*, New York: Alfred A. Knopf, 1951.

175. North, David S., *Nonimmigrant Workers in the U. S.: Current Trends and Future Implications*, Springfield, Virginia: National Technical Information Service, 1980.

176. Nuechterlein, Donald E., *National Interests and Presidential Leadership: The Setting of Prorities*, Boulder: Westview Press, 1978.

177. Ogden, Phili E., *Migration and Geographical Change*, Cambridge: Cambridge University Press, 1984.

178. Oh, Tai K., *The Asian Brain Drain: A Factual and Casual Analysis*, San Francisco: R & E Research Associate, Inc., 1977.

179. Orleans, Leo A., *Chinese Students in America: Policies, Issues and Numbers*, Washington D. C.: National Academy Press, 1988.

180. Papademetriou, Demetrios G., and Yale-Loehr, Stephen, *Balancing Interests: Rethinking U. S. Selection of Skilled Immigrants*, Washington D. C: Carnegie Endowment for International Peace, 1996.

181. Pistone, Michele R., and Hoeffiner, John J., *Stepping Out of the Brain Drain: Applying Catholic Teaching in a New Era of Migration*, New York: Lexington Books, 2007.

182. Ritterband, Paul, *Education, Employment and Migration: Israel in Comparative*, New York: Cambridge University Press, 1978.

183. Robinson, Vaughan ed., *Geography and Migration*, Cheltenham, UK: Edward Elgar Publishing Company, 1996.

184. Robinson, Vaughan ed., *Migration and Public Policy*, UK: Edward Elgar Publishing Limited, 1999.

185. Solimano, Andrés, *The International Mobility of Talent: Types, Causes and Development Impact*, Oxford: Oxford University Press, 2008.

186. Spickard, Paul ed., *Almost All Aliens: Immigration, Race, and Colonialism in American History and Identity*, New York: Routledge, 2007.

187. Suro, Robert, *Watching America's Door: The Immigration Backlash and the New*

Policy Debate, New York: The Twentieth Century Press, 1996.

188. Susskind, Charles and Schell, Lynn, *Exporting Technical Education: A Survey and Case Study of Foreign Professionals with U. S. Graduate Degrees*, New York: Institute of International Education, 1968.

189. Takaki, Ronald, *A Different Mirror: A History of Multicultural America*, Boston: Little, Brown and Company, 1993.

190. Tambar, Udai, ed. , *Movement of Global Talent: The Impact of High Skill Labor Flows from India and China*, Princeton, NJ: Princeton University Press, 2007.

191. Walsh, Gerard P. Jr. , *Naturalization Laws*, Washington D. C. : U. S. Government Printing Office, 1981.

192. Wescott, C. , and Brinkerhoff, J. , eds. , *Converting Migration Drains into Gains: Harnessing the Resources of Overseas Professional*, Manila, Phillippines: Asian Development Bank, September, 2006.

193. Wong, Carolyn, *The Politics of Immigration: An Analysis of Policy Reform in Congress, 1965 - 1996*, Ann Arbor, MI: UMI Company, 1997.

194. Weili, Ye, *Seeking Modernity in China's Name: Chinese Students in the United States, 1900 - 1927*, Stanford, CA: Stanford University Press, 2001.

195. Zinius, Birgit, *Chinese America, Stereotype and Reality: History, Present and Future of the Chinese Americans*, New York: Peter Lang Publishing Inc. , 2005.

196. Zweig, David and Changgui, Chen, *China's Brain Drain to the United States: Views of Overseas Chinese Students and Scholars in the 1990s*, Berkeley, CA: University of California-Berkeley, 1995.

英文论文

197. Borjas, George J. and Bratsberg, Brent, "Who Leaves? The Outmigration of the Foreign Born", *The Review of Economics and Statistics*, Vol. 178, No. 1, 1996.

198. Chellara, Gnanaraj, Maskus, Keith E. , and Mattoo, Aaditya, "The Contri-

bution of Skilled Immigration and International Graduate Students to U. S. Innovation", *Policy Research Working Paper* 3588, The World Bank Development Research Group, May, 2005.

199. Conk, Margo A., "Occupational Classification in the United States Census: 1870 - 1940", *Journal of Interdisciplinary History*, Vol. 9, No. 1, Summer, 1978.

200. Docquier, Frédéric, Lobest, Olivier and Markfouk, Abdeslam, "Brain Drain in Developing Countries", *The World Bank Economic Review*, Vol. 21, No. 2, (June 2007).

201. Freeman, Richard B., "People Flow in Globalization", *The Journal of Economic Perspectives*, Vol. 20, No. 2, 2006.

202. Grubel, Herbert G., "Brain Drain: The U. S Dilemma", *Science*, Vol. 154, No. 3755, December, 1966.

203. Kennedy, Liam, and Lucas, Scott, "Public Diplomacy and American Foreign Policy", *American Quarterly*. Vol. 57, Iss. 2 (Jun 2005).

204. McElroy, William D., "A Visit with Vannevar Bush", *Mosaic*, Vol. 1, No. 1 (Winter 1970).

205. Mahroun, Sami, "Europe and the Immigration of Highly Skilled Labour", *International Migration*, Vol. 39, No. 5, 2001.

206. Miller, Paul W., "The Earnings of Asian Male Immigrants in the Canadian Labor Market", *International Migration Review*, Vol. 26, No. 4, 1992.

207. Iredale, Robyn, "The Need to Import Skilled Personnel: Factors Favoring and Hindering its International Mobility", *International Migration*, Vol. 37, No. 1, 1999.

208. Iredale, Robyn, "The Migration of Professionals: Theories and Typologies" *International Migration*, Vol. 39, No. 5., 2001.

209. Kramer, Roger G., "Development in the International Migration to the United States: 2003", Washington D. C.: U. S. Department of Labor, *Working Paper* No. 38, December, 2003.

210. Saxenian, Anna Lee, "Brain Circulation: How High - Skill Immigration Makes Everyone Better Off", *The Brookings Review*, No. 20, No. 1, Winter, 2002.

211. West, Lawrence A. Jr. , Bogumil, Walter A. , Jr. , Ridolfi, Edward B. , "Foreign Workers as a Strategic Staffing Option and Executive Commentary", *The Academy of Management Executive*, Vol. 14, No. 4, November, 2000.

212. Wolfers, Arnold, "'National Security' as an Ambiguous Symbol", *Political Science Quarterly*, Vol. LXVII, No. 4, Dec. 1952.

213. Zlotnik, Hania, "Trends of International Migration Since 1965: What Existing Data Reveal", *International Migration*, Vol. 37, No. 1, 1999.

网络/网上资料

214. Barnes, Trevor J. , and Farish, Matthew, "Between Regions: Science, Military and American Geography from World War to Cold War", *Annals of the Association of American Geographers*, Vol. 96, No. 4 (Dec. , 2006); http://www. jstor. org/stable/4124459. (2013 年 7 月 2 日下载)

215. Barnett, Michael, "Evolution without Progress? Humanitarianism in a World of Hurt", *International Organization*, Vol. 63, No. 4 (Fall, 2009); http://www. jstor. org/stable/40345951. (2013 年 10 月 24 日下载)

216. Bean, Frank D. , "State Interests and U. S. Immigration Policy", *Contemporary Sociology*, Vol. 22, No. 4 (Jul. , 1993); http://www. jstor. org/stable/2074423. (2011 年 5 月 16 日下载)

217. Benn, S. I. , "Interests'in Politics", *Proceedings of the Aristotelian Society*, *New Series*, Vol. 60 (1959 – 1960); http://www. jstor. org/stable/4544625. (2012 年 10 月 17 日下载)

218. Borjas, George, "Do Foreign Students Crowd Out Native Students From Graduate Programs?", *Working Papers* 10349 , National Bureau of Economic Research, (March 2004); http://www. nber. org /papers/w10349. (2009 年 6 月 25 日下载)

219. Bojas, George Jr. , "Immigration Policy, National Origin and Immigration Skills: A Comparison of Canada and the United States", *Working Paper No.* 3691, National Bureau of Economic Research, 1999; http://www. nber. org/papers/

w3691. （2009 年 7 月 26 日下载）

220. ［没有作者］ "Brain Drain: The Sound and the Fury Source" *Science News*, Vol. 91, No. 11 (Mar. 18, 1967): http://www. jstor. org/stable/3951800。 （2009 年 6 月 3 日下载）

221. Brader, Ted, Valentino, Nicholas A. and Suhay, Elizabeth, "What Triggers Public Opposition to Immigration? Anxiety, Group Cues, and Immigration Threat", *American Journal of Political Science*, Vol. 52, No. 4 (Oct., 2008); http://www. jstor. org/stable/25193860. （2012 年 12 月 20 日下载）

222. Briggs, Vernon M., Jr., "The Immigration Act of 1990: Retreat from Reform", *Population and Environment*, Vol. 13, No. 1 (Fall, 1991); http://www. jstor. org/stable/. （2012 年 12 月 20 日下载）

223. Briggs, Vernon M., Jr., "Reining-In a Rogue Policy: The Imperative of Immigration Reform", *The University of Miami Inter-American Law Review*, Vol. 30, No. 3, (Winter-Spring, 1999); http://www. jstor. org/stable/40176489. （2012 年 12 月 20 日下载）

224. Liping Bu, "Educational Exchange and Cultural Diplomacy in the Cold War", *Journal of American Studies*, Vol. 33, No. 3 (Dec., 1999), http://www. jstor. org/stabel/27556683. （2013 年 9 月 25 日下载）

225. Chaloff, Jonathan and Lemaitre, Georges, "Managing Highly Skilled Labour Migration: A Comparative Analysis of Migration Policies and Challenges in OECD Countries", *OECD Social, Employment and Migration Working Papers*, DELSA/ELSA/WD/SEM (2009), Paris: OECD, 2009; http://lysander. sourceoecd. org/vl = 3601278/cl = 11/nw = 1/rpsv/cgi-bin/wppdf? file = 5ksm37fqzk7g. pdf. （2010 年 5 月 1 日下载）

226. Chang, Howard F. "Liberalized Immigration as Free Trade: Economic Welfare and the Optimal Immigration Policy", *University of Pennsylvania Law Review*, Vol. 145, No. 5 (May, 1997); http://www. jstor. org /stable/3312665. （2013 年 11 月 11 日下载）

227. Clayton, James L., "The Fiscal Limits of the Warfare-Welfare State: Defense and Welfare Spending in the United States since 1900", *The Western Political*

Quarterly, Vol. 29, No. 3 （Sep. , 1976）; http：//www. jstor. org/stable/447510. （2013 年 7 月 2 日下载）

228. Clavin, Patricia "Defining Transnationalism", *Contemporary European History*, Vol. 14, No. 4, 1920-1970 （Nov. , 2005）; http：//www. jstor. org/stable/20081278. （2013 年 12 月 22 日下载）

229. Dobson, Roger, "Poor Countries Need To Tackle The Health Brain Drain", *British Medical Journal*, Vol. 329, No. 7463 （Aug. 21, 2004）; http：//www. jstor. org/stable/25468960. （2011 年 5 月 17 日）

230. Doering, Otto, "Science and Public Policy: Shotgun Wedding or Marriage Made in Heaven?", *Weed Technology*, Vol. 8, No. 4 （Oct. -Dec. , 1994）; http：//www. jstor. org/stable/3988213. （2014 年 1 月 12 日下载）

231. Dorsey, Margaret E. , and Díaz-Barriga, Miguel, "Senator Barack Obama and Immigration Reform", *Journal of Black Studies*, Vol. 38, No. 1, （Sep. , 2007）; http：//www. jstor. org/stable/40034404. （2012 年 12 月 20 日下载）

232. Dublin, Thomas D. , "Foreign Physicians: Their Impact on U. S. Health Care", *Science*, Vol. 85, No. 4149 （Aug. 2, 1974）, http：//www. jstor. org/stable/1738206. （2009 年 6 月 3 日下载）

233. Dumont, Jean-Christophe and Lemaître, Georges, "Beyond the Headlines: New Evidence on the Brain Drain" *Revue économique*, Vol. 56, No. 6, （Nov. , 2005）; http：//www. jstor. org/stable/25046500. （2009 年 6 月 3 日）

234. Dunlevy, James A. , "Mass Immigration and the National Interest by Vernon M. Briggs", *Southern Economic Journal*, Vol. 60, No. 2 （Oct. , 1993）; http：//www. jstor. org/stable/1060103. （2011 年 10 月 27 日下载）

235. Eckes, Alfred E. , "Trading American Interests", *Foreign Affairs*, Vol. 71, No. 4 （Fall, 1992）; http：//www. jstor. org/stable/20045314. （2012 年 10 月 21 日）

236. Executive Office of the President, "Statement of Administration Policy", May 23, 2007; http：//www. justice. gov/archive/olp/pdf/s1348sap. pdf. （2013 年 1 月 20 日下载）

237. Foner, Eric "Presidential Address, American Freedom in a Global Age", *American*

Historical Review, Vol. 106, No. 1, (Feb. 2001); http：//ahr. oxfordjournals. org/ content/106/1/1. full. pdf. （2013 年 11 月 5 日下载)

238. Gallegos, Gabriela A. , "Border Matters：Redefining the National Interest in U. S. -Mexico Immigration and Trade Policy", *California Law Review*, Vol. 92, No. 6 (Dec. , 2004); http：//www. jstor. org/stable/3481354. (2012 年 12 月 20 日下载)

239. Gerovitch, Slava, " 'Mathematical Machines' of the Cold War：Soviet Compu- ting, American Cybernetics and Ideological Disputes in the Early 1950s", *Social Studies of Science*, Vol. 31, No. 2, (Apr. , 2001); http：//www. jstor. org/sta- ble/3183114. (2013 年 7 月 2 日下载)

240. Gienow-Hecht, Jessica C. E. , "Shame on U. S. ? Academics, Cultural Trans- fer, and the Cold War-A Critical Review", *Diplomatic History*, Vol. 24, No. 3 (Summer 2000) http：//dh. oxfordjournals. org/. (2013 年 9 月 25 日下载)。

241. Gonzalez, Andrew, "Higher Education, Brain Drain and Overseas Employment in the Philippines：Towards a Differentiated Set of Solutions", *Higher Education*, Vol. 23, No. 1, (Jan. , 1992); http：//www. jstor. org/stable/3447317. (2009 年 6 月 3 日下载)

242. Green, Alan G. , and Green, David A. , "The Economic Goals of Canada's Im- migration Policy：Past and Present", *Canadian Public Policy*, Vol. 25, No. 4, 1999; http：//www. jstor. org/stable/3552422. (2008 年 5 月 21 日下载)

243. Hanson, Gordon H. , & Slaughter, Matthew J. , "Talent, Immigration, and U. S. Economic Competitiveness"; http：//www. ucsd. edu/assets/001/504703. pdf. (2014 年 4 月 8 日下载)

244. Hansen, W. Lee, Moser, Claus, Brown, David, "The Economics of Scientific and Engineering Manpower", *The Journal of Human Resources*, Vol. 2, No. 2 (Spring, 1967); http：//www. jstor. org/stable/144662. (2011 年 6 月 20 日 下载)

245. Heindel, Richard H. , "The Alien Scientist and the War", *Annals of the Ameri- can Academy of Political and Social Science*, Vol. 223, (Sep 1942); http; // www. jstor. org/stable/1023798. (2009 年 3 月 6 日下载)

246. Higham, John, "American Immigration Policy in Historical Perspective", *Law and Contemporary Problems*, Vol. 21, No. 2, (Spring, 1956), http://www.jstor.org/stable/1190500. (2011 年 5 月 16 日下载)

247. Hirschman, Charles, "Immigration and the American Century", *Demography*, Vol. 42, No. 4 (Nov., 2005); http://www.jstor.org/stable/4147331. (2012 年 11 月 19 日下载)

248. Hojnacki, Marie, and Kimball, David C., "Organized Interests and the Decision of Whom to Lobby in Congress", *The American Political Science Review*, Vol. 92, No. 4 (Dec., 1998); http://www.jstor.org/stable/2586303. (2012 年 12 月 17 日下载)

249. Hounshell, David, "The Cold War, RAND, and the Generation of Knowledge, 1946 – 1962", *Historical Studies in the Physical and Biological Sciences*, Vol. 27, No. 2 (1997); http://www.jstor.org/stable/27757779. (2012 年 1 月 12 日下载)

250. Huntington, Samuel P., "The Erosion of American National Interests", *Foreign Affairs*, Vol. 76, No. 5 (Sep. – Oct., 1997); http://www.jstor.org/stable/20048198. (2012 年 10 月 17 日下载)

251. Jacoby, Tamar, "Immigration Nation", *Foreign Affairs*, Vol. 85, No. 6 (Nov. – Dec., 2006); http://www.jstor.org/stable/20032143. (2012 年 12 月 20 日下载)

252. Isaac, Joel, "The Human Sciences in Cold War America", *The Historical Journal*, Vol. 50, No. 3 (Sep., 2007); http://www.jstor.org/stable/20175119. (2014 年 1 月 12 日下载)

253. Jaffe, Louis L., "The Philosophy of Our Immigration Law", *Law and Contemporary Problems*, Vol. 21, No. 2, (Spring, 1956); http://www.jstor.org/stable/1190508. (2011 年 5 月 16 日下载)

254. Jasso, Guilermina, Rosenzweig, Mark R., and Smith, James, "The Changing Skill of New Immigrants to the United States: Recent Trends and their Determinants", *Working Paper* 6764, National Bureau of Economic Research, (October, 1998); http://www.nber.org/papers/w6764. (2009 年 6 月 30

日下载）

255. Kannankutty, Nirmala, and Burreli, Joan, "Why Did they Come to the United States? A Profile of Immigrant Scientist and Engineers", *InfoBrief*, NSF 07 – 324 (June 2007), National Science Foundation; http://www.nsf.gov/statistics/infbrief/nsf07324/nsf07324.pdf. （2009 年 1 月 21 日下载）

256. Kaiser, David, "Cold War Requisitions, Scientific Manpower, and the Production of American Physicists after World War II", *Historical Studies in the Physical and Biological Sciences*, Vol. 33, No. 1 (2002); http://www.jstor.org/stable/10.1525/hsps.2002.33.1.131. （2014 年 1 月 12 日下载）。

257. Keely, Charles B., "Effects of U. S. Immigration Law on Manpower Characteristics of Immigrants", *Demography*, Vol. 12, No. 2 (May, 1975); http://www.jstor.org/stable/2060759. （2011 年 5 月 16 日下载）

258. Kennedy, Edward M., "The Immigration Act of 1965", *Annals of the American Academy of Political and Social Science*, Vol. 367, (Sep., 1966); http://www.jstor.org/stable/1034851. （2012 年 12 月 21 日下载）

259. Khadria, Binod, "Patents, Brain Drain and Higher Education: International Barriers to the Defussion of Knowledge, Information and Technology", *Social Scientist*, Vol. 18, No. 5, (May, 1990); http://www.jstor.org/stable/3517465. （2009 年 6 月 3 日下载）

260. Kline, John M., "The International Economic Interests of U. S. States" *Publius*, Vol. 14, No. 4, (Autumn, 1984); http://www.jstor.org/stable/3330191. （2012 年 10 月 21 日下载）

261. Kritz, Mary M., "Time for a National Discussion on Immigration", *International Migration Review*, Vol. 36, No. 1 (Spring, 2002); http://www.jstor.org/stable/4149526. （2012 年 12 月 20 日下载）

262. Levitt, Peggy, and Jaworsky, B. Nadya, "Transnational Migration Studies: Past Developments and Future Trends", *Annual Review of Sociology*, Vol. 33 (2007), http://www.jstor.org/stable/29737757. （2012 年 8 月 13 日下载）

263. Liu, John M., "The Contours of Asian Professional, Technical and Kindred Work Immigration, 1965-1988", *Sociological Perspectives*, Vol. 35, No. 4

（Winter, 1992）; http: //www. jstor. org/stable/1389304. （2009 年 6 月 3
日下载）

264. Lobo, Arun Peter, and Salvo, Joseph J. , "Changing U. S. Immigration Law
and the Occupational Selectivity of Asian Immigrants", *International Migration
Review*, Vol. 32, No. 3 （Autumn, 1998）; http: //www. jstor. org/stable/
2547770. （2012 年 12 月 21 日下载）

265. Macias, Jose, "Forgotten History: Educational and Social Antecedents of High
Achievement Among Asian Immigrants in the United States", *Curriculum Inquir-
y*, Vol. 23, No. 4 （Winter, 1993）; http: //www. jstore. org/stable/
1180067. （2009 年 6 月 3 日下载）

266. Magner, Tara," Immigration Reform, Failure andProspects", *National Immi-
gration Justice Center*, （Sept. 2007）; http: //web. mit. edu/cis/pdf/Audit_
09_ 07_ Magner. pdf. （2013 年 1 月 20 日下载）

267. Markusen, Ann, "Dismantling the Cold War Economy", *World Policy Journal*,
Vol. 9, No. 3 （Summer, 1992）; http: //www. jstor. org/stable/40209258.
（2014 年 1 月 17 日下载）

268. Massey, Douglas S. , "Understanding America's Immigration 'Crisis'", *Pro-
ceedings of the American Philosophical Society*, Vol. 151, No. 3 （Sep. ,
2007）; http: //www. jstor. org/stable/4599074. （2012 年 12 月 20 日下载）

269. Kathleen D. McCarthy, "From Cold War to Cultural Development: The Interna-
tional Cultural Activities of the Ford Foundation, 1950 – 1980", *Daedalus*,
Vol. 116, No. 1, （Winter, 1987）; http: //www. jstor. org/stable/20025087.
（2013 年 9 月 25 日下载）

270. McLauchlan, Gregory, and Hooks, Gregory, "Last of the Dinosaurs? Big
Weapons, Big Science, and the American State from Hiroshima to the End of
the Cold War", *The Sociological Quarterly*, Vol. 36, No. 4 （Autumn, 1995）;
http: //www. jstor. org/stable/4121350. （2014 年 1 月 17 日下载）

271. Morgenthau, Hans J. , "Another 'Great Debate': The National Interests of the
United States", *The American Political Science Review*, Vol. 46, No. 4
（Dec. 1952）; http: //www. jstor. org/stable/1952108. （2010 年 10 月 18 日

下载）

272. Nincic, Miroslav, "The National Interest and Its Interpretation", *The Review of Politics*, Vol. 61, No. 1 (Winter, 1999); http: //www. jstor. org/stable/ 1408647. (2012 年 10 月 7 日下载）

273. Nye, Joseph S. Jr. , "Redefining the National Interest", *Foreign Affairs*, Vol. 78, No. 4 (Jul. -Aug. , 1999); http: //www. jstor. org/stable/ 20049361. (2012 年 10 月 17 日下载）

274. Papademetriou, Demetrios G. , "Migration", *Foreign Policy*, No. 109 (Winter, 1997 – 1998), http: //www. jstor. org/stable/1149453. (2013 年 11 月 5 日下载）

275. Phillips, Nancy Edelman, "Militarism and Grass-Roots Involvement in the Military-Industrial Complex", *The Journal of Conflict Resolution*, Vol. 17, No. 4 (Dec. , 1973); http: //www. jstor. org/stable/173551. (2013 年 7 月 2 日下载）。

276. Regets, Mark C. , "Research Issues in the International Migration of Highly Skilled Workers: A Perspective with Data from the United States", *Working Paper*, SRS 07 – 203, National Science Foundation, (June 2007); http: // www. nsf. gov/statistics/srs07203/pdf/srs07203. pdf. (2009 年 1 月 15 日下载）

277. Reimers, David H. , "History of Recent Immigration Regulation", *Proceedings of the American Philosophical Society*, Vol. 136, No. 2 (Jun. , 1992); http: //www. jstor. org/stable/987167. (2012 年 12 月 20 日下载）

278. Rodriguez Robyn M. , " (Dis) unity and Diversity in Post-9/11 America", *Sociological Forum*, Vol. 23, No. 2 (Jun. , 2008); http: //www. jstor. org/stable/20110274. (2012 年 12 月 20 日下载）

279. Rosenblum, Marc R. , "U. S. Immigration Policy Since 9/11: Understanding the Stalemate Over Comprehensive Immigration Reform", August, 2011, Migration Policy Institute; http: //www. migrationpolicy. org/pubs/RMSG-post-9- 11policy. pdf. (2013 年 1 月 20 日下载）

280. Rumbaut, Ruben G. , "Mass Immigration and the National Interest by Vernon

M. Briggs; Still An Open Door? U. S. Immigration Policy and the American E-conomy by Vernon M. Briggs; Stephen Moore; Fiscal Impacts of Undocumented Aliens: Selective Estimates for Seven States by Rebecca L. Clark; Jeffrey S. Passel; Wendy N. Zimmerman; Michael E. Fix; Beyond Borders: West European Migration Policy Towards the 21st Century by Sarah Collinson; Immi... Review by: *Contemporary Sociology*, Vol. 24, No. 4 (Jul., 1995); http://www. jstor. org/stable/2077626. (2010 年 10 月 27 日下载)

281. Schwartz, Charles P. Jr. , "American Immigration Policy", *Columbia Law Review*, Vol. 55, No. 3 (Mar., 1955); http://www. jstor. org/stable/1119361. (2013 年 11 月 5 日下载)

282. Seller, Maxine S. , "Historical Perspectives on American Immigration Policy: Case Studies and Current Implications", *Law and Contemporary Problems*, Vol. 45, No. 2, 1982; http://scholarship. law. duke. edu/cgi/viewcontent. cgi? article = 3656& context/pdf. (2013 年 1 月 20 日下载)

283. Swedberg, Richard, "Can There Be a Sociological Concept of Interest?", Theory and Society, Vol. 34, No. 4 (Aug., 2005); http://www. jstor. org/stable/4501729. (2012 年 10 月 17 日下载)

284. Stocking, Collis, "Adjusting Immigration to Manpower Requirements", *Annals of the American Academy of Political Science*, Vol. 262 (March1949); http://www. jstor. org/stable/1026980. (2009 年 6 月 3 日下载)

285. Southwick, Thomas P. , "Brain Drain: Fewer Scientists Enter U. S. , More Seek to Leave", *Science*, Vol. 169, No. 3945 (August, 1970); http://www. jstor. org/stable/1730347. (2011 年 5 月 17 日下载)

286. Tichenor, Daniel J. , and Harris, Richard A. , "Organized Interests and American Political Development", *Political Science Quarterly*, Vol. 117, No. 4 (Winter, 2002 - 2003); http://www. jstor. org/stable/798136. (2012 年 10 月 21 日下载)

287. The Commission on America's National Interests, *America's National Interests*, The Commission on America's National Interests, 1996; http://belfercenter. ksg. harvard. edu/files/americas_ interests. pdf. (2013 年 1 月 22 日下载)

288. The Commission on America's National Interests, *America's National Interests*, The Commission on America's National Interests, 2000; http: //belfercenter. ksg. harvard. edu/files/amernatinter. pdf. (2013 年 1 月 22 日下载)

289. U. S. Bureau of Census, "Educational Attainment in the United States: 2007", *Current Population Reports*; http: //www. census. gov/prod/2009pubs/p20 - 560. pdf. (2009 年 8 月 1 日下载)

290. U. S. Congressional Research Service, *Congressional Research Service Report for Congress: A Brief History of U. S. Immigration Policy*, Washington D. C. : Library of Congress, Congressional Research Service, January, 25, 1991; http: //www. ndu. edu/library/docs/91. 170. doc. pdf. (2013 年 1 月 7 日下载)

291. U. S. Department of Homeland Security, "DHS Reforms To Attract And Retain Highly Skilled Immigrants" (Jan. 31, 2012); https: //www. dhs. gov/news/ 2012/01/31/dhs-reforms-attract-and-retain-highly-skilled-immigrants. (2014 年 4 月 29 日下载)

292. U. S. Department of Homeland Security, Office of Immigration Statistics, 2003 *Yearbook of Immigration Statistics*, 2004, Washington, D. C. : U. S. Department of Homeland Security, http: //www. dhs. gov/xlibrary/assets/statistics/yearbook/ 2003/2003Yearbook. pdf. (2009 年 8 月 30 日下载)

293. U. S. Department of Homeland Security, Office of Immigration Statistics, *Yearbook of Immigration Statistics: 2008*, Washington D. C. : U. S. Department of Homeland Security, 2009; http: //www. dhs. gov/xlibrary/assets/statistics/ yearbook/2008/ois_ yb_ 2008. pdf. (2009 年 8 月 30 日下载)

294. United States, Department of Homeland Security, *Yearbook of Immigration Statistics: 2011*, Washington, D. C. : U. S. Department of Homeland Security, 2012; http: //www. dhs. gov/yearbook-immigration-statistics. (2013 年 1 月 21 日下载)

295. U. S. Department of Justice, Immigration and Naturalization Service, *Annual Report: Legal Immigration: Fiscal Year: 1997*, Washington D. C. : U. S. Department of Justice, Immigration and Naturalization Service, January, 1999; http: //www. dhs. gov/xlibrary/assets/statistics/reports/97Legal. pdf. (2008 年 10 月 30 日下载)

296. U. S. Immigration and Naturalization Service, *Statistical Yearbook of the Immigration and Naturalization Service*, 2000, Washington D. C.：U. S. Government Printing Office, 2002；http：//www. dhs. gov/xlibrary/assets/statistics/yearbook/2000/Yearbook2000. pdf.（2009 年 8 月 30 日下载）

297. United States General Accounting Office, *H – 1B Foreign Workers：Better Tracking Needed to Help Determine H – 1B Programs Effects on U. S. Workforce*, GAO-03-883, Washington D. C.：September, 2003；http：//www. gao. gov/new. items/d03883. pdf.（2008 年 12 月 13 日下载）

298. United States Government Accountability Office, *Homeland Security：Performance of Foreign Student and Exchange Visitor Information System Continues to Improve, but Issues Remain*, GAO-05-440T, Washington D. C.：March, 2006；http：//www. gao. gov/new. items/d05440t. pdf.（2008 年 12 月 13 日下载）

299. United States Government Accountability Office, *Comptroller General's Forum, Global Competitiveness：Implications for the Nations Higher Education System*, GAO-07-135SP, Washington D. C.：January 23, 2007；http：//www. gao. gov/new. items/d07135sp. pdf.（2008 年 10 月 13 日下载）

300. U. S. Immigration and Naturalization Service, *Statistical Yearbook of the Immigration and Naturalization Service*, 2000, Washington D. C.：U. S. Government Printing Office, 2002, http：//www. dhs. gov/xlibrary/assets/statistics/yearbook/2000/Yearbook2000. pdf.（2009 年 8 月 30 日下载）

301. Varma, Roli, "Changing Borders and Realities：Emigration of Indian Scientists and Engineers to the United States"）, *Perspectives on Global Development and Technology*）, Vol. 6（2007）；www. brill. nl/pgdt.（2011 年 12 月 15 日下载）

302. Wadhwa, Vivek, "Why Skilled Immigrants Are Leaving the U. S.：New Research Shows that Highly Skilled Workers are Returning Home for Brighter Career Prospects and a Better Quality of Life"；http：//www. soc. duke. edu/Global Engineering/pdfs/media/americasloss/bw_ whyskilled. pdf.（2014 年 4 月 29 日下载）

303. Warf, Barney, "The Pentagon and the Service Sector", *Economic Geography*,

Vol. 69，No. 2，（Apr.，1993）；http：//www. jstor. org/stable/143532.（2013 年7月2日下载）

304. West，Lawrence A.，Jr.，Walter A. Bogumil，Jr.，Edward B. Ridolfi，"Foreign Workers as a Strategic Staffing Option and Executive Commentary"，*The Academy of Management Executive*（1993），Vol. 14，No. 4（No. 2000）；http：//www. jstore. org/stable/4165686.（2009年6月3日下载）

305. White，Gregory W.，"Sovereignty and International Labor Migration：The ' Security Mentality'in Spanish-Moroccan Relations as an Assertion of Sovereignty"，*Review of International Political Economy*，Vol. 14，No. 4（Oct.，2007）；http：//www. jstor. org/stable/25261935.（2011年5月18日下载）

中文著作

306. A. H. 诺米尼：《战争艺术概论》，刘聪、袁坚译，解放军出版社 1986 年版。

307. 陈益升等：《科技战略导论》，时事出版社 1986 年版。

308. 姬虹：《美国新移民研究（1965 年至今）》，知识产权出版社 2008 年版。

309. ［德］克劳塞维茨：《战争论》第 1 卷，中国人民解放军军事科学院译，商务印书馆 1991 年版。

310. 梁茂信：《美国移民政策研究》，东北师范大学出版社 1996 年版。

311. 梁茂信：《都市化时代——20 世纪美国人口流动与城市社会问题》，东北师范大学出版社 2002 年版。

312. 梁茂信：《美国人力培训与就业政策》，人民出版社 2006 年版。

313. 梁茂信：《现代欧美移民与民族多元化研究》，商务印书馆 2011 年版。

314. 李景治、罗天虹：《国际战略学》，中国人民大学出版社 2003 年版。

315. 卢正惠：《区域经济发展战略——理论与模式》，经济科学出版社 2012 年版。

316. 吕思勉：《吕著中国通史》，华东师范大学出版社 1992 年版。

317. ［美］马斯洛：《动机与人格》，许金声等译，华夏出版社 1987 年版。

318. 倪文杰、张成福、马克锋：《现代交叉学科大词库》，海洋出版社 1993

年版。

319. ［美］塞缪尔·亨廷顿：《我们是谁？美国国家特性面临的挑战》，程克雄译，新华出版社 2005 年版。

320. 彭文晋：《人才学概说》，黑龙江人民出版社 1983 年版。

321. 王通讯：《人才学通论》，天津人民出版社 1985 年版。

322. ［美］威廉·富布赖特：《帝国的代价》，简新芽、龚乃绪和李松林译，朱士清、高雨洁校，世界知识出版社 1991 年版。

323. 阎学通：《中国国家利益分析》，天津人民出版社 1997 年版。

324. 叶忠海等：《人才学概论》，湖南人民出版社 1983 年版。

325. ［美］约翰·柯林斯：《大战略》，战士出版社 1978 年版。

326. ［美］伊曼纽尔·沃勒斯坦：《现代世界体系：16 世纪的资本主义农业与欧洲世界经济体系的起源》，尤来寅等译，罗荣渠审校，高等教育出版社 1998 年版。

327. 朱炳元：《全球化与中国国家利益》，人民出版社 2004 年版。

中文论文和网络/网上资料

328. ［澳］罗宾·艾尔代尔著，石松、于月芳和赵宇译：《亚太地区技术移民的增长》，《思想战线》2005 年第 1 期。

329. 李少军：《论国家利益》，《世界经济与政治》2003 年第 1 期。

330. 梁茂信：《美国吸引外来人才政策的演变与效用分析》，《东北师范大学学报》1997 年第 1 期。

331. 梁茂信：《近代早期西欧地区人口流动分析》，《求事学刊》2008 年第 4 期。

332. 梁茂信：《略论美国政府解决城市社会问题的效用有限性》，《美国研究》2002 年第 4 期。

333. 梁茂信：《英属北美殖民地契约移民性质新论》，《历史研究》2011 年第 1 期。

334. 梁茂信：《二战后专业技术人才跨国迁移的趋势分析》，《史学月刊》2011 年第 12 期。

335. 梁茂信：《当代美国外来移民的学历构成分析：1995—2000 年》，《史学集刊》2011 年第 1 期。

336. 梁茂信：《1950 至 1980 年外国留学生移民美国的趋势分析》，《世界历史》2011 年第 1 期。

337. 刘雪山：《对美国国家利益的权威界定——〈美国的国家利益〉介评》，《现代国际关系》2001 年第 9 期。

338. 宁欣：《论唐代荐举》，《历史研究》1995 年第 4 期。

339. 邱永明：《人才问题的历史学思考——人才概念及标准历史演变的考察》，《中国人才》2004 年第 4 期。

340. 王德劲：《人才及其相关概念辨析》，《西北人口》2008 年第 2 期。

341. 王希：《美国历史上的"国家利益"问题》，《美国研究》2003 年第 2 期。

342. 王逸舟：《国家利益再思考》，《中国社会科学》2002 年第 2 期。

343. 吴前进：《跨国主义：全球化时代移民问题研究的新视野》，《国际观察》2004 年第 3 期。

344. 张家建：《人才定义理论的历史发展与现代思考》，《人才开发》2008 年第 2 期。

345. 曾豪杰，《科学人才观：人才资源开发的新理念——人才含义理论研究综述》，《企业家天地》2007 年第 10 期。

346. 中国人才研究会：《人才的概念、本质属性研究》，http：//www.zgrc.org.cn/c/cn/news/2010-08/31/news_ 75.html。（2013 年 4 月 2 日下载）

347. 《国家中长期人才发展规划纲要（2010—2020 年）》，人民出版社 2010 年版。

348. 周敏、黎相宜：《国际移民研究的理论回顾及未来展望》，《东南亚研究》2010 年第 6 期。

349. 杜尚泽：《携手同进 继往开来——教育部部长袁贵仁谈中美人文交流；http：//www.moe.edu.cn/publicfiles/business/htmlfiles/moe/moe_ 863/201202/130435.html。（2012 年 4 月 6 日下载）

350. 教育部国际合作与交流司：《2003 年教育部留学回国人员"科研启动基金"资助情况统计》；http：//www.moe.edu.cn/publicfiles/business/htmlfiles/moe/moe_ 851/201001/77924.html。（2012 年 4 月 6 日下载）

351. 教育部国际合作与交流司：《2003 年教育部留学回国人员"科研启动基金"资助情况统计》；http：//www. moe. edu. cn/publicfiles/business/html-files/moe/moe_ 851/201001/77924. html。(2012 年 4 月 6 日下载)

352. 教育部国际合作与交流司：《2011 年度我国出国留学人员情况统计》，资料来源：http：//www. moe. edu. cn/publicfiles/business/htmlfiles/moe/moe _ 863/201202/130328. html。(2012 年 4 月 6 日下载)

353. 中国人才研究会：《人才的概念、本质属性研究》；http：//www. zgrc. org. cn/c/cn/news/2010-08/31/news_ 75. html (2013 年 4 月 2 日下载)

索　引

C

操作研究员（operation researcher） 202

"长江学者奖励计划"（"The Yangtze River scholars program"） 347，373

"春晖计划"（Chunhui Program to Attract Overseas Chinese students） 347

超级保守主义（Ultraconservative） 231

处境不利地区护士援助计划（Nursing Relief for Disadvantaged Areas） 42

"出色的品质与才能"（distinguished merit and ability） 244

次国家利益（sub-national interest） 82

D

大都市区（Metropolitan Area） 161，162，217

戴尔电脑公司（Dell company） 198

丹尼尔斯，罗杰（Daniels，Roger） 19

第二次世界大战，或"二战"（the Second World War） 7，8，13，15，21，23，28，30，53，55，62，66，68，72，92，93，95，97，102，103，115，118，120，128，196，216，226，236，242，243，286，287，294，297，302，303，309，316，318，328，335，367，379，381，395，396

地方化（localization） 227，267，281

蒂克纳，乔治（Ticknor，George） 286

低学历移民（immigrants with no university education） 48，64，65，146，179，210—212，214，369，387，388，392

电子/电器（Electronic / electrical appliances） 198

电子湾公司（eBay Company） 257

杜克大学（Duke University） 3

多伦多（Toronto） 217，278

多样性（diversity） 3，21，176，207，300

多元化（pluralism） 1，53，55，60，73，282，294，390

E

《2006 年全面移民改革法》（Comprehensive Immigration Reform Act of 2006） 228

《2007 年全面移民改革法》（Comprehensive Immigration Reform Act of 2007） 229

《2010 年全面移民改革法》（Comprehensive Immigration Reform Act of 2010） 233

俄亥俄（Ohio） 158，163

F

F - 1 签证（F - 1 visa） 11，42，235，248，250，270，315，341，343

发达国家（developed countries） 1，2，5—7，17，24，26，28—32，34，35，39，49，50，64，69，70，129，157，238，249，277，278，290，297，306，317，319，327，349，354，355，358，361，366，370，372，382，400

发展中国家（developing countries） 2，6，

H

N

T

X

限额制度（the quota system） 19，71，76，79，81，142，173，277，363

宪法第五条修正案（The Fifth Amendment of the U. S. Constitution） 183

相互依赖（inter-dependence） 55，66，137，280

享受豁免权的配偶（exempt spouse） 274

西半球（Western Hemisphere） 27，48，117，142，149，250，326

西欧（Western Europe） 1，24，25，27，31，71，104，267，294，302，326，350，352，367

西弗吉尼亚（West Virginia） 158

现代公司（Hyundai） 267

现代世界体系（Modern World Systems） 22

新加坡（Singapore） 25，35，219，235，328，346，357，364，377，397

心理学（Psychology） 126，198，290，301，343，394

新泽西（New Jersey） 158，163，164，168，185，233

信息技术（Information Technology） 6，31—33，39，79，181，190，194，197—205，213，239，260，263，265—268，310，343，355，378，392

学院（college） 6，133，136，315

Y

《1882 年排华法》（The Chinese Exclusion Act of 1882） 102

187 号决议（Proposition No. 187） 182，183，185，186

《1946 年原子能法》（The Atomic Energy Act of 1946） 119

《1946 年富布赖特法》（The Fulbright Act of 1946） 119，120

《1948 年美国信息与教育交流法》（United States Information and Educational Exchange Act of 1948） 119，121，123

《1949 年中央情报局法》（The Central Intelligence Act of 1949） 116

《1956 年交换学者与移民地位法》（Exchange Visitors-Immigration Status Act of 1956） 119，123

《1952 年外来移民与与国籍法》（Immigration and Nationality Act of 1952） 318，371

《1950 年国内安全法》（the Internal Security Act of 1950） 106

《1954 年国内岁入法》（Internal Revenue Code of 1954） 100

《1958 年国防教育法》（National Defense Act of 1958） 94，95

《1961 年双边教育与文化交流法》（Mutual Educational and Cultural Exchange Act of 1961） 170

《1964 年经济机会法》（Economic Opportunity Act of 1964） 132

后　记

在 1996 年《美国移民政策研究》问世后的几部拙作中,我一直都没有写后记,甚至当时连一点想法都没有。这次书稿完成之后,写后记的愿望却如此强烈,以至于在书稿杀青之前,就早早地思考该如何去写。可是,当我完成了书稿第一校而真正要动笔的时候,思绪却陷入一团乱麻,甚至到晚上就寝时,也无法从兴奋中走出来,各种话题像潮水般地涌上心头,令人彻夜难眠,真的不知道该从何说起。

自 1997 年我发表了第一篇关于美国人才吸引政策的文章后,如何能更好地继续深入研究这个问题,一直萦绕在我的脑海中。当时,由于资料条件的限制,加上其他因素的干扰,所以再就没有了下文。直到 2007—2008 年需要再一次考虑新的研究课题的时候,我又想到了这个问题。幸运的是,随着我第二次申报富布赖特学者计划的顺利展开,研究这项课题的念头愈发地强烈和坚定。2008 年 10 月到美国以后,我便毫不犹豫地开始查阅相关资料。应该说,资料采集的进度还是比较令人满意的,但是,令人头疼的问题却再一次出现,并考验着我的耐心和智慧。我在查阅资料的过程中,发现了三个问题:一是历史学界的成果甚少,而非历史学科的成果非常多,而且,其中大多数是论文。在为数不多的似是而非的专著中,要么是非历史学科的学者完成的调查报告,要么是非历史学科的学者按照合同规定完成的对策性研究,学术性的研究少之又少。相关的理论性研究千金难求。这就意味着可供参考的历史学话语、概念、思想、理论等问题,会成为我研究中必须克服的主要障碍。第二个问题是,查阅到的资料,不仅主题和内容非常分散,而且还十分琐碎。类似于国会立法、国会报告、国会听证会以及美国审计总署等机构的报告,加上美国商业部、劳工部和国务院等机构的联合报告,等等,很难梳理出一个令人满意的头绪和框架。每一个历史时期,与人才吸引相关的政策,都被深深地埋藏在与美国政治、经济、教育、文化和外交等领域的历史文献之中,而在这些历史文献中,人才吸引的话语,又往往被掩盖在美国的经济问题、国家利益、外交战略、人道主义、文化交流和意识形态等重大议题之中,这就意味着在写作安排上需要层层剥离,才能见"庐山真面目"。但是,学术研究中"开门见山"的要求又迫使我必须尽快地从背景进入主题,并在论述中将自己的思想和认识表达出来。所以,如何高质量地完成这项课题,必须经过一个反复的思考过程。第三个问题是,我在2008—2009年度作为富布赖特学者的接待单位加州大学圣迭戈校区(University of California – San Diego),创建于1964年,与美国东北部常青藤院校相比,它是一所没有资历和深厚文化底蕴的学校。在过去50余年间,尽管在该校执教的学者中,先后出现过16位诺贝尔奖获得者。该校不管是在加州大学系统中,还是在美国所有高校中,算得上是"后起之秀"了。可是,在历史图书资料方面,特别是与美国移民法相关的许多在二战前形成的或者是出版的资料和文献,它都没有收藏。这个问题在2009年上半年一直困扰着我,常常让我感到寝食难安。后来,我在利用到其他高校访问的机会,也查阅了一些史料,但总体上因在访问的学校逗留时间短暂,还是有一部分资料没有查到。在返回中国后,我便利用我的博士研究生杨静、李娟和伍斌等人先后赴美学习和访问的机会,帮助我查阅了一些十分重要的原始文献。没有这些文献,史料不足问题就会成文拙作的一大缺憾。在2010年该课题获得国家社科基金立项之后,随着研究工作进一步展开,我发现一些细节性资料还需要继续查阅。当时,我的研究生徐红彦和王佳欣都做了大量工作。特别是徐红彦将自己在撰写博士学位论文中查阅到的关于美国临时劳工计划方面的英文资料,都提供给我,使我轻松了不少,在此一同表示感谢。

在过去20多年的学术生涯中,每完成一部专著,似乎不能走出一个学术怪圈:初始阶段,信心满满,期望很高,一心想写出一部能让自己满意又能体面地面对学术界的成果,但是,到最终成果出来的时候,几经修改,难如人意。同时,又因担任学院行政职务耗去了白天大部分时间,所以,完成课题研究只能依靠晚上周末和寒暑假加班了。在如此紧张的时间条件下,加上自身的学术素养和能力有限,因而最终只能以"敝帚自珍"聊以自慰。这一次,同样也是雄心不减,决心把它写成"传世之作"。虽然说这次完成课题的时间保障比以往好了许多,构架上也下了一些功夫,可是在写作的过程中,仍然没有走出以前的怪圈。许多问题的思考,显得操之过急,向来重视情感的我也不是圣人。我也不时地告诫自己,力戒个人情感,更不能让民族主义的因素干扰我的思维。但是,在写作的过程中,有些标题和话语的表述中,还是掺带着个人情感的成分。以上因素,加上自己的理论修养还有待提高,所以,最终呈现在读者面前的这部拙作,还是存在着不少连我自己都无法感到满意的问题。

我衷心地希望,随着拙作的面世,我国学界关于高学历技术人才跨国迁移问题的研究,不是就此告一段落,而是进入一个新的、更高阶段的开始。因为全球化进程远远没有结束,全球范围内的技术人才的跨国流动的问题远远没有终结。中国作为世界上最大的发展中国家,社会转型的进程还在持续,中国作为当代各国中人才流失较多的国家之一的历史还在继续。现实性的挑战,加上我国在整体上对技术人才跨国迁移和流动的实证性与理论性研究还很薄弱,所以,我衷心地期望更多地学者参与进来,推出更多的能引起国际学界侧目的学术成果。从这个意义上讲,若拙作能起到抛砖引玉的作用,我就心满意足了。

尽管摆在读者面前的这部拙作存在着许多需要改进之处和解决的问题,但是,我还要指出的是,倘若拙作中还有一点精华的成分,那都是融合了各位专家学者和我的研究生的智慧与学识的结果。在完成这部拙作的过程中,许多人给我提供了无私的帮助。在美国访问期间,接待我的美国著名移民问题专家、政治学教授 Wayne Cornellius 博士、来华的美国著名的移民史学家 Alan Kraut 教授和 David Gerber 教授等人的交谈中,都提出了难得的真知灼见。在 2009—2014 年先后在东北师范大学以富布赖特学者身份执教的 Tom Cox,Travis Smith 和哥伦比亚大学历史系 Mae Ngai 教授,都在分别与我的工作和闲谈中提及我的研究课题。他们的建议使我在法律名词、文化背景和一些具体细节上学到了许多知识。此外,在我完成这部拙作的过程中,我的研究生也提供了非常重要的帮助。在我完成这项课题的阶段性成果中,每一篇论文在发表前的第一批读者就是我的研究生。他们在阅读了文稿后,都认为自己有收获,同时也给我提出了一些弥足珍贵的意见和建议。在项目准备结项的时候,我曾经组织学生先后进行了两次研讨。吕洪艳、欧阳贞诚、伍斌、韩玲、杨馗、刘彦伯、王彬、李娟、李敏、王伟宏、王生团、王佳欣、夏凡、赵晔、万澍等,都曾经认真地阅读过我的文章或书稿。在他们提出的问题中,既有理论性探讨,也有概念性和小至标点的校对等,使得书稿显得更加干净、流畅。几次学术活动结束后,我突然明白了一个道理:我们在课堂内外,美其名曰在向学生传道解惑,但实际上受益最多的是我们这些所谓的专家学者。教学相长的的确确成为我自己在学术道路上成长的有效途径之一。

在项目通过结项检查和后来申报国家社科优秀成果文库的过程中,各位评审专家都高屋建瓴,不吝指教,提出了很有见地但又十分重要的建议,我在此一同表示感谢。他们提出的建议中,有些属于高层次理论性问题,有些属于概念性问题。我在随后的修改过程中,凡力所能及者,均逐一采纳。有些意见虽然没有被完全采纳,但是对我今后的研究具有重要的参考价值。最后,我还要感谢中国社会科学出版社编辑张林女士。从鼓励我申报国家社科成果文库,到书稿的多次校对和最终面世,她不厌其烦地在繁杂琐细的事务中穿梭。她是一个雷厉风行的人,工作效率极高。她在工作中表现出的热忱和一丝不苟的敬业精神,使我深受感动。

最后,我还要提及的是,我要将此书献给我的双亲,特别是我的母亲。在我完成本书写作的过程中,我家中连续失去两位亲人。在我从美国回来的第二年,也即 2010 年腊月,我的母亲突然去世。这一消息如同晴天霹雳,令我猝不及防。母亲身体一直很好,精神矍铄,心态乐观向上。在我的记忆中,她若有身体不适,顶多就是头痛脑热的小毛病,从来没有住过医院。到了 80 多岁的高龄,经常是"未见其人先闻其声";尤其是母亲一生爱唱陕西秦腔戏,她每次唱完后,都会给人留下一阵感染力极强的爽朗笑声。在我的记忆中,父亲去世后,我心情在悲恸沉浸了一段时间后,就已能走出来。可是,在母亲去世后的 5 年间,我却始终没有走出来,几乎每天都能感受到"我是一个孤儿"的悲凉。更加不幸的是,在这期间,我的长兄也去世了。他很年轻,岁过花甲,远远没有到必须离开人世的年龄。母亲和长兄过世这两件事情,经常让我的思维回到童年的时光。孩提时代的艰苦生活经历,反过来使我更加感激我的双亲和家人。他们都是没有受过教育的农民,含辛茹苦地养育了我,在艰苦的岁月里供我读完了大学。从他们身上我学到了勤俭、乐观、奋斗和永不放弃的精神!这是我一生享用不尽的宝贵财富 。

2014 年 12 月 22 日于长春

图书在版编目（CIP）数据

美国人才吸引战略与政策史研究／梁茂信著 . —北京：中国社会科学
出版社，2015.4
（国家哲学社会科学成果文库）
ISBN 978 – 7 – 5161 – 5655 – 1

Ⅰ.①美…　Ⅱ.①梁…　Ⅲ.①人才引进—人才政策—研究—美国
Ⅳ.①C964.712

中国版本图书馆 CIP 数据核字（2015）第 041832 号

出 版 人　赵剑英
责任编辑　张　林
特约编辑　宋英杰
责任校对　石春梅
封面设计　肖　辉　郭蕾蕾　孙婷筠
责任印制　戴　宽

出　　版　中国社会科学出版社
社　　址　北京鼓楼西大街甲 158 号（邮编 100720）
网　　址　http://www.csspw.cn
　　　　　中文域名:中国社科网　　　010 – 64070619
发 行 部　010 – 84083685
门 市 部　010 – 84029450
经　　销　新华书店及其他书店

印刷装订　环球印刷(北京)有限公司
版　　次　2015 年 4 月第 1 版
印　　次　2015 年 4 月第 1 次印刷

开　　本　710×1000　1/16
印　　张　29.5
字　　数　469 千字
定　　价　96.00 元

凡购买中国社会科学出版社图书,如有质量问题请与本社联系调换
电话:010 – 84083683
版权所有　侵权必究